此书入选首批福建省年鉴精品

上杭年鉴

（2018）

上杭县人民政府主办
上杭县地方志编纂委员会　编

方志出版社
Publishing House of Local Records

图书在版编目（CIP）数据

上杭年鉴. 2018 / 上杭县地方志编纂委员会编. --
北京 : 方志出版社, 2018.11
ISBN 978-7-5144-3403-3

Ⅰ. ①上… Ⅱ. ①上… Ⅲ. ①上杭县—2018—年鉴
Ⅳ. ①Z525.74

中国版本图书馆CIP数据核字(2018)第261221号

上杭年鉴(2018)

编　　者: 上杭县地方志编纂委员会
责任编辑: 刘方圆

出 版 人: 冀祥德
出 版 者: 方志出版社
地址　北京市朝阳区潘家园东里9号(国家方志馆4层)
邮编　100021
网址　http://www.fzph.org
发　　行: 方志出版社图书经销中心
电话（010）67110500
经　　销: 各地新华书店
印　　刷: 福建龙岩东方彩印有限公司

开　　本: 889×1194　1/16
印　　张: 22
字　　数: 837千字
版　　次: 2018年11月第1版　2018年11月第1次印刷
印　　数: 0001~1000册

ISBN 978-7-5144-3403-3　定价: 200.00元

上杭县地图

图例
县级行政中心
乡、镇
村委会 社区居委会
自然村
农林场
省级行政区域界
县级行政区域界
乡、镇区域界
高速公路
在建高速
出入口 枢纽
铁路及车站
在建铁路
国道及编号
省道及编号
县道
其他道路
街道
自然保护区界
旅游景点
山峰
河流
审图号：闽S〔2018〕156号
福建省制图院 编制
比例尺 1:400 000
资料截至2017年12月
注：本图界线为权宜画法，不作划界依据。
上杭县
(临江镇)
临城镇
湖洋镇
古田镇
蛟洋镇
步云乡
才溪镇
通贤镇
南阳镇
官庄畲族乡
珊瑚乡
旧县镇
白砂镇
溪口镇
泮境乡
茶地镇
太拔镇
庐丰畲族乡
蓝溪镇
稔田镇
中都镇
下都镇
长汀县
连城县
武平县
新罗区
永定区
广东省
梅花山
古田会议会址

2017年10月24日，中共上杭县委书记傅藏荣（右一）到旧县镇调研脱贫攻坚工作

（县报道组供稿）

2017年10月24日，上杭县人民政府县长王波（中）到才溪荣石村调研脱贫攻坚工作

（县报道组供稿）

2017年11月14日，上杭县组织收听收看省委讲师团学习贯彻中共十九大精神电视报告会

（县报道组供稿）

2017年12月27日，政协上杭县十二届二次会议开幕

（县报道组供稿）

2017年12月28日，上杭县十七届人大二次会议开幕

（县报道组供稿）

2017年12月27日，上杭县第四季度项目集中开工竣工仪式举行　（县报道组供稿）

步云虎园玻璃栈道（2017年摄）　（县报道组供稿）

2017年3月30日，上杭县纪念畲族民族成分恢复30周年暨首届“三月三”畲族文化节在上杭县客家缘文化中心举办（县民族宗教局供稿）

2017年3月30日，上杭县庐丰畲族乡“三月三”畲族文化节分会场（庐丰畲族乡政府办供稿）

2017年3月30日，上杭县官庄畲族乡“三月三”畲族文化节分会场（官庄畲族乡政府办供稿）

2017年9月22日，《中国影像志·福建名镇》开机仪式在古田镇举行

（县地方志编纂委员会供稿）

2017年3月6日，上杭县举办“建设新上杭　巾帼能担当”庆祝“三八”国际劳动妇女节107周年文艺晚会

（县妇女联合会供稿）

上杭工业区航拍图（2017年摄）　　（县报道组供稿）

蛟洋工业园区航拍图（2017年摄）　　（蛟洋镇政府办供稿）

上杭县公安局红心警队风采

龙岩上杭，红色圣地，客家祖地，古田会议彪炳史册，新古田会议强军兴国的号角犹在耳边，革命苏区传承红色基因，上杭县公安局构建红土警务，打造红心警队，多个警种部门获全国工人先锋号、全国青年文明号、全国巾帼文明岗、全国青少年维权岗。特别是2017年，上杭县公安局继2012年之后，成为福建省唯一再次蝉联“全国优秀公安局”称号的单位，该局古田派出所被国务院授予“人民满意派出所”。

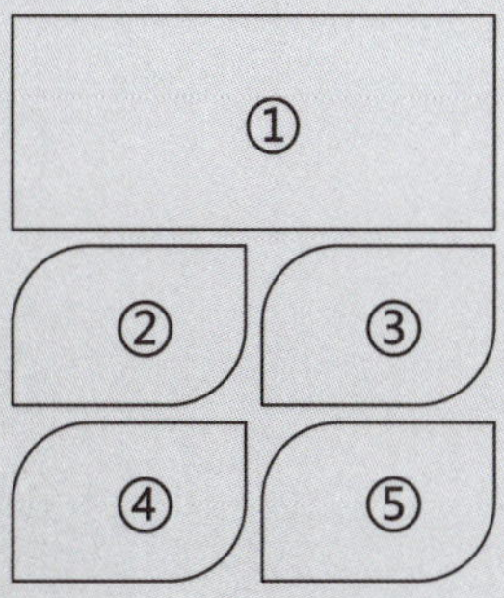

①②③ 2017年8月14日，上杭县举行军警民联勤联防启动仪式

④⑤ 上杭县公安局创新警+N警务新模式

（县公安局供稿）

《上杭年鉴(2018)》编辑成员

主　　任:刘昌发

副 主 任:李近荣(2018.2 任)

责任编辑:唐鉴荣　钟梅娇　王冬英　袁发昌　蓝晓东　孔敏慧

地址:福建省龙岩市上杭县城区北环中路 161 号　　电话:3842440　3992692

《上杭年鉴(2018)》撰稿人名单

县情概览

华兆勋　郑春秋　胡发荣　张秋琼

红色传承

李金昌　叶勇明　阙磊鑫

中共上杭县委员会

陈盛华　赖锦琪　李林燕　高恩堂　李宝辉
严开慧　刘龙生　阙凌锋　邱瑜玲　葛晓源

上杭县人民代表大会

卢海苗

上杭县人民政府

胡发荣　丘文山　丘兴伟　梁伟龙

政协上杭县委员会

温云远

纪检　监察

罗国鹏　江　劼

军　事

吴振纲　骆串发　廖伟航　郑　娟

外事　侨务　港澳台事务

曹培发　蓝梅芬

群众团体

傅雪萍　刘　璐　唐贵珠　李伟玲　郭立传
张振勇　黄　英　胡凤华　陈红玉　黄雪英

法　治

阙源隆　张秋琼　许　磊　罗春洪　罗小丽
蓝德贤

经济管理

李丽红　陶　萍　赖晓娟　周晓冬　陈从安
江　建　曹鑫元　郑沛才　吴祥宗　李　婷
周金凤　胡辛菇　赖华平　肖玲英　林兰蕾
范海英

农　业

钟东升　邹丰力　赖雪玲　赖杭铭　陈华明
张桦雍　范丹阳　吴小霞　陈洪祥

工　业

黄利英　蓝云燕　杨红娥　王颖华　陈洪祥
郑鹏翃　陈卫胜　罗长林　邱晓晴　丘晓静

矿产　冶金

江　建　邱晓晖　赖旭林　黄利英

交通运输

林建源　郑　鹏　巫跃龙

信息业

邱贺祥　江俊玉　林灵茂　王　芳　赖剑剑

商贸　服务业

严晓珅　李兰英　郭建明　张翠玲　李翠梅
曹鑫元　吴黎平　郭子雄

金　融

陈　琳　邹永远　袁应松　丘仰文　陈自强
阙伊辉　黎锦祥　丘福秀　黄德江　黄文丹
石晓燕　丘昭玉　刘琴英　刘　强

城乡规划建设

邱晓晴　丘钰兴　唐　宇

建筑和房地产业

邱晓晴

生态环境

刘天祥　沈政雄

科技　教育

黄利英　熊永富

文化　体育

阙磊鑫　江梓洪　黄　榕　蓝晓东

卫生　计生

黄钦庚　王　政

社会生活

华珏敏　张卫珍　陈晓英　陈美琴　邱盛良

乡镇概貌

曹如文　巫开龙　孔令权　李春旭　陈灵娟
蓝彩辉　李沛华　丘丙龙　高美玲　曾传升
廖艳旎　黄丽红　温禄英　傅松英　陈三兰
赖金娥　曾樟生　蓝怀良　袁　鹏　蔡　怡
蓝兴龙　梁灵燕

人　物

江树高　李友文　李立明　王冬英

编辑说明

一、《上杭年鉴(2018)》以马克思列宁主义、毛泽东思想、邓小平理论、“三个代表”重要思想、科学发展观、习近平新时代中国特色社会主义思想为指导,坚持辩证唯物主义和历史唯物主义的立场、观点和方法,全面、翔实地记载2017年上杭县经济社会发展情况。

二、《上杭年鉴(2018)》是上杭县人民政府主办,上杭县地方志编纂委员会编纂,是对外集中展示上杭县年度发展状况的权威性资料文献,具有政府公报性质,创办于1995年,每年出版一卷,2018年卷为第24卷。

三、《上杭年鉴(2018)》记述内容上限为2017年1月1日,下限为2017年12月31日。除特载、年度关注、大事记、附录外,设28个类目、175个分目、1008个条目,约70万字。篇目设计上,突出地域特色,将原概况类目改设为县情概览类目;突出继承革命传统,增设红色传承类目;突出从严治党,将党的建设部类前置在显著位置;突出以经济建设为重点的中心工作,增加脱贫攻坚专目。内容记述上,突出产业、基础设施、县域城市、保障民生四大体系建设,对社会关心的热点问题专目记述,增强资料性、警示性、可读性和趣味性。版面安排上,做到图文并茂。彩页和插图,除署名者外,均由上杭县报道组和条目撰稿单位提供。

四、《上杭年鉴(2018)》所引用的统计数据,凡国家有规定范围、口径和计算方法的,均按国家统一规定统计,并经县统计局审核。凡与县统计局统计数据不一致的,在条目后括注数据提供单位和出处,供读者参考。其他没有列入国家统计范围的统计资料,由有关主管部门审核入鉴。凡“比增”“比减”均为2017年与2016年同期相比。有关保密审查,由县保密局负责。

五、《上杭年鉴(2018)》使用的计量单位,按国家及有关部门规定。

目　　录

特　载

年度关注

大事记

县情概览

红色传承

中共上杭县委员会

上杭县人民代表大会

上杭县人民政府

政协上杭县委员会

纪检 监察

法 治

经济管理

农　业

工　业

矿产 冶金

交通运输

信息业

商贸 服务业

金 融

城乡规划建设

建筑和房地产业

生态环境

科技 教育

文化 体育

卫生　计生

社会生活

乡镇概貌

人　　物

附　　录

索　　引

特　　载

全国道德模范温金娥：两个家庭一家亲，为人师表孝流芳

福建日报全媒体记者　阙小琴

2017年11月17日，龙岩市上杭县实验小学教师温金娥获评全国“孝老爱亲”道德模范，并在北京接受表彰。1月5日，在上杭县见到温金娥时，她的生活虽然已经归于平静，但她身上所流淌的孝爱力量却如一股清泉，在一波波荡漾开来，不仅影响着上杭，影响了福建，更是影响了全国。

关爱“小家”，两个家庭一家亲

与普通家庭相比，温金娥现在的家庭显得太过特殊，走进这个家庭，我们可以看到她前夫的父母，她与前夫生的儿子，她现任的丈夫，她现任丈夫与她前妻生的女儿……而说起这个特殊大家庭的生活，温金娥的脸上总是带着微笑，她说：“我现在感到很幸福”。

可时间如果拨回到2007年，不幸的接踵而至却让温金娥痛不欲生、泪湿香枕。那一年，温金娥的前夫不幸因公殉职，让人艳羡的五口之家顿时变得如同玻璃般易碎。“你走了，我们两个老人家怎么办?”爱子的离世，宛如“天塌”，可任凭婆婆林菊芳怎么哭喊都已唤不回她的儿子。怎么办？已经悲痛欲绝的温金娥，毅然跪在婆婆面前说：“妈，还有我呢，还有您的孙子呢。”

一个简单的承诺，化作一份沉甸甸的责任。面对幼儿，面对年迈多病的公婆，面对一大笔买房时欠下的债务，只有29岁的温金娥只能用自己的坚持，用自己柔弱的双肩、微薄的薪水重新支撑起这个“易碎”的家，保护这个家的周全。

“那时候我忙得像个陀螺。晚上跟姑子她们轮流照顾，有时候一个人熬到天亮。”原来，温金娥的公公丘敏仁2006年就被查出患有膀胱癌，经过手术治疗之后本已康复，但是在她前夫离世之后不久，公公的膀胱癌复发了，全身心照顾好公公成为温金娥2008年暑假的主要工作。近十年来，温金娥的公公膀胱癌手术3次、住院检查14次，入院观察次数更是不计其数。但是不管多累、多辛苦，温金娥说自己每次都会亲自陪同、奔走忙碌。

2009年，温金娥遇见现任丈夫汤云辉，并带着儿子、公公婆婆一起和汤云辉重组家庭。“以前，他们是那样无微不至的照顾我，现在他们的儿子不在了，我要给他们双倍的爱，一份是作为儿媳本应尽责任，一份是替他儿子完成他未完成的义务。”温金娥语气坚定的说道。

“她能够把原来的公公婆婆带在身边，不离不弃，我被她的这份孝心感动了，我想尽我自己的努力帮助她。”回想当年，温金娥的现任丈夫汤云辉说道。此后，不管是婆婆林菊芳遭遇车祸需要照顾，还是前夫的姐妹遭遇困难需要帮助，温金娥和汤云辉都尽心尽力，用心相助。而他们的孝心、热心、爱心则深深地感动了家人、温暖了家人。

“如果没有他们，我想我们可能就回乡下过苦日子了。”婆婆的话，让一旁的温金娥顿时湿润了眼眶。

“我们作为父母，对老人孝顺了，孩子看在眼里、记在心里，以后长大了也会孝顺我们。”在温金娥看来，家庭是社会的一份子，家庭有道德了，整个社会才能形成更加良好的道德风尚，“家庭道德归根结底在于‘善’，善待老人要孝顺，善待丈夫要恩爱，善待孩子要关爱”。

专注“大家”，为人师表孝流芳

公婆的身体好了，每天下班前总

会煮好热腾腾的饭菜，等着一家人回去吃；丈夫工作稳定，经常从乡下买一些土鸡土鸭山货，给老人家补身子；女儿在上大学，每次回来总会带着礼物“讨好”她这位“后妈”……两家人能够一家亲，温金娥说自己很放心、很欣慰、很幸福，同时，也让她能够更加专注“大家”，用心的做好事业。

“温老师好”“温金娥老师好”……自2017年11月获评全国道德模范后，无论是行走在学校，还是漫步在校外，温金娥一直都很“火”，学生们远远地看见她都会发出热情的问候，她已然成为学生们眼中的“明星”。以至于学校的老师见到温金娥，也亲切地叫她为“明星老师”。上杭实验小学副校长罗荣汶表示，温金娥对学校师生的影响是立竿见影的，更是潜移默化的。“对学校所有老师而言，不仅是要学习她的爱岗敬业，更是要学习她的孝老爱亲，她是我们学校，是我们上杭，更是我们全国的一个楷模。”罗荣汶说道。

2014年，温金娥开始使用微信，她取名为“感恩”。“我前夫去世的时候，很多人帮助我、鼓励我、温暖我，我没什么东西回报他们，只有用生活中的点滴行为，用工作中的兢兢业业，回报社会、感谢大家。”这便是“感恩”之名的由来。相对于以前担任一个班级的班主任，温金娥现在除了教二年级的数学，还担任学校少先队总辅导员、德育室副主任，要管理学校所有的活动，为此，她戏称自己为全校的“班主任”，“我要以身作则，用自己的行为引领孩子们，培养好孩子们的品德、修养以及习惯。”

11月23日，前往省公安厅交警总队，参与拍摄《全国交通安全日》公益广告；12月2日，作为形象大使，参与“交通安全我代言”活动……为了影响更多人，温金娥还经常抽空，尽心为“孝老爱亲”代言，为公益活动代言，而在记者采访的当日，温金娥还受邀前往当地的才溪中学作《不忘初心 崇德向善》的专题报告。

“全国道德模范这项荣誉不是颁发给我个人的。是对我家人互相扶持、互敬互爱的一种肯定，也是对孝老爱亲这种中华传统美德的一种肯定。我希望用自己的努力，把孝老爱亲的传统美德，继续传承下去，让更多的人孝老爱亲，让社会更和谐、更美好。”温金娥说道。

魂归故土为初心

——追记上杭旅美华侨蓝珍的家国情怀

刘少雄　林斯乾　杨永文

他，是家乡人民有口皆碑的充满家国情怀的企业家；

他，是上杭北美同乡会所有海外游子的典范；

他，是贫困户心中永远怀念的爱心博士；

他，是弟弟妹妹最崇敬的榜样大哥……

“他是一个有情怀人，我们永远怀念他。”昨日，谈起逝去的大哥蓝珍，弟弟蓝雄说，为大哥的家国情怀感到骄傲。4月28日蓝珍“圆七”这天，美国硅谷和北京将再次举办追思活动。

出生于上杭县官庄畲乡山村的蓝珍，15岁时以上杭一中理科总分第一的成绩考上浙江大学。1996年出国创业，但他仍时刻不忘“家国”。

为了“大家”，2000年他放弃美国硅谷如日中天的事业回到祖国，针对中国社会城市化和工业化的发展实际，成立金蓝人力公司，定位于为中国新蓝领提供“就业、培训、生活”服务，创建“亲亲小保”“亲亲小贷”等多个全国性品牌。

为了“小家”，他亲自将创办的“亲亲我家”网络平台的部分客服放到家乡运营，为当地贫困户、残疾人、留守妇女提供就业岗位……

2月26日，他在官庄为促进乡镇发展的“亲亲小镇”项目而奔忙时意外摔倒昏迷，5天后溘然长逝。他把生命永远留在了自己的家乡！

学子情怀：回国创业写传奇

“创业者一定要有情怀，因为创业是一件孤独而痛苦的事情”

“他是一个有抱负、有责任、有激情的人。”说起蓝珍的一生，在北美的上杭同乡都敬佩他不懈追求理想的精神。从他读书升学到旅居美国、回国创业，他短暂的一生充满了传奇故事。

蓝珍1965年出生于官庄畲族乡

新风村一个贫寒家庭。他从小学习刻苦，1980年以优异的成绩考入浙江大学化学工程专业。1987年在浙江大学读完研究生课程后，他放弃到省委机关工作的机会，来到福建农林大学食品工程系从事教学科研工作。3年后，他创建了自己的第一家企业——福州蓝波净化工程有限公司，为福建省境内近50家食品饮料企业提供各种服务。

蓝波公司虽然发展很快，但无论是市场区域还是管理水平，他并不满意。1995年，在公司业务快速发展之际，他关闭了这家公司，决定前往美国学习深造。

1996年，蓝珍来到硅谷，一边工作，一边在圣何塞大学读书。1999年5月，他创立了全美第一家离岸软件外包企业公司Angel · Engineers，并获得创投公司（PAC-LINIC）近千万美元的风险投资，在硅谷轰动一时。他还是若水合投、金融客咖啡、硅谷食堂等有影响力的众筹组织发起人。他的创业故事，和马云、夏淳等人的访谈一同被选入2001年4月由上海人民出版社版的《硅谷淘金——中国留学生的创业故事》。

美国硅谷的成功创业丝毫没有动摇蓝珍报效祖国的初心。2000年他回到祖国，成立了“金蓝人力”公司。经过十余年时间发展，金蓝人力集团已经在全国十几个主要省市及上百个城市设立了分支机构，成为拥有全国九省一市的人才网络储备基地和中国最大的蓝领服务机构之一。通过与德国威斯巴登手工业商协会及威斯巴登现代纸业培训技术中心建立长期合作关系，蓝珍的公司不仅为企业和技工之间搭建起一个强大的交流平台，也为中国技工走向世界架起一道金桥。

随着移动互联网兴起，2013年蓝珍大力推动“亲亲小贷、亲亲小保、亲亲我家”等亲亲系列公司的成立，铸就多个全国性的领先品牌。2016年9月，G20峰会在杭州召开之际，《中国报道》把蓝珍推为封面人物，并对他的事迹作了专门报道。

“创业者一定要有情怀，因为创业是一件孤独而痛苦的事情；如果你有情怀，哪怕不挣钱，哪怕项目失败了，你也会觉得高兴，因为你为社会创造了价值。”这是蓝珍生前接受中央电视台专访时说的一句话。

游子情结：助力脱贫慰乡愁

“我能为大家创造价值，那我就成功了！”

在蓝珍规划的所有蓝图里面，创业并不是他的全部。

饱含家国情怀和社会责任感的他，注定是劳碌的。乡镇的环境污染问题、经济与就业问题、精神与文化问题，促使他常常调整自己的创业方向，并为此而殚精竭虑。弟弟蓝强告诉我们，蓝珍创办各类创业公司近40家，涉及金融、环保、矿产等行业。

在一次次返乡中，蓝珍发现，乡镇青壮年大多进城务工，妇女只好在家照顾孩子和逐渐年迈的父母；有的则出现“留守儿童”“空巢老人”现状。同时，一部分农村出现了剩余劳动力闲置的现象，乡村还有许多人需要就业机会。

蓝珍希望为农村发展奉献自己的绵薄之力。2016年，他毅然把总部在北京的亲亲小贷的一部分网络客服业务放到官庄，他还把老家的房子改建成网络客服中心。

同时，他在这里创建“亲亲我家”网络平台项目，为当地贫困户、残疾人和留守妇女提供就业岗位，希望通过就业帮助他们早日脱贫致富。

这个在很多行家看来非常冒险和胆大的决定，却收到了非常不错的尝试效果。不到一年时间里，“亲亲我家”为60多位贫困户、残疾人、留守妇女解决就业问题，让他们的家庭增加近3万元收入。

蓝珍原本打算在上杭的部分乡镇建立“亲亲我家”分部，每个分部至少发展一百个就业岗位。元旦刚过，蓝珍就着手在上杭县22个乡镇免费实施“亲亲小镇”项目，利用互联网平台帮助乡镇实施电商和旅游产业。春节过后，蓝珍为推进“亲亲小镇”项目一直奔忙于上杭、厦门等地……但如今，这一切都因为他的突然逝去而暂时搁浅了。

“亲亲我家”，还是一款基于家谱关系、亲情关系、乡情关系的网络社区手机应用，蓝珍想利用互联网的力量，让全世界的炎黄子孙能借助网络平台实现寻根谒祖、联络亲情的梦想。

“我希望从城镇之根出发，让城镇化人群有一个向心力和凝聚力，继承我们中国文化的东西。”他曾说，他很高兴创造了这样一个以家谱为纽带、为现代人群提供亲情交流的一个精神社区。目前，“亲亲我家”在上杭县已经完成了40多个姓氏的录入，特别把蓝氏家族的家谱修到了4000多年前，使很多宗亲找到了自己的根脉。

去年9月5日，江西省赣州市石城县的蓝翠云、蓝丽姐妹俩就是通过“亲亲我家”这个平台，在20个小时内找到了自己在上杭县官庄畲族乡的亲人，圆了她们近20年的寻亲梦。

蓝珍曾说：“我希望若干年后，有一百万、两百万甚至更多人享受这种服务，我能为大家创造价值，那我就成功了！”

赤子情意：急公好义众人敬

“为乡亲做点小事，内心才会真正踏实”

在村民的眼里，蓝珍给他们的印象就是朴实，一心扑在项目上。

官庄畲族乡党委书记钟乐云说，蓝珍为人低调，但对乡亲和公益却很关注很热心。他时常为家乡的公益活动捐钱捐物，不遗余力地帮助乡亲。

“亲亲我家”项目负责人蓝朝金也透露，去年“亲亲我家”一名员工的孩子摔伤了，是蓝珍第一个带头捐款，带动所有员工献爱心。他总是说，“乡亲有困难必须帮一把。为乡亲做点小事，内心才会真正踏实”。

蓝珍特别关心家乡留守妇女和她们的家人。在上杭官庄“亲亲我家”创业初期，尽管公司还没有盈利，蓝珍却特别规定：每一位到“亲亲我家”上班的女员工，公司都会给予她的母亲和婆婆每月固定的补助。这一规定实施至今从未间断。

“蓝珍先生不仅帮助我们就业，还帮助我们获得了一项技能，找到了人生的价值。我们永远感激他。”说起蓝珍，在官庄“亲亲我家”就业的残疾人蓝金华总是眼含泪水。

“汀江河还在，码头不见了。”每次回乡走在汀江边上，蓝珍总是念叨着这句话。蓝朝金说，蓝珍计划在家乡出资实施古民居、古码头的维修保护，还计划利用家乡闲置的老房子改建一座畲族文化展览馆，以保护和传承畲乡文化。

蓝珍是“亲亲我家”的家长，未竟的事业让人唏嘘。“哥哥留下的事业，我们一定会想尽办法把它继续下去，把他的这种坚持不懈，爱国爱乡和热心公益的精神和情怀发扬光大，以告慰他的在天之灵……”蓝珍的小弟蓝雄如是说。

（原载 2017 年 4 月 16 日《闽西日报》）

以十九大精神为指引加快建设“四个上杭”

——访中共上杭县委书记傅藏荣

陈燕棠　范　波　陈志强　张锋育　林斯乾

天时人事日相催，杭川春早潮来急！节后上班以来，上杭县各套班子领导便分赴挂钩项目和乡镇开展调研，主要领导马不停蹄深入紫金矿业、太阳铜业等骨干企业，与企业一起探讨如何在习近平新时代中国特色社会主义思想指引下，不断提高发展的质量和效益，为全市经济高质量发展作出“上杭贡献”。

“党的十九大以来，我们以习近平新时代中国特色社会主义思想为蓝本，在全县大兴调查研究之风，逐项对标、细化措施，做到与发展蓝图相衔接、目标任务相衔接、措施路径相衔接，加快建设实力上杭、活力上杭、魅力上杭、和谐上杭等‘四个上杭’。”上杭县委书记傅藏荣接受本报记者采访时如是说。

干在实处走在前列

乘着学习贯彻十九大精神的东风，2017 年上杭县把各项工作干在实处，县领导带头策划生成重大项目，出台鼓励产业创新政策措施推动产业转型升级、军民融合项目对接；加快双龙铁路等重大交通项目规划建设；推进汀江绿道等一大批民生项目，建设慢行系统，打造“15 分钟生活圈”；全力打好脱贫攻坚战役……经济社会发展保持强劲态势，走在全市前列：地区生产总值 319 亿元，增长 8.9%；规模以上工业增加值 62.8 亿元，增长 9.6%；财政总收入 33.3 亿元，增长 4.9%，其中地方级财政收入 25.1 亿元，增长 9.6%；固定资产投资 312 亿元，增长 21.3%；城乡居民人均可支配收入分别为 35991 元、15355 元，增长 9%、9.1%。2017 年上杭县再次荣获福建省“县域经济实力十强县”，从 2016 年第 9 名晋升到第 8 名，并入选全国投资潜力百强县。

加快推进“四个上杭”

新时代、新气象、新作为。在谈到新的一年如何以习近平新时代中国特色社会主义思想为指引推动各项事业发展时，傅藏荣表示：“我们要认真贯彻落实习总书记新发展理念，认真学习对照高质量发展的要求，充分消化吸收全县大兴调查研究的成果，进一步深化改革、优化机制，解除瓶颈、解决问题；进一步浓厚全县比学赶超、干事创业氛围，提振全县干部群众精气神，深入实施三大战略，持续打好三大战役，全力以赴推进‘四个上杭’的建设。”

上杭将坚持“产业兴县”战略，打造“实力上杭”，按照“抓龙头、搭平台、铸链条、建集群”的思路，大力实施“千百十亿”培育计划。一是全力打造千亿产业。将金铜、建筑两大主导产业培育成千亿产业，力争2018年金铜产业实现产值540亿元，建筑业实现产值480亿元。二是全力打造百亿级产业和企业、园区。重点培育现代农业、商贸物流业、旅游及文化创意产业；在现有紫金矿业、紫金铜业2家百亿级企业基础上，再重点培育福建瓮福紫金、上杭太阳铜业两个龙头企业成长为百亿级企业；加快建设县工业园区和蛟洋工业园区成为500亿级产业园区。三是大力培育年销售额超十亿产品。在现有“金、铜、磷肥、铜材”4个年销售额超十亿产品的基础上，把电缆、铜箔、黄金饰品、锂电新材料等新产品培育成年销售额超十亿的品牌产品。

上杭将以全面深化改革创新来打造“活力上杭”。深化军民融合，扎实推进共建帮扶，力争全年新签约项目11个以上。持续推进“放管服”改革、商事制度改革、农村集体产权制度改革、推进供销合作社综合改革等。进一步培育创新创业平台，力争全年新增认定高新技术企业3家以上。在打造“魅力上杭”上，将推进城乡融合发展，加快推进双龙铁路立项开工、厦蓉高速扩容、永杭高速等基础设施建设，计划全年实施城市建设项目103个，加快打造“15分钟生活圈”，争创全国文明城市。启动实施集镇改造提升行动计划和最美村落“六个一”行动计划，扎实推进国家级生态文明试验区建设，持续攻坚生态环保。加快补齐民生短板，打造“和谐上杭”。持续细化“4810”脱贫政策措施，完善“企业+合作社+贫困户”帮扶模式，打好脱贫攻坚战役。持续推进县委十三届七次全会确定的177个民生项目建设，大力发展民生事业。

新思想来统领，发展中见实效。傅藏荣最后说：“我们一定要在习近平新时代中国特色社会主义思想的指引下，勇于实践，善作善成，努力实现高质量发展，为建设机制活、产业优、百姓富、生态美的新上杭而不懈奋斗。”

（原载2018年2月24日《闽西日报》）

在上杭县第十七届人民代表大会第二次会议上的政府工作报告

——上杭县人民政府县长王波

（2017年12月27日）

2017年工作回顾

过去一年，在市委、市政府和县委的正确领导下，县政府深入贯彻落实党的十八大、十八届历次全会和十九大精神，以习近平新时代中国特色社会主义思想为指导，不忘初心，牢记使命，紧扣实现“四个率先”、打造“四个上杭”的总体目标，深入实施“三大战略”，全面打好“三大战役”，着力补齐民生社会事业短板，较好地完成了县十七届人大一次会议确定的目标任务。全县经济社会平稳较快发展，预计实现地区生产总值299亿元，增长8.3%；财政总收入32.05亿元，其中地方级收入24.18亿元，增长5.5%；固定资产投资306.8亿元，增长19.2%；社会消费品零售总额84.4亿元；城镇居民人均可支配收入36150元，增长8.5%；农村居民人均可支配收入15480元，增长9%。三次产业比调整为12.4∶54.8∶32.8。创建第五届省级文明县城取得明显成效，被省文明委推荐为新一届全国文明城市提名城市。2017年，首次入选“全国投资潜力百强县”，再次被评为“福建经济实力十强县”“福建县域经济发展十佳县”。

——加快产业转型，综合实力稳步增强

大力实施产业兴县战略，推动产业转型升级，发展质量进一步提高，整体实力进一步增强，有力助推“实力上杭”。

主导产业不断壮大。金铜产业亮点纷呈。预计实现规模以上金铜产业产值500亿元，增长24.9%，竣工投产思康有机氟/硅新型合成材料产业化项目、铭麟过硫酸盐生产、紫金铜业生产末端物料综合回收扩建等6个项目;开工建设太阳铜业22万吨连铸连轧低氧铜杆生产、紫金佳博键合金丝生产等8个项目,其中低氧铜杆项目建成投产后产值有望突破100亿元。锂电新材料产业发展起步稳健,开工建设龙德六氟磷酸锂生产项目,签约落地鑫昌龙石墨烯和改性PE新材料、金山锂科锂离子电池高性能储能材料等一批成长性好、科技水平高的项目。建筑业稳步转型。预计实现建筑业产值428亿元,增长8.8%,回流政策效益显现,实现在地建筑业产值152.2亿元,增长30%;新成立建筑施工总承包企业33家,全县建筑施工资质企业增加到135家。积极推动建筑企业向绿色建筑产业转型发展,特级资质建筑企业申报和建工集团组建工作有序推进。

*现代农业稳步发展。*预计实现农林牧渔业总产值62亿元,增长3.9%,农业产业化水平进一步提高,新增市级龙头企业1家、示范企业4家,农民专业合作社33家、家庭农场100家;新增"三品一标"认证产品11个。18家规上农产品加工企业实现产值12亿元,增长10.2%。农村土地承包经营权确权登记颁证工作完成合同签订323个行政村,完成率95.6%。第三次全国农业普查工作通过省级验收。

*服务业持续向好。*预计实现服务业增加值100亿元,增长12%;深入开展服务业发展"三比一看"竞赛,新增规模以上服务业企业21家,总数达40家。成立全省首个县级家庭服务业协会。电子商务加快发展,实现交易额40亿元。金融生态环境持续改善,截至目前,全县金融机构存贷款余额451.8亿元,增长19%。旅游业快速增长,预计接待游客640.1万人次,增长23.1%,实现旅游收入45亿元,增长28.6%。红色教育培训产业蓬勃发展,承接各类红色教育培训2540期12.7万人次。

——着力创新驱动,发展活力持续释放

坚持创新导向,不断优化发展政策服务环境,以改革创新破解发展难题,聚力打造"活力上杭"。

*创新环境更加优化。*县科技创业园基本建成,入园孵化企业5家。培育省、市级科技小巨人领军企业7家。创新投融资机制,设立规模为5亿元的兴杭纳斯特产业基金,引进总规模30亿元的兴源私募股权基金。人才战略深入推进,大力推进科技特派员制度,对重点产业人才实行"一事一议"。目前,引进各类人才288人,其中省级以上高层次人才18人;重点产业人才158人,教育卫生人才130人。

*政务服务不断健全。*推进"互联网+政务服务"模式迈出坚实步伐,在全市率先建成全流程网上办事大厅,审批和服务承诺时限缩减到法定时限的一半以内。深化商事制度改革,加强电子营业执照管理,全面实施"五证合一、一照一码"登记制度,新增市场主体4751户。持续推动"放管服",梳理"一趟不用跑""最多跑一趟"办事清单1037项。落实小微企业税收优惠政策,减免税额1700多万元。整合设立蛟洋工业区管理委员会,强化园区管理和企业服务。

*交流合作巩固深化。*中国证监会挂钩帮扶上杭县;与兴业证券签订为期五年的战略合作协议。军民融合深度发展,与海军装备部、中电科集团等建立共建关系,签订军民融合项目23个,新开工4个,带动投资24.9亿元,民品参军销售收入突破4亿元。政银企校产学研合作对接和"百名教授博士下基层"活动成果丰硕。大力实施杭商"回归工程",签约落地索利普先进制造与智慧城市公共服务平台、伊维菌素医药研发生产等项目。外向型经济日益拓展,古田海关、国检工作机构正式设立,生产性出口首次突破4亿美元,被评为省外贸转型升级示范县。

——坚持协调发展,城乡面貌更富魅力

坚持实施区域协调发展战略,推动城乡融合发展,发展协调性、平衡性和可持续性进一步增强,加快建设"魅力上杭"。

*基础设施逐步完善。*铁路建设取得重要进展,龙岩至龙川铁路项目已召开可研审查会,基本明确上杭城区设站。厦蓉高速(上杭段)扩容建设、永杭高速(上杭段)建设项目加快推进。完成大中线(庐丰至中都段)建设,梅花山路一期、古蛟快速通道一期、黄太线、大中线(大池至溪口段)建设稳步推进,"2345"交通圈加快形成。农村公路管养得到加强,完成生命防护工程183千米、危桥改造8座。万里安全生态水系、烟草水源、汀江防洪等重大水利工程进展顺利,"小农水"重点县建设全面完成。

*城乡面貌明显改观。*完成《上杭县城总体规划修编(2015—2030)》。新建、续建53个城建项目,累计完成投资18.8亿元。启动实施汀江绿道一期工程,慢行系统近期可交付使用,一条集观光旅游、休闲健身、文化体验为一体的景观带将呈现在汀江两岸。城市交通进一步改善,张滩大桥及接线工程二期、上杭大道(建设路段)、江滨中路、人民路西段、振兴路改造基本完成,城区新增停车位571个,潭头大桥等项目有序推进。加快打造"15分钟生活圈",杭川公园、水上运动中心综合楼、城乡规划展示馆、博物馆新馆等项目建成投入使用。全面推进17个省级"千村整治、百村示范"工程示范点、21个美丽乡村示范点和2个新型城镇化重点镇建设,启动古田红色小镇三年提升行动,完成投资5亿元。新增3个中

国传统村落、2个中国少数民族特色村寨、2个全国文明村镇，村镇面貌明显变化。

生态环境持续改善。生态环保战役取得阶段性成效，47个生态环保攻坚项目完成投资10.3亿元。抓好中央环保督察反馈问题整改，生态环保“四大提升工程”扎实推进。空气质量持续提升，城区空气环境质量均达到或优于国家二级标准。全面推行河长制，实现县、乡、村三级河长（河段长）、专管员管理责任体系全覆盖。养殖业污染整治有新进展，关闭拆除生猪养殖场4004家58万平方米，实施规模养殖场标准化改造134家；“一江两河”及支流水质明显提升，Ⅲ类水质达标率96.7%。在全市率先实现农村生活垃圾、污水处理设施建设全覆盖。调整完善土地利用总体规划，修编第三轮矿产资源总体规划。完成植树造林0.13万公顷，森林覆盖率达77.2%；完成水土流失综合治理0.45万公顷，获评国家水土保持生态文明综合治理工程。

——坚持改善民生，社会更加和谐稳定

坚持补齐民生社会事业短板，切实增强人民群众获得感、幸福感，努力实现“和谐上杭”。

脱贫攻坚扎实推进。预计实现3077户9914人脱贫，蓝溪镇、下都镇和14个贫困村实现脱贫摘帽。精准帮扶扎实有效。实施“企业+合作社+贫困户”等帮扶模式，269家经营主体带动946户贫困户，解决贫困户就业2295人，培育出华润五丰、擎荣农业、同福鸽业、傲农槐猪等典型。实施激励性扶贫项目56个，受益贫困户866户3728人。增强贫困户“造血”功能，发放扶贫小额信贷资金1660户4455.6万元，覆盖面达31.4%；举办47期雨露计划培训班、培训贫困户4640人次。政府保障覆盖有力。贫困户住房安全问题基本得到解决，实施造福工程926户2899人、危房改造2290户5926人，完成4个造福工程集中安置点建设。贫困户就学就医难题得到较好解决，2667名贫困户子女享受各类教育助学补助433万元，发放贫困户参合参保和健康扶贫保险补助938.1万元。

民生事业不断改善。贯彻以人民为中心发展理念，坚持新增财力90%以上用于改善和保障民生，20项重点为民办实事项目基本完成。教育事业更加均衡。新开工建设3所幼儿园，推进10所学校“改薄”项目。实施乡村教师支持计划，提高乡村教师生活待遇。继续推行普通高中教育免费政策，受益学生1.3万人次。“阳光招生”政策深入人心，教育更加公平优质。医疗卫生水平稳步提高。县级公立医院综合改革和基层医药卫生体制改革持续推进，投入2000万元用于提升县级医疗机构和乡镇卫生院医疗水平，分级诊疗和医疗联合体制度稳步实施；有序推进县医院整体搬迁、妇幼保健院搬迁、6个乡镇卫生院用房建设。文化体育事业蓬勃发展。群众精神文化生活更加丰富，“月月有戏”文艺演出精彩纷呈，举办纪念畲族民族成分恢复30周年暨首届“三月三”畲族文化节等活动。文体惠民工程扎实推进，所有行政村实现广电光纤全覆盖，完成30个薄弱村文体设施提升改造。县图书馆获批国家一级馆，县少儿业余体校获评国家重点高水平体育后备人才基地。社会保障覆盖更趋完善。实现城乡居民基本医疗保险和社会养老保险参保全覆盖；实现城镇新增就业1821人、促进下岗失业人员再就业1321人，城镇登记失业率3.3%。实施城市棚户区改造357户，配租配售各类保障住房228套。养老服务水平显著提升，被评为2017年中国候鸟旅居小城，被确定为全省乡镇敬老院社会化改革试点示范县。

社会治理纵深推进。“平安上杭”建设深入推进。古田派出所被国务院授予“人民满意派出所”荣誉称号，县公安局再次获评“全国优秀公安局”称号。圆满完成党的十九大、厦门金砖会晤安保维稳任务，开展“红土肃毒2017”、项目建设领域治安治理、打击电信网络新型犯罪等专项行动，社会更加安定稳定。扎实推进社会主义核心价值观建设，实验小学温金娥老师获评第六届全国道德模范，受到习近平总书记亲切接见。创新完善社会管理模式，在全市率先实行县域综合治理季度分析会制度，军警民联勤联防工作机制得到完善。“七五”普法工作扎实推进，人民调解工作多元化调解“上杭模式”在全省推广，“一村一法律顾问、一社区一法律诊所”更加完善。社会管理逐步完善。全面实施“两孩”政策，推进计生服务改革。食品药品安全监管进一步强化，实现中型以上餐馆、学校食堂明厨亮灶率100%，古田省级食品安全示范街通过省级验收。全面深入推进安全生产大检查，全县安全生产形势稳定好转。双拥工作巩固加强，被评为全省“双拥模范县”和全省征兵工作先进单位。

国防动员、人民防空、防震减灾、慈善事业、红十字会、民族宗教、库区移民、地方志、档案、保密、消防、工会、外事侨务、对台、文联、客联、工商联、老年人、妇女儿童、青少年、残疾人、科协等各项工作得到加强。

——严抓自身建设，服务水平不断提升

认真落实全面从严治党主体责任，推进“两学一做”学习教育常态化制度化取得实效，县政府机关党的建设和党风廉政建设工作持续加强。严格落实中央八项规定精神，按要求做好公务用车改革，办公用房、公务接待更为规范，出台《党政机关国内公务接待管理暂行办法实施细则》，

“三公”经费支出下降18.7%。法治政府建设稳步推进,机关效能建设不断加强,政风行风持续好转。政务公开持续深化,县级政府部门权力和责任清单全面公布。自觉接受县人大及其常委会的法律监督、工作监督和县政协的民主监督,持续深化行政监察、审计监督,广泛接受社会监督,依法向人大报告工作,定期向政协和老同志通报情况,办理人大代表建议292件、政协委员提案235件。

各位代表!一年来的成绩来之不易,这是全县人民在上级党委政府和县委正确领导下,齐心协力、团结奋斗的结果,是社会各界广泛参与、大力支持的结果。在此,我谨代表县人民政府.向为我县经济社会发展付出辛勤劳动的全县广大干部群众,向人大代表、政协委员、离退休老同志和各界人士,向省市驻杭单位、驻杭部队、武警官兵、公安民警,向关心支持上杭发展的海内外乡亲,表示衷心的感谢和崇高的敬意!

在看到成绩的同时,我们也清醒地看到,我县经济社会发展还存在不少困难和问题,发展不平衡不充分的一些突出问题尚未解决,主要表现在:产业结构不够合理,第三产业比重偏低,金铜产业链条延伸不够;建筑业在地产值比重较低,建筑企业特级资质还未实现突破;农业产业化水平不高,品牌优势不明显;受一次性税收减收、资源税改革等因素影响,财政收入质量不高,税性收入增长趋缓,财政支出压力仍较大;城镇化率仍然偏低;脱贫攻坚任务艰巨;民生领域还有一些短板,城市建设管理、教育、医疗、交通、住房和社会保障等方面还存在一些突出问题;人才引进难、留住难问题仍较明显;紫金山矿区、蛟洋工业区等重点区域安全环保监管压力较大;一些政府工作人员不敢担当、改革创新意识不强的问题还未根本解决,个别领域的不正之风和腐败问题依然存在,等等。对此,我们必须高度重视,认真研究解决。

2018年工作安排

各位代表,2018年是贯彻落实党的十九大精神的开局之年,是改革开放40周年,是决胜全面建成小康社会、实施“十三五”规划承上启下的关键一年。我们要深刻领会习近平新时代中国特色社会主义思想的精神实质和丰富内涵,立足我县实际情况,抓住中央支持老区加快发展的难得机遇,顺势而为、乘势而上,全面做好稳增长、促改革、调结构、惠民生、防风险各项工作,保持经济社会平稳健康发展。

2018年政府工作的总体要求是:**深入贯彻落实党的十九大精神,以习近平新时代中国特色社会主义思想为指导,贯彻新发展理念,提高发展质量和效益,围绕实现“四个率先”、打造“四个上杭”总体目标,大力解决发展不平衡不充分的突出问题,重抓产业转型升级,努力补齐民生社会事业短板,决胜全面建成小康社会,加快建设“机制活、产业优、百姓富、生态美”的新上杭。**

经济社会发展主要预期目标是:地区生产总值增长8.8%;财政总收入增长11.1%,地方级收入增长8.3%;固定资产投资增长15%;社会消费品零售总额增长12%;城镇居民人均可支配收入增长8%;农村居民人均可支配收入增长8.5%;居民消费价格指数控制在103%以内;城镇登记失业率控制在4.3%以内;完成市下达的节能减排降碳任务。主要做好以下几个方面工作:

一、坚持新发展理念,提升发展质量

(一)大力培育千亿产业

优化升级金铜产业。用好“一企一策”,服务支持紫金矿业、紫金铜业、太阳铜业、瓮福紫金等龙头企业进一步做大做强,推动紫金加大本土投资,策划落地一批生产性大项目、好项目。瞄准价值链中高端,拉长做细金铜产业链条,建好太阳铜业22万吨连铸连轧低氧铜杆生产、志裕铜资源综合利用、国威电子航天航空特种线缆生产等项目。大力发展稀贵金属产业,推进紫金金盐系列产品生产、紫金佳博键合金丝生产等项目建设。拓展延伸循环经济产业链,推进瓮福紫金磷石膏综合利用、30万吨/年湿法净化磷酸扩能增效、龙氟化工无水氟化氢生产扩建等项目建设。力争全年实现金铜产业产值540亿元。转型做强建筑产业。加快推进绿色建筑发展和建筑工业化试点工作,支持福建绿科等重点企业加快发展,打造全省装配式绿色建筑示范基地,力争实现特级资质建筑企业零的突破。用好建筑产业扶持政策,吸引外出企业“回流”,力争实现建筑业总产值478亿元,其中在地建筑业产值182亿元。

(二)做优做强现代农业

坚持农业农村优先发展,推动一二三产融合发展,实现农业提质增效。推进国家级农产品质量安全县、畜牧业绿色示范县和省级农业可持续发展示范县建设。着力提升农业产业化水平。鼓励发展农产品精深加工,加强农产品营销,加快建设农业产业化联合体,形成生产、加工、销售、服务一体化的完整产业链条。强化培育农业龙头企业,推进华润五丰农业生态循环产业园、傲农槐猪产业综合开发、擎荣农产品种植与加工、鑫中合设施农业示范区建设等项目,增加农产品附加值。做好农业品牌培育文章。加大培育“三品一标”、中国驰名商标、福建省著名商标和农业集体商标力度,进一步打响槐猪,乌兔、萝卜干、杭晚蜜柚等农产品特色品牌,提高农产品经济效益。不断拓展农民增收渠道。着力培育新型农业主体，力争全年新增农民专业合作社20家、家庭农场100家。发展林下特色种养，建设林下经济示范基地。持续稳定粮食生产，争创全国“粮食生产先进县”。

（三）全面发展现代服务业

进一步挖掘服务业发展潜力，力争全年培育规模以上服务业企业15家以上，完成服务业投资12亿元以上。加快发展商贸物流业。加快发展批发零售和住宿餐饮业。鼓励支持有条件的企业实施主辅分离，大力发展生产性服务业。加快紫金顺安综合物流园建设，着力培育大型物流企业。加快发展电子商务，力争全年实现交易额45亿元。推动房地产业健康发展，增加商品住房有效供给。加快发展旅游业。加快打造“过夜游”市场，推进古田会议会址等景区提升工程，做好“诗意院田”等历史文化古村落保护与旅游项目开发建设，力争全年游客接待量突破700万人次，旅游总收入突破55亿元。加快发展红色教育培训产业。以古田干部学院、上杭县党员干部继续教育基地为支撑，培育壮大红色教育培训产业，力争全年承接红色教育培训15万人次。

（四）加快发展新兴产业

抢抓新能源汽车产业发展机遇，悉心培育锂电新材料产业，推动清景铜箔二期1.5万吨技改扩建项目前期工作，加快龙德六氟磷酸锂生产、鑫昌龙石墨烯和改性PE新材料、金山锂科锂离子电池高性能储能材料等项目建设，大力引进锂电池产业相关项目，补齐做大锂电新材料产业链。加强与省电子信息集团等企业的沟通协作，延伸发展电子信息材料产业。与厦门钨业加强对接，推动洋坡坑稀土矿“探转采”，积极做好重点项目涉及稀土资源综合回收利用工作。

二、坚持项目带动，厚植发展优势

（一）不断提升策划质量

继续深化县领导和乡镇、部门主要领导带头策划项目工作机制，力争全年策划项目200个以上，其中亿元以上生产性项目30个以上。突出超前谋划，找准项目策划与市场、企业发展需求的切入点，与中央、省、市预算内投资计划准确衔接，开展企业策划项目竞赛，吸收外出乡贤、重点企业家、高校专家参与项目策划，提高策划项目的精准度和转化率。

（二）持续增强招商实效

突出自身优势“真招商”，继续探索资本招商，积极有效运作产业发展基金，重点引进科技含量高、经济效益好的项目。着眼长远发展“招真商”，围绕我县金铜、建筑、现代农业、现代服务业等，积极向上下游拓展延伸，积极引进重特大生产性项目和产业链关联配套项目。力争全年引进招商项目70个，其中亿元以上项目20个，5亿元以上项目9个。

（三）加快推进项目建设

发挥“新古田会议”后续效应，深化军民融合工作，推动与海装上海局、中电科14所、18所等产业合作平台建设，重点推进微波通军工电缆组件等项目建设。不断提高项目保障水平，落实项目联审联办机制，做好“区域评估”工作。健全完善重点项目建设调度机制，有效保障项目用地、用林、用电、用工等要素。编制政府项目年度投资计划，动态调整项目年度资金安排；建立资金支出考核通报机制，加快项目资金支出进度。创新项目管理机制，推进项目信息平台APP建设，提升管理效率。发挥七大领域指挥部的作用，深化运用“三七二一”督查方式，有力推进133个落地攻坚项目建设，确保完成投资103亿元。

三、坚持全面深化改革，激发发展活力

（一）深化重点领域改革

全面落实监察体制改革各项任务。持续推进“放管服”改革，深入推进“双随机一公开”监管工作全覆盖。深化商事制度改革，在“五证合一”的基础上探索推行“多证合一”。稳步推进农村集体产权制度改革，完善承包地“三权”分置制度，全面完成农村土地承包经营权确权登记颁证工作。深化财税体制改革，统筹盘活财政存量资金，健全支出绩效评价管理机制；推进供销合作社综合改革；做好林权抵押贷款试点工作。加强蛟洋海关、国检监管平台建设，提高通关便利化水平。

（二）营造创新发展氛围

推进各类创新平台建设，力争科技创业园通过省级孵化器备案，杭川众创、县供销农产品双创孵化园通过省级众创空间认定；推动县工业园区创建省级高新技术产业园区。重视和支持企业发展高新技术和技术改造，进一步深化政银企校产学研合作，重点扶持院士专家工作站、博士后工作站、紫金矿冶设计研究院等研发服务平台，力争全年新增认定高新技术企业3家、培育科技型企业5家以上。深入实施人才强县战略，加快引进教育、医疗领域的紧缺人才。依托龙岩人才发展集团上杭科技孵化基地，借助人才基金引领作用，推动一批高层次的人才项目在我县落地。

（三）提高金融服务和国资运作水平

抓住中国证监会挂钩帮扶上杭县的契机，整合设立金融工作局，积极培育上市企业，做好上市后备企业的培养和筛选。加强与金融机构的沟通联系，落实绿色金融政策，努力拓宽企业融资渠道，降低融资成本，帮助企业成长壮大。提高国有资本的运作水平，支持兴杭国投公司进一步提升主体评级，积极探索盘活闲置国有资产。有效防范国资管理风险，完善国有企业的监督管理体制，提高国资运作透明度，实现国有资产保值增值。

四、坚持以人民为中心，推进城乡建设

（一）加快基础设施建

全力推进龙岩至龙川铁路项目立项开工建设。紧盯建设“2345”交通圈目标，加快永杭高速（上杭段）、大中线（大池至溪口段）等项目建设，完成厦蓉高速扩容（上杭段）、梅花山路（一期）、岩下山至古田五龙段（古蛟快速通道一期）公路等项目建设。加快推进珊瑚、下都通乡公路升级改造项目前期工作，启动国道205城区过境线、古田至步云旅游公路改造提升工程，完成农村公路改造50千米、安保工程50千米，实施危桥改造7座。推进汀江上杭防洪工程（一期）、旧县片区烟区水源工程、白砂锦绣水库等水利项目建设。实施新一轮农村电网升级改造，推进电动汽车充电基础设施建设，加快昆润天然气下游利用工程、中阳龙翔液化天然气储配综合站建设。

（二）加快建设宜居城市

坚持以人为本的规划理念，推进江滨宜居城市建设。加强土地收储利用与管理，全年实施城市建设项目103个，完成投资30亿元。重点实施汀江绿道二期、潭头大桥及接线工程、永杭高速上杭城区南互通接线工程、三环路市政工程二期、西环路二期及接线道路改造等项目。加快打造“15分钟生活圈”，实施城市园林绿化景观“六化”工程，启动“十大雕塑”建设；做优做活汀江水面文章，启动实施城区汀江“水幕电影”和“音乐喷泉”工程，加快水上运动中心等项目建设。逐步推进旧城更新、背街小巷改造提升工程。加大客家缘片区的开发、盘活力度，拓展城市发展空间。优化城市管理，构建城市共建共治共享机制，巩固文明城市创建成果，持续开展国家园林城市创建活动。

（三）加快打造美丽乡村

主动融入国家乡村振兴战略，做好第三批国家新型城镇化试点工作，加快推进古田、才溪等新型城镇化重点镇建设，积极在农业转移人口市民化、完善土地利用和城镇住房制度等领域探索制度创新。加快打造古田国家级特色小镇，抓好通贤、才溪、蛟洋、庐丰、官庄、稔田、湖洋等乡镇的特色培育，争取更多的乡镇列入国家和省级特色小镇。扩大美丽乡村建设覆盖面，启动实施集镇改造提升行动计划和最美村落“六个一”行动计划。深化农村环境综合整治，推进“厕所革命”，积极探索农村生活垃圾终端处理有效机制，完善乡镇生活污水处理厂第三方运营机制。

五、坚持优化生态环境，保持绿水青山

（一）持续打好生态环保攻坚战

抓好环保督察反馈问题整改，解决生态环境建设中的突出问题。实施“一江两河”生态环境综合整治及保护工程，全面落实“河长制”和最严格的水资源管理制度，做好养殖业污染防治长效管理，抓好重点小流域水质提升，实现总体水质进一步提升和稳定。全面落实“三个最严格”，突出抓好紫金山矿区、蛟洋工业区等重点区域环境监管，推进紫金山环境安全整体提升工程，完善环境监测网络，持续加强工业污染防治。持续推进燃煤锅炉等大气污染整治，严格建筑施工管理，确保城区空气环境质量达到或优于国家二级标准。加大土壤污染防治力度，加强农业面源污染治理和固体废物处理。

（二）扎实抓好生态文明建设

牢固树立“绿水青山就是金山银山”的理念，持续推进国家级生态文明试验区建设，推进8项生态文明改革任务。落实福建省主体功能区规划重点任务，严格执行固定资产节能评估和审查制度，把好项目准入关。深化生态文明体制改革，落实绿色发展指标体系和生态文明建设考核目标体系，开展绿色发展绩效考核。加强生态系统保护，开展国土绿化行动，强化湿地保护和恢复，加强地质灾害防治，强化森林资源管护，完成造林绿化0.15万公顷，治理水土流失0.34万公顷。

（三）不断推进绿色发展

积极发展绿色循环经济，确保蛟洋工业区通过省级循环经济园区验收。推进“智慧上杭”建设，实施“数字上杭”地理空间框架建设。严格执行耕地、林地保护和管护措施。强化基本农田保护、耕地占补平衡、卫片执法检查等工作，加强农村建房管控，集约利用土地资源，持续开展“两违”建筑专项整治。继续推进闲置土地和批而未供土地专项整治，提高土地利用率。

六、坚持保障改善民生，加快补齐短板

（一）持续推进脱贫攻坚

坚持精准扶贫，精准脱贫，巩固脱贫成果，确保2017年新增贫困人口稳定脱贫。稳步推进扶贫小额信贷，发放信贷资金2000万元以上。开展智力扶贫工程，广泛开展激励性扶贫，深入开展技能培训，激发贫困户脱贫内生动力。完善“企业+贫困户就业”“合作社+贫困户”等脱贫模式，不断增加公益性岗位就业以及转移性就业项目，实现贫困户稳定增收。实施健康扶贫工程，全面兑现健康扶贫各项补助。深入开展“百企帮百村”精准扶贫活动，广泛动员和凝聚社会力量参与扶贫。实施第五轮贫困村整村推进，实现2个贫困乡镇和30个以上困村脱贫摘帽。

（二）全面落实民生保障

推进更高质量就业和更充分就

业，力争新增城镇就业1300人、下岗失业人员再就业1800人、农村劳动力转移就业9000人以上。健全完善社会保障体系，进一步为群众“减负”，持续推进“健康扶贫保险”和大病医保“三保合一”均衡化工作。推动社会保险由制度全覆盖到人员全覆盖，完善社会救助体系。规范保障性住房申请、审核，加快剩余保障性住房的配租、配售，扩大住房保障覆盖面。

（三）切实办好民生实事

全面推进社会事业发展，认真办好21项为民办实事项目。坚持教育优先发展。加快推进城乡教育扩容工程，启动城区3所小学和4所幼儿园的规划建设，推动教育均衡发展；继续实施普通高中教育免费政策；每年安排2000万元作为教师教绩专项奖励金，安排600万元作为班主任津贴，激励广大教师做好教学工作。加快打造“健康上杭”。大力推动全民健身，提升健康素质。力争完成县医院整体搬迁项目主体楼层框架建设，确保完成县妇幼保健院整体搬迁，抓好皮防院康复医养中心和金秋医养中心建设，实施庐丰、蓝溪、蛟洋、官庄等4个乡镇卫生院示范化预防接种门诊改造。探索养老产业“上杭模式”。推进省级乡镇敬老院社会化运营改革试点示范工作；抓好老年人日间照料中心建设，新建农村幸福院25座。继续实施文化惠民工程。扎实推进体育中心综合体育场馆、水上运动中心二期、华岳纪念馆等场馆建设，完成档案馆搬迁。进一步组织好“十大群文”活动和其他群众性体育活动，办好福建省第七届“三月三”畲族文化节。扎实开展第四次全国经济普查。

（四）不断创新社会治理

扎实抓好村级组织换届选举工作，进一步完善乡村治理，提升基层民主自治水平。继续实施好全面“两孩”政策，完善配套政策，促进人口均衡发展。推进“七五”普法工作，积极开展全国法治县创建。积极推动社会治理重心向基层下移，加快基层综治中心建设，有效整合基层社会治理资源。加快建设立体化治安防控体系。不断完善军警民联勤联防工作机制。落实“四个最严”，加强食品药品安全监管，继续深入开展“餐桌污染”治理，加快建设食品药品安全放心县和食品安全社会共治示范县。严格落实安全生产责任制，加强安全生产应急管理体系建设，提升本质安全水平。不断提升突发事件应急处理和防灾减灾救灾能力，增强人民群众的安全感和满意率。

加强政府自身建设

各位代表！“风劲帆满图新志，砥砺奋进正当时”。新时代、新征程、新使命要求我们政府要有新作为，展现新气象，续写新篇章。我们要坚持以党的十九大精神为指导，大力弘扬古田会议精神和毛泽东才溪乡调查精神，以饱满的热情，昂扬的斗志，砥砺奋进追逐新梦想，不忘初心再铸新辉煌，努力建设人民满意的政府。

不忘初心，牢记使命。只有不忘初心，才能尽心尽力，只有牢记使命，才会敢于担当，才能不负人民重托。我们要牢固树立“四个意识”，坚持党对政府工作的领导，努力开创各项事业发展新局面。始终把人民对美好生活的向往作为奋斗目标，努力补齐民生社会事业短板，妥善解决群众关注的焦点、痛点、难点、堵点问题，让我们的发展更有温度。

奋发有为，永不懈怠。我们面临的发展机遇、发展条件前所未有，面临的艰巨任务、风险挑战也前所未有。我们要增强狠抓落实本领，说实话、谋实事、出实招、求实效。继续发扬“闹革命走前头，搞生产争上游”的精神，始终保持艰苦奋斗、戒骄戒躁的作风，以时不我待、只争朝夕的精神，奋力攻坚克难，努力使政府每一项工作落到实处、见到实效。

履职尽责，依法行政。政府一切权力来自人民，所有工作都要体现人民意愿、维护人民利益、接受人民监督。我们要坚持依法行政，遵守政府工作规则，规范办事程序，深入推进法治政府建设。自觉接受县人大及其常委会的法律监督、工作监督和县政协的民主监督，加强审计监督，主动接受社会公众舆论监督。认真办理人大代表建议和政协委员提案，广泛听取工商联和各民主党派、无党派人士以及离退休老同志的意见和建议。

正风肃纪，廉洁从政。纪律是执行路线的保证，没有严明的纪律和规矩，就难以保证工作的落实。我们要坚持把纪律和规矩挺在前面，深入推进党风廉政建设和反腐败工作，促进政府清廉、干部清正。要持之以恒改进政府工作作风，驰而不息纠正“四风”，严格执行中央八项规定精神，严格控制“三公”经费等支出，让政府过紧日子，群众过好日子。

新时代开启新征程，新时代呼唤新作为。让我们紧密团结在以习近平同志为核心的党中央周围，高举新时代中国特色社会主义伟大旗帜，在市委、市政府和县委的坚强领导下，紧紧依靠全县人民，凝心聚力、锐意进取、攻坚克难，为决胜全面建成小康社会、实现人民对美好生活的向往继续奋斗！

年度关注

守护一江清水 造福一方百姓

——上杭持续推进汀江流域生态环境综合整治侧记

蓝明丰 陈 健

汀江主干流4个断面III类水质达标比例达100%、城区集中式生活饮用水水源地水质达标率100%、2016年全县综合水质总体评价为II类,达标率100%……

3月21日,记者在上杭县城汀江河道见到,一江清水缓缓穿城而过,水面如镜,蓝天白云、摩天高楼尽人其中;两岸花红柳绿、游人如织,更有游泳健儿戏水江中、不亦乐乎!

这些美丽温馨的景象,正反映了上杭县近年来为守护汀江一江清水,主动作为,落细落严落实河长制取得的可喜成效,让当地百姓真切感受到优美生态环境带来的那份幸福。

党政同责 层层有责

汀江流域在上杭县境内的集水面积达2715平方千米,汀江干流及其支流旧县河、黄潭河为县内三大河流,是当地百姓赖以生产生活的母亲河。

保护母亲河的生态环保,是执政为民最重要的体现!上杭县委县政府高度重视汀江流域的治理工作,2014年开始先后制定出台了《上杭县河长制实施方案》《上杭县汀江流域河长制工作机制》等文件,建立健全以党政领导负责制为核心的责任体系,明确各级河长职责,全面建立县、乡、村三级河长体系,由县政府主要负责同志担任总河长,由乡镇党委或政府主要负责同志担任乡镇河段长,在河流所在村设立村河长,全面推行"河长制"管理模式,还建立专管员责任制。2016年,结合"三大战役"的实施,成立了生态环保攻坚战役领导小组,将水环境整治攻坚战役作为重中之重。

该县抓住"党政同责、一岗双责"这个关键,建立并完善了河长制党政领导干部考核机制。对责任落实到位的河长、专管员,予以通报表扬,并在年度考核中加分;对措施不力,敷衍塞责,履职不到位的,给予通报批评,列入年度考核惩戒。

狠抓源头 严格整治

生猪养殖场排污是该县河流最大的污染源之一。狠抓源头、严格整治最突出的涉水环境污染,是上杭县落实河长制、治理水污染的一大着力点。

该县制定并下发了《上杭县2016年生猪养殖业污染防治工作实施意见》,成立了农村环境监察临时中队,加强对畜禽养殖污染等农村突出环境问题的执法监管,在全县范围内集中开展专项行动,集中整治、查处一批污染严重的规模化养殖场。2016年,该县共拆除禁养区生猪养殖场(户)3791家,拆除面积77.52万平方米,削减生猪31万头,完成了109家生猪养殖场标准化改造。

同时,由县委政法委牵头,县法院、公安局、环保局、水利局等部门组成,建立健全环境违法案件联动办理机制,依法加大对涉及环境违法案件的惩处力度。自去年以来,该县共出动执法人员1747人次,开展了多次"清水蓝天"专项行动,督查环境违法企业450余家次,立案处罚45起,停产限产34起,下达限期整改通知书33份,实施了全省首例将农村基层群众性自治组织(村委会)作为处罚责任主体的处罚。今年2月28日,该县对旧县河旧县镇和坝电站库区河段非法采砂开展联合执法,有效地保障了旧县河流域水安全。

攻坚克难 黄潭水清

黄潭河由于受工矿企业开发及

养殖业迅猛发展的影响，水质恶化，成为全市水流域环境质量的一个突出问题。水质黑、恶、臭，严重影响沿河百姓生产生活，为此，该县2013年开始实施了黄潭河治理三年行动计划，进一步强化落实河长制。

问题在水里，根子在岸上，河长们力求把问题解决在岸上。他们协调联系有关部门积极抓落实，开展联动执法，关闭冶金、水泥等污染企业21家，关闭拆除猪场1586家，打击非法采洗砂场69家。河长们下河道、蹲工地，推进污水管网建设、拆除临违建筑、绿化河道、清淤保洁……打响了一个个攻坚克难、标本兼治的硬仗。乡镇河长蓝尚荣为彻底清查河水污染原因，与乡环保部门一起抓好沿河印染企业污水的达标排放，控制上游来水污染，深入每家每户进行环保意识宣传，连续三月奔波在拆迁猪场的工地上。

环卫保障也得到进一步加强，建设了集镇生活垃圾填埋场6座、村级垃圾填埋场76座，垃圾中转站7座，垃圾池2000余座，发放垃圾大小桶6000余个，使垃圾乱弃乱倒现象得到遏制。如今三年过去，黄潭河水质改善明显，主要水质污染源因子化学需氧量、氨氮、总磷等浓度持续下降，断面水质持续好转，大部分河段水质达到Ⅲ类水质标准。

行百里者半九十，保持汀江流域一江清水仍须驰而不息、久久为功。今年，结合贯彻落实新一轮《龙岩市全面推进河长制实施方案》，上杭对河长制责任再明确、再深化、再落实，推动汀江流域生态环保综合整治再出发，切实将汀江流域“绿色、生态”打造为上杭红土地上最美的名片。

（原载2017年3月23日《闽西日报》）

魅力上杭：打造15分钟生活圈

刘少雄　丘晓晴

上杭，一片古老而美丽的土地。千年古邑，人文荟萃，彪炳史册；百里汀江，三折回澜，江天寥廓……

在2017年的日历即将翻过之际，走进这座山、水、城、人和谐共生的江滨园林城市，我们欣喜地看到：优美的自然景观与灿烂的人文景观在这里齐放异彩，丰厚的文化积淀与日新月异的时代创造在这里交相辉映：汀江绿道沿江而建逶迤如龙，潭头大桥建设工地机声隆隆，江滨中路提升改造后花团锦簇焕然一新，上杭大道中轴线全线贯通，杭川公园广场亭台廊榭错落有致，智能化公共自行车取（停）点遍布城区，城区主次干道“白改黑”基本完成……上杭县城“15分钟生活圈”正呼之欲出，为“魅力上杭”的美丽画卷又添上浓墨重彩的一笔。

决策篇：为百姓生活更加美好

天时人事日相催，万千帆影踏浪来。

新时代人们的需要正在从物质性要求转向非物质的精神需要，即对美好生活的追求。

城，所以盛民也。“城市的核心是人，衣食住行、生老病死、安居乐业，让人民群众在城市生活得更方便、更舒心、更美好，这是我们城乡规划建设永恒的努力方向”，说起“上杭县城15分钟生活圈”的来由，上杭住房和城乡规划建设局的同志满怀激情。他们告诉我们，2015年底，中央城市工作会议提出了“一个规律、五大统筹”城市工作总体思路，形成了“创新、协调、绿色、开放、共享”五大发展理念，并指出城市社区承载了工作、生活、休闲多种功能，需满足市民宜居、宜业、宜游的需求，是城市内涵式创新发展的“生态”基础。

随着社区建设成为城市转型发展的主攻方向，打造15分钟社区生活圈成为各大城市实践和探索的崭新课题。

正是在这一背景下，上杭县委书记傅藏荣提出“打造上杭县城15分钟生活圈”这一思路，通过深入调研，广泛征求意见，认真探索和研究后，“上杭县城15分钟生活圈”被写入上杭县第十三次党代会报告之中，成为“打造魅力上杭”的重要内容。

何谓“15分钟城市生活圈”？指的是打造城市社区生活的基本单元，即在步行15分钟可达范围内，配备生活所需的基本服务与公共活动空间，形成安全、友好、舒适的社会基本生活平台。

根据这一思路，上杭县住房和城乡规划建设局组织编制了《上杭城区15分钟社区生活圈规划（2016－2020）》，规划提出：在15分钟可达范围内,优化社区用地布局、引导低碳安全出行、完善公共配套设施、梳理公共开放空间,营造可达性强、服务精准、功能复合、开放安全的宜居社区,提高社区生活幸福指数。至2020年,上杭中心城区形成“3+1”生活圈格局,分别是:东部生活圈、西部生活圈、南部生活圈和县工业园区。具体包括:“建”——加大城区停车场、公厕、区域小绿地小广场的建设力度;“通”——打通城市“断头路”,全面治理城市“内涝”;“补”——补齐城市“短板”,力争城区在半径300米范围就有一处公共停车场、书报亭(吧)、幼儿园、医疗点、老年人活动场所(日间照料中心);步行15分钟就有一处公共绿地或休闲广场、一处公众乘凉或避雨场所;步行10分钟就有一处公厕,从而提高城市服务功能,让市民有更多获得感、幸福感。

2017年4月,该规划经县规委会审查通过。“说干就干”,规划通过后,上杭县政府迅速启动实施,将“15分钟生活圈”从纸面一步步带到现实。

建设篇:用激情浇铸幸福坐标

“东南山豁大河通,汀水南来更向东。四面青山三面水,一城如画夕阳中”,这是清末爱国诗人丘逢甲对上杭的深情咏叹。

新征程,新使命。沐浴新时代的浩荡春风,呼应加快发展的澎湃潮声,上杭的建设者以新思路创新业绩,以大手笔写大文章。

“实施15分钟生活圈,是提高社区生活幸福指数的有效手段,是生活方式由‘保障’提升至‘完善’的转变”,上杭县县长王波介绍说,“一个只重视‘速度’的城市,居民会缺乏幸福感和归属感,因此宜居城市离不开‘慢行系统’,它不仅是城市的一种文化符号,更是市民生活品质的体现、城市宜居的反映。”

2017年6月,汀江绿道建设工程在上杭拉开序幕,项目总投资3.8亿元。该项目沿汀江两岸从临城九洲村到庐丰摩陀寨,以中心城区为核心,辐射周边5个乡镇、45个村(居),共计60千米,建设内容包括慢步系统、绿廊系统、服务设施系统、标识系统等。作为龙岩市重点工程之一、上杭重大民生工程和着力改善人居环境、提升城市品位、发展旅游经济新亮点的重要抓手,工程围绕“高品质、高效率、高水平”,以建设成为“人民群众拍手称好的民生项目样板、干部群众学习称赞的项目推进样板、全县项目队伍学习的项目干部样板”的目标要求,采取分段同步施工,以及循环进场施工、交叉作业、倒排工期等有效办法,确保工程按时间节点有序推进。据项目负责人介绍,目前工程已经完成了70%左右。汀江绿道“慢行系统”范围的江滨中路的改造提升已经完成,预计春节前,“全省领先、全市唯一”的汀江绿道一期工程将投入使用。

“300米见绿,500米见园,步行15分钟见小广场、公厕和自行车站点等,我们的一切努力,就是为了打造市民休闲、生态、健康、宜居的城市。”上杭县副县长阙生华告诉我们,除了加快绿道慢行系统建设外,2017年上杭县着重实施了一系列建设项目:

新实施城区道路“白改黑”5条、约16千米43.8万平方米,完善了道路标志标线,道路交通更加顺畅。

新实施管线下地、雨污分流改造道路5条,约12.5千米,改造人行道约16万平方米、新增盲道约22千米,城市功能更加完善。

新增智能公共自行车取(放)站点35个,投放公共自行车675辆。按骑行10分钟布设自行车站点,市民健身休闲更加低碳。

新增城市停车场7个、新增停车位470个。按300米服务半径规划新增公共停车场,因地制宜、可大可小,多点布局、分散停放,缓解车辆停放压力。

新建城区公厕10座。按步行15分钟路程(闹市区按步行8分钟)规划布点建设公厕。

新增城市公交停靠站8处。在上杭大道沿线、龙翔大道沿线等实施公交线路延伸,新增公交停靠站,扩大公交服务半径;同时,在公交线路覆盖整个建成区主次干道的基础上,新增郊区线路,提升公交服务质量,为市民出行提供便利。

新建遮阴避雨点15处。利用现有公园绿地、广场等公共休闲场地,建设尺度适合、风格融合的小雨亭、遮阳棚等设施。

新辟小绿地小广场100多处。利用闲置地、边角地、插花地、交通避让点,新辟小绿地、小广场,方便周边居民就近实现坊间休闲、小憩。

新建社区托老托幼点3个。以临江镇、临城镇社区为单元,以原有的社区老人日间照料中心为依托,利用原有公产房(危房改造维修后),按200米半径范围布点设置就近托老托幼点,解决“双职工”后顾之忧,构建温馨和谐社区。

新建一批医疗、文化、教育设施。按城区医疗和教育等专项规划,在城区实施新的医疗点,建设新的学校和文化设施等。如,思源阁维修、望江亭建设、石壁寨公园步道建设、罗星塔公园二期建设、临江楼至驷马桥滨水景观建设,以及瓦子街古戏台、华纪念馆、客家族谱馆、城乡规划展示馆建设等。

与此同时,大力实施城市“六化工程”,在原有夜景工程的基础上,投入2000多万元在沿汀江两岸以及建设路、客家缘文化中心实施了一批夜景提升工程;投入1000多万元,新实施“花化、彩花”道路2条、公园广场5

处；对上杭大道、紫金路、杭川公园、江滨广场、瓦子街广场等实施绿化改造，通过景观美化提升城市品位。

据统计，2017 年上杭城建新建政府性投资项目 53 个，总投资约 48.21 亿元。通过以上工程的实施，居民生活质量大幅提高，市容市貌更加靓丽，城市更加文明、品位明显提升。

展望篇：让魅力上杭宜居宜业

英国诗人约翰·列侬说过“当我们正在为生活疲于奔命的时候，生活已经离我们而去。”著名诗人海德格尔也曾说过“人当诗意地栖居”。

以人为本，宜居宜业。上杭县把提升老百姓的幸福指数作为城市建设的出发点和落脚点，在打造杭城“15 分钟生活圈”的过程中，以需求为导向，“缺什么”就“补什么”，可谓抓住了城市发展的关键。

打造“文化杭城”新亮点，展现千年古邑新魅力。旅游、文化、体育、健康、养老，已被并称为“五大幸福产业”。令人欣喜的是，上杭县在注重让城市功能更完善、让城市设施更便民的同时，紧紧扣住“产城融合”，让城市建设与经济社会同步、协调、持续发展。

“‘南北景观映衬、两岸渔歌互答、江中舟楫往来、水面大鹏起落’，我们要利用汀江绕城‘三折回澜’的自然美，做好‘水’文章。对汀江绿道的定位，我们不仅把它作为民生工程、作为上杭市民休闲健身的重要场所，把它作为市民一种新的生活方式的载体，更重要的是要把汀江绿道打造成上杭未来经济发展的新的发动机、新的引擎”，面对未来上杭城市的发展，县委书记傅藏荣为我们描绘出了新的蓝图：习近平总书记在党的十九大报告中提出，中国特色社会主义进入新时代，我国社会的主要矛盾已经转化为人民日益增长的美好生活需要和不平衡不充分的发展之间的矛盾。旅游产业是新时代人民日益增长的美好生活最重要的支撑之一，是人们获取美好生活的最重要的平台和路径之一。2017 年，李克强总理在政府工作报告中提出大力发展全域旅游。今后上杭县要以建成汀江绿道为契机，实施“绿道+”，打造新兴产业，把发展全域旅游作为重要发展战略摆上议事日程。

2018 年，上杭县将继续围绕“15 分钟生活圈”，加快城市建设步伐，已列入规划建设的项目有 23 个，总投资约 4.51 亿元，包括城市停车场项目 6 项、城区绿化美化提升工程 5 项，文化设施项目 3 项、市场改造项目 3 项和社区改造项目 6 项。

未来，上杭将按照“一带、三园、两轴、四区”和“显绿融城、组团布局、拥江发展”的思路，梳理今后城市发展的脉络，着重围绕“自然、历史、文化、产业、畅通、宜居、美化、文明”八个方面做好合理布局，将着力实施建设一批新的旅游休闲文化大项目，包括“杭川十大场馆（中心）”（广电中心、黄金博物馆、体育中心、水上运动中心、科技馆、图书馆、文化馆、华喦纪念馆、城乡规划馆、畲族风情馆等），“杭川十大特色城雕”（设立在上杭高速互通口、杭川公园、体育中心、江滨广场、瓦子街、南门大桥西侧绿地、南江滨木栈道、紫金公园、客家缘、县工业园区等城区重要节点），“水上乐园项目”（罗星塔公园“上杭艇”停泊码头、汀江水上游船航线、长坝段水域“水幕电影”和“喷泉夜景”工程），“背街小巷改造提升”，加强临江楼片区和解放路（瓦子街）东西段等历史风貌区的保护维修，让城市更温馨、更精致。

枝繁巢暖引凤来。2017 年 5 月，上杭入选 2017 年中国候鸟旅居小城榜，并成为福建唯一一个“候鸟小镇十佳”。目前上杭正多方发力，全力打造“候鸟旅居小城”，积极呼应市委市政府提出的打造国内知名养生养老福地品牌的发展规划。在上杭金秋老年公寓，我们遇见了来自北京和东北的几位客人。他们竖起大拇指，对上杭的优美环境赞不绝口：“这里的气候宜人，冬天住在这里很舒服，我们打算以后每年冬天都来这里住上几个月再回北京。”上杭金秋公寓已成为众多北方客人“候鸟式”居住的理想之选。

新年的钟声即将敲响。站在临江楼上，眺望寥廓江天，一曲《风雅上杭》，唱出了客家文化的悠远、老区文化的激扬、汀江文化的灵光：

“古城门榕树下，满江美景照烟霞，

白鹭轻舟唱渔歌，一犁春雨耕南坝。

瓦子街客家话，座座宗祠连天下，

临江楼看江天阔，秋风劲吹战地花。

江南江北架长虹，碧波秋月梦无涯，

山也风雅，水也风雅，山水多风雅

回澜三褶水抱城，满城诗酒千秋画，

诗也风雅，画也风雅，诗画多风雅……”

用激情追逐梦想家园，用汗水浇铸幸福坐标，“风雅上杭”正迈开轻盈的步伐，迈向美好的新时代……

（原载 2017 年 12 月 26 日《闽西日报》）

上杭出实招推进现代农业

林斯乾　郑嘉雯　黄　旭

7月26日，上杭稔田镇田农智能化温控大棚生产项目现场，工人们正在翻土，该项目负责人巫竹根告诉笔者，这里种植的番茄、四季豆等蔬菜刚销售完毕。该项目是稔田镇引进的现代农业生产项目，总投资1亿元，占地33.33公顷。目前，一期投资4000万元，建设省定智能温控大棚10公顷。同样，在总投资3.1亿元的省级重点项目湖洋镇鑫中合农场，这里引进种植的小番茄等高端农产品已供不应求，除了在市场和网络上销售，这家公司还与厦门航空、麦当劳、肯德基等知名企业建立了长期供销合作关系。这几年，像田农农业、鑫中合现代设施农业这样的项目，在上杭逐渐多了起来。

作为第二批全国现代农业示范区、全国粮食生产先进县、全国生猪生产调出大县、全国蔬菜生产重点县、国家农业综合开发县、全国高标准农田建设县、全国“三农”综合保险发源地和全国休闲农业与乡村旅游示范县，近年来，上杭县紧紧围绕农业供给侧结构性改革这条主线，坚持走“产出高效、产品安全、资源节约、环境友好”的农业现代化道路，通过施行有力有效的强农惠农政策，推进农村一二三产业深度融合发展。

优化政策扶持，农业更有保障

对于现代农业如此重大的课题，做好区域的谋篇布局至关重要。经过长期调研，上杭县立足现有基础和发展需要，提出现代农业“三区一园”集中连片推进发展重点，辐射带动全县现代农业发展。即发展以古田为中心，辐射带动古蛟片区高山生态农业发展区；以临城为中心，辐射带动郊区型休闲农业发展区；以稔田为中心，辐射带动东南片区现代农业示范区；以临城、蛟洋为中心，建设农副产品加工园区。

产业的发展离不开资金支持。为此，上杭把“三农”作为财政支出重点，县财政每年投入近亿元资金用于兑现强农惠农政策。针对农业经营主体担保难、抵押难、贷款难等问题，上杭设立现代农业发展专项担保基金，由县财政出资设立新型农业经济组织贷款担保基金200万元、规模农业发展贷款担保基金3600万元、林权抵押保证金3000万元和农业规模经营担保贴息补助资金100万元，为符合条件的、不同类型的龙头企业、示范企业、家庭农场、职业农民提供不同标准和不同额度的免担保措施。

据了解，仅2016年，上杭县各类金融机构支农贷款余额达118.14亿元、为新型职业农民农业规模经营贷款贴息229户100万元，全县农业各类抵押担保贷款达21.04亿元。该县还在全国首推政企合作“三农”综合保险，逐年加大农业保险力度，探索开展农产品价格指数保险，提升农业保险的服务水平。

发展新型主体，农村更有干劲

“政策好了，我们扎根农村也更有信心了，我们将扩大水稻规模种植，并带领更多农民参与进来。”在上杭中都镇军联村聚胜家庭农场，负责人李晓文、梁永英夫妇都是大学生返乡青年，短短4年，种植水稻从最初不到6.67公顷增加到目前的53.33多公顷，让他们过足了“农场主”的瘾。

在惠农政策强有力的鼓励和引导下，上杭现有在工商登记注册的家庭农场1572家，其中县级示范家庭农场150家、市级示范农场25家、省级示范农场7家。此外，全县现有在工商登记注册的专业合作社有364个，其中被评为部级示范社3家、省级示范社13家、市级示范社29家。

为着力解决“谁来种地”“怎么种地”的问题，上杭大力发展新型经营主体，鼓励扶持农村青年、返乡农民工、农技推广人员、农村大中专毕业生等从事现代农业建设。此外，还大力引进和发展农业龙头企业，华润五丰、傲农集团、中农批、擎荣农产品加工等一批有规模、有竞争力的农产品龙头企业落户，华润润农食用菌、福万家蜜饯制品加工实现竣工投产，擎荣槟榔芋、百香果加工生产规模持续扩大。

培育打响品牌，农产品更有知名度

为打响农业品牌，提升农产品效益，帮助农民增收，上杭县把闽西“八大干”“八大珍”“八大鲜”发展扶助列入县财政预算，每年安排专项资金重点扶持1—2个闽西“八大干”“八大珍”“八大鲜”产品生产基地建设。

刘文荣是上杭临城镇土埔村杭

丰专业合作社负责人，他对县里实施农产品品牌战略深有感触：“我们合作社规模种植萝卜，采用传统工艺进行精深加工，还注册了萝卜干商标，带来了意想不到的收获。”据他介绍，合作社去年与厦门航空签订航食小菜采购合同，上杭萝卜干小包装系列产品成为厦航航食小菜食品，上个月他们再次与厦航签约，进行长期合作。“小小萝卜干，也开始飞上天啦!”刘文荣说。

如今，杭梅、上杭萝卜干、上杭槐猪、通贤乌兔、“优创”茶油、“姜姑娘”等一批特色农产品品牌逐渐广为人知。目前，上杭拥有地理标志有机农产品13个、绿色食品认证产品11个、无公害农产品51个、省著名商标16个、市知名商标22个、省名牌农产品7个。

（原载2017年7月28日《闽西日报》）

上杭县建筑产业发展迈上新台阶

林斯乾　黄　旭　孔彦嫣

“2017年1月—6月，上杭县建筑业总产值197.94亿元，同比增长7.2%；在地产值58.96亿元，同比增长18.8%。”8月3日，笔者在上杭县住房和城乡规划建设局了解到，该县建筑业再上新台阶，实现质和量的提升。

上杭县1997年被福建省人民政府授予首批“建筑之乡”，2006年被授予福建“优秀建筑之乡”，2011年被中国建筑业协会授予首批“中国建筑之乡”荣誉称号。

长期以来，上杭建筑业大军靠传统技艺优势和辛勤创业打下了根基，建筑施工企业初具规模。发展到今天，传统建筑业也必然面临转型升级的考验。上杭县在做强做大建筑产业方面进行了有益探索。

建筑企业有“靠山”

恒富集团是上杭通贤镇辖区一级资质建筑企业，该企业于2015年“回乡”注册，是该镇实施建筑企业“回归”工程又一“回乡”注册企业。近年来，通贤镇利用好上杭县“飞地建筑业”扶持政策，引导外驻建筑企业“归巢”。截至目前，该镇“飞地建筑企业”25家，辖区注册建筑企业5家，资质建筑企业16家，实现建筑业产值18.95亿元。

这是上杭县优化发展环境，助力建筑企业发展壮大的写照。近年来，该县每年专门研究出台扶持鼓励政策，先后出台《关于扶持建筑业持续健康发展的若干意见》《进一步完善建筑产业持续健康发展扶持政策的若干意见》等一系列扶持政策，为企业做大做强给予有力的支撑。今年3月，该县主要领导专门赴广东与建筑企业家召开建筑产业发展座谈会，听取企业家们对建筑产业发展的意见与建议。针对建筑产业发展现状，该县制定出台《进一步促进建筑产业转型升级健康发展的十五条措施》，为建筑企业带来了实实在在的“福利”。

截至目前，该县共有建筑施工资质企业134家，其中，一级企业达26家。建筑产业成为该县除金铜产业外的又一主导产业。

转型升级有抓手

8月3日，笔者在上杭县南岗工业区看到，规划总投资20亿元的绿色建筑产业园基础设施建设已基本完成，启光钢结构和联泰钢结构生产项目作为第一批绿色建筑产业项目在产业园“安家落户”。该园区包括133.33公顷建筑材料基地及66.67公顷建筑产业现代化基地。

“建筑产业现代化基地的建立有助于传统建筑产业的革新。在这里，建筑结构部件可以一次性完成制作，再运输到工地进行现场吊装。这样既保障了建筑材料的质量，又提高了建筑工人作业环境的安全系数。”该县住房和城乡规划建设局总工程师张军介绍说，该基地还可实现建筑产业劳动力转移，让“建筑工人”转型为“产业工人”，助力第三产业的发展。

大力发展绿色建筑产业，加快推进建筑工业化，推动建筑企业由施工总承包向工程总承包发展，力争建筑产业产值突破千亿。这是该县推进建筑产业转型升级的一大方向，也是建筑业转型升级的必由之路。“我县鼓励有实力的企业在绿色建筑产业园区内成立包括开发、科研、设计、工业化生产制作、建筑部件部品、建筑设备、节能材料等产业联盟入驻，延伸产业链，优化整合资源，实现融合互动发展。”张军说，“接下来，我们将推进申报施工总承包特级资质企业的工作并着力组建上杭建工集团，为上杭县建筑业腾飞发展打下坚实基础。”

抱团发展有活力

众人划桨大船开。“在竞争越来越激烈的时代，除了政策扶持，上杭建筑业大军只有抱团发展，共同提高，才能走得更远更稳。”上杭建筑协会秘书长谢永芹说，早在1998年，该县就成立“上杭建筑协会”，按照“提供服务、反映诉求、规范行为、促进和谐”的宗旨，定期邀请在杭建筑企业家召开座谈会，学习宣传建筑业内新政策、新措施。同时，该协会根据企业需求不定期举办企业人才培训、技术交流会及建筑从业人员培训等。

“上杭建筑业协会是我们企业与企业之间、企业与政府之间沟通交流的平台，协会为130多家建筑企业排忧解难，凝聚人心，真正发挥了作用。”上杭建筑业协会理事巫福根说：“根据本县外向型建筑企业特点，协会在服务发展、维护权益和人才培养、资质升级、兴业办厂等方面起到了很好的推动作用，有力促进了上杭县建筑业健康、稳定发展，企业更加充满活力。”

（原载2017年8月7日《闽西日报》）

上杭金铜产业向千亿目标迈进

林斯乾　郑嘉雯

2月8日，笔者在上杭工业园区太阳铜业有限公司看到，省市重点项目年产22万吨连铸连轧铜杆生产项目主体厂房基础设施已经完成，正进行厂房装修建设和设备基础建设。据了解，该项目总投资11亿元，可年产22万吨8毫米铜杆，项目预计今年8月建成投产，达产后年产值将达100亿元以上，成为龙岩市为数不多的“百亿车间”之一。

近年来，上杭依托金铜资源优势和产业基础，按照“抓龙头、铸链条、建集群”的发展思路，不断完善金铜产业服务体系，进一步延伸产业链条，全力打造千亿级金铜产业集群”。

发挥资源产业优势做强做大经济总量

上杭是全省为数不多的有色和贵金属重要矿产地，逐步形成以金为主，铜、铅、锌、铁及稀贵金属等并举的产品格局。该县金铜产业经历了“从无到有”“从小到大”的过程，是全省重点培育扶持的产业集群和龙岩市三大主导产业之一。

近年来，随着低中压电线电缆及特种电缆等项目、中宇卫浴有色金属及五金水暖产品、高纯电子物质生产项目开工建设，以及紫金铜业公司年产20万吨铜冶炼、瓮福紫金磷化工、紫金铜业阳极泥回收、瓮福蓝天无水氟化氢等项目达产，上杭金铜产业链条不断拉长，规模也随之不断壮大，金铜产业体系更加完善、产业发展层次不断提升，已初步构建以紫金山金铜矿为主的采选区、以蛟洋工业循环经济示范园区为主的冶炼区、以上杭县工业园区为主的金铜制品精深加工区和金铜产业配套服务区四个产业区；初步形成金铜产业链、循环经济产业链、稀贵金属产业链的框架。

据统计，到2017年底，落户上杭的金铜产业企业达44家，其中规模以上企业25家，产值亿元以上企业14家，紫金铜业有限公司、黄金冶炼有限公司年产值超过100亿元，10亿元—100亿元企业4家，5亿元—10亿元企业1家。预计2017年规模以上金铜产业企业实现产值达500亿元，同比增长24.9%，占全县工业总产值的91%。

注重科技含量提升发展质量

“以前我们还没开展资源综合利用时，把铜冶炼后剩下的残渣当作副产品卖掉，卖的是初级产品。现在，我们通过挖潜增效，补铜冶炼之短板，实现金、银、硒、碲、铂、钯等稀贵金属和非金属资源回收利用，实现附加值提升。”紫金铜业公司负责人廖元杭说，该公司建立的“铜绿色生产及伴生资源综合利用福建省重点实验室”，是去年经福建省科技厅批准立项建设的省重点实验室，主要针对铜资源开发利用所涉及的冶金、环保及资源综合利用等领域重大技术需求、多学科复杂技术难题及行业共性关键技术等方面开展新工艺、新技术的研究运用，目前共获得省、市及行业协会科学技术奖励12项，申请国家专利40余项，已获授权16项。其《铜阳极泥中稀贵金属多元素梯级回收与绿色生产》《铜渣中含铜相构造与高效清洁回收关键技术》两个项目经中国工程院院士等行业专家评定，整体技术达国际水平，部分技术达国际领先水平。

既壮大经济总量，更注重发展质量。据了解，除“铜绿色生产及伴生资源综合利用福建省重点实验室”外，目前，上杭拥有全国黄金行业唯一、福建省首家通过验收的国家重点实验室“紫金矿业低品位难处理黄金资源综合利用国家重点实验室”，这也是全国首家设在县级的国家重点实验室。此外，该县专门聘请金铜产业专家顾问组，还建成博士后工作站1家、院士工作站2家，国家级企业技术中心1家，省、市级企业技术中心19家，省级企业工程技术研究中心1家；国家级创新型企业1家、省级创新型试点企业2家。

服务项目精准发力紧盯千亿产业目标

经过几年的不懈努力，上杭金铜产业主导地位日益凸显，产业链逐步完善。该县提出力争到2020年实现金铜产业产值超千亿元，巩固金铜产业从龙头企业引领到区域产业集聚的发展地位，实现上杭金铜产业集群的持续健康发展。

为进一步壮大产业总量，提升发展质量，该县在龙头招商、配套招商、产业链招商上下功夫，着力引进附加值高、资源消耗低、环境污染少、产业联度大、投资规模较大和经济效益较好，具有发展前景的金铜产业加工项目。2017年完成金铜产业策划项目上报11个，成功引进出微波通射频微波电缆、一体成型电感生产项目、显示器用铜端子生产项目、冶炼11万吨废杂铜项目、汽车线束生产项目、镀锡铜线及电源接插件生产等新项目；年产22万吨低氧铜杆生产项目、年冶炼11万吨废杂铜项目、高性能铜合金与节能技术改造项目、年产800万平方米装饰石膏板项目等一批项目签约落地。

该县还紧紧抓住“新古田会议”后续效应，加快推进军民融合发展步伐，有效实现军品研发项目、技术合作项目、产销配套项目等新突破。目前，该县太阳电缆、紫金贵金属、志成电子、思康化学等一大批企业与军企合作，有力提升企业技术创新实力。同时，加快推进民企（品）参军进程，促成太阳电缆、志成电子、国威电子等一批企业通过国军标认证，提升了企业参与军工市场竞争实力。

（原载2018年2月12日《闽西日报》）

上杭：多管齐下搭好创新创业平台

张梓睿　邓婕婕　林斯乾

2017年9月20日，上杭县举办创新创业面对面交流大会，为当地创业人员提供交流平台　（县报道组供稿）

9月20日，记者来到上杭县科技创业园，一架无人机正在科技创业综合大楼前盘旋。这是科技创业园工作人员正在对一架家用无人机进行例行检查、调试机器。

搭建多个双创平台

上杭县科技创业园位于上杭县南岗工业园区内，是一个以县内科技型创业企业为服务对象，为入孵企业提供研发、中试生产经营场地和办公设施，并提供政策、管理、法律、财务、融资和培训服务，以及科技成果申报、专利申请、高企与双软申报服务的多功能、一体化产业孵化平台。上杭县科技创业园自2017年6月正式运营以来，已吸引4家初创型科技企业入驻该园。

“创业是我的梦想，从上大学开始，我就一直想着如何创业。”上杭汉晶新材料科技有限公司执行董事陈俞达去年大学毕业后回到了上杭，想在家乡创业。“由于上杭的矿产资源丰富，而我们的团队又掌握硅钛包裹技术，可以生产适用于涂料、塑料、橡胶等的硅钛白粉。据我们的市场调研，此类产品的市场需求正在不断增加。”陈俞达说，让他感到苦恼的是，在创业初期，缺资金、缺资源、缺平台，“所以当得知上杭县科技创业园能为入驻企业提供一系列孵化服务，而且在工业园区内有与我们的产品配套的产业链，还能减免三年租金的时候，我们团队第一时间就提交了入驻申请。”让陈俞达没想到的是，一个月后，他们的申请就通过审批，正式入驻科技创业园。经过两个月左右的装修、设备安装、试产，他的公司于9月20日正式开业运营。

与上杭县科技创业园孵化的科技型企业不同，上杭县供销农产品双创孵化园则是一个满足县域特色农产品上行、带动农民大众创业的农业垂直型的众创平台。该孵化园兼具农村创客、农电商平台孵化，特色农产品、创业成果展示，农产品服务与人才对接等功能，为农村创业者提供“互联网+农产品”大舞台。平台计划可入驻农电商企业20余家，为企业生产农场主年培训1000人以上。该孵化园已于近期装修完毕，正在招募适合的农业创客及企业入驻。

除了科技领域、农业领域外，上杭县众创空间也吸引了众多年轻创业者目光。为了吸引更多创业者，上杭县在城区中心繁华路段的帝豪广场大厦7层—11层规划了总面积5000平方米的空间，结合上杭产业发展方向，集创业创新、资源共享、创业服务、项目孵化、成果展示、人才聚集等多功能为一体的产业孵化平台。在产业方向上以金铜加工创意、文化创意、乡村旅游、高新技术、新材料、软件开发、物联网金融等创意创新型产业为主。该平台创新运营管理模式，在全市率先采用面向社会公开竞聘的方式招募运营管理公司，为平台的管理工作的有效性和公平性提供了保障。8月1日，通过公开路演竞聘的形式，已初步确定了众创空间的运营管理团队。目前，众创空间已经进入装修阶段。

政策服务紧密贴合

为鼓励“大众创业、万众创新”，上杭县在平台产业方向上多管齐下，在配套政策及服务上也紧密贴合，先后制订出台了《上杭县人民政府关于实施创新驱动发展战略建设创新型上杭的实施意见》《关于进一步加快产业转型升级的实施方案》《上杭县人民政府关于大力推进大众创业万众创新八条措施的通知》《上杭县创业担保贷款贴息实施办法》等激活社会创新创业活力、优化创新创业环境、激发大众创造力的政策措施。与此同时，加大重大科技计划项目配套扶持，加快科技创新平台建设，建立科技奖励制度，加强高新技术企业、创新型企业培育力度。值得一提的是，该县还在全省山区县率先设立县级科技型企业技术创新资金，支持企业大力实施科技创新，释放县域经济活力。

目前，该县创新创业取得初步成果，全县共培育科技型企业33家，承担国家级、省级、市级科技项目73项，连续三届被评为“全国科技进步考核先进县”。

“初创型企业前期的摸索阶段，犹如黎明前的时期。科技创业园等平台为我们提供了良好的发展机遇，将帮助我们企业发展壮大。另一方面，我们众多的创业创新成果也将积极促进当地经济社会取得健康发展。”上杭县科技创业园入驻企业福建省金谷生物科技有限公司的董事曾峰如是说。

（原载2017年9月25日《闽西日报》）

对标看齐　打造上杭红心警队

——上杭县公安局2012年、2017年连续两届获评全国优秀公安局

吴鹏波

上杭县公安局学习十九大精神正如火如荼进行，他们“对标看齐”的经验做法独具一格。11月22日，记者前往该局采访。

龙岩上杭，红色圣地，客家祖地，冠军摇篮，古田会议彪炳史册，新古

田会议强军兴国的号角犹在耳边，革命苏区传承了对党忠诚、纯正强大的红色基因。

2017年，对于这片红色沃土来说，注定是丰收、喜悦的一年。上杭县公安局，这支红土地上的红心警队，继2012年之后，蝉联“全国优秀公安局”荣誉称号，该局古田派出所被国务院授予“人民满意派出所”。此等荣耀在全国也罕见。

上杭县公安局为何能够脱颖而出，获此殊荣？连日来，记者采访发现，他们传承苏区干部好传统，深入学习贯彻习近平总书记系列重要讲话精神，以“听党指挥、服务人民、执法公正、纪律严明”为建警治警的总方略、立警从警的座右铭。传承红色基因，构建红土警务，打造红心警队，以“对标对党忠诚，向政治合格看齐；对标服务人民，向群众满意看齐；对标执法公正，向公平正义看齐；对标纪律严明，向令行禁止看齐”作为目标定位、价值追求，促进公安工作和队伍建设不断迈上新台阶。

2017年9月，该局《坚持“四对标四看齐”打造过硬红心警队》的经验做法被公安部党建工作简报刊发。

对标对党忠诚，向政治合格看齐

不忘初心，牢记使命。纯正的红色基因，是永葆队伍忠诚度和战斗力的法宝。一直以来，上杭县公安局坚持思想建党、政治建警的原则，充分发挥红土优势，把忠诚教育贯穿警务工作全过程。

在上杭县公安局，很多民警到任的第一天，就由所领导带队，到古田、才溪等地瞻仰参观，激发民警们的革命激情，让他们体验红色文化，传承红色精神，进一步坚定人民警察对党和人民忠诚的理想信念。多次参加活动的古田派出所教导员郑志泉感慨地说：“每一次都有新收获，心灵都会得到一次净化。”县局还经常邀请老红军给民警讲述革命历史，邀请党校、古田会议纪念馆专家学者给民警上党课，寻找永不熄灭的精神之火，传承永不枯竭的信仰之源。

上杭县公安局不断探索提炼思想政治工作新方法，充分发挥党员领导干部表率作用、党委核心领导作用、支部战斗堡垒作用及党员先锋模范作用，将《古田会议决议》中红军18种政治思想教育方法创造性地运用到队伍建设管理中，建立“学习型、民生型、创新型、人文型、数字型”等“五型”党建工作法。创立“政治建警”警魂教育培训模式，努力把每个民警都打造成传承红色基因的实践者和排头兵。

一分耕耘一分收获。上杭县公安局党委连续多年在全县党建目标管理考评中荣获一等奖，被省委省政府评为“全省先进基层党组织”。2017年代表全县接受省委督查获高度肯定，全县唯一一个有5个窗口单位被评为“红土先锋岗”的基层党委，在全市“红土先锋”基层党建典型培育工作推进会上作经验介绍。

对标服务人民，向群众满意看齐

正义或许会迟到，但永远不会缺席。国庆前夕，上杭县公安局成功侦破一起12年前的故意杀人案，用侦破案件告慰逝者，还了受害人家属一个公道。“12年了，他们终于可以安息了，感谢上杭县公安局民警们不懈的努力！”在押解犯罪嫌疑人到凶案现场辨认现场时，当地群众拍手称快，家属含泪感谢。

该案的告破，凝聚了上杭公安三任局领导班子和广大民警坚持以人民为中心的发展思想、不破楼兰终不还的意志和决心。也体现了上杭县公安局紧密依靠群众，立足公安主业服务人民，增强群众的安全感、满意度的不变初心。

科技强警，完善立体化社会治安防控体系。着力打造红土平安“雪亮工程”，把治安防范措施进一步延伸到群众身边，发动社会力量和广大群众共同监看视频监控，筑牢治安防控的“篱笆”，不仅为群防群治注入新的内涵，焕发新的活力，而且能够增强群众对社会治安的认同感和主体责任感，有效解决了群众安全感满意度“最后一公里”的问题。2017年9月，上杭“雪亮工程”经验做法在省委《八闽快讯》刊发。

深化巡防改革，创建派出所联勤联防机制、治安岗亭巡防模式、800人的军警民一体化联防队，组建红土义警、四小员、夕阳红等6支6000余人的治安志愿者队伍，最大限度调动群众参与社会共治。近年来，圆满完成了全军政治工作会议和中央领导视察古田、奥运火炬传递、央视心连心等各类警卫安保任务千余场次，警卫安保实现58年万无一失。同时，扎实推进“放管服”改革，推出户籍、治安、消防、交通管理等28条便民利民措施，群众安全感、满意率多年位居全省、全市前列，年度公安工作考评连续十年获全市优胜。在才溪所，一位民警上门给一位老大娘照相办证，老人激动地说：“我整天盼着用身份证领养老金，几次催儿子载我去派出所照相，都没去成。没想到你们派出所的同志会上门给我办证，真是好人啊！”

对标执法公正，向公平正义看齐

执法公信力是公安机关执法的生命线。上杭警方传承法制先驱的法治理念，努力让人民群众在每一项执法活动、每一起案件办理中感受到公平正义。他们全面提高公安机关的执法质量和执法公信力，形成各级各部门齐抓共管的“大法制”格局。

着力打造过硬执法队伍。上杭县公安局落实领导干部法律学习制度,局党委中心组定期组织学习法律法规,不断提升法律水平和素养,将严格规范、公正文明的执法要求根植于心,外践于行。落实行政首长出庭应诉制和参加法庭庭审旁听制。凡是行政诉讼,局领导必须出庭应诉,民警参加庭审旁听,强化证据意识和诉讼意识。近十几年来,无一起行政诉讼案件败诉。全局确认55位法律素质高、业务能力强的民警担任法制员,通过跟班培训、交叉考评等提高素质,为全县公安机关提高执法质量奠定了良好基础。每年"战训合一"大练兵将执法办案、法律法规培训纳入重要课程。在全省法律法规知识大比武中,上杭公安20位民警代表市局参赛,勇夺团体冠军。

上杭县局适应以审判为中心的诉讼制度改革要求,成立全省首家"党政主导,公检法共用"涉案财物管理中心,对全县刑事案件和部分行政案件涉案财物集中保管,有效解决了涉案财物管理混乱、证据缺失等老大难问题。省委政法委两次到上杭调研涉案财物管理工作并发简报推广上杭经验。

实行案件公开处理群众评议制度,以公开促公正。2015年,赤坑村发生一起因纠纷引发的互殴、损坏财物案件,双方当事人涉及两户十余人,是多年的冤家对头,冲突愈演愈烈。民警邀请包村干部和村民评议员对该案进行评议,就如何解开双方"死结"各抒己见。民警对各方意见综合分析,形成评议结果,再经大家一起苦口婆心劝说,双方当事人终于握手言和。通过这种公开评议方法,化解了矛盾纠纷,让十年冤家成睦邻。同时,成立以局长为主任的执法监督管理委员会,负责全县公安执法规范化和法治公安建设的统筹规划。制定《上杭县执法规范化建设奖惩规定》,运用"打招呼、谈话、告诫"三项制度,严格落实"一案双查"及办案质量终身负责制,有效解决了执法"不作为、乱作为、不规范、随意性大"等问题。2016年10月,上杭县公安局被授予"全国公安机关执法示范单位"。

对标纪律严明,向令行禁止看齐

上杭县公安局传承红军"三大纪律八项注意",铸造出一支有令必行、有禁必止的过硬队伍。日常工作中,上杭县公安局凝心聚力,重视警营文化建设,"硬件"开路,"软件"暖心,使得警心凝聚,十指握成拳,提升了队伍的凝聚力、向心力、战斗力。

上杭县公安局大力实施"暖警"工程建设,从组织领导、经费保障、关爱基层、推进措施等多个方面,优先保障"暖警"工程项目建设专项资金。同时,积极争取党委政府支持,确保人、财、物及时到位。"宿舍里有独立的卫生间、阳台,还配有电视、空调等,告别了整栋楼大家共用一个卫生间,洗澡洗衣服要排队等候的蜗居生活,家属来探亲也方便了很多。"对于稔田派出所的民警们来说,"暖警工程"不仅改变了整个派出所的工作环境,更是温暖了民警们的心。上杭县副县长、公安局局长徐卫清说,"暖警工程"不是面子工程,而是实实在在的惠警工程,要做细做实,做到民警心坎里去。让警营真正成为民警的加油站、温馨港,为培养忠诚履职、爱岗敬业的红心警队提供强有力的保障。

硬件建设上去了,上杭县公安局也没放松文化软实力的提升。坚持一所一品牌,全力推进警营文化建设。他们积极探索"文化育警"新模式,并将"文化育警"成果转化为推动公安工作和队伍建设的强大动力。县局被授予"全国警察书屋建设示范点"、古田派出所的"红军式警队",城关派出所的"炭火精神"、城郊派出所的"拓荒精神"……充分展示了上杭公安民警英姿飒爽的精神面貌,真诚为民的服务热情,令行禁止的纪律作风,追求卓越的职业态度。

纪律严明,坚持教育从严,注重抓早抓小。坚持把纪律规矩挺在前面,对苗头性、倾向性问题早提醒早教育,经常红脸出汗、咬耳扯袖、提醒告诫,让民警不犯错误、少犯错误。坚持执纪从严,锤炼纪律作风,严格执行闽西红土警察"九带头九严守九严禁",落实廉政风险点排查、年度审计等防控举措,努力打造最清廉红心警队。

多年来,上杭公安多个警种部门荣获全国工人先锋号、全国青年文明号、全国巾帼文明岗、全国青少年维权岗。1个集体荣立集体一等功,5个集体荣立集体二等功,3位民警荣立个人一等功,8位民警荣立个人二等功。近十年来,集体和个人获省部级表彰奖励65次、市厅级表彰奖励283次。县公安局已连续两届荣获省级文明单位。

崇高荣誉见证光荣使命,新的征途吹响新的号角。上杭县公安局全体民警将不忘初心,牢记使命,深入学习贯彻十九大精神、习近平新时代中国特色社会主义思想,为实现"四个率先"、打造"四个上杭"作出更大贡献。

(原载2017年11月《杭川警务》)

大事记

1月

3—5日，中央电视台体育频道（CCTV—5）《体育新闻》栏目采访组到上杭县开展太极系列专题采访活动。

5日，龙岩北大附属实验学校上杭分校在上杭实验中学揭牌。

18日，中央歌剧院赴革命老区“三下乡慰问演出”活动在毛泽东才溪乡调查旧址——才溪区苏维埃政府旧址前举行。

23日，上杭县首届春节联欢晚会“幸福杭川处处春”在上杭人民会堂举行。

是月，上杭县在推行健康扶贫保险基础上，再次出台大病医保“三保合一”均衡化实施方案，实行大病医保“三保合一”（城镇职工医保、城镇居民医保和农村居民医保），全县城乡居民实行大病保险报销比例将享受与城镇职工医保商业补充保险报销比例同等待遇，实施对象为全县参加城乡居民基本医疗保险的参保人员。

是月，中国地震局发布《关于认定北京市海淀区四季青镇郦城社区等205个国家地震安全示范社区的通报》，临城镇紫金小区获国家地震安全示范社区称号。

是月，上杭县城市管理行政执法局职工钟丽娟被省文明办评为助人为乐类“福建好人”。

2月

10日，中国侨联顾问、原副主席唐闻生一行到上杭瞻仰古田会议会址。

13日，省委常委、副省长周联清一行到上杭县调研企业发展情况。

14日，省委常委、纪委书记刘学新一行到上杭参观毛泽东才溪乡调查纪念馆，并到紫金地质博物馆、紫金黄金冶炼厂、紫金铜业有限公司调研。

17日，由县纪委、县直机关党工委、文联共同主办的“清风正气我同行”廉政书法笔会在华喦书画院举行。

20日，水利部副部长陆桂华一行到上杭瞻仰古田会议会址。

24日，福建省首个单采血浆站——上杭县单采血浆站揭牌投入使用。

是月，2017年福建省中小企业发展及金融机构监管工作座谈会在上杭召开，与会人员参观上杭县金铜产业集群窗口服务平台，了解平台运营情况及金铜产业发展情况。

3月

1—3日，省政协党组副书记、副主席张燮飞一行到上杭参加福建省政协港澳台侨和外事工作座谈会。

14日，副省长黄琪玉一行到上杭检查脱贫攻坚工作。

16日，全省危险化学品和烟花爆竹安全监管工作暨“一图一卡一册”推广会在上杭县举行，参会人员实地察看上杭蛟洋工业园区紫金铜业有限公司、瓮福紫金化工股份有限公司的危险化学品应急处置“一图一卡一册”使用情况，并召开专题推广会，将上杭县应急处置经验在全省推广；“一图一卡一册”是上杭县研究天津“8·12”爆炸事故中暴露的问题后，结合上杭县危险化学品监管实际在全省首先探索建立的危险化学品应急处置经验。

18日，由上杭县妇联、临江镇和图书馆联合成立的“上杭县临江镇天山社区儿童快乐家园”在县图书馆举行揭牌仪式，并举行第一期亲子阅读活动。

21日，在省第二次重点保护野生植物资源补充调查中，梅花山保护区新增浙江楠、毛红椿、桫椤、粗齿桫椤等4种国家重点保护植物。

24日，上杭古田派出所获全国“青年文明号”称号。这是龙岩市唯一获此殊荣的基层派出所。

28日，国家民委副主任李昌平带领调研组到上杭县官庄畲族乡特色村寨、民族休闲场所、民族中学校园等处，就畲族乡的教育发展、乡村旅游、民族文化、民族团结进步等进行调研。

29—30日，为纪念畲族民族成分恢复30周年，上杭县举办首届“三月三”畲族文化节，在城区客家缘广场和官庄、庐丰畲族乡分会场举办少数民族篝火晚会、畲族文艺会演及特色农副产品(畲药)展销、民族小吃铺、民族乡村30周年变化新貌展、“大美畲乡”油画、水彩画作品展等民族传统文化展示系列活动。

是月,农业部确定11个市、204个县为第二批国家农产品质量安全创建试点单位,上杭县是龙岩市唯一入选的县(市、区)。

是月,上杭县庐丰畲族乡丰康村、官庄畲族乡树人村入选第二批中国少数民族特色村寨名单。

是月,紫金山金铜矿被中华全国总工会授予全国“五一”劳动奖状。

是月,稔田镇被省发改委、经信委、财政厅等单位列为福建省农村产业融合发展试点示范乡镇。

4月

1日,副省长李德金到上杭瞻仰古田会议会址。

5日,中国地质科学院党委书记、副院长王小烈一行8人到古田瞻仰古田会议会址,并考察梅花山、虎园景区。

8日至5月17日,上杭县少体校组队参加龙岩市第十五届运动会,285名运动员参加12个项目比赛,获得总奖牌榜第一(金牌302块、奖牌655块),总积分榜第一(4790.51分)的成绩。

13日,梅花山保护区被中国林学会授予2017—2020年“全国林业科普基地”称号。

14日,海军装备部与上杭县军民融合共建工作汇报会在北京召开,海军装备部上海局与上杭县有关负责人分别汇报近期军民融合共建工作情况,并就9个合作协议项目和3个意向协议项目签约。

19日,上杭县引进的龙岩市首家城乡社区居家养老专业化服务企业——禾康智慧居家养老服务中心[当地注册龙岩(上杭)禾康智慧养老有限公司]线下实体援助服务在临城镇东南社区投入运营。为老年人提供公共服务信息查询、家庭生活服务和民生商品配送等服务,这是上杭县政府为民办实事项目。

20日,龙岩市军民融合发展推进会在上杭县举行。会议通报“新古田会议”以来全市军民融合发展总体情况,传达市军民融合工作领导小组第一次成员会议精神,明确2017年全市军民融合工作目标任务,通报第一季度工作完成情况。

23日,国务院安全生产委员会第五巡查组到上杭县开展安全生产巡查工作。对古田景区游客中心、古田会议旧址、古田会议纪念馆等旅游景点的安全情况开展实地巡查,详细了解古田旅游景区在旅游市场秩序、景区消防安全、游客最大承载量、从业人员安全意识等各项安全生产工作开展情况。

27日,人社部副部长汤涛一行到上杭瞻仰古田会议会址。

是月,中央电视台《乡土》栏目采访组在上杭县拍摄2集专题节目,从上杭县的畲族“三月三”活动入手,重点聚焦上杭县提线木偶及树叶吹奏两项省级非物质文化遗产项目,每集时长30分钟。《乡土》栏目是中央电视台重点打造的一档以宣传各地风土人情、展示乡土文化为特色的大型文化类电视栏目。

是月,旧县镇尧埔村村民邱仰辉被省文明办评为见义勇为类“福建好人”。

5月

4日,2017年全省农民工工作暨家庭服务业工作座谈会在上杭县举行,会议回顾2016年工作情况,分析当前形势及工作中存在的问题,部署2017年农民工工作发展和家庭服务业促进就业工作。

4日,省委常委、政法委书记王洪祥到上杭瞻仰古田会议会址。

5日,省委常委、常务副省长张志南一行到上杭县检查紫金铜业环保主体责任落实情况,听取企业生产运营汇报,肯定紫金矿业发展成效。并指出,生态环境保护时刻都不能松懈,企业要以中央环保督察为契机,落实督察组和省委、省政府工作要求,坚持问题导向,排查风险隐患,推动生态环境保护各项工作再上新台阶。

5日,中国证监会主席刘士余来古田参加清理整顿各类交易场所“回头看”工作交流会,并瞻仰古田会议会址。

5日,中国铁路总公司在古田镇召开新建龙岩经梅州至龙川铁路项目预可行性研究报告审查会。中国铁路总公司计划统计部处长王彦华主持,南昌铁路局、福平铁路公司、广铁集团,广东省、福建省相关部门及河源市、梅州市、龙岩市相关部门参加。会议原则同意预可研报告提出的龙岩至梅州段从古田会址站引出经上杭、武平的北线方案为贯通方案,可研阶段进一步明确项目的功能定位、线路走向、场站选址、土地综合开发、投资概算和经济效益评价等事项。

7日,中央党史研究室副主任兼秘书长张树军一行到上杭瞻仰古田会议会址,参观毛泽东才溪乡调查旧址群和毛泽东才溪乡调查纪念馆。

8日,省政协副主席陈义兴一行到上杭县开展《关于进一步推进福建省军民融合产业发展的建议》重点提案督办调研。调研组一行深入太阳铜业,以看生产、听汇报、观看多媒体视频等形式,了解企业运作情况及上杭县军民融合发展相关工作。

11日,教育部副部长、党组成员

朱之文率教育部调研组到上杭县调研。先后实地察看上杭县古田中学、蛟洋中心小学，了解学校建设、师资配备、教育教学管理和质量等情况，并瞻仰古田会议会址。

12日，中国人民大学党委书记靳诺一行到上杭瞻仰古田会议会址。

19日，全国公安系统英雄模范立功集体表彰大会在北京举行。上杭县公安局古田派出所被国务院授予“人民满意派出所”称号，上杭县公安局继2012年后再次获“全国优秀公安局”称号，县公安局指挥中心教导员李聪伶被授予“全国优秀人民警察”称号。中共上杭县委书记傅藏荣作为特邀代表、古田派出所所长李福民作为英雄集体代表参加会议。中共中央总书记、国家主席、中央军委主席习近平亲切会见全国公安系统英雄模范立功集体表彰大会代表并发表重要讲话。

19日，国家旅游局督导检查组到上杭县古田旅游景区督查。

23日，全国供销合作总社党组成员、监事会主任宋璇涛一行到上杭县调研指导工作。

23日，中央第五环保督察组副组长、环保部副部长翟青一行到上杭县调研。

24日，国家税务总局副局长孙瑞标一行到上杭县国税局古田分局、地税局古田分局调研，参观廉政文化和共和国税收摇篮展厅，了解古田分局的组织建设情况。

26日，位于上杭县南阳镇的福建佰仁贸易有限公司酿造的“妈妈酿的酒(客家米酒)”被评为2017年度“福建好礼”百家旅游商品；位于上杭县南岗工业园区的大地生机(福建)农业发展有限公司生产“大地生机果蔬脆片”、印象杭川文化传媒有限公司生产的“上杭乌梅”产品被评为2017年度“福建好礼”旅游美食伴手礼。

31日，国家林业局局长张建龙一行到上杭察看古田山庄会议中心。

6月

6日，中国农业银行副行长王纬一行到上杭县农行调研指导党建工作和“两学一做”学习教育常态化制度化工作，并为县农行全体党员上“两学一做”学习教育常态化制度化专题党课。

12日，上杭县举行“国家重点高水平体育后备人才基地”授牌仪式。

13日，上杭县公安局、国税局、地税局在国税局举行“上杭县公安局派驻税务联络机制办公室”揭牌仪式。

13日，蛟洋工业区管理委员会挂牌成立。蛟洋工业园区成立于2005年6月，十多年来园区内基础设施建设日益完善，项目建设快速推进，管理工作逐步走向正轨。

18日，中央统战部副部长戴均良一行到上杭瞻仰古田会议会址。

19日，“让小说走进人民”暨第八届“茅台杯”《小说选刊》年度大奖颁奖活动在上杭县举行。这是该奖项首次在福建省举办颁奖活动，活动由茅台集团与小说选刊杂志社、福建省作协、福建省文学院、福建文学杂志社联合主办。

19日，“两岸同根，闽台一家”为主题的第九届海峡论坛·海峡百姓论坛在龙岩开幕，来自海峡两岸的36个姓氏宗亲及代表300多人到上杭客家族谱博物馆参观交流。

19日，上杭县古田旅游区入选中国旅游志愿服务先锋“示范基地”名录。

19—20日，全国妇联党组书记、副主席、书记处第一书记宋秀岩一行到上杭县调研基层妇联工作。调研组一行实地察看上杭县古田派出所女警巡逻服务队，听取古田派出所副教导员、女警巡逻队队长、古田镇妇联兼职副主席林滢瑛关于该队近年工作情况介绍，并就下一步推动调解帮扶、权益维护、救助服务等方面工作进行交流。

21日，国家发改委副主任胡祖才一行到上杭县调研新建龙岩至龙川铁路项目和古田红色文化特色小镇建设情况，并瞻仰古田会议会址。

21日，摩根士丹利资本国际公司(MSCI)宣布2017年市场划分审议结果，决定从2018年6月起将中国A股纳入其新兴市场指数和MSCIACWIWG全球指数。紫金矿业成为首批成功纳入该指数的A股股票。

22日，福建省、市、县、镇四级渔业船舶水上突发事件联合应急救援演练在上杭县下都镇豪康村举行，省、市、县有关领导现场指挥观摩救援演练。

23日，龙岩市政府第五次常务会议审议通过《上杭县城总体规划(2015—2030)》。

29日，上杭籍天津美院教授袁文彬的《朋友圈——袁文彬的微信时代》油画展在北京凤凰艺都798艺术空间开幕，展出袁教授2017年创作的油画及水墨画新作66幅。

29—30日，上杭县创建古田镇古田街省级食品安全示范街工作通过省食品安全办公室、省食品药品监管局验收。这是福建省首批创建的两条省级食品安全示范街之一。

是月，福布斯发布2017年全球企业2000强榜单，紫金矿业位列第1200位。在上榜的36家有色金属企业中，居第18位，在上榜的国内有色金属企业中居第2位。

是月，《上杭县稀土产业发展规划(2017—2025)》通过专家评审。

7月

1日，上杭县婚姻登记中心开始受理所辖区域居民涉港、澳、台、华侨及外国人婚姻登记。

5日，上杭县古田派出所先进事迹报告团举行首场报告会。古田派出所是闽西红土地上涌现出来的忠诚为民先进典型。先后获得9个国家级荣誉和20多个省级荣誉，2017年5月被国务院授予“人民满意派出所”称号。

9日，全国浙商论坛暨福建省浙江商会成立10周年庆典活动在上杭县古田镇召开，闽、浙两省有关领导，来自全国300多名浙商代表参加活动。庆典现场，福建省浙江商会向福建省扶贫开发协会捐赠100万元。

15日，荷塘乐色——才溪景区首届荷花节活动在毛泽东才溪乡调查旧址景区举办。

17日，稔田镇鱼博园、湖洋镇百果园被评为福建省三星级乡村旅游经营单位。

21日，由国务院侨务办、福建省侨务办、上杭县政府主办的2017年海外华裔青少年“中国寻根之旅”夏令营福建上杭营开营仪式在上杭客家缘文化中心举行，来自北美的30多名华裔“杭二代”“杭三代”回到家乡上杭，感受家乡文化与客家魅力。

22日至8月12日，上杭县22个乡镇召开年中人民代表大会，在全省率先实行乡镇人大“一年两例会”。“乡镇人大一年两例会”成为常态化制度化。《福建日报》、人民政坛、东南网、福建人大网、龙岩人大网等媒体报道上杭县的成功做法。

25日，省委常委、组织部部长胡昌升到上杭瞻仰古田会议会址。

26日，上杭县全面深化改革领导小组举行大型政论专题片《将改革进行到底》学习讨论会，会议首先听取由中宣部、中央全面深化改革领导小组指导的，中央电视台拍摄制作的10集大型政论专题片《将改革进行到底》的主要内容。随后，与会县领导分专题进行学习讨论。

28日至8月1日，县委书记傅藏荣，县委常委、县人武部政委杨葵代表上杭县，作为全国十个之一、福建省唯一的“双拥模范县”代表晋京参加庆祝建军90周年系列活动。

30日，上杭县重新修订《上杭县防洪防台风预案》。

是月，上杭县医院肾内科医师蓝炉山被评为助人为乐类“福建好人”。

是月，上杭县获得新一轮省级“双拥模范县”称号，实现该项荣誉三连冠。

是月，上杭县下都镇豪康村在抗日战争中牺牲的国民党人薛先维、薛培年被福建省人民政府追认为烈士。

是月，龙岩市委印发《关于开展向上杭县公安局古田派出所学习活动的决定》，在全市各级党组织中开展向上杭县公安局古田派出所学习活动。

是月，上杭县临城镇九洲村（九洲蜜雪梨）被农业部评为第7批全国一村一品示范村镇，是福建省7个村之一、龙岩市唯一上榜的村。

8月

1日，县人大常委会代表联络委与县广播电视台首次联合推出《代表关注》电视专题节目，介绍县人大代表关注社会热点、以事释法积极履职的情况。

3日，上杭县成立未成年人心理健康辅导中心。中心内设咨询室、催眠放松室、职能发泄室、团队辅导室等13个功能室。通过寓教于乐的形式为全县未成年人提供心理健康宣传、心理咨询、团队辅导、心理测评等服务。

7日，中共福建省委巡视四组巡视上杭县委工作动员会召开，省委巡视四组组长江玉平作巡视动员讲话，省委巡视办副主任李桂义代表省委巡视工作领导小组提出巡视工作要求，龙岩市委常委、市纪委书记李成荣代表市委就如何配合巡视工作提出具体要求，中共上杭县委书记傅藏荣作表态发言。

8日，全省首家县级家庭服务业协会成立大会在客家开元大酒店召开。该协会将全县家政服务、居家养老、职业培训等企业和个人融于一体，成为有效的行业监督管理机构。这是全省首家县级家庭服务业协会，共吸纳会员66名，其中企业会员24家，个人会员42家，涉及培训服务、保洁服务、育婴服务、保姆服务、搬家服务等领域。

10日，青海省人大常委会副主任张光荣一行到上杭瞻仰古田会议会址。

11日，诚实守信类“中国好人”郭永富登上中国文明网《好人365》封面人物。郭永富于7月被评为诚实守信类“中国好人”。

13日上午，南阳第二中心小学举行揭牌仪式。该小学按24个教学班、700个学位规模标准设立，是一所拥有高标准先进教学设施的新建学校。

16日，以国家煤炭安监局副局长杨富为组长的国务院安委办督导组到上杭县检查，分两路分别前往蛟洋工业园区瓮福紫金化工股份有限公司、紫金铜业有限公司和紫金山金铜矿大崇背尾矿库，通过听取汇报、查阅内业资料、实地检查等方式，详细了解上杭县安全生产大检查工作开展情况。

17日，中共上杭县委十三届七次全会召开。会议重点研究上杭县教育、卫生与健康、养老和城乡民生基础设施建设等领域补短板问题，加快提升社会事业发展水平，不断增进人民福祉，加快实现“四个率先”、打造“四个上杭”，确保如期全面建成小康社会。全会审议通过《中共上杭县委关于加快社会事业发展补齐民生短板确保如期全面建成小康社会的决定(草案)》和《中国共产党上杭县第十三届委员会第七次全体会议决议(草案)》。

17日,国家文物局局长刘玉珠等一行到蛟洋文昌阁调研。

23日,省人大常委会原副主任、秘书长马潞生带领省、市人大代表到上杭县考察特色小镇和美丽乡村建设情况,先后察看古田镇苏家陂村、县城乡规划馆及湖洋镇文光村等地,实地了解上杭县特色小镇和美丽乡村规划建设情况。

27日,上杭县全面完成门牌安装申报、地址标注工作,提前完成标准地址二维码管理工作,实现地址清理、房屋登记、人员采集、二维码门牌换发、地址标注5个100%。

30日,国务委员、公安部部长郭声琨一行到古田考察基层派出所工作并出席公安机关学习贯彻习近平总书记重要讲话精神推进会。

31日,全国人大图书馆副馆长王敏一行到上杭搜集苏维埃政权建设史料。

同日,公安部决定在古田设立全国公安民警革命传统教育培训基地并举行挂牌仪式。公安部部长郭声琨出席教育培训基地挂牌仪式。

是月,由省政府发展研究中心所属省区域和企业评价中心开展的“2017年度福建省经济实力十强县(市)、经济发展十佳县(市)”评价结果揭晓。上杭县继2016年获“十强”“十佳”县称号后,再次获“双十”称号。

是月,“古田会议”内容入选义务教育《中国历史》教科书。

是月,上杭县文体广电新闻出版局被国家体育总局授予2013—2016年度“群众体育先进单位”。

9月

4日,中国建筑工程总公司副总经理郑学选一行到上杭瞻仰古田会议会址。

7日晚,上杭县组织党员干部集中收看由中央纪委宣传部、中央巡视办、中央电视台联合制作的电视专题片《巡视利剑》。傅藏荣、王波等县领导参加集中观看活动。

11日,中央国家机关工委副书记陈超英一行到上杭瞻仰古田会议会址。

15日,上杭县广播电视台古田记者站成立暨《直通古田》电视新闻栏目开播仪式在古田管理中心举行。

15日,上杭县脱贫攻坚推进竞争性扶贫现场会在南阳镇召开,全县各乡镇扶贫工作分管领导、扶贫办负责人以及县脱贫攻坚战役指挥办公室全体干部到南阳镇现场观摩竞争性扶贫项目。

15日,上杭县在龙岩市率先出台《上杭县家庭应急救助实施办法(试行)》,上杭县实现家庭应急救助与临时救助及其他社会应急救助制度的有效衔接。

16—18日,上杭县组团赴厦门参加2017年厦门国际投资贸易洽谈会,签约项目7个。

18日,以“开启金砖合作‘金色十年’”为主题的2017国际投资论坛主旨大会在厦门举行。紫金矿业董事长陈景河应邀出席开幕式并做客中央电视台在厦门举办的《对话》节目,与上海振华重工董事长朱连宇、金砖国家新开发银行副行长祝宪以及著名经济学家胡祖六、姚景源等金砖国家金融机构、企业代表畅谈紫金矿业金砖时代国际投资大格局。

19日,中国作家协会党组书记、副主席钱小芊一行到上杭瞻仰古田会议会址。

22日,由中国地方志指导小组办公室(以下简称中指办)、福建省地方志编纂委员会主办,龙岩市方志委、上杭县方志委协办的《中国影像志·福建名镇》暨《八闽历史文化名镇名村影像志》开机仪式在上杭县古田镇举行。中共中央候补委员、中国社会科学院副院长、中国地方志指导小组(以下简称中指组)常务副组长李培林出席并致辞,中指组秘书长、中指办党组书记、主任冀祥德主持开机仪式,省方志委主任陈秋平出席并致辞,省方志委副主任俞杰、林浩,龙岩市政府副市长郭丽珍、上杭县领导傅藏荣、詹崇仁、黄金招及全省各设区市、平潭综合实验区方志机构负责人,全省方志系统和上杭县部分干部代表等100余人参加开机仪式。

22—25日,由福建省体育局主办,福建省体操技巧运动管理中心、龙岩市体育局承办,县文体广新局协办的2017年福建省青少年体操锦标赛在上杭县举行,来自全省各地134名青少年运动员参加此次比赛。

24日,由上杭县文体广电新闻出版局主办,龙岩市汉服文化研究会、上杭县文化馆承办,县广播电视台等单位协办的“上杭文庙丁酉年祭孔大典”举行。这是上杭县自1949年以来举行的首次祭孔活动,吸引社会各界近千名群众观礼。

27日,上杭县地方税务局被省政府法制办、省国家税务局、省地方税务局联合命名为2017—2019年“福建省税务系统法治基地”。

28日,中共中央党史研究室副主任吴德刚一行到上杭瞻仰古田会议会址。

29日上午,上杭县召开县直派驻监督全覆盖和派驻机构建设工作会议,进一步推动全面从严治党主体责任和监督责任在县一级党政群机关和企事业单位深化落实。

是月,中共中央宣传部、国家发展改革委员会、中央军委政治工作部、中共北京市委在北京联合主办“砥砺奋进的五年”大型成就展,上杭县选送的“2016年11月,上杭县官庄畲族乡举行第三选区代表候选人与选民见面会”图片入选第三展区展出。

10月

10日，由中国人民解放军军事兽医研究所教授刘全领衔，福建梅花山华南虎繁育研究所参与的“珍稀濒危野生动物重要疫病防控与驯养繁殖技术研发”项目，被列为国家重点研发计划“畜禽重大疫病防控与高效安全养殖综合技术研发”专项项目，并于该日启动。

13日，副省长杨贤金到上杭瞻仰古田会议会址。

18日上午，中国共产党第十九次全国代表大会在北京人民大会堂开幕，上杭县各界通过广播、电视、网络、手机等各种载体收看大会开幕盛况。

20日，县委书记傅藏荣主持召开县委常委会会议，会议传达学习中共十九大报告，并对全县学习宣传贯彻中共十九大报告精神提出初步要求。

20日，以国家安全监管总局巡视员王启明为组长的国务院安委办督导组对上杭县安全生产大检查情况开展“回头看”。督导组对紫金山金铜矿、福建海峡科化富兴建设有限公司上杭分公司、福建瓮福紫金化工股份有限公司、紫金铜业有限公司前期安全生产大检查督导发现问题整改情况进行“回头看”。

22日，环保部副部长黄润秋一行到上杭瞻仰古田会议会址。

30日，为庆祝中共十九大胜利召开和“新古田会议”召开3周年，中国音协“金钟之星”艺术团送欢乐·下基层走进上杭才溪慰问演出。

31日，上杭县通过全国法治县创建活动先进单位省级考评验收。

是月，上杭客家族谱博物馆获批首批省级对台交流基地，成为全省首批6家之一，龙岩市唯一1家福建省对台交流基地。

11月

1日，龙岩市脱贫攻坚业务培训会在上杭县南阳镇召开。

6日，上杭县聚胜家庭农场被全国妇联命名为2017年度“全国巾帼脱贫示范基地”。

7日，国家档案局副局长刘鲤生一行到上杭县了解国家重点档案保护与开发资金管理使用情况，并瞻仰古田会议会址。

8—11日，全国人大常委会办公厅在北京举办第三期县级人大常委会负责人学习班。县人大常委会主任梁八生作为福建省唯一学员代表参加学习，并就“以十九大精神为指引，引领新时代人大工作”和“密切联系人民群众，充分发挥代表作用”两个方面，接受《法制日报》记者专访。11月14日，《法制日报》、法制网分别刊发专访文章。

9日，上杭县实验小学老师温金娥入选第六届全国道德模范；17日，她与其他参加全国精神文明建设表彰大会的代表们一起受到习近平总书记等党和国家领导人的亲切接见，并在大会上发言；20日，中央电视台焦点访谈节目播出她的事迹。同年，汤云辉、温金娥家庭获评2017年福建省“最美家庭”称号。

11日，中央宣讲团成员、国务院国资委主任肖亚庆带领中央宣讲团成员到上杭县宣讲中共十九大精神。

14—17日，省人大常委会第一期全省乡镇(街道)人大主席(主任)培训班在上杭县举办。省人大常委会副主任叶双瑜出席并讲话，市、县有关领导参加培训。

16—18日，中国铁路总公司在上杭县古田镇召开新建龙岩经梅州至龙川铁路项目可行性研究报告审查会，这标志着该项目前期工作迈出关键一步。

17日，紫金矿业集团股份有限公司被中央文明委授予“第五届全国文明单位”称号。

24日，大洁滩大桥通车。该桥全长319米，桥面净宽11米，总投资2600万元，双向二车道，是汀江跨度最大的连续钢构箱梁大桥。该桥于2015年3月开工建设。

24日，中国共产党上杭县第十三届委员会第八次全体会议在上杭召开。会议讨论县委常委会工作报告，听取和讨论县委副书记、县长王波所作的报告。通过《中国共产党上杭县第十三届委员会第八次全体会议决议》。县委领导詹崇仁、黄和芳、胡长松、徐峰、张毓章、胡滨、张北阳及县委委员、候补委员出席会议。

28日，龙岩市举行“首批十佳金牌调解员及品牌调解室”授牌仪式，湖洋镇通桥村邓启山获龙岩市首批十佳金牌调解员称号。

30日，龙岩学院开展“百名教授博士进基层”活动，首站在上杭县举行。启动仪式上，龙岩学院与上杭县签订了高层次人才挂职协议、循环经济研究机构协议及项目协议，多方面助力上杭创新驱动发展。

是月，上杭县入选2017年全国投资潜力百强县(市)，排名第95位。

是月，龙岩市公共资源交易中心上杭分中心揭牌成立。

12月

7日，福建文明风网站发布“福建好人”11月榜单，上杭县城市管理行政执法局直属二大队渣土中队副中队长张茂禄入选“助人为乐”好人。

10日，上杭县入选2017年中国候鸟旅居小城榜单。

10—11日，“上杭傀儡戏”在福建省民间木偶戏展演大赛暨首届福建民间文艺山茶花奖民间艺术表演奖评奖活动中获“金奖”。

13日,国务院参事室特约研究员黄毅到上杭县调研安全生产工作情况。

16日,《粟裕大将、萧克上将生平事迹展》开展仪式在古田会议纪念馆举行。开国大将粟裕之子粟戎生中将,开国上将萧克之孙萧云志,开国将军韩伟之子韩京京,开国将军张云龙之女张薇薇,龙岩市、上杭县有关领导、嘉宾出席开展仪式。粟裕和萧克在闽西进行过伟大的革命实践,与闽西人民有着特殊而浓厚的感情。1929年12月,他们作为红四军第一纵队代表参加彪炳史册的古田会议。

19日,龙岩市青少年水上运动训练基地(上杭县水上运动中心)揭牌仪式在上杭县举行。该项目总投资1.2亿元,规划用地面积3.07公顷,建筑占地面积7676平方米,总建筑面积16247平方米,其中一期投资约5900万元,建设占地3793平方米的综合楼,标准室外游泳池,二期将陆续建设占地1900平方米的跳水馆及运动场、篮球场等相关基础配套设施。

19日,上杭县“12345”便民服务热线管理中心投入运行。该中心是整合数字城管监督指挥中心、信访局信访网络中心及公共资源配置中心组建而成,通过整合政府部门热线资源,建成24小时热线受理和处置上杭县范围内非紧急类咨询、求助、投诉、意见、建议等相关诉求,进一步畅通群众诉求渠道,提升政府公共服务水平。

21日,上杭县国地税联合办税服务厅启动“一窗一人一机双系统”办税新模式。

21日,由龙岩市政府主办、龙岩市文广新局、上杭县政府承办的2017文化龙岩群文十大活动之一“诗韵杭川”诗歌专场晚会在上杭人民会堂举行,近千名上杭市民观看演出。

20日,福建省画院率中国美术协会、清华大学、南开大学、人民大学等多地知名山水画家到中共闽西一大会址——蛟洋文昌阁开展“庆祝十九大·红色之旅——中国山水画名家画福建作品展”主题写生活动。

26—28日,政协上杭县十二届二次会议召开。会议听取和审议县十二届政协常委会工作报告、十二届一次会议以来提案工作情况报告和十二届二次会议期间提案审查情况报告;审议通过政协十二届二次会议决议;列席县十七届人大二次会议;向县政府移交大会期间委员提案;表彰2017年度优秀政协委员、提案承办先进单位、优秀提案、优秀调研文章、目标考评先进乡镇政协工委;该次会议共有201名政协委员出席。

26日,古田干部学院、中共龙岩市委党校、龙岩市行政学院、龙岩市社会主义学院、龙岩市经济管理学院新校区启用揭牌仪式在古田举行。

27日,上杭县被福建省社会管理综合治理委员会评为“福建省2013—2016年度平安先进县(市、区)”。

27—29日,上杭县第十七届人民代表大会第二次会议在上杭人民会堂召开。大会听取和审议县人大常委会、县人民政府、县人民法院、县人民检察院工作报告,2017年度国民经济和社会发展计划执行情况及2018年县国民经济和社会发展计划(草案)的报告,2017年度预算执行情况和2018年度预算草案报告,县政府关于县十七届人大一次会议代表建议意见办理落实情况的报告,通过县人大常委会、县政府、县法院、县检察院、预算、计划等6个报告的决议。选举胡长松为上杭县监察委员会主任。大会期间共收到代表书面建议、批评和意见275条,全部由县人大常委会按法定程序转给县政府及有关部门、单位和组织办理,并要求在3个月内负责答复代表。

29日,上杭县第十七届人大常委会召开第十次会议,会议审议通过陈国铭、丘树金为县监察委员会副主任,陈丰贤、袁元勤、黄炳养、黄立明为县监察委员会委员;举行宪法宣誓仪式;补选胡长松为市五届人大代表。

29日,上杭古田旅游度假区获评为福建省省级旅游度假区。

30日,上杭县梅花山中国虎园悬空玻璃平台、玻璃栈道、红豆杉生态园对外开放。

是月,经过大众投票、专家评审、公示等一系列环节,福建省评选出十佳旅游休闲集镇,上杭县古田镇入选。

是月,上杭县蛟洋镇中村村,一座建筑总面积约1300平方米的花园式垃圾处理中心竣工并点火试运行。

是月,临江镇镇南社区通过国家级防灾减灾示范社区验收。

是月,启动上杭文庙大成殿维修工作。

是月,伍洪祥故居、丘复旧居、旧县区苏维埃政府旧址(敦和堂)、红色交通线接头点旧址(通济庵)、华家华氏民居、华家华氏寅山祠、新屋下蓝氏民居被公布为上杭县第十三批县级文物保护单位。

是年,上杭县少体校运动员获得国家级赛事冠军7个,省级赛事冠军14个。

是年,上杭县被省文明委推荐为新一届全国文明城市提名城市。

责任编辑:钟梅娇

县情概览

自然环境

【地理位置与面积】 上杭县地处北纬24°46′~25°26′，东经116°16′~116°57′。位于福建省西南部，闽西中部，武夷山脉南端东侧，汀江中游。东靠龙岩，东南接永定，西邻武平，北连长汀，东北与连城为邻，西南与广东蕉岭接壤。东西宽69千米，南北长78千米，总面积2879平方千米。

【地质】 地层 上杭县境内地层发育较齐全。从元古界至新生界均有出露，出露较大的有前震旦系楼子坝群、泥盆系南靖群和白垩系沙县组地层，其次为侏罗系南园组地层。

境内侵入体主要发生在燕山运动的早、晚期阶段。侵入岩面积约占全县总面积的48.4%，主要分布在步云、古田、蛟洋、白砂、溪口、泮境、湖洋、中都、下都、才溪、通贤、南阳等乡镇。成土母岩以岩浆岩为主，砂质岩和泥质岩次之，石灰岩在局部地区有分布。岩浆岩中又以花岗岩为主，其次是闪长岩。成土母岩质多为残积；耕地土壤则以坡积、洪积和冲积母质为主。

构造 上杭的大地构造位于松(溪)、政(和)—大埔(广东)断裂带的北西侧。处于新华夏体系的西部隆起带内和南北向构造体系的西南部。新华夏体系和南北向构造体系是境内最强大、最活跃的构造，是县域地质构造的主要体系。其次，还有华夏系构造、东西向构造、北西向构造和龙岩山字构造，相互复合，彼此干扰，导致地质构造复杂。

【地貌】 上杭县群山绵延，丘陵起伏，河流交错。地势从东北向西南倾斜。山脉以旧县河—汀江为界。分东、西两侧。西侧属武夷山脉南段的延伸分支，县境山脉系武平县梁野山脉分支，呈北—西南走向，由梁野山入官庄、湖洋的为回龙山、圆通山、腊石山、龙障山；紫金山山脉呈西北—东南走向，自长汀县大息岭入南阳、通贤、才溪、旧县的为大瓯山东、紫金山。东侧为玳瑁山脉，其延伸分支为南岗山脉，呈北—西南和东北—西南走向，从连城县东郊入步云、古田、蛟洋、白砂的为梅花山、黄连盂、石门山、双髻山。全县地势东、北、西三面高，中、南部低，盆地、夹谷相同，排列成串珠型。

蓝溪、稔田、临江、临城、庐丰、中都、下都、湖洋、官庄、珊瑚、旧县大部分及才溪、太拔一部分地区，海拔140~300米，切割深度10~50米，丘陵起伏，山低坡缓，坡度15~20度，地势较开阔，沿江河两岸为河谷盆地。

全县地貌属高丘、低山类型。以高丘为主，占42.05%；其次为低山，占24.83%；再次为中山，占17.92%；第四为低丘，占8.77%；盆地占3.31%；浅丘仅占3.12%。步云乡金屏村的岩顶山海拔1815.2米，为闽西南最高山峰；最低处为稔田镇黄屋背，海拔140米。全县千米以上山峰有91座。

【水文】 雨情 2017年，上杭南岗城区降水量1516毫米，与多年平均降水量均值1620毫米相比偏少6.4%。其中，与各月份同期相比，1月雨量31.3毫米偏少38.1%，；2月雨量43.2毫米偏少52.7%；3月雨量193.8毫米偏多25%；4月雨量90.3毫米偏少50.8%；5月雨量147.5毫米偏少43%；6月雨量497.4毫米偏多78.7%；7月雨量201.1毫米偏多32.4%；8月雨量90.3毫米偏少53.6%；9月雨量66.2毫米偏少42.7%；10月雨量95.6毫米偏多88.7%；11月雨量54.4毫米偏多35.8%；12月雨量4.4毫米偏少88.4%。

水情 2017年主要降水特点：一是气候异常，降水不均。汛期6—7月降水偏多62.4%。6月2日至4日，受低层切变和南风加强影响，全县普降暴雨，部分大暴雨。二是台风影响。受2号台风“苗柏”减弱的低压环流和低层切变线影响，6月13日至16日，全县普降暴雨。受9号台风“纳沙”和10号台风“海棠”共同影响，7月30日至31日，全县各站普降暴雨，城区雨量144毫米。6月2日汀江干流上杭站出现最高水位178.99米(警戒水位180.00米)，相应流量2540立方米/秒。6月16日，黄潭河蓝溪站出现最高水位180.45米，超过警戒水位2.45米；6月2日汀江干流回龙站出现最高水位218.43米(警戒水位218.00米)超过警戒水位0.43米。受上游金山、矶头二座电站蓄水影响，10月25日出现年最低水位172.92米，最小流量7.20立方米/秒。

旱情 2017年1月、2月、4月、5月、8月、9月、12月降水偏少38.1%~88.4%。3月、6月、7月、10月、11月降水偏多25.0%~88.7%。根据干旱评判指标评定；河道来水量距平百分率与多年同期均值相比，1—6月偏少0.94%，7—12月偏少27.7%，降水距平百分率1—6月偏少1.4%，7—12

月偏少 14.9%。属正常年份，未出现旱情。

【气候】 2017 年，上杭县气候总体平稳，低温霜冻、强对流、暴雨、台风等灾害性天气强度偏弱，气象灾害造成的损失较轻，气候年景较好。年平均气温异常偏高、降水正常、日照正常。

气温 2017 年，年平均气温 21.1℃，属异常偏高。年极端最高气温 37.9℃（7 月 29 日），年极端最低气温 2.9℃（12 月 21 日）。年内日最高气温≥35℃高温日数 37 天，较常年偏多 13 天，年高温日数分布：6 月 2 天，7 月 13 天，8 月 14 天，9 月 6 天，10 月 2 天。

冬季（2016 年 12 月至 2017 年 2 月）平均气温 13.8℃，属异常偏高。其中，12 月平均气温 14.4℃、1 月平均气温 13.7℃，均异常偏高，1 月平均气温创历史同期最高值；2 月平均气温正常。

春季（3—5 月）平均气温 20.3℃，属正常。

夏季（6—8 月）平均气温 27.7℃，属正常。

秋季（9—11 月）平均气温 23.1℃，属异常偏高。其中，9 月平均气温 27.9℃，属异常偏高；10 月平均气温正常；11 月平均气温偏高。

初冬季（12 月）平均气温 12.5℃，属正常。

降水 2017 年，年总雨量 1539.1 毫米，较常年偏少 6%，属正常。年雨日（日雨量≥0.1 毫米）150 天，与常年持平；日雨量≥50.0 毫米暴雨日数 4 天，较常年偏少 1 天。年暴雨日数分布：3 月 1 天，6 月 1 天，7 月 1 天，10 月 1 天。其中最大日雨量为 91.0 毫米（10 月 4 日）。

冬季（2016 年 12 月至 2017 年 2 月）雨量 100.7 毫米，较常年偏少 48%，属偏少。

春季（3—5 月）雨量 440.7 毫米，较常年偏少 28%，属偏少。3 月雨量正常；4 月、5 月雨量持续偏少，其中 4 月较常年偏少 55%，属显著偏少，5 月较常年偏少 34%，属偏少。

夏季（6—8 月）雨量 801.0 毫米，较常年偏多 27%，属偏多。其中，6 月雨量 504.0 毫米，较常年偏多 84%，属异常偏多；7 月雨量较常年偏多 36%，属偏多；8 月雨量较常年偏少 51%，属显著偏少。

秋季（9—11 月）雨量 224.1 毫米，较常年偏多 7%，属正常。其中，9 月雨量较常年偏少 50%，属显著偏少；10 月雨量 100.9 毫米，较常年偏多 167%，属异常偏多；11 月雨量较常年偏多 49%，属偏多。

初冬季（12 月）雨量 4.4 毫米，较常年偏少 88%，属异常偏少。

日照 2017 年，年总日照时数 1830.0 小时，属正常。

冬季（2016 年 12 月至 2017 年 2 月）日照时数 415.5 小时，属正常。

春季（3—5 月）日照时数 317.2 小时，属正常。

夏季（6—8 月）日照时数 581.6 小时，属正常。

秋季（9—11 月）日照时数 519.0 小时，属正常。其中，9 月日照时数较常年偏多 51.8 小时，属偏多；10 月日照时数较常年偏多 15.6 小时，属正常；11 月日照时数 83.4 小时，较常年偏少 81.3 小时，属异常偏少。

初冬季（12 月）日照时数 175.9 小时，属正常。

【重大及异常天气气象事件】 低温霜冻 2017 年 2 月 8—10 日，受强冷空气影响，最低气温过程降温幅度 9.7℃，10 日出现极端最低气温 3.7℃。

2 月下旬中前期，受强冷空气和低层切变影响，全县维持低温阴雨天气。其中，2 月 22 日夜里起气温明显下降，最低气温过程降温幅度 11.6℃，24 日出现极端最低气温 5.3℃，23—26 日出现持续 4 天日平均气温≤12℃低温阴雨天气。

3 月 24—27 日，受强冷空气影响，最低气温过程降温 10.0℃，27 日出现极端最低气温 7.4℃。

3 月 31 日至 4 月 2 日，受冷空气影响，最低气温过程降幅 11.1℃，4 月 2 日出现极端最低气温 6.7℃。

11 月 19—21 日，受较强冷空气影响，最低气温过程降温幅度 12.2℃，21 日出现极端最低气温 9.2℃。

以上低温霜冻天气过程，均未收集到灾情。

强对流 2017 年 3 月 5 日，受地面冷空气和低层切变影响，部分乡镇出现强雷电、雷雨大风等强对流天气，其中 22 时 13 分至 23 时 19 分才溪（26.9 米/秒）、紫金山（22.4 米/秒）、古田（18.3 米/秒）出现 8 级～10 级雷雨大风。

6 月 28 日 17 时 05 分至 17 时 11 分，受副热带高压边缘西南气流影响，太拔镇院田村出现冰雹。

以上强对流天气过程均未收集到灾情。

暴雨 2017 年 3 月 9 日 12 时至 11 日 8 时受高空短波槽东移、低层切变南压和低空西南急流共同影响，全县有 23 个区域站雨量超过 50 毫米，以步云 95.8 毫米为最大。未收集到灾情。

4 月 20 日夜里至 21 日，受西南急流和低层切变影响，上杭县北部乡镇出现大暴雨。其中，通贤 3 小时、6 小时降水量 151.2 毫米、190.8 毫米，南阳 3 小时、6 小时降水量 146.5 毫米、189.3 毫米。

5 月 14 日 20 时至 16 日 8 时，受高空槽和低层切变影响，全县有 14 个区域站雨量超过 50 毫米，以庐丰 125.9 毫米为最大。未收集到灾情。

6 月 2 日 4 时至 4 日 16 时，受低层切变和南风加强影响，全县有 25 个区域站雨量超过 50 毫米，以蛟洋 194.6 毫米为最大。未收集到灾情。

10 月 4 日，受地面冷空气南下和低层切变共同影响，部分乡镇暴雨到大暴雨，县测站日雨量 91.0 毫米。未收集到灾情。

台风 2017 年，对上杭县造成影响的台风主要有 3 个，分别为“苗柏”

“纳沙”和“海棠”。

6月13—16日，受2017年第2号台风“苗柏”减弱的低压环流和低层切变线影响，全县有26个区域站雨量超过50毫米。

7月30—31日，受2017第9号台风“纳沙”和第10号台风“海棠”共同影响，全县普降暴雨，县测站31日雨量73.9毫米。未收集到灾情。

■ 建置区划

【建置沿革】 上杭历史悠久，早在四千多年前的新石器时代后期，境内已有人类劳动生息。先秦时期属闽越地，西汉初年属闽越国，汉武帝以后至东汉属会稽郡，三国属吴建安郡，晋属新罗县。唐大历四年（769年）割龙岩湖雷下堡置上杭场，隶汀州。宋淳化五年（994年）升场为上杭县，直至元、明、清三代均隶汀州，民国时先后隶第六、第七督察专员公署。1949年8月27日上杭县城解放后，此后一直隶属龙岩专区专员公署（1970年起改为地区，1978年称龙岩地区行政公署，1997年为龙岩市）。

上杭县建置沿革表

表1

朝代	年号	公元	名称	驻地	隶属
唐	大历四年	769年	上杭场	湖雷下堡（今永定县下湖雷）	汀州长汀县
南唐	保大十三年	955年	上杭场	秋梓堡（今永定县高陂北山）	汀州长汀县
宋	淳化五年	994年	上杭县	秋梓堡	汀州
	至道二年	996年	上杭县	鳖沙（今白砂镇碧沙村）	汀州
	咸平二年	999年	上杭县	语口市（今旧县镇全坊村）	汀州
	天圣五年	1027年	上杭县	钟寮场（今才溪镇荣石村）	汀州
	乾道四年	1168年	上杭县	郭坊（今临江镇）	汀州
元	至元十四年	1277年	上杭县	在城里	汀州府
明	洪武元年	1368年	上杭县	在城里	汀州府
清	顺治三年	1646年	上杭县	在城里	汀州府
中华民国	民国3年	1914年	上杭县	在城里	福建西路汀漳道
	民国16年	1927年	上杭县	在城里	直属福建省
苏区	民国18年	1929年10月	上杭县苏维埃政府	县城、白砂	1930年3月闽西苏维埃政府成立后直属闽西苏维埃政府
	民国21年至23年	1932年至1934年	上杭县苏维埃政府	白砂、通贤等地	直属福建省苏维埃政府

续表1

朝代	年号	公元	名称	驻地	隶属
中华民国	民国22年12月至23年2月	1933年12月至1934年2月	上杭县	城厢镇（今临江镇）	龙漳省
	民国23年7月至24年9月	1934年7月至1935年9月	上杭县	城厢镇	福建省第七行政督察专员公署（龙岩）
	民国24年10月至29年7月	1935年10月至1940年7月	上杭县	城厢镇	福建省第六行政督察专员公署（龙岩）
	民国29年8月至36年3月	1940年8月至1947年3月	上杭县	城厢镇	福建省第七行政督察专员公署（长汀）
	民国36年4月至38年5月	1947年4月至1949年5月	上杭县	城厢镇	福建省第七行政督察专员公署（龙岩）
中华人民共和国		1949年9月17日至1950年3月	上杭县	城关镇	福建省第八专区专员公署
		1950年4月至1968年10月	上杭县	城关镇	龙岩专区专员公署
		1968年10月至1979年11月	上杭县	城关镇	龙岩专区革命委员会、龙岩地区行政公署
		1979年12月至1997年4月	上杭县	城关镇、临江镇	龙岩地区行政公署
		1997年5月至今	上杭县	临江镇	龙岩市

【行政区划】 2017年，上杭县设22个乡镇，其中17个镇、5个乡（含2个畲族乡）；全县村、社区委员会总数344个，其中村民委员会331个，社区居委会13个；村（居）民小组3704个。

2017年上杭县行政区划情况表

表2

乡镇	乡镇驻地	所辖村居委会	村居民小组数
临江镇	镇南	镇东、英明、天山、镇中、镇南、镇西、东南社区居委会(7)	80
蓝溪镇	厚里岗	黄潭、沈田、湖里、歧滩、梅永、觉坊、蓝溪、龙丰、载厚、岩华、白水、冯石(12)	171
古田镇	八甲圩	苏家陂、下郭车、上郭车、模坑、文元、荣屋、五龙、溪背、吴地、新生、赤坑、苎园、石笋、洋稠、大源、八甲、竹岭、外洋、上洋、赖坊、金湖(21) 古田华润希望小镇吴地社区居委会(1)	142
南阳镇	沙下坝	双溪、射山、豪东、砚头、下车、涂坑、马洋洞、南坑、南阳、官余、新联、罗坊、黄坑、茶溪、联义、日新、朱斜、联山、香塔、南岭(20)	270
临城镇	城北	石砌、白玉、古石、新塘、玉女、九洲、宫桥、水西、富古、同康、新丰、龙翔、黄竹、土埔、西郊、西南、西陂、六甲、上登、璜岗(20) 城东、城北、城南、城西、金山社区居委会(5)	332
才溪镇	上才中兴	才民、溪北、岭和、中兴、溪西、溪东、才溪、曾坑、大贵、下王、荣石、陈坑、下才、黄竹(14)	167
稔田镇	镇岐渡上	大湖、化厚、祝田、石牌、大燕、南坑、叶坑、蔡坑、官田、梅镇、长滩、埔头、连四、丰朗、楼岗、枫山、镇岐、歧坑(18)	189
白砂镇	朋新	中洋、梧岗、梧田、塘丰、大田、大金、扶福、樟黄、朋新、岭背、上早康、下早康、丰源、碧砂、大科、长锦、官洋、茜黄、洋乾、军桥、东塘、嫩洋(22)	280

续表2

乡镇	乡镇驻地	所辖村居委会	村居民小组数
中都镇	饶坊	永联、富光、军联、长徐、陈和、田背、罗溪、蛟腾、兴坊、饶坊、亲睦、由安、睦邻、都康、古基、仙村、复兴、古坊、瑞香、黄店(20)	142
湖洋镇	湖洋排下	碧田、涧头、水埔、上埔、元丰、加庄、福全、寨背、三田、通桥、乃康、岩头、湖洋、文光、古楼、濑溪、新坊、五坊、龙山、上罗、太平、新山(22)	272
旧县镇	大岗尾	新坊、石院、扁山、福村、河东、龙溪、全坊、坝上、河西、尧埔、兰田、铁场、铁东、石圳、角龙、迳美、谷坑、梅溪、水东(19)	221
通贤镇	枫云岗	上村、通贤、周源、培才、东里、曹丘、大东、岭头、文坑、秀坑、礤头、障云、汉溪(13)	126
茶地镇	店前	千龙、久泰、大燮、高屋、官山、茶地、调和、下科、樟树、翁基、竹马、上连科、下连科(13)	78
下都镇	吉安	砂睦、保安、和睦、佛坑、象栏、吉安、新寨、豪康、璜溪、三益、五丰(11)	103
太拔镇	太拔	崇厦、田增、罗坑、太拔、丘辉、院田、大坑、彩霞、张芬、鲜水坑、梓东、双康、上村、黄家、寨背山、大地(16)	200
溪口镇	大厚	锦坊、当丰、陈屋、大洋坝、云山、石铭、大连、大厚、大丰、三溪、双华(11)	99
蛟洋镇	蛟洋	下道湖、坪埔、崇头、蛟洋、塘厦、东乾、陈坊、文地、杨梅坑、桃源、达理、丘坊、苏坑、梅坝、小和、秋竹、丰年、贵竹、华家、文都、再兴、邹坑、中村、坪上、再嘉(25)	285
泮境乡	泮境	彩下、泮境、祖加、院康、乌石、定达、元康(7)	57
步云乡	上福	上福、金屏、古炉、马坊、兴隆、梨岭、贵和、蛟潭、大斜、云辉(10)	43
珊瑚乡	下珊瑚	上珊瑚、下珊瑚、下坑、彩坑、华竹(5)	51
官庄畲族乡	冒峡湖	上濯、下濯、龙牌、龙角、红石、回龙、朱堡、官庄、福泉、贵和、新风、七里、璜头、德康、树人、新民、曾洒、蕉坑(18)	190
庐丰畲族乡	丰济	章金、上坊、中坊、下坊、立英、丰康、丰乐、丰济、扶洋、铁峰、太古、黄坊、横岗、三坪(14)	222
合计22个乡镇		344个村、社区居委会	3704个村(居)民小组

■ 县情特色

【建党建军纲领确立地】 1929年12月红四军党的第九次代表大会在上杭县古田召开(又称古田会议),开启了马克思主义建党理论同中国共产党的自身建设实践相结合的先河,开辟了一条思想建党、政治建军的成功之路,确立了党对人民军队绝对领导的原则,找到了党和人民军队建设的正确方向。成功从古田开始、人民军队从这里走来。2014年10月,全军政治工作会议又在上杭县古田召开,这是习近平总书记亲自决定在上杭古田召开的围绕贯彻整风精神,研究新的历史条件下,党从思想上、政治上建设人民军队重大问题的一次重要会议(又称新古田会议)。上杭古田是我党我军确立思想建党、政治建军原则的地方,是我军政治工作奠基的地方,也是新型人民军队定型的地方。

【党的群众路线重要发源地】 1929年9月,党中央写给正在上杭活动的红四军前委的指示信(即"九月来信")中三次提到"群众路线"。这是我们党的文献中首次提到"群众路线"这个概念。《古田会议决议》也强调群众工作的重要性,批评主观主义,要求党员注意调查研究,这对党的群众路线形成产生了重大影响。1930—1933年,毛泽东三进上杭才溪乡开展调查研究,指导革命实践,写下著名的《才溪乡调查》,为全党树立了党的群众路线的光辉典范。

【著名苏区】 上杭县是全国第一批公布的21个原中央苏区县之一,是著名的革命老区。境内有彪炳史册的古田会议和才溪乡调查旧址,才溪是当年中央苏区"第一模范乡",素有"九军十八师""将军之乡"的美誉。毛泽东曾九次到上杭调查研究指导革命实践,写下了《星星之火、可以燎原》《才溪乡调查》《采桑子·重阳》等光辉著作；周恩来、朱德、陈毅、贺龙、谭震林等老一辈无产阶级革命家都在上杭留下了伟大革命实践的史迹。当年，全县共有1.5万人参加革命队伍，有9000多人为国捐躯，在册烈士5900多人。1955年被授予少将以上军衔的上杭籍将军有27人，是福建省将军最多的县份（占全省三分之一）。习近平、江泽民、胡锦涛、李克强、温家宝、贾庆林、贺国强等国家领导人均亲临过上杭视察。

【客家祖地】 上杭县是名扬海内外的客家人的重要祖籍地之一，文化底蕴深厚，有丰富的客家文化资源，也有灿烂的诗画文化传统，素有山歌之乡、书画之乡、木偶之乡的美称。志书和族谱记载，一千多年前有30多个客家姓氏的始祖，在上杭这块土地上开基创业，他们的裔孙从这里出发播向海内外。上杭客家族谱博物馆收藏有客家145个姓氏2900多部数万册族谱及部分家族文书契约、客家祖图等文物，是全国收藏客家族谱最多的公共图书馆之一。上杭县因此被誉为"客家祖地"。

【建筑之乡】 上杭县的建筑业历史悠久，建筑技艺早在明清时代就声名远扬。改革开放以来，建筑业成为上杭县重要的支柱产业，整体水平和企业竞争力不断提升。全县有建筑施工资质企业136家，其中一级26家，二级89家，三级21家，有60多家企业在省外承接施工项目，4家企业走出国门参与国际工程建设。2011年，上杭县被中国建筑业协会授予"中国建筑之乡"荣誉称号。

【黄金宝地】 上杭县是中国黄金十强县（市）之一。境内自然资源丰富，已探明的矿产有金、铜、银、铀、大理石、石灰石、稀土、瓷土等30多种，查明矿点100多处，其中紫金山金铜矿属国家级特大型金铜矿床，被中国黄金协会命名为"中国第一大金矿"。

【旅游胜地】 上杭县旅游资源丰富，具有生态资源优秀、史迹文化突出、山城风光秀丽、山水风景宜人的特点。境内有古田会议会址、毛泽东才溪乡调查旧址、梅花山国家自然保护区、上杭国家森林公园、紫金山国家矿山公园、全国工业旅游示范点——紫金工业生态旅游区等国家级旅游品牌，先后荣获"中国优秀旅游县"、全国十大"县域旅游之星"、全国"休闲农业与乡村旅游示范县"等称号。

【冠军摇篮】 上杭县是第二批"全国体育先进县"。先后为国家队输送了周金灿、余立志、林丹、刘麒鹏等一批优秀运动员，获得奥运冠军2人次，世界大赛冠军78人次，亚运会冠军3人次，全国大赛冠军67人次，省赛冠军186人次。县少体校是国家级羽毛球、体操项目高水平体育后备人才基地。

■ 经济发展

【概况】 2017年，上杭县实现地区生产总值316.8亿元，比增8.9%。财政总收入33.26亿元，比增4.9%，其中地方级收入25.13亿元，比增9.6%。固定资产投资312.1亿元，比增21.3%。社会消费品零售总额85.6亿元。城镇居民人均可支配收入35991元，比增9%。农村居民人均可支配收入15355元，比增9.1%。三次产业比从上年12.9∶54.8∶32.3调整为13.2∶46.6∶40.2。2017年，首次入选"全国投资潜力百强县"，再次被评为"福建经济实力十强县""福建县域经济发展十佳县"。

【第一产业】 2017年，上杭县实现农林牧渔业总产值72亿元，比增3.3%，农业产业化水平进一步提高，新增市级龙头企业1家、示范企业4家，农民专业合作社33家、家庭农场100家；新增"三品一标"（无公害农产品、绿色食品、有机农产品和农产品地理标志）认证产品11个。18家规模以上农产品加工企业实现产值12亿元，比增10.2%。农村土地承包经营权确权登记颁证工作完成合同签订323个行政村，完成率95.6%。第三次全国农业普查工作通过省级验收。

【第二产业】 2017年，上杭县实现规模以上工业产值562.1亿元，比增26.1%，竣工投产思康有机氟/硅新型合成材料产业化项目、铭麟过硫酸盐生产、紫金铜业生产末端物料综合回收扩建等6个项目。开工建设太阳铜业22万吨连铸连轧低氧铜杆生产、紫金佳博键合金丝生产等8个项目，其中低氧铜杆项目建成投产后产值有望突破100亿元。锂电新材料产业发展起步稳健，开工建设龙德六氟磷酸锂生产项目，签约落地鑫昌龙石墨烯和改性PE新材料、金山锂科锂离子电池高性能储能材料等一批成长性好、科技水平高的项目。建筑业稳步转型，实现建筑业产值442亿元，比增12.2%，回流政策效益显现，实现在地建筑业产值154.2亿元，比增31.7%。新成立建筑施工总承包企业35家，全县建筑施工资质企业增加到137家。推动建筑企业向绿色建筑产业转型发展，推进特级资质建筑企业申报和建工集团组建工作。

【第三产业】 2017年，上杭县实现服务业增加值100亿元，比增12%。开展服务业发展"三比一看"（比规模以上服务业企业发展、比服务业项目建设、比服务业行业发展，看服务业增速）竞赛，新增规模以上服务业企业21家，总数达40家。成立全省首个县级家庭服务业协会。电子商务加快发展，实现交易额40亿元。金融生态环境持续改善，全县金融机构存贷款余额450.1亿元，比增11.7%。旅游业快速增长，接待游客700.94万人次，比增21.4%，实现旅游收入49.39亿元，比增26%。红色教育培训产业蓬勃发展，承接各类红色教育培训2540期12.7万人次。

人口

【人口数量与人口变动】 2017年末，上杭县总人口529208人，比2016年末526193人，增加3015人，比增0.57%。

年末，全县出生12409人，出生率23.5‰，比上年增加418人，上升0.6个千分点；死亡5947人，死亡率11.3‰，比上年增加3131人，上升5.9个千分点。人口自然增长率12.25‰，比上年降低5.3个千分点。

【人口结构】 2017年末，上杭县总人口中男性271800人，女性257408人，男女性别比（以女性为100）105.6，男性比重比上年上升0.1个千分点，男女性别比例正常。

【城镇人口与农村人口】 2017年末，上杭县城镇人口207194人，占全县总人口的39.15%，农村人口322014人，占全县人口的60.85%。

【家庭情况】 2017年末，上杭县人口总户数147253户，户均3.59人。总户数比上年增加1544户，上升1.1%，户均人数比与上年基本持平。

【人口分布】 临江镇及其他镇人口 2017年末，临江镇人口44760人（比上年减少1576人），占全县总人口的8.45%。其他21个乡镇人口484448人（比上年增加4591人），占全县总人口的91.54%。

人口密度 2017年末，全县每平方千米186人，比上年每平方千米184人增加2人。

2017年上杭县乡镇人口情况表

表3

单　位	2017年	2016年	净增人口（人）	比上年增长（%）
合　计	529208	526193	3015	0.57
临江镇	44760	46336	-1576	-3.40
临城镇	56459	52105	4354	8.36
湖洋镇	30450	30591	-141	-0.46
珊瑚乡	5650	8578	72	0.84
官庄畲族乡	32869	32850	19	0.06
中都镇	18092	18277	-185	-1.01
下都镇	11469	11505	-36	-0.31
旧县镇	29970	30062	-92	-0.31
才溪镇	26797	26481	316	1.19
通贤镇	22845	22640	205	0.91
南阳镇	48806	48163	643	1.34
庐丰畲族乡	28344	28686	-342	-1.19
蓝溪镇	19991	20065	-74	-0.37
稔田镇	25091	24959	132	0.53
茶地镇	8868	8984	-116	-1.29
溪口镇	12811	12905	-94	-0.73
太拔镇	19447	19514	-67	-0.34
泮境乡	6384	6434	-50	-0.78
白砂镇	26444	26549	-105	-0.40
蛟洋镇	25943	25951	-8	-0.03
古田镇	20330	20224	106	0.52
步云乡	4388	4334	54	1.25

责任编辑：蓝晓东

红色传承

■ 综述

【红色文化保护传承】 2017年,上杭县出台《上杭县红色文化保护、传承和弘扬工程实施方案》,明确各级各部门工作职责,实施项目带动战略。实施古田会议旧址群新一轮修缮工程,对古田会议旧址群5处国保、1处省保、8处县保单位进行保养修缮,完成古田会议会址、文昌阁、协成店、政治部、树槐堂、红军桥等旧址的修缮工作。启动“革命文物保护五年行动计划”,对全县54处红色革命旧址分5年逐批实施全面维修保护,争取到国家文物保护专项资金963万元用于红军医院维修(其中,大洋坝红军医院590万元,南阳黄腊坑红军医院204万元,蛟洋红军医院169万元),争取到省文物维修保护专项补助资金75万元(其中,中央红色交通线20万元,汀属八县社会运动人员养成所旧址20万元,其他35万元)。持续推进开国将军故居维修保护工作,完成庐丰蓝庭辉将军故居维修保护。

【中央红色交通线文物调查】 2017年,上杭县确定红色交通线文物12处,实行统一挂牌保护。这12处文物是:溪口镇大洋坝红色交通站旧址、坑口红色交通站旧址(挹春堂),稔田镇闽西工农通讯社遗址(连四刘氏宗祠),太拔镇院田乡苏维埃政府旧址(爱吾庐)、代英县苏维埃政府旧址(崇德楼),白砂镇碧沙红色交通站旧址(丁正昌号商铺),旧县新坊村红色交通线接头点旧址(通济庵)、旧县区苏维埃政府旧址(敦和堂),南阳镇茶溪村红军福建军区南阳后方基地旧址群(留守处、兵工厂、制药厂、被服厂等4处旧址)。开展红军标语、红色口述史等搜集整理工作,搜集整理240条红军标语、900多份红色口述历史原始材料。编印《上杭党史通讯》2期、《上杭红色文化》2期及《红色蛟洋》系列书刊。完成《中国共产党上杭历史(1949—1978)》(第二卷)初稿编写。持续开展“红色文化论坛”讲座,先后举办《〈八闽开国将军〉的编撰与摄制》《闽西老区对中国革命的重大贡献》《当代闽西红土地文学的阅读》等专题讲座。

【爱国主义教育“一乡一基地”工程】 2017年,上杭县完成各乡镇可建设、培育为爱国主义教育基地的资源摸底工作,将条件成熟的13处革命历史文物点和展陈馆申报命名市级、县级爱国主义教育基地。其中,陈丕显故居、刘忠将军故居、客家族谱博物馆等5处被命名为市级爱国主义教育基地,古田“星火燎原”红色体验馆被命名为上杭县第一家民营爱国主义教育基地。古田革命旧址群1处7点、中央红色交通线1处3点向上申报为第九批省级文物保护单位。

■ 古田会议纪念馆

【概况】 2017年,古田会议纪念馆实行“三位一体”运行机制,推进“大古田”“大基地”发展战略,立足纪念馆职能,做好收藏管理、旧址保护、科学研究、宣传教育等各项工作。同时,根据国家文物局安排,策划革命旧址维修与保护3年行动计划。年内,推进革命旧址修缮复原工程,文昌阁、协成店等9处革命旧址修缮工作有序推进,施工监督责任到人。推进革命旧址复原前期工作。完成树滋堂及协成店周边9栋民居复原设计工作。推进革命旧址周边环境提升项目前期工作,完成文昌阁、树槐堂、协成店周边环境整治设计方案编制。

2017年,古田会议纪念馆继续保留“国家一级博物馆”“全国文明单位”称号。

【基地共建】 2017年,古田会议纪念馆开展基地共建活动,与各单位、各高等院校密切联系、紧密合作。分别与公安部、北京大学、中国移动福建公司、中信银行厦门分行、中国人民武装警察部队指挥学院等5家单位签订教学基地协议,共建“全国公安民警革命传统教育培训基地”“北京大学马克思主义学院教学实践基地”“中国移动福建公司廉政教育基地”“中信银行厦门分行党建及爱国主义教育基地”“中国人民武装警察部队指挥学院古田教学基地”。以铸魂胜利路、寻路——毛泽东等中国共产党人对中国革命道路理论的艰辛探索2个现场点评主题为亮点,扩大现场教学点的影响力。

【宣传展览】 2017年,古田会议纪念馆按照国家一级博物馆的要求开展陈列展览工作。举办“雷锋精神在福建”图片展、“古田会议——党和军队建设史上的里程碑”“开天辟地——中国共产党创建史图片展”“光辉历程——中国共产党发展历程图片展”“没有共产党就没有新中国——红色报纸展”“粟裕大将、肖克上将古田会议代表生平事迹展”等展览,派专人赴北京军事博物馆考察学习,根据专家意见对陈列馆第九、第十展厅内容进行改版提升,增加古田全军政治工作会议、十九大相关内容。协助《从瑞金到延安》《军歌嘹亮》《从井冈山到闽西》《不忘初心》等影视作品、宣传片拍摄;配合中国音协“金钟之星”艺术团“送欢乐·下基层”演出;参加央视《群英汇》龙岩专场节目录制。

2017年,古田会议纪念馆接待观众394万人次,提供讲解服务10267场次。接待巴基斯坦、沙特、印度等10多个国家的重要外宾。完成中共中央政治局委员张春贤、国家发改委副主任胡祖才、水利部副部长陆桂华等多位领导的参观接待任务。

【文物资料收集整理】 2017年,古田会议纪念馆完成“5·18”博物馆日捐赠活动,全年接收包括老红军等捐赠藏品资料1350余件。完成馆藏濒危纸质文物抢救性保护项目前期准备工作,做好文物库房恒温恒湿设备外机技改前期工作,确保文物修复工作顺利进行。加强文物藏品日常保护工作,提升文物藏品账册管理水平。全年完成登录入库图书741册,装订期刊报纸1500多份,录入馆藏资料2万余字,收录电子档案资料90GB。

【红色史料研究】 2017年,古田会议纪念馆出版古田会议资料研究丛书《古田会议文献资料》《见证古田会议》《古田会议文物图集》,参与完成《福建省博物馆概览》《福建省馆藏红色文物精品集》《全国爱国主义教育示范基地巡礼》系列图书、古田精神系列丛书之《闽西中央苏区文献资料丛编》《“中共在福建”馆藏文物图册》等丛书的部分内容编辑工作。编印出版《军号》3期、《通讯》2期。

【安全保卫】 2017年,古田会议纪念馆坚持“安全第一、预防为主”“谁主管谁负责”的宗旨,通过齐抓共管,营造安全环境。加强消防意识。派选微型消防站人员到上杭县消防大队进行重点单位消防培训,并派选保卫人员参加龙岩市消防职业培训。加强安全巡查。及时督促安防、消防设施维保单位每月对设施进行安全检查。做到一周一小巡查,一月两大巡查,确保无安全事故发生,同时做好重要接待安保及重要活动期间的秩序维护工作。落实安全工作职责。贯彻“谁主管,谁负责”的原则,坚持管理中心领导带班、观众进出登记、夜间巡查等制度,实行24小时值班,全年未发生安全事故。

【各级领导和社会知名人士瞻仰古田会议会址】 2017年,瞻仰古田会议会址和参观纪念馆的省部军级以上领导共有110多人次,主要有(以参观时间先后为序):韩伟中将之子韩京京,省委常委、省政府副省长周联清,水利部副部长陆桂华,中共中央政治局委员、中央党的建设工作领导小组副组长、中央新疆工作协调小组副组长张春贤,省政协副主席张燮飞,国家民委副主任李昌平,副省长李德金,华为技术有限公司常务副总裁郑宝用,人社部副部长汤涛,省委常委、政法委书记王洪祥,中国证监会主席刘士余,中央党史研究室副主任兼秘书长张树军,教育部副部长朱之文,求是杂志社编委葛洪泽,中国人民大学党委书记靳诺,内蒙古自治区政协主席任亚平,全国供销合作总社宋璇涛,国家税务总局副局长孙瑞标,中央环保督查组副组长翟青,省委统战部副部长、省工商联党组书记李家荣,中国电子科技集团党组副书记、副总经理左群声,人民银行总行金融消费权益保护局局长余文建,城市执法体制改革落实情况专项督查组专员陈谞,中央统战部副部长戴均良,全国妇联党组书记、副主席、书记处第一书记宋秀岩,中国作协副主席、国务院参事、著名作家张抗抗,国家发改委副主任胡祖才,国家煤矿安监局副局长桂来保,省委常委、厦门市委书记裴金佳,中央党校采访实录编辑室主任邱然,中央党校教研室副主任崔禄春,省委常委、组织部部长胡昌升,广西壮族自治区副主席张秀隆,云南省副省长张祖林,湖南省人民政府副省长杨光荣,陕西省副省长冯新柱,银监会法规部主任张劲松,中国人民银行行长助理刘国强,中宣部副秘书长明立志,国家工商总局副局长甘霖,浙江省副省长孙景淼,中国记协党组书记季星星,国家文物局局长刘玉珠,国务委员、公安部党委书记、部长郭声琨,公安部党委副书记、常务副部长傅政华,公安部党委委员、中央纪委驻部纪检组组长邓卫平,中国建筑工程总公司副总经理郑学选,中央国家机关工委副书记陈超英,中央军民融合办常务副主任金壮龙,中国作家协会党组书记、副主席钱小芊,中央候补委员、中国社会科学院副院长、中国地方志指导小组常务副组长李培林,中央党史研究室副主任吴德刚,副省长杨贤金,环保部副部长黄润秋,中国文联副主席李前光,国家档案局副局长刘鲤生,上海浦东发展银行总行副行长刘以研,国务院国资委主任肖亚庆,全国政协常委、澳门特别行政区行政会委员、澳门康泽集团董事长廖泽云,全国政协常委、澳门宝盛集团董事局主席、澳门福建同乡总会会长颜延龄,粟裕大将之子粟戎生中将。

毛泽东才溪乡调查纪念馆

【概况】 2017年,毛泽东才溪乡调查纪念馆作为全国爱国主义教育基地、福建省廉政教育基地、革命传统教育基地,全年接待讲解1248批次,其中各级党校、培训机构、旅行社等培训班764批次,占全年讲解业务的61%,接待公安部部长郭声琨,外交部、新闻司司长发言人陆慷,国家文物局副局长刘曙光等重要领导。参观人数147万人次,比增25%,其中接待未成年人参观人数45万人次。与北京市海淀区教工委、武警龙岩市消防支队和上杭县义工协会协作共建,教育基地培训教育作用有效发挥。

【专题展览】 2017年,毛泽东才溪乡调查纪念馆以抗战80周年、建军90周年、十九大召开等为契机,举办专题展览6个,其中原创展览有“闽西——中国红色卫生事业的重要发祥地”“105岁开国少将张力雄图片展”“砥砺奋进的五年”“2017年道德模范与先进人物宣传展”,引进“人民的光荣——朱德生平事迹展”“漳平市博物馆文物藏品图片展”2个展览。有6个展览在才溪乡调查纪念馆及周边学校、乡村、城区巡回展出。

【系列校园活动】 2017年,毛泽东才溪乡调查纪念馆继续与才溪中小学合作,举办独具特色的未成年人教育活动。与才溪中心小学合作举办“环保在行动”手工制作暨“爱家乡·画家乡”主题绘画活动,通过寓教于乐的方式直观诠释社会主义核心价值观,培养孩子们的环保意识及爱国热情;与才溪中学合作举办“贯彻学习十九大,不忘初心跟党走”系列活动,以十九大、党建、建军、抗战等相关内容作为竞赛知识,开展第二届知识竞赛,实现博物馆青少年教育资源与学校教育的有效链接。

【史料编撰】 2017年,毛泽东才溪乡调查纪念馆继续编撰才溪“九军十八师”画传,完成省部级干部李质忠及地师级干部胡子昆、林金亮3位革命前辈的画传。撰写《物尽难存,矢志不毁——残存的光荣碑》《烽火战友情——记刘少奇同志赠予卓贤的毛毯和眼镜》《一封家书——才溪革命烈士林高峰家信》等珍贵文物故事10余篇,配合省文物局做好《福建省博物馆概览》编纂工作,完成《全国爱国主义教育示范基地巡礼》系列图书编撰工作,计6万余字。

【项目建设】 2017年,毛泽东才溪乡调查纪念馆实施完成才溪乡调查纪念馆改版提升工程验收,纪念馆各科室资料柜、书柜等改造项目及毛泽东才溪乡调查旧址群(光荣亭)维修工程。毛泽东才溪乡调查旧址消防、安防工程,才溪第一个党支部地点——水茜坑汉章堂维修项目,按市文物局要求对项目规划进行修改。一级文物本体修复项目,申报的5件一级文物中“春耕运动宣传画报”“中央粮食调济局汀州分局广告”2件通过修复批准。

【文物保护】 2017年,毛泽东才溪乡调查纪念馆做好文物藏品档案建设工作,完成馆藏文物2726件套的手工总账、分类账、库存卡、藏品卡的建档录入工作,根据《文物藏品档案规范》要求对一级文物进行重新建档。对文物库房进行全面整理,文物按要求分类存放,将图书资料从库房中迁出,单独成立图书资料室,指定专人负责图书资料管理,重新清点分类整理,编制图书号,方便借阅。

【安全保卫】 2017年,毛泽东才溪乡调查纪念馆做好日常值班、巡查工作。做到纪念馆和旧址值班24小时365天不出现空档;每周2次定期巡查各革命旧址,发现破损及时上报维修;每日早晚检查一次消防设备及馆内安全。全年组织馆内人员进行消防安全演练和消防知识培训2次。3月和12月,邀请上杭县消防大队到馆举办消防安全知识培训讲座及现场演练活动。加强文物保护相关知识宣传,对旧址周边住户进行文物保护知识宣传,禁止违章搭建。全年向旧址群周边住户发放文物保护宣传单1000多册,入户讲解宣传中华人民共和国《文物安全保护法》10余次。

【业务提升】 2017年,毛泽东才溪乡调查纪念馆通过内外结合方式,持之以恒促进馆内讲解员工作能力的提升。实行每月业务知识考核制度和每周业务培训,11月推选1名讲解员参加省旅游发展委员会举办的全省千名优秀讲解员培训班。12月推选2名讲解员赴井冈山干部学院参加“不忘初心,牢记使命,讲好红色故事”现场教学点讲解员培训班。通过考核和培训,讲解员业务能力和个人素质得到提高。选拔1名讲解员参加上杭县“喜迎十九大·争创文明城”主题演讲比赛。编排特色剧目——情景朗诵《映像才溪女》,在3月8日“建设新上杭,巾帼能担当”群文晚会、7月15日县义工协会周年庆晚会以及12月21日“诗韵杭川”诗歌专题晚会中演出,组织小分队身着军装在7月15日首届才溪荷花节上演唱《根扎百姓中》。改编廉政快板节目——闽西作风建设的生动实践,参加9月30日文体惠民工程“杭川喜迎十九大·国庆中秋万家乐”文艺会演,获三等奖。

【争创“共青团员先锋岗”活动】 2017年,毛泽东才溪乡调查纪念馆青年讲解服务队立足服务岗位,开展争创共青团员先锋岗活动。9月29日,在光荣亭前重温共青团入团誓词,集体唱响共青团团歌;9月30日,与才溪小学师生代表共同前往才溪烈士纪念碑,讲述才溪英烈故事,缅怀才溪英烈;以建军90周年为契机,在中共十九大召开之际,组织进行“喜迎十九大,学党史讲党性”主题学习交流会。2017年,才溪乡调查纪念馆青年讲解服务队获福建省“共青团员先锋岗”称号,

【光荣亭修缮工程】 2017年,根据省文物局对光荣亭修缮工程的批复意见,毛泽东才溪乡调查纪念馆对设计方案进行修改、完善,并报市级文物主管部门核准后实施,至2017年年底修缮工程基本完成。

光荣亭是才溪人民创建苏区模范的光荣见证,也是毛泽东亲笔题名的革命纪念性建筑。2013年被评为第七批国家重点文物保护单位。

■ 党史研究

【党史研究成果】 制订党史工作五年规划 2017年,根据省委党史研究室五年规划,结合上杭县实际,上杭县党史研究室制定《上杭县党史工作2016—2020年规划》,明确今后五年上杭县党史工作的指导思想、基本要求、总体目标、主要任务等。

进一步发挥上杭政治优势和品牌 以新古田会议召开3周年为契机,与中央和省、市党史专家学者就如何打响新古田会议政治品牌进行研讨,推出一批精品力作,初步提炼

旧县区苏维埃政府旧址——敦和堂(2017 年摄)　(县委党史办供稿)

出以“政治建军、改革强军、依法治军、科技兴军”为核心的新古田会议精神内涵。

重大党史专题研究　围绕对古田会议精神、才溪乡调查精神和新古田会议精神的研究,主动承接相关课题,推出一批研究成果。征集、整理习近平十三次到上杭相关历史资料及图片,为宣传习近平总书记在福建的探索与实践作出卓有成效的工作。

地方党史研究　完成《中国共产党上杭历史(1949—1978)》(第二卷)初稿,全书 4 编 16 章 41 节近 25 万字。召开评审会议,对初稿进行评审。该书计划2018 年公开出版发行。

党史资料征编工作　开展红色“口述历史”资料收集整理工作,整理编辑《上杭子弟兵长征口述史》等红色历史口述资料。加大党史资料征集力度,征集上杭县在革命、建设和改革开放各个时期重大党史事件、重要党史人物留存的笔记、图片、音像、实物等党史资料,请老同志、当事人、知情人撰写回忆录,为党史研究和党史宣传教育提供史料依据。

【党史宣传】　**开展、参与重大党史事件的纪念活动**　2017 年,上杭县党史研究室参与纪念中国人民解放军建军暨南昌起义军入闽 90 周年学术研讨会、纪念闽西南三年游击战争胜利暨新四军成立 80 周年座谈会等。在镇中社区举办《砥砺前行——纪念中国人民解放军建军 90 周年》专题展,以图文并茂形式,展示人民解放军 90 年来走过的光辉历程。组织党员、干部、师生观看中共党史题材 3D 立体故事片《冲锋号》和文献纪录片《没有共产党就没有新中国》,用喜闻乐见的电影形式进行党史宣传教育。

搭建党史宣传“四大平台”　举办红色文化讲坛。全年开展 6 场次专题讲座,推动党史进企业、进农村、进军营、进学校、进机关、进社区,收到良好的社会效果。办好内刊。编印《上杭党史通讯》2 期、《上杭红色文化》2 期,注重上杭特色,讲好上杭故事,扩大党史宣传的影响力,社会反响强烈。建好党史群网站。利用上杭红色文化网,及时更新党史内容,全年上传信息 200 余条,发挥好传播红色文化、引领政治思想正面舆论的作用。推动省、市党史教育基地建设。以党史遗址遗迹、重大党史事件和重要党史人物纪念场馆等红色资源为载体,开展党史教育基地授牌活动。2017 年,上杭县被授予全省、全市党史教育基地 17 处。

开展“古田现象”品牌宣传调研　组成红色传承调研组,到古田召开座谈会,挖掘、提升古田辖区先进典型,形成调研报告。参与、配合《推进批评与自我批评制度化》党建课题调研,调研内容包括朱毛之争、古田会议历史经验、推进批评与自我批评制度化等,同时对古田会议精神进行更加深入的研究,探讨“古田现象”形成的内外因素。

加强和改进意识形态工作　强化党史工作职能。将意识形态工作贯穿于党史资政研究和宣传教育等各项业务工作中,坚持“党史姓党”政治方向,强化阵地建设和管理。加大反击历史虚无主义力度。加强与报刊、广播、电视和网络等媒体的合作,在重大党史事件时间节点上,通过上杭新闻网、上杭广电等平台,大力宣传上杭红色故事,牢牢把握意识形态领域主导权、话语权。发挥红色文化铸魂聚力作用。与相关部门合作,创作一批红色题材的影视、文学和舞台精品,推出有关上杭红色文学的作品。

【红色资源保护利用】　**杭籍开国将军故居维修与保护**　2017 年,上杭县党史研究室本着“成熟一个,维修一个”的原则,落实县委专题会议精神,加强宣传,明确职责,规范程序,严格把关,确保质量,注重实效,完成蓝庭辉将军故居竣工验收,并对外开放,黄鹄显将军故居正在维修之中。至年底,全县有 14 处将军故居完成维修保护。

做好中央红色交通线保护利用工作　会同关部门共同做好上杭县境内中央红色交通站点的论证工作,深入挖掘、整理 12 个交通站点相关史料,特别是对中央红色交通线的具体路径、历史沿革、普查维修、规划保护、维修复原、研究利用等方面进行认真研究,同时将 12 处站点上报上级文物主管部门,列入革命旧址保护规划。

指导乡镇加强对革命遗址的规划保护　参与筹划“蛟洋暴动”90 周年纪念活动,评审红色蛟洋革命历史陈列室展陈方案,指导白砂镇做好早康会议旧址维修保护和展陈方案工作,协助稔田镇做好红色交通线旧址展陈方案的编写、审核工作。

责任编辑:蓝晓东

中共上杭县委员会

■ 综述

【概况】 2017年，中共上杭县委学习贯彻落实习近平新时代中国特色社会主义思想和中共十八大、十九大精神，围绕“五位一体”（经济建设、政治建设、文化建设、社会建设、生态文明建设）“四个全面”（全面建成小康社会、全面深化改革、全面依法治国、全面从严治党）布局，坚持五大发展理念（创新、协调、绿色、开放、共享），弘扬古田会议精神和毛泽东才溪乡调查精神，全面从严管党治党，实施“三大战略”，打好“三大战役”，全县经济社会保持平稳较快发展势头。全年实现地区生产总值318.9亿元，比上年增长8.9%，居全市第二；规模以上工业增加值62.8亿元，增长9.6%，居全市第一；财政总收入33.3亿元，增长4.9%，其中地方级财政收入25.1亿元，增长9.6%，总量居全市第一、增速居全市第五；固定资产投资312.1亿元，增长21.3%，居全市第一；城乡居民人均可支配收入分别为35991元、15355元，增长9.0%、9.1%，均居全市第四。再次获福建省“县域经济实力十强县”，从2016年第九名晋升到第八名，并入选全国投资潜力百强县。

【学习调研】 2017年，中共上杭县委牢固树立“四个意识”（政治意识、大局意识、核心意识、看齐意识），始终在思想上、政治上、行动上同以习近平同志为核心的党中央保持高度一致。深入学习贯彻习近平新时代中国特色社会主义思想和中共十八大、十八届历次全会、十九大精神，以及中共福建省委、龙岩市委全会精神，特别是党的十九大召开后，多次组织召开县委常委（扩大）会议传达学习，研究制订学习宣传计划，指导全县各级党组织利用党委（党组）中心组学习、支部“三会一课”、座谈研讨、学习宣讲等各种形式深学实学新思想。全年开展各类学习活动717场次，受众6.8万人次；县处级党员领导深入基层一线宣讲新思想28场次，受众3000多人次；组织县委宣讲团巡回宣讲32场次，受众1.3万人次；乡镇、部门宣讲团开展宣讲300余场次，受众6万余人次，实现学习宣传全覆盖。用新思想武装头脑、指导实践、推动工作，结合上杭实际，细化落实到“四个上杭”（实力上杭、活力上杭、魅力上杭、和谐上杭）目标任务之中，做到发展蓝图相衔接、目标任务相衔接、措施路径相衔接，把上杭发展置身于全市、全省、全国发展大局之中，推动全县经济社会各项事业迈上新台阶。同时，以新思想为指引，结合才溪乡调查85周年纪念活动，在全县范围内大兴调查研究之风，部署成立6个县级调研组和县领导、乡镇、县直部门调研组，推动新思想在上杭形成生动实践。

【示范带动】 2017年，中共上杭县委发挥统揽全局、协调各方的领导核心作用，调动和激发各方的积极性、主动性和创造性，形成上下一心、团结奋进的生动局面。加强自身建设，以上率下。县委重视并加强常委会、全委会和县委班子自身建设，执行《县委常委会改进作风实施意见》《县委常委会议事规则》、县委学习中心组学习等制度。严格党内政治生活，自觉开展批评与自我批评，加强党性教育、党性锻炼；贯彻执行民主集中制，落实“三重一大”（重大事项决策、重要干部任免、重要项目安排、大额资金的使用）集体决策制度，凡重大决策部署出台前，首先进行调查研究，广泛征求“两代表一委员”（中共党代表、人大代表、政协委员）和社会各界的意见，由常委会或全委会集体作出决定，属政府职权范围的事项，均由政府常务会议先行研究讨论；带头改进作风，坚持重心下移，关注基层，深入一线，协调解决推进发展中遇到的重大问题；带头廉洁从政，落实党风廉政建设责任制，带头遵守各项规定，主动接受组织和社会各界的监督。凝聚各方力量，形成合力。发挥县委牵头抓总核心作用，谋划建立全面从严治党暨县域综合治理形势季度分析会制度，统筹解决存在问题；建立领导干部带头策划重大项目，推进“重中之重”项目，项目工作检查，项目建设分类督查等机制制度，全过程跟踪推动项目建设；建立乡镇党委书记、乡镇长工作例会制度，发现和解决基层问题，激发基层工作热情干劲。支持县人大及其常委会、县政府、县政协以及法院、检察院依法履职、开展工作；深化“红土同心”提升工程建设；做好党管武装工作；支持工会、共青团、妇联等群团组织改革，凝聚各方力量，建设新上杭。

【“四个上杭”建设】 实施产业兴县，提升实力上杭 2017年，上杭县按照“抓龙头、搭平台、铸链条、建集群”的工作思路，实施“千百十亿”产业培育计划,打造产业升级版。主导产业不断壮大。金铜产业方面,全县有金铜产业企业44家,全年规上金铜产业实现产值523.3亿元,比上年增长30.5%。深化军民融合发展,全年累计与军工企业签订合作项目23个,新开工4个,带动投资24.9亿元,实现民品参军销售收入4.7亿元。建筑产业方面,出台促进建筑产业转型升级健康发展15条措施,新成立建筑施工总承包企业35家,全县建筑施工资质企业总数达137家,全年实现建筑业产值441.6亿元,比上年增长12.2%,占龙岩市的“半壁江山”。重点产业加快发展。现代农业方面,新增市级龙头企业5家,家庭农场100家、农民专业合作社33家,新增“三品一标”(无公害农产品、绿色食品、有机农产品和农产品地理标志)认证产品11个,全年实现农林牧渔业总产值61亿元,比上年增长3.3%。商贸物流业方面,出台现代服务业发展扶持政策,新增规模以上服务业企业21家,总数40家,全年实现服务业增加值103.4亿元,比上年增长12.7%;培育欣杭电商等一批龙头企业,全年实现电子商务交易额40亿元。旅游及文化创意方面,古田和才溪景区提升工程等项目加快推进,步云梅花山生态旅游示范区索道、观光栈道基本建成。举办全省首届梅花节。全年接待游客700.94万人次,比上年增长21.4%;实现旅游总收入49.39亿元,增长26%。新兴产业势头良好,开工建设龙德六氟磷酸锂生产项目,签约落地鑫昌龙石墨烯和改性PE新材料、思康化学有机氟硅新材料等一批成长性好、科技水平高的项目,全县落地11家新材料企业。红色教育培训产业蓬勃发展,全县现有各类红色教育培训机构22家,其中古田区域内2017年承接各类培训2720期15.1万人次。项目推进有力有效。探索推行领导干部带头策划重大项目工作机制,全年累计策划项目540个,总投资2462亿元,其中亿元以上项目257个、30亿元以上19个,转化落地项目41个。130个攻坚项目完成投资98.7亿元,完成年度计划的109%。市“五个一批”(谋划一批、签约一批、开工一批、建成一批、增资一批)项目均居全市前3名,其中上报谋划项目评审通过53个,完成市任务的189.3%;签约项目82个,完成市任务的292.9%;开工项目15个,完成市任务的136.4%;投产项目17个,完成市任务的283%;完成增资5.62亿元,完成市任务的426%。

深化改革创新,打造活力上杭

坚持以“工匠精神”推进改革创新,激发活力、积蓄动力,破难题,促发展,惠民生。“三资运作”有新突破。争取国家证监会挂钩帮扶上杭县,与兴业证券签订为期五年的战略合作协议,公开招聘县属部分国有企业负责人6人,新组建古田建设发展有限公司。依托兴杭国投、兴诚实业等国有公司,开展并购重组、债务处置、资产经营管理等业务,截至2017年底国有资产总量470多亿元。加快政府职能转变。配合市委、市政府理顺古田管理体制机制,擦亮古田这个金字招牌。推动“放管服”改革,梳理办事清单722项;推行“互联网+政务服务”模式,在全市率先建成全流程网上办事大厅,压缩服务时限。深化财税体制改革。完善国地税联合办税服务,实现国地税八大类106项业务的“一窗通办”。在全市率先开展联合办税服务厅窗口办件内部查纠,基本实现窗口办件零差错;落实税收优惠政策,共减免税收近3亿元。激发创新创业活力。完善人才引进、培养、激励和使用机制,对重点产业人才实行“一事一议”。科技创业园建成开园,入驻孵化企业4家。建立“政银企校”产学研合作对接平台,与福州大学、龙岩学院等院校签订合作框架协议,院校与企业签订合作协议12个;银行与企业签订贷款合同、授信协议27.3亿元。引进30亿元“兴业东兴投资基金”、成立5亿元“广发纳斯特兴杭产业基金”,支持科技创新和研发。

统筹城乡发展,建设魅力上杭

用好用足国家新型城镇化综合试点地区政策,推动城乡融合发展。加大基础设施建设。龙岩经梅州至龙川铁路项目完成初测,县内线位和站位基本确定;厦蓉高速公路(上杭段)扩容建设、古武高速公路(上杭段)建设项目加快推进;县通乡、乡通乡、乡通村道路晋级改造稳步推进,“2345”交通圈(县乡通二级公路,各乡镇“30分钟上高速公路”,各建制村“40分钟内到达所在集镇”,所有乡镇“50分钟内到达县城”)加快形成。提升城市功能品位。县城总体规划(2015—2030)通过市政府审批。2017年,53个城建新建、续建项目累计完成投资18.8亿元。杭川公园、上杭大道(建设路段)等项目建设完成;汀江绿道一期工程基本完成;潭头大桥、畲族馆、华嵒纪念馆、水幕电影、汀江水域国防教育主题公园等项目推进,城区“15分钟生活圈”形成。成功创建省级文明县城,被省文明委推荐为新一届全国文明城市提名城市。打造特色小镇和美丽乡村。特色小镇方面,古田镇被列为第一批国家特色小镇,2017年策划项目24个,总投资52.56亿元,累计完成投资5.2亿元。古田干部学院竣工投入使用,古田吴地红军小镇具备雏形,龙岩至古田快速通道、梅花山路、锦绣路按序时进度加快推进。公安部、北京大学、中国电科大学、海军陆战队、海装上海局等9家单位与古田共建教育基地。明确各乡镇特色定位,通贤建筑特色小镇入选全市第一批特色小镇创建名单。美丽乡村方面,实施省级“千村整治、百村示范”环境综合整治17个村、市级“美丽乡村三年行动计划”21个村,实施项目228个,完成投资1.58亿元。在全市率先实现县域生活垃圾转运站和生活污水处理厂全覆盖。庐丰畲族乡丰康村、官庄畲族乡树人村获评第二批"中国少数民族特色村寨"。持续攻坚生态环保。抓好中央环保督察配合及反馈问题的整改落实工作。47个生态环保攻坚项目完成投资10亿元,完成年度计划投资的119.4%。全面落实河长制,"一江两河"及支流水质明显提升,Ⅲ类水质达标率96.6%。完成植树造林0.15万公顷,水土流失综合治理0.35公顷,森林覆盖率77.2%,城区空气环境质量均达到或优于国家环境空气质量二级标准,在全省排名前列。完成国土土地资源利用规划、第三轮矿产资源总体规划,获评国家水土保持生态文明综合治理工程。

坚持以人为本,构建和谐上杭 将新增财力的90%以上用于改善和保障民生,增强人民群众获得感、幸福感、安全感。脱贫攻坚稳步推进。建立"企业+合作社+贫困户"帮扶模式,全县有269家经营主体帮扶带动946户贫困户,解决用工2295人;实施激励性扶贫项目25个,受益贫困户336户1314人;发放扶贫小额信贷资金2406户6501万元,覆盖面34.4%;实施2290户5926人造福工程和危房改造,贫困户住房安全问题基本得到解决。全县有4个贫困乡镇、50个贫困村、建档立卡贫困户7298户19926人,至2017年底仍有9户30人未脱贫,脱贫率99.85%;实现1个贫困乡镇和10个贫困村摘帽。民生事业协调发展。出台贫困学子就学资助政策,有7149人次贫困子女享受各类教育助学补助4906万元;新开工建设3所幼儿园,8个改善义务教育薄弱学校基本办学条件项目扎实推进;县医院、妇幼保健院整体搬迁等项目加快推进。举办首届"三月三"畲族文化节,县图书馆通过国家一级馆验收,县客家族谱博物馆被列为首批6家福建省对台交流基地之一,县少儿业余体校获"国家重点高水平体育后备人才基地"称号,市青少年水上运动训练基地(上杭县水上运动中心)挂牌成立。社会保障更加有力。针对因病致贫户数占全县贫困户35.9%的实际,深化健康扶贫保险和大病医保"三保合一"均衡化政策,全县有贫困人口10704人次享受政策补助资金2481万元。在全省率先实施县级财政投入资金推进幸福院建设,新增农村幸福院27个,被确定为全省乡镇敬老院社会化改革试点示范县,成功入围2017年"中国候鸟旅居小城榜"。社会治理不断创新。推进"平安上杭"建设,古田派出所被国务院授予"全国人民满意派出所"称号,县公安局再次被授予"全国优秀公安局"称号。实验小学温金娥老师获评第六届全国道德模范,受到习近平总书记亲切接见。古田省级食品安全示范街通过省级验收。获得2017年度市对县综治考评第一名,被省综治委授予2013—2016年度全省"平安先进县"称号。

【自身建设】 突出思想政治建设 2017年,上杭县委把党的政治建设摆在首位,运用好"古田会议"思想建党的宝贵经验,推进"两学一做"(学党章党规、学系列讲话,做合格党员)学习教育常态化制度化。落实党管意识形态工作责任制,开展习近平新时代中国特色社会主义思想和中共十九大精神宣传教育,引领党员干部增强"四个意识"、坚定"四个自信",始终在思想上政治上行动上同以习近平同志为核心的党中央保持高度一致。

强化干部队伍建设 坚持党管干部原则,落实"好干部"标准,出台正向激励事业干部九条措施、一线考察干部、推动干部担当作为等制度,从一线考察选拔干部6人,从乡镇党政机关、县直事业单位选调选拔事业身份领导干部18人。贯彻执行《推进领导干部能上能下若干规定(试行)》,着力畅通"下"的渠道;制订出台国家公职人员改革创新容错纠错机制实施办法,为担当者担当、为负责者负责。

着力夯实基层基础 坚持"抓基层、打基础",突出政治功能,不断提升组织力。倒排确定22个党支部作为"软弱涣散"集中整顿对象,取得明显成效。提高村两委干部待遇,调动村级组织工作积极性。出台在国有企业改革发展中坚持党的领导和加强党的建设实施意见,把党的领导融入国有企业治理环节。启动实施"红土先锋"基层党建典型培育行动计划,古田镇苏家坡村、中都镇兴坊村、才溪镇溪北村等7个基层党组织被确定为市级"红土先锋"基层党建典型培育示范点。实施"书记创新项目",初步征集基层党建典型54个,群众的获得感和对党组织的信任度进一步提升。

加强党风廉政建设 深化纪检监察体制改革,县监委挂牌成立并有效运行,配齐配强乡镇专职纪检干部,完成县直派驻全覆盖工作。建立全面从严治党暨县域综合治理形势季度分析会制度,重在平常、抓在日常,掌握工作主动权。坚持把纪律和规矩挺在前面,持之以恒落实中央八项规定精神,运用和落实好执纪监督"四种形态",完成6个乡镇党委、6个县直党组巡察和全县344个村(居)巡查工作,全县上下保持风清气正、人和业兴的良好政治生态。

■ 重要会议

【县委十三届七次全会】 2017年8月17日,中国共产党上杭县第十三届委员会第七次全体会议在上杭召开。十三届县委委员、候补委员;县人大常委会、县政府、县政协党员领导,县人武部部长;各乡镇党委书记、乡镇长;县直各党委(工委、党组)、部、委、办、局(行、社、公司),各群团组织,省、市属驻上杭单位主要负责人;县纪委常委;在上杭中共十八大代表,在县城区的省、市党代会代表,县第十三次党代会代表中的部分基层党员和专家学者等参加会议。非中共党员的县领导;担任过副处级以上实职的城区离退休老同志列席会议。

全会由县委常委会主持。会议深入贯彻习近平总书记以人民为中心的发展思想和新发展理念,落实中央关于加快社会事业发展的决策部署和省委十届三次全会精神、市委五届四次全会精神,听取和讨论县委书记傅藏荣的讲话和县委副书记、县长王波对相关文件所作的说明,审议通过《中共上杭县委关于加快社会事业发展补齐民生短板确保如期全面建成小康社会的决定》,讨论教育、卫生与健康、养老、城乡民生基础设施等领域相关配套文件。

全会指出,中共十八大以来,以习近平同志为核心的党中央始终把人民放在心中最高位置,高度重视保障和改善民生工作,为加快补齐民生社会事业短板提供行动指南和根本遵循。省委十届三次全会和市委五届四次全会聚焦问题,精准施策,对加快补齐民生社会事业短板作出有力部署,为上杭加快社会事业发展补齐民生短板指明方向。

全会强调,全县各级各部门要深刻认识补齐民生社会事业短板,是全面建成小康社会的内在要求;是增进民生福祉的迫切需要;是激发发展新动能的重要途径;是实现"四个率先"(在全市率先全面建成小康社会、率先争创福建经济实力十强县、率先实施普通高中教育免费政策、率先实现大病医保"三保合一"均衡化)、打造"四个上杭"的题中之义,切实增强加快补齐民生社会事业短板的责任感和紧迫感。

全会认为,近年来上杭县认真贯彻落实中央和省委、市委部署要求,持续加大民生投入,民生保障和社会事业发展取得较大成效。但社会事业发展相对滞后的局面还没有根本改变,在教育、卫生与健康、养老和城乡民生基础设施等领域,依然存在不少短板。对此,要始终保持清醒头脑,坚持问题导向和目标导向,在不断解决问题中提高公共服务供给能力和共享水平。

全会提出,上杭县加快补齐民生社会事业短板的总体要求是:全面贯彻党的十八大以来党中央一系列决策部署,深入学习贯彻习近平总书记系列重要讲话精神和治国理政新理念新思想新战略以及来闽来杭重要讲话精神,增强"四个意识",以"五位一体"总体布局、"四个全面"战略布局为指引,牢固树立和贯彻落实五大发展理念,坚持以人民为中心的发展思想,大力继承和弘扬古田会议精神、毛泽东才溪乡调查精神,围绕"再上新台阶、建设新上杭"的新要求,紧盯薄弱、对接需求,扩大总量、补齐短板,提升质量、打造品牌,力争更多社会事业领域走在全市前列,让人民群众有更多获得感,确保如期全面建成小康社会。主要目标是:到2020年,社会事业发展水平与全县经济发展水平基本相适应,公共服务体系更加完善,供给能力显著增强,"学有所教""病有所医""老有所养"和"宜居宜业"等基本公共服务保障能力和水平迈上新台阶,社会事业重点领域主要指标达到或超过全市平均水平。

全会强调,加快社会事业发展、补齐民生短板要尽力而为、量力而行,精心谋划、供需协调,政府主导、社会参与,一步一个脚印把人民群众对美好生活的向往变成现实。要提质优化,办好人民满意教育。学前教育要扩大供给,义务教育要"均""优"并重,高中教育要优质发展,职业教育要产教融合,努力建设教育强县。要健全体系,全力打造"人文医疗"。要扩大资源总供给量,坚持"塔尖""塔基"并重,坚持"预防""保险"并举,促进医疗服务优质化便利化。要多元发展,构建养老服务体系。要优先发展居家社区养老服务,创新发展机构养老服务模式,探索推进医养融合发展新路,提升老年人幸福感。要统筹城乡,着力建设"宜居上杭"。深入实施城乡畅通工程,实施"四大提升工程",实施文体惠民工程,让城乡更加靓丽。

全会要求,全县各级党组织和广大党员干部要进一步强化大局意识,盯紧目标、主动作为,坚持担当负责,坚持项目引领,坚持创新发展,坚持务实推进,以钉钉子精神,一锤接着一锤敲、一件接着一件干,确保完成全会确定的目标任务,以实实在在的成效兑现对人民的承诺。

全会号召,全县各级党组织和广大党员干部要更加紧密地团结在以习近平同志为核心的党中央周围,齐心协力,振奋精神、苦干实干,全力推进社会事业发展,加快补齐民生短板,为实现"四个率先"、打造"四个上杭"奠定坚实基础,以优异的成绩迎接十九大胜利召开。

【县委十三届八次全会】 2017年11月24日,中国共产党上杭县第十三届委员会第八次全体会议在上杭召开。十三届县委委员、候补委员;县人大常委会、县政府、县政协党员领导,县人武部部长;各乡镇党委书记、乡镇长或乡镇长候选人;县直各党委(工委、党组)、部、委、办、局(行、社、公司),各群团组织,省、市属驻上杭单位主要负责人;县纪委常委;在上杭省第十次党代会代表和市、县党代会代表中的部分基层党员和专家学者等参加会议。非中共党员的县处级领导;担任过副处级以上实职的城区离退休老干部代表;县直各单位副科级以上干部列席会议。

全会由县委常委会主持。会议讨论县委常委会工作报告,听取和讨论县委副书记、县长王波所作的报告。会议的主要任务是,深入学习贯彻中共十九大和省委十届四次全会、市委五届五次全会精神,进一步组织动员全县各级党组织、广大党员和干部群众,高举中国特色社会主义伟大旗帜,坚持以习近平新时代中国特色社会主义思想为指导，不忘初心，牢记使命，决胜全面建成小康社会，加快建设"四个上杭"，为夺取新时代中国特色社会主义伟大胜利、实现中华民族伟大复兴的中国梦贡献上杭力量。

全会充分肯定一年来县委常委会的工作。一致认为，在以习近平同志为核心的党中央坚强领导下，在省委、市委的正确领导和大力支持下，县委常委会认真学习贯彻习近平新时代中国特色社会主义思想，围绕"五位一体"总体布局和"四个全面"战略布局，主动融入新福建、新龙岩建设，按照县第十三次党代会确定的奋斗目标，团结带领全县干部群众，全面实施"三大战略"，深入打好"三大战役"，加快补齐民生社会事业短板，经济、政治、文化、社会、生态文明建设和党的建设等各项工作取得新进展、新成效。

会议指出，中共十九大是在全面建成小康社会决胜阶段、中国特色社会主义进入新时代的关键时期召开的一次十分重要的大会。省委十届四次全会、市委五届五次全会全面贯彻中共十九大精神，紧密联系全省、全市发展实际，把习近平新时代中国特色社会主义思想落实到新福建、新龙岩建设的全过程。学习宣传贯彻十九大精神，是当前和今后一个时期的首要政治任务。全县各级党组织和广大党员干部要进一步兴起学习宣传贯彻热潮，切实把思想和行动统一到十九大精神上来，把智慧和力量凝聚到实现十九大确定的目标任务上来。

全会强调，学习贯彻十九大精神，要着力在学懂弄通做实上下功夫，深刻领会思想精髓、准确把握核心要义。重点把握新时代、新思想、新征程、新部署、新要求等方面的丰富内涵。要深刻领会和全面把握中国特色社会主义进入新时代的重大政治论断，以更高的境界、更强的本领，努力创造无愧于新时代的新业绩；要深刻领会和全面把握习近平新时代中国特色社会主义思想，真正做到内化于心、外化于行，坚持不懈用新思想武装头脑、指导实践、推动工作，让习近平新时代中国特色社会主义思想在杭川大地结出硕果；要深刻领会和全面把握分两步走全面建设社会主义现代化国家的新征程，进一步坚定信心，主动对接党和国家新的战略安排，认真实施县"十三五"规划，在新时代、新征程中展现上杭老区新气象、新作为；要深刻领会和全面把握十九大作出的新部署，认真研究其中蕴含的丰富政策和举措，对标对表，不折不扣地落实，不断推动"四个上杭"建设取得更大成效；要深刻领会和全面把握新时代党的建设总要求，运用好"古田会议"思想建党、制度治党的宝贵经验，推动全面从严治党向纵深发展，让上杭红土更红、清风更清。

会议强调，学习宣传贯彻十九大精神，要认真践行新思想，奋力谱写新时代"四个上杭"建设新篇章。习近平总书记高度重视、十分关心上杭老区的建设和发展，先后 13 次到上杭考察指导工作，亲自决策并主持在古田召开全军政治工作会议，并在多个场合提到上杭县古田。在 2017 年 7 月庆祝建军 90 周年大会上的重要讲话中，三次提到古田；在十九大报告中，还特别指出："召开古田全军政治工作会议，恢复和发扬我党我军光荣传统和优良作风，人民军队政治生态得到有效治理"。全县应该倍加珍惜习近平总书记的关心关爱，大力继承和弘扬古田会议精神、毛泽东才溪乡调查精神、苏区干部好作风等光荣传统和优良作风，以更大的决心、更强烈的责任、更深厚的感情领会把握习近平新时代中国特色社会主义思想，切实把新思想贯穿和体现到"四个上杭"建设发展的全过程、各方面，再上新台阶、建设新上杭。要实施产业兴县战略，以供给侧结构性改革为主线，推动主导产业做大做强、传统产业优化升级，培育壮大新兴产业，加快发展现代服务业，做大增量、做优质量，打造经济升级版；要推进城乡融合发展，坚持规划引领、产城融合，按照产业兴旺、生态宜居、乡风文明、治理有效、生活富裕的总要求，构建宜居宜业城市；要坚持传承与发展，牢牢掌握意识形态工作领导权，发挥红色文化铸魂聚力作用，依托客家文化加强对外交流，推动文化产业创新发展，加快建设文化强县；要坚持以人民为中心的发展思想，坚决打赢脱贫攻坚战役，着力补齐民生事业短板，扎实推进平安上杭建设，让老区人民更幸福；要深入推进生态文明建设，加快推进绿色发展，打好污染防治攻坚战，加强生态系统的保护和修复，加快建设美丽上杭。

全会强调，全面从严治党永远在路上。要按照新时代党的建设总要求，大力继承和弘扬古田会议精神、毛泽东才溪乡调查精神，让"听党话、感党恩、跟党走"的红色基因，"从哪里出发、为什么出发"的红土初心，在杭川大地薪火相传、继往开来。要坚持把政治建设放在首位，坚决维护以习近平同志为核心的党中央权威和集中统一领导，维护习近平总书记在党中央和全党的核心地位；要坚持以习近平新时代中国特色社会主义思想为指导，持续深化理论武装，做理想信念的坚定信仰者和忠实实践者；要坚持政治导向和实干导向，全面准确落实"好干部"标准，深化人才发展体制机制改革，建设高素质专业化干部队伍；要坚持重心下移、夯实基础，着力提升基层组织力；要坚持标本兼治、久久为功，深化正风肃纪，坚定不移推进作风建设和反腐败斗争；要坚持总揽全局、协调各方，加强社会主义民主政治建设，强化党对人大、政协工作的领导，充分发挥统一战线的重要法宝作用，深入推进法治上杭建设，广泛汇聚建设新上杭的强大合力。

全会号召，全县各级党组织和广

大党员干部要更加紧密地团结在以习近平为核心的党中央周围，坚持以习近平新时代中国特色社会主义思想为指导，凝心聚力、锐意进取，埋头苦干、拼搏奋进，为加快建设“四个上杭”，实现十九大描绘的宏伟蓝图而努力奋斗。

■ 组织工作

【“两学一做”学习教育常态化制度化】 2017年，上杭县各党支部在“七一”前、中共十九大召开前和11月底前围绕“学习贯彻习近平总书记重要指示精神，深入开展向廖俊波同志学习活动”“践行‘四讲四有’（讲政治、有信念，讲规矩、有纪律，讲道德、有品行，讲奉献、有作为）标准、争做‘四个合格党员’（政治合格、执行纪律合格、品德合格、发挥作用合格）”和“学习贯彻党的十九大精神、强化‘四个意识’（政治意识、大局意识、核心意识、看齐意识）、坚定‘四个自信’（道路自信、理论自信、制度自信和文化自信），组织开展3个主题学习讨论。注重典型引路，把学习古田派出所先进事迹纳入推进“两学一做”（学党章党规、学系列讲话，做合格党员）学习教育常态化制度化重要内容，各党支部组织开展专题学习讨论，营造出崇尚先进、学习先进、争当先进的浓厚氛围。加强工作督导，县委组建6个督导组，对各党委（党工委、党组）及所辖党支部开展3轮督促指导，共督导293个党支部，并通过向各党委（党工委）反馈问题清单，推动学习教育开展和问题整改。

【干部选拔任用】 2017年，上杭县委组织部提交县委常务会议研究干部选拔任用工作17次。其中，提拔科级干部53人，转任25人，调任及竞争性选拔18人，交流130人，研究干部退休（含提前退休）34人，研究挂职、免职、调动、使用期满正式任职等干部工作涉及120人。全年16名1985年以后出生的优秀年轻干部被提拔到副科级领导岗位，9名1980年以后出生的优秀年轻干部被选用到县委办、县政办任副主任及乡镇党委书记、乡镇长等岗位；加强干部挂职锻炼，2017年，选派2名优秀乡镇党政正职到省直机关挂职锻炼；安排3名乡镇科级非领导干部到县直单位挂职任领导班子副职。严格执行干部“下”的规定，树立能者上、平者让、庸者下的用人导向，对决策水平较低、组织领导能力较差、不能胜任现职领导岗位、作用发挥和工作成效不明显的干部及时调整，全年“下”的科级领导干部5名，其中因健康原因调整出领导岗位2名，问责处理2名，违纪违法免职1名。

【干部考核机制完善】 开展年度考核工作 2017年，上杭县在科级干部年度考核上，贯彻落实省、市委要求，增加党员领导干部述职述责述廉内容。创新考核工作流程。考核前，理清个别谈话对象名单，增强谈话针对性，提高谈话效率；考核中，对干部职工在编不在岗及考勤情况进行严格核实检查并由谈话对象推荐全年表现较好较差人员，为考核结果确定提供重要依据；考核后，每组提出表现较好较差人员具体名单并说明理由，全面了解干部履职情况。对全县97个领导班子和1141名科级干部进行年度考核，针对抽调至重点项目工作与单位脱钩的36名科级干部进行专项考核。全年共有193名科级干部年度考核等次评定为优秀、1名科级干部年度考核不定等次。

建立“一线考察干部”工作机制 2017年，制订出台《关于一线考察干部的暂行办法》，对参与一线工作的干部进行专项考察，注重以实际工作成效评价干部，树立在一线培养锻炼干部、考察使用干部的良好导向。8月，县考核组会同市委一线专项考核组对直接参与全市60个“重中之重”项目的科级干部进行考核，提拔任用重点项目、生态环保、脱贫攻坚等一线工作中成绩突出的干部6名；成立上杭县项目建设效能督查与一线考察干部工作领导小组及其办公室，组建县督查考察组，对直接参与和直接服务并列入考察范围的一线干部进行分类跟踪和集中考察。

【干部干事创业氛围营造】 强化干部正向激励制度保障 2017年，上杭县制订出台《关于激励干部积极进取干事创业的暂行办法（试行）》，进一步提振干部干事创业精气神。根据省、市关于关心关爱基层干部的有关文件精神，结合上杭县实际，制订《关于正向激励事业干部的九条措施》，拓宽事业干部任职渠道，激发事业干部工作积极性。

开展竞争性选拔乡镇政府领导班子成员工作 按照中央、省、市要求，结合上杭县实际，制订《关于竞争性选拔乡镇政府领导班子成员的实施方案》，通过资格审查、量化评分、严格考察等程序，从有乡镇工作经历的事业编制人员（含参公管理人员，不含聘干、工勤身份人员，不含教育、卫生医疗机构人员）中择优选任14名乡镇政府领导班子副职。

继续实行调任事业（参公事业）科级干部制度 对事业（参公事业）单位领导干部个人学历、近5年年度考核和表彰奖励、任职资历等情况进行量化评分，按比例筛选拟调任人选，并全面考察其德才表现，将4名事业编制领导干部调任乡镇政府班子副职。

【干部日常管理】 建立健全监督干部工作机制 2017年，上杭县制定出台《关于严格党政群机关事业单位工作人员在编在岗履职情况管理的规定》《关于在乡镇及重点项目（专项工作）中试行履职台账记实制度的通知》两项从严管理干部职工制度，为年终年度考核、评定二级绩效提供翔实的原始佐证，有效激励干部干事创业。

整顿干部管理突出问题 对抽借工作人员进行清理、规范，出台《抽借工作人员程序》。联合县委编办、县人社局下发《关于严肃整顿当前干部管理突出问题的通知》，对参加各类考试、新录用干部服务年限、干部抽调借用等有关事宜进行重申，各有关单位进行自查并及时进行整改，改善违规抽借调人员现象，规范组织人事工作纪律。

加强选调生和大学生村官日常教育管理 组织选调生、大学生村官参加各级组织培训55人次；完成2015届12位大学生村官期满考核及2016届20名大学生村官年度考核工作。2017年接收选调生13名、大学生村官22名。落实闽委组〔2009〕33号文件精神，提高大学生村官工作生活补贴。督促乡镇及时为大学生村官缴纳各项保险，统一承保单位及各项保险标准，要求每半年缴纳一次，并及时收集缴费凭证。

贯彻落实公务员（参公人员）职务与职级并行制度 2017年，党群系统职级晋升61人，其中晋升副处职级24人、正科职级31人、副科职级6人。

做好干部人事档案工作 开展档案专项审核工作，完成186卷党群系统公务员及参公人员干部人事档案的初审、复审工作，协助完成753卷政府系统公务员及参公人员干部人事档案的初审、复审工作，初审政府系统事业人员干部人事档案972卷、复审354卷。发挥干部档案的服务功能，全年提供干部档案查阅服务5000余卷次。

【干部监督】 2017年，上杭县制订出台《上杭县开展为官不为专项整治实施方案》，开展党政（领导）干部在企业和社会团体兼职（任职）专项整治工作，党政（领导）干部在企业和社会团体兼职（任职）得到清理规范。贯彻执行干部选任"四凡四必"（凡提必审、凡提必核、凡提必听、凡提必查）要求，加强干部选任监督，并按要求及时组织拟提拔任用的领导干部进行任前廉政法规知识测试和撰写任前廉政对照检查材料。开展提醒、函询、诫勉工作，强化对领导干部的日常监督管理，全年提醒、函询、诫勉干部17人次。加强领导干部因私出国（境）证件管理，对全县科级及以上干部、国有企业领导人员进行登记备案、动态管理，对持有的因私出国（境）证件进行集中保管。落实领导干部任期经济责任审计制度，加强与纪检、监察、效能、审计、计生、综治、信访等有关单位的沟通联系，加强对经济责任审计工作的协调与领导。落实领导干部个人有关事项报告制度，组织全县处级以上领导干部和正科级（相当正科级）满3年的领导干部学习《领导干部报告个人有关事项规定》和《领导干部个人有关事项报告查核结果处理办法》两项法规，严格按规定填写。做好涉组涉干信访维稳工作，及时查核干部群众各类来信来访28件，做到件件有回音。

【干部教育培训】 2017年，上杭县选派248人次参加县委党校2个月脱产学习。举办领导干部"学习贯彻十八届六中全会精神"和县处级干部、县管干部"学习贯彻党的十九大精神"专题研讨班，邀请省、市专家学者辅导，培训1600余人次。选派各级各类干部123人次参加市级以上各类主体班次和专题班次学习培训。其中，处级干部46人次，科级及以下干部77人次。引导广大干部依托"福建省干部网络培训学院"平台开展学习，全县参加干部网络学习注册人数达3100余人。坚持"走出去"和"请进来"相结合，全年选派240多名干部分赴江西井冈山、江苏江阴等地培训。2017年，授予毛泽东旧居——上杭临江楼、上杭县博物馆、客家族谱博物馆、上杭瓦子街、古田苏家陂、中共闽西"一大"会址——蛟洋文昌阁、陈丕显故居、才溪发坑村、稔田连四村等9处为干部教育现场教学点。

【党建促脱贫攻坚】 2017年，上杭县发展壮大村集体经济，坚持"输血"与"造血"并重，争取省级村集体经济发展试点项目，确定临城镇璜岗村等第一批17个试点村，由省级财政补助每村40万元，县级财政每村配套10万元作为扶持资金入股华润五丰生态循环农业产业园项目，按每年6%的收益作为试点村固定分红。发展光伏发电、引进现代农业项目、规模化流转耕地等途径，增强村级集体经济"造血"功能，32个村集体安装30千瓦～100千瓦光伏发电设备，其中贫困村23个，每村每年可增加村财收入3万元～15万元。培育壮大致富"领头雁"，通过组织实施村干部脱贫业务培训，安排贫困村党支部书记异地挂职锻炼，选派5名贫困村和软弱涣散村党支部书记参加全省村党支部书记示范培训班。组建脱贫攻坚"生力军"，在2016年试点的基础上，在全县实施"农村党员帮带贫困户脱贫行动"，在党员干部结对挂钩贫困户基础上，对每户建档立卡的贫困户，分别安排1名有帮带能力的农村党员结对帮扶。选派第五批56名党员干部驻村任职。

【上杭特色亮点品牌培育】 *实施基层党建"书记创新项目"* 2017年，上杭县启动基层党建创新项目46个。其中，太拔镇"支部书记正在说"、古田镇"115"工作法、南阳镇"农村党员致富贷"、临江镇"1234"社区工作模式等经验做法分别在新华网、人民网、《福建日报》、《闽西日报》等媒体宣传报道。

打造培育基层党建示范品牌 2017年，古田派出所被国务院授予"全国人民满意派出所"称号，县公安局再次获评"全国优秀公安局"称号。启动实施"红土先锋"基层党建典型培育行动计划，古田镇苏家陂村、中

都镇兴坊村、才溪镇溪北村等7个基层党组织被确定为市级“红土先锋”基层党建典型培育示范点。

创建“红土先锋党员工作室” 结合“三比一看”活动方案，按照因地制宜、分类实施的办法，整合资源，在不同领域建立一批党员工作室，发挥党员先锋模范作用，提升党员队伍整体服务水平。全县创建工作室38个，其中综合型工作室28个，专业型工作室10个。

【“1+N”政策体系构建】 2017年，上杭县构建起以“人才强县”战略为主线，多项政策为辅助的“1+N”政策体系，对接“人才强市”战略，制订出台《关于实施“人才强县”战略的意见》，对确定落地的高层次人才项目，按A、B、C类最高分别给予1900万元、1480万元、1100万元补助，补助力度位居全省前列，产业人才聚集优势显著增强。制订出台《上杭县引进重点产业人才“一事一议”办法(试行)》，对具有较强创业创新能力，能够带动上杭县科技进步、产业升级、社会发展的紧缺急需人才及项目，可给予100万元的补助。同时，强化人才引进配套服务保障。2017年协调解决高层次人才子女入学41人次，为140多名人才提供住房。

【人才引进和培育】 构筑紧缺人才引进“强磁场” 2017年，上杭县围绕教育、卫生人才需求，加大人才引进力度，引进一批“名师”“名校长”“名医”及重点师范类、医科类高校优秀毕业生，对引进的“三名”对象给予110万～330万元的补助，优秀师范类、医科类毕业生给予42万～94万元的补助。全年招聘229名大专以上毕业生充实到教育、卫生等部门，其中招聘中小学教师128名；重点医科类院校毕业生9名，医学专业技术人员72名，定向培养的本科层次临床医学人才20名。

打造教育人才成长“新摇篮” 采取“走出去”“请进来”相结合的方式，加大名师、名校长培养力度，全年培训2400多人次，其中在暑期组织全县54名中小学校长赴清华大学学习。建立师徒结对工作机制，遴选30名具有发展潜力的培养对象与各级名师、名校长工作室领衔人结为师徒结对帮扶，形成师徒共勉、携手共赢的良性循环。

开辟医疗人才培育“快车道” 建立医疗人才队伍培训基金，先后组织1700多人次参加继续医学教育、远程医学教育等各类形式的医疗技术培训，其中选派至上级医院进修学习51人次。对接市级开展的“北京高层次医疗专家到龙岩开展‘师带徒’医疗帮扶活动”，上杭县选派6名中青年骨干医生同国家级医疗卫生专家结为师徒关系，提升上杭县整体医疗水平，力争加快实现“大病不出县”的目标。

【人才促进产业发展】 金铜产业发展势头强劲 2017年，上杭县推进省级金铜产业人才聚集基地建设，引进培育一批行业内领军人才并加快创新平台的建设，其中王春团队入选第五批省“百人计划”专家(团队)，引进省高层次B类人才6名，C类人才1名，建立省级重点实验室1家，省级新型研发机构1家。

市场运作成效日益凸显 推行“人才+项目+资本”捆绑的市场化运作模式，在县工业园区科创园规划建立龙岩人才发展集团上杭科技孵化基地，依托县本级的产业发展股权投资基金(总规模5亿元)以及市级人才发展基金，对落地的人才科技项目提供股权投资，进一步借助人才集团市场化载体优势和人才发展基金引领作用，加速高新技术成果在上杭县转化。

新兴产业发展方兴未艾 培育战略性新兴产业，重点跟踪石墨烯、新能源电池、人工智能、生命科学、大数据、新材料等前沿技术领域，引进石墨烯薄膜的可控制备与应用项目、分子检测技术应用项目、智能机器人投资顾问和大数据综合解决方案项目、第四代环保高性能摩擦材料项目等，带动居金良、李雪松、朱晓天、贾西贝等国家“千人计划”专家到上杭创新创业，促进产业转型升级。

■ 宣传工作

【中共十九大精神学习宣传】 2017年，上杭县宣传思想文化战线精心组织中共十九大精神的学习宣传活动，在全县迅速掀起学习宣传贯彻的热潮。全县各级党组织以十九大报告以及相关文件、新闻报道、社论、辅导读本等为主要内容，通过党委(党组)中心组学习、党员大会、专题报告会、座谈会、党课等形式组织学习报告会501场次。县处级领导发挥示范引领作用，结合挂钩指导乡镇工作，带头深入基层、深入一线宣传中共十九大精神28场次。在省、市巡回宣讲报告会后，县委及时成立县委宣讲团，深入22个乡镇以及部分机关、企业、学校、社区广泛开展面对面、分众化的巡回宣讲活动30场次。同时，县内各新闻媒体分别开辟学习宣传贯彻中共十九大精神专题专栏，深入宣传解读中共十九大精神，及时宣传报道全县各级各部门各单位学习贯彻十九大精神的新思路、新举措、新突破、新成绩，其中县文艺小分队十九大精神文艺节目“菜单式”服务、“支部书记正在说”“青年党员说”宣讲微课堂等典型做法得到省委领导的批示肯定。以学习宣传贯彻党的十九大精神为主题，配合举办中国音协“金钟之星”艺术团慰问演出活动，组织举办科普宣传周、“盛世庆盛会·杭川夕阳红”以及“月月有戏”专场演出等各类群众性文化活动，在全县上下大力营造学习宣传贯彻中共十九大精神的浓厚氛围。

【理论武装】 2017年，上杭县理论武

装工作以打造“红土学风”品牌为抓手，以习近平总书记系列重要讲话精神和治国理政新理念新思想新战略为主题，坚持抓好并督促落实每月一次的县委中心组学习为龙头的理论学习活动。全年举办19场县委中心组学习（扩大）会，并示范推动全县各级党组织常态化开展各类专题学习活动，创新打造“10分钟微党课”“支部书记正在说”“青年党员说”等一批理论宣讲“草根课堂”。通过搭建学习载体，推荐《廖俊波同志先进事迹》《全面从严治党面对面》《习近平谈治国理政（二）》以及十九大精神系列读物等一批学习书目。采取分期分批闭卷的方式组织全县党员干部开展全面从严治党应知应会知识测试以及网络知识竞答活动，建成开通“上杭县党委学习中心组”微信公众号，在“上杭新闻网”等微信公众号中设立学习专栏，坚持每天推送时事热点、党内法规、理论文章等学习内容，打造“指尖课堂”学习平台。制定下发《上杭县贯彻落实中国共产党党委（党组）理论学习中心组学习规则的实施细则》。坚持每月举办“客家讲坛”活动，巩固上杭县作为“第二批省级社会科学普及示范创建县”创建成果。

【新闻舆论宣传】 2017年，上杭县新闻舆论工作围绕县委、县政府中心工作，弘扬主旋律，传递正能量，在上杭广播电视、上杭新闻网、《上杭乡讯》、上杭新闻信息手机报以及官方微博、微信等县内各主流媒体，开设“撸起袖子加油干，建设美丽新上杭”“打好三大战役”“喜迎十九大”“砥砺奋进的五年”“学习宣传贯彻党的十九大”“创建省级文明县城”等专题专栏，策划组织做好重大主题宣传，先后推出“乡镇项目工作巡礼”“来自项目一线的报道”“走进新时代，建设新上杭”以及红色文化、领航新征程、先进典型事迹等系列报道。组建全县22个乡镇、35个县直部门微信公众号宣传矩阵，各类官方新媒体粉丝数量超过10万，官方媒体的权威性、影响力进一步凸显，其中“上杭新闻网”被“今日头条”评为福建“最具区域影响力政务头条号”。全年播发广电类新闻2000多条（篇），推送发布微信、手机新闻信息1000多条（篇），编辑发行《上杭乡讯》4期，为实现“四个率先”、打造“四个上杭”，加快建设“机制活、产业优、百姓富、生态美”的新上杭营造良好舆论氛围。

【对外宣传】 2017年，上杭县对外宣传工作进一步加强与中央、省、市主流媒体的合作沟通，继续发挥“今日头条”上杭发布、东南网上杭频道等平台，坚持每月在《福建日报》《闽西日报》以及龙岩电视台策划推出上杭专版（专栏），坚持每季度发行《上杭乡讯》5000份。主动邀请并配合新华社、中新社、中央电视台、上海东方卫视、《海南日报》《福建日报》等上级媒体记者110多批次来杭采访报道，先后策划李氏大宗祠春分祭祖、上杭首届“三月三”畲族民俗文化风情节、第九届海峡论坛·海峡百姓论坛台湾嘉宾走进上杭、全国广播媒体记者建军90周年大型采访活动等重大主题的对外宣传。2017年，上杭新闻信息在中央级媒体刊播25条/篇，省级媒体刊播610条（篇），市级媒体刊播稿件2600条（篇）。广播电视作品有4项获得国家级奖项，新华社在全国两会期间内参刊出《古田：一个“红色小镇”的法治故事》，央视“焦点访谈”专题播出“全国道德模范”温金娥老师的感人事迹，央视《乡土》栏目拍摄的客家木偶、树叶吹奏非遗专题节目，央视《记住乡愁》栏目拍摄的古田特色小镇节目先后在央视播出。

【社会宣传】 2017年，上杭县社会宣传工作坚持核心价值引领，以服务人民群众为己任，有效的促进全县文化事业产业繁荣发展。出台《上杭县红色文化保护、传承和弘扬工程实施方案》，建立红色文化保护传承和弘扬联席会议制度，启动实施爱国主义教育“一乡一基地”工程，陈丕显故居、刘忠将军故居等5处被命名为市级爱国主义教育基地，古田“星火燎原”红色体验馆被命名为县级爱国主义教育基地。庐丰丰康村、官庄树人村被国家民委命名为第二批“中国少数民族特色村寨”。木偶剧《木偶茶艺》获得全省茶文化调演活动最佳节目奖并参加福建省“海丝茶道”对外文化传播活动赴南非演出，《多彩偶苑》获得全省民间木偶戏展演大赛暨首届福建山茶花奖民间艺术表演奖评选活动金奖。上杭客家木偶应邀参加第三届海上丝绸之路国际艺术节暨第五届中国泉州国际木偶节并举办专场演出。作家李迎春中篇小说《大名府》获得福建省第八届百花文艺奖三等奖，红色小说《红星别动队》被列入福建省“暑假读一本好书”目录以及第四届中国读友读品节童书大展推荐书单。配合拍摄《巍巍井冈》《永远的军魂》《从井冈山到闽西》《阿丕回乡记》《古田军号》等一批优秀红色影视作品，筹划拍摄电影《毛泽东在才溪》。此外，一批书法美术摄影作品入选省、市展览。承办中央歌剧院“三下乡”慰问演出和中国作协“让小说走进人民”暨第八届“茅台杯”《小说选刊》年度大奖颁奖活动、中国美协走进上杭采风写生活动、闽西籍油画家“新春上杭行”采风写生活动。实施“月月有戏”文化惠民工程，组织文化科技卫生“三下乡”、第十二届（东北）片区农民文化体育节、社科普及宣传周、文化上杭“十大群文”活动等，组织开展“家·梦开始的地方”何英、李式耀原创歌曲音乐会、“清风正气我同行”廉政书法笔会、“平安上杭”主题书法笔会、喜迎十九大“大美杭川”书画作品展、“笔下有梦——第二届上杭当代书画十五家小品展”等特色民间文化活动，不断满足广大群众精神文化需求。2017年，制订出台《上杭县关于加快构建现代公共文化服务体系的重点任务和督查落实方案》，完善客家族谱博物馆和县博物馆的陈列布展，推进体育中心、水上运动中心两大省级重点项目建设。举办2017年福建省青少年体操锦标赛，县文体广新局被国家体育总局授予2013—2016年度群众体育先进单位，县少儿业余体校被国家体育总局授予"国家重点高水平体育后备人才基地(2017—2020)"称号，县图书馆通过国家一级馆验收，客家族谱博物馆被确定为省级对台交流基地。

■ 统一战线工作

【概况】 2017年，中共上杭县委统战部在全市统战工作目标管理考评中名列前茅，成功创建第十三届省级文明单位，连续4年被中央统战部宣传办评为《中国统一战线》宣传先进单位。县工商联被评为全国、全省"五好"县级工商联，侨联获"全省侨联系统先进集体"称号，客家族谱博物馆获福建省首批对台交流基地。

【"红土同心"品牌建设】 2017年，上杭县统战部开展"红土同心·民企帮村"精准扶贫行动。联合县工商联组织异地商会和民营企业参与精准扶贫行动，全县有福建上杭太阳铜业有限公司、福建优创农业发展有限公司、厦门星富环保科技有限公司、北京上杭企业商会、广东上杭商会、泉州上杭商会等16家商会组织、民营企业及企业家通过就业扶贫、产业扶贫、光彩扶贫等方式，帮助贫困村发展，提高贫困群众脱贫致富能力。各商会、企业捐赠就学资金8.7万元，解决贫困村就业人口72户。发放资助金22.8万元，资助贫困学生82人。组织开展"走进新时代·幸福满杭川"春节公益慰问贫困户行动，动员5个异地上杭商会、多家爱心企业(家)捐赠善款16.78万元及价值6000元的爱心物资，惠及全县350户贫困户。

【扶贫助学光彩事业】 2017年，上杭县委统战部引导港澳台及海外侨胞投身上杭县扶贫助学光彩事业。"北美杭川代代沐恩慈善基金会"捐款6100美元及10.29万元人民币，资助上杭县品学兼优贫困学子50名。8月，协同下都镇政府举办好由北美上杭同乡会纽约分会丘承先生资助的2017年度奖学助学奖教金颁发仪式，为32名学生、25名教师颁发奖学助学奖教金10万元。做好香港民营企业家赵兴源捐助50万元港币建设太拔中心小学学生人行天桥项目对接工作，捐助资金已到位。

【党外代表人士队伍建设】 2017年，上杭县统战部落实县委、县政府党员领导与党外代表人士联谊交友制度，根据人事变动，及时调整县委、县政府党员领导联系党外代表人士安排。会同组织部定期沟通交流全县党外干部工作情况和党外人士政治安排情况，全县有副科级以上党外领导干部46人，其中县处级党外领导干部3名，正科级17人，副科级26人。重点做好增补非中共党员、非公经济人士人大代表、政协委员的提名推荐、考察审查工作，人大代表、政协委员均实现按规定比例配备党外代表人士。

【联谊会工作】 2017年，上杭县统战部开展县党外代表人士和新的社会阶层人士联谊会党政干部兼职专项清理整顿工作，对33名理事以上党政干部人选采取先辞职后规范的办法进行整顿。指导联谊会按照章程规定完成换届，理事会组成人员由原先以党外代表人士为主转化为以新的社会阶层人士为主，有会员160人，联谊会工作经费纳入县财政预算。

【"回归工程"】 2017年，上杭北京商会会员企业北京美德佳科技有限公司有意回乡投资石墨烯技术产业化和应用项目，总投资额1500万美元。厦门上杭商会常务副会长李辉选投资建设油茶精深加工项目，总投资额5000万元，落户于南岗工业园区；在沪上杭籍乡贤黄琼英拟投资1.26亿元打造古田大吴地生态村，该项目已租赁6.67公顷荒地开垦自然农法耕作区，开展无公害农业种植，正准备申报立项；厦门奥力龙科技有限公司有意回杭投资，主要经营健身器材及配件的研发、生产、销售，正在注册奥龙(上杭)科技有限公司；龙岩市博发新材料科技有限公司投资1.5亿元建设第四代环保高性能摩擦材料项目，已签订厂房租赁合同。

【港澳侨联系合作】 2017年，上杭县统战部协助上级统战部门完成"2017年香港青少年红色之旅福建行""2017年闽西籍港澳同乡社团社会事务骨干培训班""香港闽西联会常务副理事长回杭调研港商捐资希望工程项目""首届北美华裔青少年中国寻根之旅夏令营(上杭营)"等接待任务，接待港澳同胞、侨胞400多人。搭建交流平台，引导和协助港澳同胞、海外华人华侨组建社团组织。1月，在上杭一中联合举办"北美上杭同乡2017新年亲属联谊茶话会"，北美上杭乡亲及北美上杭同乡的亲属等50多人参加。2月，组织美国、新加坡等华人华侨社团通过网络形式参与2017年首届"上杭春晚"。5月，成立北美高层次人才引进工作站，上杭一中北美校友会会长、北美上杭同乡会副会长莫晓葵为站长，梁富雄为副站长，为海外高层次人才引进回归搭建良好平台。

【民族宗教和谐稳定】 2017年，上杭县申报少数民族项目51个，落实省级少数民族补助款93万元，项目12个，落实中央少数民族发展资金预算指标220万元。指导第二批、第三批全国民族特色村寨试点村(庐丰畲族乡丰康村、官庄畲族乡树人村、古田镇苏家陂村、官庄畲族乡福泉村、官庄畲族乡璜头、太拔镇坵辉村）做好特色村寨创建工作，其中庐丰乡丰康村、官庄乡树人村于2017年3月被国家民委命名为第二批“中国少数民族特色村寨”。举办上杭县纪念畲族民族成分恢复30周年暨首届“三月三”畲族文化节活动，海峡两岸200名嘉宾和2万多名群众参加活动。依法加强宗教事务管理，妥善处理宗教来信来访。发挥爱国爱教人士作用，抵御境外势力渗透，确保宗教领域和谐稳定。

【统战信息调研】 2017年，上杭县以“同心上杭”微信群及公众号为平台，向各级部门报送信息680条，被中央、省、市、县各级刊物采用信息170条。其中，信息“同心聚合力，团结促发展”被福建《统战信息》和《闽西快讯》增刊采用，《推进畲族文化传承发展的思考》在《福建统一战线》和《闽西通讯》刊发，《关于保护传承发展上杭畲族文化的建议》的信息被《闽西快讯》专报件采用。

■ 县直机关党建

【概况】 2017年，上杭县直机关党工委负责管理县直机关（企业）19个党委，19个总支，332个党支部、6060名党员；直属管理3个党总支，23个支部，311名党员。县直机关党的工作贯彻落实县委关于基层党建工作部署要求，以迎接十九大胜利召开、学习贯彻十九大精神为主线，突出全面从严治党这个主题，落实工委年初“1533”（“1”指“1条主线”，即以“喜迎十九大”为主线，开展“不忘初心作表率，扑下身子当先锋”活动。“5”是“5项重点”，即重点做好“服务中心走前头、促进履职育品牌、强化监督树清风、倡导文明树形象、自身建设提素质等5项重点工作；第一个“3”为“3项考评”，指认真实施党建绩效考评、党建目标管理考评和红土先锋岗创建考评；第二个“3”为“3项活动”，指开展“廉政文化笔会及书法作品展”、冲刺“三大战役”摄影展、“创建文明县城与综治平安建设知识竞赛”三项活动）工作安排，着力抓基层、打基础，强功能、补短板，机关党建工作有举措、有力度、有成效，为建设机制活、产业优、百姓富、生态美的新上杭提供坚强的组织保障。

【十九大精神的学习宣传贯彻】 2017年，上杭县开展“不忘初心作表率，扑下身子当先锋”喜迎十九大主题系列活动，组织机关党员干部第一时间收听收看大会盛况。十九大闭幕后，迅速召开工委委员会议，制订下发县直机关学习宣传贯彻十九大精神工作方案，向县直各党组织赠阅《十九大报告辅导读本》和《中国共产党章程》等学习读物3000多本。11月27日，工委举办80多位党务干部参加的县直机关十九大精神学习动员部署暨专题宣讲报告会。

【机关支部建设】 2017年，上杭县坚持站位全局，服务县委、县政府中心工作。持续开展“支部建在一线 党员攻坚在前”活动，全县各重点项目成立临时支部12个。抓好党建促发展工作，建立机关党组织联系帮扶贫困村、机关党员干部联系帮扶贫困户的“双联双扶”机制。以创建第五届省级文明县城为契机，推动在职党员上街道、进社区开展文明劝导、清洁家园等志愿服务8000多人次。推进平安上杭建设，县直机关组建维稳信息员238人、舆情引导员96人、平安志愿者2000人。发挥党员领导干部在谋划项目中的主力军作用，全年县直机关领导干部策划项目313个。引领机关党员干部在服务打好“三大战役”特别是抓党建促脱贫攻坚情况中走前头、作表率。

【“两学一做”学习教育常态化制度化】 2017年，上杭县下发《关于推进“两学一做”学习教育常态化制度化实施方案》，同时组建2个督导组，对县直各党组织进行三轮全方位督导。党员领导干部率先垂范，带头以普通党员身份参加所在支部3个主题的学习讨论，开展学习廖俊波，学习公安英模活动。落实每月16日为“党费收缴日”工作，通过媒体宣传退休老党员汤维高缴纳8800元大额党费的先进事迹。开展“带党徽、亮身份、树形象、作表率”活动，发放党徽3000多枚。抓好“三会一课”、民主生活会、组织生活会等制度落实，破解机关党建“灯下黑”问题。

【基层党组织建设】 2017年，上杭县开展党组织和党员信息采集工作，调整理顺基层党组织设置和隶属关系，成立1个党委、14个党支部，撤销9个支部，督促指导16个基层党组织完成换届选举工作。联合县委组织部、县委党校，依托长沙市等省外党员教育资源，通过专家授课、异地培训等形式，组织41位党务干部参加为期2个月的2017年秋季学期党务干部培训班。引导党员干部尊崇党章，严格执行新形势下党内政治生活若干准则，着力压实主体责任，抓好基层党建述职评议考核、党建目标管理考评、党建绩效管理考评等工作。以“不忘初心作表率，扑下身子当先锋”主题系列活动为载体，引领机关党组织找准机关党建工作与业务工作在思想观念、目标任务、工作重点上的结合点，探索建立党建工作一体化机制。

【党风廉政建设】 2017年，上杭县落实《党委（党组）意识形态工作责任制实施办法》，建立意识形态分析研判制度，突出主题宣传，强化舆论引导，把意识形态工作列入机关党组织党建工作责任制及工作报告的重要内容，加强对县直党组织落实意识形态工作的监督考核。深化正风肃纪，持续整治“四风”（指形式主义、官僚主义、享乐主义和奢靡之风）问题。强化风险防控,贯彻落实中央八项规定精神和市委2号文件精神。组织机关党员干部前往"全国廉政教育基地"古田会议纪念馆、县检察院预防职务犯罪警示教育基地等开展党风廉政教育,组织观看《将改革进行到底》《巡视利剑》等专题片,强化党员干部"四个意识"。开展主题党日活动、党规党纪知识测试、廉政书法笔会及作品展等活动,营造风清气正良好政治生态。

【"红土先锋"机关党建品牌培育】 2017年,上杭县加强机关党建重点课题调研,巩固提升18个"书记创新项目",要求对创新项目实行课题化设计、项目化管理、工程化推进。落实基层党建"三比一看"(比落地、比促销、比服务、看实效)活动,在县直155个窗口岗位深化开展以"三亮四优五先锋"("三亮"指亮党徽、亮职责、亮承诺;"四优"为态度优、时效优、便利优、质量优;"五先锋"指增强素质,在打造学习型岗位中当先锋;解放思想,在创新工作机制中当先锋;爱岗敬业,在服务发展中当先锋;团结协作,在促进和谐中当先锋;廉洁勤政,在塑造人民满意的机关中当先锋)为主题的"红土先锋岗"创建活动,评选出县供电公司运维检修部等40个"红土先锋岗"。加强对古田法庭、农业技术推广中心、市场监管局投诉举报服务台创建"红土先锋党员工作室"的具体指导,通过典型培育,发挥机关"红土先锋"党建品牌的示范引领作用。

■ 老干部管理

【概况】 2017年,上杭县有老干部129人,其中离休干部72人,1949年10月1日至1950年5月12日参加革命工作、享受供给制的退休干部(以下简称"5·12"退休干部)19人;曾担任副处以上实职(含军转地副团级以上)退休干部39人。

【老干部服务保障】 2017年,上杭县继续为老干部订阅《福建老年报》《家庭医生报》《新天地》等学习资料。做好老干部参与县委县政府的重要会议会务工作,组织老干部参加市、县重要工作会议13次共96人次。落实老干部的生活待遇,坚持为老干部每年开展一次健康体检,确定县城区3家医疗单位为老干部体检定点单位。坚持老干部生病住院报告、探视制度,2017年看望生病老干部156人次。坚持每年走访慰问易地安置老干部,5月中旬和6月初,分派2批人员赴安徽合肥慰问洪炳峰老同志,赴江苏常州、扬州慰问李寿根、姜征南老同志,真正让老干部从心里感受到党和政府的关爱。为老干部办实事做好事。全年投入180多万元在杭川公园康体中心用地范围内新建2个标准的门球场、地掷球场,为城区老年人开展文体活动提供更多便利。为城区北峰山老干部居住小区争取到基础设施改造工程,重点对小区周边道路及下水道等设施进行改造。

【老干部政治待遇落实】 2017年,上杭县完善离退休干部党工委工作机制,建立离退休干部党支部在职联络员制度,开展"老党员之家"创建工作,加强离退休党员活动阵地建设。2017年,25个离退休干部党支部和2个临时党支部(由县委老干部局选派人员兼任)全部完成联络员选派工作。加强离退休干部党支部组建。县委老干部局带头成立离退休干部党支部,县老年大学、县老干部活动中心,相继完成临时党支部的组建工作。引导离退休老干部活动中心开展主题党日活动,组织广大离退休干部党员参加县老年大学文艺演出、老干部活动中心活动团体文体展示、县涉老组织中发挥余热等,参与"畅谈新变化、助力新上杭、喜迎十九大"主题活动。7月,组织县老年大学临时党支部党员前往革命圣地古田、才溪,重走红军路,接受爱国主义传统教育。

【"畅谈新变化·助力新上杭·喜迎十九大"主题系列活动】 2017年,上杭县开展宣传评选最美老干部活动,学习弘扬离退休干部的先进事迹,"七一"节前评选表扬28名最美老干部并进行授牌,激励全县广大离退休干部为党和人民的事业增添正能量。围绕"畅谈十八大以来变化、展望十九大胜利召开"的主题,进行5场次访谈座谈,收集建议意见118条。展示夕阳风采,喜迎十九大。举办文艺会演、体育展示、主题征文、诗书画影展等各类活动12场次,以丰富多彩、喜闻乐见的形式,引导更多离退休干部参与到活动中来,为十九大召开营造良好氛围。1月底至2月初,在活动中心举办"墨彩迎春"老年书画展,展出特邀代表、老年大学学员和县老艺协会员作品59幅,集中展示全县老年书画艺术风貌和成就;国庆期间,县老年大学举办"助力新上杭,喜迎十九大"老年诗书画影作品展,展出诗词作品15件,书画作品65件、摄影作品30件。

【离退休干部学习活动阵地建设】 2017年,上杭县老年人活动中心大楼委托紫金物业管理公司管理,配备专职保安、保洁员和水电工,安排专职人员,专门负责中心的日常管理工作。健全制度,规范管理。通过争创省级示范性老干部活动中心、省级老年大学示范校,建立活动中心工作人员岗位责任制、学习活动场所及器材管理制度等行之有效的规章制度。老年大学不断优化办学条件,扩大办学规模、提升办学水平。2017年春季学期开设器乐、声乐、舞蹈、美术、保健、实用技术六大类别17个教学班,招收315名学员451人次,聘请兼职老师12人。秋季学期在原有的基础上,新增扬琴、电子琴、山歌、合唱、交谊舞、旗袍、健身气功、柔力球、气排球、英语、诗词鉴赏等11门课程,开设器乐、声乐、舞蹈、美术、保健、实用技术、语言、文史八大类37个教学班，共招收581名学员977人次，聘请兼职老师26人。

■ 党校工作

【主体班学员培训】 2017年，上杭县委党校完成春、秋两季主体班培训工作，培训6个主体班次272人，其中科级班96人，股级班44人，青干班43人、党务班46人、妇女干部班43人，春季主体班培训时间为3月27日至5月26日，秋季主体班培训时间为9月18日至11月17日，培训时长均为2个月。

【专题研讨班培训】 2017年3月18日，上杭县委组织部与县委党校在县人民会堂举办上杭县领导干部"学习贯彻十八届六中全会精神"专题研讨班。全县副科级以上领导干部参加研讨会。12月23—25日，县委办、县委组织部与县委党校在县人民会堂举办上杭县处级干部和县管干部"学习贯彻党的十九大精神"专题研讨班，全县处级干部、县管干部及其他党员领导参加研讨会。

【科研工作】 2017年，上杭县委党校教研人员完成福建省委党校、福建省行政学院系统中国特色社会主义理论体系研究基地2016年课题结项3篇；成功申报2017年福建省委党校、福建省行政学院系统中国特色社会主义理论体系研究基地课题2项；市级内刊发表论文8篇，CN刊物7篇；完成2014—2016年县委党校论文集汇编的编撰及印刷工作。教师王世庚的《古田会议对党内政治生活的贡献》、教师陈晓英的《我国基层治理中农民参与治理机制分析——以上杭县为例》、教师郭蔚霞的《清代闽台客家教育的交融与发展研究》等3篇论文入选福建省委党校、行政学院系统2017年度学术年会。《全面从严治党背景下，提振干部精气神的几点思考》《党员干部党性教育中上杭红色资源的开发与利用研究》《上杭多元文化融合发展研究》《上杭县科技创新发展的调查与思考》《"互联网+"背景下矿产资源产业改造与重构研究——以上杭县金铜产业为例》《基于社会治理视角对上杭县农民主体意识的思考与探讨》入选县重点课题。其中教师刘福花课题组的重点课题《党员干部党性教育中上杭红色资源开发与利用的思考研究》，教师张小玲课题组的《新常态下提振干部队伍干事创业精气神的思考》，刘福花、张小玲两位教师与2017年秋季科级班学员陈仁河共同调研撰写的调研论文《"密沟治理法"是治理水力侵蚀区水土流失的科学有效方法》等3篇调研文章，在中共上杭县委办公室、中共上杭县委政策研究室主办的《调查研究》上发表。

【对外培训】 2017年，上杭县委党校、承接对外培训130个班6000余人次，为上杭各产业创收约1000万元，承接外培班人数呈逐年成倍增长的趋势。7月17日，县四套领导班子和各乡镇党委书记察看党校对外培训工作情况，县委常委、组织部长、党校校长徐峰汇报党校外培工作情况，教师张小玲现场点评临江楼——《战地黄花分外香》。

2017年3月27日，县委党校春季主体班开学　　（县委党校供稿）

■ 关心下一代工作

【党史国史教育】 2017年，上杭县关工委把党史国史教育与学习宣传上杭人民革命史结合起来，以纪念建军90周年为契机，以"传承红色基因 培养时代新人"为主题，全方位推进党史国史主题教育活动。通过专题报告会、图片展、征文比赛、知识竞赛等形式，让青少年了解革命前辈在争取国家、民族解放中创下的光辉业绩，以及他们在革命实践中表现的理想、信念、意志、作风，帮助青少年以史树德、以史增智、以史育美，坚定听党话、跟党走的信念。结合清明祭扫活动，挖掘节日蕴含的传统文化内涵和爱国主义情感，引导未成年人缅怀先辈，铭记历史、学会感恩，继承先烈遗志，珍惜幸福生活，把个人理想追求融入实现中国梦的共同奋斗之中。在全县中小学开展"六个一"（开展一次读红书活动，编写一本红色文化校本教材，举办一次学生作文比赛，举办一次歌咏比赛，举办一次红色故事演讲比赛，举办一次校长、主任论坛）学习实践系列活动，通过主题教育实践活动，把红色基因注入广大青少年的血脉，让他们茁壮成长为"有理想、守法纪、高素质"的时代新人。5月13日，在上杭二中举行"著名苏区好学生"暨"感动上杭·最美学生"表彰

2017 年 11 日 16 日，县关工委举办家庭教育专题讲座（县关工委供稿）

大会，表彰 2016—2017 学年度“著名苏区好学生”432 人，“感动上杭 · 最美学生”3 人，县四套班子有关领导出席表彰大会为获奖学生代表颁奖。7 月 30 日，在省关工委、团省委、省军区政治工作局联合主办的“向军旗敬礼　向英雄学习”演讲（讲故事）比赛中，县实验小学学生陈渝杭作为龙岩市小学生唯一代表参加比赛，荣获第一名。

【青少年法治宣传教育】 2017 年，上杭县在全县中小学开展“关爱明天、普法先行”青少年普法教育活动并喜获佳绩，南阳中学被中国关工委、司法部和中央综治办授予“零犯罪学校”称号；上杭职业中专学校、稔田中心小学被授予优秀组织奖；郭永红被评为全国青少年普法教育活动先进个人；林平等 7 位教师被评为优秀辅导员；陈浩鸣等 9 名学生分别获得学生奖项二、三等奖和优秀奖。配合开展普法教育专题讲座 126 场次，受教育人数 3.79 万人次，发放宣传材料 3000 多份。发挥“五老”网吧义务监督员的作用，配合文化、公安、工商等部门，劝阻未成年人进入网吧，引导青少年健康上网。

【青年就业创业】 2017 年，上杭县深化“讲政治、育新人、学科技、奔小康”活动和“农村青年致富种子工程”活动。深入古田、南阳、通贤、才溪、蛟洋、稔田、官庄等乡镇，就茶叶、贵妃鸡、脐橙、茶油加工等课题进行调研，形成《上杭县农业产业发展的思路与建议》《上杭县油茶产业发展情况与建议》《浅谈助推我县电商发展的几点建议》等调研文章，为党政决策提供参考。3 月 15 日，联合农业部门在才溪镇举办“农村青年致富种子工程”电子商务经验交流座谈会；4 月 14 日，在县老年人活动中心举办百香果标准化栽培技术培训班；12 月 19 日，在县农业局举办学习十九大精神推进农村青年创新创业培训会，受训青年 350 多人次。组织 10 名创业青年参加龙岩市第四期茶业新型职业农民研修班。引导创业成效大、示范作用强的回乡大学生与农村青年开展结对帮扶活动，提高农村青年就业创业能力和脱贫致富的积极性。

【“四个共建”文明学校活动】 2017 年，上杭县牵线搭桥，协助学校开展家校共建、村校共建、警校共建、企校共建“四个共建”文明学校活动，促进学校教育、家庭教育和社会教育协调发展，优化育人环境。举办家庭教育知识专题讲座 10 期，受益学生家长 8000 多人次；发放《家庭教育知识问答》宣传材料 500 多份；指导乡镇关工委开展村校共建工作；继续推进企校共建活动；协同教育、公安、法院、司法等部门，做好警校共建工作。

【特殊群体青少年关爱帮扶】 2017 年，上杭县协同社会各方面力量关心爱护青少年，特别是“五失”青少年、留守儿童、残疾儿童、贫困青少年等特殊群体，努力创造条件为他们办实事、做好事、解难事。配合民政、教育、人社、团委、妇联等部门开展助学、助残、助孤、助业等活动。落实农村留守和困境儿童关爱保护的职责任务，针对留守儿童亲情关爱和有效监护的缺失，发动乡镇、村居关工委与农村留守和困境儿童结对关爱，加强日常联系、提供生活帮助、给予亲情抚慰。全年发放助学金 6.02 万元，资助大学生 41 人、高中生 36 人、初中及小学生 4 人。

【基层关心下一代工作】 2017 年，上杭县委首次把关工委工作纳入全县党建工作要点，把关工委工作纳入党建大盘子，同谋划、同部署、同要求、同跟进。5 月 10 日，县委书记傅藏荣主持召开常委会议，研究“党建带关建”工作。5 月 22 日，县委下发《关于加强“党建带关建”促进关心下一代工作的实施意见》。9 月 27 日，县委办、县政府办转发《上杭县“党建带关建”促进关心下一代工作目标管理考评办法（试行）》，将关心下一代工作列入上杭县 2016—2017 年度基层党建工作目标管理考评。关心下一代工作取得新进展。

责任编辑：蓝晓东

上杭县人民代表大会

■ 综述

【人大工作概况】 2017年，上杭县十七届人大常委会紧紧围绕全县改革发展稳定大局，全面行使宪法和法律赋予的职权，全年举行常委会会议9次，听取和审议"一府两院"及部门工作报告26项次，开展视察、执法检查和专项调研23项次，配合省、市人大到杭开展视察、执法检查和专项调研19项次，依法任免国家机关工作人员79人次，为推进民主法治建设和依法治县进程、保障和推动新上杭建设发挥积极作用。

【人大工作创新】 提升一大品牌 2017年，上杭县人大主动适应人大工作新形势，紧跟新时代要求，在实践中不断总结完善、深化丰富、拓展提升乡镇人大主席团"一四七九"工作法的内涵和外延，特别是突出和丰富"坚持党的领导""开好一年两次乡镇人代会""代表联系群众""加强代表履职行为的监督管理""讨论决定重大事项"等内容，打造乡镇人大主席团"一四七九"工作法升级版，使原有的工作亮点更"靓"，得到上级人大的肯定，吸引市外、省外人大派员前来学习考察。"一四七九"工作法升级版，被市人大常委会概括上升为县乡人大工作的"闽西实践"，《人民代表报》《福建日报》《闽西日报》等媒体加以报道。6月，全国人大常委会在京召开推进县乡人大工作和建设经验交流会，才溪镇人大主席再次受邀出席会议。11月，全省乡镇人大主席和街道人大工委主任第一期培训班在上杭县举办。

树立两个标杆 一是在全省率先实行乡镇人大"一年两例会"。"乡镇人民代表大会会议一般每年举行2次"，是党中央提出的新要求。常委会深入开展调研，广泛征求意见，专题研究方案，加强督促指导，全县22个乡镇人大均在年中成功召开人代会，取得良好效果，成为全省首个县内所有乡镇均召开年中人代会的县（市、区），"乡镇人大一年两例会"已成为常态化制度化。《福建日报》《人民政坛》、东南网、龙岩人大网等媒体均有报道上杭县的成功做法。市人大常委会办公室以文件的形式，原文转发上杭县古田镇人大二次会议作出的《关于全力支持古田特色小镇建设、保护生态环境，提升国家AAAAA级旅游景区的决定》，要求全市各乡镇人大学习借鉴。二是在全市树立乡镇人大工作规范化建设样板。常委会把乡镇人大规范化建设作为增强乡镇人大工作活力的重要抓手，全面安排部署，扎实有序推进。在才溪、古田列为市级试点的基础上，常委会确定6个县级重点乡镇，以点带面，其他乡镇人大同步推进。全县规范设立乡镇人大主席团工作室22个、乡镇代表工作室22个、片区代表工作室43个。乡镇人大工作制度更加健全、阵地更加规范、内容更加丰富、管理更加有效，成为全市乡镇人大工作规范化建设样板。年内，全市乡镇（街道）人大工作规范化建设现场会在上杭县才溪镇召开。

【制度建设】 2017年，上杭县人大新制订或修订完善党组工作规则、常委会组成人员守则，强化对常委会组成人员的政治理论和人大工作业务培训，常委会组成人员履职能力不断提升；制定出台常委会组成人员联系代表、代表联系群众制度，密切与人民群众的联系；制定出台常委会组成人员分片联系指导乡镇人大工作制度，加强县乡人大工作联动，形成工作整体合力。修定完善常委会机关公文处理、公务接待、财务管理等制度，加强机关效能建设，机关办事更加规范高效。修订完善乡镇人大工作绩效量化考评办法，调动乡镇人大依法履职的主动性和积极性。

【研究宣传】 2017年，上杭县人大组织开展"推进人大工作创新发展，为再上新台阶、建设新福建提供重要保障"课题调研，县乡两级人大上送课题调研论文30篇，获省人大表彰3篇、市人大表彰11篇。9月，中宣部、国家发改委、中央军委政治工作部、北京市委联合主办"砥砺奋进的五年"大型成就展，"上杭县官庄畲族乡举行第三选区代表候选人与选民见面会"图片，经层层遴选，入选第三展区展出，成为全省人大系统成功入展的唯一图片。11月，全国人大常委会办公厅举办第三期县级人大常委会负责人学习班，上杭县参训学员作为福建学员的唯一代表，就"以十九大精神为指引，引领新时代人大工作""密切联系人民群众，充分发挥代表作用"两个方面，接受《法制日报》记者专访。《法制日报》、法制网分别刊发专访文章。县人大常委会代表联络委与县广播电视台联合推出《代表关注》电视专题节目，介绍县人大代表关注社会热点、积极履职、以事释法，至2017年底制作录播3期，取得良好的社会效果。配合市人大常委会做好《代表履职进行时》系列报道节目，展现上杭县的市人大代表风采。

【县十七届人大二次会议】 2017年，12月27—29日，上杭县第十七届人民代表大会第二次会议在县城召开。225名县人大代表参加会议。

会议期间，代表们听取和审议县人民政府县长王波作的县人民政府工作报告、县人大常委会主任梁八生作的县人大常委会工作报告、县人民法院院长洪炳龙作的县人民法院工作报告、县人民检察院检察长戴宇明作的县人民检察院工作报告。代表们还认真审议县2017年国民经济和社会发展计划执行情况与2018年县国民经济和社会发展计划的报告(草案)、县2017年预算执行情况和2018年预算的报告(草案)、县政府关于县十七届人大一次会议代表建议意见办理落实情况的报告，大会通过县人民政府、县人大常委会、县法院、县检察院、预算、计划等6个报告的决议。大会选举胡长松为县监察委员会主任，并举行宪法宣誓仪式。

大会期间，收到代表书面建议、批评和意见274条。全部由县人大常委会按法定程序转给县政府及有关部门、单位和组织办理，并要求在3个月内负责答复代表。

■ 职能工作

【依法监督】 *加强任职前后监督* 2017年，上杭县人大严格执行“两院”拟任人员任前考核和法律知识考试制度，强化任命前监督；开展审判员、检察员和人民陪审员2016年度述职报告年度审查，强化任命后监督，督促“两院”注重加强队伍建设，增强司法机关工作人员自觉接受监督的意识，提高依法履职的水平。

推进法治上杭建设 2017年，组织常委会任命的国家机关工作人员向宪法宣誓52人次，激励国家机关工作人员忠于宪法、遵守宪法、维护宪法，彰显了宪法尊严和权威。全面了解“七五”普法规划实施情况，督促县政府及各部门加强组织领导、突出工作重点、创新工作举措，贯彻落实县人大常委会作出的决议，深入实施“七五”普法，进一步增强公民的法律意识，营造良好的法治环境。组织部分县人大代表旁听法院案件审理，监督促进审判质效和司法能力提升。开展电信网络诈骗预防和整治情况调研，要求司法机关和有关部门健全预防整治电信网络诈骗长效机制，继续保持严打整治高压态势，最大限度挤压犯罪空间，保障人民群众财产安全，增强人民群众的安全感。开展依法管理宗教事务工作情况调研，推进宗教事务管理法治化。开展律师法执法检查，促进律师法在上杭县的正确实施。开展全县禁毒专项工作报告审议意见落实情况跟踪检查，进一步推动禁毒形势根本好转。

维护社会和谐稳定 2017年，全面落实省、市、县人大常委会三级联动工作部署，开展县法院执行工作情况调研，听取和审议县法院执行工作报告，要求县法院和其他执行联动机制领导小组成员单位健全完善联动工作机制、积极营造良好执法环境、加大拒执犯罪查办力度、加强执行工作监督管理，推动执行难问题加快解决。加大涉法涉诉信访督办力度，要求司法机关切实提高涉法涉诉信访件办理质量，促进社会和谐稳定。发挥人大信访工作优势和作用，完善信访工作机制，畅通群众诉求渠道。全年受理群众来信来访52件次，省市转来的信访件13件次，加大信访件转办交办督办力度，有效化解社会矛盾，维护人民群众的合法权益。

【服务大局】 *推动县域经济健康发展* 2017年，上杭县人大不断深化计划和预算的审查监督，加强计划和预算的科学性、合理性、可行性分析。听取和审议2016年预算执行情况和决算的报告，审查批准2016年县本级

2017年12月28日，上杭县十七届人大二次会议在县城召开

(县报道组供稿)

决算。听取和审议审计工作报告，推动审计反映问题的整改。听取和审议2016年计划执行情况的报告，开展2017年上半年计划和预算执行情况调查，批准2017年县级预算调整方案，同意县政府债务限额和举借计划，新增债务资金用于养殖业污染整治、县医院整体搬迁和汀江绿道工程建设，推动生态环境持续改善、社会事业加快发展。开展国有资本运营情况调研，提出加强国有公司运营管理、积极稳妥实施国有资本“走出去”战略、创新国有公司运作模式等建议，促进国有资本保值增值。开展林下经济发展情况调研，针对存在问题，要求县政府及相关部门加强组织领导、做好产业规划，加快培育龙头、推进品牌战略，强化科技支撑、健全服务体系，加大投入力度、增强发展后劲，促进林下经济产业健康发展，持续增加林农收入。开展全县文化旅游产业调研审议意见落实情况跟踪检查，推进上杭县旅游文化产业加快发展。组织上杭的市人大代表开展“三农”综合保险工作调研，推动提升“三农”综合保险水平与质量，有效降低农业产业发展风险。

推动“三大战役”纵深实施　开展工业发展情况调研，提出调整工业结构、注重工业企业科技创新、推进工业物流规划建设、清理闲置工业用地、分类处置关停企业和“僵尸企业”、解决工业企业“招工难、留工难”等建议，推进工业项目提质增效。开展全县生态环保攻坚战役情况调研，重点加强养殖业污染治理、城乡污水和垃圾整治等方面的监督，建议县政府严格按照环保监管“一岗双责”制度要求，明确和落实企业主体责任和政府监管责任，全面加强养殖业污染整治，全方位管控生活垃圾和生活污水，着力提升垃圾污水治理水平，推动上杭县生态环境建设。开展脱贫攻坚工作审议意见落实情况跟踪检查，助推脱贫攻坚战役，确保如期实现脱贫目标任务。常委会领导挂钩的重点建设项目和县人大机关干部挂钩脱贫攻坚工作扎实推进。

推动民生事业持续改善　针对人民群众反映强烈的看病就医问题，秉承“驰而不息、久久为功”的信念，一届接着一届干，持续监督，持续发力。新一届常委会再次把卫生工作情况调研作为2017年第一个调研课题，深入调查研究，广泛征求意见，提出加大财政投入力度、加强卫生人才队伍建设、提升医疗技术水平和服务质量、加强乡镇卫生院规范化建设和发展特色专科等建议。县政府高度重视，针对调研报告提出的建议意见，逐条分解落实，明确责任部门、措施办法和完成时限，决定从2017年开始，用3年至5年的时间，县财政每年安排1000万元，专项用于乡镇卫生院规范化建设、人才培养、设备购置；每年再安排1000万元，专项用于县级医疗机构重点学科建设、引进医学紧缺人才和学科带头人。开展创建省级文明县城工作情况视察，重点就城市建设管理方面，组织代表深入农贸市场、住宅小区等实地察看，为加强城市管理、提升城市形象、创建省级文明县城建言献策。

【代表履职】　提升代表履职能力　2017年，上杭县人大举办县十七届人大代表培训班，组织代表集中学习人民代表大会制度、代表依法履职知识和党风廉政建设规定等，强化代表日常学习培训，提高代表的综合素质。坚持邀请县人大代表列席常委会会议、县人大代表异地交叉视察等制度，提升代表履职能力。

强化代表履职管理　全面实行代表履职登记制度，采取“一人一档”形式，建立代表履职纸质化档案，规范代表履职线下监督管理。搭建代表履职信息工作平台，及时完成数据库录入工作，代表履职工作平台APP已正式上线，实现代表履职线上监督管理。组织开展代表联系月活动，市、县、乡镇三级人大代表上下联动，深入选区，深入选民，了解社情民意，倾听群众呼声，各级人大代表联系群众更加紧密。据不完全统计，参加联系月活动的三级人大代表1337名，收集社情民意1409条。

转化代表履职成果　重视代表建议、批评和意见的交办督办，及时召开代表建议意见交办会议，县十七届人大一次会议期间代表提出的305件建议全部予以交办（其中交由县政府办理292件），并确定10件重点督办件，由常委会领导挂钩牵头督办。严格执行代表建议意见承办单位负责人与代表见面、代表建议办理答复工作情况检查和落实情况“回头看”、代表建议办理“三看两征询”评价等办法，提升代表建议办理实效。听取和审议县政府关于代表建议意见办理情况报告，努力提高代表建议的办结率和满意率。

责任编辑：蓝晓东

上杭县人民政府

■ 综述

【政务纪要】 2017年，上杭县实现地区生产总值317亿元，比增8.9%；财政总收入33.26亿元，比增4.9%，其中地方级收入25.13亿元，比增9.6%；固定资产投资312.1亿元，比增21.3%；社会消费品零售总额85.6亿元；城镇居民人均可支配收入35991元，比增9%；农村居民人均可支配收入15355元，比增9.1%。三次产业比从2016年的12.9∶54.8∶32.3调整为13.2∶46.6∶40.2。创建第五届省级文明县城取得明显成效，被省文明委推荐为新一届全国文明城市提名城市。2017年，首次入选“全国投资潜力百强县”，再次被评为“福建经济实力十强县”“福建县域经济发展十佳县”。

主导产业不断壮大 2017年，实现规模以上工业产值562.1亿元，比增26.1%，竣工投产思康有机氟/硅新型合成材料产业化项目、铭麟过硫酸盐生产、紫金铜业生产末端物料综合回收扩建等6个项目；开工建设太阳铜业22万吨连铸连轧低氧铜杆生产、紫金佳博键合金丝生产等8个项目。锂电新材料产业发展起步稳健，开工建设龙德六氟磷酸锂生产项目，签约落地鑫昌龙石墨烯和改性PE新材料、金山锂科锂离子电池高性能储能材料等一批成长性好、科技水平高的项目。建筑业稳步转型。实现建筑业产值442亿元，比增12.2%，回流政策效益显现，实现在地建筑业产值154.2亿元，比增31.7%；新成立建筑施工总承包企业35家，全县建筑施工资质企业增加到137家。推动建筑企业向绿色建筑产业转型发展，特级资质建筑企业申报和建工集团组建工作有序推进。

现代农业稳步发展 2017年，实现农林牧渔业总产值61亿元，比增3.3%，农业产业化水平进一步提高，新增市级龙头企业1家、示范企业4家，农民专业合作社33家、家庭农场100家；新增“三品一标”（无公害农产品、绿色食品、有机农产品和农产品地理标志）认证产品11个。18家规模以上农产品加工企业实现产值12亿元，比增10.2%。农村土地承包经营权确权登记颁证工作完成合同签订323个行政村，完成率95.6%。第三次全国农业普查工作通过省级验收。

服务业持续向好 2017年，实现服务业增加值100亿元，比增12%；开展服务业发展“三比一看”（比规模以上服务业企业发展、比服务业项目建设、比服务业行业发展，看服务业增速）竞赛，新增规模以上服务业企业21家，总数达40家。成立全省首个县级家庭服务业协会。电子商务加快发展，实现交易额40亿元。金融生态环境持续改善，全县金融机构存贷款余额451.8亿元，比增19%。旅游业快速增长，接待游客700.94万人次，比增21.4%，实现旅游收入49.39亿元，比增26%。红色教育培训产业蓬勃发展，承接各类红色教育培训2540期12.7万人次。

创新环境更加优化 县科技创业园基本建成，入园孵化企业5家。培育省、市级科技小巨人领军企业7家。创新投融资机制，设立规模为5亿元的兴杭纳斯特产业基金，引进总规模30亿元的兴源私募股权基金。人才战略深入推进，大力推进科技特派员制度，对重点产业人才实行“一事一议”。引进各类人才306人，其中省级以上高层次人才18人；重点产业人才158人，教育卫生人才130人。

政务服务不断健全 “互联网+政务服务”模式顺利推进，在全市率先建成全流程网上办事大厅，审批和服务承诺时限缩减到法定时限的一半以内。深化商事制度改革，加强电子营业执照管理，全面实施“五证合一、一照一码”登记制度，新增市场主体4751家。持续推动“放管服”，梳理“一趟不用跑”“最多跑一趟”办事清单1037项。落实小微企业税收优惠政策，减免税额1700多万元。整合设立蛟洋工业区管理委员会，强化园区管理和企业服务。

交流合作巩固深化 2017年，中国证监会挂钩帮扶上杭县，与兴业证券签订为期5年的战略合作协议。军民融合深度发展，与海军装备部、中电科集团等建立共建关系，签订军民融合项目23个，新开工4个，带动投资24.9亿元，民品参军销售收入突破4亿元。政银企校产学研合作对接和“百名教授博士下基层”活动成果丰硕。实施杭商“回归工程”，签约落地索利普先进制造与智慧城市公共服务平台、伊维菌素医药研发生产等项目。外向型经济日益拓展，古田海关、国检工作机构正式设立，生产性出口首次突破4亿美元，被评为省外贸转型升级示范县。

基础设施逐步完善 铁路建设取得重要进展，龙岩至龙川铁路项目召开可研审查会，基本明确上杭城区设站。厦蓉高速（上杭段）扩容建设、永杭高速（上杭段）建设项目加快推进。完成大中线(庐丰至中都段)建设,梅花山路一期、古蛟快速通道一期、黄太线、大中线(大池至溪口段)建设稳步推进,“2345”(乡乡通二级公路、各乡镇30分钟内上高速、行政村40分钟内到集镇、所有乡镇50分钟内达县城)交通圈加快形成。农村公路管养得到加强,完成生命防护工程183千米、危桥改造8座。万里安全生态水系、烟草水源、汀江防洪等重大水利工程进展顺利,小型农田水利工程重点县建设全面完成。

城乡面貌明显改观　2017年,完成《上杭县城总体规划修编(2015—2030)》。新建、续建53个城建项目,累计完成投资18.8亿元。实施汀江绿道一期工程,慢行系统近期交付使用,一条集观光旅游、休闲健身、文化体验为一体的景观带出现在汀江两岸。城市交通进一步改善,张滩大桥及接线工程二期、上杭大道(建设路段)、江滨中路、人民路西段、振兴路改造基本完成,城区新增停车位571个,潭头大桥等项目有序推进。加快打造“15分钟生活圈”,杭川公园、水上运动中心综合楼、城乡规划展示馆、博物馆新馆等项目建成投入使用。全面推进17个省级“千村整治、百村示范”工程示范点、21个美丽乡村示范点和2个新型城镇化重点镇建设,启动古田红色小镇三年提升行动,完成投资5亿元。新增3个中国传统村落、2个中国少数民族特色村寨、2个全国文明村镇,村镇面貌明显变化。

生态环境持续改善　生态环保战役取得阶段性成效,47个生态环保攻坚项目完成投资10.3亿元。抓好中央环保督察反馈问题整改,生态环保“四大提升工程”(洁净蓝天、清新水域、清洁土壤、绿满青山提升工程)扎实推进。空气质量持续提升,城区空气环境质量均达到或优于国家二级标准。全面推行河长制,实现县、乡、村三级河长(河段长)、专管员管理责任体系全覆盖。养殖业污染整治有新进展,关闭拆除生猪养殖场4004家58万平方米,实施规模养殖场标准化改造134家;“一江两河”及支流水质明显提升,Ⅲ类水质达标率96.7%。在全市率先实现农村生活垃圾、污水处理设施建设全覆盖。调整完善土地利用总体规划,修编第三轮矿产资源总体规划。完成植树造林0.13万公顷,森林覆盖率77.2%;完成水土流失综合治理0.45万公顷,获评国家水土保持生态文明综合治理工程。

脱贫攻坚扎实推进　2017年,实现3077户9914人脱贫,蓝溪镇、下都镇和14个贫困村实现脱贫摘帽。精准帮扶扎实有效。实施“企业+合作社+贫困户”等帮扶模式,269家经营主体带动946户贫困户,解决贫困户就业2295人,培育出华润五丰、擎荣农业、同福鸽业、傲农槐猪等典型。实施激励性扶贫项目56个,受益贫困户866户3728人。增强贫困户“造血”功能,发放扶贫小额信贷资金1660户4455.6万元,覆盖面31.4%;举办47期雨露计划培训班、培训贫困户4640人次。政府保障覆盖有力。贫困户住房安全问题基本得到解决,实施造福工程926户2899人、危房改造2290户5926人,完成4个造福工程集中安置点建设。贫困户就学就医难题得到较好解决,2667名贫困户子女享受各类教育助学补助433万元,发放贫困户参合参保和健康扶贫保险补助938.1万元。

民生事业不断改善　贯彻以人民为中心发展理念,坚持新增财力90%以上用于改善和保障民生,20项重点为民办实事项目基本完成。教育事业更加均衡。新开工建设3所幼儿园,推进10所学校“改薄”(改善贫困地区义务教育薄弱学校基本办学条件)项目。实施乡村教师支持计划,提高乡村教师生活待遇。继续推行普通高中教育免费政策,受益学生1.3万人次。“阳光招生”政策深入人心,教育更加公平优质。医疗卫生水平稳步提高。县级公立医院综合改革和基层医药卫生体制改革持续推进,投入2000万元用于提升县级医疗机构和乡镇卫生院医疗水平,分级诊疗和医疗联合体制度稳步实施;有序推进县医院整体搬迁、妇幼保健院搬迁、6个乡镇卫生院用房建设。文化体育事业蓬勃发展。群众精神文化生活更加丰富,“月月有戏”文艺演出精彩纷呈,举办纪念畲族民族成分恢复30周年暨首届“三月三”畲族文化节等活动。文体惠民工程扎实推进,所有行政村实现广电光纤全覆盖,完成30个薄弱村文体设施提升改造。县图书馆获批国家一级馆,县少儿业余体校获评国家重点高水平体育后备人才基地。社会保障覆盖更趋完善。实现城乡居民基本医疗保险和社会养老保险参保全覆盖;实现城镇新增就业1821人、促进下岗失业人员再就业1321人,城镇登记失业率3.3%。实施城市棚户区改造357户,配租配售各类保障住房228套。养老服务水平显著提升,被评为2017年中国候鸟旅居小城,被确定为全省乡镇敬老院社会化改革试点示范县。

社会治理纵深推进　“平安上杭”建设深入推进。古田派出所被国务院授予“人民满意派出所”称号,县公安局再次获评“全国优秀公安局”称号。完成中共十九大、厦门金砖会晤安保维稳任务,开展“红土肃毒2017”、项目建设领域治安治理、打击电信网络新型犯罪等专项行动,社会更加安定稳定。推进社会主义核心价值观建设,实验小学温金娥教师获评第六届全国道德模范,受到习近平总书记亲切接见。创新完善社会管理模式,在全市率先实行县域综合治理季度分析会制度,军警民联勤联防工作机制得到完善。“七五”普法工作扎实推进,人民调解工作多元化调解“上杭模式”在全省推广,“一村一法律顾问、一社区一法律诊所”更加完善。社会管理逐步完善。全面实施“两孩”政策,推进计生服务改革。食品药品安全监管进一步强化,实现中型以上餐馆、学校食堂明厨亮灶率100%,古田省级食品安全示范街通过省级验收。全面深入推进安全生产大检查，全县安全生产形势稳定好转。双拥工作巩固加强，被评为全省“双拥模范县”和全省征兵工作先进单位。

【政府法制】 当好法律参谋，服务领导决策 2017年，上杭县法制办4次列席县委常委会议相关议题和16次县政府常务会议，派员参加县政府专题会议和县直部门会议近百次，审查重大决策事项20余件次，及时提供政策法律咨询意见30余件次。

审好规范性文件，确保政令合法 全年会签文件200多件，其中审查规范性文件78件，印发并按时报送市政府法制办备案审查78件。对涉及“放管服”改革的规范性文件和涉及生态文明和环境保护的规范性文件进行专项清理，共清理规范性文件86件，其中废止的8件，修改的1件，拟废止的72件，拟修改的5件。通过《上杭县人民政府关于公布县本级规范性文件清理结果的通知》对保留的261件规范性文件和废止（或宣布失效）的123件规范性文件进行公布。

加强执法监督，提升执法水平 法治工作纳入县委中心组学习和党校干部培训，全年培训领导干部400余人次。加强行政执法平台监督，分别3次抽查4个单位行政执法平台的运行、案件录入情况，发现并通报问题20余件，严格要求相关单位进行整改。

加强合同管理，强化风险防范 审查重大行政、民事合同20余件次，有效防止合同纠纷的发生。

办好复议和应诉案件，做好涉法事务 审结复议案件19件，指导协助有关乡镇和部门办理应诉案件20多件，配合参与行政纠纷调解9件，配合参与行政管理相关的民事纠纷调解1件，调解结案10件，调解率达100%。

完善权责清单，促进公开透明 对相关部门上报的1000多项权力清单和责任清单融合事项进行合法性审查，经审查全部通过。

【政府督查】 2017年，上杭县政府督查工作围绕全县中心工作，紧扣县委、县政府的重大决策和重要工作部署，加大督办督查落实力度，促进县政府各项决策部署，以及领导批交办事件的落实。全年参加由县领导召开的各种会议43场，并做好会风督查。会同县委督查室、效能办以及有关单位对全县22个乡镇以及县直各单位开展督查12次，增加督查的权威性，提高督查力度和效果。是年，县政府召开15次常务会议，议定事项236项，落实办结227项，正在办理9项，完成率为96.2%；召开20次县长专题会议，议定事项72项，落实办结69项，正在办理3项，完成率95.8%。对全县重点为民办实事项目每月开展一次督查，编发《督查通报》11期，呈县领导参阅，及时解决项目进展过程中出现的问题，20个为民办实事项目基本完成年度目标任务。全年督办县政府领导批办事项1740件，其中上级来文264件（办结242件，在办22件）、部门请示报告1320件（办结1286件，在办34件）、群众来信156件（办结153件，在办3件），做到事事有结果、件件有回音。2017年县政府承办的292件县人大代表建议和232件县政协提案全部办复，办结率为100%，代表和委员满意率逐年提升。

【信访工作】 加强信访法规宣传 2017年，上杭县信访局通过编印《信访知识问答》、上街开展便民咨询活动等形式宣传《信访条例》、信访路线图、信访事项受理办理程序引导等信访法律法规规章。在接访过程中，信访干部抓住与信访人面对面沟通的有利时机，强化宣传，提醒信访人依法理性上访。通过加强宣传工作，上杭县信访秩序逐渐好转，信访事项的化解显著加快，越级上访明显减少。

着力初信初访办理工作 按照《国家信访局关于进一步加强初信初访办理工作的办法》和《上杭县初访分析和首办责任制实施细则》要求，加大办理初信初访工作力度，坚持诉访分离，把好信访入口关，在第一时间第一地点按“三到位一处理”（诉求合理的解决到位、诉求无理的思想教育到位、生活困难的帮扶救助到位；行为违法的依法处理）要求处理群众各类诉求，压实信访工作责任，注重来访接待能力建设，提高就地化解质量，维护群众合法权益，有效预防和减少重复上访、越级上访和信访积案的产生。2017年，上杭县初次信访量比上年下降3.23%，初访件次下降14.23%。

推动领导一线接访常态化 年初，县委办、县政府办印发《关于安排2017年县委、县政府领导信访接待日的通知》（简称《通知》），明确2017年继续实行每月15日和每周一县委或县政府领导接待群众来访制度、律师参与每月15日县领导接访制度，为群众提供免费法律咨询服务。各乡镇和县直部门也按照《通知》要求，实行领导干部接待群众来访制度，做到随访随接，着力化解人民内部矛盾，做到“小事不出村，难事不出乡镇，大事不出县，矛盾不上交”，确保维护群众合理合法诉求。

突出抓好重点时节信访维稳 以全国“两会”“金砖会晤”和中共十九大信访工作为重点，以“大排查、大化解、大整治”为主线，深入推进“阳光信访”“责任信访”“法治信访”，做好重大活动期间的信访维稳工作。重大活动期间，县、乡镇每天均安排一名以上党政领导接待来访群众，做到有访必接，大量的信访事项在基层辖区得到及时、有效处理化解，最大限度地避免越级上访的发生。在重大活动开始之前，在全县范围内对矛盾纠纷和重点信访事项进行拉网式排查，每周一排查，实行动态管理，对排查出的重点信访件逐案落实化解、稳控责任单位、责任领导、责任人。为确保重大活动期间信访工作有序开展，制定驻京、驻榕、驻厦、驻岩信

2017年上杭县群众来信(来邮、来访)统计表

表4

项　目	2017年		2016年		对比增减			
					数量(件人次)		比例(%)	
群众来信、来邮	813		899件		-86		-9.56	
群众来访	677	1091	782批	1427人次	-105批	-336人次	-13.43	-23.54
其中集体来访	16	293	26批	465人次	-10批	-172人次	-38.46	-36.98
信访合计	1904件人次		2326件人次		-422件人次		-18.14	

说明:在信访总量1904件人次中,反映建议的62件人次,占3.26%;要求解决问题的1547件人次,占81.25%;检举揭发的12件人次,占0.63%;申诉类的56件人次,占2.94%;其他类的227件人次,占11.92%

访工作预案,成立相应驻点信访工作小组,负责领导和组织协调重大活动期间各驻点信访工作,实现全国“两会”“一带一路”高峰论坛期间零进京上访。做好信访信息报送工作。重大活动期间实行零报告制度,各乡镇每天按时向县信访局报送当天信访情况,做到“早发现、早处置”,县信访局及时将信访动态、动态分析报市信访局和县委、县政府。

有力推动信访积案化解　以解决群众信访难点问题为突破口,以法律法规和政策为依据,综合施策,及时解决群众合理、合法诉求,对要求过高的说服到位,对无理纠缠的教育到位,对触犯法律的处置到位,同时合理运用信访特殊救助资金,对那些特殊信访事项,尤其对那些处于“法度之外,情理之中”的信访事项,采取特殊处置办法实施必要的救助,从而最大限度地减少信访存量。2017年,省、市交办安排上杭县积案化解任务10件,专案评审任务5件,开听证任务2件,至年底全部完成。是年,向省级争取信访特殊救助资金73.26万元,化解一批积案,取得良好的社会效果。

强化信访督查落实　按照“属地管理、分级负责”“谁主管、谁负责”的原则,对责任单位开展信访督查督办工作。坚持实事求是、注重实效、做好全面督查与重点督办相结合,督查督办与帮助协调相结合,党政督查与业务部门督查相结合,网上督查与网下督查相结合,防止推诿扯皮、敷衍塞责行为的发生,对不负责、不作为的有关单位和工作人员提出整改建议,发出整改意见书10件,压实信访工作责任,推动问题的解决。

【“12345”便民服务热线管理中心成立】　2017年12月19日,上杭县“12345”便民服务热线管理中心举行揭牌。标志着上杭县“12345”便民服务热线平台正式投入运行。

上杭县“12345”便民服务热线管理中心是整合数字城管监督指挥中心、县信访局信访网络中心及县公共资源配置中心组建而成,建立24小时热线受理和在线运行平台、受理和处置本县范围内非紧急类咨询、求助、投诉、意见、建议等相关诉求。“12345”便民服务平台的建立,将进一步畅通人民群众的诉求渠道,切实提升政府公共服务水平。同时,也有利于进一步汇集民智民力,不断提高便民服务水平和机关工作效率,促进上杭县经济社会发展和和谐上杭建设。平台还将启用徽信、手机APP等多渠道受理群众的诉求,使“12345”便民服务平台成为政府密切联系群众的桥梁和纽带。

■ 重点工作

【脱贫攻坚】　2017年,上杭县在册建档立卡贫困户7004户19528人(其中,国定3880户7777人,省定3124户11751人),已脱贫6995户19498人,未脱贫9户30人。蓝溪镇实现脱贫摘帽;湖洋镇五坊村、下都镇吉安村、稔田镇石牌村、太拔镇上村村、溪口镇石铭村、白砂镇樟黄村、古田镇赤坑村、通贤镇通贤村、庐丰畲族乡丰济村、官庄畲族乡贵和村10个村实现脱贫摘帽。

产业扶贫　深化拓展“企业+”产业脱贫模式。全县有60家新型经营主体帮带贫困户853户;推进全县激励性扶贫项目的实施,对主动参与激励性扶贫项目贫困户,给予一定奖励。全县实施68个激励性扶贫项目,带动1698户贫困户发展生产。出台《上杭县实施光伏产业扶贫奖补资金申报办法》,对贫困乡镇建设装机容量不低于50千瓦的光伏发电项目,县财一次性给予20万元补助;贫困村建设装机容量不低于30千瓦的光伏发电项目,县财一次性给予10万元补助;贫困户联合或独立建设分布式光伏发电项目,每千瓦奖补1000元。2017年下拨1个贫困乡镇和31个贫困村光伏产业项目奖补资金330万元,下拨2017年贫困户光伏扶贫项目奖补资金4.47万元。

住房保障　全年实施造福工程503户1335人,其中国定276户436人,省定146户565人,其他造福工程搬迁81户334人,下拨各级补助资金

2603.34万元。实施蛟洋镇阳光小区、南阳镇桂龙小区、下都镇富民新村、南阳镇聚福小区等4个造福工程集中安置区，下拨补助资金120万元。2017年，实施危房改造1047户，其中贫困户实施危房改造1363户，下拨各级补助资金4367.65万元。

就业扶贫　是年，县农业局举办“雨露计划”培训47期4640人次，拨付补助资金69.6万元。县人社局举办职业技能培训5290人，其中建档立卡贫困户927人，取得证书203人。出台《关于做好就业辅助脱贫工作的实施意见》，将贫困劳动力纳入“就业创业证”登记范围和创业担保贷款、社保补贴、职业技能培训、创业培训等就业创业优惠政策的享受范围。落实建档立卡贫困户参加城乡居民养老保险给予社保补贴政策，凡参加城乡居民养老保险并在人力资源公共服务机构办理求职登记的建档立卡贫困户可享受不低于最低标准养老保险费50%的社保补贴，全年受理6569人申报，发放补贴32.85万元。提供公益性岗位，帮助建档立卡贫困户就地就近就业。是年，全县公益性岗位帮扶建档立卡贫困户220人次，其中乡村道路养护工76人，村级保洁员84人，环卫工2人，护林员33人，水利协管员1人，其他公益性岗位24人。促进转移就业，实现建档立卡贫困户转移就业4793户5034人，其中省外务工412人，县外省内务工1993人，乡镇内务工2258人，乡镇外县内务工371人。

金融扶贫　年内，全县发放扶贫小额信贷资金1715户4274.3万元，自主贷款172户342.1万元。

教育扶贫　是年，上杭县教育资助发放学前幼儿助学金、高中助学金及免学费、中职教育助学金及免学费、高等教育学费奖励、少数民族助学金等共计22522人次（包括春秋季）3051.4万元。通正社会助学，全县“希望工程”“春蕾计划”“圆梦大学”“光彩事业”和各慈善基金会等社会捐资助学546人次176.5万元，发放生源地助学贷款1403人973.1万元。义务教育阶段学生营养改善计划，全年受益学生19147人次，发放补助资金1026.7万元。

健康扶贫　全县有2515名贫困户享受健康扶贫保险，补助金额586.27万元。出台大病保险“三保合一”均衡化政策，实现城乡居民大病保险报销比例提高到90%，贫困户每人每年城乡居民基本医疗保险基金最高支付限额为30万元。全年有1831名贫困户享受此政策，补助金额995.51万元。在全市率先兑现提高住院报销比例政策，建档立卡户贫困人员住院报销比例提高5%及大病保险封顶线从20万提高到30万的医保政策。2017年有1414人贫困户受益，累计报销达40.52万元。实施叠加保险政策，2017年7月起将全县贫困人员信息标注在医疗信息系统中，贫困人员住院结算时可直接享受叠加保险政策。所需资金按省50%、市25%、县25%比例分级承担。全年，上杭县贫困户享受叠加保险1123人，补助金额24.09万元。医疗救助，出台《上杭县临时救助实施办法》，同等条件下对贫困乡、贫困村、贫困户实施临时救助（“救急难”）政策倾斜，降低前置条件。全年发放临时救助资金400.7万元，其中县级审批临时救助资金1469人次360万元，下拨乡镇直接审批临时救助资金40万元。

生态扶贫　落实生态补偿资金，对水土流失严重的临城镇、庐丰畲族乡、官庄畲族乡3个乡镇建档立卡贫困对象严格遵守封山育林制度和村规民约，参与水土保持工作，没有上山砍柴、打枝割草、乱砍滥伐、未发生火烧山和破坏植被行为的实施燃料补贴，每人每年200元。2017年度，兑现1422户3919人燃料补贴78.38万元。保障贫困人口饮水安全，2017年，对乡镇核实上报仅剩11户存在饮水困难问题贫困户，在200万元的农村饮水安全工程管护奖励基金中安排解决。加大贫困地区农田水利设施建设力度，中央财政第七批小型农田水利项目8个中有2个为扶贫开发重点乡镇，争取287万元用于贫困村水毁水利修复，争取省级240万元对2个贫困村实施水库除险加固工程，争取省级专项资金150万元实施重点乡镇水土流失治理工程蛟洋镇梅坝溪、邹坑溪（贫困村）小流域水土流失综合治理工程，争取省级资金15万元用于稔田大燕村（贫困村）创建水土保持生态村，争取中央财政农田水利设施养护项目建设资金160万元专用于50个贫困村。

兜底扶贫　制订出台《关于开展政府兜底脱贫的具体实施方案》，只要贫困户收入低于低保标准，每月均可向民政部门申请低保救助，按规范程序评审和省救助家庭经济核对平台查询比对，让符合者享受低保救助，做到“应保尽保、应纳尽纳”。全县建档立卡贫困户中有1274户3089人享受低保、1583户1621人享受五保待遇。2017年，全县发放农村低保金42699人次947.62万元，月人均补助221.93元；发放特困人员生活补贴共317万余元，护理补贴440万余元。

【重点项目建设】　鑫中合现代设施农业示范区建设项目　2017年，上杭县完成建设智能温控大棚11.87公顷；完成种植台湾番茄、火龙果、白玉苦瓜等8公顷，园区内危桥已铺设桥面。

世纪金花茶深加工及种植示范基地建设项目　种植金花茶66.67公顷。其中，庐丰金花茶扶贫基地种植6.67公顷，金花茶基地种植20公顷，白砂种植20公顷，溪口种植20公顷。大棚二期建设完成，正在进行育苗工作。

傲农槐猪产业综合开发项目　白砂扩繁厂“三通一平”基本完成；商品养殖基地方面，下都镇完成林权流转工作的70%，正在推进茶地、庐丰、中都林权流转工作。

擎荣农产品种植与加工项目　建成主体标准厂房、大型冻库；综合楼进入四层框架建设；厂区道路完成水泥硬化、附属生活区等基本建成；12月初，百香果生产线投产使用。

旧县片区烟区水源工程　南山水库完成大坝基础验收，正在砌筑砼毛石坝体，大坝砌筑高度20米；新坊水库工程完成管网管道铺设5千米，完成九曲、梅子坝电站征迁，正实施进坝公路和大坝坝址开挖；铁东水库隧洞贯通，管网工程完成铺设4千米；旧县集镇供水水源及输水管道迁移工程建成并通水。

杭晚蜜柚种植与加工建设项目　正在做杭晚蜜柚的精油提炼，做水肥一体化，园内道路建设5000米，管理房初步完成施工建设，接通水电，三相电安装问题基本解决。

上杭县粮食产能项目　项目竣工。

上杭县金香蕉综合产业园项目　2017年，新种植金香蕉40.67公顷，种植红肉蜜柚13.33公顷。

稔田农民创业园田农智能温控大棚生产项目　建成蔬菜大棚0.67公顷，果园基础设施建设2公顷，金香蕉种植0.67公顷。

华润五丰生态循环农业产业园建设项目　完成道路硬化1.4千米；建好5.33公顷生态鱼塘养殖区；园区内电路安装完备；完成管理房主体工程建设，正在内部装修。

汀江上杭防洪工程（一期）　张滩段Ⅰ标段完成，Ⅱ标段基本完成。

上杭县白砂锦绣水库工程　坝基两岸清表基本完成，隧洞已全线贯通，准备衬砌；取水塔基础浇筑完成。

上杭县泮境乌石水库工程　初步设计上报国家局待评审。

国家水土保持重点建设工程上杭县寨背溪小流域水土流失综合治理项目　项目竣工。

上杭县汀江干流及支流旧县河安全生态水系建设项目　项目竣工。

上杭县2016年度中央财政小型农田水利项目县（中都、下都）　项目竣工。

造林绿化工程项目　完成植树造林1513.67公顷，森林抚育3694.93公顷。

生物防火林带建设项目　完成生物防火林带种植113.33公顷，电力走廊生物防火林带种植55.33公顷。

喜润有机柠檬深加工产业园项目　柠檬种植完成133.33公顷，厂房结构建设基本完成。

上杭县农业综合开发高标准农田建设项目　项目竣工。

紫金铜业生产末端物料综合回收扩建项目　项目投产。

紫金铜业节能减排综合技术改造项目　项目投产。

太阳电缆海洋电缆系列产品生产项目　项目投产。

太阳铜业电缆新材料生产项目与“年产22万吨低氧铜杆生产项目”为同一项目

恒星黄金珠宝加工项目　项目投产。

鸿航有色金属及五金水暖卫浴产品生产项目　4#厂房通过验收，投入生产；9#职工宿舍完成装修并通过验收。

上杭工业园区基础设施建设工程　龙达路二期完成100%，龙飞路二期完成100%。园区水、电、排污管道，绿化美化亮化等基础设施建设正在推进。

思康有机氟/硅新型合成材料产业化项目　项目竣工。

紫金山罗卜岭铜矿采选工程　重新选址推进田垄尾矿库建设。

清景铜箔锂离子电池用高档电解铜箔生产扩建项目　推进厂房主体框架建设。

含铜废石资源综合利用工程　完成项目可研，但因经济效益低，且堆场建设受规划限制无法建设。

华昌黄金珠宝精深加工项目（一期）　受投资方意愿影响，项目取消。

紫金彩坑尾矿库建设项目　受武平方面征迁滞后影响，项目暂停实施。

中车重型矿用装备制造及矿山工程服务基地项目　中车第一台矿用车停止试用，成本太高。11月22日，北京二七公司一行来杭深入洽谈合作事宜，表示将根据紫金的试用报告改进车辆，紫金表示将继续配合中车进行车辆试用。双方将继续保持合作。

铭麟过硫酸盐（铵、钠、钾）生产项目项目　项目竣工。

紫金金盐系列产品生产项目　完成主体厂房建设和设备安装及调试。12月16日，竣工试生产。

上杭特种电线电缆产业园区　国威电子、太阳铜业低氧铜杆等特种电线电缆项目进一步推进。

上杭蛟洋铜产业循环经济园项目　循环经济下游项目，金盐项目新选址，正在主体建设；思康新材料项目、铭麟工贸项目竣工，龙蛟建材硅酸钠项目、磷石膏综合利用项目正做前期准备工作。铜业公司末端扩能技改、瓮福紫金PPA扩能正在建设。循环经济基础设施，正在推进公共环境应急池建设。

上杭铜矿湿法厂新屋下铜矿堆场扩建工程　完成一期工程软基区域回填、排洪硐封堵、地下水导排系统、截渗库区域山体平整，完成截渗库区域防渗层。

福建上杭K金首饰自动化生产基地项目　重做环评报告。

上杭紫金金银深加工项目　与“紫金金盐系列产品生产项目”为同一项目。

矿山安全环保用品生产项目项目　项目调整。

上杭县金铜产业科技孵化器建设项目　项目竣工。

黄金珠宝产业园项目　完成萃福食堂二楼扩建装修工作，部分设备完成安装调试。

年产20万吨高效生物饲料自动化控制技改项目　完成2号厂房和1号楼检验大楼建设。

年产22万吨低氧铜杆生产项目　继续推进厂房建设。

紫金山金铜矿充填建设项目　完成主体厂房建设，完成前期充填料流动性及强度配比试验，完成方案比选,根据运行状况,拟取消增加输送泵方案。

瓮铜建材公司多级粉煤灰项目 进行框架结构主体厂房建设及设备安装。

恒驰硅业工业硅冶炼综合节能技术改造项目 项目竣工。

年产50万平方米透水砖及110万平方米新型墙体材料建设项目 第一条生产线完成建设并生成,第二条、第三条生产线完成框架结构厂房建设,进行设备安装。

锐美家装饰年产1000万平方米高档次高压三聚氰胺塑料贴面板项目 已办理好建设用地许可证,其他证件在办理中,设计图纸送审中。

年产10万吨纳米生物肥和2万吨农用微生物制剂项目 进行主体厂房建设。

紫金山金铜矿中和渣判备水泥缓凝剂和冶金渣水泥建设项目 完成主体厂房建设及设备安装与调试,开始部分试生产。

宝泰饲料工业技改项目 项目竣工。

古田镇骏达橡胶制品生产项目 项目竣工。

“诗意院田”历史文化古村落保护与旅游发展项目 按照国家AAAA级旅游景区建设标准,实施游客中心、生态停车场、旅游公厕、旅游步道、旅游节点景观、旅游标识标牌等必要的配套项目建设。

步云国家生态旅游示范区提升工程(一期) 完成索道下站房边坡锚杆施工及主体施工、中站房大部分主体基础施工、上站房地质勘察、基本完成上站房边坡工程及上站房挡土墙工程施工、完成上站房主体基础开挖及垫层浇筑、进行站房主体基础施工。游客服务中心完成三通一平。

上杭碧桂园·御龙湾建设项目 主体封顶,1#—3#、5#—9#楼砌体施工。

帝豪时代广场二期工程 项目竣工。

紫金顺安综合物流园 12月27日开工建设。

上杭县东二环农贸市场项目 建设范围内坟墓基本迁移。供电公司与城发公司正在协调35千伏城碧线迁移改造事宜;周边道路(东三环路、紫金北路口至东三环路、立群路)土地开展征控工作。

上杭县普陀山文化中心项目 国家森林公园报批完成。

乐邦生态农业公司生态农庄项目 进行餐饮楼主体建设。

上杭观音井百果园生态农业旅游项目 完成月亮湖清淤扩容,步道及沿湖仿木栏杆建设,知青楼修建,烧烤区建设;湖畔休闲屋,梅园主干道硬化,青梅工坊改造。正在施工。

福建贝湖生态农业种养休闲生产项目 项目进展顺利。

两岸旅游与原创文化艺术基地项目 实施主路口拓宽及道路硬化工程。

永辉超市 试营业。

上杭县众创空间 进行7~11楼公共部分装修。

淘实惠电子商务平台项目 发展淘实惠村级服务站135家。

“智慧上杭”建设项目 2017年,完成政务网站升级改版及地理信息公共平台部署,智慧政务启动实施。

梅花山路建设(一期)项目 项目基本完成,推进附属设施建设。

县通乡公路升级改造工程 大中线(庐丰至中都段)完工通车;大中线(大池至溪口)开工建设;黄太线主体工程完工通车。

厦蓉高速公路(上杭段)扩容项目 红线内征迁全部完成,协调处理施工中出现的矛盾纠纷及遗留问题。

古武线(上杭段) 按照上级要求的控制性工程展开征迁工作,征地任务基本满足各标段项目部用地需求。

岩下山至古田(古蛟快速通道一期) 岩下山隧道左洞掌子面掘进625米,二衬浇筑505米,右洞掌子面掘进605米,二衬浇筑485米;临建工程全部完成;路基清表完成,完成路基挖方12.92万立方米,路基填方19.63万立方米;涵洞完成153.84米;改沟改渠完成786.07米。

道路交通安全隐患整治工程 项目竣工。

危桥改造及渡改桥工程 8座危桥完成改造,矶头大桥完成下部结构,正预制梁片。

农村公路建设及改造项目 项目竣工。

华能国际上杭茫荡洋风电场项目 项目取消。

新一轮农村电网升级改造项目 项目进展顺利。

上杭县昆润管道天然气建设项目 坪埔储配站完成土地摘牌,正推进三通一平。蛟洋气化站,完成立项等前期手续。完成蛟洋气化站的土地摘牌,完成中阳气化站收购。

上杭县中阳龙翔液化天然气储配综合站 12月14日开工建设。

上杭—江两河生态环境综合整治及保护工 项目进展顺利。

紫金山矿区迳美村造福工程(立项名:紫金山矿区居民搬迁安置工程建设项目) 测量房屋475户,签订协议23户。

建设路(东侧)道路改造安置小区项目 项目竣工。

江滨西路(南门大桥至西环路)改造工程 主体部分通车,推进附属部分建设。

古田红色小镇建设项目 红色教育培训中心竣工;梅花山路一期完成路面铺设;锦绣路项目完成建设;推进闽西古田光荣院建设。

生猪养殖场标准化项目 改造项目竣工。

上杭县城区备用水源管网工程 完成一标段上坝公路路基及边坡修整2.5千米、铺设路面2.5千米,完成临时施工便道修整2千米,爆破开挖引水隧洞140米,正在取水口基础开挖;二标段和三标段铺设供水管网7500米及临城镇与旧县镇部分征地工作;四标段铺设供水管网1000米、新建稳压井1座。

上杭县南部新区污水管网工程 完成项目可研报告、水土保持方案报告、项目行业审查、项目选址意见书和环评报告审批等立项前期工作;南部新区内的杭宁路、杭美路、龙飞路二期铺设污水管网2000米;上杭县南部新区污水管网工程(近期)铺设污水管网1550米。

下道湖整村搬迁项目 签订协议107户,腾房105户,拆除房屋280余幢,进行安置地三通一平。

罗星塔公园二期建设工程 完成自行车道路面铺设4200米;路沿石安装480米;一期部分种植土换填约1.5万平方米;绿化地形整理6000平方米;完成自行车道80%工程量,完成新增箱涵建设,苗木种植完成60%。

上杭县二环路(金岗路至金山路段)、金山路(北环路至二环路)道路改造工程 项目竣工。

危险废物污染防治工程 完成项目可研报告初稿;完成项目经信备案工作;完成部分预处理设备、设施的购入。

上杭(蛟洋)金铜产业园区公共环境应急池工程 完成下道湖片区应急池垫层底板施工;完成下道湖片区部分墙体、柱、顶板钢筋模板混凝土施工;完成部分管道施工及开始部分管道支墩施工。

上杭县东二环路小学周边道路二标段工程 项目完工,完成初验。

上杭县杭川公园建设项目 项目达到初验要求。

城区停车场项目 琴岗路二中操场南侧停车场结合垃圾中转站主体工程基本完成,进行消防水池、绿化带等收尾工作;江滨西路40个停车位、南门大桥南桥台停车场45个停车位建成;东门原县面粉厂旧址改建停车场开工建设。

上杭县中心城区北部新区供水管网改扩建工程 完成可研报告、环评报告、项目行业审查、项目选址意见书审批等立项,项目初步设计及概算前期工作。完成项目施工图设计和地勘工作;完成项目管网地理信息建设设计方案通过专家评审阶段;完成项目金岗山片区供水管道施工图设计和预算财审;完成项目上杭大道至客家新天地段铺设供水管道1.9千米;完成项目建设路给水贯通段铺设供水管道900米。

城区公共自行车项目 完成项目30个站点规划建设和500辆公共自行车采购工作。

上杭县门球场项目 项目完工,完成初验。

下车大桥水质自动监测站建设项目 下车大桥水站完成项目选址,站点选址位于南阳镇下车村;城头坪水站联网运行,其余6座水站运营正常。

汀江绿道工程 九洲路基段完成500米级配碎石层、水稳层。栈桥浇筑完成。临江毛石挡墙施工完成100%。富古临江饭店上游独立基础栈桥段栈桥全部浇筑完成。水文站路基毛石挡墙完成,土方回填200米。生态挡墙段生态挡墙完成,土方回填完成。城东、城南左岸段,潭头大桥到东门桥完成栈桥320米。长坝段完成路沿石安装1200米,完成花廊立柱安装288根。土埔一黄竹左岸段,土埔驿站基础施工完成。环城一绿滨路完成砼路面502米。

上杭县城市综合交通项目 完成审查。

潭头大桥及接线工程 完成钢筋厂棚安装投入使用,新购钢筋笼滚笼机投入使用,完成钢筋笼12套共720米;施工钢便桥搭设完成7跨84米。3.5号主墩钢平台搭设完成;5号主墩双壁钢套箱围堰安装完成;5号双壁钢套箱围堰封底完成。

县(医院)龙翔周边道路建设工程 预算送财政审核,进行征地及场地清表工作。

城市道路白改黑工程 完成振兴路、振兴东路、人民路西段、江滨中路道路改造工程。

西环路二期项目 进行房屋土地征收入户调查,收集被征收户相关要求;对项目施工图进行再次评审;土地征用报批。

将军路丽水鑫城段道路建设工程 进行房屋土地征收入户调查,收集被征收户相关要求;对项目施工图进行再次评审;土地征用报批。

建设路东侧市政道路完善工程 项目竣工。

604台搬迁工程 完成台区林木砍伐,坟墓迁移以及施工便道的建设。

石壁寨公园(暂定名) 完成主入口广场至登山步道及老停车场至登山台阶路灯管线、监控管线和40×4镀锌扁铁的预埋,长度约1200米;完成3个休息平台混凝土垫层;完成登山步道及其排水沟900米.完成沿湖路路基、绿地平整并回填部分种植土。

西北片区污水管网工程及黑臭水体治理(一期) 完成黄田坝泵站往佳波污水厂直径600压力管道1848米,完成丰山溪口便道1100米,濑溪口至丰山溪段DN1000PE管累计1200米。

二环路垃圾中转站及公厕 暂停实施二环路中转站项目,将项目调整为龙翔大道垃圾中转站扩容工程。

环境应急物资储备中心 完成可行性研究报告编制,蛟洋工业区出具红线图。项目拟全权委托上杭城发公司代为建设,正在移交材料。

县医院整体搬迁项目 项目主体基本完成,推进内外装修。

体育中心建设项目 土石方工程B地块完成5000立方米。

青少年水上运动中心建设项目 综合大楼投入使用;游泳池建成;完成跳水馆设计标书,待城发公司审核后挂标。上杭县水上乐园水上运动中心一期基本完成;水幕电影和音乐喷泉通过县规划委员会审议。

妇幼保健院整体搬迁建设项目 主体部分基本完成,推进内外装修。

县医院职工周转宿舍项目 推进项目图纸审查、工程预算、三通一平。

上杭县残疾人康复和托养设施建设项目　项目竣工。

职业中专学校绿色建筑教学实训基地项目　项目竣工。

中小学校校舍长效机制工程　10个项目全部竣工。

黄竹小学建设项目　批复缓建，征地工作继续进行，场地测绘完成。

临城中心幼儿园　推进地基施工。

闽西古田光荣院建设项目　项目主体工程桩基部分施工。

上杭县金秋医养服务中心　11月24日，项目开工建设。

农村幸福院建设项目　27个幸福院均建成。

城北社区老年人日间照料中心项目　项目主体竣工，推进扫尾工作。

瓮福紫金PPA扩能项目　完成设备安装，准备试生产。

上杭县绿色建筑产业园　基本完成绿色建筑产业园的规划设计、可研工作；联泰建机厂在产业园区引进一条变截钢生产线。

瓦子街二期维修保护工程　完成瓦子街广场建设和绿化工程；完成孔庙正门和门前广场、丘逢甲师范传习所旧址（丘氏宗祠）、常初堂（中共上杭第一支部旧址）的修复；完成沿街11间公产房维修保护。

【为民办实事项目】　实施农村脱贫攻坚工程　2017年，上杭县实现3077户9914人脱贫，蓝溪镇、下都镇和14个贫困村实现脱贫摘帽。全县造福工程落实选址926户2899人，比省下达任务多599人，占任务数的126.04%。全县对5000户低保户、残疾人、贫困户、优抚对象“四类”人员家庭安装有线电视。

实行全县普通高中免费教育　全县实施免费教育补助1643.18万元。

实施职业技能培训工程　全县开展各类技能培训12715人。其中，教育局培训7045人、人社局组织开展职业技能培训5290人、农业局组织开展新型职业农民培训380人。

实施健康养老服务工程　白砂中心卫生院康复医养楼竣工并投入运营；皮肤病防治院等医养结合项目完成地基建设。民政局、电信、禾康养老公司成功将1902部老人手机免费发放到临江镇、临城镇12个社区；平台呼叫中心正常运作，实体援助服务开展1832人、服务工单2322单。养老公司实体服务站配备设施设备免费为老人提供体检、健康理疗、开展各项活动等。

实施文化体育惠民工程　扶持30个示范点和薄弱村文体设施建设。文体器材全部发放完成，除2个村因公园规划滞后而未安装，其余都安装投入使用。《百姓故事报》每个月1期，全年出版12期，主要内容有上杭民间故事、传奇、山歌，客家的民情风俗、地方掌故及上杭本土书画家的作品赏析等。2个百姓读书吧分别设在交警大队、新设立未成年辅导中心。成立百姓演艺联盟和志愿者服务队，按“月月有戏看”工作部署，完成每月演出安排。

实施城乡规划馆建设项目　完成建设。

提高城乡居民社会保障水平　从2016年7月1日起，城乡居民养老基础金补助标准从每人每月110元提高到125元。从2017年1月1日起，城乡居民医疗保险人均筹资标准从每年540元提高到610元。实现大病医保“三保合一”均衡化，参保居民在城乡居民大病保险原分段补偿的基础上，享受城镇职工医保商业补充保险同等报销比例即提到90%。实施“健康扶贫”工程。一是建档立卡贫困人员发生住院费用时（含特殊门诊），政策范围内费用剔除城乡居民基本医疗保险、城乡居民大病保险、民政救助后，个人承担的符合医保政策范围内的医疗费用，按二级及以上医院90%标准报销，每人累计最高限额20万元；二是建档立卡贫困人员因疾病在保险期间内入住医疗机构进行治疗，按照二级医院30元/天，三级及以上医院50元/天的标准给付住院津贴保险（每年最长180天），每人每年累计最高限额0.9万元。

实施“三农”综合保险工程　继续在全县开展农村住房附加室内财产保险；小额农村人身意外保险；乡村干部责任保险；蔬菜种植保险；茶叶种植保险；设施花卉种植保险；鸡养殖保险；计划生育手术安心保险；务工农民小额保险；生猪、蔬菜价格指数保险；农业生产小额贷款保证保险；深化政策性农村住房保险（叠加保险）；其他特色农业产业保险。2017年，全县完成“三农”综合保险保费收缴1633.44万元，完成率100%。

实施城市公共自行车建设项目　完成35个站点基础安装，575辆自行车投入使用。

实施城区公共停车场建设项目　全县建成停车位1425个，其中琴岗路二中操场南侧停车场20个停车位、江滨西路二期105个停车位、南门大桥南桥台停车场48个停车位、县中医院停车场51个停车位、杭川公园停车场347个停车位、罗星塔公园停车场340个停车位、县医院西侧停车场254个停车位、瓦子街地下停车场260个停车位。

实施农村道路安全隐患整治工程　安全生命防护工程，完成50千米。交通安全劝导站完善提升工程，新增27家企业，25所学校，共设52个劝导站。完成统一的劝导站外观标识、统一建设宣传栏，发放宣传挂图450余套、交通劝导员帽子700个。

实施“平安城市”高清监控工程　全县完成150路高清监控设备以及后端设备安装（含8路人脸识别），项目进入试运行阶段。

实施城区综合服务岗亭建设项目　完成在城区汽车站建设综合服务岗亭1个，采购移动警务车2辆。

全面改善义务教育薄弱学校基本办学条件　建成南阳中心小学教学综合楼、才溪四坊小学教学综合楼、南阳镇南坑小学教学综合楼、蛟洋中学教学综合楼、通贤中学教学综合楼、明强中学学生宿舍楼、稔田中学女生宿舍楼;旧县梅溪平安希望小学教学综合楼完成一期工程1368平方米。

实施城区学校扩容工程　规划建设临城镇黄竹小学24个班规模,总用地面积2.1公顷,总建筑面积1.4万平方米及配套设施设备。项目完成立项,进入分户测量征地阶段。4月27—28日县委、县政府主要领导分别对《关于建议暂缓黄竹小学幼儿园项目建设加快紫金小学幼儿园项目建设的请示》作出批示,同意县教育局提出的暂缓建设黄竹小学的意见。

实施基层医疗单位整体服务能力提升工程　建成湖洋镇卫生院病房综合楼、下都镇卫生院门诊病房综合楼、蓝溪镇中心卫生院门诊综合楼、溪口镇卫生院门诊综合楼;蛟洋镇中心卫生院医技综合楼进行装修施工。南阳镇、临城镇卫生院预防接种门诊建成并投入使用。

实施城区汀江两岸慢行系统建设项目　按规划完成左岸临城镇九洲村至枫竹湾大桥约25千米、右岸从富古村至旧张滩大桥约14千米共约39千米。其余建设项目按序时进度推进。

实施危桥改造及渡改桥建设项目　完成南阳赖茜坑桥、南阳黄坊桥、蛟洋老乡政府桥、才溪镇刘屋桥、临城镇新塘2#桥、白砂镇传万桥、临城镇口上桥、中都镇宫前桥危桥改造。矶头大桥渡改桥,完成下部结构,完成梁片8片。

实施创建食品药品安全放心工程　上杭县食品安全应急指挥平台和食品安全追溯信息化平台(二期)完成验收并投入运行。成立上杭县食品检验检测中心,完成人员培训工作,包括仪器晋阶培训和内审人员培训。完成实验室装修设计招投标,开展装修招投标工作。

实施县南岗工业园区文体中心建设项目　因工业园区暂无合适用地,省总工会认为该项目建设条件不成熟取消补助资金,为此,该项目暂不实施。

■ 机构编制管理

【纪检监察体制改革】　2017年,上杭县在机构、职数、编制"三个不增加"的前提下成立上杭县监察委员会,与中共上杭县纪委合署办公,履行纪检、监察两项职责,实行一个机构、两块牌子。同时,撤销县监察局和县检察院反贪污贿赂局、反渎职侵权局、职务犯罪预防科等部门,将相关职能和人员整合至县监察委。完成县一级党政机关派驻机构全覆盖工作。重新设立13个综合派驻纪检组,每个综合派驻纪检组行政编制3名、参公事业编制1名,县直机关纪工委行政编制4名。单独设立驻县公安局纪检组,保留县人民法院、县人民检察院原派驻纪检组。强化乡镇纪检监察力量,各乡镇从现有行政编制总量中划出1名,专门用于配备乡镇纪委副书记,另外,3万人以上乡镇从乡镇事业编制总量中调剂1名,专门用于配备纪检监察干部。

【乡镇安监环保管理体制】　2017年,上杭县将现有乡镇企业服务中心的安全生产监督站44名编制和环境保护工作站28名编制连人带编划入乡镇综合行政执法中心(含古田镇综合执法大队、蛟洋综合执法大队、才溪镇综合执法中队),乡镇安全生产监督站、环境保护工作站调整为在乡镇综合行政执法中心(大队、中队)挂牌,每个乡镇综合行政执法中心(大队、中队)安监、环保岗位各2名编制。

【乡镇机构编制】　2017年,上杭县核定乡镇股级职数。根据工作任务量的不同,按保持236名领导职数总量,各乡镇领导职数按上下2个以内浮动范围进行调整设置的原则,对22个乡镇领导职数进行调整设置。对全县22个乡镇机关在525名行政编制内也作适当调整。乡镇党政机关统一设置5个综合性内设机构,严格按各办公室承担的职能、工作任务核定股级职数。纪委副书记股级职数单列。人大主席团、人武部以及工会、共青团、妇联等组织股级职务由各乡镇5个综合性内设机构的正职或副职兼任。乡镇政府所属8个事业单位根据省委编办《关于开展全省事业单位清理规范工作的通知》精神,按以下标准核定股级职数:人员编制5名及以下的1名(一正);人员编制6~10名的2名(一正一副);人员编制11~50名的3名(一正二副)。

【控编减编】　2017年,上杭县事业单位机构撤销4个,收回(核销)编制173名。一是撤机构。撤销县良种繁育场(副科规格),核销其财政拨补事业编制11名,现有人员按有关规定分流安置,按"撤一建一"的原则,并经市委编办批复,确定上杭县扶贫开发中心机构规格为相当副科级,核定副科级领导职数1名;撤销县稀土工业局(副科级),稀土行业管理职责由县经信科技局承担,县经信科技局的行业管理股加挂稀土产业发展办公室牌子,原稀土工业局的3名编制,1名划入县金融工作局,1名划入县经信科技局下属的县科技兴县办专门从事涉及稀土产业发展的相关工作,1名编制调剂;撤销县金融工作办公室,县金融工作办公室和县企业上市办公室的职能划入县金融工作局,县金融工作局加挂县企业上市办公室牌子;撤销县公共资源配置中心,成立上杭县"12345"便民服务热线管理中心,核定财政核拨事业编制3名。二是减总量。按2%核减县医院和中医院财政拨补事业编制共18名(其中县医院12名,中医院6名),核减后县医院编制594名,中医院编制302名;核减中小学住宿生管理人员编制137名(其中,中学78名,小学59名);按10%核减妇幼保健院(加挂"上杭县计划生育服务中心"牌子)

人员编制7名，核减后妇幼保健院编制61名。三是调配置。将精简收回编制优先满足纪检监察、重点领域、关键环节和基层一线的基本需求。

【教师分流管理】 2017年，上杭县加大富余学科教师分流力度，出台《关于鼓励富余学科教师短期转岗任职工作的暂行规定》，下大力气分流富余学科教师、缓解部分机关事业单位人员不足状况，建立合理的教师补充机制和分流机制，鼓励部分富余学科教师到全县党政群机关和事业单位紧缺岗位任职。2017年9月会同组织、人社部门安排短期转岗教师19名。

【民生和重点领域体制机制保障】 2017年，上杭县设立上杭县蛟洋工业区管理委员会，为上杭县政府派出行政机构，机构规格为正科级，核定行政编制5名，科级领导职数3名（主任1名，副主任2名）；确定上杭县扶贫开发中心机构规格为相当副科级，核定副科级领导职数1名，增加县扶贫开发中心财政核拨事业编制4名；设立上杭县河长办公室，为县水利局挂牌机构，各乡镇水利站加挂河长办公室牌子，并确保有1名专职人员负责此项工作。成立上杭县河道管理中心，县水政资源管理站调整为县河道管理中心的挂牌机构，6名编制及现有人员一并划入县河道管理中心，另增加县河道管理中心财政核拨事业编制3名；设立上杭县金融工作局，向市委编办申报为上杭县人民政府直属事业单位，机构规格按相当副科级。同时，撤销县金融工作办公室，县金融工作办公室和县企业上市办公室的职能划入县金融工作局，县金融工作局加挂县企业上市办公室牌子，将县金融工作办公室原有的5名编制中的1名信访和法制岗位连人带编划入县机关事务服务中心、另4名划入县金融工作局；注重做好生态文明工作和第三产业工作。县第三产业办公室由县商务局所属事业单位调整为县发改局所属事业单位，并确定相当副科级规格，核定3名财政核拨事业编制。增加生态文明建设岗位人员编制2名（暂挂三产办）；确保民生和其他重点领域用编需求。2017年增补129名教师，其中编制内招聘29人（含引进优秀教师9名），编制外招聘100名。批复卫生医疗系统招聘用编共42名（占编不入编）。同时，加强县保密、综治、禁毒、民族宗教、涉台等工作。将县综治信访维稳中心更名为综治中心，增加财政核拨事业编制2名；增加县公安局机关服务中心财政核拨事业编制2名，专门用于县禁毒办工作岗位。加强民族宗教和涉台工作，在机构人员编制上给予倾斜，台办增加财政核拨事业编制2名，民族宗教局增加财政核拨事业编制1名。

【简政放权】 *拓展古田特色小镇管理权限* 2017年，上杭县委编办会同部分县直单位和古田镇政府，将涉及古田镇经济社会发展和群众生产生活密切相关的第一批17项行政管理权限下放古田镇实施，推进强镇扩权改革，扩大古田镇政府行政事务管理和处置权限，推动古田区域又好又快发展。

梳理“一趟不用跑、最多跑一趟”事项清单 2017年，县共梳理公布3批“一趟不用跑”和“最多跑一趟”事项清单，其中县级部门梳理公布“一趟不用跑”事项320项、“最多跑一趟”事项755项；22个乡镇“一趟不用跑”事项共416项、“最多跑一趟”事项1647项。梳理规范县级行政审批和公共服务事项。

推进“双随机一公开”监管工作 按照龙岩市行政审批制度改革工作领导小组办公室推进“双随机一公开”（监管过程中随机抽取检查对象，随机选派执法检查人员，抽查情况及查处结果及时向社会公开）监管工作规范，全县建立抽查事项清单212项，市场主体名录26238个，执法检查人员名录1049人。

开展权力清单责任清单融合工作 制订推进县直部门行政权力清单和责任清单融合工作方案，33个县直单位完成权责清单梳理工作，经行政审批制度改革工作领导小组办公室审核和县法制办进行合法性审查后，明确县权责事项4718项，子项9027项，并在上杭县政府门户网站对外公布实施。

做好上级取消、下放事项的承接落实工作 做好审批服务事项的动态调整。对接国务院关于第三批取消中央指定地方实施行政许可事项的决定，取消县教育、公安局等6个部门12项行政审批事项。对接市政府取消调整县发改局（物价）、市场监管局等5个部门16项行政权力和公共服务事项。对接市政府下放、委托、调整14项市级行政权力和公共服务事项，做好县安监局、民政局等9个部门承接落实工作，确保明确取消的事项坚决取消，下放的事项承接到位，接得住管得好。截至2017年12月底，上杭县共承接上级下放（委托）行政权力和公共服务事项114项，取消163项，调整119项，增列178项。

【事业单位登记管理】 2017年，上杭县完成98家统一社会信用代码证书申领工作（其中机关法人73家，垂直机关3家，特殊情形5家，群团组织9家，机关所属的事业单位2家，其他6家）。党政群机关赋码新发证8家，变更赋码14家。新设立登记事业单位6家，变更登记63家。开展“双随机一公开”抽查工作，随机抽取5家检查对象和3名执法检查人员，检查人员对5家事业单位法人公示信息进行抽查，抽查结果当场公布并提出整改意见，同时将抽查结果向社会公开公示，接受社会监督。

责任编辑： 蓝晓东　王冬英

政协上杭县委员会

■ 综述

【联谊协作交流】 2017年，上杭县政协承办闽粤赣边三省九县（区）政协第44次联系协作会议，协办全市政协提案委员会第三次联席会议、2017年全市政协系统乒乓球赛，举办“喜迎十九大，翰墨颂辉煌”书画笔会。发挥政协联系面广、包容性强的优势，组织部分政协委员赴省内外兄弟县市政协学习考察，接待台湾中华海峡两岸文经交流协会荣誉理事长饶颖奇一行等海内外客家社团、全国各地政协考察团60余批次。助力打好客家祖地品牌，深化客家文化研究，参与客家学术交流活动，派员参加第九届海峡论坛·海峡客家（长汀）文化风情节、香港世界客属第二十九届恳亲大会，编辑出版《上杭客家始祖文化》。

【文史工作】 2017年，上杭县政协在华嵒诞辰335周年之际，编辑出版《华嵒研究》。为“杭川记忆——上杭县档案精品展”、闽西畲族博物馆等场馆布展提供大量有价值的文史资料，丰富布展内容，并对展版文字提出审查意见，提升展陈质量。同时，加强对港澳台及海外史料的征集与交流，以史结缘、以文会友，紧密联系团结更多的港澳台侨杭籍乡亲，构建杭台文史资料交流平台。

【乡镇工委工作】 2017年，上杭县政协修订完善乡镇政协工委工作规则和考评办法，进一步明确乡镇政协工委的主要职能、任务。组织召开业务培训会和工作片会等，加强对乡镇政协工委工作的指导，总结交流工作经验。乡镇政协工委围绕当地党委、政府的中心工作和人民群众关注的热点难点问题开展视察调研，全年，乡镇政协工委开展调研视察活动50多次，撰写调研视察报告42篇，收集反映社情民意100多条，引导委员在自身带头发展生产的同时，参与慈善公益事业和脱贫攻坚工作，实施“回归工程”支持家乡建设。

■ 职能工作

【参政议政】 调研成果促发展 2017年，上杭县政协按照年初县委、县政府、县政协共同研究确定的调研课题，各专委会组织政协委员开展“农村停车场（位）规划建设”“提高中小学教育质量”等10个课题调研，通过看实地、察实情、出实招等形式，取得切实成果。配合省、市政协到杭开展“红色资源开发利用”“民族乡村和宗教工作”等6次专题调研。多项调研成果得到县委、县政府重视采纳，“关于农村停车场（位）规划建设”等多篇调研报告提出的建议列入城乡民生基础设施建设补短板和为民办实事项目。“提高中小学教育质量”调研课题，协商提出的“要完善教师绩效考评，切实加大教育投入，配套老师的奖励性绩效”建议得到落实，县财政从2018年起增加2600万元作为教师教绩专项奖励金和班主任津贴，进一步调动教师的工作积极性，推动上杭县教育事业发展。

专题视察求实效 针对全县经济社会发展过程中的重点和人民群众关心关注的热点、难点问题，确定“学前教育发展”“加快推进我县医养

2017年10月13日，县政协派员参加客属第二十九届恳亲大会

（县政协文史委供稿）

结合建设试点项目”等10个课题视察，深入了解民情民意，提出建议意见。多个视察成果得到转化取得实效，其中《关于我县学前教育发展情况的视察报告》《关于加快推进我县医养结合建设试点项目的建议》等得到县委、县政府的高度重视，制订具体措施办法，为2018年的教育布局、学校布点提前做好准备；研究出台医养结合相关文件，加大健康养老服务业人才培训等工作力度。

服务中心有作为　在项目落地攻坚战役中，政协领导带头策划项目，开展调研，组织相关人员召开项目策划座谈会，报送“粮食加工与品牌建设”等4个项目，挂钩瓦子街二期改造工程、张滩大桥及其接线工程、鑫中合现代设施农业示范区、妇幼保健院整体搬迁、彩坑尾矿库等项目建设，及时发现、协调解决项目建设中存在的问题；深入到挂钩乡镇、企业、学校开展党的十九大精神宣讲、生态环保和安全生产督查、软弱涣散组织调研、抗洪防汛指导等工作。

【政治协商】　重点协商建诤言　2017年，上杭县政协坚持服务改革发展稳定的工作主线，通过参加县委全会、县委常委会、县政府常务会等重要会议，组织委员听取通报、视察调研、收集社情民意等多形式、多层次深入基层深入群众调查分析，对县委、县政府工作部署和全县经济社会发展中的重大问题以及群众生活息息相关的民生问题等，提出建设性对策建议并开展协商议政。全年，县政协收集整理180多条建议意见上报县委、县政府，涉及教育、城市建设、国有资产运营管理、脱贫攻坚、旅游发展等方面建议意见，得到县委、县政府的重视和采纳，并分解到相关单位落实，推动决策的科学化、民主化。

专题协商促落实　县政协课题组在深入调研、充分论证的基础上，就“开发深陂水库库区，打造杭川西湖”“持续提升汀江流域水环境质量”开展专题协商会，县委、县政府高度重视，傅藏荣书记、王波县长及相关县领导参加相应协商会，并提出具体工作要求，形成《开发深陂水库库区，打造杭川西湖建议案》《关于提升汀江流域水环境质量的建议案》得到采纳，有力推进杭川西湖项目的前期规划论证和管控工作；县政府下发《关于落实县政协汀江流域水环境调研报告建议工作方案的通知》，汀江流域水环境质量得到有效提升，上杭县“一江两河”及支流Ⅲ类水质达标率为96.6%。

对口协商献良策　发挥专委会自身优势，组织界别委员通过座谈会、研讨会、评审会等形式，与县教育局、住建局、农业局、文体广新局、执法局、汀江绿道办等单位进行对口协商，对县城总体规划、汀江绿道规划建设、县博物馆新馆布展、县城市规划馆布展、华嵒纪念馆筹建、加快发展乡村旅游业等问题进行协商讨论，形成共识，促进县委、县政府决策实施。

【民主监督】　注重提案办理　2017年，上杭县政协在立案的203件提案中确定10件重点提案，及时与县政府召开2017年提案交办会议。开展“关于加强家庭农场发展带动脱贫致富的建议”等5场次提案办理协商活动。注重在调研中协商、在协商中寻求解决问题的对策措施。如《提升城区背街小巷保洁水平，打造文明县城》提案中的建议得到采纳，县政府召开城区环境卫生管理工作专题会议，决定城区环境卫生实行主次干道与背街小巷一体化、社会化作业模式，由福建龙马环卫装备股份有限公司运营管理，保洁范围包含城区主次干道、工业园区路网及临城、临江12个社区。

广纳社情民意　通过政协全会、政协常委会、征求意见座谈会、调研视察和委员小组活动等形式，广泛征集社情民意，反映民生民情，报送《对政府已征控土地实行有效管理的建议》等8篇社情民意。《关于完善实施标准地址二维码后续出现相关问题的建议》县委、县政府主要领导批示后，县公安局梳理出11个方面投诉问题和意见，部分问题已制订解决办法，有些问题已转交相关部门上报上级主管部门研究解决。针对《对政府已征控土地实行有效管理的建议》，县林业局根据县委主要领导批示意见，认真办理，提出《关于<对政府已征控土地实行有效管理的建议>的反馈意见》。

积极参与监督　县政协贯彻落实中央《关于加强和改进人民政协民主监督工作的意见》和省委实施意见，选派30多名政治素质高、履职能力强的县政协委员，担任法院、检察院、县直有关部门和乡镇党委政府的党风廉政监督员、人民陪审员、机关效能监督员和行风评议员，定期调查了解相关单位和人员履行职能、兑现承诺、遵纪守法、廉政勤政等情况，对存在的问题提出批评和建议，有效发挥政协的民主监督作用。

责任编辑：蓝晓东

纪检 监察

■ 综述

【纪律建设】 2017年，上杭县纪检监察部门坚持挺纪在前、抓早抓小，全县运用监督执纪“四种形态”（党内关系要正常化，批评和自我批评要经常开展，让咬耳扯袖、红脸出汗成为常态；党纪轻处分和组织处理要成为大多数；对严重违纪的重处分、作出重大职务调整应当是少数；而严重违纪涉嫌违法立案审查的只能是极少数）处理832人次，其中第一、第二种形态占86.7%，第三、第四种形态占13.3%，实现由“惩治极少数”向“管住大多数”拓展。严明政治纪律和政治规矩，查处违反政治纪律问题4个，为历年最高。严把党风廉政建设回复关，查处违反组织纪律问题7个，办理各类评先评优、提拔重用等资格审查500多人次，对3名科级干部提出取消年度评先评优资格建议，对3个部门、7个村（居）提出降档表彰建议。开展涉法涉刑“两员”专项清理，处理在行政处罚、不起诉、刑事判决案件中未受到纪律处分的党员91人，取得良好的法纪效果和社会效应。加强反腐倡廉宣传教育，将党章党规党纪列入干部任前廉政知识测试和任前集体谈话的重要内容，开展市委2号文件《吹散官场种种不良习气》集中宣讲，举办“清风正气我同行”廉政书画展和“全面从严治党·喜迎十九大”系列活动，开设“杭川清风”微信公众号，组织拍摄上杭县“拍蝇惩贪”基层腐败案件警示录，用身边事教育身边人。

【“两个责任”刚性落实】 2017年，中共上杭县委以高度的政治自觉和行动自觉牢牢扛起管党治党政治责任，统揽全局、领导有力，认真落实省委“五抓五看”（看有没有抓加强教育，看有没有抓制度建设，看有没有抓“一把手”，看有没有抓查处，看有没有抓部署、检查、落实）要求，定期研究党风廉政建设和反腐败工作，全力支持纪委履职尽责，示范引领各级党组织层层压实责任。县委常委、党员副县长带队开展全面从严治党主体责任落实情况检查，坚持问题导向，突出关键少数，集体约谈被检查单位班子成员，强化责任追究，发现共性问题9个、个性问题38个，对14名责任人进行追责，涉及科级干部7人。全面落实党的领导干部在同级党委（党组）扩大会议上述责述廉并接受评议工作。县纪委认真履行监督责任，切实践行“五抓五重”要求，制定出台并严格执行《〈中国共产党问责条例〉实施细则》，对22名党员领导干部实施党内问责，追究主体责任21人，监督责任1人，给予党纪处分14人。

【全面从严治党向基层延伸】 2017年，上杭县探索成立全面从严治党主体责任办公室、推动建立全面从严治党暨县域综合治理形势季度分析会制度和全面从严治党数据报送、约谈制度，召开3次分析会议，提出问题29个，解决25个，正在整改4个。加强基层纪委建设，全县22个乡镇均配备软包谈话室，配齐监控、录音录像等硬件设备，实现“三个100%”（100%有2名以上纪检专职干部、100%纪检监察干部接受业务培训、100%有2个以上自办案件）要求，严肃查处群众身边的不正之风和腐败问题，全县查处问题90起、处理134人。推进精准监督助推精准扶贫工作，实行县乡两级纪委扶贫领域监督执纪问责“网格化”、清单化管理，深入开展纪检干部“冬季访查”行动，实现对建档立卡贫困户入户访查全覆盖，对扶贫领域信访件优先受理、提级办理、专项督办、快查快结，全年查处扶贫领域违规违纪问题45起、处理72人，其中给予党纪政纪处分24人。

【作风建设】 2017年，上杭县持续开展“1+X”专项督查，紧盯重要时间节点，坚持问题导向，坚决查处顶风违纪行为和“四风”隐形变异问题。组织开展检查98次，检查单位（场所）931个，发现疑似问题线索66条。全县查处违反中央八项规定精神问题39起59人，给予党纪政纪处分40人，其中科级干部10人，实名通报7批28起44人。坚持不懈纠正不良习气、树立清风正气，巩固公款存储整治成果，深入推进移风易俗、开展党员干部投资入股高息借贷、为官不为、工作松弛、村干部承包或插手本村为业主的工程项目“五大专项治理行动”，全面推开义务教育“阳光招生”工作，全县查处不良习气问题321起、处分356人次，苏家陂“三公”（公德、公道、公心）精神在中国纪检监察报上刊发，6个清风正气典型事例和2个不良习气典型问题被市纪委通报采用，教育引导广大党员干部明是非、分对错、知荣辱、辨美丑。

■ 政治巡察及执纪审查

【政治巡察】 2017年，上杭县坚决贯

彻中央巡视工作方针和巡视工作条例，突出政治巡察，紧扣“六项纪律”（政治纪律、组织纪律、廉洁纪律、群众纪律、工作纪律、生活纪律）“三大问题”（党的领导弱化、党的建设缺失、全面从严治党不力）“三个重点”（重点人、重点事、重点问题），彰显巡察的震慑、遏制、治本作用。配合省委巡视，主动完成巡视组交办的各项任务，确保省委巡视工作顺利开展。做好省委巡视反馈问题整改工作，完成整改 44 项，需进一步整改 8 项。推进县委巡察，成立县委巡察办和巡察组，核定 11 个编制，制定出台县委巡察工作五年规划、实施细则、工作流程等规范性文件，强化办公经费、办公场所保障，配齐配强巡察办、巡察组班子成员，加强县委巡察人才库建设，人才库有成员 156 名。2017 年，完成对 12 个党组织巡察，发现“三大问题”88 个、违反“六项纪律”问题 86 个，发现问题线索 108 条。建立县委“5 人小组”每轮巡察后听取汇报制度，用好巡察成果，首轮巡察结束后，建议县委对太拔镇原党委书记免职处理。根据巡察移送问题线索，立案审查 36 人、给予党纪政纪处分 36 人，责令相关人员退回违规发放的津补贴 833 万元。针对巡察发现的共性问题，向县委提出专题报告 4 份，向县直部门提出意见建议 16 条，被巡察党组织建立完善制度 79 项，整改情况全部向社会公开。把村级巡查作为县委巡察的重要补充，坚持“八必查八必问”，提前实现对全县 344 个行政村（居）巡查全覆盖，发现问题线索 268 条，处理 74 人。

【执纪审查】 2017 年，上杭县纪检监察机关受理信访举报 398 件次，其中检举控告类 226 件次；立案 415 件、比升 92.1%，其中乡科级案件 21 件、经济大案 24 件，分别比升 133.3% 和 60%；给予党纪政纪处分 400 人，移送司法机关处理 11 人。县纪委坚决查处泮境乡原副乡长黄某某贪污 21.59 万元、挪用公款 74 万元案件，泮境乡乌石村村两委班子 6 名成员集体骗取私分旧村复垦、美丽乡村建设等项目资金 93.8 万元窝案。完善反腐败协调工作机制，建立健全情况通报、案件移送等制度，有效促进纪律与法制的衔接。规范审查点、谈话点建设，严格落实安全防范措施，保障执纪审查文明安全。深化标本兼治，在查处的违反中央八项规定精神、扶贫领域等各类典型案件中，查找问题症结，督促有关部门出台《上杭县党政机关国内公务接待管理暂行办法实施细则》《县级财政扶贫专项资金管理暂行办法》《上杭县精准扶贫工作问责暂行办法》等制度，扎紧“不能腐”的制度藩篱。

2017 年 12 月 29 日上杭县监察委员会揭牌成立　　（县纪检委供稿）

■ 监察体制改革

【概况】 2017 年，上杭县纪委履行专责，协助县委制订上杭县深化监察体制改革试点工作实施方案和有关指导性文件，扎实抓好机构组建、人员转隶和工作衔接，如期完成监委组建和挂牌。县纪委监委机关增加编制 18 名，增设 3 个纪检监察室。全面推进县直派驻机构改革，设置 16 个派驻纪检组，其中综合派驻 13 个、单独派驻 3 个，将县直机关纪工委调整为县纪委派出机构，监督范围覆盖 97 个党政群机关和企事业单位，实现派驻监督全覆盖。2017 年，县直派驻纪检组谈话函询 81 件，比增 10.6 倍；自办案件 17 件，比增 2.8 倍。

【上杭县监察委员会成立】 2017 年 12 月 29 日，上杭县监察委员会挂牌成立。通过撤销县监察局和县检察院反贪、反渎、预防职务犯罪等部门，将相关机构、职能、人员转隶至监察委员会，实现机构、职能、人员上的全面融合。上杭县纪律检查委员会、县监察委员会合署办公，履行纪检、监察两项职责，实行一套工作机构、两个机关名称。县监察委员会依照《中华人民共和国监察法》和有关法律规定履行监督、调查、处置职责。

责任编辑： 蓝晓东

军 事

■ 人民武装部

【改革强军主题教育】 2017年，上杭县人民武装部(以下简称县人武部)做好省军区系统调整改革思想发动，开展理论宣讲、专题讲座、改革座谈等教育实践活动，引导干部职工拥护改革、支持改革，坚决服从改革大局，牢固树立与改革强军要求相适应的思维方式和思想观念，安心本职。坚持将改革强军教育转入经常性教育，把强军目标学习宣传贯彻不断引向深入，引导官兵着力把握精髓要义、增强认知认同、强化行动自觉，切实做到稳思想，保稳定。

【全民国防教育】 2017年，县人武部利用“全民国防教育日”“全民国家安全教育日”“烈士公祭日”和征兵、整组等时机，开展群众性国防宣传教育活动。注重把正国防后备力量建设方向，深入基层民兵预备役人员中开展学习教育活动，强化国防意识、培植战斗精神，构建全县国防后备力量建设新格局。以纪念建军90周年为契机，协同县委、县政府举行庆祝建军90周年文艺晚会，协同县文联开展“书画进军营”活动，并在县武装部举办建军90周年图片展等活动，展示上杭县连续2届获全国“双拥模范县”荣誉称号的成果，增强社会各界国防双拥意识。

【战备训练】 2017年，县人武部完成机关本级训练。9月，承办军分区赋予上杭县武装部全区防汛抗洪专业技术骨干集训，专门外请专业人员进行授课辅导，严密组织水上作业训练，整个集训安全顺利。抽调部分专业技术骨干参加省军区在三明军分区、厦门警备区和漳州军分区统一组织的通信、防化、民兵情报信息员骨干集训。11月初，参加军分区首长机关室内战术作业演练，指挥员和指挥班子的能力素质进一步得到锻炼，指挥素养明显提升。

【民兵组织整顿】 2017年，县人武部按照省军区“两上两下，两步到位”的要求，落实“四项改进措施”，采取优化方案、分级组建、广域抽组、以网聚兵的办法，把全县基干民兵编为应急、专业、特殊3类队伍，进一步优化组织结构，提高建设质量和以核心能力为重点的多样化军事任务能力。

【征兵工作】 2017年，县人武部坚持以提高兵员质量为核心，贯彻落实《福建省征兵工作条例》和《上杭县征兵工作奖惩措施》，完成龙岩市下达的征兵任务，确保把政治思想好、文化程度高、身体素质强的优秀青年选送到部队去。

【应急救援】 2017年，县人武部多次组织民兵应急分队按照定人、定岗、定位、定物、定责的要求，开展应对各类突发事件的针对性训练，并积极参与地方应急事件处置。5月，按照县防汛办的统一部署，组织民兵应急分队人员4人参加全市防汛抗洪骨干集训。6月，组织应急分队20人参与白砂洪水失踪人员搜救。

■ 武警大队

【思想政治教育】 2017年，上杭县武警大队(以下简称县武警大队)以“厚底蕴、提内涵、强基础、创先进”为目标，推进“维护核心，听从指挥”主题教育活动开展，夯实“两学一做”常态化制度化落实，利用党课、主题教育、理论学习、业务培训等时机，深入抓好习近平主席“7·26”、朱日和阅兵和建军90周年等系列重要讲话精神以及中共十九大精神学习，发挥“古田就在身边”的地缘优势，紧贴驻地环境、官兵实际，着力传承红色基因，组织官兵参观临江楼，实地学习毛泽东九次到上杭的革命历史；组织到烈士纪念碑和烈士陵园缅怀先烈，砥砺官兵血性；开展“强军系列”活动，不断提升官兵战斗意识。

【战备执勤】 2017年，县武警大队完成“金砖会晤”安保任务；完成武装押解6起；担负“天鸽”“泰利”等台风抢险救援及各类救援备勤任务9起；常态做好战备工作落实，确保部队随时拉得出、上得去、打得赢。

■ 森林武警

【军事训练】 2017年，上杭县森林武警大队(以下简称县森林武警大队)严格落实武警总部关于加强实战化

2017 年 11 月 22 日，武警官兵瞻仰临江楼革命旧址　（县报道组供稿）

军事训练指示，按照“火怎么灭，兵就怎么练”的要求抓好军事能力提升。大队在第二季度和第三季度总队、支队组织的军事训练考核中，所属两个中队成绩名列前茅。四中队下士王超被评为全总队唯一“特三级”军事训练尖子。

【强军文化建设】 2017 年，县森林武警大队借助“军地文化共建联创”平台和驻地文化资源优势，组建“快板队”，开展强军战歌教唱、读书演讲比赛，编排反映新古田会议精神的红色情景剧《从古田再出发》，丰富官兵业余文化生活。争取上杭县劳动局和财政局的支持，与上杭县职业技术中专学校签订两用人才长期培训协议，组织官兵参加计算机、维修电工、市场营销员、花卉园艺等培训和学历教育，保证所有战士退伍时拿到两种以上全国通用职业技能证书，取得中专以上学历。

【战备与防火灭火】 2017 年，县森林武警大队牢记“首战用我、用我必胜”光荣使命，抓好防火灭火、抢险救援和维稳处突战备制度，坚持每半月组织全大队进行全要素战备演练，保证部队“拉得出、打得赢”。全年完成防火执勤 13 次、官庄乡灭火作战 1 次。

【红色传统教育】 2017 年，县森林武警大队发挥大队驻地红色资源优势，发扬古田会议精神，激励大队官兵不忘初心，继续前进，让红色基因融入血脉。开展唱红色歌曲、讲红色故事、看红色影片、读红色书籍、做红军传人等“五红”活动。组建红色快板队、红色讲解员队伍，红色歌曲合唱队，制作红色故事口袋书；结合“七一”建党、防火宣传等时机组织到古田会址开展宣誓、重走红军路、看望慰问“五老人员”、听老革命讲红色故事等活动，使官兵进一步了解红色历史、感知红色历史，加深对新、老古田会议精神及长征精神内涵的理解，让官兵自觉接受红色文化熏陶洗礼。

【双拥工作】 2017 年，县森林武警结合 3 月学雷锋活动月，开展助民劳动，慰问上杭县社会福利中心和养心园敬老院老人，组织官兵为老人打扫卫生、义务巡诊，3 次赴才溪看望慰问老红军林攀隆，接受革命前辈的谆谆教导。结合“八一”建军节，开展军事文化宣传周活动，促进军民融合，共建美丽上杭。

人民防空

【通信警报建设】 2017 年，上杭县人民防空办公室（以下简称县人防办）对县城区防空警报系统进行升级改造。9 月 18 日上午 10 时 30 分，城区的 8 台警报器按规定鸣放预先警报、空袭警报和解除警报，鸣响率 100%，音响覆盖率 95%以上。

【人防行政审批和易地建设费征收】

2017 年度，县人防办办理人防建设审批事项 45 项。其中审批易地建设防空地下室事项 38 项，收取人防易地建设费 254.35 万元；其中办理减免事项 16 件，减免金额 126.75 万元，并及时全额缴交行政服务中心收费窗口。此外，还办理人防工程质量监督备案 1 项；办理易地防空地下室竣工 3 项；防空地下室设计审核 2 件，竣工验收 1 件，竣工面积 1846.29 平方米。

【人防工程建设与管理】 2017 年，县人防办做好城区 9 项在建人防工程项目的跟踪服务和质量监督。2 项人防工程投入使用。

【人防专项规划编制工作】 2017 年，县人防办抓好县人防专项规划（2015—2030）编制相关工作。与上海结建民防建筑设计有限公司校对县人民防空专项规划内容，并完成初稿。

责任编辑：袁发昌

外事 侨务 港澳台事务

■ 外事

【概况】 2017年,上杭县加强因公出国(境)管理服务,做好外国记者、外国驻华使领馆官员和外国学者到上杭管理与服务工作。全年审核办理因公出国(境)7批10人次,邀请外国人入境9批31人次。

【涉外活动】 2017年6月,上杭县项目洽谈组赴刚果(金)、南非、澳大利亚实地察看了解紫金矿业集团海外投资项目情况;刚果(金)穆索诺伊矿业科卢韦齐铜矿项目蕴含铜储量170万吨,项目投资约3亿美元;刚果(金)卡莫阿铜矿项目已探明铜金属量2674万吨,估值37.5亿美元;南非恩科维铂业公司铂族金属矿项目铂族资源量约1000吨;澳大利亚诺顿金田帕丁顿金矿项目矿石储量1553万吨,资源储备量大。并与项目合作方进行磋商,助推紫金矿业实施"走出去、引进来"战略。

2017年11月,由上杭县客家木偶艺术传习中心黄妃浣表演的《木偶茶艺》节目获批参与福建"海丝茶道"对外文化传播活动,赴南非参加"海丝茶道——福建茶道艺术展演",这是"上杭傀儡戏"500多年来首次走出国门。

■ 侨务

【概况】 2017年,上杭县引导侨界政协委员对侨界群众关心的热点难点问题开展调查研究,收集侨情民意,撰写提案,共提交城市建设、医疗卫生及经济发展等方面提案5件。推荐香港华源实业集团公司总经理王永强、广东省东莞市华森贸易有限公司经理王莞勋等6人加入龙岩市侨联青年联合会。

2017年,上杭县组织开展一期14天的北美华裔青少年"中国寻根之旅"夏令营——福建上杭营活动。通过组织海外营员学习书法、绘画、象棋、武术等中华文化,制作粽子、糍粑、苎叶粄等客家美食和折纸、中国结等传统手工艺品,以及展示客家礼仪、茶文化,观看木偶戏、旗袍秀、树叶吹奏等传统文化表演,为北美华裔青少年搭建一座中华文化、客家文化的学习交流平台,增强上杭与海外新生代之间的情谊。

2017年7月,上杭县在古田会址举办北美华裔青少年寻根之旅夏令营——上杭营 (县外事侨务办提供)

【侨务法规宣传】 2017年,上杭县外事侨务办与南阳镇政府在南阳镇宏福公园设立侨务法规和外事政策专题宣传栏,以图文并茂方式宣传展示华侨、归侨、侨眷身份界定和领事保护等方面的政策法规小常识,让群众在喜闻乐见中知晓政策、运用政策。不定期组织归侨、侨眷代表学习侨法,增强他们的法律观念和"学侨法、用侨法、护侨益"的自觉性。分别于3月、10月、12月在瓦子街、南阳镇、江滨公园开展现场侨法宣传,营造全社会爱侨护侨的良好氛围。

【侨界民生服务】 2017年10月13日,上杭县外事侨务办委托上杭职业中专学校组织开展贫困侨属技能培训,受益贫困侨属13人。做好散居农村贫困归侨生活补助发放和贫困归侨侨眷慰问工作,全年发放贫困归侨、贫困侨眷各类补助金和慰问金8万多元。

■ 港澳台事务

【概况】 2017年,上杭县发挥客家祖

2017 年 6 月 19 日，上杭县承办第九届海峡论坛·海峡百姓论坛

（县台办提供）

地和独特的客家族谱文化优势，重视对台交流平台建设，抓住对台交流和经贸 2 个重点。全年接待到上杭的台胞 23 个团组 899 人次，赴台 1595 人次（含各项交流考察）。全年接待港澳侨胞和海外华人华侨 1000 余人次。

【杭台交流】 2017 年 3 月 29 日至 4 月 1 日，台湾彰化县台中代表 15 人、台湾蓝氏宗亲会 6 人应邀到杭参加上杭县首届“三月三”畲族文化节活动；4 月，台湾张氏宗亲会张义康、张泰胜等 80 人到上杭寻根谒祖；6 月 19 日，台湾嘉宾 320 人到上杭参加第九届海峡论坛·海峡百姓论坛活动，参观客家族谱博物馆；其间，台湾金门卢先生向上杭县族谱馆捐赠族谱；6 月 26 日，台湾桃园李氏一行 230 多人到上杭李氏大宗祠寻根谒祖；8 月 11 日，祖地寻源海峡两岸客家青年学生重走客家迁徙路广播夏令营 50 多人到上杭寻根溯源；11 月，“世界（台湾）李氏宗亲总会”副理事长李梅一行 16 人，到上杭李氏大宗祠寻根谒祖，并赠予上杭李氏大宗祠管委会“李树枝叶遍四海，梅花芬芳满天下”锦旗；11 月 9—10 日，参加 2017 海峡两岸（龙岩）青年文化创意产品交流活动的两批台湾嘉宾近 20 人到上杭参观考察；12 月 3 日，台湾林氏宗亲会林政吉、林盛明等 6 人参加林氏宗祠重光典礼。

2017 年 4 月，李氏大宗祠组团前往台湾参加台湾李氏宗亲总会第十二届理事会就职典礼暨祭祖恳亲大会；6 月 17—23 日，上杭县太极拳发展协会应邀参加第九届海峡论坛·海峡两岸传统武术大赛，与台湾各代表队同台联袂表演，并与结对交流的台湾陈氏太极拳发展协会（台中）、台中市太极拳协会的会员们畅谈闽台客家太极交流的感想，特别是在客家精神与太极文化的融合与发展方面进行深层次探讨；8 月 9 日，应台湾台北市大同林姓宗亲会邀请，上杭县林氏宗亲会组织访亲团赴台进行为期 7 天的宗亲联谊交流活动；11 月 25—29 日，应台湾中华经贸文教交流协会邀请，上杭县人社局局长邓卫江随福建省人力资源服务行业协会赴台参访；12 月 9—15 日，应台湾太极拳发展协会邀请，上杭县太极拳协会组团赴台湾进行为期 7 天的台湾杯陈氏太极拳锦标赛并进行太极拳专题访问及交流活动；12 月 11—17 日，为深化龙台基层交流合作，县委台办主任郑志宾随龙岩市龙台交流协会团组赴台开展交流活动。

【对台经贸】 2017 年，上杭县新增 1 家台资企业——上杭县鑫中合农业科技有限公司（新增台籍技术入股 750 万元）。鑫中合现代设施农业示范区建设项目完成建设智能温控大棚 5.27 公顷、大棚骨架 2.13 公顷，大棚放样 2 公顷，预订大棚建设材料。完成种植台湾小番茄、火龙果、白玉苦瓜等 4.33 公顷，完成投资 4500 万元；喜润农业 53.33 公顷柠檬首次结果 1000 多千克；培阳农业种植柠檬 23.33 公顷；连四村两岸旅游与原创文化艺术基地项目完成林地租赁 65.4 公顷、农用地 1.47 公顷（权属为永定金砂），完成项目立项，项目总体规划、项目详细规划的制定和红线图公示，完成管理房、筹建处建设，主入口区道路拓宽，完成林地报批工作、完成采伐证办理及林木采伐、环评备案工作。景区内主体房用地平整面积 0.6 公顷，景区道路完成 2 千米基础工程，完成观景池土坝工程；2017 年，大地生机食品有限公司增资扩股 102 万美元。

【对台交流基地】 2017 年，上杭县客家族谱博物馆获评首批福建省对台交流基地。该馆总占地面积 3 万平方米，至 2017 年年底有馆藏族谱 146 个姓氏 2900 种 1.8 万余册，是福建省首家县级客家族谱馆。上杭县利用馆藏族谱文献优势，为台湾同胞提供寻根探源、族谱对接等服务，全年接待台湾同胞 14 批次 292 人，成为福建省对台工作新亮点和开展两岸文化交流重要基地。

责任编辑： 钟梅娇

群众团体

上杭县总工会

【概况】 2017年，上杭县总工会组织工会干部职工通过以会代训、到园区或基层工会举办培训班、参加上级工会举办的培训班等形式，提升干部职工自身素质，全年组织400余人次工会干部职工参加培训。构建"互联网+工会"新型工作模式，搭建工会与职工的沟通联系新平台，全年以"上杭工会"微信号推送微信118条，关注1528人。在省总工运信息、市总工运信息等刊发28条信息，在省市县工会网站刊发信息70余条；在市广播电视台播出11条，在县广播电视台播出109条工会工作信息。

是年，县总工会被省总工会授予"县级工会经审工作规范化建设A级单位。"

【基层工会组织建设】 2017年，上杭县总工会重点抓好新建企业、外资企业、建筑行业的工会组建和农民工、劳务派遣工入会工作。全年新建工会组织347家，新增会员1930人。抓好职工50人以上基层工会建设，重点打造获得各类荣誉称号、具有一定影响力的先进基层工会，发挥他们的示范、引领和带动作用，鼓励基层工会建功立业。全县23个工会联合会被市总工会授予工会工作和服务窗口建设达标镇街(园区)。

2017年，推行厂务公开民主管理。全年县国有控股、企事业、民营经济、区域性、行业性企业共647家建立职代会和其他形式的民主管理制度，召开职代会318次，审议薪酬、加班等各类制度方案768件，25家企业建立董事会，其中7个工会主席进入董事会。

2017年，开展"职工之家"活动。上杭县富鑫达电子工业有限公司工会等8家单位被龙岩市总工会评为"龙岩市先进职工之家"称号，上杭县临城中心小学语文教研组工会小组等6家单位被评为"龙岩市先进职工小家"称号。

【职工维权】 2017年，上杭县在企业全面推行工资集体协商制度，努力构建和谐劳动关系，维护职工合法权益。全县签订工资集体协议79份，覆盖企业666家，覆盖职工49964人。与人社局、住建局等部门联合开展欠薪专项执法检查1次，纠正企业违反劳动法规9件，共同追讨欠薪124万余元。调解劳动争议10件，参与仲裁3件，全县企业建立劳动争议调解委员会413个，工会劳动法律监督委员会55个。全年开展职工合法权益保障、劳动用工和劳动合同制度等检查活动2次，检查企业46家。开展法律援助3件，挽回经济损失20余万元；开展法律咨询、代写诉状、参与诉讼等各种法律服务21人次。做好信访工作，接待职工来访4批13人次，收到来信2件，来电6件，协调来信来访来电结案率100%。

是年，开展维护职工生命健康权益工作。重点排查紫金铜业、瓮福紫金化工有限公司等40余家企业职业卫生安全隐患，督促全县企业把安全生产宣传教育作为重要工作来抓，全年排查安全隐患19处，参与死亡事故调查3起。开展职业病调查工作和"三查一看"(查劳动合同中有无告知劳动者职业危害、安全生产状况；查是否对职工进行岗前、岗中、离岗职业健康体检；查有无建立职业健康监护档案；看存在职业危害的作业现场)活动。全年调查企业4家，调查职工500余人。在化工、矿冶、建筑等行业开展"安康杯"竞赛活动，累计涉及单位45家，覆盖职工群众2万余人。

【困难职工帮扶】 2017年，上杭县总工会对困难职工档案实行动态跟踪管理，建立困难职工档案165户。全年开展生活救助48户，发放帮扶资金14.4万元；开展金秋助学46人，发放助学金13.3万元；开展医疗救助36户，发放帮扶资金15万元。

是年，开展送法律、送文化、送岗位活动。发放劳动法律法规和各种技术书刊2000多册，解答职工咨询1000多人。邀请书法协会会员为职工、农民工写春联300幅；组织农民工开展趣味运动会和猜谜语等活动，丰富职工节日文化生活。开展以就业服务、创业指导、技能培训、资金扶持为主的创业带动就业工程，帮扶下岗失业人员和进城务工人员提高就业技能和创业本领。在县总工会二楼建立建筑面积400平方米的职工培训学校，为职工、农民工和下岗职工提供免费技能培训。全年开设电工、育婴师、电子商务、焊工等培训班9期，培训职工、农民工1575人。与人社、发改等部门联合开展新春劳务供需见面会，在职工服务中心和县总工会工作交流群等微信平台建立就业服务平台，开展职业介绍、帮助企业招工活动;在县工业园区和蛟洋工业园区等职工服务站建立 LED 电脑显示屏,发布《用工信息》11 期,刊出就业信息 239 条,共促进就业 1123 人。

开展对环卫职工、公交司机、企业一线工人的关爱行动,慰问环卫职工和公交司机、企业一线职工 1300 余人。开展返乡农民工慰问活动,筹资 7 万余元,慰问农民工 513 人。

开展职工医疗互助活动。全年全县参加职工医疗互助活动单位 271 家,参加人数 21966 人,女职工特病互助 4527 人。补助住院职工 1133 人次,发放补助金 71.5 万元。

【职工建功立业】 2017 年,上杭县总工会组织卫计系统、福建紫金铜业、烟草公司等单位开展岗位练兵技术比武活动,参赛工种 20 个,参赛职工 1600 人。开展“小革新、小创造、小发明、小设计、小建议”的五小创新项目和“6·18”创新竞赛活动,累计涉及单位 50 家,征集创新项目 15 个,2 个项目获省百万职工“五小”创新大赛一等奖。弘扬劳模精神和工匠精神,与县广播电视台联合开展“寻找上杭工匠”系列展播活动,共寻找各行各业的上杭工匠 20 位,并挑选出 14 位进行录制在县电视台展播。

是年,紫金矿业集团股份有限公司紫金山金铜矿获全国五一劳动奖状,5 个单位获省“工人先锋号”称号,2 个单位获得省五一奖状,2 名职工获省五一劳动奖章。县总工会命名表彰 10 个县级“工人先锋号”。

【女职工权益保护】 2017 年,上杭县总工会举办“中国梦·劳动美”女职工才艺作品征集活动,征集作品 186 件并成功在客家族谱馆展出。全年有 159 家非公企业签订女职工特殊权益保护专项集体合同,覆盖女职工 22725 人,签订率 98%。开展女职工“关爱行动”,免费为 20 名困难女职工进行健康体检,建设“妈妈小屋”2 所。

共青团上杭县委员会

【希望工程关爱帮扶活动】 2017 年,共青团上杭县委推进“希望工程·圆梦行动”助学活动。9 月 1 日,团县委、县希望办在县行政办公大楼二楼会议室举行“希望工程 2017·圆梦行动”捐赠仪式,共筹集助学金 56.88 万元,资助 130 名品学兼优的贫困大学新生、中学生、小学生。为旧县镇梅溪平安希望小学申请平安希望奖学金、助学金共 3.3 万元。

【青年就业创业】 2017 年,共青团上杭县委联合县人社局、电视台开展红土地上的返乡创业大学生系列典型专题报道,先后对林冬兰、吴旭、郑浩兴、黄德俊等一批优秀创业大学生进行集中宣传报道,树立典型,营造创业氛围。3 月 4 日,召开互联网+创意农业交流会,来自台湾、龙岩、漳州等地从事农产品等领域的创业青年 40 余人参加会议,并参观上杭创业典范土篮子公司及安心农产品总部,就农业软件策划创意等方面进行交流探讨。3 月 15 日,召开“农村青年致富种子工程”电商交流会,全县青年电商创业者 80 余人参加会议。5 月 4 日,召开五四青年创业座谈会,依托县青年电商协会和县众创空间为创业青年提供学习培训、经验交流平台。12 月 20 日,召开电商年会暨电商业务培训会,全县青年电商创业者 90 余人参加培训。

【志愿服务活动】 2017 年,共青团上杭县委带动全县各级团组织和社会组织开展各类青年志愿服务活动。1 月 21—23 日,组织青年志愿者在县汽车站开展“青春志愿行温暖回家路”服务春运“暖冬行动”;2 月 13 日,开展“树文明新风·共建美好家园”志愿者服务活动;3 月 2 日,组织青年志愿者组成学雷锋青年志愿者服务队,参加“弘扬雷锋精神 共创文明城市”主题志愿服务一条街活动;3 月 10 日,组织志愿者开展“凝聚青春力量·共建美好家园”植树活动;4 月 9 日,组织志愿者开展关爱留守儿童——“大手牵小手·传递爱共成长”公益活动;5 月 19 日,携手阳光公益协会慰问贫困儿童;5 月 21 日,团

2017 年 4 月 26 日,上杭县总工会“中国梦 劳动美”女职工才艺作品展开幕

(县总工会供稿)

县委组织开展“走进南阳、珊瑚开展慰问孤儿活动”;6月12日,举行上杭县青少年生态环保联盟成立大会暨“小手拉大手·共护母亲河”志愿活动启动仪式;7月,开设上杭县瓦子街青年书屋,打造集阅读、沙龙、讲座、青年志愿者服务于一体,一屋多用的青年服务载体和阵地;8月,联合青年志愿者在全县范围内开展“文明劝导·平安出行”大拇指交通劝导活动;9月23日,携手县阳光公益协会走进庐丰、蓝溪、稔田开展中秋慰问残疾儿童、孤儿、贫困儿童活动;10月1日,组织志愿者前往庐丰和蓝溪开展“情暖中秋·爱满杭川”看望孤寡老人和贫困儿童;10月27日,前往旧县梅溪希望小学举办“青春同行·情暖万家”启动仪式;10月28日,组织开展“关爱老年人·欢庆十九大”重阳节志愿活动;12月23日,组织开展“携手呵护幼苗·共享一片蓝天”公益活动;12月29日,举办“关爱特殊儿童·情暖冬日校园”走进特校活动;至2017年底,累计开展各类青年志愿服务活动110余场次,发动青年参与志愿者活动2700人次。

【青年文明号创建】 2017年,共青团上杭县委开展“青年文明号”一条街、“青年文明号”示范月活动,推荐报送福建省高速公路车辆通行费上杭征收管理所、梅花山旅游发展有限公司等2个市级青年文明号集体。推荐报送湖洋镇湖洋司法所、县国家税务局纳税服务科、县宏达加油站等3个省级青年文明号集体申报新一批升级青年文明号。至2017年底,全县有国家级青年文明号3个,省级青年文明号12个,市级青年文明号26个。

【青少年合法权益维护】 2017年,共青团上杭县委增强青少年法制意识和维权意识,全年组织机关企事业单位开展法制宣传活动30次,举办法律知识讲座13场次,举办知识竞赛8次,手抄报比赛16次。组织开展共青团与人大代表、政协委员“面对面”活动,全年向县“两会”提出关爱帮扶青少年的建议、提案。组织团员青年参与县禁毒委主办的“珍爱生命·拒绝毒品”国际禁毒日健身跑和自行车骑行活动。

开展“青少年维权岗”创建活动。至2017年底,全县有1家国家级“青少年维权岗”,3家省级“青少年维权岗”,2家市级“青少年维权岗”。

■ 上杭县妇女联合会

【“三八”系列活动】 2017年3月2日,上杭县妇联联合县司法局、公安局、法院、卫计局、执法局女子中队等20家单位在瓦子街开展“三八”妇女维权周宣传咨询服务活动。3月6日,召开“建设新上杭 巾帼能担当”科级女干部座谈会,县领导傅藏荣、林英峰、徐峰、袁静、黄晓兰及各乡镇、县直副科级以上女领导干部参加会议,当晚在县人民会堂隆重举行主题为“建设新上杭·巾帼能担当”的大型文艺晚会。3月8日,县妇联、县公安局联合召开县第十五届“十佳警嫂”表彰会。同时,开展“巾帼靓家·美丽家园——杭川妇女在行动”环保志愿活动,开展“巾帼志愿者在行动·共建省级文明县城”活动。

【“家庭建设年”活动】 2017年,上杭县妇联开展寻找“最美家庭”活动,评选出上杭县“最美家庭”35户,其中温金娥家庭被评为省“最美家庭”户,温金娥本人获第六届“全国道德模范”称号,并受邀参加2018年央视春晚;林堂洲、甘永刚、杨意焜3户家庭被评为龙岩市“最美家庭”,林堂洲入选“中国好人榜”。全年评选表扬“三八”红旗手省级2人、市级6人、县级62人,“三八”红旗集体省级1个、市级3个、县级39个,市“三八”红旗标兵1人,上杭县“十佳警嫂”10人。举办“幸福婚姻大讲堂”等系列专题讲座9场次。联合县关工委、教育局举办家庭教育报告会10期。

【妇代会改建妇联】 2017年,上杭县妇联联合县委组织部制订下发《上杭县乡镇妇联组织区域化建设和农村(社区)妇代会改建妇联工作的实施方案》,指导各乡镇党委分别成立妇联改革工作领导小组,制订具体的实

2017年6月20日,全国妇联党组书记宋秀岩(左五)一行到上杭调研基层妇联工作 (县妇联供稿)

施方案，并选定1～2个村作为试点村。7月13日，省妇联副巡视员、妇儿工委办专职副主任郑元福一行到上杭调研督导会改联工作。至7月底，全面完成乡镇妇联组织区域化建设和农村（社区）妇代会改建妇联工作。全县选举产生乡镇妇联执委487人，村妇联执委3651人，社区妇联执委144人。

【妇女宣传】 2017年，上杭县妇联联合县广播电视台打造6分钟《脱贫攻坚路 巾帼能担当》《建设新上杭 巾帼能担当》栏目，宣传展示杭川大地各行各业的巾帼风采。节目共播出15期。发挥“上杭县妇联”微信公众号作用，及时更新和维护好“上杭妇女网”站内容，编撰《上杭妇讯》11期。县、乡、村三级妇女组织层层建立“一呼百万”微信公众群381个。联合县文明办共同编辑印发上杭县《最美家庭》宣传手册。借助“客家讲堂”平台，县妇联创设“客家讲堂之书香女性课堂”，开展政治理论、家庭文明、普法维权、创业扶助、健康关爱、魅力展示“六大主题”宣讲活动，全年开设7场次讲座。

【巾帼建功】 2017年，上杭县有18个“巾帼示范基地”。其中上杭聚胜家庭农场被全国妇联认定为“全国巾帼农业示范基地”，上杭县星星种植家庭农场（龙岩安心农产品有限公司）被命名为省级“巾帼示范基地”，才溪镇才溪村被命名为省级“巾帼美丽家园”。

【妇女儿童维权】 2017年3月30日，福建省妇联副主席李凤鸣、省妇联儿童部副部长谢德权、市妇联副主席兰梅英一行深入才溪镇，开展“弘扬才溪女精神·妇联主席送法进农村”宣传咨询服务活动。6月1日，上杭县妇联联合多部门开展庆“六一”宣传咨询服务活动，发放各类宣传资料上千份、宣传品1100多份，接受群众咨询330余人次。12月4日，县各级妇联、县妇儿工委办、各乡镇妇联开展“12·4”国家宪法日暨全国法制宣传日活动。12月16日，由县妇联、县妇儿工委办主办，博才教育培训基地承办的《护蕾行动——如何预防儿童性侵》专题讲座在县妇女儿童活动中心举行，来自博才教育培训基地和临江镇东社区儿童友好家园的50多名儿童参加讲座。

【“平安家庭”创建】 2017年，上杭县妇联参加“6·26”国际禁毒日禁毒宣传活动，发放各类禁毒宣传材料500份，接受现场群众咨询80人。7月3日，组织全体党员前往县检察院预防职务犯罪警示教育基地参观学习，接受廉政警示教育。8月15日，组织镇东社区儿童快乐家园的孩子们在妇女儿童活动中心举办安全知识讲座及防地震演练活动。10月31日，组织各系统妇委会女干部职工100余人参加“崇尚科学，远离邪教，健康生活”反邪教环城健康行活动。11月25日，组织全县各乡镇、各村（社区）妇联开展“反对家庭暴力·创建平安家庭”主题系列宣传活动。全年全县“平安家庭”创建率达95%以上。

【关爱儿童】 2017年，由上杭县妇联、县妇儿工委办援建的“儿童快乐家园”落户临江镇天山社区图书馆、白砂镇丰源村、官庄乡德康村、湖洋镇五坊村、旧县镇兰田村、蓝溪镇白水村、庐丰乡丰乐村、珊瑚乡上珊瑚村、太拔镇上村村、下都镇吉安村、泮境乡定达村，并分别举行简朴的揭牌仪式。

2017年1月12日，县妇联携手厦门海关在泮境中心小学开展爱心物资发放活动。5月27日，县妇联民情工作站干部走访慰问一批在册贫困户儿童、孤儿等困境儿童，为她们送去慰问金及衣服、书包、鞋子等爱心物资共计6万元。9月8日，县妇联举行“2017春蕾圆梦·捐资助学”捐赠仪式，累计筹募资金22万余元，帮助230名品学兼优的贫困学生圆读书梦。

【关爱母亲服务行动】 2017年3月22日，上杭县妇联举办全国妇联“贫困妇女两癌救助”中央专项彩票公益金发放仪式。在发放仪式现场，县妇联为16名患有乳腺癌、宫颈癌的“两癌”贫困妇女发放16万元专项救助金。4月11日，开展“精准扶贫慈善光明行”爱心公益项目启动活动，全年帮扶25名贫困母亲实施免费手术。争取全国妇联“贫困母亲两癌救助”中央专项彩票公益金和省、市“贫困母亲”资助金，全年慰问50名贫困母亲和36名“两癌”贫困妇女，共计36.9万元；联合中国人寿上杭县支公司在全县开展“关爱女性健康”活动，共为111名建档立卡贫困母亲投保“女性安康保险”。在蓝溪镇举办省“专家快车农村行”芙蓉李栽培技术贫困妇女培训班，在临城镇举办巾帼精准脱贫家政服务培训班，共培训建档立卡贫困妇女183人。11月2—5日，上杭县103名建档立卡贫困妇女接受为期4天的龙岩市巾帼精准脱贫家政培训项目（上杭站）培训班，并圆满完成学习任务。

【妇联队伍建设】 2017年，上杭县各级妇联组织以“巾帼心向党·建功新时代”为主题，组建十九大巾帼宣讲队，全年宣讲23场次，把中共十九大精神宣传到基层一线。打响“创城姐妹”志愿服务品牌，组建25支“创城姐妹在行动”服务队，吸纳巾帼志愿者789人。继续开展“百村妇代会争先创优活动”和“妇女之家”活动，全县有117个村被评为“市级先进妇代会”，对获“市先进妇代会主任”称号的村妇代会主任给予每人500元奖励。发放2017年度269名年满55周岁以上、曾任妇代主任20年以上的离任妇代会主任养老补助金9.68万元。

■ 上杭县工商业联合会

【商会组织建设】 2017年5月28日,上杭县工商联(总商会)完成换届选举。会议选举产生新一届执委会131人,选举产生新一届领导班子45人,其中大专以上学历38人,35~45岁15人,46岁以上30人。12月16日,厦门市上杭商会召开第三届第一次会员大会暨第三届理(监)事会就职典礼,会议选举产生新一届理(监)事会会长、监事长、常务副会长、副会长、秘书长等,新一届商会会员共有224人。

2017年,上杭县工商联获全国"五好"县级工商联称号。

【光彩事业】 2017年,上杭县工商局引导民营企业和商会组织投身精准扶贫行动 。全年,有福建上杭太阳铜业有限公司、福建优创农业发展有限公司、北京上杭企业商会等16家企业和商会组织与县贫困村(户)结对帮扶,捐赠就学资金等共计8.7万元,解决贫困村就业72户。继续动员企业家参与"同心·海西春雨光彩助学"活动。全年有53名贫困学子受到省、市、县工商联及杭籍企业家及异地商会资助,累计资助金额18.1万元。

【参政议政】 2017年,上杭县工商联引导工商界人大代表、政协委员向省、市、县人大、政协提交提案、建议意见等40余件,其中刘文洪在市政协五届一次大会上作《做好企业上市工作的建议》发言获得市委、市政府主要领导批示;上杭商会撰写的《关于加强新生代企业家队伍建设的建议》被列为县政协第十二届二次会议重点提案。3月,利用参加厦门上杭商会召开新春团拜会契机,走访商会会员企业,相关调研报告获县委主要领导批示并在全县推广。8月,开展新生代企业家队伍建设问题的专题调研,撰写《上杭县工商联关于新生代企业家队伍建设问题的调研报告》。该篇调研报告被列为县重点课题调研成果,刊发于县委《调查研究》第6期。

【服务企业】 成立人民调解委员会 2017年7月,上杭县工商联与县司法局联合成立上杭县总商会人民调解委员会,协助福建翰达建设有限公司协调解决人身损害赔偿纠纷问题;协助调解广东上杭商会某理事长建房过程中电击致人死亡纠纷问题。

职称评定工作 与县人社局职改办配合开展非公企业职称评定工作,为非公企业发展提供人才保障。全年39名非公企业专业技术人员获得初级职称,152人获得中级职称。

信息宣传服务 开展法律进商会、进企业、进机关活动,结合"12·4"国家宪法日,发放宣传材料300余份。全年向省、市工商联网站、上杭县新闻网等网站报送新闻信息、调研文章等共313篇,其中被龙岩市工商联网站采用237篇,被福建省工商联网站采用69篇,被中国网商会频道采用7篇。上杭县工商联信息调研工作被福建省工商业联合会评为全省工商联系统信息工作先进单位。

■ 上杭县科学技术协会

【科普宣传】 2017年,上杭县科协联合县地震办、汀江环保协会、档案学会、红十字会、食品安全办、紫金矿业集团等单位,在才溪小学、泮境小学、城西小学、上杭一中、实验二小、湖洋镇、中都镇、临江镇东南社区、江滨广场、瓦子街等地举办10场大型科普宣传活动,直接参与和受益群众3万多人。利用科技活动周、全国科技工作者日、全国科普日、3·15消费者权益日、世界地球日、环境日、档案日、食品安全周、宪法日等契机开展专题科普宣传。规范村级科普宣传栏管理,精准配送科普宣传资料。推进科普信息化,申报成立7家科普e站。继续与县电视台联办《科普新说》节目。

【企业创新】 2017年,上杭县科协抓好院士工作站协调管理工作,邀请省科技咨询中心专家举办科技信息推广应用服务项目讲座,40多家企业负责人或技术负责人参加讲座。发挥院士专家在科技创新中的领军作用。全县建立3家院士工作站,县农业技术推广站院士专家工作站建立省级农作物水稻新品种抗稻瘟病鉴定基地和双季稻高产栽培技术集成示范基地,举办多期水稻新品种高产栽培等培训班,在水稻病虫害防治和增产增收方面取得实效。紫金铜业院士工作站获得省、市及行业协会科学技术奖励12项,申请国家专利40余项,获授权16项。紫金矿业院士工作站邀请中国工程院院士邱定蕃、何季麟、邱冠周等专家学者参与贵州紫金在水银洞金矿举办的国内首个难处理金矿加压预氧化项目投产仪式,该项目成功实现产业化。10月14日,中国工程院院士邱定蕃、张文海、孙传尧、邱冠周、蔡美峰应邀出席紫金矿业第五次科技大会并作讲座,共商科技创新和科技发展。2017年,上杭县被批准为省级创新驱动助力工程示范区。甘永刚获得省科协组织的第九届紫金科技创新奖,衷水平获得第二十四届运盛青年科技奖。

【青少年科技教育】 2017年,上杭县科协推荐上杭三中、城南小学列入中国科协青少年科学体验活动示范学校,组织上杭二中10名优秀学生到武汉理工大学参加青少年高校科学营活动，推荐教师参加2017年省青少年创新大赛指导老师培训和青少年科学调查体验活动骨干教师培训，推荐优秀青少年科技教育论文参加第26届福建省科技教育论文评选活动。组织全县中小学参加第10届龙岩市青少年科技创新大赛，9个项目获市比赛一等奖，11个项目获市比赛二等奖。推荐的科幻画《未来的榕树停车场》获第32届全国科技创新大赛一等奖。与紫金矿业集团建立上杭县首家青少年机器人工作室，培训一批机器人辅导老师。指导并参与“2017年上杭一中科技节”活动。

【基层科普行动】 2017年，上杭县科协通过优秀农技协、科普示范基地和科普带头人，带动当地贫困户、农户发展生产，增加收入。组织茶米香合作社生产的“禾米香”红米与黑米参加“2017年国家粮食科技活动周”展出。县科协评选11家县级科普示范（教育）基地。精心筛选推荐优秀项目，上报4个项目被龙岩市科协表彰。稔田镇养鱼专业户李年丰被评为龙岩市农村科普带头人。

是年，县科协继续组织开展“科普助推促脱贫”实用技术培训讲座系列活动，邀请专家先后在蓝溪镇举办芙蓉李栽培技术培训班，在才溪镇、南阳镇举办脐橙种植技术培训班，在中都镇举办百香果种管技术培训班，在白砂镇举办蘑菇、茶树菇栽培技术培训班，培训以贫困户和妇女为主的农户1000多人。

【学术交流和建言献策】 2017年，上杭县科协组织全县广大科技工作者围绕创新驱动和打好“三大战役”建言献策。11月，在龙岩市科协第十五届学术年会上，县科协推荐的论文获一等奖2篇，二等奖5篇，三等奖7篇，获奖篇数位居全市各县（市、区）前列。先后向县政协提交《关于加快推进全县中小学校科技创新工作的建议》《关于建立科技工作者建言献策机制并设立奖励基金》《关于实施科技馆布展工程争取尽快投入使用》等5个提案，供县委、县政府决策参考。

■ 上杭县归国华侨联合会

【概况】 联络联谊　2017年，上杭县有侨联组织44个，其中乡镇（含县直）23个，村（居）21个。利用春节、清明、端午、中秋等海外华人华侨回乡探亲高峰，登门拜访回上杭海外乡亲，深入了解他们在海外的发展情况，交流思想和看法，同时向他们介绍家乡发展情况，引导他们带领更多的华人华侨新生代回家乡探亲访友、考察观光，增强家乡认同感。全年接待侨胞和海外华人华侨1000余人次。组织美国、加拿大、新加坡等华人华侨社团在上杭春节联欢晚会上通过网络形式向全县人民拜年，邀请北美上杭同乡会理事肖英亲临晚会现场，讲述海外上杭乡亲浓浓的思乡情愁。1月31日（大年初四），在上杭一中举办首次“北美上杭同乡新年亲属联谊茶话会”，北美上杭乡贤及其亲属50多人参加会议。7月21—30日，协助组织首届北美华裔青少年中国寻根之旅（上杭营）活动，27名北美华裔青少年回乡参加夏令营活动。

群众工作　春节期间，慰问贫困侨36户，发放慰问金近2万元。在侨界群众发生突发困难及归侨去世时，及时对他们的亲属进行慰问。热情接待来访归侨侨眷，询问他们及其海外亲属的生活情况，征求他们对侨联工作的建议意见，并为他们提供咨询服务。继续发动乡镇、村（居）侨联负责人深入到侨界群众中了解情况，收集侨情民意，共收集民情5条，均按时进行处理和反馈。

推荐人才　推荐香港华源实业集团公司总经理王永强、广东省东莞市华森贸易有限公司经理王莞勋等6人加入市侨联青年联合会。5月，成立北美高层次人才引进工作站，上杭一中北美校友会会长、北美上杭同乡会副会长莫晓葵为站长，梁富雄为副站长。

参政议政　引导侨界政协委员对侨界群众关心的热点难点问题开展调查研究，收集侨情民意，积极撰

2017年1月31日，县归国华侨联合会和北美上杭同乡会在上杭一中联合举办“北美上杭同乡会新年亲属联谊茶话会”（县归国华侨联合会供稿）

写提案，共提交城市建设、医疗卫生及经济发展等方面提案5件。

维护侨益　不定期组织干部职工、分会主席、侨联委员及归侨、侨眷代表学习侨法，增强他们的法律观念和“学侨法、用侨法、护侨益”的自觉性。分别于3月、10月、12月在瓦子街、南阳镇、江滨公园开展现场侨法宣传，营造全社会爱侨护侨的良好氛围。

【侨务活动】　“侨帮侨”爱心助学活动　2017年，上杭县侨联协助北美上杭乡贤丁立隆等人成立“北美杭川代代沐恩慈善基金会”，筹集首批善款6100美元及人民币10.29万元，其中有善款人民币5万元汇入侨联账户代为保管，届时将对符合条件的学子进行资助；协助北美上杭同乡会纽约分会会长丘承前往下都镇政府颁发2017年度奖学助学奖教金，共为32位学生、25位教师颁发奖学助学奖教金10万元。

传扬蓝珍精神　旅美华侨"亲亲我家"创始人蓝珍在回乡开展精准扶贫行动时意外摔伤后经抢救无效去世，县侨联领导在事发后全程留在医院关注治疗情况，并及时将蓝珍博士的事故和事迹上报县委县政府和上级侨联，得到各级领导高度重视。协助配合省侨联《八闽侨声》、龙岩《闽西日报》、上杭宣传报道组采访报道蓝珍博士助力脱贫攻坚相关事迹，其相关报道分别被中国新闻网、中国青年网等网站转载传播。

2017年3月9日，县归国华侨联合会领导赴官庄畲族乡蓝珍博士“亲亲我家”工作室调研　　（县归国华侨联合会供稿）

上杭县红十字会

【红十字宣传】　2017年，上杭县红十字会利用“1·1”爱心公益日、“5·8”世界红十字日、防灾减灾日、世界急救日等节日传播红十字“人道、博爱、奉献”的精神。5月8日，在县江滨广场开展宣传、义诊活动，来自不同医疗卫生部门的红十字志愿者为市民义诊、免费量血压，并对市民提出的各种关于医疗保健方面咨询的问题进行耐心解答，县红十字会工作人员及红十字志愿者向市民发放新修订的《中华人民共和国红十字会法》《造血干细胞知识手册》《红十字运动基本知识》《红十字急救掌上学堂》等宣传册、宣传折页。活动接诊群众30余名，咨询群众100余名，发放宣传材料300余份。在人流量大的地方设置红十字固定宣传LED屏，滚动播放红十字知识。开展“三献”宣传活动。做好无偿献血、捐献造血干细胞、捐献遗体（器官）的宣传、动员、服务等工作，印制遗体（器官）捐献、无偿献血等宣传资料各5000份，对有意向捐献遗体（器官）的对象耐心做好思想工作，主动上门，详细讲解遗体捐献的相关知识及其办理的具体程序。春节前，红十字会工作人员主动看望有意向捐献者，并送上慰问金和慰问品。

【人道救助】　2017年元旦、春节期间，上杭县红十字会深入多个乡镇的敬老院、贫困家庭开展“红十字博爱送万家”慰问活动，将价值5000元的50份慰问品（春节慰问品、棉被、棉袄等）送到贫困户家里，受益困难群众50户。

【大病救助】　2017年，上杭县红十字会受理中国红十字基金会救助贫困白血病儿童的“小天使基金”申请3份，受理中国红十字基金会救助先天性心脏病儿童的“天使阳光基金”申请2份。针对重特大疾病患者、家庭贫困但又不符合省、市“大病救助”申请条件的对象，红十字会通过自筹资金形式开展人道救助，全年救助8人次，救助金额1.3万元。

【应急救护】　普及应急救护知识　2017年，上杭县红十字会抓住“5·8”博爱周、“5·12”防灾减灾日、安全生产月、世界急救日等契机，先后与团县委联合在紫金矿业学院、与上杭职专联合在学生中开展应急救护知识普及活动、演练。进社区对禾康养老中心志愿者开展发证培训，全年发证540本。依托上杭职专、实验小学、县中小学生课外综合实践基地3个生命健康教育示范学校在青少年中普及救护知识，共计普及8000余人次。

8月6日，组织相关单位开展省、市、县三级联动的应急救护“六进”（卫生应急救护知识和技能进社区、进农村、进学校、进企业、进机关、进家庭）活动启动仪式。

推广“掌上学堂” 利用各种场合推广简便易学、与国际接轨的红十字急救掌上学堂手机应用软件，

开展地震应急演练 “5·8”活动周期间，联合县地震办公室、县民政局等在蓝溪梅永中心小学开展地震应急演练。活动中红十字会工作人员讲解心肺复苏、创伤包扎等应急救护技能并进行演示，学生教师共800余人参加训练。发放宣传资料和应急救护演练等方式宣传红十字会知识，提高学生教师对地震等灾害的认知程度，掌握基本的避险和应急措施，增强自救互救能力。

【体验式生命教育】 示范校建设 2017年，上杭县红十字会对示范学校的红十字建设及时指导帮助，对开展活动必备的用具器材及时补充完善。2所“示范校”均配备心肺复苏安妮模具、婴儿气道梗阻模具各1具，购买100件志愿者服装、标识，配备放置开展活动的衣柜，与职业中专学校共同开辟，把养心园敬老院作为红十字志愿者开展活动的基地，“5·8”世界红十字日活动周期间，组织90名红十字志愿者开展“汇聚爱心、情暖白首”公益活动。

课外实践基地 是年，学校把红十字活动与生命健康教育、德育教育融合在一起，每期安排不少于半天的时间专门学习红十字应急救护相关知识，利用为其配备的全身心肺复苏人体模型、简易心肺复苏人体模型及宣传册子、教学光盘等教学器材，由具备师资资格的老师负责为学生授课，激发学生热爱生命，敬畏生命的意识和基本的技能。同时，印制中小学生安全知识小册子，供学生学习掌握。选送5名符合条件的志愿者参加市红会组织的为期5天的师资培训，保障救护培训师资的要求。

【志愿服务】 2017年，上杭县红十字会设置1间专门的志愿者活动室，用于志愿者开展各项活动。5月，为阳光公益志愿者50余人开展应急救护普及培训。

开展星级志愿者表彰推荐工作。全县有一星级志愿者12人、二星级志愿者2人。春节前夕，组织志愿者10余人前往才溪、通贤、南阳、珊瑚4个乡镇和残疾人康复医院、养心园护理院开展春节慰问活动。为贫困家庭和残障病人、敬老院老人送去棉被、食用油、糖果等价值近万元的慰问品。5月28日，县红十字会志愿者与城南小学126名学生开展“大手牵小手，传递爱共成长”活动。

2017年3月2日，县文明办在瓦子街开展创文明城市志愿服务一条街活动 （县文明办供稿）

上杭县计划生育协会

【“四联创”活动】 2017年，上杭县计生协会做好“四联创”（县、乡、村、组联创）活动验收工作。10月下旬至11月上旬县对22个乡镇计生协会进行年终考评验收，结合县卫计局的报表情况，确定“先进乡镇”13个、“一流村（居）计生协会”189个。县计生协会在2017年度全市目标管理考评中，居全龙岩市第二名。

【计生宣传服务】 2017年3月2日，上杭县计生协会联合县妇联、卫计局、妇幼保健院等19个相关单位，以“生育关怀—儿童早期发展”为宣传主题，现场针对0岁~3岁儿童的身心健康快乐成长的目标，发放《0岁~3岁的婴幼儿身心发展与教育读本系列》《早教优教家庭手册》、婴幼儿保健知识等系列宣传资料共500多份。5月27日，县计生协会在才溪镇宣传文化中心举行庆祝中国计生协会第19个“5·29”会员活动日暨儿童早期发展项目推广启动仪式，省、市及各县计生协领导和县各乡镇协会会长、秘书长等近200人参加。

是年，县计生协会将信息报送工作纳入“四联创”考评。县计生协会选送的书法《摘录习近平总书记语》、国画《母子情》《和风》《硕果》4件优秀作品入选省“喜迎十九大·生育关怀”书画摄影展作品集。2017年，县计生协会上报市级以上各类有关计

生协会的优惠政策、典型事例、经验做法等信息共258篇，在市级以上媒体刊登的有59篇，其中国家级《人口之声》4篇，《中国人口报》2篇，省级《八闽生育关怀》8篇，《福建日报》1篇，《小组学苑》9篇，《福建卫生报》1篇，《福建卫生计生新闻网》6篇，《幸福工程工作简讯》2篇，《计生协会小组》3篇，市级《闽西日报》7篇，《龙岩市卫生和计划生育委员会》2篇，《闽西新闻网》2篇，《龙岩人口与计生》13篇。

【计生基层群众自治】 2017年，上杭县计生协会印发《上杭县全国计生基层群众自治示范县项目实施方案》，采取“先示范、再推进、全覆盖”的工作模式渐次开展自治工作，在继续巩固和完善2015年、2016年村级计生基层群众自治222个“六好”（组织保障好、政策倡导好、民情联络好、家庭关怀好、文明诚信好、群众参与好）示范村（居）基础上，2017年新增计生基层群众自治示范村69个，占全县村级数的20%，其中县级重点抓好23个示范村，经考评验收符合示范村要求的采取“以奖代补”形式给予每个村奖励3000元，其他46个示范村分布各考评乡镇，由各乡镇负责抓好示范村创建活动，经考评验收符合示范村要求的由乡镇参照县级奖励办法给予补助，确保全县创建目标的实现。

【生育关怀行动】 幸福工程项目 2017年，上杭县发放3批次的幸福工程款，发放金额161万元，帮扶69名贫困母亲走上致富路。7月11日，在南阳镇开展第十八批“幸福工程——帮扶贫困母亲”集中公开发放仪式，22名贫困母亲现场共拿到66万元的幸福工程款。

小额贴息贷款帮扶工作 是年，上杭县完成省级下达贴息金额30万元，贴息贷款金额为672.5万元，帮扶“计生三户”（计生户、二女结扎户、独生子女户）151户，其中二女户100户，独生子女户34户，其他计生户17户；市级小额贴息贷款115万元，贴息金额6.38万元，帮扶“计生三户”33户，其中二女户19户，独生子女户13户，其他计生户1户；县级小额贴息贷款金额259.5万元，配套贴息金额13.275万元，帮扶“计生三户”65户，其中二女户38户，独生子女户14户，其他计生户13户。

计生家庭意外保险工作 严格按照要求进行公开招投标，确定承保的保险公司，在全县继续为符合条件的计生户免费办理“生育关怀——计划生育家庭意外伤害保险”。2016—2017年度计生家庭意外伤害保险15237户，投入金额76.19万元，赔付率为83.7%。2017—2018年度计生家庭意外伤害保险16591户，投入金额82万多元，保单已分发到户。

儿童早期发展教育项目工作 探索政府购买服务模式，与上杭县哈喽贝比早教机构合作，在15个乡镇人口集中区建立开展儿童早期工作项目点，对近2000名0岁~3岁婴幼儿及家长进行儿童早期发展教育辅导，示范点通过亲子课程和科学育儿课程，指导家长该如何把握儿童敏感期，通过触摸、音乐、动作等，提高孩子的智商和情商。5月，龙岩市“生育关怀——儿童早期发展项目”推进会在才溪镇举行，上杭的经验得到与会省、市计生协会领导和兄弟县市的肯定。2017年底，13个项目点儿童早期发展项目全部结束，经县统计局对随机抽取的174户进行满意度调查，其中回答很满意的为83户，满意的为91户，分别占调查比例48.54%和51.46%，不满意的零户。

计生家庭关怀项目 开展对农村独女户、二女户减免“新农合”住院起付线，全年减免300人次，减免金额19.87万元。开展金秋助学活动，资助5名二女结扎户女生上大学，给予每人每学年助学金5000元，连续资助四年，全年发放2.5万元。做好安居工程资助工作。全年为2户计生二困难户申报安居工程，每户资助资金6万元，共12万元。申请1户由省级直接帮扶4万元，市、县各配套1万元。县计生协会对5户农村独生子女户、二女户、失独家庭等重大疾病致困家庭进行市级紧急救助，救助金额1.5万元。对10户农村计生户重大疾病致困家庭进行省级紧急救助，救助金额3万元。春节期间，对不孕不育症患者进行慰问，全年慰问12户，慰问金额为3600元。县计生协会在春节期间共慰问生育关怀计生困难户186户，慰问金额5.64万元，市级慰问6户，计3600元。

上杭县客家联谊会

【客家文化研究】 2017年，上杭县政协派员参加第九届海峡论坛·海峡客家（长汀）文化风情节举办的“推进客家文化（闽西）生态保护试验区建设研讨会”和龙岩学院闽台客家研究院举办的“客家文化生态保护研讨会”。编辑出版《上杭客家》（第十八期）——《上杭客家始祖文化》专辑。

【联谊工作】 2017年10月12—15日，上杭县政协组团到香港参加世界客属第29届恳亲大会。在香港期间，走访联系市、县政协委员及香港上杭籍企业家，开展客家联谊、经济文化交流活动。组织代表出席省客家研究联谊会第五次会员代表大会和闽西客家联谊会第五次会员代表大会。12月3日，台湾“中华海峡两岸文化经济交流协会”荣誉理事长、海峡两岸民意代表交流基金会董事长饶颖奇及夫人一行14人，在闽西客联会会长林仁芳、龙岩市政协副主席刘友洪等陪同下参观上杭客家族谱博物馆，给台湾乡亲留下良好印象。

责任编辑：王冬英

法　　治

■ 政法委及综治

【概况】 2017年,上杭县政法综治系统把握社会稳定形势新变化新特点,以防控风险、服务发展为主线,以破解难题、补齐短板为着力点,完成中共十九大、厦门金砖会晤等重大活动安保维稳任务,人民群众安全感满意率94.97%,居全市第二,市对县综治考评居全市第一,上杭县被省综治委表彰为"全省平安先进县"。

2017年,县法院落实案件繁简分流,实行简案快审、繁案精审,民事一审案件简易程序适用率81.56%,获评全省"案件繁简分流机制改革示范法院"。县检察院被最高人民检察院授予全国检察机关"文明接待室"称号,获全省检察机关"先进集体"、全市检察机关"先进集体"等称号。县公安局推进执法规范化和队伍正规化建设,年度考评排名全市前列,再次获评"全国优秀公安局",古田派出所被国务院授予"人民满意派出所"称号。县司法局扎实推动"法治上杭"建设,推进"七五"普法工作,上杭县"全国法治县"创建工作通过省依法治省办的考核验收。坚持全面从严治党、从严治警,上报政法部门查究不良习气案件6件,规范执法司法工作,执法工作满意率95.3%,居全市第二。

【安保维稳】 2017年,上杭县政法委围绕"万无一失、绝对安全"目标,坚持"隐患穷尽、问题归零"的底线思维,开展"风险隐患排查、矛盾纠纷化解、治安问题整治、社会力量群防"四项行动。全县全年报送市级库风险隐患清单问题87个,化解率94.25%,高于全市平均值。是年,县法院受理各类案件7576件,审结7158件,结案率94.48%,未结案件同比下降58.2%。县检察院立案侦查职务犯罪6件11人,涉案金额496万余元,批捕各类刑事犯罪案件140件203人,起诉445件562人。县公安局严厉打击各类违法犯罪活动,全年共立刑事案件1281件,比2016年下降17.94%;破各类案件764件,在立案数比降的情况下实现破案率比升5.97%。县司法行政系统成功调解矛盾纠纷1370件,通过非诉讼非对抗方式有效促进矛盾纠纷化解,最大限度把纠纷化解在当地。社区矫正和安置帮教重点人群得到有效监管,未发生脱、漏管现象。县民政局做好特殊利益诉求群体疏导化解稳控工作,确保重大活动期间"零聚集"。深化无邪教创建示范工程活动,连续18年保持邪教人员"零进京、零聚集、零插播"。社会各界组建治安巡防队伍342支2052人、维稳"三支队伍"1313人、网格员队伍2356人、平安志愿者队伍20273人。

【平安建设】 2017年,上杭县连续第7年开展"平安乡村"创建活动,全县7个乡镇、132个村(社区)获得龙岩市通报表扬,奖励金1180万元,其中平安乡镇奖励金100万元,平安村(社区)奖励金353万元,村(居)民"三个10%"奖励金727万元。推进治安防控立体化,在全市率先完成县综治中心平台建设、视频联网并投入使用,解决机构设置和人员配备问题;连续8年把"平安上杭"安防畅通工程列入为民办实事项目,在全县22个乡镇完成一类视频监控建设1348路(含动车沿线监控15路)、高清智能卡口60套、红绿灯电子警察16套。推动社区服务管理网格化,落实"三三工作法",提升基层社会治理和公共服务水平。出台实施综治平安建设考评奖励办法,激励各乡镇、各单位深入开展平安创建,对通过检查验收的平安单位,分类分档给予奖励。

【创新治理】 2017年,上杭县推进人民调解"双争双做"活动,实施"363"工程(即用3年时间培育60名金牌调解员和30个品牌调解室),拓展提升人民调解"上杭模式"。7月,全市"双争双做"现场会在上杭县召开;10月,在全省人民调解工作视频会议上,上杭县作典型经验发言。全面推行"一村一法律顾问,一社区一法律诊所"工作,在全县22个乡镇、344个村(社区)设立公共法律服务工作站、服务点或安排法制指导人员,实现村居法律顾问全覆盖。11月,在武夷山召开的"全省一村(社区)一法律顾问现场会"上,上杭县作典型经验发言。将"雪亮工程"公共安全视频监控整合接入"平安城市综合管理平台",在全市率先实现一个平台多种不同类型视频资源整合,并率先在全省创建以"大数据、云计算、云存储"为基础的“图侦实战平台”“车辆大数据平台”，上杭经验做法在省委办公厅《八闽快讯》刊介，并编入全省“雪亮工程”视频会经验材料汇编。建立健全“城管+警察”联勤工作机制，以“网格管理、巡逻联勤、严格执法”方式，加强街面交通、治安和市容综合管理，推动城市管理执法和治安警情处置权责合一、优势互补、协调配合，提高执法效率。建立军警民巡防工作长效机制，调动公安、部队、民兵、群众等各方力量参与社会共治，构筑军警民紧密结合的社会治安防控网络，提升打防控综合能力。

■ 公安

【概况】 *国内安全保卫* 2017年，上杭县公安部门围绕十九大、厦门金砖会晤等重大节点安保维稳工作，分析全县社会维稳形势，强化情报信息预知预警，社会大局持续稳定。强化国保情报信息工作，共搜集敌、政、社情方面情报信息337条，形成研判报告13份。开展网络空间净化行动，共发现敏感有害信息348条，涉及当地敏感信息21条，编发《互联网信息专刊》92篇，落地核查52人。做好信访维稳工作，共受理来信来访170件，息诉率98%。全年，围绕重点工程、工业园区建设、征地拆迁、劳资纠纷、联宗祭祖、环境保护等领域，开展矛盾纠纷大排查大调处，共排查各类矛盾纠纷247起，未发生因矛盾纠纷引发的恶性案件和影响大的群体性事件。

强化刑事犯罪打击 全年立刑事案件1281件，比降17.94%；破年内案件637件，破案率49.73%，比增5.97%。抓获各类违法犯罪嫌疑人641人，其中刑事拘留390人、逮捕271人，移送起诉648人。

严打整治和公安行政管理 推进打黑除恶专项斗争，移送起诉九类涉黑涉恶犯罪嫌疑人140人。加大电信诈骗防范力度，共立电信诈骗类案件162件，止付电信诈骗资金14笔，止付金额14.21万元；破获电信网络新型违法犯罪案件43件，抓获犯罪嫌疑人16人。查处治安案件2015件，查处违法人员1297人次，其中治安拘留547人、罚款717人。破获涉枪涉爆案件62件，其中非法持有枪支弹药案件19件，非法制贩枪支弹药刑事案17件，非法制贩爆炸物品刑事案6件，收缴钢珠4.4万粒、雷管1838枚、炸药7.43千克、气步枪子弹57发、烟花爆竹1.01万件。加强道路交通安全监管，全年，共发生一般程序处理的交通事故190起，比降10.8%；死亡38人，比降17.39%；受伤169人，比降10.58%；财产损失76350元，比降5.8%，交通安全形势平稳。全年查处各类严重交通违法行为6.02万起。

【公安基层基础建设】 *重抓红土基础警务，增强公安发展新动力* 2017年，上杭县建成强制隔离戒毒所及蓝溪、中都派出所。投入950余万元加大警务装备配备，为基层一线民警人手配备执法记录仪、数字集群终端和移动警务通，自行补点建设PDT基站5座。建立派出所5个区域的警务联勤联动机制，有效整合警力资源，提升打防管控一体化水平。标准地址二维码管理任务圆满完成，安装门牌14.88万个，全市现场点评推进会在上杭县召开。

推进第八期“平安上杭”安防视频监控系统建设 建设移动终端WIFI数据采集设备17个，“雪亮工程”建设坚持联建、联网、联动，综合信息平台“三联一平台”，完成一类视频监控建设1348路、接入社会面监控资源3060路，该做法被省委《八闽快讯》刊发推广。

【专项行动】 *“打黑恶·缉枪爆”专项行动* 2017年，上杭县立9类涉黑涉恶典型案件52起，破46件，破案率88.46%；破省挂牌督办案件2件，破获市局挂牌督办案件2件，刑拘9类涉恶案件嫌疑人145人，逮捕9类涉恶案件嫌疑人93人，移送起诉9类涉恶案件嫌疑人140人。收缴枪支77支，收缴各类子弹4.49万发、雷管1838枚、炸药7.43千克、管制器具25把、烟花爆竹1.01万件。破非法制造、买卖枪支弹药犯罪案件17件；破非法制造、买卖爆炸物犯罪案件6件；破非法持有枪支弹药犯罪案件19件。

“红土肃毒”专项行动 全年破获部、省目标案件3件，涉毒刑事案件20件，抓获涉毒嫌疑人48人，查获吸毒人员171人次，执行强制戒毒6人，抓获涉毒逃犯7人，缴获成活大麻1000余株，成品大麻近10千克，曲马多5000余粒，有效遏制毒品问题蔓延。

治安问题清查整治行动 2017年，上杭县公安局以坚盾1号至8号及“平安上杭”系列社会面管控集中统一行动为抓手，不断加大加密集中统一行动，收紧面上社会治安。查处旅馆违反四实登记案件88件，查处黄赌毒案件286件，查处四黑四害类案件41件，清查出租房屋1813户，登记流动人员1.79万人，检查寄递物流企业688家次。

“云端2017”行动 立各类经济犯罪案件33件，破案28件，其中部级督办件1件；抓获在逃人员13名。

【消防】 2017年，上杭县消防大队有执勤战斗车辆10辆，下辖3个现役执勤中队（西郊中队、古田中队、南岗中队），全年接警221起（其中火灾25

起，直接经济损失39.88万元），出动消防车330辆次，出动警力2095人次，抢救被困人员43人，疏散417人，抢救财产价值1129.1万元，全年无人员伤亡火灾发生。是年，大队有3人立个人三等功，古田中队被中共福建省委、福建省人民政府、福建省军区表彰为拥政爱民模范单位。

消防排查与整治　2017年，上杭县消防大队开展“重大活动消防安全整治”“高层建筑消防安全综合治理”等消防安全专项行动6次，检查单位1371家，发现火灾隐患1275处，督促整改火灾隐患1273处，发出责令改正通知书907份，发出行政处罚决定书53份，发出临时查封决定书20份，责令“三停”单位13家，罚款39.41万元，拘留1人，确定重大火灾隐患单位3家，全部按期整改。对辖区内高层建筑小区物业单位、主体单位集中开展大约谈2次，对全县投入使用的101栋高层建筑的物业公司、主体单位签订高层建筑消防安全责任告知书、承诺书，逐一明确责任，履行承诺。

拥政爱民　2017年，上杭县消防大队为群众排忧解难，开房门10余次、摘除马蜂窝50多个。官兵们每月去敬老院慰问，帮助老人打扫卫生、剪指甲理发，和老人们聊聊天，给老人们带去中队最新编排的文艺节目。每逢节日，大队官兵带着慰问品和助学金到贫困家庭走访慰问。大队组织官兵参加无偿献血。

消防宣传　2017年，上杭县消防大队官兵在居民住宅楼的小区公告栏、疏散通道、安全出口、电动车停放点等重点部位张贴提示海报。推动公共交通枢纽、公众聚集等场所利用LED屏、海报栏、宣传栏以及广播系统平台加强消防安全提示宣传。邀请“全民消防我代言”活动代言人到人员密集场所录制春节、元宵防火提示短视频。发动公众关注“福建消防”官方微信，寓教于乐提升消防宣传体验效果。开放消防站30余次，深入单位开展灭火演练92家，发放宣传材料5万余份。

■ 检察

【概况】 反贪污贿赂　2017年，上杭县人民检察院立案侦查涉嫌贪污贿赂犯罪案件4件9人，20万元以上的大案8人，涉案金额260余万元。其中，贪污犯罪7人、挪用公款犯罪1人、1人同时犯贪污罪和挪用公款罪。侦查终结并移送审查起诉10件15人。

反渎职侵权　全年立案侦查渎职侵权犯罪案件2件2人，其中玩忽职守犯罪1人，1人同时犯滥用职权罪和挪用公款罪。侦查终结并移送审查起诉3件3人。

审查逮捕　全年受理公安机关提请审查逮捕187件266人，经审查批准逮捕150件218人，不捕56人，提前介入重大、疑难案件的侦查活动6件次。

审查起诉　全年受理公安机关移送审查起诉483件635人，经审查向法院提起公诉423件537人，不起诉33人，移送其他检察院审查起诉8件9人，移送单位撤回3件7人。受理该院自侦部门和市检察院刑事执行检察局移送审查起诉职务犯罪案件14件19人，经审查向法院提起公诉11件16人。

生态资源检察　全年受理森林公安提请审查逮捕5件8人，经审查批准逮捕7件10人。受理森林公安移送审查起诉40件77人，经审查向法院提起公诉24件35人，不起诉3人。

刑事执行检察　全年针对刑事执行检察工作中发现的问题，发出纠正违法通知书2份、检察建议书5份，均得到纠正和采纳。对41名在押人员启动羁押必要性审查程序，建议办案机关变更强制措施21件21人，被采纳16件16人。

控申举报检察　全年受理各类信访100件，其中举报类信访12件，控告类信访79件，申诉类信访9件。该院办理25件，转其他机关办理75件。

民事行政检察　全年办理各类民事行政检察案件44件，其中办理生效裁判监督案件1件，诉讼违法行为监督案件37件，执行监督2件，督促行政机关依法履职2件，办理公益诉讼诉前程序1件，提起行政公益诉讼1件。

宣传工作　全年编发《主要检务工作》6期，《检察信息》12期。信息被省、市检察院采用74条，宣传稿件和调研文章被市级以上刊物采用63篇，在上杭电视台播出检察专题节目3期。开展“12·4”国家宪法日、“检察开放日”“法治进校园”巡讲、预防职务犯罪专题宣讲等宣传活动36场次。发挥新媒体普法宣传教育作用，通过“两微多端”及时推送检察动态信息650余条。

【违法犯罪行为打击】 2017年，上杭县人民检察院与法院、公安、人行等七部门建立联席会议制度，形成金融领域违法行为打击合力。为工程建设单位提供行贿犯罪档案查询1094件次，为经济发展营造良好法治环境。依法整顿和规范市场经济秩序，批捕破坏市场经济秩序犯罪7件11人，起诉27件32人。积极参与危害食品药品安全犯罪专项立案监督，保障人民群众“舌尖上”的安全，起诉食品药品安全领域犯罪8件10人。参与打击治理电信网络新型犯罪专项行动，起诉电信网络诈骗、侵犯公民个人信息等犯罪3件8人。开展破坏环境资源犯罪专项立案监督活动,依法惩治破坏环境资源犯罪,提前介入一起非法砍伐林木1180余立方米重特大案件,引导侦查取证,起诉犯罪嫌疑人6人,有力震慑毁林犯罪。注重生态修复,督促补植复绿18公顷,缴纳生态恢复补偿金13.8万元。

【刑事犯罪打击】 2017年,上杭县人民检察院依法履行批捕、起诉职责,重点打击严重影响群众安全感的犯罪,共批捕各类刑事犯罪案件157件228人,起诉447件572人。其中,批捕故意杀人、放火、爆炸等严重暴力犯罪27件33人、起诉21件31人,批捕"两抢一盗"、敲诈勒索、诈骗等多发性侵财犯罪32件43人、起诉54件74人,批捕涉麻涉毒犯罪17件23人、起诉20件29人。贯彻宽严相济刑事政策,对轻微刑事犯罪依法不批捕50人,不起诉37人;促成轻微刑事案件和解10件,促进案结事了人和。

【涉法涉诉机制完善】 2017年,上杭县人民检察院不断完善涉法涉诉信访工作机制,会同县司法局制订《律师参与化解和代理涉法涉诉信访案件的实施意见》。开展金砖会晤、十九大等重要时期检察环节信访维稳工作,梳理排查2014年以来受理的各类信访300多件,并对排查出的群众反映突出问题向9个乡镇发出信访风险提示,从源头预防和化解矛盾纠纷。加强国家司法救助工作,对2名生活陷入困境的刑事被害人予以救助,发放救助金8万元,传递司法人文关怀。开展未成年人司法保护,成立未成年人刑事检察部,落实社会调查、附条件不起诉、犯罪记录封存等制度,加强对涉罪未成年人的教育挽救。深化"法治进校园"巡讲活动,举办模拟法庭、专题宣讲13场次,受教育师生3200余人。

【反腐倡廉建设】 2017年,上杭县人民检察院着重查办涉农惠农、工程建设、文化教育等领域案件。完善与县纪委的协作互动办案机制,从中立案查办3人,对不构成犯罪的违纪问题线索,及时移送纪检监察部门作党政纪处理13人。利用县警示教育基地开展廉政教育全覆盖活动,受教育人数3000余人。深入乡镇、企业和学校开展预防职务犯罪专题宣讲21场次。开展"预防职务犯罪邮路"活动,发放《画说职务犯罪》宣传读本1600余册。贯彻落实国家监察体制改革试点工作的决策部署,配合县纪委做好人员转隶和编制、财物划转工作。开展清理积压线索和久立未结案件工作,职务犯罪案件在转隶前全部侦查终结并移送审查起诉。

【诉讼活动监督】 2017年,上杭县人民检察院强化刑事诉讼监督,监督侦查机关立案9件12人、撤案2件2人;对应当逮捕、起诉而未提请、移诉的,追加逮捕5人,纠正漏诉6人,追诉漏罪5起,书面纠正侦查违法5件次。加强对案件事实和证据的审查把关,对事实不清、证据不足的,不批捕12人、不起诉3人。加强刑事审判监督,审查刑事裁判425件,对认为确有错误的判决提出抗诉,法院改判或发回重审3件。强化刑事执行监督。开展"清查安全隐患、防范安全事故"专项检察活动,对看守所存在的安全隐患提出纠正意见7次。跟踪监督773名罪犯的社区矫正,提出书面纠正意见4份,纠正脱管漏管3人。监督490名罪犯的刑罚执行,纠正违法交付1人,监督3名审前未羁押判实刑罪犯及时执行刑罚。开展财产刑执行专项检察"回头看",核查涉财产刑执行1710人,督促执行47万余元。强化民事行政检察,开展公益诉讼试点工作,坚持主动出击,深入排查线索,及时启动诉前程序,提起上杭县首例行政公益诉讼案件,法院作出支持诉讼请求的判决,维护国家和社会公共利益。

【内外监督制约】 2017年,上杭县人民检察院始终坚持党的领导,自觉接受人大及其常委会监督,自觉接受政协民主监督和社会监督,主动向人大报告工作,定期向政协通报工作。配合人大常委会开展专题调研,落实人大审议意见,办理人大常委会转办的群众信访件。依托统一业务应用系统,对所有案件实行网上运行、流程管理、全程监控、提前预警,把内部监督贯穿于办案过程始终,杜绝违法超期等问题。不断完善涉案财物管理办法,加强涉案财物监管,推进执法办案精细化管理。完善案件质量评查机制,成立案件质量评查领导小组,建立案件质量评查人才库,组织评查案件72件、法律文书402份,及时纠正执法不规范问题。打造阳光检务,确保检察权在阳光下运行,依托案件信息公开系统,及时发布案件信息635件,公开法律文书410份。

【检察队伍建设】 2017年,上杭县人民检察院深入学习贯彻中共十九大精神,推动"两学一做"学习教育常态化制度化,增强"四个意识"、坚定"四个自信"。加强和改进意识形态工作,制订实施细则,强化责任担当,履行好维护司法领域意识形态安全的重要职责。落实司法责任制改革部署,完善检察权运行机制,突出检察官办案主体地位,不断提高司法办案质量和效率。以员额制检察官选任为重点,完成检察官、检察辅助人员、司法行政人员分类管理。落实人力资源重点向办案一线配置的要求,建

上杭县人民检察院负责人名表

表 5

姓 名	籍 贯	职 务	任职时间	职 级
戴宇明	福建新罗	党组书记、检察长	2016.7—	副处
刘伟东	福建上杭	党组专职副书记	2012.7—	正科
李彪麒	福建上杭	党组副书记、副检察长	2012.7—	副处级职级
郭鸿麒	福建上杭	党组成员、副检察长	2002.8—	副处级职级
钟汉桥	福建长汀	党组成员、副检察长	2010.12—	正科
林 轼	福建上杭	党组成员、纪检组长	2010.12—	正科
李建红	福建上杭	党组成员、政治处主任	2010.12—	正科
林伟红	福建上杭	党组成员、公诉科长	2010.12—	正科
谢详明	福建上杭	检委会专职委员	2010.12—	正科级职级

立“检察官+检察辅助人员”的办案新模式，办案岗位人员达86.7%，一线办案力量不断增强。推进党风廉政建设，贯彻中央八项规定精神，切实把纪律和规矩挺在前面。完善监督机制，制定《关于深化落实市委2号文件专项整治实施方案》，加强对制度执行的监督检查，坚决维护纪律刚性。制定《关于加强考勤会议监督执纪问责的若干规定》，持之以恒抓好干警日常管理，树立检察队伍良好形象。

法院

【概况】 2017年，上杭县人民法院受理案件7575件，比降3.34%，审结7157件，比增4.68%，未结案件418件，比降58.2%，结案率94.48%。

是年，上杭县人民法院持续开展“杭川法苑办案之星”、执法办案竞赛等争创活动，12名法官获评“办案之星”。注重司法技能提升，开展民商事审判例会、法官论坛等活动，推进专题轮训、岗位练兵，组织干警培训345人次。注重法院文化引领，建设电子阅览室、党员活动室，开展“坚定理想信念”全员读书等活动，微电影《初心》获评全国法院优秀微电影。上杭县法院荣获“全省优秀法院”称号，9个集体、15人次受到县级以上表彰。

【刑事审判】 2017年，上杭县人民法院受理刑事案件483件632人，审结462件592人，给予刑事处罚542人，免予刑罚5人，宣告无罪2人。其中，适用普通程序159件，占案件总数的34.42%；简易程序303件，占案件总数的65.58%。审结的刑事案件中，盗窃罪39件51人；抢劫罪2件7人；诈骗罪8件13人；抢夺罪1件1人；敲诈勒索罪1件1人；交通肇事26件26人；危险驾驶罪154件154人；涉及枪支、爆炸物犯罪47件48人；寻衅滋事罪21件52人；聚众斗殴罪7件34人；故意伤害罪21件36人；强奸罪6件6人；猥亵儿童罪2件2人；非法拘禁罪1件2人；涉毒犯罪17件19人；开设赌场罪22件24人；信用卡诈骗罪11件11人；非法经营罪10件14人；生产销售假药罪9件10人；挪用公款罪3件3人；行贿罪3件3人；受贿罪1件1人；组织考试作弊罪1件4人；拒不支付劳动报酬罪1件1人；放火罪1件1人；失火罪3件3人；涉林木刑事案件16件27人；审结刑事附带民事案件23件，涉案标的517.92万元。全年审理的案件中，判处5年以上有期徒刑15人，3年以上5年以下有期徒刑24人，3年以下有期徒刑112人，拘役64人，判处缓刑306人。

【民商事审判】 2017年，上杭县人民法院受理各类民商事案件2968件，比降14.44%，审结2850件，比降7.89%，其中调解、撤诉结案1246件，调撤率44.66%。已结案件中，婚姻家庭、继承纠纷类案件459件(其中，离婚案件397件)；合同纠纷案件1948件，诉讼标的2.58亿元；权属、侵权纠纷类案件443件，诉讼标的3897.96万元。

【行政审判】 2017年，上杭县人民法院审结行政案件521件，其中审结行政诉讼案件36件，审查行政非诉执行案件 485 件，审结上杭县首例行政公益诉讼案。已结行政诉讼案件中，判决履行法定职责 1 件，驳回诉讼请求 8 件，驳回起诉 8 件，行政赔偿调解 1 件。审查的行政非诉案件，裁定准予执行 474 件，准执率 97. 73%。

【执行工作】 2017 年，上杭县人民法院受理各类执行案件 3579 件，执结 3303 件，比增 5. 67%和 17. 34%，执结标的额 6425. 9 万元。

建立执行联动机制，县出台《上杭县联合惩戒失信被执行人实施方案》，联合 53 家单位实施 24 项惩戒措施，形成综合治理工作格局。围绕“基本解决执行难”工作目标，打好“春夏秋冬”四场战役，开展强制腾房、车辆集中查扣行动，严厉打击拒不执行、规避执行行为，司法拘留 131 人，比增 52. 3%。开展“清晨执行”“假日执行”，执结涉民生案件 271 件，到位标的额 282. 3 万元。构建立体曝光模式，将失信纳入综治负面清单，对接失信信息 6907 条，发布失信企业 213 家。开展曝光进乡村、社区活动，张贴、散发督促执行公告 3600 余份，让失信名单进村入户。加大财产处置力度，司法拍卖 18 件，溢价率 19. 34%。推进失信联审联鉴，持续联合审查党员、干部失信行为，联审 4533 人次，16 人受限，促自动履行 78 件。支持党员干部诚信建设，开展涉公职人员专项执行行动，督促执行完毕 53 件，执行到位标的额 200. 71 万元。创新执行网格化机制，发展执行联络员，借助社会力量推进解决执行难。拓宽联合查控渠道，联合交警部门建立车辆联合查扣机制，预警布控，查封车辆 216 辆。加强与不动产登记中心、银行等单位查控对接，全面提升查控速度。顺应司法改革要求，设立执行团组，建立分段集约执行模式。设立执行警务机动小组，强化执行警务保障。实行执行流程“四限定”，对关键节点进行动态监测、评估，平均执行时间同比缩短 40%。规范“终结本次执行程序”适用，建立终本案件循环查询机制，恢复执行 333 件。规范案款管理，开展执行案款专项清理行动，对专户暂存款逐笔倒查，清理执行案款 3189. 29 万元。

【司法服务】 2017 年，上杭县人民法院落实“谁执法谁普法”责任，开展禁毒、环保、妇女儿童维权等专项法律宣传 20 场次，官方网站、微博、微信以案释法 1405 条次，推进法治上杭建设。落实“四下基层”，设立巡回审判站点，开展上门立案、就地调解、巡回开庭，促进基层“法治、德治、自治”建设。推动将涉诉信访纳入法治轨道，加大涉诉信访矛盾化解力度，接待来访 68 人次，妥善处理信访案件 58 件。

围绕“三大战役”，找准司法服务“项目落地”对接点，参与政府重大决策、重大项目研究论证，为古田城市快速通道、下道湖整村搬迁等项目建设提供法律风险评估和法律咨询意见。助力精准扶贫，建立司法扶贫“二三四”机制，落实帮扶措施 327 项，帮助脱贫 63 户，司法助力扶贫经验在全省法院会议上作典型发言。坚持“绿水青山就是金山银山”理念，司法助力生态文明县城、“一江两河”水环境治理，就规范矿山生态修复发出司法建议，建立“点线面”生态巡回服务网络。

【司法信息化建设】 2017 年，上杭县人民法院强化“互联网+”思维，将建设“三中心三平台”项目列入 2017 年度县域综合治理重点项目。加强司法大数据运用，引进自助诉讼服务终端，让诉讼服务“一键获取”。启用电子卷宗同步生成系统，生成电子卷宗 2297 份，实现案件材料实时电子化。深化司法信息公开，11 个科技法庭接入中国庭审公开网，网络庭审直播 147 场。强化裁判文书上网公开，上传裁判文书 3912 份。深化“两微一网”建设，新增入驻“一点资讯”“网易云”信息平台，让群众随时随地了解司法信息。

【司法改革】 2017 年，上杭县人民法院全面推进审判权力运行机制改革，组建 12 个新型审判团队，完善裁判文书签发机制，“让审理者裁判，由裁判者负责”得到落实。实行“随机分案+动态调整”分案机制，实现“均衡办案、办案不挑”。坚持业绩与能力双考核，晋升法官 23 人，开展第二批法官入额遴选。落实领导带头办案，院庭长办案 1960 件，比增 32. 02%。深化内设机构改革，实行人员分类扁平化管理，细化责任清单，工作效能进一步提升。建立专业法官会议制度，对共性的类案明确法律适用，避免“同案不同判”。落实案件繁简分流，建立分流体系，实行简案快审、繁案精审，民事一审案件简易程序适用率 81. 56%，获评“全省案件繁简分流机制改革示范法院”。设立速裁庭，建立“快司法”速裁机制和速裁预约网络，实现简案快办。推进家事审判机制改革，设立家事调查员，建立多员合一的家事调查审判模式。设立诉调对接中心，建立“专兼聘”为一体的调解队伍，多元纠纷解决机制进一步完善，繁简分流和速裁调解审结案件 947 件。

【司法监督】 2017 年，上杭县人民法院始终坚持把接受党委领导、人大监督作为人民法院的政治自觉，作为不断改进法院工作的强大动力和重要保障。自觉接受人大监督，主动向人大及其常委会报告全面工作和重大

上杭县人民法院负责人名表

表6

姓　名	籍　贯	职　务	任职时间	职　级
洪炳龙	福建武平	党组书记、院长	2015.12—	副处
郭晓华	福建上杭	党组副书记 副院长	2012.7— 2012.8—	正科
罗洪崖	福建上杭	党组成员 党组专职副书记	2002.9— 2012.7—	正科
邱福琴	福建上杭	党组成员 副院长	 2002.9—	正科
廖彩云(女)	福建上杭	党组成员 政治处主任	 2003.1—	正科
赖建华	福建上杭	党组成员 纪检组长	2012.7— 2012.7—	正科
李维贵	福建上杭	党组成员 审判委员会专职委员	2002.9— 2010.2-	正科
王彬芳	福建上杭	党组成员 古田法庭庭长	2012.7—	正科
田承于	福建上杭	审判委员会专职委员	2010.2—	正科

事项,专题报告法院执行工作,配合做好县人大常委会开展专题调研和集中视察活动。规范和完善代表意见建议办理机制,妥善办理人大交办、督办事项7件。完善与代表日常联络机制,开展集中走访代表活动,主动邀请旁听案件审理、现场监督执行、视察法院工作等75人次。主动接受各界监督,定期向县政协通报工作,认真办理委员提案。完善人民法院监督员制度,聘请人民法院监督员8名。支持检察机关依法履行法律监督职责,认真回复检察建议,邀请检察长列席审判委员会会议21人次。深入推进司法民主,加强陪审员的培训、管理和履职保障,一审普通程序陪审率94.74%。

■ 司法行政

【概况】 2017年7月13日,龙岩市人民调解"双争双做"活动现场会在上杭县召开。10月25日,上杭县司法局在省司法厅、省法院联合召开的全省人民调解工作会议上作题为"主动融入多元化解,打造人民调解工作品牌"典型发言。10月31日,上杭县"全国法治县"创建工作通过省依法治省办的考核验收。11月9日,县司法局在武夷山召开的"全省一村(社区)一法律顾问"现场会上作典型经验发言。

是年,县委任命15名干部为实职副科司法所所长,其中新提拔10人,由副科级所长转任5人。3名副科级所长转为副主任科员。全县22个司法所共配备实职副科所长20名,副主任科员5人,副科配备率113.6%。全年组织系统干部职工进行社区矫正业务、人民调解业务、法律援助、公文写作等业务知识培训4次,参加人数780人次。

【普法依法治理】 2017年,上杭县司法局组织10批次共90人参加拟提拔(转任)人员任前法律知识考试。11月20日,首次采用网络、微信方式,组织全县公职人员及村(社区)主干和六大员1.3万余人参加2017年度学法考试。12月4日,围绕"学习贯彻党的十九大精神 维护宪法权威"这一主题,在瓦子街开展"12·4"国家宪法日集中宣传活动。

【人民调解】 2017年,在龙岩市开展的"双争双做"活动中,先行先试,精心谋划、制订363工程(即用3年时间培育60名金牌调解员和30个品牌调解室),精准推进,命名表彰14个品牌调解室、23名金牌调解员,其中9个品牌调解室、9名金牌调解员获得市局命名表彰。2017年,上杭县各级调解组织排查各类矛盾纠纷1370件,

2017 年 9 月 21 日，临城司法所到玉女村调解民事纠纷

（县司法局供稿）

调解各类矛盾纠纷 1370 件，涉及当事人 3890 人，金额 2849 万元，成功率 100%，履行率 100%。其中，婚姻家庭 93 件、邻里纠纷 327 件、道路交通事故 253 件、损害赔偿纠纷 169 件、合同纠纷 70 件、征地拆迁纠纷 39 件、山林土地纠纷 120 件、房屋宅基地纠纷 87 件、生产经营纠纷 13 件、环境污染纠纷 5 件、劳动纠纷 28 件、医疗纠纷 9 件，其他纠纷 157 件。各司法所向《调解有一套》《调解现场》报送 26 条采编线索，共拍摄 10 期。下都司法所选送的调解案例被中华全国人民调解员协会评选为金牌调解案例。

【社区矫正】 2017 年，上杭县接收社区服刑人员 365 人，解除社区矫正 404 人，年末在册人员 349 人。给予社区服刑人员警告 52 人次、治安处罚 5 人、收监 3 人。接受法院、检察院、监狱等机关委托，办理适用社区矫正前社会影响调查等评估案件 113 件，居住地核实认定 240 件。社区服刑人员办理定位手机 339 人，办理定位手机率 97.1%。对 22 名重点人员佩戴电子手环。全年接收刑满释放人员 555 人，至 2017 年 12 月底，共有刑满释放人员 2163 人。

【法律服务】 2017 年，上杭县“一村（社区）一法律顾问”工作得到落实，全县顾问律师为村（社区）、群众解答法律咨询 3842 人次，提供法律意见 621 条，制订审查修改合同 42 件，协助息访 30 件、处置突发事件和群体性事件 10 件。全年组织律师参与每月 15 日县领导信访接待活动。全县律师参与服务重点项目 36 件，为政府重大决策提供法律服务依据 6 条，为项目建设提供法律意见 72 条。全县律师事务所与 17 家企业开展结对子法律顾问帮扶活动。全县律师办理各类案件 566 件，其中刑事诉讼辩护及代理 186 件、民事诉讼代理 290 件、非诉讼代理 31 件、行政诉讼代理 38 件、仲裁业务代理 21 件。县中心法律服务所代理各类案件 188 件，担任村居法律顾问 30 家。县公证处办理各类公证 443 件，其中国内公证 270 件，涉外公证 113 件、涉台公证 48 件、涉港公证 2 件、涉澳公证 10 件。

【法律援助】 2017 年，上杭县依托公共法律服务中心建立“12348”法律服务热线平台，6 月 1 日与省厅实现 QQ 连线。全年组织办理各类法律援助案件 543 件，其中民事案件 439 件、刑事案件 104 件，受援 543 人。

■ 维权仲裁

【劳动关系与劳动监察】 2017 年，上杭县完善劳动保障执法监察与司法联动机制建设，维护劳动者合法权益，推进“无欠薪项目部”创建活动，全年有 6 个项目部开展创建活动。全县劳动合同签订率 97.2%，保持稳中有升的良好态势。全县受理涉及劳资纠纷的信访、投诉、举报等案件 63 件，涉及劳动者 273 人，劳资纠纷款 612.5 万元。全年向司法机关移送拒不支付劳动报酬类案件 1 件，涉及劳动者 42 人，涉及欠薪金额 22.19 万元。

【劳动人事争议仲裁】 2017 年，上杭县推进调解仲裁机构实体化建设，实现办案场所正规化、调解仲裁队伍专业化。全年劳动争议仲裁受理案件 103 件，其中仲裁裁决 21 件，仲裁调解 78 件，涉及人数 128 人，涉案金额 95.63 万元。

责任编辑：袁发昌

经济管理

■ 综述

【概况】 2017年,上杭县发改局牵头负责的项目落地攻坚战役获全市综合类奖二等奖,被县委、县政府评为“三大战役”优秀服务单位;全年全县固定资产完成投资312.15亿元,比上年增长21.3%,增幅全市排名第一;全年全县29个工程包完成投资54.54亿元,占年度计划投资32.54亿元的167.6%,在A类县(市)考核排名第二;全年固定资产投资增长量及增长速度、新增项目总数和新开个项目数、新开工产业项目数和总投资等五项综合得分位居全市第一。

【计划规划编制】 2017年,上杭县发改局编制完成《上杭县领导干部带头策划重大项目工作机制》《上杭县2017年项目落地攻坚战役实施方案》《上杭县2017年度“三大战役”绩效管理考评办法》《上杭县生态文明建设目标评价考核实施方案》《上杭县分解落实龙岩市2017年服务业发展“三比一看”竞赛活动方案》《上杭县2017年深化医药卫生体制改革工作要点》《上杭县建立完善守信联合激励和失信联合惩戒制度加快推进社会诚信建设实施方案》《2017年上杭县社会信用体系建设工作要点》《2017年上杭县投资工程包实施意见》《建立促进大数据发展联席会议制度》等一系列政策性文件,并报县委、县政府下发执行。

【经济运行分析】 2017年,上杭县发改局会同相关部门加强对主要经济指标、项目落地、国家专项建设基金、工程包、固定资产投资等跟踪分析调度,及时发现全县经济在适应“新常态”和“十三五”规划实施过程中出现的新矛盾、新问题,每月召开经济形势分析联席会议,书面分析经济运行报告,提出需要关注的突出问题及对策建议,当好县委、县政府决策参谋助手,各项经济社会主要指标完成情况总体良好。

【项目建设】 项目落地攻坚战役 2017年,上杭县发改局围绕“五个一批”“七大领域”工作任务目标,健全协调机制,发挥牵头抓总作用,推进项目落地攻坚战役工作。全县54个县重点建设项目,总投资421亿元,年度计划投资66.6亿元,是年完成投资68.9亿元,完成年度计划投资的103.5%。市落地攻坚战役项目成效显著。“五个一批”项目中,“谋划一批”:市下达谋划任务28个,2017年度评审通过53个,完成市任务的189.3%,全市排名第二。“签约一批”:市下达签约项目28个,2017年度签约82个,完成市任务的292.9%,全市排名第一。“开工一批”:市下达开工项目11个,2017年度开工15个,完成市任务的136.4%,全市排名第三。“投产一批”:市下达投产项目6个,2017年度投产17个,完成市任务的283%,全市排名第三。“增资一批”:市下达任务1.32亿元,2017年度增资5.62亿元,累计完成市目标任务的426%,全市排名第一。“七大领域”项目:2017年上杭县列入市落地攻坚“七大领域”项目共40个(其中,省市重点35个,重大行动计划项目2个,技改项目3个),总投资488.5亿元,年度计划投资62.3亿元,2017年度完成投资88.2亿元,占年度计划投资的141.5%,全市排名第四。“重中之重”项目:2017年,共有5个项目列入市“重中之重”(鸿航有色金属及五金水暖卫浴产品生产项目、紫金山罗卜岭铜矿采选工程、上杭太阳铜业连铸连轧铜杆生产项目、紫金彩坑尾矿库建设项目、上杭铭麟过硫酸盐生产项目),总投资68.9亿元,年度计划投资7.9亿元,2017年度完成投资10.2亿元,占年度计划投资的129%。

补短板项目 围绕省、市“补短板”工程的投资重点和资金投向,强策划,补短板,抓好教育、卫生与健康、养老,以及城乡民生基础设施领域补短板项目实施。制订《上杭县关于加快我县教育事业发展的实施方案》,2017—2020年计划实施教育事业补短板项目3类共43个项目,项目总投资6.06亿元;制订《上杭县关于加快医疗卫生事业发展的实施方案》,2017—2020年方案计划实施卫生事业发展基础设施建设项目17个(新建15个,改造2个),项目总投资9.95亿元;养老领域制订《上杭县关于加快养老事业发展的实施方案》,2017—2020年计划实施养老事业发展建设项目8个,项目总投资2.83亿元;城乡民生基础设施领域:制订《上杭县人民政府关于加快城乡民生基础设施建设的实施方案》,2017—2020年计划实施城乡民生基础设施建设项目9类,共110个项目,其中:交通畅通工程项目16个,总投资48.78亿元;水环境治理工程项目7个,总投资3.95亿元;供水安全工程项目8个,总投资5.76亿元;防洪防涝工程项目9个,项目总投资1.71亿元;城乡洁净工程项目11个,项目总投资1.57亿元;管网建设项目工程6个,项目总投资7.85亿元;景观提升工程项目26个,项目总投资19.83亿元;配套服务工程项目23个,项目总投资21.9亿元;智慧城市工程建设项目4个,项目总投资1.43亿元。

能源领域项目会战　2017年,列入能源领域会战项目:华能国际上杭茫荡洋风电场、新一轮农村电网升级改造、上杭县昆润管道天然气建设、上杭县中阳龙翔液化天然气储配综合站等4个项目,项目总投资7.42亿元,年度计划投资4.23亿元,实际完成投资4.64亿元,超额完成年度目标任务。

高新技术产业和战略性新兴产业　2017年,新能源汽车产业:福建金山锂科新材料有限公司年产两千吨锂离子电池高性能储能材料、福建省龙德新能源股份有限公司年产6000吨新能源材料;新材料产业:龙岩思康特种化学品有限公司思康有机氟/硅新型合成材料产业化、上杭微波通线缆有限公司高性能射频电缆生产、福建闽烯科技有限公司"大面积石墨烯薄膜制备技术与设备研发"项目、上杭鑫昌龙实业有限公司石墨烯产业化项目;生物与新医药产业:福建省希望生物科技有限公司一种治疗猪胃肠炎的中药制剂等项目。这些项目的落地投产将填补上杭县部分战略性新兴产业的发展空白。

充电基础设施建设规划前期工作　按照"适度超前、车桩相随、智能高效"原则,优先建设公共服务领域充电基础设施,推进居民小区等充电桩建设。会同县住建局编制电动汽车充电基础设施建设规划并报规委会审批。2017年,实施上杭县江滨西路滨水景观停车场充电站、古田景区充电站各1座和帝豪时代广场充电桩建设,总投资390万元。

光伏发电奖补项目　根据国家、省、市脱贫攻坚相关精神,鼓励符合条件的贫困村和贫困户依托屋顶等附属物建设光伏发电项目,市、县均出台光伏扶贫项目的奖补相关政策文件,市出台贫困户兴建或参与建设的,每千瓦补助1000元,市、县各承担50%,2017年下达奖补资金4.47万元;县出台建设容量不低于30千瓦的贫困村,给予奖补10万元,建设容量不低于50千瓦的贫困乡镇,给予奖补20万元。牵头开展项目申报工作,2017年上半年下达奖补资金190万元,下半年下达奖补资金140万元。

"互联网+项目管理"　利用互联网技术,建立上杭县项目储备和管理系统网络平台,采用项目储备与管理系统进行项目管理工作,规范项目申报、储备以及进展跟踪工作,提高项目管理效率,各级各部门通过该系统并经重点办认可的"五个一批"入库项目808个,其中谋划项目428个,签约项目90个,开工项目233个,竣工项目26个,增资项目31个。

PPP项目　推进政府和社会资本合作(PPP),完善公共服务和基础设施领域鼓励民间投资参与的政策措施,及时滚动更新PPP储备项目,全年更新储备项目17个,其中2个列入市级储备库,4个纳入国家开发银行有意向贷款项目。

"6·18"项目对接　第十五届"6·18"共征集对接项目135项,总投资36亿元,发布企业技术需求30项。邀请10名专家参会,40多家企业60多人参会。6月18日,3个项目在"龙岩市项目成果推介暨签约仪式"现场签约,总投资11.9亿元。

第三产业　现代服务业"三比一看"竞赛活动新增规模以上服务业企业21家,其中其他营利性服务业企业8家。全年服务业(第三产业)增加值实现103.4亿元,首次突破100亿元,比上年同期高出1.3个百分点,比市目标高出0.7个百分点,总量排名居全市第二位,增速排名居全市第三位。在市2017年现代服务业"三比一看"竞赛活动中综合排名第三。

【重大项目策划】　2017年,根据《上杭县领导干部带头策划重大项目工作机制》规定,县委、县政府领导每人每年谋划项目2个以上;县人大、县政协领导每人每年谋划项目1个以上;县直经济社会管理及服务单位主要负责人每人每年谋划生产性项目2个以上;各乡镇主要负责人和其他县直单位主要负责人每人每年谋划项目1个以上。全年全县各级领导干部共谋划项目(含落地攻坚谋划项目)540个,总投资2462.29亿元,1亿元~10亿元项目257个、10亿元~30亿元项目85个、30亿元以上项目19个,超额完成年度204个策划项目任务数。

【特色小镇建设】　2017年,上杭县组织才溪、通贤、蛟洋、官庄等乡镇完成概念性规划编制,申报第二批省级特色小镇创建名录,协助古田镇做好国家级特色小镇的创建工作,完成《古田红色小镇创建规划》的编制、评审和批复工作,启动古田特色小镇三年提升行动,古田红色小镇全年完成工程包投资5.46亿元。通贤镇列入市级特色小镇。

【项目资金争取】　2017年,上杭县可参照执行西部地区政策累计114项,落实政策累计109项,可参照但未落实或正在落实的政策5项。申报中央财政补助项目219个,申请中央补助资金14.94亿元;落实项目181个,到位资金8.49亿元。

【体制改革】　医药卫生体制改革　2017年,上杭县推进按病种付费改革,实施128种单病种付费改革。从7月1日起,实现城乡居民医疗保险、大病保险、医疗救助、精准扶贫医疗叠加保险"四位一体"的"一站式"结算,从根本上解决群众报销"多方跑"的问题。按照省、市文件规定,结合上杭县实际,落实建档立卡贫困人员(脱贫对象除外)城乡居民基本医疗保险参保及报销优惠政策、健康扶贫、三保合一、大病保险等政策。自7月1日起,城乡居民医保系统仅支持社保卡刷卡结算,实现职工医保、城乡居民医保“一张网”,解决“一院一卡”和“一人多卡”的问题,方便群众就医,在就医过程中所产生的信息,都会以社会保障号码为索引进行保存留痕,避免不必要的重复检查。

企业改制上市　落实县政府与兴业证券签订的战略协作协议,不定期与券商、海交所等有关中介机构一起深入企业,开展改制上市和场外市场挂牌等进入资本市场融资方面的指导,鼓励企业发行7个专项债券和6个债券创新品种、农村产业融合发展和社会领域产业专项债的发行宣传、筹划,鼓励引导企业做强做大。

行政审批制度改革　继续推进“放、管、服”工作,推进“一趟不用跑”和“最多跑一趟”改革;推进全流程网上办事大厅建设,实现“互联网+行政审批”服务;精简“小规模”项目办理流程。对符合条件的“小规模”项目,合并项目建议书和可行性研究报告审批,取消初步设计及概算审批,开通绿色通道,缩短办理时间。

经济社会事业和生态文明体制改革　2017年,经济社会事业体制12类62项改革任务全面完成,完成率100%,生态文明体制5类21项任务全面完成,完成率100%。“大古田”建设管理机制、国地税合作县级示范基地、健康扶贫等一批改革走在全市乃至全省的前列。

公务用车制度改革　围绕车改补贴标准、车改后需要保留的公务和执法执勤用车数量等若干问题,研究对接市公车改革实施方案,牵头制订县公务用车改革具体实施方案并报市车改办首个获批实施,年底实现全县封车。

■财政

【概况】　全县财政收支情况　2017年,上杭县财政总收入完成33.26亿元,比增1.54亿元,增长4.85%,其中地方级财政收入完成25.13亿元,比增2.2亿元,增长9.59%。全县一般预算支出47.4亿元(含省市专项支出11.59亿元),比增3.8亿元,增长8.72%,其中县本级一般预算支出32.92亿元。全县政府性基金收入4.05亿元,比增1.11亿元,增长37.66%;政府性基金支出5.26亿元,比增1.14亿元,增长28.8%。

乡镇财政管理　县财政继续引导乡镇政府改进预算管理,合理安排预算,改变县财政“大包大揽”现状,明确乡镇支出责任,核定乡镇支出总额,逐步将乡镇支出纳入预算管理和国库集中支付范围,提高财政资金使用效率。

2017年,乡镇财政税收总收入完成16812万元,比减39487万元,减幅70.14%,其中国税征收部门完成10887万元,比减39680万元,减幅78.33%;地税征收部门完成5935万元,比增293万元,增幅5.19%。乡镇税收总收入减幅较大的原因,主要是受2016年营改增政策和2016年实施新一轮县对乡镇财政管理体制影响,以及2017年与2016年乡镇税收总收入的统计口径不同。

2017年,上杭县乡镇财政本级收入完成8223万元,比增1040万元,增幅14.48%。

2017年,上杭县乡镇财政本级一般预算收入8223万元,定额补助5564万元,专项补助7089万元,转移支付补助6617万元(其中,计生税费改革转移支付专项补助241万元,村级各大员补助489万元,村级组织运转和村干部工资补助3505万元,政策性增资补助2357万元),2016年结余2790万元,收入总计27493万元。一般预算支出24618万元,上解支出1236.39万元(其中,定额上解837万元,超收分成上解399.39万元),支出合计30206.49万元,年终滚存结余为赤字2660.48万元,当年结余52.56万元。

财政专户资金决算概况　2017年,上杭县乡镇财政专户资金收入8057.48万元,比增455.48万元,增幅6%,专户资金支出15435万元,比增2911万元,增幅23.24%,当年收支出现赤字7378万元,全县滚存结余为赤字31870万元。当年和滚存结余均出现较大赤字,主要原因是大部分乡镇财政专户无稳定收入,而刚性支出却不断增加。

【财政服务】　服务“三大战役”　2017年,上杭县财政继续拨付政府投资项目资金11.97亿元,保障“三大战役”(项目落地、脱贫攻坚、生态环保)提升工程的顺利实施,安排重大项目策划工作经费1000万元。

财政票据电子化管理　2017年,全县核销175个用票单位的财政票据27.09万份(其中,电子票据19.33万份,手工票据7.76万份)。

会计从业资格人员管理　2017年,全县报名会计专业技术资格初级、中级职称人数642人(其中,初级职称348人,中级职称294人)。行政服务中心财政局窗口共受理191件承诺件,其中申报、审批、发放会计从业资格证132本,办理会计从业资格证调转52人次,办理会计人员职称、学历变更6人次,办理会计证遗失补办1件。

财政投资评审　2017年,完成评审项目92个,比增10个,送审投资总额10.37亿元,审定投资总额9.53亿元,节省财政资金0.84亿元,平均审减率为8.09%,比2016年下降0.86个百分点。

支持工业企业发展　2017年,安排中小企业发展资金1亿元,设立企业应急专项资金1亿元,为23家企业应急转贷38笔次,周转资金3.79亿元,全年实际兑付各项优惠政策款1.39亿元;安排科技三项资金260万元、中小企业科技创新资金100万元、科技专利奖励资金256.4万元,用于科技含量高的技术开发成果的转化;及时兑现外贸出口企业奖励金920万元。

2017年度上杭县一般预算收支情况表

表7 单位:万元

预算科目	决算数	预算科目	决算数
一、税收收入	110990	一、一般公共服务支出	38984
增值税	45152	二、外交支出	0
其中:改征增值税	12948	三、国防支出	298
营业税	406	四、公共安全支出	18950
企业所得税	15597	五、教育支出	89162
企业所得税退税	0	六、科学技术支出	8687
个人所得税	8500	七、文化体育与传媒支出	4375
资源税	18637	八、社会保障和就业支出	34656
城市维护建设税	4808	九、医疗卫生与计划生育支出	65315
房产税	3530	十、节能环保支出	33192
印花税	3531	十一、城乡社区支出	72613
城镇土地使用税	1183	十二、农林水支出	61788
土地增值税	1507	十三、交通运输支出	5117
车船税	1083	十四、资源勘探信息等支出	8080
耕地占用税	1376	十五、商业服务业等支出	2897
契税	3078	十六、金融支出	1026
烟叶税	3008	十七、援助其他地区支出	0
其他税收收入	0	十八、国土海洋气象等支出	2197
二、非税收入	140318	十九、住房保障支出	3172
专项收入	6653	二十、粮油物资储备支出	1037
行政事业性收费收入	4406	二十一、其他支出	20115
罚没收入	3044	二十二、债务付息支出	2240
国有资本经营收入	119372	其中:地方政府一般债券付息支出	2240
国有资源(资产)有偿使用收入	3633	二十三、债务发行费用支出	108
其他收入	3210		
三、上年结余	10818		
四、上级补助收入	171494		
本年收入合计	433620	本年支出合计	474009

2017年上杭县乡镇财政收支结余情况表

表8　　　　　　　　　　　　　　　　　　　　　　　　　　单位：万元

乡镇	收入			支出			滚存结余			当年结余		
	合计	预算内本级收入	乡镇专户资金收入	合计	预算内支出	乡镇专户资金支出	合计	预算内结余	乡镇专户资金结余	合计	预算内结余	乡镇专户资金结余
合计	16281	8223	8057	19270	1236	20507	28918	15436	-31966	52	-32018	-10038
临江	2018	1576	443	596	785	1381	1041	459	1231	793	438	329
临城	1703	771	932	1144	63	1207	1838	1265	85	245	-160	-319
湖洋	296	239	58	1089	—	1089	1364	373	-1216	51	-1267	-351
中都	327	170	157	1026	—	1026	1357	519	-377	-34	-343	-523
下都	418	84	335	650	—	650	833	651	-505	132	-637	-416
庐丰	286	133	153	1617	—	1617	1827	76	18	-178	196	0
茶地	568	78	490	654	—	654	780	745	-548	92	-639	-304
泮境	173	87	86	568	—	568	759	400	-1394	-33	-1361	-418
蓝溪	90	87	3	1170	—	1170	1356	864	-3,077	-1262	-1815	-960
稔田	299	213	87	978	—	978	1262	726	-401	231	-632	-712
太拔	482	187	295	624	—	624	779	292	133	355	-222	35
溪口	211	167	44	763	—	763	896	457	-1320	181	-1502	-379
白砂	389	345	43	886	—	886	1431	1065	-2534	445	-2980	-1221
蛟洋	550	546	4	950	—	950	2435	354	-1619	-324	-1295	-1289
古田	1909	1144	765	1038	253	1290	2917	754	-2360	306	-2667	-976
步云	223	129	94	841	—	841	926	485	-4351	-324	-4028	-348
旧县	2063	279	1784	1146	33	1179	1675	1810	-1582	240	-1822	-310
才溪	2372	673	1,699	474	95	569	1198	2,250	-152	549	-702	-699
通贤	594	473	121	693	—	693	896	394	-469	750	-1220	-3
南阳	403	339	64	809	7	816	1366	708	-6395	-1113	-5282	-868
官庄	763	425	338	1045	—	1045	1312	635	-4649	-901	-3749	-139
珊瑚	145	81	64	510	—		670	152	-480	-151	-330	-167

【财政促进公共事业发展】 加快推进教育事业发展　2017年，上杭县一般预算教育支出8.92亿元，其中安排7843.05万元落实义务教育阶段学校生均公用经费、寄宿生生活补助、中等职业学校国家助学金、中等职业学校免学费资金、城乡低保家庭入园幼儿保教费补助经费、普通高中学生助学金、少数民族学生助学金及特殊教育学校学生“两免一补”（免学费、免教科书、补助寄宿生生活费）经费等；投入2009万元用于中小学教育教学设施设备、寄宿制学校生活设施、学校运动场改造建设；安排4235万元继续实施全面改革、学校安全长效机制建设。

加快推进文体事业发展　2017年，县财政文化体育与传媒支出

5771.05万元，继续改善文化活动场所和设施，提高和丰富全县群众文化体育水平。

推进“平安上杭”建设　2017年，县财安排公共安全支出1.91亿元；综治经费安排支出1196万元；筹措资金支持平安上杭建设，全年共安排平安上杭治安监控建设及畅通安防红绿灯工程建设资金1946.19万元，保证全县为民办实事资金支出需要。

支持计划生育工作　2017年，上杭县继续落实各项计生政策，全年共安排计生专项资金2719.24万元，保证计生宣传、计生工作稳定开展、流动人口管理、孕前优生健康检查试点等资金需要。

【支农惠农政策落实】　推进“美丽乡村”建设　2017年，上杭县财政投入1070万元继续加大美丽上杭新农村党建综合示范点和12个重点培育村项目建设。启动实施步云乡兴隆村、庐丰乡上坊村、稔田镇镇歧村等14个美丽乡村“千村整治、百村示范”工程，主要实施“三旧房屋”（旧城镇、旧厂房、旧村居）整治、垃圾处理、污水治理、村道硬化美化和村庄绿化，全年下拨美丽乡村“千村整治、百村示范”工程“以奖代补”补助资金770万元；汀江—韩江流域生态补偿资金7170万元；农村生活垃圾转运系统“以奖代补”资金908.66万元；建制行政村保洁员补助633万元；下拨黄潭河流域工业、养殖业污染整治专项经费1007.19万元。

落实强农惠农政策　2017年，县财政兑付各项支农强农惠农政策资金5603.33万元，其中槐花猪24.62万元，农业品牌奖励157.8万元，家庭农（林）场194万元，乡镇采摘节45万元，通贤乌兔21万元，土地流转10万元，种粮大户105.36万元，新型职业农民贷款贴息80万元，新建果茶特色产业72.35万元，标准化果园、畜禽养殖场主干道硬化189.26万元，现代农业1767.65万元，农业产业化99.85万元，农家乐20万元，农民专业合作社示范社及销售奖补172万元，标渠、泵站、节水灌溉、小山塘、村级水利管护等各项水利项目1417.25万元，造林绿化、林下经济、毛竹丰产林示范等绿叶项目489.32万元，“三农”保险（含水稻、烤烟）630.87万元。其他惠农项目107万元。加大精准扶贫投入力度，全年县财安排扶贫奖补与贴息、贫困乡镇村帮扶等项目资金2163万元。全县村级公益事业“一事一议”完工项目136个（普惠制项目105个、重点项目28个、美丽乡村项目3个），受益村民人数16.87万人，完成项目总投资3528.7万元，其中财政奖补资金2243.29万元。

全面实施农村公路综合保险　2017年，县财政投入农村公路综合保险资金333.48万元，对全县县乡村道路3257千米实行综合保险，确保县乡村道路发生灾害时能够及时得到修复，保证道路畅通。

【财政支持社会保障】　2017年，上杭县财预算安排城乡居民养老保险补助基金3046.74万元，为全县城乡60周岁以上71474人发放养老补助金10680.41万元，支付2358人死亡丧葬金574.95万元；安排342万元用于支持残疾人事业；安排100万元用于城乡困难群众临时生活救济；拨付319.2万元支持殡葬改革；拨付1142.89万元落实退役士兵和现役军人优抚安置政策；拨付178万元自然灾害生活救济金和灾后重建资金。建立80周岁以上老年人（含离、退休人员）高龄津贴制度（100元/人·月），安排1585.95万元为全县13815名80周岁以上老年人发放高龄生活补贴，按300元/人·月标准为百岁老人发放营养补贴。继续深化医药卫生体制改革。2017年，城乡居民合作医疗保险人均筹资标准提高到600元/人，其中政府补助标准由420元/人·年提高到450元/人·年，县财政安排城乡居民合作医疗补助资金3865.21万元；安排798.63万元专项资金为54042名困难群体代缴城乡居民合作医疗保险；安排319万元专项资金用于城乡困难人员医疗救助；全年县级财政预算安排1000万元用于基层医疗卫生机构基本建设、设备购置和维护人员招聘及人才培养等；2017年基本公共卫生服务均费标准由原来的人均45元提高到50元，安排配套经费374万元；安排200万元专项资金用于疾病预防控制、卫生监督、妇幼保健等公共卫生机构的设备购置和基础设施建设；安排县医院各项补助资金2439.27万元、中医院各项补助资金1171.82万元，落实政府对公立医院的定项补助政策，支持公立医院改革试点。同时，安排120万元专项资金用于推动医疗卫生机构中医药服务能力提升工程项目建设；安排2亿元专项资金用于县三级医院和县妇幼保健院整体搬迁工程建设。

保障性住房建设　2017年，上杭县政府投资项目县财预算安排4293万元，用于保障性住房建设，争取省市补助资金1246万元用于公共租赁住房建设。

加大城市公交运行和农村客运补贴　2017年，上杭县财拨补城市公交运行补贴759.95万元，农村客运补贴496.95万元，出租车运行补助21.82万元。

【行政事业单位资产监管】　2017年，上杭县继续做好县行政、事业单位国有资产管理，按照国有资产处置程序，完成国有资产转让、报废、调拨等资产处置，督促各单位将处置收入依法上缴国库。全年办理资产转让52笔，共计135.87万元；资产调拨106笔，共计2051.43万元；报废43笔，共计1362.88万元。

【国库集中支付】　2017年，上杭县财办理129个县直预算单位和22个乡镇国库支付资金27.26亿元，比增1.89亿元，其中直接支付资金27.03亿元，占支付总额的99.16%；授权支付资金0.23亿元，占支付总额的

0.84%。直接支付比例比2016年同期增加0.46个百分点。全县22个乡镇国库集中支付改革全面推进。

【政府采购监督管理】 2017年,上杭县各采购单位采购项目合计632批次(其中,公开招标97次,网上询价等采购535次),政府采购规模4.42亿元,实际采购金额4.07亿元,节约资金0.35亿元,政府采购综合节约率7.92%。

为进一步加强和规范全省政府采购全过程监管,2017年7月1日起,福建省政府采购网上公开信息系统在上杭县正式运行使用,做到政府采购活动全过程有记录、有痕迹、可追溯、可跟踪。6月15日,在上杭县职业中专学校建筑培训基地三楼阶梯教室举办"福建省政府采购网上公开信息系统"培训;12月11日,上杭县人民政府办公室印发《上杭县政府集中采购目录及限额标准的通知》;7月1日起,通过个人自荐、单位推荐及个人网上申请注册,经上杭县财政局政府采购监督管理办公室初审、龙岩市财政局政府采购监督管理办公室复审、福建省财政厅政府采购监督管理办公室终审,共有68位专业人士为福建省政府采购网上公开信息系统评审专家库成员。

【财政资金监管】 2017年,上杭县财政组织11个小组对9个县直单位和2个乡镇2016年的财务管理、会计核算、"三公"经费、会议费等经费支出情况进行重点检查;同时,将会计监督检查与扶贫专项资金检查有机结合,联合县脱贫攻坚指挥部办公室及时制订《上杭县扶贫资金专项检查工作方案》,组织多个检查组,投入14人次,对检查范围内的县农业局等5个部门开展检查,纠正和查处各种财经违法违纪行为,提高资金使用效益。

预算绩效管理 2017年,县财政继续推进预算绩效管理工作。全县批复绩效目标183个,项目金额83752.77万元,并对所有设定绩效目标的财政资金开展绩效监控,作为预算执行的重要组成部分。

组织开展预算绩效评价 不断完善预算绩效评价指标体系,借助中介机构和专家力量等各种措施提升评价工作水平。全年对城区教育重点工程等180个项目开展绩效自评,项目总金额8.21亿元。

财政支出重点绩效评价 2017年,县财政对2016年企业发展资金及造福工程等9个项目开展财政支出重点绩效评价,项目总金额50261万元。

评价结果反馈应用 2017年,县财政继续建立绩效评价结果反馈与整改制度,及时将绩效评价结果反馈到主管部门和预算执行单位。建立绩效管理与预算编制结合机制,制定《上杭县财政支出绩效评价管理办法》,保障预算绩效管理工作规范、有序开展。

企业财务信息质量管理 2017年,县财政组织2016年度企业财务决算汇总和2017年度月份财务快报编制和分析,确保信息质量的时效性和数据准确性。全年完成纳入2016年度汇编的34家企业财务会计报告的审核、编制、上报。

■ 国税

【概况】 2017年,上杭县国税局组织各项税收收入11.11亿元,首次突破10亿元大关,比增4.86亿元,增长77.77%,占市国税局下达年度计划81000万元的137.18%,占县政府调整后年度收入任务10亿元的103.2%。

全年推送并完成纳税评估247户次,入库税款3884万元,清理欠税80户次入库561.95万元,企业所得税汇算清缴入库1106万元。

【税收征管】 2017年,上杭县国税局落实《上杭县税收保障实施办法》《上杭县人民政府协税护税保障机制》,利用第三方信息开展纳税评估,完成评估247户次,评估入库税款3884万元。加强欠税清理,通过加大政策宣传力度,落实欠税公告制度,加强对正常开业户的催缴力度,采取控制企业发票使用等措施,清理新欠62家(次)516.4万元,清理陈欠18家(次)45.55万元。做好2016年度企业所得税汇算清缴工作,组织申报1463家,汇算清缴申报率100%,汇算清缴入库企业所得税1106万元。

2017年上杭县国税局组织各项税收收入情况表

表9

项　目	年度计划(万元)	全年累计入库额(万元)	比上年度增减(万元)	增减幅度(%)
合计	81000	111113.68	48611.17	77.77
增值税		93451.60	42899.42	84.86
消费税		40.65	0.37	0.93
企业所得税		14611.52	4884.43	50.21
利息个人所得税		0.16	-0.01	-4.26
车购税		3009.75	826.96	37.89

【纳税服务】 2017年,上杭县国税局开展“问需求、春风进万家”大走访活动,走访946户纳税人,收集纳税人意见建议260条。拓展网上办税功能,网上申报率95.9%。新增4台自助办税终端,自助终端为923户纳税人代开7981份发票,增值税专用发票户数占比88.84%,线上(自助)领用(包括O2O申领、电子税务局申领和自助终端领用)7417次,发票数量142217份,户次占比33.2%。成立税收专家服务团,组成8个税收专家服务小组,为纳税人提供税法释疑、专业服务、解决问题。完善实体纳税人学堂建设,全年在纳税人学堂举办10次有针对性的培训,共有1600多人次纳税人参与。完善首问责任制,实行预约服务、延时服务、“号前预审”“导税员+值班长”制度,2017年开展延时服务1088人次,预约服务166人次,通过QQ、微信点对点辅导3800人次。9月16日,组织业务骨干在广州开办税收大讲堂,税收业务骨干为与会人员讲解营改增最新政策,解读《上杭县建筑业扶持政策十五条》,来自广州、深圳、东莞等40家在上杭注册的外出经营企业负责人、财务人员参加大讲堂活动。

【依法治税】 2017年6月,上杭县国税局成立公安派驻税务联合机制办公室,采购执法记录仪16台,促进依法征税工作落实。发挥税收专项检查查漏补收、以查促管、以管促收的职能作用,拓宽办案渠道,扩大稽查覆盖面。全年,查结稽查案件13件,查补税款、罚款、滞纳金1204万元。上杭县人民法院审理2起虚开增值税发票案件,3名被告人均获刑罚。

【税收优惠政策】 2017年,上杭县国税局落实资源综合利用、软件产品、民政福利企业的减免退税工作,全年办理即征即退增值税1028万元。落实小微企业税收优惠,减免税额3212万元,政策受惠面100%。全年农林牧渔项目所得减免33家,减免税额7729万元。做好出口退税审批权下放工作,加快出口退(免)税无纸化管理进程,扩大无纸化管理试点企业户数,全年推行无纸化试点9家,审批生产企业出口退税555万元,外贸企业出口退税32万元。

■ 地税

【概况】 2017年,上杭县地税局组织各项收入14.41亿元,减收4.87亿元,下降25.26%,其中税收收入8.94亿元,减收5.61亿元,下降38.51%。分级次看,中央级收入2.83亿元,减收2.5亿元,下降46.9%;县级收入6.09亿元,减收2.64亿元,下降30.2%。分行业看,采矿业缴纳税收2.66亿元,占地税局税收收入的29.80%;建筑业缴纳税收1.81亿元,占地税局税收收入的20.3%;房地产业缴纳税收0.28亿元,占地税局税收收入的3.2%。组织非税收入5.47亿元,增长15.64%。

【税收征管】 2017年,上杭县地税局从上杭税源实际出发,研究制订促进组织收入的四大类十六项措施,缓解收入下降趋势,提升组织收入质量和效率。加强重点行业税源的调查分析,科学预测和研判收入形势,主动跟踪县重点工程项目涉税情况,收紧工程项目各环节中税收管理“链条”,组建大企业税收管理团队,完善非居民税收管理,全面掌控重点税源。强化税种管征,实施“以地控税”,全面开展“房、土、契、耕”等税税源清理核查,防范地方小税收漏征风险;加强附征税费国地税联控力度,定期清理比对管征数据,全年入库附征税费9598万元,比上年增长51.8%;强化高收入群体个人所得税管征,全面清查行政事业单位和社会团体个人所得税扣缴情况,全年个人所得税管理性增收3313万元。促进建安税收回流,联合国税组织税收业务骨干到广州、东莞等建筑企业外出经营集中地举办税收政策专题宣讲,引导外出企业依法回流税收,全年外出经营建安企业回流企业所得税9545万元,比上年增加7337万元。强化税收风险防控,与国税、公安、法院等部门建立协作清理欠税工作机制,全年清理欠税1599.18万元;密切跟踪风险疑点信息,常态化开展纳税评估,全年补缴税费2690.57万元。

【税收执法】 2017年,上杭县地税局围绕“法治地税”建设和“七五”普法工作要求,持续做好依法治税工作。健全完善税收执法督察常态化互查内审工作机制,实施税收执法大督察,全年检查566家(次)。试行重大行政执法决定法制审核工作,设立重大行政执法决定法制审核委员会,组建国地税法制联合审核团队。加强税务稽查,强化国地税、税警、税检稽查合作,组建公安派驻税务联络机制办公室,强化案源管理,重抓大要案查处,全年立案检查11家,查结千万元案件1件,查获涉案金额超亿元发票大案1件,查补收入1682万元,广泛宣传税法,依托第26个全国税收宣传月和“12·4”国家宪法日,开展税法进园区、进机关、进社区、进校园等活动,提升宣传实效和影响力。倡导多方协税,提请政府成立上杭县协税护税工作领导小组,开展协税护税工作绩效考评,初步建立起“政府领导、税务主办、社会参与、考核保障”的社会综合治税体系。上杭县地税局被福建省政府法制办、福建省国税局、福建省地税局联合评定为2017—2019年“福建省税务系统法治基地”。

【纳税服务】 2017年,上杭县地税局围绕纳税服务规范和国地税合作规范,推动纳税服务水平有效提升。在国地税联合办税服务厅试行“一窗一人一机双系统”国地税业务通办新模式,提高窗口办税效率。深化“便民办税春风行动”,落实“马上就办”,扩展“免单、免填单、简化填单”服务范围,推广自助办税、网上办税、移动办税等多元办税新方式,提升纳税人办

2017 年上杭县地税局组织各项收入情况表

表 10

项　目	全年累计入库税额(万元)	比上年增减(%)	项　目	全年累计入库税额(万元)	比上年增减(%)
税收收入合计	89389	-38.51	非税收入合计	54725	15.64
营业税	920	-92.92	教育费附加	2875	51.86
企业所得税	24481	-48.77	地方教育附加	1915	51.74
个人所得税	21249	-47.82	文化事业建设费	0	-100.00
资源税	18637	-20.89	基本养老保险费	23486	19.81
城市维护建设税	4808	51.72	失业保险费	830	-33.97
房产税	3531	16.53	医疗保险费	21764	8.62
印花税	3531	31.90	工伤保险费	1807	7.88
城镇土地使用税	1183	-1.00	生育保险费	664	0.76
土地增值税	1507	-49.50	罚没收入	68	106.06
车船税	1083	7.55	工会经费	676	174.80
耕地占用税	1376	233.17	地方水利建设基金收入	1	-98.44
契税	3207	15.26	残疾人就业保障金收入	638	59.10
烟叶税	3008	8.79	价格调节基金	0	-100.00

税体验。开展纳税信用等级评价，全年评定 A 级纳税人 71 户，B 级纳税人 495 户。推进税务信用成果转化，扩大“银税互动”受惠面，倡导“诚信兴商”，“银税互动”活动，累计为 43 家纳税人提供信用贷款 1.2 亿元。落实国家税收优惠政策，帮助企业减负增效，全年落实各项税收优惠 1.8 亿元。

【规费管理】 2017 年，上杭县地税局围绕规费“五率”指标，全面落实税费征管“十同”要求，加强申报缴费基数和征管基础管理，开展费源调查，挖掘费源潜力，采取针对性措施清理欠费，促进社保费收入增长。全年组织社会保险费收入 48551 万元，同比增收 5322 万元，增长 12.3%。其中：基本养老保险费 23486 万元，增长 19.8%；失业保险费 830 万元，下降 33.9%；医疗保险费 21764 万元，增长 8.6%；工伤保险费 1807 万元，增长 7.9%；生育保险费 664 万元，增长 0.8%。

【税务改革】 2017 年，上杭县地税局持续深化国地税合作，落实国地税合作 3.0 版要求，提升合作广度和深度，在合作广度上实现从机关合作向基层管征单位合作的延伸、从税收业务合作向行政管理合作的拓展，在合作深度上实现从窗口联合办税向后台联合管理的跃进、从信息交互向经验互鉴的升华，开启国地税从“面子”到“里子”的深度合作。全力做好环保税开征准备，成立上杭县环境保护税实施工作领导小组，印发《上杭县环境保护税法实施工作方案》，开展污染物排放情况前期摸排，建立客观准确的环保税前期数据库，举办环保税专题培训与环保税表单试填，确保环保税的顺利开征。自觉对接地方供给侧改革，围绕金铜产业升级、总部经济发展、工业园区建设、地方税源培植等当前地方经济社会发展的热点难点问题开展调研，主动参与社会热点、经济难点决策分析，为推进改革提供可行性建议，2 篇产业发展调研报告得到市政府领导肯定批示，2 篇决策参考政务信息获中央领导人批示，其中 1 篇信息被中办评选为 2017 年度好信息。

审计监督

【概况】 2017 年，上杭县审计机关完成审计和审计调查项目 53 个，审计查出主要问题金额 14.36 亿元，其中违规金额 1617 万元，管理不规范金额 14.2 亿元。审计发现非金额计量问题 148 个。审计促进整改落实有关问题资金 1334 万元，促进增收节支 904 万元，上交财政 819 万元，归还原渠道资金 84 万元，调账处理金额 6.99 亿元。全年完成政府投资建设工程竣工结算审计项目 272 个，其中投资审计中心完成工程竣工结算项目 120 个，送审金额 4.88 亿元，审定金额 4.46 亿元，审减金额 4175.73 万元，综合审减率为 8.56%；助审机构审计并报投资审计中心备案审核项目 152 个，送审金额 9765.82 万元，备案核定金额 9581.17 万元。全年发表审计宣传信息 96 篇。全年向县纪委、司法机关等部门移送审计案件线索 6 起，移送问题金额 138 万元；向县纪委报送 1+X 专项督查发现问题 6 起。

是年，县审计局被审计署中国时代经济出版社评为"2017 年度审计通联工作先进集体"。在 2017 年审计系统开展的年度四项考评中，"审计项目"《上杭县审计局关于上杭县民政局 2015 年度预算执行及其他财政收支情况审计》获评市、省优秀审计项目，被省审计厅推荐到审计署参加全国地方优秀审计评比项目；"审计统计"获全市一等奖、全省优秀表彰；"审计信息宣传"获"全省先进单位"；"计算机应用水平"获全市先进单位"、省优秀奖。被县委、县政府评为 2017 年度"三大战役"优秀服务单位。

2017 年，县审计局发挥审计"免疫系统"功能，对审计发现的重大违法违纪问题坚持查深查透查实，重点关注财政资金分配、重大投资决策和项目审批、政府物资采购和招标投标、国有资产和股权转让、土地出让等重点领域和关键环节，揭露以权谋私、失职渎职、贪污受贿等问题，持续关注部门单位贯彻执行中央"八项规定"情况，部门单位"三公经费"、会议费管理使用情况，积极开展"1+X"专项督查，推动建立完善不敢腐、不能腐的制度机制。

【本级预算执行和其他财政收支审计】 2017 年，上杭县审计局深化财政审计，开展部门预算绩效管理和监督，全面审计 2016 年度县财政局组织县本级预算执行及其他财政收支情况，对县发改局、农业局、环保局、旅游局、老干局等单位 2016 年财政预算执行审计工作，完成上杭县 2016 年加快产业转型升级资金使用绩效审计、上杭县 2016 年支持现代农业发展资金使用绩效审计调查、财政事权和支出责任划分审计调查、地税部门税收征管和优惠政策执行情况审计、全省财政资金信息化管理情况审计调查、清理整合省级专项资金审计等。

2017 年，审计部门对县本级预算执行和其他财政收支审计中发现存在的一些管理不规范的问题，主要是：预算列支的项目资金未及时下拨而转入财政专户挂账，部分支出预算编制未细化，向预算单位收回的结余资金未及时缴回金库，政府性投资项目资金预算管理不够规范等。对县发改局、农业局、环保局、旅游局、县委老干部局等 5 个部门单位 2016 年度预算执行和其他财政收支情况审计发现的主要问题是：存在超预算支出、挤占专项资金、违规扩大专项资金开支范围，以前年度财政结余资金未纳入当年度预算管理，"三公"经费及会议费列支不规范，财务报销手续不规范违规使用和管理现金，违反规定发放津补贴及奖金，部分单位会计核算不规范、资产处置调账依据不足、购置固定资产未登记等问题。审计为财政部门和被审计单位改进和加强管理，提高财政资金使用效益提出针对性意见与建议并得到采纳，依照审计程序依法进行处理处罚，分别出具审计报告或下达审计决定。

【领导干部经济责任审计】 2017 年，开展对县环保局局长、铜业局局长、老干局局长、残联理事长，上杭五中校长，中都镇党委书记、镇长，下都镇党委书记、镇长共 7 个单位 9 名领导干部经济责任任中审计；对兴杭国投公司、城市建设发展公司、交通建设公司、工贸实业发展公司、兴诚实业公司、上航大酒店、汀江水电公司、鑫源自来水公司、蛟城高速公路公司等 9 个公司 10 位董事长、法人代表或总经理的经济责任离任审计。从审计结果看，被审计领导干部在任期内基本能履行好本职职务应当履行的经济责任，遵守有关廉洁从政规定。审计对上述人员任期经济责任作出客观公正的评价，在审计中发现所在单位存在一些违反财经法律法规问题，审计区别情况，被审计领导对该问题分别应承担领导责任还是主管责任依规进行明确界定，并责令所在单位对存在的问题进行整改、纠正。

【专项审计和审计调查】 **政策措施落实跟踪审计** 2017 年，上杭县审计局对县内稳增长、促改革、调结构、惠民生政策措施落实情况开展跟踪审计。

2015—2016 年养殖业污染综合治理审计调查 2017 年，通过对县财政、环保、农业（畜牧水产）等各职能部门，与养殖业污染治理相关的乡镇、村、养殖场（户）等审计调查，掌握县内养殖业污染整治的重点和资金流向，是否存在资金滞留、专款未能专用、套取项目资金及项目建设申报决策是否遵循民主、科学的决策程序，有无因决策不当而造成财政资金损失、浪费等问题，分析产生的原因，提出合理化建议，促进完善管理，提高社会效益和经济效益。

【固定资产投资审计】 2017 年，上杭县审计局加强对政府投资建设工程的审计监督，做好政府投资建设项目单位工程造价 100 万元（含 100 万）以上的结（决）算审计，以及单位工程造价 100 万元以下的结（决）算审计备案、确认。最大限度地降低工程建设成本，节约财政资金支出，发挥财政资金使用效益。全年完成政府投资建设工程竣工结算审计项目 272 个，其中工程竣工结算项目 120 个，备案审核项目 152 个。政府投资结算审计发现的主要问题：部分政府投资项目前期工作不到位，造成工程造价难以控制；合同条款不严谨，有的甚至背离招投标文件；部分项目建设相关方在管理过程中履行职责不到位；违规进行招投标或未经招投标确定施工单位;预算未经评审或预算评审价格与招投标价格选用标准不一致等问题。

■ 统计管理

【概况】 2017年,上杭县统计局完成统计调查、统计服务、统计法治、统计基础建设、统计改革及绩效评估等工作,在市统计局综合考评中保持第一,被县委、县政府表扬为"三大战役"优秀服务单位,绩效考评再获县直经济部门一等奖。

是年,县统计局直接统计的"四上企业":规模以上工业96家、资质建筑业119家、房地产开发企业19家、限额以上批发零售住宿餐饮业限上法人211家、产业和个体56家,规模服务业19家,以及固定资产投资项目761个。

【第三次全国农业普查】 2017年1月1日,第三次全国农业普查工作进入正式登记阶段,1—3月为入户现场登记阶段,4—7月为数据审核、修正阶段。上杭县农业普查办公室组织全县普查机构和普查员,完成9.4万户经营农业的普通农户、2101户规模农户、1923个农业经营单位普查工作,通过5月19—21日省农业普查事后质量抽查组的检查验收。

【统计服务】 经济运行情况实时监测分析工作 2017年,上杭县统计局对全县经济运行总体情况及GDP、工业、贸易、服务业、建筑、房地产、固定资产投资等重点经济指标做到每月有进度分析、每季有综合分析、每年有年度分析,全年完成《2016年主要经济指标完成情况及2017年经济社会发展主要预期目标》《一季度"开门红"工作汇报和建议》《二季度GDP完成目标任务支撑》《上半年指标增速低于全市水平情况说明》等51篇统计分析文章。

专题调查研究 围绕县委、县政府重大决策部署,立足新发展战略和"四个上杭"统计指标体系建设,完成《2016年市对县绩效考评指标情况汇报》《2016年全省"十强县"主要经济指标对比分析》《福建九地市综合经济实力简析》《提升三产反映能力加强产业联动统计的能力》等分析文章。其中,《2016年市对县绩效考评指标情况汇报》获县委书记傅藏荣批示,《二季度GDP完成目标任务支撑》《提升三产反映能力加强产业联动统计的能力》获县长王波批示。

重点课题调研 完成《乡镇统计体制存在问题及改革方向》《建设"四个上杭"统计指标研究》2个市级重点课题,完成《如何巩固"十强县"成果,力争提升晋位》县委重点课题,完成《生猪养殖污染治理后养殖户的转型思考》《如何打造金铜产业千亿集群》《如何有效提高第三产业比例》《促进建筑业转型升级,抢占绿色建筑制高点》4个县统计局重点课题。首次编印统计应知应会简便口袋书300本,将主要经济指标解释、绩效考评指标涵义及计算方法和规模以上工业、限额以上贸易住宿餐饮业、规模以上服务业、正统网、新经济、固定资产投资等专业的入库条件、申报流程、注意事项及与党政领导、统计人员息息相关的统计法律法规知识等统计业务知识,编印成统计应知应会简便口袋书,发放给县、乡党政领导、统计人员及调查企业,普及统计业务知识,提高统计工作能力。

中共十八大以来上杭县经济社会发展成就展 组织专业人员就上杭县十八大以来主要行业取得的成绩进行收集整理,形成综合篇和5个分领域篇章,首次与县广播电视台签订宣传合作协议,在上杭电视台黄金时段连续播放,并在上杭统计微信平台刊登和印制成宣传册,多形式宣传中共八大以来,上杭经济社会发展取得的辉煌成就,为中共十九大顺利召开献礼。

【统计基础建设】 在全市率先对乡镇统计人员进行定编定岗 2017年10月,中共上杭县委机构编制委员会在全市率先对乡镇统计人员进行定编定岗,明确规定在乡镇企业服务中心岗位连人带编划入1名人员作为统计岗位人员,其中下都、茶地、泮境、步云、通贤、珊瑚从农业服务中心农技岗位划入。

首次将部门统计及调查工作列入部门绩效考评 2017年,县委、县政府首次将部门统计及调查工作作为规定指标,列入县对县直部门绩效管理考评,在千分制中占30分,由县统计局负责考评。

三部门联合行文合力加强农业统计工作 11月,县统计局与农业局、林业局联合向乡镇下发《关于进一步加强农业统计工作的通知》,就进一步加强和完善农业统计工作提出要求。

【服务业"三比一看"竞赛活动】 2017年,上杭县统计局普及服务业统计业务知识,全年开展6次业务培训。做好业务解答,促进申报企业成功入库,全年新入库21家规模服务业企业。加强服务业相关指标运行监测分析,夯实企业统计基础,上杭县在"三比一看"竞赛活动取得全市第三的好成绩。

【"四上企业"统计人员考核奖励】 2017年,上杭县政府首次拨付专款30万元,对全县"四上企业"(规模以上工业企业,限额以上批发零售企业和住宿餐饮企业,资质以上建筑企业和房地产开发企业,规模以上服务业)统计人员的统计基础工作、统计联网直报工作、统计数据质量、工作配合度情况进行考核奖励,对达标企业评出一、二、三等奖,分别按3000元、2000元、1500元标准进行奖励。

【统计法治建设】 统计法制宣传 2017年,上杭县统计局在各专业统计年报培训及平时各种统计专题业务培训上,安排统计法律法规知识讲解及相关违法典型案例以案释法;把统计法制纳入各级领导干部培训内容，11月13日在县委党校开展“统计知识与统计法制”为主题的宣讲活动，全县部分科级干部、党务干部、青年干部126人参加学习；做好“第八届中国统计开放日”宣传活动，9月20日县统计局与国家统计局上杭调查队在瓦子街联合举办宣传活动，并在县电视台开展专题宣传；将《中华人民共和国统计法实施条例》纳入“七五”普法公务员学法考试内容；举办全县统计法治培训班；开展“12·4”全国法制宣传日活动，加强《中华人民共和国统计法》《中华人民共和国统计法实施条例》《统计违法违纪行为处分规定》等统计基本知识宣传。

统计监督检查　实行统计综合业务执法检查预告制度，全年监督检查34家单位，立案查处2件。贯彻落实国家统计局开展的“数据造假、弄虚作假”专项治理工作。组织规模以上工业、限额以上批发零售和住宿餐饮业、资质以上建筑业和房地产经营企业、规模以上服务业等已纳入企业“一套表”联网直报的企业开展统计基础工作自查自纠，要求按统计基础规范化要求对照自查，发现问题及时整改落实。配合做好4月25—26日市统计局对上杭县开展的6家重点企业劳动工资统计数据质量检查工作。同月，组织开展全县固定资产投资项目核查工作。联合市场监督局对83家企业的2016年度年报公示信息中的部分属性指标进行核实。

加强社会信用体系建设　加强《统计上严重失信企业信息公示暂行办法》的学习宣传，制定统计诚信制度，落实行政处罚信息“双公示”制度，全年在统计局网站曝光行政处罚案件2件。

统计调查

【概况】　2017年，上杭县统计调查队围绕全国全省统计调查工作会议精神，确保各项工作稳步推进，获得2016年度全县项目落地攻坚战役优胜单位、2016年度综治平安优胜单位、2016年绩效管理优胜单位。2017年，在省对县和市对县专业考评中取得较好成绩。

【居民收支调查】　2017年，上杭县城镇居民人均可支配收入35991元，比增9.0%；农村居民人均可支配收入15355元，比增9.1%。

【居民收支样本轮换工作】　2017年5月，上杭县统计调查队严格执行《福建省住户调查样本轮换抽样实施细则》和有关工作规范，做好全县住户调查样本轮换工作；9月，以县政府名义发文召开住户调查样本轮换动员大会；建立住户调查样本轮换工作挂钩制度，分5组全程跟踪、指导15个小区样本轮换工作，完成全县150户记账户开户，进入正式记账环节。

【价格和企业调查】　2017年，上杭县限额以下商业实现销售额58.8亿元，比增9.5%，居全市第一位；限额以下商业实现零售额40.2亿元，比增6.7%，居全市第一位。

【政府绩效公众评议调查】　2017年12月，上杭县统计调查队组织开展2017年度县对乡镇党委、政府绩效公众评议调查，调查内容涉及经济发展、基础设施建设、社会保障、就业情况、市场物价、治安状况、教育发展、医疗服务、环境保护、食品安全、机关办事效率、廉洁行政等方面，调查对象为县领导、县直党群政府部门主要领导、村（居）两委干部、人大代表及政协委员、企业经营者、城乡居民等6大类，每个乡镇调查样本150个（不含县领导部分）。调查结果为县委、县政府绩效管理提供重要依据，为各级各部门加强行政管理，改进工作作风，提高执行力和公信力提供服务。

【统计优质服务】　2017年，上杭县统计调查队利用调查数据，做好进度性主要调查指标分析和季度、半年、年度经济形势分析工作，为党委、政府及时、准确了解全县“两个收入”、稻谷、生猪生产及限下商业销售额等指标运行情况提供翔实的分析资料。全年被福建调查总队市、县动态栏目采用65条，调查分析、情系数海栏目刊发3篇，党建工作栏目采用6条，纪检工作栏目采用17条，法制工作栏目采用1条。

【统计法制】　统计法制基础　2017年，上杭县统计调查队严格执行统计法律法规、各项调查制度和统计调查业务流程规范，全面推行统计调查法律义务告知制，全年下发统计调查法律义务告知书128份。

统计普法宣传　结合各专业年报、季报、半年报培训布置会，利用国家宪法日、统计法颁布纪念日、中国统计开放日等宣传统计法律法规。统计开放日当天，联合县统计局，发送开放日法律法规宣传短信近千条。“12·4”国家宪法日，向市民散发法律法规宣传材料2000多份。县依法治县办将《中华人民共和国统计法实施条例》列入2017年全县干部学法考试重要内容。

统计执法检查　对28家企业开展统计业务执法检查，发出责令改正通知书2份，上报市队统计违法案源线索1条。

物价管理

【概况】　2017年，上杭县物价局加强价格调控，维护价格稳定，做好市场价格监测、分析和预警工作，加强40个品种民生食品价格的信息发布，关注市场动态，预防价格异常波动。2017年1月1日起食盐价格全面放开，密切关注食盐价格动态变化，一旦发现异常波动的苗头性倾向性问题及时采取应对措施；加强民生价格信息发布工作，11月2日开通“上杭物价”微信公众号，多渠道定期发布农副产品价比三家信息。贯彻落实上级各项价格收费政策，做好收费信息录入和统计工作。开展2016年度行政事业性收费情况报告工作，在县政府门户网站公布上杭县本级2017年有资质的行政事业性收费单位名单，未经公布的单位无权征收行政事业性收费。在全县范围内开展清理规范本省涉企经营服务性收费工作，要求各有关单位全面自查自清，报送相关表格，做好总结评估，建立工作机制，6月底前全面完成此项工作；做好“放管服”改革政策措施落实情况自查及整改工作，从简政放权措施落实情况、权责清单制度落实情况、实施“双随机、一公开”监管情况3个方面开展自查，及时补缺补漏，全面做好整改及迎检工作。贯彻落实2017年省重点价格工作任务，制订出台《上杭县人民政府关于开展市场体系公平竞争审查制度工作的通知》，建立县公平竞争审查联席会议制度，联席会议办公室设在县物价局，承担联席会议日常工作，县物价局主要负责人为召集人，县财政局、商务局、市场监督管理局等20个部门和单位为成员单位；制订出台《上杭县人民政府办公室关于印发上杭县机动车停放服务收费管理办法的通知》，规范全县机动车停放服务收费工作；制定出台《上杭县人民政府办公室关于建立上杭县农业水价综合改革联席会议制度的通知》，推进农业水价综合改革实施方案，促进农业节水减排和可持续发展。2017年，完成2个平价商店建设，与县冠超市、润和超市签订协议，在两个超市设立农副产品平价专区。做好价格争议调解处理工作站建设，聘请2名价格争议调解员，指定1名工作人员做好价格争议调解处理联络工作。

【蔬菜、生猪等农产品目标价格保险】2017年，上杭县完成生猪目标价格保险保费261.41万元，为18个乡镇91724头生猪提供价格风险保障；11月，蔬菜价格保险业务首单突破，实现西红柿、三叶青等4个品种蔬菜种植面积5.33公顷的目标价格保险。有效抵御全县猪肉、蔬菜等农产品的市场价格风险，保障市场供应和价格稳定。

【城区自来水销售价格规范】2017年，上杭县物价局制定《关于城区自来水销售价格调整和实行非居民用水超定额累进加价制度的通知》，经县人民政府常务会议研究讨论通过，于2017年10月1日起执行，进一步规范城区自来水销售价格。

【价格专项检查】2017年，上杭县物价局立案查处价格违法案件4件，实施经济制裁27.74万元，上缴财政27.74万元，其中没收23.14万元，罚款4.6万元。组织涉企收费专项检查，对上杭县国土资源局、不动产登记中心、兴诚实业有限公司、园林管理所、公共资源配置中心等单位开展检查。国庆、中秋期间深入步云、古田旅游景区开展明码标价、停车服务收费等专项检查，规范景区明码标价及停车服务收费工作。提升“12358”价格监管平台功能，及时妥善处理价格举报投诉。全年受理各类举报投诉案件19件，办结率100%。加强对新兴行业电商领域的监管，重点查处网购举报、价格欺诈行为。

【价格认定业务】2017年，上杭县物价局受理各类价格认定业务180件，涉及金额260多万元；涉税案件600件，涉及金额680.15万元。

国土资源管理

【概况】2017年，上杭县国土资源管理部门履行保护资源、保障发展，维护权益、服务社会职责，服务保障全县经济社会发展、耕地保护开发、农村土地整治、地籍测绘工作、维护群众利益、强化国土资源执法监察。

法律法规宣传工作　围绕“4·22”地球日、“5·12”防灾减灾日、6月安全生产宣传月、“6·25”全国土地日、“8·29”测绘宣传日、“12·4”法制宣传日等节日宣传主题，印发专题宣传方案，通过开展街头法律咨询、张贴宣传标语、发送手机短信、制作宣传专栏、与上杭县客家民乐队、龙翔歌舞队联合举办歌舞演出民乐演奏会等多种形式宣传土地政策法规，增强广大干部群众珍惜保护耕地，节约集约用地的意识和执法守法观念，营造合法用地、依法管地的良好氛围。

信访工作　按照信访工作抓预防、抓排查、抓化解、抓查处、抓责任的要求，制定《上杭县国土资源局信访工作制度》，建立健全分级负责、定期接访、包案化解、限时办结的信访工作责任制，严格予以落实；贯彻落实依法处理信访事项“路线图”，开展信访基础业务规范化全面自查整改和信访突出问题大排查、信访积案大化解、越级上访大整治工作，全县国土资源信访形势总体上处于平稳，信访件数量逐年下降，全年未发生涉及国土资源问题引发的到市赴省进京的群体性上访和非正常上访事件。全年受理12336国土资源违法举报电话8起，均在规定期限内办理反馈；受理群众来信45件，来访14批22人次，来信来访（不含重复信访件）59件，办结反馈率100%。全年没有省、市挂牌督办的信访件。

行政审批工作　推行网上审批，推广全流程网办，审批事项100%进驻网上办事大厅，90%以上事项实现网办。实行清单管理，梳理“样表清单”“收取证明材料清单”“收费清单”“一趟不用跑”“最多跑一趟”等十类国土资源便民清单，并对外公布，接受群众的监督，其中“一趟不用跑”和“最多跑一趟”清单事项占总事项比例36%，网上办件同步生成入库电子证照比例100%。进一步深化国土资源“放管服”和行政审批“三集中、三到位”改革，所有行政审批事项进驻行政服务中心（调整为内部事项除外）和全流程网上办事大厅系统平台，进驻事项全部由窗口办结，办理环节控制在3个环节内，承诺时限控制在50%以内，授权窗口办结率

100%。实行项目并联审制度,提速项目审批,由行政服务中心业务股室召集牵头单位窗口人员及相关单位窗口人员,对要求申报的项目预先进行并联审批,制定项目并联审批办事规程,优化流程,缩短时限。国土资源局行政审批窗口全年共办理和受理行政审批申请 671 件,现场一次性告知受访单位、群众 500 余次,办结率 100%,实现"零差错",全年 6 个月被行政服务中心评为"红旗窗口"。

不动产统一登记工作　2017 年,依法办理不动产权证书 4673 本,出具不动产登记证明 5005 份。房屋产权登记建筑面积 1977.32 万平方米,土地使用权登记面积 598.3 万平方米。办理抵押权登记业务 4123 起,抵押登记金额 18.22 亿元,其中农民住房财产权抵押业务 31 起,抵押登记金额 1565 万元。不动产信息查询、查封、租赁备案等 1.26 万件。完成商品房、保障性住房、房改房、集资房、安置房等公寓式综合楼的不动产登记存量数据整合工作,形成有效数据向国家级信息管理平台汇交。

【土地状况】　2017 年,上杭县土地总面积 2854.47 平方千米。按照全国最新土地分类标准,全县各类土地面积分别为:耕地 2.93 万公顷,其中基本农田保护区 2.42 万公顷,保护率 83.7%,占土地总面积的 10.11%;园地 0.23 万公顷,占 0.81%;林地 22.01 万公顷,占 77.12%;草地 0.69 万公顷,占 2.44%;城镇村及工矿用地 0.38 万公顷,占 3.63%;交通运输用地 0.38 万公顷,占 1.32%;水域及水利设施用地 0.65 万公顷,占 2.29%;其他土地 0.65 万公顷,占 2.28%。全县人均耕地 0.05 公顷。

【建设发展用地保障】　重点项目用地报批　2017 年,上杭县经国务院或省政府批准 10 个批次(含 5 个单独选址)、19 个项目用地,面积 444.70 公顷。其中,省重点项目 5 个:西气东输三线天然气管道东段干线(吉安—福州)工程项目龙岩上杭县 16# 阀室,紫金矿业集团股份有限公司彩坑尾矿库工程(一期)建设初期坝、隔离坝,海西高速公路网古武线永定至上杭高速公路工程,上杭擎荣农产品种植与加工项目,上杭县步云索道项目;市重点项目 1 个:闽西古田光荣院建设项目;县重点项目 4 个:上杭县珊瑚 35 千伏配电化站项目,上杭天然气(坪埔)储配站项目,上杭上福溪(步云)35 千伏变电站项目,上杭县下都 35 千伏配电化站项目;县攻坚项目 4 个:福建省上杭 604 台迁址工程项目,上杭县医院整体搬迁(龙翔)周边道路工程项目,上杭县临城中心幼儿园及上杭县通贤岭头小学附属幼儿园项目。全县建设项目用地报批面积居全市前列。

建设用地项目规划调整　全年项目预审 197 个(其中,贫困户建房预审 69 个),包括龙翔大道、汀江绿道等重点项目。2016 年规划调整的项目 38 个(其中,贫困户建房调规 23 个),包括古田光荣院等项目,有效保障各类重点工程报批进程。

执行项目供地制度　依法依规出让土地。严格执行专业评估、集体决策、结果公示制度,根据省厅《关于土地使用权出让实行网上交易的通知》进行网上办文,1—12 月出让国有建设用地 16 宗,面积 41.71 公顷,按合同可收取土地出让金 3.09 亿元。项目落地攻坚战役中重点项目"碧桂园·御龙湾"和"东二环住宅项目"进展顺利,"碧桂园·御龙湾"项目全部完成预售,"东二环住宅项目"完成土地平整。

征迁工作　依法依规做好土地征收和房屋征迁工作,服务重点项目建设。全年全县 130 个落地攻坚项目中需制定土地征收和房屋搬迁补偿政策的 6 个重点项目全面完成政策制定工作。加大土地征收力度,推进项目征迁工作,全年共完成集体土地征收 102.09 公顷,支付各项补偿费 8044.93 万元;完成房屋征收 72 户 78 栋、征拆附属物 36 处,拆迁建构筑面积 2.94 万平方米,收储国有土地 6 宗,房地产面积 12.04 万平方米,共支付补偿金 1.73 亿元。

【耕地保护与农村土地整治】　落实耕地保护目标责任制　2017 年,福建省下达上杭县补充耕地任务 80 公顷(其中,水田 40 公顷),高标准农田建设 373.33 公顷(含旱改水 20 公顷),全年完成补充耕地 102.56 公顷,其中水田 43.39 公顷;完成高标准农田建设 374.82 公顷,其中旱改水 20.15 公顷,全面超额完成各项任务。

永久基本农田划定工作和土地利用总体规划调整完善工作　2017 年,永久基本农田划定工作成果通过国土资源部验收。县、乡两级土地利用总体规划调整完善工作方案编制完成并通过省、市政府批准。耕地质量等级调查评价与监测、项目脱贫攻坚、高效节水灌溉、土地整治省级新型城镇化试点等工作取得积极进展。

农村土地整治旧村复垦　2017 年,竣工并完成省、市验收 11 个项目,新增耕地 22.02 公顷,其中水田 9.80 公顷。2010—2015 年 75 个旧村复垦项目,全部通过省国土资源厅增减挂钩指标结算,补助资金全部下拨到位。2017 年立项 14 个乡镇旧村复垦项目,规模面积 33.33 公顷。

【土地资源节约集约】　土地复垦工作　2017 年,上杭县国土部门组织评审土地复垦方案 9 宗,其中矿山临时用地复垦评审 3 宗,其他临时用地复垦评审 6 宗。

土地批后监管　加强土地批供后全程监管,对出让的项目用地从交地、开工、竣工等环节实施巡查监管。会同上杭工业园区对近年来出让工业项目用地开工建设持续情况开展全面调查摸底,对涉及闲置的项目用地及时依法处置。

低丘缓坡土地开发利用试点评估工作　2017 年,全县试点面积 0.18 万公顷,实施平整面积 0.07 万公顷,报批土地面积 382.47 公顷,严格按照

《国土资源部关于规范低丘缓坡荒滩等未利用地开发利用试点有关工作意见的函》要求开展收尾工作。

农村地籍和房屋调查　推进农村地籍和房屋调查工作，全县175个村完成招投标并纳入农村地籍和房屋调查工作计划，占全县338个行政村数的51.8%。白砂镇农村地籍和房屋调查试点工作进展顺利，其中朋新村、岭背村、樟黄村3个试点村合计调查宗数2035宗，调查成果顺利通过上级验收；梧田村、梧岗村、中洋村等19个村合计调查宗数5708宗，完成外业测量、权属调查、内业整理及数据建库以及调查成果测量精度检测等工作。南阳镇、才溪镇、古田镇等10个乡镇153个村农村地籍和房屋调查工作，4月完成公开招投标（预计项目调查宗数为68739宗），各项工作有序开展。

基础测绘工作　推进数字上杭地理空间框架建设。收集与数字上杭有关的各县直单位的地名地址、城镇规划、生态规划、旅游规划等基础资料；组织开展各项专业设计书的编制工作；地籍精度野外数据采集完成主县城区31.6平方千米，中标单位进行内部检查，待省测绘质检站验收；涉密机房改造的施工方案完成，待审批后施工；县主城区的地名地址野外数据采集完成；组织开展测绘双随机检查工作、“8·29”测绘法宣传工作、测绘统计年报等工作。2017年注册1家测绘有限公司，县域内累计注册5家测绘公司。

土地变更调查　完成2016年度土地变更调查与遥感监测工作，成果资料上报并通过上级验收。做好2017年度土地变更调查与遥感监测工作，调查核实图斑274个。

【国土资源执法监察】　城乡土地“两违”整治　2017年，上杭县国土部门支持配合乡镇开展县乡联合执法15次，拆除违法占用耕地和违反镇村规划的建筑106宗，总面积25703平方米（其中，结合生态环保攻坚战拆除养猪场27宗，12189平方米）；以县土地执法领导小组办公室名义向各乡镇下发要求开展违法用地专项整治行动书面通知37次。开展无证矿山督查检查38次，累计出动190人次，全年未发生无证非法采矿案件。全县无证非法采矿关闭率达100%，矿业管理秩序日趋平稳。

案件查处　结合土地矿产打非治违专项整治行动和卫片执法，全年共立案查处违法占地案件103件（卫片执法检查案件32件），占地总面积324479平方米，立案拆除67宗，面积59884平方米；作没收处理36件，面积264595平方米，收取罚款268.5万元。案件查处依法依规，程序公开公平公正。

健全日常巡查　落实县、乡镇、村三级土地矿产日常巡查责任制和“每周二报”制度，结合实施国土资源手机移动执法，全年组织开展巡查3300余次，参与人员5800余名，制止违法用地行为20余次。

市场监督管理

【概况】　2017年，上杭县市场监督管理局围绕全县发展大局，强化职能运用，激活市场主体活力，推进质量强县，加强食品药品监管，保障人民“舌尖上的安全”，市场监管机制逐步完善，市场秩序进一步规范。全年立案查处各类市场违法违章案件234件，罚没款284.42万元，罚没入库264.54万元。

【市场主体监管服务】　推进商事登记制度改革　2017年，上杭县市场监管局推进“多证合一”，将涉及企业（包括农民专业合作社、个体工商户）登记、备案等有关事项和各类证照整合到营业执照上，实现“十八证合一”。推进企业便利注册和简易退出，加快推行工商登记全程电子化。2017年，全县新增市场主体4712家、雇工人数17515人、注册资本46.54亿元（其中，内资企业913家，个体工商户3799户）。

提升行政服务效能　2017年，完善清单管理，梳理出行政许可16项、行政确认2项、行政处罚794项、行政强制29项、行政奖励1项、行政裁决2项、行政监督检查41项、其他行政权力7项、公共服务3项、其他权责事项36项，全面完成权力清单和责任清单的融合工作，实现权责清单规范统一；缩短窗口办事时限，工商类审批事项由“一审一核”改为“一个办结”，企业到一个窗口可办结所有事项；工商类办件时间由原来的5个工作日内办结，提速到60分钟内办结；公布“一趟不用跑”和“最多跑一趟”办事清单，对外公示“一趟不用跑”办事清单7个，“最多跑一趟”办事清单97个，占总进驻事项的96.3%。局行政服务中心窗口全年提供延时服务246人次、预约服务42人次，各类办件共计9206件，1—10月窗口获评10次月“红旗窗口”，共计20人次获评“服务标兵”等称号。

扎实推进“全省一张网”　成立由分管副县长任组长、39个单位为成员的上杭建设国家企业信用信息公示系统（福建）工作领导小组，形成政府领导、市场监管部门牵头、各成员单位共同参与的“全省一张网”建设工作机制。全年公示系统归集全县各类企业信息47311条（不含工商类信息），其中涉企行政许可信息16296条、行政处罚信息748条、抽查检查信息9608条、联合惩戒信息144条、小微企业扶持信息20515条。2017年，上杭县“全省一张网”建设工作名列全市第一。

推进“双随机”抽查工作　推进双随机抽查工作，明确双随机抽查对象、抽查人员、抽查内容、工作要求,组织完成对双随机综合抽查、"1+X"专项督查、跨部门联合抽查等250家企业的抽查工作。

做好市场主体年报公示工作 细化落实2016年度年报公示工作,2016年度内资企业年报率93.9%,农民专业合作社年报率95.93%,个体工商户年报率98.24%,完成省局下达的不低于2016年86.33%目标任务。

"龙岩市守合同重信用企业"创建活动 开展"2016—2017年度龙岩市守合同重信用企业"创建活动,经企业自愿申报、市场监管部门考核,福建登凯成龙建设集团有限公司等28家企业符合申报"2016—2017年度龙岩市守合同重信用企业"条件和标准,经县政府同意后上报市工商局,其中15家企业被推荐申报"2016—2017年度福建省守合同重信用企业"。

【商标品牌建设】 2017年,上杭县市场监督管理局积极引导企业开展商标注册,着力为企业提供商标的注册、变更、续展、使用许可等方面工作的咨询和指导服务,全年新增商标注册申请543件,比上年增加50%。提高对建筑企业商标品牌的奖励政策,将县财政对首次获得市知名商标、省著名商标、驰名商标的建筑企业给予一次性奖励由原来的1.5万元、5万元和25万元,分别提高到5万元、10万元、100万元。将县境内10个特色农产品:"杭晚蜜柚""上杭沙田柚""上杭红心蜜柚""上杭南阳金柑""上杭溪口芦柑""上杭临城蜜雪梨""上杭状元豆""上杭高山乌龙茶""上杭高山蔬菜""上杭香菇"录入《上杭县农业志》,为地理标志证明商标注册申请做好前期准备。向市工商局报送《优秀地理标志商标注册人推广示范活动申报表(上杭槐猪)》。

【产品质量监督】 2017年,上杭县在全县范围内持续开展"地条钢"专项整治行动,严厉打击"地条钢"非法生产行为。对辖区范围内使用工频炉、中频炉的铸造企业进行地毯式排查,并将排查出的铸造企业逐一落实监管领导及监管责任人;开展危险化学品安全综合治理工作,牵头制定危险化学品安全综合治理实施方案,有计划地开展危险化学品相关特种设备、危险化学品产品质量、油气输送管道等安全综合治理工作;开展醇基液体燃料安全专项整治,检查相关企业74家,排查醇基燃料使用餐饮场所8个(均取得相关部门许可),整改安全隐患1处;组织全县眼镜行业监督抽查工作,抽检眼镜40批次;做好2017年度省、市监督抽查不合格产品处理工作,立案查处产品不合格案件3件;开展3C认证、管理体系认证、自愿性产品认证专项监督检查,检查企业21家,整改问题3个。

【特种设备安全监管】 2017年,上杭县市场监督管理局按照特种设备"三落实、两有证、一检验、一预案"的要求,对全县特种设备进行安全监察,全年出动特种设备安全监察人员447人次,检查179家特种设备使用单位(其中,检查80家电梯使用单位共211台电梯),发现53处安全隐患,全部完成整改。运用特种设备动态监管平台,对日常检查计划和专项检查的实施实行跟踪闭环管理。2017年,全县特种设备的使用登记率99.06%,定期检验率99.4%,持证率100%,隐患整改率98.7%;2017年,县特种设备安全监察工作考核等次为优秀等次。

【食品药品安全】 加强食品安全协调工作 2017年,上杭县市场监管局建立健全县食品安全工作机制,印发《上杭县食品安全委员会工作规则》,明确县食品安全委员会及其成员单位的主要职责和各项工作任务,成立食品药品安全专家委员会,组建专家库。分别在4月12日和11月3日召开食品安全联席会议,部署2017年食品安全重点工作,协调解决食品安全重点难点问题。印发《上杭县食品安全工作评议考核办法》《2017年度县对乡镇食品安全考评工作方案》《2017年食品安全委员会成员单位食品安全绩效考评评分细则》,组织开展2017年度县对乡镇和县食安委25个成员单位食品安全考评工作。

推进餐饮服务食品安全监管 推进餐饮服务食品安全量化分级管理工作和风险分级管理工作,对全县各类餐饮服务单位的许可资质、人员管理、环境卫生、设施设备、食品采购贮存、加工制作、餐饮具清洗消毒等各个环节逐项打分评定,全年等级评定A级112家,B级588家,C级110家。全县量化分级管理率99%,其中城区量化公示率100%,农村量化分级管理率94%,学校食堂量化分级管理率100%;2017年,加强农村集体餐饮食品安全监管工作,全面落实农村集体聚餐活动申报备案和指导制度,做好农村集体餐饮活动的监督工作,全年备案农村集体聚餐617次。开展重大活动的食品安全保障活动,全年完成重大活动食品安全保障24起,共出动保障人员245人次。

食品生产流通环节食品安全监管 强化专项整治,开展元旦、春节的迎春行动、农村食品扫雷行动检查、节日期间肉品专项整治、茶叶市场销售大检查、校园周边食品经营户检查、中高考食品安全专项检查、中秋、国庆大检查等专项整治、食品生产安全风险排查整治等专项行动,出动执法人员1300多人次,检查食品生产经营单位2200多家次;加强食用农产品质量安全监管,加强对食用农产品进入批发、零售市场或生产加工企业后的质量安全监督管理，对县农贸市场（含水果批发市场）、冠超市、新华都超市、华润爱家超市等规模以上超市的食用农产品开展监督抽检，全年完成304个批次的食用农产品监督抽检，并在上杭县政府网公示；开展农产品快速检测5800多个批次，配合省市食品抽检116批次；开展农村无证经营食品整治，对辖区内农村食品生产经营主体进行全面检查，建立监管台账，引导符合法定条件的食品生产经营者办理相关证照，全年办（换）食品经营许可证1990余份；创建食品加工小作坊示范点，选择2家生产条件基础较好、质量安全管控到位、市场信誉良好的小作坊开展省、市级示范点创建。

深化药械、化妆品安全监管　组织开展元旦、春节期间食品药品安全迎春行动、药品流通领域安全风险和重点问题排查、特殊药品及含特殊药品复方制剂、药品类易制毒化学品及麻精药品、农村和城乡接合部药品经营、疫苗流通和使用环节、执业药师挂证、无菌和植入性医疗器械、非法使用无注册医疗器械等20余次专项检查、整治，对药械领域保持高压监管态势，严厉打击各类违法行为；强化药械不良反应监测工作，根据辖区人口数量、临床业务量下达任务数，将该项工作列入县对乡镇考评，全年全县药品不良反应报告510例，医疗器械不良事件报告114例。

【市场监督】　完善食品可追溯体系建设　2017年，上杭县食品安全应急指挥中心成立，整合全县食品安全追溯信息化平台中的社会公众服务子平台、食品安全在线备案子平台、食品安全在线监管子平台、移动执法APP系统平台，完成上杭县食品安全应急指挥中心项目建设和验收工作，实现各个子平台系统之间的数据交互和信息共享。

推进有色金属产品质量检验中心建设　2017年，有色金属产品质量检验中心主要开展资质认证申报、实验设备验收调试、人员技术培训等3大块工作。9家企业与中心达成产品检测、检验比对及人员学习的服务协议，与厦门材料研究院签订框架协议，与市质检所、紫金测试中心达成建设性协议，为促进上杭金铜产业发展提供服务平台。

强化消费维权工作　2017年受理消费咨询投诉举报554件，其中咨询143件，比增2.3%；投诉356件，比增91.67%，涉及争议金额56.63万元，为消费者挽回经济损失51.79万元；举报55件，比增77.42%，依据群众举报发现违法经营行为并进行立案查处5件。全年咨询回复率100%，诉求办结率100%，调解成功率97.73%，回访满意率96.03%。

■ 安全生产监督管理

【概况】　2017年，上杭县发生生产安全事故5起，死亡5人（其中，生产经营性道路运输业3起死亡3人，商贸制造业1起死亡1人，建筑业1起死亡1人），事故起数、死亡人数分别比降37.5%和44.4%，安全生产各项指标控制在上级下达的指标范围内，全县安全生产形势持续稳定向好。

【安全生产责任制落实】　2017年，上杭县召开全县性安全生产工作会议15次，传达学习贯彻习近平总书记、李克强总理等中央领导关于安全生产重要指示批示精神以及全国、全省、全市安全生产工作会议精神，研究部署安全生产工作，有针对性地制订加强安全生产工作的办法措施。制订出台《上杭县安全生产工作责任清单》，明确水上交通（漂流、垂钓）、渣土车、油气输送管道保护等领域安全监管职责，厘清工业园区、风景区等功能区安全监管工作机制，进一步消除监管盲区、死角，有效解决安全生产监管体制机制问题。2017年，全县组织开展督查6次，强化安全生产责任落实。

【安全生产宣传教育】　2017年，上杭县抓好《中共中央　国务院关于推进安全生产领域改革发展的实施意见》《福建省安全生产条例》《中共福建省委　福建省人民政府关于推进安全生产领域改革发展的实施意见的通知》宣传贯彻落实。开展安全生产月等活动的宣传教育，共接待咨询群众5000余人，发放宣传材料3.5万多份，营造浓厚的安全生产氛围。2017年，安全生产信息报道成绩突出，分别刊载在《中国安全生产报》12篇，中国安全生产网88篇，省安监局网站152篇（居全省第三），市安监局网站217篇（居全市第一）。

【安全生产大检查】　2017年，上杭县聘请福建省安全生产科学研究院专家对两个工业园区和紫金山金铜矿区进行全覆盖安全生产综合检查，全面排查整治隐患。3月1日至4月30日在全县范围内集中开展安全生产大检查和打非治违专项行动；3月至7月底，开展职业健康专项执法检查；3月20日至10月31日，开展安全生产大排查大整治；6月至年底，分3个阶段在全县范围内所有行业领域开展安全生产大检查。2017年，全县检查生产经营单位8388家次，发现隐患6459处，全部按期整改到位（重大隐患4处），落实隐患治理资金175.2万元，停产停业整顿企业8家，打击严重违法违规行为10起，关闭取缔企业18家，实施行政处罚420余万元，曝光工作不力的单位1家、个人2人，行政拘留24人。

【安全生产巡查】　2017年4月23

日，国务院安委会安全生产巡查组对上杭县开展安全生产延伸巡查，巡查组对上杭县安全生产工作给予充分肯定。12月10日，市政府安委会对上杭县安全生产工作开展为期5天的巡查，巡查组对县政府层面、县直部门、乡镇、企业安全生产工作情况开展全面检查，对上杭县安全生产工作给予充分肯定。

【危险化学品从业单位“一图一卡一册”】 2017年，福建在全省首先探索建立危险化学品从业单位“一图一卡一册”制度。3月16日，全省危险化学品和烟花爆竹监管工作暨“一图一卡一册”推广会在上杭县召开。上杭县“一图一卡一册”工作经验在全省推广。

国有资产管理

【概况】 2017年，上杭县国有资产总量528.97亿元，比增16.81%，其中行政事业单位资产58.88亿元，企业国有资产202.68亿元（不含紫金矿业，参股控股企业以国有出资比例计算），紫金矿业国有股A股、H股市值267.41亿元。2017年，共有县属企业55家，其中全资企业31家、控股企业5家，参股企业17家，事业单位性质2家。县属国有企业全年累计实现营业收入4.95亿元，比增21.62%，实现利润总额2.12亿元，比增181.85%。

【国企改革】 推进法人治理结构建设 2017年7月，上杭县国资局会同组织部开展党政（领导）干部在企业兼职专项整治暨完善公司法人治理结构工作，对所有在企业兼职（任职）公务员和科级领导干部进行清理规范，共清理退出公务员及科级干部18人，同时对空缺职位进行市场化招聘。

县属国有企业外派监事会成立 完善企业监管制度，加强县属国有企业监督管理，制订《上杭县县属国有企业监事会管理暂行办法》，对所出资企业实行外派监事会制度，成立县属国有企业监事会工作组，由政府派出，负责全程监督企业重大决策和关键环节以及董事会、经营层履职情况，确保国有资产及其权益不受侵犯。

创新人才发展模式 以市场化选聘企业负责人路径推动人才管理创新，通过公开招聘选聘6人为县属企业高管（其中，城发公司1人、工贸公司2人、古田建设发展公司3人），要求应聘的董事长、总经理必须是党员，实现党管干部原则与市场机制有机结合，推进党建与公司治理深度融合，为国有企业完善“双向进入、交叉任职”领导体制等工作打下良好基础；把党管干部的原则贯穿招聘工作的全过程，对报考人员进行资格审查、尽职调查、确定面试人选、组织面试、考察、决定聘用等六道程序，每个环节都通过党组会议集体研究决策。

【资产结构优化】 盘活闲置资产 2017年，上杭县将帝豪广场44套住宅及8个车位委托中介机构进行公开拍卖，拍卖成交总价3820.5万元，相比评估底价3095.18万元，溢价725.32万元；推进紫金南路安置房剩余房源对外销售，签约25套，交付定金4套；做好省委巡视发现问题整改落实，协助推进客家缘整体资产、长岭下低密度住宅项目等资产盘活，制订两处资产的处置整改方案。

整合企业股权 按照市委《中共龙岩市第五届委员会会议纪要》精神及县对古田区域内国有资产进行梳理意见，推进古田区域资产、债权和债务的整合，由古田建设发展公司负责，以“古田山庄”为主要资产，成立控股子公司整理盘活古田山庄资产，股东由古田建设发展公司（持股70%）和市文旅集团（持股30%）两方组成，古田建设发展公司授权由古田管理中心管理。

【国资企业运营效益】 深化资本运作 2017年，上杭县国投公司投资2250万元，参股组建福建省龙德新能源股份有限公司公司，建设“六氟磷酸锂”项目；投资3576.8万元，入股参与龙岩高岭土有限公司股份制改造；参与投资新一代信息技术基金、兴杭战略基金，基金投资的福建恒锋信息股份有限公司等3家公司成功上市；开展基金理财业务，分别与纳斯特投资管理有限公司、兴全基金管理有限公司开展合作，设立两个投资基金专户，每个专户1亿元；参与紫金矿业定向增发工作，认购9亿元额度，浮盈4.3亿元；做好紫金矿业H股市场化运作，实现盈利1.87亿元；参与新股网下配售，实现盈利216.78万元；拓展海外投资业务，参与多尼斯（国际）股份有限公司美股配售业务，投资金额100万元美元，实现账目浮盈18万美元。

强化融资保障 县属国有企业发挥投融资主体作用，创新融资方式，为企业加快发展提供有力资金保障，全年县属企业融资13.13亿元，其中国投公司新增融资8.4亿元，用于认购紫金矿业定向增发9亿元的额度，城市建设发展公司实现融资3.45亿元，为项目建设提供资金保障，工贸实业融资0.28亿元，用于工业园区基础设施建设。

突出项目带动 城市建设发展公司各项基础设施续建、新建项目40多个，累计完成项目建安投资约6亿元，其中新开工项目28个，续建项目15个，竣工验收项目16个，所有重点项目在项目会战中均喜获红旗。县国资局围绕产业转型升级战略目标，根据《上杭县领导干部带头策划重大项目工作机制》文件精神，全年策划项目6个,总投资额19.2亿元,10亿元以上投资额1个,亿元以上投资额5个,其中"年产10万套耐腐蚀超低温(LNG)高端阀门项目"和"紫金山金铜矿尾矿堆场太阳能发电工程项目"入选市项目储备库。

拓展盈利空间　兴诚实业组建运营兴诚教育培训咨询服务公司,做强做大上杭县红色教育培训产业,促进干部教育培训事业发展;兴诚贸易公司实现现金流量3000万元,利润30万元;上杭客家开元大酒店通过开源节流、完善减亏机制、开拓县委党校、古田培训学校等红色教育机构培训接待的新市场等途径,2017年减亏300万元;城市建设发展公司全年实现利润1738万元,建材贸易公司实现营业额2800万元,利润250万元;福建绿科建设有限公司,通过1万元并购入股第三方公司51%股份的方式,间接获得3个建筑一级资质,节约并购资金1000余万元,公司围绕绿色建筑产业多元化发展,在全国范围内开展业务,承接多个钢结构装配式工程项目,全年实现产值1.8亿元,实现利润105万元,上缴税收近500万元(其中,上杭部分230万元)。

■ 国有企业

【闽西兴杭国有资产投资经营有限公司】 2017年,闽西兴杭国有资产投资经营有限公司总资产313.5亿元,有全资、控股和参股企业17家,业务范围涉及矿产冶金、水利电力、高速公路、金融等领域。归属母公司净利润4.63亿元,上缴国有资本收益6.45亿元,全年总收入8.33亿元,生产经营保持良好发展态势,较好实现国有资产保值增值目标。

融资工作　全年,公司融资总额54.4亿元,平均融资成本4.21%/年。

股权投资　是年,公司投资6只一级市场投资基金,总金额3.2亿元,其中2.1亿元为风险投资,1.1亿元为优先级投资。公司通过兴杭战略基金投资的恒锋信息科技股份有限公司、福建阿石创新材料股份有限公司、厦门盈趣科技股份有限公司等3家公司通过中国证监会审批,其中恒峰信息于2017年2月8日在创业板上市,阿石创于2017年9月26日在创业板上市,盈趣科技将于2018年1月在A股上市。3家公司成功上市将给公司带来丰厚回报,是公司投资业务的一个重要里程碑。年内,加快公司向综合性投资控股公司转型的步伐,开展各项创新业务,开展专户理财业务,10月分别与纳斯特投资管理有限公司、兴全基金管理有限公司开展合作,设立2个投资基金专户,每个专户1亿元,2017年,兴全基金专户市值1.069亿元,纳斯特专户市值1.02亿元,合计盈利890万元;参与新股网下配售,2017年实现盈利202.6万元;拓展海外投资业务,参与多尼斯(国际)股份有限公司美股配售业务,投资金额100万元美元,2017年,实现账目浮盈18万美元。

实业投资　助推上杭县产业发展,扶持符合产业发展方向、成长性良好的县内企业,6月,福建省龙德新能源股份有限公司成立,注册资金1亿元,其中公司出资2550万元,占股25.5%,项目开始主体厂房建设;投资入股龙岩高岭土有限公司,属于稀有资源行业,公司投资3576.8万元,入股龙岩高岭土有限公司4.95%股权。

扶贫扶企工作　支持上杭县贫困村、革命基点村发展,兑现首期贫困村投资收益。6月30日,公司兑现上杭县50个县定贫困村首期1000万投资资金的收益120万元,帮助贫困县脱贫。与53个贫困村签订运营协议,运营总额达3120万元的贫困脱贫资金,确保2018年兑现12%的年化收益;推进贫困村脱贫工作,出资帮助太拔镇大地村建设光伏发电工程,2017年1月投产,并实现上网发电,全年发电90487千瓦,实现收入8.87万元。公司负责统一运营管理62个革命基点村建制村"以奖代补"项目帮扶资金,村年度收益统一按12%计算,增加革命基点村的长久性收益。支持上杭县实体经济发展,继续运作规模为5000万元的上杭县企业应急资金,全年企业应急资金累计使用38次,周转金额3.79亿元,防范和化解23家企业的资金链风险,有效缓解县域企业的流动资金周转困境。

【城市建设发展有限公司】 2017年,城发公司实现营业收入5371万元(含子公司),计划数2800万元(指标值),超出计划数92%,比增24%;其中,子公司自主经营实现营业收入3313万元,计划数1500万元(指标值),超出计划数121%,比增8%。实现利润1738万元,计划数450万元(指标值),超出计划数286%,比增197%。其中,子公司实现利润165万元,比增40%。实现国有资产保值增值率150%,计划数105%(指标值),超出计划数45%。2017年,获得项目授信额度8亿元,完成帝豪广场的回购,完成招商引资任务,全年无安全生产责任事故。公司获县委、县政府"三大战役"优胜单位,子公司金山城建获县政府颁发"纳税先进企业"。

项目建设　2017年,公司承担65个建设项目(含开展前期项目),其中,新开工项目28个,续建项目15个,竣工验收项目16个。建设路(东侧)道路改造安置小区建设工程达到交房条件,城区道路改造工程基本完成,潭头大桥及接线工程桩基开工,便桥搭设完成,汀江绿道工程一期全部贯通,县医院整体搬迁建设项目除病房楼外,其余外墙全部装修完成。所有重点项目在项目会战中喜获红旗。

在省级文明县城2017年度测评期间，公司严格按照县委、县政府的部署要求，强化职能，履职尽责，抓好建筑工地现场管理，搞好文明施工，协调处理建筑现场乱堆乱放、违规施工、乱扔建筑垃圾等不文明现象，为争创省级文明城市作出贡献。

资产运营　城发公司针对历年来各类保障性住房（经济适用房和廉租房）建设数量多、投入使用少的实际情况，主动与相关主管部门沟通协调，制订上报并落实各类房产的盘活方案，减轻财政负担，确保建设资金的及时收回，并且经过资产盘活，公司全年销售170套住宅及4套杂物间，总价值9147万元，回笼资金6176万元。

自营业务　子公司城发城乡建设投资有限公司制订建设项目与资金管理办法，按行业主管部门的要求，完成项目立项工作，推进古田、才溪2个重点镇和2016—2018年度实施的21个美丽乡村项目建设，完成投资4000万元；城区公共自行车建设项目是2017年重要的为民办实事项目和城建项目之一，公司会同商务局、执法局、住建局等相关单位，多地进行调研，结合本县实际，对公共自行车、共享单车建设方案进行比较和分析论证，项目8月份开标，建设站点32个，575辆自行车全面投入使用。子公司建材贸易公司开展各类建筑材料设备的经营贸易，全年实现营业额3313万元，上缴母公司利润250万元。

【兴诚实业有限公司】　2017年，县兴诚实业有限公司资产18亿元，全年实现资产营运收入5368万元，利润783万元。通过市场化运作，实行公开公正公平阳光招租，有效资产出租率达100%。创新租金缴交方式，制订合理调租方案，维护县域房屋租赁市场及社会的和谐稳定。落实安全生产主体责任，加强资产巡查力度，开展近百场安全生产检查活动、消防演练、安全知识培训，确保资产安全无事故，较好地实现国有资产保值增值。

资产盘活　将原县面粉厂地块开发为农贸市场停车场、瓦子街地下停车场完善配套设施后对外开放，原塑料厂地块移交给县政府建设老年人日间照料中心，盘活资产用于解决政府的民生工程，协调原县装饰板厂土地性质变更，公司资产可增值近5亿元。

项目建设　根据《上杭县行政办公用房装修审批工作流程》的规定，承担县域办公用房装修工程的项目建设，严格按照县政府行政办公用房标准施工，截至2017年底投入1500万元用于项目建设，完成县委巡查办等11个项目施工并交付使用，建设局质检站等4个项目在建。投入500万元组织实施庐丰麻子坝围屋改造项目及配套设施提升。

【兴诚教育培训咨询服务有限公司】

2017年11月，组建上杭县兴诚教育培训咨询服务有限公司，做强做大县红色教育培训产业，促进干部教育培训事业及第三产业发展。

【扶贫开发投融资平台】　2017年，建立上杭县扶贫开发投融资平台，截至2017年底，承接下拨省、县易地扶贫搬迁地方政府债券资金、专项建设资金、专项贴息贷款等资金总计2068.25万元。

【工贸实业发展有限公司】　2017年，上杭县工贸实业发展有限公司（以下简称工贸公司）有全资子公司6家，参股公司2家，总资产15.37亿元，净资产1.86亿元，营业收入1.49亿元。

国有资产运营管理　收储华丰工贸机械公司厂房资产，做好资产收储和管理工作，进行招商提高厂房出租率，盘活资产确保国有资产的保值增值。欣杭电商创新经营管理模式，将旗舰店从南岗搬迁至瓦子街，发挥瓦子街的区域优势，与各乡镇进行对接，着力推介县内名特优产品，全年实现营业收入1.25亿元。欣杭物业加强管理，为行政服务中心各单位及园区各企业提供服务，全年业务收入122万元。物资公司不断扩展业务，全年完成销售额1764.5万元，实现利润58.43万元，安全生产标准化年度考评综合得分为92.5分，连续3年获得安全生产标准化优秀级经营企业。虹桥拍卖行全年签订委托拍卖政府采购合同43份，接受委托拍卖政府采购招标7646.78万元，举行拍卖招标会39场，成交合同38份，总成交额6952.77万元。

融资贷款　为推进工业园区建设发展，工贸公司全年融资贷款共5.9亿元。

项目建设　做好县不动产登记中心装修工程，严格按照公开招标程序组织实施，并按期提供使用。加快白云石矿采矿权证办证工作，处理白云石矿遗留问题，理顺经营管理模式，加强监管。

责任编辑：袁发昌　钟梅娇

农　　业

■ 综述

【农村经济】 2017年，上杭县农业农村工作坚持创新、协调、绿色、开放、共享的发展理念和稳中求进的工作总基调，围绕打造"四个上杭"、实现"四个率先"工作目标和推进农业供给侧结构改革工作主线，以优化供给、提质增效、农民增收为目标，以绿色发展为导向，着力打造新业态、扶持新主体、拓宽新渠道，深入打好项目落地、脱贫攻坚、生态环保"三大战役"，加快农业转型升级，加快农业现代化建设，巩固发展农村经济好形势，持续实现全县农业增效、农民增收、农村繁荣。全年实现农林牧渔业总产值61亿元，比增3.3%（增加值36.85亿元、比增3.2%），增速居龙岩市第三名，其中农业总产值24.05亿元，比增5.1%；林业总产值6.49亿元，比增6.3%；牧业总产值27.09亿元，比增1.3%；渔业2.37亿元，比增7.5%；服务业总产值1.0亿元，比增5.8%。农村居民人均可支配收入15355元，比增9.1%，增速居龙岩市第四名。

【农业新型经营主体培育】 新型职业农民 2017年，上杭县强化新型职业农民培育，引导农村青年、返乡农民工、农技推广人员、农村大中专毕业生等从事现代农业建设，培养有文化、懂技术、会经营的新型职业农民，全年培训新型职业农民459人（生产经营型380人，农机化专业服务型79人），认定405人。

家庭农场 2017年，全县新评选县级示范家庭农场50家，市级示范场10家，省级示范场4家；累计工商登记注册的家庭农场有1949家，其中县级示范家庭农场200家、市级示范农场35家、省级示范农场11家。

农民专业合作社 2017年，新增农民专业合作社17家，其中省级示范社2家；全县累计经工商登记注册的专业合作社有377个，其中被评为部级示范社3家、省级示范社15家、市级示范社29家、县级示范社47家。

龙头企业培育 2017年，加快槟榔芋生产加工、润农年产万吨食用菌工厂化生产加工、鑫中合现代农业、优创农业冷链物流、红肉蜜柚生态果园建设与保鲜加工等项目建设。全年新增市级龙头企业4家及生产加工企业1家。

【美丽乡村建设】 2017年，上杭县完成对"4+5"美丽乡村党建综合示范点扫尾和验收工作；全面推进17个省级"千村整治、百村示范"工程示范点、21个美丽乡村示范点和2个新型城镇化重点镇建设，启动古田红色小镇三年提升行动。全年新增3个中国传统村落、2个中国少数民族特色村寨、2个全国文明村镇，村镇面貌明显美化。

【休闲农业】 2017年，上杭县重点打造太拔院田、儒溪茶田、添福山庄、观音井百果园等一批休闲农业与乡村旅游示范点，全年举办休闲采摘活动10次，并承办省级首届梅花节。

【农业生产】 粮食生产 2017年，上杭县粮食播种面积3.15万公顷（其中，水稻种植面积2.79万公顷），总产19.76万吨。全年发放农业"三项补贴"资金2637.56万元。发挥县农技站院士专家工作站的作用，创建水稻绿色高产高效示范片0.2万公顷，其中13.33公顷以上示范片10个，年代育秧服务333.33公顷以上水稻工厂化育秧点5个，年烘干能力1.3万吨烘干中心5个。

园艺产业 2017年，临城镇九洲村（蜜雪梨）被评为第七批全国"一村一品"示范村镇。全县蔬菜种植面积1.61万公顷，总产39万吨，分别比增3.4%和14%；果树种植面积0.90万公顷（其中，新植340公顷、采摘0.86万公顷），总产6.32万吨，产值2.55亿元，分别比增4.3%、6.1%、5.6%；茶园面积0.17万公顷（其中，新植13.33公顷、采摘0.15万公顷），总产1750吨、实现产值1.01亿元，分别比增6.7%、7.6%；食用菌栽培1750万袋，鲜菇总产1.99万吨、总产值1.08亿元，分别比增6.8%、7.1%。

烤烟生产 2017年，全县签订烤烟产购合同2874户，种植烤烟0.25万公顷，收购烟叶10.3万担，烟农售烟收入1.59亿元（含各项补贴），户均收入5.53万元，实现烟叶税3008万元。

畜牧水产 2017年，全县生猪存栏41.95万头，出栏74.56万头，分别比增1%和1.3%；家禽出栏2974万羽，比增28.6%；牛出栏16795头，羊出栏26282头，兔出笼143万头，蜂蜜产量185吨。养殖水面约0.33万公顷，全年渔业产量1.26万吨、产值2.87亿元，分别比增7.53%、8.3%。"上杭槐猪"被评为福建十大农产品区域公用品牌，"儒溪槐猪"被评为福建名牌农产品。

【农业项目建设】 农业领域项目攻坚战役 2017年，上杭县项目落地攻坚战役农业领域项目20个，总投资26.09亿元。全年完成项目投资7.78亿元，完成计划投资115.5%，开工建设项目19个。完成策划项目63个，签约项目4个，完成上报增资项目4个。

“一区两园”项目　2017年，完成“一区二园”项目建设22个，完成计划任务164.29%，完成投资5.85亿元，完成计划任务211.26%。制订2017年国家现代农业示范区以奖代补项目实施方案，做好2017年省级农民示范基地专项资金140万元实施的8个项目。

县级现代农业　2017年，用活用好县级现代农业2000万元专项资金，重点扶持省、市龙头企业、5000万元以上企业、“八大珍八大鲜”特色产品、冷链物流、林下经济、农业产业化联合体、电子商务等项目建设。

【“五新”技术推广】　2017年，上杭县加快农业“五新”技术推广，重点推广一批高产优质的新品种、节本增效的先进实用新技术、有机新肥料、安全低毒低残留的新农药和便捷适用的新农机具。全年水稻“五新”集成推广示范片40片0.38万公顷、超级稻1万公顷、杂交稻2.6万公顷、优质稻2.53万公顷、脱毒甘薯0.08万公顷，推广免耕栽培0.33万公顷；推广测土配方施肥技术2.4万公顷，冬种紫云英6个示范片共0.17万公顷，推广商品有机肥1.2万吨；农作物和畜禽良种覆盖率达98%以上；主要农作物耕种收综合机械化水平达43%。强化粮食试验示范基地建设；加强种子市场监管，加大种子打假护权力度，全县良种率97.6%以上，水稻优质率87%以上。

【农业信息服务】　2017年，上杭县积极创建省级12316农业信息服务文明窗口单位。加强农村公共信息服务平台，全年在报刊网络媒体上发布信息890条。抓好“12316”农业服务热线工作，全年印发各种种养技术资料1万多份，接待来电来访160多人次。加快发展农业物联网和农产品电子商务，设立县农特产品展销配送中心、网上商城直销中心、县级电商运营服务中心等，采用“公司+专业合作社+基地+农户+实体店”的模式，促进线上线下融合发展；联系农特产品生产加工的专业合作社（公司）100多家，进驻主要农特产品300多种。全年实现线上线下交易额达2000多万元，有效缓解农产品销售难问题。

【农产品质量安全监管】　2017年，上杭县积极创建国家级农产品质量安全县，加强农产品标准化示范建设，强化农畜水产品监督执法，上杭县获市对县农产品质量安全考评第一名。

农产品“三品一标”认证和质量安全可追溯体系建设　加强农产品“三品一标”认证，全年新增农产品“三品一标”认证产品30个，增量居全省第一（其中，种植业、畜牧业无公害农产品分别为15个和14个，绿色食品1个）。市级以上龙头企业、示范社、“三品一标”及规模以上蛋鸡养殖主体全部纳入可追溯平台管理，全年纳入平台管理企业68家。

农产品质量安全检测检疫　2017年，明确336名县、村级农民技术员履行村级农产品质量安全协管员职责，实现县、乡、村三级监管网络全覆盖。全县果蔬样品合格率98.6%以上，畜禽产品质量安全监测合格率99.8%（其中，上市畜产品检疫率达100%、瘦肉精检测合格率100%），水产品样品合格率100%。

农业标准化基地建设　2017年，完成标准化建设企业73家，其中果树、茶叶、蔬菜、食用菌标准化生产基地分别为5个、3个、4个、1个和畜禽规模养殖场60家。

农业执法　加强农资监管平台管理，将全县29家农资经营店、67家兽药经营企业、2家肥料生产经营企业纳入监管平台建设，全年农资、畜牧等现场检查131家次、网上检查269家次，未发现违禁药品。加强农畜水产品质量安全监管，全年出动执法人员330余人次，检查农资门店360余家次、兽药经营企业72家次，立案查处违规经营案件8件，处罚金额4.67万元。

【农业安全生产】　植物疫病防控　2017年，上杭县农业局指导农民防治各种农作物病虫害工作，发布病虫情报4期，科技宣传资料10期8000余份，上传病虫信息30余项；发生病虫草鼠1.53万公顷次，防治4.47万公顷次，挽回损失2700吨。

动物疫病防控　2017年，全县调入猪口蹄疫灭活疫苗185.8万毫升、牛口蹄疫灭活疫苗22.4万毫升、高致病性禽流感灭活疫苗506.25万毫升、高致病性猪蓝耳病弱毒疫苗506.25万头份，购买400万羽份的鸡新城疫Ⅰ系苗，强化口蹄疫、高致病性猪蓝耳病、高致病性禽流感等疫病监测和流行病学调查，全县重大动物疫病的免疫密度常年维持在90%以上，应免畜禽免疫密度100%，确保全县没有发生区域性重大动物疫病。

渔业安全监管　县政府与14个渔业重点乡镇签订2017年渔业安全生产目标管理责任书，开展渔业船舶安全生产大检查和专项整治工作，共开展渔业安全生产大检查12次，船舶检查45次，参加执法船数26艘次，检查渔船168艘次，检查渔港、码头、库区数45次，排查发现隐患2个，完成隐患整改2个。与公安、渔政、水政、安监联动，现场拆除电鱼设备、设施47套，收缴违法违规电鱼设备18套，拆除违法违规网具40余张次，立案查处7件，结案6件，罚款4300元。

沼气安全监管　2017年，采取定期、不定期方式，对现有沼气池运行管理情况进行检查，全县农业能源安全稳定向好，未发现重大安全隐患。

【养殖业污染治理与减排】　2017年，上杭县有247家猪场动工改造（含113家关闭拆除），动工率100%，竣工246家，竣工率99.59%，其中1500头以上有12家竣工(含3家拆除),南阳1家在建;1500头以下有234家竣工(含110家关闭拆除),通过改造验收83家,改造项目竣工待验收41家,通过关闭拆除验收110家。全县分片区建成3个病死畜禽及废弃物无害化集中处理厂,全年无害化处理病死猪137709头,其中集中无害化处理厂处理病死猪136251头,全县基本实现病死猪集中无害化处理。

【农村改革深化】 土地流转 2017年,上杭县土地流转面积1.08万公顷(其中6.66公顷以上规模经营的有133片0.20万公顷),占承包耕地面积的45.72%,涉及农户5.56万户,占总农户数的51.77%。

土地承包经营权确权登记颁证 2017年,全县土地确权登记颁证涉及22个乡镇,338个行政村,3593个村民小组,近10万农户,2.53万多公顷耕地。全县完成权属调查338个行政村,完成率100%,完成审核公示336个行政村,完成率99.41%,完成合同签订336个行政村,完成率99.41%。

■ 农业综合开发

【项目实施】 2017年,上杭县国家农业综合开发项目实施完成2016年度临城、珊瑚、庐丰农业综合开发高标准农田建设项目.14万公顷,财政投资4422万元;中都镇聚胜家庭农场高标准农田建设项目66.67公顷,财政投资160万元;古蛟片农业综合开发小流域生态综合治理项目466.67公顷,财政投资784万元。项目通过市级复查。组织实施2017年度中都镇高标准农田建设项目533.33公顷,财政总投资1280万元;湖洋镇高标准农田建设项目600公顷(其中,土地整理206.53公顷),财政总投资1873.72万元;主体工程年底基本完成。申报2018年度溪口、茶地、才溪通贤镇农业综合开发高标准农田建设项目0.19万公顷,财政投资4713.3万元;载丰溪小流域治理项目566.67公顷,财政投资952万元。

【项目管理】 2017年,上杭县加强项目实施管理,县农发办完善工程施工单位考评工作,制订《上杭县农业综合开发2017年土地治理项目处罚办法》,作为《施工合同》的附件,严格按考评办法进行处罚及工程结算。聘请村级施工员,对有土地整理的村,选定1~2名责任心强、懂得工程施工的施工员跟班作业。县农发办和监理单位对村级施工员进行培训,聘请工资在业主管理费中列支。完善土地治理项目验收规程,制订《上杭县土地治理项目验收规程》,严格按验收规程进行竣工验收。建立项目实施定期通报制度,施工期间在项目区每15~20天举行一次由县农发办、项目乡镇、项目村、村级施工员、监理单位、施工单位参加的定期通报会,解决施工管理中出现的权属调整、施工进度、施工工艺、工程质量、工程调整变更等问题,以确保项目保质保量完成。利用互联网工具管理项目,每一个片区参与该土地治理项目的农发办、乡镇管理人员以及监理单位、施工单位人员建立微信群,在项目实施过程中把相关通知、验收申请和检查发现的问题及时发送到微信群,达到交流、监管的目的。

■ 农机

【农业机械装备】 2017年,上杭县农业机械总动力10.98万千瓦。农业机械2.79万台套,其中拖拉机2710台(其中,手扶变型运输机816台、手扶拖拉机1894台);耕整地机械4056台(其中,微耕机3145台、中耕机402台);旋耕机1167台、起垄机863台;插秧机136台;联合收割机100台;田间管理机械2798台(植保机械2312台、割灌机483台、茶叶修剪机3台);其他收获机械13台;谷物烘干机40台;小型机动脱粒机具、农用排灌机械、农副产品加工机械、畜牧业机械、设施农业设备等都有不同程度的发展,其中机动脱粒机5821台,农用排灌动力机械1589台、农用水泵1608台,农田基本建设机械72台,农产品加工动力机械2912台、农产品初加工作业机械2710台,畜牧养殖机械770台、渔业机械408台,保鲜储藏设备37台(套),林果业挖坑、果树修剪机械79台。

【农机购置补贴政策落实】 2017年,上杭县农机管理站严格按照《2015—2017年上杭县农业机械购置补贴实施方案》落实农机购置补贴政策,全年发放农机购置补贴资金172.79万元(其中,中央资金148.22万元,省级补贴资金24.57万元),用于补贴新购置农业机械754台,受益农户664户。

【农业机械化作业】 2017年,上杭县加快推进农机合作社规范化建设和示范培育,新培育农机专业合作社4家,全县累计注册成立农机专业合作社16家。初步形成以农机专业合作组织为龙头,农机大户为主体,农机户为基础,农机中介组织为纽带的新型农机社会化服务体系,为农业产前、产中、产后提供系列化服务。

是年,县农机管理部门以农田机械作业为重点,围绕春耕、双抢、秋收冬种等重点农时季节,强化农机作业服务的组织工作,有效引导、组织农机服务组织开展机耕、机收、机灌、农运、信息咨询等社会化服务。全年完成水稻机耕2.68万公顷、机插0.54万公顷、机收1.21万公顷,水稻耕种收综合机械化水平57.69%,比增4.56%。

【农机新技术新机具推广】 2017年,上杭县农机管理部门引进、示范、推广适合当地的小型农机具,新增微耕机168台、旋耕机69台、收割机11台、插秧机2台、动力喷雾机93台、喷杆式喷雾机2台、风送式喷雾机1台、割灌机223台、树木(花草)修剪机12台、挖坑机2台、粮食烘干机4台、果蔬清洗机1台、轮式拖拉机2台、履带式拖拉机3台、起垄机57台、离心泵14台、田园管理机械14台、地膜覆盖机6台、培土机42台、热风炉4台、病死畜禽无害化处理设备6台、有机废弃物干式厌氧发酵装置17台、喂料机8台、农用航空器1台。

是年,县农机管理部门鼓励农民进行土地联片作业,通过政府扶持和市场导向相结合,以水稻机插为突破口,抓好水稻生产全程机械化示范点,实施统一品种、统一播种育秧、统一秧苗管理、统一机耕、统一机插、统一机收。全年完成水稻机械化插秧面积0.54万公顷。

年内,实施庐丰大路坪农机专业合作社水稻生产全程机械化(耕整地、育插秧、植保、收割、烘干)示范基地建设项目,该项目是上杭县实施的第一个省级水稻生产全程机械化示范基地建设项目。该项目添置和配齐水稻生产全程机械化农机装备101.25万元,项目补助40万元,建成并通过验收。

全年,开展新型职业农民培训班农机化专业1期59人、收割机驾驶员专业1期20人,为粮食生产机械化提供人才支撑。

【农机质量与安全监督管理】 2017年,上杭县农机管理部门重点抓好农机补贴产品质量监督,加强对农机补贴机具经销商(点)的监管,促进农机产品质量和售后服务的改进和提高。做好农机产品质量跟踪调查及投诉受理工作,重点结合农机务农作业工作,对历年享受农机购置补贴机具的使用情况进行跟踪调查并登记造册。

是年,县农机管理部门开展"科学发展,安全发展"农机安全生产宣传活动,持续开展农机道路交通安全综合整治"三年行动"。全年组织田查路检247人次,检查拖拉机68台次,排查安全隐患10项,纠正违章10人次;核发驾驶证20本,换发驾驶证170本,登记注册联合收割机2台、大中型拖拉机1台,注销拖拉机365台;年度检验拖拉机9台。农机安全生产形势总体保持平稳。县委、县政府高度重视农机工作,将农机化促进工作列入2017年县对乡镇目标管理考评,省农业厅农机化处在全省推广这一做法。全县农机安全工作获得龙岩市农机安全生产目标责任考评优秀等次。

林业

【植树造林】 2017年,上杭县完成植树造林0.13万公顷,占市下达植树造林任务0.12万公顷的115.1%,其中完成重点生态区位林分修复366.80公顷,占任务的103.8%;完成森林生态景观建设57.27公顷,占任务的100.5%;完成生物防火林带建设139.13公顷,占任务的119.3%;其他人工造林更新0.09万公顷,占任务633.33公顷的143.9%。

【森林资源保护】 *森林防火* 2017年,上杭县发生森林火灾2起,受害森林面积31.56公顷,发生率每万公顷0.11起,受害率0.14‰;全年查处违章野外用火192起,罚款8.02万元;执行违章野外用火治安拘留案件26件,拘留26人。

森林病虫害防治 全面完成省定"四率"指标,即成灾率零,无公害防治率100%,测报准确率99.8%,产地检疫率100%;完成《上杭县2017年度松材线虫病防控实施方案》中规定的防控任务,全年未发生松材线虫病疫情;完成全县林业有害生物普查工作。

加大违法破坏森林资源行为打击力度 全年受理森林三类案件350件,其中刑事案件70件,治安案件32件,林政案件248件;查处334件,其中重大案件6件,特大案件10件;打击处理各类违法人员476人次,其中刑事强制措施65人,移送起诉28人,治安拘留32人,治安罚款2人,林政处罚326人,摧毁犯罪团伙14个21人,抓获逃犯8人;挽回直接经济损失170.9万元,其中林政罚款170.3万元。

【林业富民产业】 2017年,上杭县实现林业总产值36.5亿元,比增10.5%。

林下经济 全年全县林下经济经营面积5.94万公顷,形成林下种植、林下养殖、林下产品采集加工和森林景观利用四大类林下经济发展模式,其中林下种植金花茶面积113.33公顷。全年实现林下经济产值21.65亿元,比增18.3%。

2017年4月,庐丰乡丰乐村高标准基本烟田土地整理后的烟田

(县烟草局供稿)

花卉苗木产业　全年全县实现花卉苗木产值3.99亿元,比增4.6%。

竹业产业　全年全县实现竹产业产值5.6亿元,比增3.7%。

油茶产业　全年全县实现油茶产值1.5亿元,比增20.5%。

【集体林权制度配套改革】 2017年,上杭县进一步拓宽林权抵押的范围,全年为6个林农提供共71.4万元的林权抵押贷款担保,抵押面积41.07公顷。完成对泮境乡彩霞村的集体林地股权改革试点。

【项目落地用林保障服务】 2017年,上杭县做好保障项目落地用林需求服务工作。经省、市、县审批永久用地林地面积162.02公顷,临时用地林地面积8.21公顷,内部用地5.70公顷。

【林木林地权属争议调处】 2017年,上杭县做好调处林木林地权属争议工作,全年接待来人来访21起68人;调处纠纷25起,面积920公顷,其中达成协议4起,面积66公顷;生态公益林权属争议调解15起,面积746.67公顷,补拨生态林到户补偿资金37.33万元;重启行政案件调查1件,面积31.87公顷;行政诉讼案件1件,面积22.13公顷。

【天然林保护工程补助资金落实分配】 2017年,上杭县在全省率先基本完成2016年度天然林保护工程补助资金落实分配工作,进度居全市第一。2016年度全县天然林补助总面积8.93万公顷,总金额1974.82万元;完成资金拨付1746.80万元,占88%,其中下拨林木所有者补助1276.92万元,占应拨林木所有者补助资金的92.37%。

【林产品加工业】 2017年,上杭县林产品加工业产值8.76亿元,占全县林业总产值的24%,比增18.53%。至2017年年底,全县林产品加工企业有59家,其中规模以上(年产值2000万元以上)林产品加工企业16家。

是年,锯材产量3150立方米,产值567万元;胶合板产量2.34万立方米,产值5148万元;细木工板产量3.82万立方米,产值8404万元;竹木地板产量39.18万平方米,产值5615万元;装饰板产量70.75万平方米,产值1132万元;竹藤棕草制品产值6176万元;家具产量16.1万件,产值5070万元;林产化工产品产量1.57万吨,产值1.81亿元;纸浆及纸制品产量4908吨,产值5997万元;笋制品及茶油等森林食品产量2934吨,产值31356万元。

【国有林场】 古田国有林场　2017年,从业人员33人;经营区面积0.37万公顷,其中林业用地面积0.33万公顷,有生态公益林面积266.67公顷,商品林面积0.31万公顷;林木总蓄积量26.3万立方米;造林更新面积33.33公顷,中幼林抚育面积300公顷;全年木材产量1910立方米。

溪口国有林场　2017年,从业人员62人;经营区面积0.62万公顷,其中林业用地面积0.58万公顷,有生态公益林面积386.67公顷,商品林面积0.54万公顷;林木总蓄积量45.5万立方米;造林更新面积40公顷,中幼林抚育面积400公顷;全年木材产量5630立方米。

汀江国有林场　2017年,从业人员50人;经营区面积0.66万公顷,其中林业用地面积0.66万公顷,有生态公益林面积0.09万公顷,商品林面积0.57万公顷;林木总蓄积量40万立方米;造林更新面积63.33公顷,中幼林抚育面积556.67公顷;全年木材产量2370立方米。

【林产品加工企业】 2017年,上杭县有优创油脂有限公司、汀水源油茶科技发展有限公司、云雾香茶叶发展有限公司、绿鑫农业发展有限公司、儒溪茶叶有限公司、万福林化有限公司、润华纸业有限公司、东兴工贸有限公司、旧县鑫田木业有限公司、华良木业有限公司、兰天木制品家具有限公司、中都三鑫木制品综合加工厂、家友竹竹木有限公司、东顺生物质燃料有限公司、景凤再生能源发展有限公司、浩丰工艺品有限公司等16家规模以上林产品加工企业。

【商品木、竹生产及销售】 2017年,上杭县完成商品木材生产5.92万立方米。按规格分,原木5.71万立方米,薪材0.21万立方米;按权属分,村及村以下商品材产量3.56万立方米,国有林场(古田、溪口、汀江、白砂国有林场)等完成商品材产量2.36万立方米。原木按树种分,杉木2.6万立方米,松木1.7万立方米,桉树等1.41万立方米。

是年,完成商品材销售7.76万立方米(含2016年库存),其中销往省内7.17万立方米、省外0.59万立方米;商品材库存3.62万立方米。

是年,上杭县毛竹生产838万根,篙竹生产572万根,小径竹生产5.1万吨;销售毛竹754万根,销售篙竹515万根。

水利

【水利建设】 2017年,上杭县冬春水利建设累计完成投资2.13亿元,修复水毁水利工程325处,疏浚河道12千米,新增防渗渠道干支渠25千米,新增农田灌溉面积1.93万公顷,改善灌溉面积0.2万公顷,新增节水灌溉面积0.09万公顷,治理水土流失面积36.15平方千米。

全年全县用水总量2.37亿立方米;万元国内生产总值用水量比2015年下降16.3%、万元工业增加值用水量比2015年下降17.6%;农田灌溉水有效利用系数0.645;重要江河湖泊水功能区水质达标率100%、县城以上集中式饮用水水源地水功能区水质达标率100%、行政交界断面水质达标率100%;重要水功能区污染物总量减排量达标率100%。

【防汛减灾】 防汛工作 2017年，上杭县全面落实各项防汛备汛措施。4月1日起，县防汛、气象和水文等部门和乡镇进入汛期全天候24小时值班的临战状态。县委、县政府主要领导多次对防汛工作作出重要指示，组织召开防汛专题工作会议，指挥长多次组织召开防汛会商会议，安排部署暴雨洪水防御工作。在防御暴雨洪水和台风期间，防汛、气象、水文、国土等部门加强监测会商，及时发布雨水情预警预报。县防指严密监测雨情发展态势，发出30余份明传电报部署台风、暴雨防范工作，及时启动应急响应（其中，启动防汛四级应急响应7次，启动防汛三级应急响应5次），对出现或预报可能出现强降雨的乡、村实施点对点预警指挥，利用防汛短信平台，向各级防汛责任人发出预警信息，提醒县防指各成员单位根据各自职责加强防范，适时响应、有效应对，全年发出省、市领导批示及防御部署等传真200余次，发送短信30余万条，巡查1.16万人次，紧急转移群众2600余人次。2017年，完成《上杭县防汛指挥图》和《防汛要素手册》的编制工作。加强汛情监测、巡查、预警和防汛日常事务处理、防汛设施设备管理工作，组织蓝溪镇、溪口镇、太拔镇开展镇、村防汛预案演练工作，对乡镇防汛值班、带班领导和干部，水利工作站人员，村级防汛信息员，自然村防汛预警铜锣锣长等1800余人开展山洪预警平台操作、暴雨台风灾害及识别知识、防汛防台风工作要领、村级防汛信息员以及自然村防汛预警铜锣锣长岗位职责等课程培训，提升乡村基层干部的防洪减灾能力。

山洪防治项目建设 2017年，开展防汛（水利）大联勤项目，建成9处视频监控点和配置344部防汛（水利）大联勤移动信息采集终端设备。

【民生水利工程建设】 农村饮水安全工程项目 2017年，上杭县完成农村饮水安全工程项目和水质检测中心建设；实施完成农村饮水安全拾遗补阙建设任务，总投资109万元；指导各乡镇做好农村饮水安全工程管护工作。

水库除险加固项目 2017年，实施完成上罗、猫头水库等2座水库除险加固项目建设任务。长圳坑水库除险加固项目（概算总投资240万元），完成主体工程建设。完成9座水库除险加固工程竣工验收工作。

小型农田水利工程建设项目 2017年，2015年度中央财政第七批才溪、通贤、官庄小型农田水利项目（总投资2550万元）完成市级年度验收。2016年度中央财政第七批中都、下都小型农田水利项目（总投资2860.63万元）实现完工验收。

农田水利基础建设项目 2017年，庐丰、稔田、临城、古田、步云等5个乡镇19个行政村2015年建设项目（总投资338.37万元），全部完工；21个乡镇（除临江镇外）92个行政村（其中贫困村50个）96个工程点建设，项目（总投资343.43万元），全部完成竣工验收。

防洪工程项目 2017年，建设防洪堤总长3.43千米，总投资6361.69万元，张滩段第Ⅰ标段完成主体工程建设，附属工程完成投资95%；第Ⅱ标段正在实施。

高效节水灌溉项目 2017年，中都镇、庐丰乡、白砂镇2016年度中央财政高效节水灌溉项目（建设高效节水灌溉工程268.67公顷，工程概算总投资833.8万元）基本完工。中都、庐丰、白砂、临城、湖洋、稔田、太拔、蓝溪、南阳、旧县等9个镇2017年度中央财政高效节水灌溉项目（建设高效节水灌溉工程347.67公顷，工程概算总投资1067.8万元），基本完成工程建设任务。

万里安全生态水系项目 2017年，2016年汀江干流及支流旧县河安全生态水系建设项目，临城段北江滨公园（三中段）护岸主体工程和旧县段主体工程基本完成。2017年黄潭河干支流安全生态水系建设项目，一期项目为蓝溪镇、泮境乡，二期项目为稔田镇，设计方案完成审查批复。

烟草水源工程 2017年，庐丰乡烟水工程，完成竣工。下都乡烟水工程，开展项目竣工验收和水库大坝整改工作；旧县片区烟区水源工程，累计完成投资1.35亿元，项目有序推进；白砂镇锦绣水库工程，引水隧洞打通、大坝基础开挖。

【水电管理】 水电安全生产管理 2017年，上杭县做好烟区水源南山水库、新坊水库、锦绣水库，汀江防洪、水态水系、水库除险加固、水土流失综合治理、高效节水灌溉等在建水利工程的质量监督工作。做好汛前汛期水利安全生产大检查、开展全国“两会”和厦门金砖会晤期间水利安全生产专项检查、水利行业涉及危险化学品综合治理、水利安全生产大检查、打非治违安全生产大检查、水利安全生产大排查大整治、水利安全生产隐患排查及节假日前后等特殊时期水利安全生产检查。重点检查全县小（二）型及以上水库（含电站水库）、重要山塘、重要堤防、烟草水源项目等各类在建水利水电工程。做好紫金山金铜矿8座库坝及防排洪系统安全运行的监督检查。确保汛期、节假日和重大活动期间水利行业的安全生产。

【水资源管理】 全面推行河长制 2017年，上杭县所有河道均实行县、乡、村三级河长（河段长）、专管员管理责任，22个乡镇所有叫得出名称的河流都登记造册，确定乡镇、村的河长（河段长）、专管员、保洁员名单。各乡镇根据辖区河流状况，开展河流调查，摸清主要污染源，建立“一河一档一策”，为河流治理奠定基础；开展“三个全面清理”工作，清理江河湖库水葫芦等水面漂浮物和陈年垃圾；加强河道巡查监管，下发问题和责任清单4批次，整改通报件21件；督促乡镇开展河长制公示牌更新改造，乡村共新设或改版公示牌435块。开展全县乡镇河长、村级河长和河道专管员(保洁员)业务工作视频培训。加密河道巡查监管,河道专管员进入常态化管理。完成乡镇主要污染源"一张图"收集。全县主要流域水质不断提升。

水政水资源监管　2017年,利用"3·22"世界水日、"中国水周"等活动,联合上杭职专、夕阳红艺术团等单位开展系列宣传,开展《中华人民共和国水法》《中华人民共和国防洪法》《中华人民共和国安全生产法》等法律法规宣传,印发各类水法律宣传材料7000余份。联合团县委、县环保局、县教育局举行成立青少年生态环保联盟暨开展"小手拉大手、共护母亲河"志愿活动启动仪式。严格执行采砂许可、取水许可和水资源有偿使用制度,受理河道采砂许可申请42件、办结42件。全年征收水资源费580万元。

综合执法　2017年,组织开展河道巡查137次,联合水利、公安、国土、执法局、电力等部门及乡镇政府制止、打击采砂场违法采砂36家(次),责令停止水事违法行为51起。

河道保洁　2017年,制订出台《上杭县水葫芦清理整治实施方案》《棉花滩水电站库区(上杭段)水域长效保洁工作实施方案》等文件,督促重点乡镇抓好水葫芦(水浮莲)清理工作;对全县39座小(二)型及以上电站水库大坝实施安全鉴定,完成34座,另5座委托鉴定;对步云乡小水电站进行全面检查,对30座小水电站安装放水设施,逐个落实生态下泄流量。对于影响生态环境且无法落实最小生态下泄流量、存在安全隐患的水西、宫桥、元康等3座水电站做好退出工作。

库区移民开发

【库区移民后期扶持人口管理与直补资金发放】　2017年,上杭县继续做好后期扶持人口管理及直补资金发放工作。全年直补资金发放人数20132人,发放直补资金1204.8万元。

【库区移民后期扶持项目管理】　2017年,上杭县实施大中型水库库区移民后期扶持项目,完成2017年度后扶项目的计划审核、上报并抓好已批复项目的实施工作。全年争取移民资金4265.94万元,实施移民项目40个,其中生产开发项目7个1822.38万元,环境综合整治项目19个885万元,社会事业项目14个资金423万元。

【小型水库移民扶助项目管理】　2017年,上杭县做好小型水库移民扶助项目申报和管理工作。全年下达11个小型水库扶助项目,总投资263.93万元。

【资产型生产开发项目】　2017年,上杭县资产租赁收益123.16万元,计划用于移民村基础设施建设、贫困移民脱贫等支出。

2017年,县库区移民开发局投入移民资金3527.94万元,实施资产型生产开发项目2个,共购置商业店面927.63平方米,写字楼2077.22平方米。通过资产租赁的收益实行再分配,

【小额贷款贴息补助项目】　2017年,上杭县开展针对直补移民创业的小额贷款贴息补助项目。全年共接受贴息申请104户,带动银行贷款1600万元,发放2016年小额贷款贴息补助79户29.7万元,有效解决移民创业贷款付息重的问题。

【移民技能培训项目】　2017年,上杭县开展直补移民实用技术培训,全年开展汽车驾驶培训,共培训移民150人次,投入移民资金37.5万元;对接"互联网+"新业态,举办两期"互联网+库区人才发展"培训班,培训移民140人次,推动库区移民发展方式转型升级。

【"平安库区"创建】　2017年,上杭县针对信访稳定新形势、新常态,研究建立信访工作新机制,坚持信访一线工作法,化解矛盾问题。全年共受理移民来信1件,信访量比2016年下降80.3%,全年没有发生移民集体访事件。

【棉花滩库区遗留问题处理】　2017年,上杭县移民局协调有关各方,制定《关于〈福建省棉花滩水电站库区遗留问题处理报告咨询意见〉的建议意见》《关于上海院提出的〈福建省棉花滩水电站库区遗留问题处理后续工作建议〉(初稿)的建议意见》,提出包括上杭库区环库公路建设、李氏大宗祠保护方案在内的9条意见。筹资30万元用于李氏大宗祠抢险、抢修工程。

梅花山自然保护区

【资源保护】　森林防火　2017年,上杭县争取古田会议旧址群及其周边森林防火建设项目,配备消防车1辆、森林防火运兵车2辆,巡护摩托车15辆;3月,在步云乡蛟潭村、万安镇西源村营造生物防火林带13.33公顷,种植油茶苗、山荔枝大苗各6000株。全年无森林火灾。

病虫害防治　2017年5月,防治池家山村口风水林细柄阿丁枫毒蛾虫害6.67余公顷;8月,清除中国虎园受萧氏松茎象危害的松枯死木2000余株,面积100公顷。

【科研宣教】　科研工作　2017年8月29日,福建梅花山华南虎繁育研究所495号母虎产下1只幼虎,并成功人工育幼。10月,市级重大科研项目《华南虎繁育及种群优化关键技术》通过市科技局组织的结题验收;启动国家重点研发计划"畜禽重大疫病防控与高效安全养殖综合技术研发"子课题项目;11月,来自上海动物园和洛阳王城公园动物园的一雄一雌两只华南虎"赛赛""贝贝"落户福

建梅花山华南虎繁育研究所。

宣传教育 2017年6月5日，联合龙岩市中级人民法院、市森林公安局开展“6·5”世界环境日宣传活动。7月27—29日，联合市教育局在中国虎园举办为期3天的“创建全国文明城市·关爱大自然‘世界老虎日’”主题实践活动，参与活动人数超过3万人。

【社区发展】 “以电代柴”惠民工程项目 2017年，梅花山自然保护区内蛟潭、云辉、大斜、桂和、西源、池家山、太平寮、马家坪等8个村实施“以电代柴”惠民工程项目，给予村民生活用电0.2元/度的补助，惠及农户636户2665人。

科技帮扶助推蛟潭村茶业发展 2017年4月，聘请市农业局高级农艺师在步云乡蛟潭村举办夏季茶园管理技术及制茶技能培训班，蛟潭村及周边村民60多人参加培训。

支持区内基础设施建设 2017年筹集资金33.5万元，用于补助14个村的森林公园、亮化工程、道路维修等公益事业建设。

【项目建设】 2017年9月，《福建梅花山国家级自然保护区十年总体规划(2017—2026)》获国家林业局批复。

2017年10月22日，福建梅花山国家级自然保护区华南虎繁育及野化训练基地项目，通过省林业厅组织的验收。

■ 白砂国有林场

白砂林业科技示范园区航拍图(2017年摄) (白砂林场供稿)

【林业科技示范园区建设】 2017年，白砂国有林场落实《龙岩白砂林业科技示范园区实施方案》，推进科技展示馆建设，制作园区宣传视频，建设场部文化长廊，编制林业科技示范园区手册和杉木大径材培育等技术手册，为申报国家级林业科技示范园项目打下基础。

【国家林木良种基地建设】 2017年，白砂国有林场完成33.33公顷杉木三代种子园与13.33公顷马尾松二代种子园人工授粉，完成33.33公顷杉木三代种子园病虫害防治、修剪，完成3.47公顷九岗杉木实验林扩穴、施肥，完成丰面桥3.33公顷马尾松实验林扩穴，完成13.33公顷马尾松种子园防火路扩穴。

【林场改革】 2017年，白砂国有林场根据《国有林场改革方案》《福建省属国有林场改革实施方案》《龙岩市省属市管国有林场改革实施方案》等文件精神，结合林场实际，制订《上杭白砂国有林场改革实施方案》，获龙岩市林业局批准。

【项目建设及资源培育】 2017年，白砂国有林场26个申报项目进入省、市项目库，落地项目14个，落实项目资金581万元。

2017年，完成造林65.4公顷，占计划的131%，其中不炼山造林61.4公顷(其中珍贵树种造林52.8公顷)。造林成活率95%以上，保存率100%。

【资源管理】 森林病虫害防治 2017年，白砂国有林场完成333.33公顷马尾松林喷施“森得宝”农药防治马尾松毛虫等虫害。

森林防火 2017年，组建20人专业森林消防大队；全年累计投入基础设施资金45万元；邀请森警上杭大队来场举办防火培训班，提高全场职工和扑火队员专业技能和防火安全意识。

木材产销 2017年，完成木材生产9400立方米，占计划的118%；完成木材销售1.05万立方米，占计划的132%。

【年度荣誉】 2017年，白砂林场木材生产股在“创先争优”活动中被省林业工会授予“工人先锋号”称号；6月，白砂林场曾文荣被授予“龙岩市最美农民工护林员”荣誉称号。2017年白砂国有林场通过市级文明单位评审。

责任编辑：袁发昌 钟梅娇

工　业

■ 综述

【工业生产】 2017年，上杭县规模以上工业实现总产值562.1亿元，比增26.1%；实现增加值62.8亿元，比增9.6%，增速居龙岩市第一位；实现销售产值558.9亿元，比增25.8%，工业产品产销率99.18%。完成工业固定资产投资136亿元，完成年度计划投资142亿元的96.5%，比增14%，增速龙岩市排名第五。其中，技改完成投资106亿元，完成年度计划投资100亿元任务的106%，完成比例龙岩市排名第三，比增16.4%，增速龙岩市排名第二。规模以上工业增加值能耗下降率为5.84%，龙岩市排名第三。

重点项目建设　2017年，铭麟过硫酸盐（铵、钠、钾）生产项目投资2.6亿元、鸿航有色金属及五金水暖卫浴产品生产项目投资约20亿元、紫金山末端物料综合回收挖潜增效项目投资2.28亿元、龙岩思康化学品有机氟/有机硅新型合成材料生产项目投资1.1亿元、上杭县金铜产业科技孵化器创业园项目投资2亿元、年产22万吨低氧铜杆生产项目投资11亿元等一批重点项目建设投产，工业发展后劲不断增强。

2017年上杭县规模以上工业企业基本情况表

表11

企业名称	企业类型	主要产品
紫金矿业集团股份有限公司★	股份有限公司	黄金冶炼（金铜）
福建紫金铜业有限公司★	股份有限公司	铜材（金铜）
福建省上杭县电力公司 ■	国有	电力供应
福建赣闽稀有金属有限公司	私营有限责任公司	钨铁
福建省上杭县九洲硅业有限公司	私营有限责任公司	工业硅
福建上杭志成电子实业有限公司 ■	其他有限责任公司	电子元件制造（金铜）
福建龙氟化工有限公司 ●	股份有限公司	化肥（金铜）
上杭县古田镇富康农林发展有限公司	私营有限责任公司	铁皮石斛加工
上杭县盛先纺织有限公司	私营有限责任公司	棉、化纤加工
福建朝阳矿业股份有限公司	私营有限责任公司	金属硅生产（金铜）
福建上杭金山水电有限公司	中外合资经营	水力发电
福建兴朝阳硅材料股份有限公司 ●	私营有限责任公司	金属硅生产
福建省上杭县能群建材有限公司	私营有限责任公司	水泥
龙岩鸿航卫浴有限公司	私营有限责任公司	五金卫浴生产
上杭县儒溪茶叶发展有限公司	私营有限责任公司	茶叶
上杭建润电业有限公司 ●	股份有限公司	电线电缆（金铜）
上杭县云雾香茶叶发展有限公司	私营有限责任公司	茶叶

续表11

企业名称	企业类型	主要产品
福建上杭县太阳铜业有限公司 ★	股份有限公司	无氧铜杆、电线电缆
福建省大永固钢铁有限公司	私营有限责任公司	钢Y
上杭县龙鑫混凝土搅拌有限公司	私营合伙	预拌混凝土生产及销售
上杭儒溪槐猪有限公司 ●	私营有限责任公司	槐猪
福建上杭朝阳光伏科技股份有限公司	私营有限责任公司	工业硅
紫金铜业有限公司 ▲	股份有限公司	铜材(金铜)
龙岩市上杭县汀水源工贸有限公司	私营有限责任公司	油茶
瓮福紫金化工股份有限公司 ★	股份有限公司	化工(金铜)
福建省金烨铜管配件有限公司 ●	私营有限责任公司	铜产业(金铜)
福建金山耐磨材料有限公司	股份有限公司	钢球
上杭华麟商品混凝土有限公司	私营合伙	预拌混凝土生产及销售
上杭县海力饲料有限公司	私营有限公司	饲料
福建优创油脂有限公司 ●	私营有限公司	茶油
上杭县福塔混凝土有限公司	股份有限公司	混凝土
龙岩旗乾玻璃有限公司	私营有限公司	玻璃
上杭县兴成工艺品有限公司	私营有限公司	工业品
福建省闽西天龙变压器有限公司	私营有限公司	变压器
上杭县双胞胎饲料有限公司●	私营有限公司	饲料生产
上杭县旧县鑫田木业有限公司	私营有限公司	指夹板生产
泰山石膏(龙岩)水泥缓凝剂有限公司	股份有限公司	水泥缓凝剂制造
福建瓮福蓝天氟化工有限公司●	股份有限公司	无水氟化氢生产
福建省上杭县紫金石灰材料有限公司	私营有限公司	熟石灰粉生产
福建上杭恒驰硅业有限公司	私营有限公司	空心砖、页岩砖制造
上杭县浩丰工艺品有限公司	私营有限公司	木制橱柜生产
福建优创农业发展有限公司	私营有限责任公司	蔬菜加工
上杭县绿鑫农业发展有限公司	私营有限公司	茶叶加工
龙岩万福林化有限公司●	私营有限公司	松香生产
上杭县华良木业有限公司	私营有限公司	木板材加工
福建工航新型管业有限公司	私营有限公司	塑料板生产
福建清景铜箔有限公司●	股份有限公司	铜箔生产
福建省上杭县锐美家装饰材料有限公司	私营有限公司	三聚氰胺塑料面板制造
上杭富鑫达电子有限公司	私营有限公司	安防线缆的生产

续表11

企业名称	企业类型	主要产品
福建省上杭县名冠服饰有限公司	台资有限公司	僧服、僧帽制造
上杭县集龙服饰有限公司	独营有限公司	梭织服装生
福建金萃福珠宝发展有限公司	股份有限公司	金银首饰加工
龙岩傲农饲料有限公司 ●	私营有限责任公司	饲料生产
龙岩市鸿航金属科技有限公司 ●	私营有限责任公司	金属材料(铜锭)
上杭县荣兴生物科技有限公司	私营有限责任公司	猪粪有机肥生产销售、生物技术研发
福建紫金萃福珠宝发展有限公司	股份有限公司	珠宝首饰加工、黄金深加工
上杭县双吉矿业有限公司	私营有限公司	萤石精粉加工
上杭县宏发机械制造有限公司	私营有限公司	铸件制造
泳翰服装织造有限公司	私营有限公司	纺织服装制造
福建紫金选矿药剂有限公司	股份有限责任公司	铜萃取剂
大地生机(福建)农业发展有限公司	台资有限公司	果蔬制品
上杭县腾辉建筑材料厂	私营有限公司	FA 胶结材、重钙生产
龙岩市景凤再生能源发展有限公司	私营有限公司	生物质致密成型燃料生产
上杭县恒发机砖加工场	私营有限公司	空心砖、页岩砖制造
福建德尔科技有限公司	股份责任有限公司	电子级六氟化硫气体制造、电子级四氟化碳气
上杭宸宏服饰有限公司	私营有限公司	服装制造
福建上杭润华纸业有限公司	私营有限公司	薄页纸加工
上杭嘉美斯服饰有限公司	私营有限公司	服装制造、加工、批发兼零售
福建省陆盛交通工程有限公司	私营有限公司	沥青混凝土加工与销售
上杭县兰天木制品家具有限公司	私营有限公司	木地板生产
龙岩市宝泰饲料有限公司	股份责任有限公司	饲料加工
龙岩市上杭县东顺生物质燃料有限公司	私营有限公司	生物质颗粒燃料生产、销售
福建上杭亚达电子科技有限公司	私营有限公司	发光二极管(LED 管)制造
泰山石膏(福建)有限公司 ●	股份有限公司	石膏板生产
福建省上杭县鑫盛纺织有限公司	私营有限公司	高档棉纱生产
紫金矿业集团黄金冶炼有限公司▲	股份有限公司	合质金回购、黄金冶炼
上杭擎荣农产品有限公司	私营有限公司	农产品加工
福建顶呱呱照明电器有限公司	私营有限公司	各类照明灯
上杭县中都三鑫木制品综合加工厂	私营有限公司	胶合板
龙岩市锐美佳家装饰材料有限公司	私营有限公司	装饰板
上杭县下都鸿鑫石材厂	私营有限公司	加工大理石
上杭县西南顺发机砖厂	私营有限公司	空心砖
上杭县东兴工贸有限公司	私营有限公司	薄页纸
上杭县恒冠包装有限公司	私营有限公司	编织袋
福建龙岩龙嶂山实业开发有限公司	私营有限公司	山泉水
福建家友竹竹木有限公司	私营有限公司	竹木制品

续表11

企业名称	企业类型	主要产品
上杭县紫金恒星珠宝有限公司	股份有限公司	金镶玉
福建上杭太阳电缆有限公司	私营有限公司	船用电缆、特种电缆、海洋工程电缆、光电传输材料等
福建联福工贸有限公司	私营有限公司	铜制品
上杭县鸿远机械有限公司	私营有限公司	球磨机配套耐磨件、汽车及铲车配件
福建亿瑞电力科技公司	私营有限公司	配电产品
福建省希望生物科技有限公司	私营有限公司	畜禽药、添加剂
上杭县康源环境设备有限公司	私营有限公司	环保设备

备注:“▲”为产值100亿元以上企业;“★”为产值10亿元以上企业;“■”为产值5亿元以上企业;“●”为产值超亿元企业

【工业经济运行】 培育新增长点 2017年,上杭县工业新增长点项目和“百家千户”培育工程取得一定成效。列入省级工业新增长点项目16个,预期新增产值42.9亿元,全年累计实现新增产值117亿元,完成序时进度272.75%;列入市级工业新增长点项目22个,预期新增产值85亿元,全年累计实现新增产值113.4亿元,完成序时进度133.4%。2017年,新增规模以上工业企业2家(鸿航卫浴、古田富康农林);新增产值超亿元企业3家(清景铜箔、瓮福蓝天化工、万福林化)。

加大企业帮扶力度 2017年,出台《上杭县百亿企业培育工程实施意见》,支持龙头企业加快发展。6月,龙岩市政府、上杭县政府与福建上杭县太阳铜业有限公司签订“一企一策”备忘录。10月,上杭县政府与紫金矿业集团签订“一企一策”备忘录;实施成长型中小微工业企业培育,全年引导福建清景铜箔有限公司等20家中小微工业企业实施创新驱动发展战略和供给侧结构性改革,加快转型升级步伐,完成产值9.2亿元,比增105%,完成年度目标的124%;加大政策宣传和兑现。组织96家规模以上工业企业负责人及乡镇企业服务中心主任参加省级人才、科技产业政策培训班学习。邀请龙岩市业通开发咨询有限公司专业人员向规模以上工业企业、成长型中小微工业企业负责人作政策辅导培训。兑现2016年度《上杭县促进工业创新转型提质增效的若干意见》优惠政策奖励2380.12万元;设立上杭县奇迈科技创新基金,资助企业科技创新。2017年,上杭县共有10家企业申报奇迈科技创新基金项目,经立项程序,计划安排实施2017年度县奇迈科技创新基金项目7个,计划资助资金294万元。

提高服务企业质量 2017年,继续开展“进企业、送服务、解难题、促增长”活动,摸实14家企业存在需部门协调解决的问题42个。组织18家规模以上工业企业的75名生产负责人、车间主任、班组长等中基层干部参加企业“五型(技能型、效益型、管理型、创新型、和谐型)班组建设”培训班学习;组织26家重点企业负责人参加“北京大学—福建省上杭县企业家经营管理研修班”学习,帮助上杭县高层次经营管理人才开拓视野、转变经营理念、提高综合素质。组织开展“百名教授博士进基层”活动。组织龙岩学院科技服务团队深度对接企业技术、人才需求,推动上杭县创新驱动发展,推进产学研深度融合。

支持企业开拓市场 2017年5月,上杭县推荐龙岩龙嶂山泉实业开发有限公司等4家企业工业产品申报列入龙岩市经信委2017年第二批工业产品推荐使用目录;7月,发布上杭县2017年第一批工业产品推荐使用目录。

【项目落地攻坚战役】 2017年,上杭县完成投资36.68亿元,完成年度计划投资34.12亿元的107.47%。实际开工数20个,占年度计划开工数15个的133.33%;实际建成或部分建成数17个,占年度计划建成或部分建成数的100%。全县11个工业重点技改项目完成固定资产投资12.58亿元,占年度计划投资6.1亿元的206.2%;新开工项目6个,占年度计划开工数6个的100%;建成投产项目6个,占年度计划投产数5个的120%。

【工业生态环保攻坚战役】 2017年,上杭县3万吨以下3家造纸企业通过企业技术改造,全部完成整改目标任务,均取得排污许可证,已正常生产,完成率100%。蛟洋工业区污水集中处理公共管网建设项目2017年计划投资2000万元,实际完成投资2030万元,完成计划任务的101.5%。全县21家企业废水全收集全治理,达标排放21家,完成目标任务100%。完成燃煤锅炉整治24台,全面完成目标任务。

【国企改革】 2017年,上杭县经贸系统国企改革服务中心管辖40个改制单位,各类人员1290人,全年筹措资金485万元,用于支付离退休人员、抚恤人员、内退定补人员和病故人员等的有关费用。

服务工作 2017年,走访慰问困难职工,为离退休、下岗职工答疑解惑,查找相关资料。协助劳动社保公司退管办做好特殊工种提前退休核实原件工作。为部分国有企业下岗失业人员出具相关证明办理计划生育家庭独生子女奖励扶助事宜。协助原棉纺厂(建南新村)部分购房人员办理房产证,为其提供相关的证明及材料。协助有关部门做好信访接待工作,全年接待来访人员260余人次,及时将矛盾化解在基层。

社会保障 2017年,协助机关社保做好机关事业单位养老保险信息采集工作。每月为未退休事业编制人员申报及缴纳养老保险、医疗保险、职业年金及协助到退休年龄的事业编制人员办理退休手续。协调解决老工伤人员医疗问题,为中华人民共和国成立前老工人申报医疗费及住院护理费,为事业编制退休人员申报医疗补助,调整医保参保人员医疗缴费基数。

落实生活待遇 2017年,根据相关文件规定为伤残军人及因公伤残人员调整生活补贴及特护费。协助机关社保为事业编制离、退休人员调整基本工资。为年满70周岁及80周岁事业编制退休人员申请高龄补贴。及时调整离休干部、"5·12"干部、中华人民共和国成立前老工人的生活补贴,为生活不能自理的离休干部申请增加高龄护理费。派员慰问去世的离退休人员家属,及时办理相关手续。对离休干部遗属进行信息采集,每年对抚恤对象跟踪认证1次(80岁以上2次),确保资金安全发放。全年为33名离退休病故人员办理抚恤金及一次性困难补助并为已故人员中部分无经济来源家属办理救济金发放工作。

工业园区

【概况】 南岗工业园区 2017年,南岗工业园区(以下简称工业园区)有落户企业79家,实现工业总产值236亿元;完成固定资产投资19亿元(其中,工业园区基础设施建设投资1.5亿元)。在建项目有科技创业园建设项目、锐美家装饰年产1000万平方米高档次高压三聚氰胺塑料贴面板项目、太阳铜业年产22万吨连铸生产项目。全年工业园区内新增规模企业1家。全年拆迁房屋15户,共拨付房屋征收资金121.4万元;完成交地10多公顷,完成坟墓迁移51座;完成"工业新城黄竹片区江南公园建设工程"等3个土地报批项目共计4.79公顷。全年,定期深入企业和工地开展安全生产隐患排查及环保生产检查,并且督促企业做好隐患整改相关工作;定期召开安全、环保工作会议,传达学习各级环保、安全生产工作会议精神并对工业园区安全环保工作进行安排部署,确保工业园区安全、环保形势稳定向好。在"安全生产月"活动期间,组织开展以"全面落实企业安全生产主体责任"为主题的趣味运动会,约200人参加。及时处理中央环保督察组交办的信访举报件,及时督促有关企业针对信访问题进行落实、整改、反馈。全年工业园区未发生安全、环保生产事故。

蛟洋工业园区 2017年,蛟洋工业园区实现工业总产值263亿元(其中,规模以上工业企业实现产值262亿元),实现税收3.7亿元;完成固定资产投资15亿元。全年,新签约利用尾渣资源年产1万吨功能纳米硅等复合新材料项目、年产5万吨硅酸钠和5000吨氟化钠项目、瓮福紫金PPA扩能项目、稀贵金属综合回收项目、紫金铜业有限公司铜冶炼资源综合利用及无害化处置工程等5个项目。新开工紫金贵金属金盐项目、瓮福紫金PPA扩能项目、多级粉煤灰项目、龙德六氟磷酸锂项目、御研农业年产10万吨纳米生物肥和2万吨农用微生物制剂等5个项目。新竣工思康有机氟/硅新型合成材料产业化项目、铭麟工贸过硫酸盐项目、紫金贵金属金盐等3个项目。2017年12月,蛟洋循环经济园区通过省级循环经济示范园区验收,成为福建省14个循环经济示范园区之一。

【南岗工业园区科技创业园建设】
2017年,南岗工业园区继续提升园区发展软环境,提升园区创业创新服务能力,整合园区内现有资源,创建科技创业园(金铜产业孵化器),至2017年底,入驻上杭汉晶新材料科技有限公司、福建省金谷生物科技有限公司、福建闽稀科技有限公司、龙岩索利普智能科技有限公司和金山锂科(上杭)研究院有限公司等5家企业。

【蛟洋工业园区基础设施建设】
2017年,蛟洋工业园区完成园区发展备用地场地平整,年度投资约1500万元;完成园区相关企业用地的排水、挡墙、边坡治理及绿化,年度投资约1000万元。公共环境应急池项目总投资约6000万元,至2017年底完成下道湖片区应急池建设,管道完成80%,年度完成投资约3500万元。21号循环路项目完成可研报告编制,制订项目建设方案,明确建设任务、时间节点。配合蛟洋镇政府推进下道湖整村109户428人的搬迁工作。截至2017年底,完成下道湖整村搬迁协议的签订,共签订征地协议109户。向园区企业出租保障房267套,为企业员工提供生活保障;创办蛟龙创业园,延伸配套产业,孵化出益民家政服务、幼儿托管中心,为园区企业职工和当地群众提供优质便捷的配套服务;成立上杭实验小学坪埔分校,为园区企业和周边居民提供优质教育资源;筹建园区卫生医疗救助站,为园区企业提供必要的医疗卫生服务保障。

2017 年上杭南岗工业园区新落户项目情况表

表 12 单位:万元

项目名称	投资业主	项目总投资	开工建设时间
电缆新材料生产项目	福建上杭太阳电缆有限公司	22000	2017.1
锂离子电池用高档电解铜箔生产扩建项目	福建清景铜箔有限公司	86600	2017.12
福建上杭K金首饰自动化生产基地项目	福建紫金萃福珠宝发展有限公司	42000	2017.4
连铸铜杆生产项目	福建上杭太阳铜业有限公司	50000	2017.6
综合物流园项目	福建紫金顺安物流有限公司	13638	2017.12

【蛟洋工业园区用地报批及土地征控】 2017 年,蛟洋工业园区完成上杭天然气(坪埔)储配站项目用地、林地审批工作。完成铭麟工贸、辉园砂业、瓮铜建材、龙杭管业、御研农业、昆润天然气、志裕铜业等 7 家企业共计 9.5 公顷的土地挂牌出让工作。及时解决征迁过程中出现的农地、林地纠纷,至 2017 年底,完成坟墓迁移约 20 座。

【蛟洋工业园区管委会成立】 2017 年 1 月,根据中共龙岩市委编委《关于同意设立上杭县蛟洋工业区管理委员会的批复》(岩编〔2017〕1 号)和中共上杭县委编委《关于设立上杭县蛟洋工业区管理委员会的通知》(杭编〔2017〕7 号)精神,设立蛟洋工业区管委会,为上杭县人民政府行政派出机构,正科级。

■ 电力

【概况】 电力运行发展规模 至 2017 年年底,上杭县开发水电站 225 处,装机 19.25 万千瓦,水力发电量 5.08 亿千瓦时,紫金铜业有限公司余热发电量 0.13 亿千瓦时,瓮福紫金化工股份有限公司自备电厂发电 1.49 亿千瓦时。全县总供电量 21.03 亿千瓦,总销售电量 20.22 亿千瓦时,比增 4.46%。购省网电量 16.29 亿千瓦时。线损电量 0.81 亿千瓦时,综合线损率 3.86%。全社会用电量 23.36 亿千瓦时,用电量稳居全市第二位,比增 7.07%,增速居全市第三位,其中工业用电量 18.43 亿千瓦时,比增 6.78%。全年用电科学调度运行稳定,未出现重大停电事故和安全事故。

电网建设 至 2017 年底,上杭县区域内有 3 座 220 千伏变电站,变电容量 600 兆伏安;110 千伏变电站 8 座,容量 516 兆伏安;35 千伏公用变电站 16 座,总容量 178.75 兆伏安;10 千伏公用配变 2055 台,总容量为 588.11 兆伏安。拥有 110 千伏线路 243.94 千米,35 千伏线路 352.52 千米,10 千伏线路 1974.17 千米,0.4 千伏线路 2934 千米。110 千伏电网形成以 220 千伏旧县变、塘厦变、龙翔变为中心的单链、辐射式网络结构,35 千伏网络多为单链,部分为单辐射网络结构。

2017 年,电网工程项目总投资 1.56 亿元,其中 110 千伏变电站增容 1 座,新增主变容量 18.5 兆伏安,新扩建 35 千伏变电站 3 座,新增主变容量 19.45 兆伏安,新建 35 千伏线路 39.72 千米。新增及改造 10 千伏变电容量 22 兆伏安、线路长度 89 千米;新增及改造 0.4 千伏线路 95 千米,所有乡镇均实现 10 千伏双回路供电。

【国网上杭县供电公司】 2017 年,国网上杭县供电公司(简称县供电公司)完成售电量 20.22 亿千瓦时,比增 4.46%,首次突破 20 亿千瓦时;主营业务收入 9.9 亿元,比增 6.32%;完成电网建设总投资 1.56 亿元;资产负债率 66.61%,比降 3.52%;公司获评全市供电系统绩效管理先进单位,公司领导班子连续两年获评"四好"领导班子;企业负责人业绩考核在全市位列第一;综合评价在全省 21 家 A 类县公司中位列第六,较上年上升 7 位。县供电公司继续保持国家电网公司文明单位称号;获评第十三届省级文明单位。

安全工作 梳理本职安全责任清单 82 项;开展安全生产问题清单专项梳理问题 19 个。加大作业现场执规检查力度,全年累计检查执规作业现场 1365 个,查处违章 191 起。开展建设现场反违章专项整治行动,查纠违章 42 起。深化"三查三强化"(查责任落实、查基础管理、查风险隐患,强化制度执行、强化反措落实、强化责任追究)活动,开展防误闭锁装置、专变专线、输电线路防火烧山等 13 个专业、39 类隐患排查治理,排查隐患 186 处,完成整改 185 处,整改率 99.46%,整改及时率 100%。组织实施低压带电作业专项整治,管理人员到岗到位覆盖率 77.31%,执规检查覆盖率 34.81%。加强安全警示教育,组织违章人员开展周末安全警示教育活动 156 人次。完成公司 40 个应急预案的滚动修订;推进外协施工队伍员工诚信档案系统建设。完成 19 座变电站安全加固、14 座 35 千伏变电站纵向加密装置安装。部署内网安全准入系统,完成双 PE 网络改造工作。

电网建设　完成配电网诊断分析报告,以及配电网五年滚动规划修编、县域配电网目标网架规划工作。推动政府将电网建设项目纳入县重点项目管理,完成梅坝变等 3 个变电站前期选址工作。开展“大干 100 天”百日攻坚战役活动,完成郭车 110 千伏变电站 2 号主变增容改造等 6 个项目投产送电;推进上福溪(步云)35 千伏输变电工程等 7 个工程项目建设。尧埔 35 千伏变电站二期扩建工程获评省公司优质工程,上杭输变电工程业主项目部获评省公司“示范业主项目部”。完成小城镇(中心村)建设、村村通动力电建设、高故障线路改造等 407 个新一轮农网改造配网建设项目,新建、改造、整治台区 94 个、10 千伏线路 210.27 千米、0.4 千伏及以下线路 235 千米,解决配变重载 11 台、低压线路供电半径过长配变 26 台,架空线路绝缘化率同比提升 5.65 个百分点,电缆化率同比提升 0.38 个百分点,户均容量同比提升 0.2 千伏安。

生产运行维护　强化设备缺陷闭环整改,全年累计消除设备缺陷 4722 条。深化变电精益化管理,整治工作年度考评龙岩市排名第一;完成城关等 6 座变电站老旧开关室改造,22 座变电站运行规程、“三图”(主接线图、直流系统图、站用电系统图)修订;古田等 3 座 110 千伏变电站顺利通过精益化管理评价。强化输电线路运行维护,完成塘杭线等 5 条线路防雷大修,排查“三跨”(跨越高速铁路、高速公路和重要输电通道)安全隐患 16 处,全部列入整改计划。加强停送电精益管理,延时送电次数同比下降 62.5%。完成 10 条线路、28.5 千米、32.4 公顷生物防火林带建设任务。加大高故障线路及频繁停电问题的整治力度,全年高故障线路同比减少 38 条,比降 69.09%,频繁停电公变(所在地的线路、变压器,到每户的电表全部由供电局安装,维护和管理)同比减少 3785 台,比降 75.17%。深化配网带电作业,全年累计开展带电作业 369 次,公司带电作业班代表省公司接受国网公司专项检查,获得检查组的肯定及赞扬。完成厦门“金砖会晤”、中共十九大会议等 13 次重大保供电任务。

营销服务　落实“首问责任制”和诉求闭环管理机制,全年累计解决用电诉求 6808 项。开展电价执行专项检查,整改电价执行不规范用户 347 户。超额完成智能交费和线上缴费推广任务。加强业扩报装(客户申请用电到实际用电全过程中供电部门业务流程的总称)全过程管控,业扩服务时限达标率 100%。规范违约窃电查处全过程管理,累计查处窃电用户 13 户、违约用电 2 户,追补电量 1.36 万千瓦时,追补电费 5.06 万元。开展“服务好、投诉少”主题优质服务活动,排查承诺事项 62 件,完成整改 61 件,整改率 98.39%;严格执行服务“零报告”制度,强化服务投诉管控,全年累计受理投诉 36 件,同比下降 32.07%。加快清洁能源项目建设,完成电能替代电量 6.63 亿千瓦时,完成目标任务 373.57%;完成帝豪时代广场小区 25 台充电桩,上杭城区、古田景区充电站建设。主动服务县重点项目建设,实现铭磷工贸等 11 个项目如期送电。

经营管理　修订完善组织绩效方案和月度执规考核体系,深化绩效评价结果运用。紧盯年度绩效目标,分专业制订绩效提升措施,细化落实责任,强化指标分析,绩效指标排名得到有效提升。深化会计基础达标创优,财务项目预算管理提升入选省公司典型经验。推进问题清单梳理及整改,向国资委监事会作问题清单梳理情况汇报,获得肯定。精准现金流量管控,持续加大“两金”(应收账款、存货)清理力度,顺利实现“不亏”任务。严格执行物资集中采购,物资需求计划执行准确率 100%。

基础建设　深化专业管理基础提升三年行动计划,编制 2017 年实施方案,常态开展现场核查和考评。深化供电所管理基础提升、星级供电所创建工作,公司 2017 年度所际对标排名在全市各县(区)中位列第一;古田供电所获评国网公司、省公司 2017 年度五星级乡镇供电所、国网公司先进班组;才溪、蓝溪、稔田供电所获评省公司 2017 年度四星级乡镇供电所。深化班组建设,完成 8 个班组、15 个供电所“一班一品”特色班组文化提炼,变电检修班获评市公司 2017 年度五星级班组。加强创新管理,调控中心管理创新项目荣获市公司 2017 年管理创新优秀成果三等奖,调控运行班、变电检修班 QC 小组荣获 2017 年福建省优秀质量管理小组。

队伍建设　深化技能鉴定、职称确认(评定)工作,全年有 63 名职工通过技师及高、中级职称确认(评定),60 名职工通过各工种技能鉴定,技能人员持证率 97.74%。重视、加强青年职工的培养,成功举办首届“青年新锐”评选活动。精心组织竞赛、调考,继电保护专业荣获市公司“红色电力杯”职业技能竞赛团体二等奖,配电抢修专业取得市公司普考总分第一名。

【上杭县汀江水电有限公司】 2017 年,福建省上杭县汀江水电有限公司(以下简称汀江公司)及列入合并会计报表范围子公司累计完成发电量1.23亿千瓦时，为计划发电量1.15亿千瓦时的107.62%，其中公司直属电站完成发电量5479.32万千瓦时（其中，石圳电站1106.59万千瓦时、双溪电站255.29万千瓦时、回龙电站4117.44万千瓦时），为计划发电量4830万千瓦时的113.44%。汀江公司及列入合并会计报表范围子公司累计实现销售收入4438.57万元，比计划销售收入4028万元增加410.57万元。汀江公司及列入合并会计报表范围子公司实现利润总额2272.54万元，比计划利润总额1200万元增加1017.54万元，其中归属于母公司净利润1216.43万元，比计划净利润700万元增加516.43万元。主设备完好率100%，辅助设备完好率95%，实现年初制订的目标任务。

安全管理工作　完善各项安全制度，成立由董事长担任组长的安全生产领导小组，强化监管职责，健全三级安全网络，全年出台各项安全管理、安全检查和安全管理台账等制度28件，全面促进安全生产管理工作有章可循、有据可依，安全管理工作向规范化、制度化迈进。真督实查，有效落实安全生产主体责任。按照"全覆盖、零容忍、严执法、重实效"要求，建立健全《安全生产自查记录簿》《安全和劳动纪律自查记录簿》《安全生产督查台账》《安全生产督查整改通知书》《安全生产目标考核管理台帐》等制度，采取电站自查和公司不定期督查相结合考核制度，全年完成安全督查和安全检查107轮次，发出整改通知书9份，发出安全提示和安全预警67条，全年考核不合格票36张，工作票、操作票执行率100%，合格率99%，全年对68人次进行经济考核，考核累计96分。强化职工安全宣传教育，提升安全素质。全年组织学习上级安全文件、通报材料107份。组织各站运行人员、检修人员到电站结合现场设备进行教学培训，开展"两票三制"（工作票、操作票，交接班制、巡回检查制、设备定期试验轮换制）集中培训，举办一线员工《电力安全工作规程》学习考试，工作票、操作票的培训及考核，人员学习率和考试及格率100%。加强安全宣传力度，在各电站库区上下游，引水渠道补充完善安全警示标志67块，营造"关爱生命、关注安全"氛围。各站有针对性的开展事故预想及消防演习和培训，提高运行人员的操作水平及处理突发事故的能力。全年分别组织开展春、夏、秋、冬、消防、防台风及重大节假日前等各项大检查，形成"查找到点、摸排连线、覆盖到面"的隐患排查与治理机制。共查找出季节性特点的隐患缺陷和防范重点共计341项，对这些隐患缺陷进行全公司通报，安排专人限期整改，所存在的隐患和缺陷均得到落实整改、完善。全年未发生安全生产责任事故，生产安全平稳有序，为发电效益的提升提供保障。

充分利用水资源　针对各电站流域降雨量、来水量比上年严重减少的不利条件，汀江公司早动员、早部署，群策群力，要求各电站加强对天气情况的分析，抓住有利时机，充分利用水资源，科学调度水位，千方百计提升发电效益。优化水库调度，挖潜增效。各电站关注天气信息，加强与上下游电站沟通，及时准确判断来水情况，做好提前腾空库容，拦洪截尾措施，优化调节机组运行、尽力保持高水位运行，运行人员做到"勤联系、勤调整、勤分析"，按水情变化情况，加强与电网调度部门联系，最大限度提高水能利用率和降低耗水率，提升发电效益。加强电量营销，强化和细化发电考核。面对新建核电项目投产，电网频繁限制水电上网负荷状况，公司加强与县调、地调沟通，争取运行负荷，最大限度利用来水资源，减少限制负荷损失；根据历年发电实际，科学分解细化各月发电量指标，强化发电效益与职工收入挂钩考核机制，激发公司上下增发电量积极性。针对下半年雨量异常情况，合理安排机组检修，在最大限度利用降雨量来水前提下，保证机组正常维护检修，实现全年正常发电效益。

防汛抗台工作　加强防汛抗洪应急准备工作，做到"责任落实、机构落实、人员落实、物资落实、措施落实"五到位，提升突发事件处置能力。开展春季暨汛前安全大检查。重点检查防洪抢险预案、防汛物资、引水渠主体、山体岸坡、压力前池、挡水堰坝、泄洪建筑物、启闭设备设施和备用电源，以及厂房和开关设备等是否存在安全隐患，对隐患情况进行全面排查治理。对各电站防汛物资、器材进行清理，根据电站实际情况，制订出台防汛物资定额配置规定，建立《闸门启闭机管理台账》和《防汛物资管理台账》。发布《关于防洪安全的通告》和发放防汛防台风安全知识宣传资料，在汛前到各电站所在乡村人员密集场所张贴宣传通告100多份，向当地村民发放宣传资料1000多份。建立《防汛应急工作预案》和《主汛期防汛抢险工作办法》，及时修订各电站《水库大坝汛期防洪调度运用计划》和《水库防汛抢险应急预案》，并报上级水利部门审查审批。制订出台《安全生产事故应急预案》《电站黑启动预案》《水淹厂房预案》《山体滑坡及防泥石流应急预案》等预案9项，加强公司各电站防汛备汛能力，最大限度地防范和遏制突发事故及其可能造成的伤害。全年各电站安全度汛。

设备维护工作　面对所辖电站均投入运行10年以上、设备新旧不一、数量众多、结构悬殊、点多面广、设备维护难度大等诸多困难。生产技术部门及时下达各电站年度、月度设备检修计划、材料计划，并逐一落实计划执行和完成情况，全年下达生产作业计划283项，下达各电站专项检修计划42项，全年跟踪考核设备缺陷处理170项，均按缺陷管理制度要求以处理及时率100%，处理完成率90%为目标进行跟踪考核；对一时无法消缺的缺陷提出运行注意事项和防范措施，编制应急处理方案，有效防止设备故障扩大化。针对电站管理业务和设备种类繁多特点，检修部门制定设备巡检制度，检修值班人员定期巡检排查隐患，做到小缺陷不过天，大缺陷抓到底。全年办理工作票201张，处理缺陷320项，消缺率96%。全年各电站主设备完好率100%，辅助设备完好率95%以上。

【福建上杭金山水电有限公司】 2017年，福建上杭金山水电有限公司（简称金山水电公司）贯彻落实集团公司“抓改革、保增长、促发展”工作主线，全年完成发电量1.25亿千瓦时，实现营业收入4670.27万元、利润总额2744.35万元、净利润2056.61万元。

是年，金山水电公司贯彻“安全第一、预防为主、综合治理”方针，建立、健全各部门负责人责任制和岗位责任制，构建安全风险分级管控和隐患排查治理双重预防机制，努力创建本质安全环保型企业。全年未发生任何安全环保事故、治安消防事件、职业病例，创造安全运行3155天的长周期安全纪录。全年金山水电开展安全大检查及专项安全检查15次，查出72项一般隐患，隐患整改率100%；组织开展水库防洪抢险应急预案、变压器着火现场处置方案演练，提升员工的各项安全防范意识；坚持开展“三讲一落实”（讲任务、讲风险、讲措施、抓落实）工作，严格执行“两票三制”，有效落实安全管理责任和安全措施，保障生产安全；健全职业健康管理制度，建立“一人一档”的职业健康监护档案；落实公司年度员工安全生产教育和技术培训计划，全年培训计划落实率、全员培训率、三级安全教育率以及全员安全生产培训教育“人人过关工程”在线考试合格率均达100%。加强设备巡检和维护管理，全年处理设备缺陷、隐患90多项。按照年度设备检修计划，更换渗漏排水泵和高压气机，完成2台机组小修及发电机和主变继电保护系统、清污机改造工作，保证设备正常运行。

■ 民营企业

【概况】 2017年，上杭县产值前15名的民营企业实现产值59.54亿元，占全县规模以上工业总产值比重达10.5%，实现主营业务收入59.37亿元。产品主要涉及无氧铜杆、电线电缆、金属硅、电子源器件、无水氟化氢、化肥、松脂、纸面石膏板、铜产品、槐猪、饲料、精制油茶等。

2017年上杭县规模以上民营企业（产值前15名）情况表

表13

企业名称	法人代表	企业总资产（万元）	销售收入（万元）	从业人员（人）	主要产品经营业务
福建上杭太阳铜业有限公司	李云孝	5000	300084	220	铜材、铜杆、电线电缆生产与销售
龙岩傲农饲料有限公司	余 琰	500	25522	75	饲料加工及销售
福建建润电子科技股份有限公司	刘玉珍	4000	15426	510	生产电线电缆及五金零配件，塑胶、电子接插件经营销售
福建上杭志成电子实业有限公司	林志强	1200	78665	200	电子源器件及输配电及电线、电缆生产销售
福建兴朝阳硅材料股份有限公司	龚炳生	6000	24864	120	多晶硅、石墨电极、工业硅生产与销售
福建龙氟化工有限公司	黄天梁	2000	28063	210	无水氟化氢、氢氟酸生产与销售
福建省金烨铜管配件有限公司	王洪秀	2300	16386	60	铜管配件生产与销售
龙岩万福林化有限公司	林建孝	2500	12896	65	松香、松脂加工销售
福建瓮福蓝天氟化工有限公司	冯胜波	1000	9831	90	无水氟化氢生产与销售

续表13

企业名称	法人代表	企业总资产(万元)	销售收入(万元)	从业人员(人)	主要产品经营业务
福建清景铜箔有限公司	陈　生	6000	14416	180	电池用高档锂离子电解铜箔
上杭县儒溪槐猪有限公司	陈大荣	3000	11175	56	槐猪肉生产与销售
上杭双胞胎饲料有限公司	熊　伟	5789	13728	63	饲料生产与销售
泰山石膏(福建)有限公司	李新建	5000	18633	150	纸面石膏板
福建优创油脂有限公司	华　锋	5000	13395	60	茶油生产与销售
龙岩鸿航金属科技有限公司	蔡新疆	10000	10629	95	无铅黄铜锭生产与销售

【民营企业对接】 2017年,上杭县列入省“五个一批”(谋划一批、签约一批、开工一批、投产一批、增效一批)项目动态管理信息系统项目217个,项目总投资1164.22亿元,其中谋划项目93个,签约项目40个,开工项目40个,投产项目32个,增资项目12个,全市排名第二。全年民营企业省“五个一批”系统新增谋划项目32个,新增签约项目2个,新增开工项目1个,新增投产项目9个,新增增资项目3个,新增新战略性新兴产业项目15个,总投资36.6亿元。

2017年4月14日,福建省上杭县军民融合产业共建项目签约仪式在北京举行　　(县军民融合办供稿)

■ 军民融合产业

【概况】 2017年,上杭县贯彻落实党中央、中央军委和习近平总书记关于军民融合和支持革命老区发展的系列指示精神,搭建军民融合共建平台,推进产业项目落地,全年累计与军工企业签订合作项目23个,带动投资24.9亿元,其中技术合作项目9个,产销合作项目12个,共建项目2个。志成电子、太阳电缆、国威电子取得武器装备质量管理体系认证;太阳电缆、志成电子取得武器装备科研生产单位保密资质认证;县内8家企业的阴极铜、铜杆、铜管、铜丝、电缆、白银、电源线、特种电线电缆与部队或军工集团所属企业建立了供货关系,累计销售金额达4.3亿元。

【新项目开工】 2017年,上杭县军民融合产业实现新开工项目4个。分别是:国威电子航空线束生产项目、紫金贵金属生产项目、太阳铜业年产22万吨低氧铜杆生产项目、紫金佳博键合金丝生产项目。

责任编辑: 钟梅娇　王冬英

矿产　冶金

■ 综述

【概况】 2017年，上杭县发现的矿产有金、铜、铀、稀土、钼、铁、锰、铅、锌、石灰石、白云岩、矿泉水、瓷土和地热等43个矿种，查明矿点355处，其中已探明紫金山金铜矿和湖洋洋坡坑离子吸附型稀土矿为大型矿床，瓷土、白云石、铀矿等为中型矿床。金铜及稀土资源量在全省具有较大的优势。全县开发利用矿种11种，主要有金、铜、铁、白云石、建筑用石、黏土等。

至年底，全县各类持证矿山24个（含延续），实现矿产工业总产值36.1亿元，矿业经济继续保持良好发展格局。

是年，列入储量动态监测管理的生产矿山“三率”（开采回采率、采矿贫化率、选矿回收率）指标考核达标率100%。辖区内所有矿业权人全部按时完成开采信息公示，随机抽取矿山实地检查率100%。

【开发管理】 2017年，*矿业权人勘查开采信息公示和“三率”考核工作* 上杭县应参加2016年度信息公示的矿山26个，其中金铜矿1个、铁矿1个、稀土矿1个、萤石矿2个、冶金用白云岩矿1个、冶金用脉石英矿1个、制灰用石灰岩矿1个、建筑用砂岩矿2个、建筑用花岗岩矿16个。实际参检各类矿山企业24个，年检率96%。实际公示各类矿山企业25家，公示率96.2%。应公示矿山、实际公示矿山数均与2015年度持平。参加“三率”指标考核的矿山企业1家。应综合利用的矿山企业1家。

矿山生态环境恢复治理 是年，依法办理采矿权延续登记1宗（配合市局），采矿权变更登记1宗（配合市局），收取采矿权使用费0.75万元；收缴追缴县级发证矿山生态治理保证金61.5万元。

整顿和规范矿产资源开发秩序 年内，继续打击无证开采行为，开展无证矿山督查检查38次，函告乡镇政府和有关部门要求开展非法采矿专项整治1次；发现并支持永定区打击交界区非法盗采稀土案件1件，支持配合相关部门取缔非法采砂场11件。全县无证非法采矿关闭率达100%，矿产管理秩序平稳。

【地质勘查与储量管理】 *完成第三轮矿产资源规划编制工作* 2017年底，上杭县第三轮矿产资源规划编制基本完成报批稿，准备报上级政府审批。

地质勘查找矿取得突破 是年，全面加强对境内17个勘查项目的监管，要求探矿权人及时提交勘查项目开工报告，严格按照福建省国土资源厅批准的勘查实施方案开展地勘工作；主要勘查项目成果明显，紫金山矿区金铜多金属矿详查项目已控制铜矿规模为中型、控制钼矿规模为大型；南山坪矿区铜矿勘探项目已控制铜矿规模大型、控制钼矿规模中大型；洋坡坑矿区离子型稀土矿勘探项目探明储量规模为大型。

【地质灾害防治】 *完善防灾基础工作* 2017年，上杭县政府及各乡镇政府均编制《2017年度地灾防治方案》，县政府组织修编《上杭县突发地质灾害应急预案》。全县58个地质灾害隐患点均有编制单点预案和《村（居）群众地灾防御转移预案》，及时向群众发放防灾明白卡、避险明白卡，全年列入防灾预案的58个地灾隐患点未发生人员伤亡事故。

夯实地灾防治基础 是年，加强地灾防治科普宣传，利用“4·22”地球日、“5·12”防灾减灾日、“6·25”土地日开展防灾知识宣传，共发放宣传手册1.55万份，接受防灾知识咨询5000余人次，取得良好宣传效果。

做好地灾项目治理 年内，实施省级地质灾害隐患点湖洋中学操场崩塌治理项目，要求湖洋中学督促中标单位福建地矿建设集团严格按照治理项目设计图和施工合同进行施工，至2017年底完成全部治理工程建设。

■ 金铜产业

【金铜产业产值突破500亿元】 2017年，上杭县按照“抓龙头、搭平台、铸链条、建集群”的发展思路，推动金铜产业转型升级，优化产业结构，延伸金铜产业链条，在政府引导和企业自主创新两种力量作用下，金铜产业在产业体系、产业规模、技术水平等方面均取得较大进步。全县25家规模以上金铜产业企业累计完成工业总产值523.3亿元，比增30.5%，占规模以上工业总产值的92.9%。至2017年底，落户上杭县的金铜产业企业44家，其中规模以上企业25家；产值亿元以上企业14家，其中年产值超过100亿元企业2家（紫金铜业有限公司、紫金矿业黄金冶炼有限公司）；10亿元~100亿元企业4家；5亿元~10亿元企业1家。新增规模工业企业2家（福建联福工

2017 年 6 月，上杭县举办企业成长培训班　　（县铜业局供稿）

贸有限公司、福建紫金选矿药剂有限公司）。

【金铜产业服务】 2017 年，上杭县帮助金铜产业企业落实兑现各项优惠政策，为紫金铜业、金烨铜管、泰山石膏等 12 家金铜产业企业兑现优惠政策 172.19 万元；协助黄金冶炼、福建紫金铜业、联福工贸、太阳电缆等 23 家金铜企业兑现优惠政策 1469.97 万元；协助龙岩市政府、上杭县政府与太阳铜业“百亿企业”签订一企一策备忘录。

是年，举办“企业成长培训班之五型（技能型、效益型、管理型、创新型、和谐型）班组建设”“企业涉税问题解析公益讲座”“构建和谐家庭专题教育讲座”等 3 次培训，共有 40 多家企业、200 余人参加，为企业和员工解决生产和生活中的问题提供指导意见。5 月 5 日，召开金铜企业流动资金占用需求交流座谈会，县经信局、发改局、财政局、县国投公司、银行和 20 余家金铜企业参加，就解决流动资金问题进行探讨，座谈会上各金融机构和投资公司拟与金铜企业建立金铜产业融资平台，帮助解决企业融资困难的问题。

【第二期金铜产业专家顾问组组建】 2017 年，上杭县政府组建第二期上杭县金铜产业专家顾问组。聘请厦门大学材料学院院长刘兴军、中国有色金属工业协会再生金属分会副秘书长翟昕、北京安泰科信息开发有限公司铜加工高级工程师邹建成、苏州有色金属研究院铜合金研究所所长李华清、铜陵铜官府文化公司董事长赵敏和龙岩易动力新能源科技有限公司总经理陈晓济为第二期上杭县金铜产业专家组顾问，为上杭县企业提供项目、信息、政策咨询，明确金铜产业发展的重点项目和投资导向，同时提供技术服务、技术成果对接等中介工作，对上杭县金铜产业的持续发展起重要作用。

【金铜产业招商】 2017 年，上杭县围绕金铜产业，重点在龙头招商、配套招商、产业链招商上下功夫，引进附加值高、资源消耗低、环境污染少、产业联度大、投资规模较大和经济效益较好，具有发展前景的金铜产业加工项目。策划生成一批金铜精深加工项目，全年完成金铜产业策划项目 11 个，其中 8 个项目通过市专家评审进入市项目储备库，3 个项目通过预审并编制可行性研究报告。依托军民融合平台，对接中船工业集团、中船重工集团、中国电子科技集团、中核工业集团、中国电子信息产业集团、中国兵器工业集团等军工集团，促成消磁电缆研发、耐高温特种电线电缆等项目合作。按照“招大引强、上下关联”原则，组织外出招商。参加“2017 年（第十二届）中国铜加工行业发展论坛”“2017 中国铜加工产业年度大会暨中国（鹰潭）铜产业高峰论坛”，向铜加工行业内专业人士推介上杭县金铜产业及项目，为金铜产业发展积累商机和人脉。全年签约《年冶炼 11 万吨废杂铜项目》《福建紫金铜业高性能铜合金与节能技术改造项目》《年产 22 万吨低氧铜杆生产项目》《泰山石膏二期扩建年产 800 万平方米装饰石膏板生产项目》《福建微波通 5G 通信电缆及物联网终端天线、军工电缆组件生产项目》5 个金铜产业项目，在谈《汽车线束生产项目》《军工及船用防护涂料生产项目》《低成本 MEMS 惯性传感器组件生产项目》《新型 RFID 射频电子标签生产项目》《一体成型电感生产项目》《中元电子显示器用铜端子生产项目》《广东省金属回收公司废杂铜及贵金属回收冶炼项目》6 个意向投资项目。

紫金矿业

【概况】 2017 年，紫金矿业集团股份有限公司（以下简称紫金矿业）实现销售收入 945 亿元，比增 19.91%；实现归属母公司净利润 35 亿元，比增 90.65%。至年底，紫金矿业总资产 893.15 亿元。紫金矿业全年矿产金产量 37.48 吨，矿产铜产量 20.8 万吨，矿产锌产量 27 万吨。

是年，紫金矿业获评第五届全国文明单位、全国十佳和谐社区样板企业、中国企业社会责任 500 强第 48 位、第十四届（2017）中国慈善榜第 14 位等荣誉，进入福布斯全球 2000 强企业榜第 1200 位，在上榜的 36 家有色金属企业中，居第 18 位，在上榜的国内有色金属企业中居第3位；进入《财富》中国企业500强榜第82位。

【探矿增储】 2017年，上杭县按权益法计算公司全年投入地勘资金2.26亿元，成果显著。卡莫阿铜业新增铜金属量322.6万吨（该矿区铜资源储量可望突破4000万吨铜金属，平均品位高达2.72%，其中品位超过6%的铜金属超过700万吨），穆索诺伊、山西紫金、坤宇矿业、乌后紫金等项目找矿取得重大突破，阿舍勒铜业、武平紫金、珲春紫金项目取得重要成果。按权益计算勘查新增333类别以上资源储量：金59.21吨、铜170.7万吨、铅锌21.89万吨、银224.75吨、钴1.89万吨。

截至年底，紫金矿业共有探矿权188个，面积1860.81平方千米；采矿权226个，面积744.92平方千米。

【安全环保】 2017年，紫金矿业推进绿色矿山建设，做好环保治理和植被恢复，打造生态矿业，全年植树66.5万株，恢复植被面积400余公顷，二氧化硫、氮氧化物同比减排均为20%以上。紫金矿业获评“中国有色金属工业绿色发展领军企业”，入选国家第一批绿色制造示范企业，全年实现“零环保”事故，多数权属企业实现“零工亡”目标。

【矿业科研】 2017年，紫金矿业召开第五次科技大会，制定中长期科学技术发展规划纲要，出台技术服务和科技创新成果共享办法。集团母公司、贵州紫金、紫金锌业、山西紫金等获评“高新技术企业”称号。紫金矿业自主研发的中国首套热压预氧化装备在贵州紫金建成投产，该技术装备达到国际领先水平。穆索诺伊难选氧化铜矿选矿工艺技术、图瓦选矿高效浮选分离关键技术、紫金铜业阳极泥处理及稀贵金属提取工艺优化、以及多个矿山的新型充填技术研究攻关成果实现产业应用，取得显著经济效益。

【海外运营】 2017年，紫金矿业海外运营贡献逐步扩大，全年境外项目矿产金产量20吨，占集团总量超过50%，矿产锌产量占集团总量超过1/3，境外项目利润占集团利润超过30%。

【项目建设】 2017年，紫金矿业累计投资34.61亿元，进展顺利。黑龙江多宝山铜矿二期扩建工程、黑龙江紫金铜业铜冶炼、阿舍勒铜矿深部开发、贵州长田项目等稳步推进；紫金铜业末端物料综合回收扩建项目、紫金贵金属材料金银深加工项目等一批项目先后投入运行；紫金锌业三期技改项目、新疆紫金有色锌冶炼项目，紫金铜业铜冶炼资源综合利用及无害化处理项目完成前期设计工作。

2017年3月，紫金矿业开展绿色矿山建设。图为植树现场（紫金矿业供稿）

【A股增发】 2017年，紫金矿业抓住时机，完成A股定向增发，募集资金46.35亿元。紫金矿业A股股票价格从2016年末的3.34元/股上涨37%至2017年末的4.59元/股，香港H股股票价格从2.50港元/股上涨18%至2.95港元/股，紫金矿业总市值从648亿元上涨44%至935亿元，投资者获得良好回报。

稀土工业

【稀土产业规划编制】 2017年8月，《上杭县稀土产业规划（2017—2025）》编制完成。

按政府采购有关程序，上杭县稀土产业规划（2017—2025）由中国电子信息产业发展研究院（国家稀土行业“十三五”规划编制单位）中标，并于2016年10月开始编制规划正文，2017年5月组织专家进行评审。

【项目策划任务完成】 2017年，中共上杭县委、县政府下达县稀土工业局项目策划任务5个、领导干部策划项目1个。至年底，策划上报并通过市重点办专家初步预申报评审项目13个，项目总投资243.5亿元，12个项目完成可研报告编制，7个项目进入市项目库。领导干部策划的“动力电池18650生产项目”进入县A类招商项目，并完成项目建议书编制。

【县稀土工业局撤销】 2017年12月18日，根据《中共上杭县委机构编制委员会关于设立县金融工作局有关事项的通知》（杭编〔2017〕61号），撤销县稀土工业局（副科级），其行业管理职责由县经信科技局承担，县经信科技局的行业管理股加挂稀土产业发展办公室牌子。

责任编辑：钟梅娇

交通运输

综述

【概况】 2017年,上杭县境内公路总里程3497.81千米,其中高速公路119.53千米(其中龙长线29.8千米、永武线53.6千米、蛟城线36.13千米),国道247.44千米(其中G205线78.27千米、G319线25.78千米、G358线74.74千米、G357线68.64千米),县道431.63千米,乡道1157.04千米,村道1542.17千米。至年底,县道大中线(庐丰至中都段)13.6千米按二级公路标准完成改造,通行条件得到进一步改善,公路交通网络日臻完善。

至年底,上杭县有运输企业31家,其中客运企业1家,旅游客运企业2家,出租汽车和公交运输企业1家,普货运输企业27家(其中4家同时兼营危货运输业务);客运站20家,农村候车亭203个。上杭县有营运客车134辆2799座,其中大型客车(31座及其以上)21辆885座;中型客车(16座~30座)96辆1793座;小型客车(8座~15座)4辆56座;出租汽车13辆65座。全县有营运货车936辆20396.5吨(其中危险化学品运输车辆97辆2226吨),全年道路客货运输周转量58179万吨千米,比增11.15%。

至年底,全县有机动车维修企业59家;机动车驾驶员培训学校7家,其中汽车驾驶员培训机构6个(一级1家,二级1家,三级4家),摩托车驾驶员培训机构2个(其中一个兼汽车驾驶员培训业务)。教学场地面积11.47万平方米(其中汽车培训教学场地11.05万平方米,摩托车培训教学场地4200平方米),培训合格机动车驾驶员4865名(不含摩托车驾驶员)。全县有持证上岗从业人员2425人(其中普通货物运输从业人员1037人,危险货物运输从业人员194人,维修从业人员361人,教练员613人,客运从业人员220人)。

公共交通 2017年,城区有公交车33辆858座,5条公交线路长62.6千米,共设停靠站166个,其中站亭38个,站牌128个(含临时站牌23个)。

内河渡口 2017年,全县有涧头渡口(运行)、矶头渡口(停运)2个内河渡口,渡船1艘,渡工4人。

2017年上杭县营业性车辆货运情况表

表14

企业名称	类　别	货车辆数(辆)	吨位数(吨)	货运量(万吨)	货运周转量(万吨/千米)
福建紫金顺安物流有限公司	普货　危货	46	1536.00	126.00	3648
福建上杭鸿运物流有限公司	普货	46	1523.00	130.50	4498
上杭县紫金物流有限责任公司	普货	14	470.00	50.00	1712
福建上杭宇泰物流有限公司	普货　危货	29	1044.00	105.00	3697
福建省上杭县闽杭物流有限公司	普货	34	1090.00	104.50	3669
福建省上杭县麒麟矿业建设有限公司	普货	18	525.00	26.00	899
福建省星星物流有限公司	普货	27	810.00	42.40	1432
上杭龙洲物流有限公司	普货	1	1.50	0.15	5
福建沙金物流有限公司	普货	5	135.00	0.15	8
上杭县龙鑫混凝土有限公司	普货	18	261.00	26.00	935

续表14

企业名称	类　别	货车辆数（辆）	吨位数（吨）	货运量（万吨）	货运周转量（万吨/千米）
福建荣通达物流有限公司	普货	7	300.00	30.00	1002
福建平稳物流有限公司	普货	1	1.50	0.15	5
上杭县福诚物流有限公司	普货	1	1.50	0.15	5
龙岩市上杭县金羊劳务服务有限公司	普货	1	1.50	0.15	5
龙岩市求实贸易有限公司	普货	1	1.50	0.15	5
上杭县欣诚物流有限公司	普货	13	390.00	13.60	494
上杭县泓源物流有限公司	普货	4	10.00	0.90	302
上杭县顺安汽车运输有限公司	普货	265	4893.00	414.00	17782
上杭县顺发运输有限公司	普货　危货	158	3163.00	294.00	8435
紫金矿业集团股份有限公司	普货　危货	12	48.00	4.80	170
福建省上杭县闽运物流有限公司	普货	7	236.00	24.00	843
上杭县联合物流有限公司	普货	19	488.00	49.20	1732
上杭县盛发物流有限公司	普货	148	2335.00	126.50	3998
上杭县新顺安物流有限公司	普货	61	1132.00	114.00	2898
合　计		936	20396.50	1682.30	58179

【交通基础设施建设】 2017年，上杭县完成交通基础设施项目建设投资6.98亿元，占年度投资计划的112.6%。

厦蓉高速公路（上杭段）扩容建设项目　项目全长11.6千米，项目建设正在实施中，2017年完成投资2580万元，占投资计划的129%。

古武高速公路（上杭段）建设项目　项目全长48千米，项目建设正在实施中，2017年完成投资1.65亿元，占投资计划的110%。

古田梅花山路一期工程项目　项目全长8.15千米，按二级公路双向四车道标准建设，项目计划投资3.95亿元。项目建设正在实施中，2017年完成投资1.92亿元，占年度投资计划的119.49%。

新罗岩下山至古田五龙公路项目　项目全长3.25千米，按二级公路标准设计，估算投资2.07亿元。项目建设正在实施中，2017年完成投资1.06亿元，占年度投资计划的106.41%。

大中线晋级改造（庐丰至中都段）项目　项目全长13.6千米，按二级公路标准建设，总投资1.24亿元。项目已完工，2017年完成投资5850万元，占年度投资计划的117%。

县道黄太线晋级改造项目　项目全长7.5千米，按三级公路标准建设，总投资1.28亿元。项目建设正在实施中，2017年完成投资7790万元，占年度计划的114.36%。

危桥改造及渡改桥工程　2017年，完成南阳赖茜坑桥和黄坊桥、蛟洋老乡政府桥、才溪镇刘屋桥、临城镇新塘2#桥、白砂镇传万桥、临城镇口上桥、中都镇宫前桥8座危桥改造；砚头大桥渡改桥项目，完成下部结构，正在预制梁片。全年完成投资1035万元，占投资计划的103.5%。

【交通建设项目】 2017年，上杭县国道205线城区段完成初测外业验收，中都至下都晋级改造项目完成工程可行性研究报告修编、施工图两阶段初步设计，溪口至虎岗道路完成工程可行性研究报告编制。

公路

【农村公路建设】 基础网络与自然村通路项目　2017年，上杭县完成南阳镇日新—才源山2.4千米、白砂镇白庐线大金—扶福段1.24等共10千米基础网络项目建设任务。完成中都镇罗富坑—上地2千米、泮境乡丁下—廖屋1.11千米、白砂镇洋乾—军桥2.8千米、中都镇门上—李坑2.8

千米等共20千米自然村通路项目建设,2017年完成投资1080万元,占年度计划的108%。

农村公路安保工程建设项目 2017年,实施溪口镇境内X613大中线K6+000—K21+310路段15.31千米、临城镇境内X630临峰线K0+000—K3+385路段6.39千米、泮境乡境内X635军泮线线K0+000—K7+025路段7.03千米、官庄镇境内X651河临线K39+500—K61+751路段22.25千米总计183.38千米农村公路防撞墙、片石砼护墩、安全警示标志等安保工程建设任务,完成投资1050万元,占投资计划数的105%。

【农村公路养护管理】 2017年,上杭县完善县乡村三级养护机制,按照"县道县管、乡道乡管、村道村管"原则,提升县乡村农村公路管养水平。施行农村公路养护标准化量化考核,每半年及年终对乡镇养护质量进行考评,将考评结果列入县委、县政府对乡镇党委、政府年度绩效目标考评内容。加大汛期农村公路巡查和水毁设施的修复力度,全年完成183千米安全保障工程建设。

【农村公路路政管理】 2017年,上杭县交通综合行政执法大队以加强公路路政设施管理、加强公路建筑控制区监督检查、加大路域环境整治力度、加大治理超限超载为工作重点,有序展开路政监督执法工作。全年查处总质量超限运输案件512件,查处几何超限13件,总质量超限且几何超限1件;查处污染公路等其他涉路案件52件,拆除非法广告、搭盖等679处4306平方米。

【国省道公路养护】 2017年,龙岩市公路局上杭分局(简称上杭分局)完成国省道公路养护工作量2189.58万元,其中小修养护工作量1233.79万元;专案工程工号10个,工程量955.79万元。全分局干线优良路率100%。

小修养护标准化 2017年,上杭分局继续实行技术人员包片、行政干部包班、站长负责制管理模式,各片区技术员和行政包班干部每月不少于4次到站督促检查。加大对公路小修养护、机械抢毁、突击性使用人工的事前报批、事中管理、事后验收管理力度,并对各站管养路段的路面保洁、公路绿化、桥涵构造物及附属设施等小修养护情况进行质量抽查和考核评比。对巡查中发现的问题及时下发《巡查整改通知单》,提出具体整改意见,并根据平时抽查情况和月考核评分结果兑现班站职工绿化、保洁专项绩效考核工资,确保小修养护责任到位、管理到位。全年完成清扫路面10.4万平方米、清理桥梁1.5万米、清理涵洞4.8万米、清理边沟30万米。

小修日常养护工作 2017年,上杭分局加大路面养护巡查、日常保洁等工作力度,继续实行机械清扫与人工保洁相结合,及时发现并处理滴、撒、漏等路面污染事件,确保路容路貌干净整洁。重点做好水泥砼路面养护,开展接缝养护和裂缝处治等预防性养护,及时对路面下沉段沥青套补,确保行车安全。定期对公路边沟、桥涵等排水系统进行清淤,采用水泥砼修复路缘,修补涵洞、水沟等小损坏,确保公路结构物完整。加强公路桥梁、隧道日常巡查和安全运行监管。全年共完成"五小工程"(边沟、涵洞、挡墙小损坏、回填小缺口、清理小溜方)修复665立方米,修复古田大道花岗岩花圃460米,更换轮廓标386根、道口桩46根,完成清灌缝55千米,修补裂缝2.46万米,班站补灌裂缝4.78万米、沥青混凝土套补路面975平方米,确保上杭分局管养路线PQI路面使用性能指数达标。

高路堤高边坡专项养护活动 2017年5月中旬,上杭分局制订高边坡高路堤专项养护活动方案,明确活动具体内容、实施步骤、考核办法等,技术人员分组分路段对国省道高边坡、高路堤进行实地调查,确定60处整治点,其中G205线22处、S308线7处、S309线23处、G319线8处。针对检查中发现的山体边坡不稳定、容易发生滑坡溜方等地质灾害隐患路段,各站加强动态监控,及时上报信息和处治隐患,并对原有截水沟进行修补、清理,确保发挥正常作用。全年完成截水沟1485米,完善涵洞进出水口跌水及高路堤下边坡护脚水泥砼280立方米、新建防撞墙210米,设置拦水带1345米。

公路防汛保畅通 2017年,上杭分局树立防大汛、抗大灾思想,坚持"安全第一、常备不懈、以防为主、全力抢险"的防汛工作方针,提前对应急抢险设备进行全面检查、维护和保养,确保机械状况良好。针对高边坡路段,根据雨天巡查结果,设置止水带疏导雨水。上杭分局机关和各站严格落实领导带班和24小时在岗值班制度,提前安排好值班留守人员。入汛以来,面对国、省道出现的多处溜塌方险情,启动防汛应急响应和应急措施,实时发布灾害汛情、水毁抢险、公路路况等信息,确保防汛抢险责任、抢险队伍、抢险措施、抢险机械落实到位,最大程度地减少灾害损失。2017年上杭分局共清理溜、塌方1万余立方米。确保公路安全运营。

工程施工管理 2017年,上杭分局实施技术人员分片分项目具体负责模式,加大工程施工过程中质量检查和技术指导,至年底,完成国省道干线水泥砼路面重铺与挖补工程、桥梁特殊检测工程、可变情报板安装工程和水毁修复工程,全年供应灌缝材料33吨、冷补沥青25吨、沥青10吨、有机肥33吨、复合肥13.5吨、汽油5.45吨、柴油42.1吨,供应各种物资总额38万余元。

国省道绿化养护 2017年,上杭分局抓住春季植树时节,进行乔木及点缀树木(小乔木、灌木球)缺株死苗补植,种植各类乔木457株,球灌类

597株,密植苗木1.5万株。做好浇水、松土、施肥、修剪、病虫害防治等日常养护管理工作,确保公路绿化成效。集中开展公路沿线绿化整治清理工作,3—5月,上杭分局会同县交通综合执法大队对国省道沿线枯枝、死树以及危及公路行车安全的巨尾桉路树进行集中清理,清理路树147株,路树修剪枝321株,及时消除辖区内公路安全隐患。

【国省道路政管理】 2017年,上杭分局上路巡查1076人次,357车次,纠正制止各类路政违章644件(其中,查处损坏路产案件64件),办理路政审批12件,非公路标志年审4件,发放路政宣传材料7100份,信息报送34次,函告县交通综合行政执法大队重大违法违章行为8件。收取路政赔(补)偿费56.12万元〔其中,损路赔(补)偿费22.75万元、占用费及管理费33.37万元〕。

路政文化建设和公路保护宣传工作 2017年,上杭分局开展路政文化建设。在国道205线水东停车区创建"红土先锋苑",得到上级部门及过往行人的好评。多举措、多形式开展路政宣传活动。利用蛟洋站、才溪站路面电子显示屏滚动播放爱护公路宣传标语。编制以案释法路政法治宣传材料,集中在公路沿线集镇墟天设立现场咨询点。通过中国移动向用户发送保护公路宣传短信。全年共悬挂宣传横幅6条、制作路政宣传牌12面、集镇宣传6次、学校宣传4次、流动广播宣传10天、路面电子显示屏滚动宣传3周、制作宣传展板6面、发放卡通宣传笔记本1500本、发放宣传材料5000余份。

深化联合执法协作机制 开展路域环境综合整治 2017年,上杭分局定期与交通执法部门召开联席会议,配合县政府开展古田AAAAA级旅游景区综合整治集中执法活动。开展辖区沿线控制区内"脏乱差"专项整治行动,对不文明广告进行专项排查整治,保障公路安全畅通。搭建上杭路产路权监管群微信平台,便捷信息沟通,及时处理各类违章,按照路域环境"八个无"(交通标志前后500米基本无广告、基本无违法建筑物、无穿越公路的设施、基本无违法非公路标志、路基路肩边坡基本无非植物、基本无摆摊设点、无打谷晒粮现象、公路用地范围内基本无堆积物)标准共建G205线标准化路政管理示范路段。加强与公路站的协作联系。对占路堆放、违章接线、未经审批非公路标志等违章行为及时制止,对车辆肇事损坏公路路产的及时追偿。开展路政巡查安全隐患排查。制订重大活动普通公路行业保障工作总体方案,加强辖区路段沿线危化管线、高立柱非公路标志等安全隐患的排查跟踪,保障重大活动期间公路安全畅通。全年联合开展专项整治行动29次,参加人员256人次,拆除违章搭盖15起、非公路标志236块,清理堆积物307处692平方米,治理滴撒漏污染公路车辆126辆。

消除安全隐患 确保公路行车安全 2017年,上杭分局印发重大活动普通公路行业保障工作方案,成立重大活动保障工作组,明确分工,落实责任,做好普通公路行业各项安全保障工作。对管辖路段各站进行全面排查整治,特别是对桥梁和古田隧道进行安全隐患排查,更换古田隧道灭火器12个、防撞桶6个,对古田大道至古田山庄道口进行接线改造,确保上杭县普通公路重大活动保障工作顺利实施。开展道路安全隐患排查整治工作及夏季消防检查工作。发放宣传单100份,悬挂安全生产标语3幅。开展普通公路系统安全生产大排查大整治工作。更换灭火器26个、灌装31个,增添锥形标志200个,投入2.6万元制作小修作业施工标志及水毁警示标志,更换道口桩121根、轮廓标372根,最大限度地减少公路交通事故伤害,保障人民群众的生命财产安全。

标准化路政管理所创建 2017年,上杭分局开展创建"标准化路政许可所"创建活动,从便民服务实际出发,规范路政许可管理,保护公路路产路权。加强公路行政许可事前勘测论证,事中监督,事后验收,维护公路行政许可严肃性。做好路政内业14种档案的录入归档工作,建立"重大活动普通公路行业保障工作""创建路政标准化管理示范路段"及创建"标准化路政管理所"专项档案,熟练应用福建省路政综合管理平台。在龙岩市公路局2017年交通运输行政执法评议考评中获得总分第一名成绩。督促外业巡查实现标准化管理。加大许可监督检查力度,规范执法程序,如实记录巡查日记,妥善保存证据,消除路面安全隐患,确保公路安全畅通。

■ 铁路

【龙岩—梅州—龙川快速铁路可行性研究】 2017年5月5日,中国铁路总公司组织的新建龙川经梅州至龙岩铁路预可行性研究(以下简称可研)评审会在上杭县古田镇古田山庄召开,铁总专家组、南昌铁路局、广铁集团、中铁工程设计咨询公司、福建省发改委、广东省发改委、河源市、梅州市、龙岩市和福建省省市相关部门领导及新罗、上杭、武平沿线县(区)领导参加会议。会前,铁总专家组在铁路总公司统计部处长王彦华率领下,先后踏勘上杭城区火车站站位和古田会址站,听取设计单位和地方政府有关情况汇报。会议原则同意设计部门提出的经上杭、武平、蕉岭至梅州的北方案为贯通方案。会议要求抓紧开展可行性研究工作,进一步明确该铁路项目的功能定位,完善线路接入古田会址站技术方案、沿途站位选址、运量测算、土地综合开发、工程投资概算、经济效益测算等相关事项。

2017年7—9月,中铁工程设计

2017 年 11 月 14—19 日，新建龙川经梅州至龙岩铁路预可行性研究评审会在古田镇召开　　（县铁办供稿）

咨询集团有限公司组织相关技术人员，到沿线开展初步测量、钻探工作，收集相关资料，征求地方对线路走向、场站设置、土地综合开发等方面意见。10 月中旬中铁工程设计咨询集团有限公司完成可行性研究报告并上报铁路总公司。

【新建龙川经梅州至龙岩铁路可行性研究报告评审会】　2017 年 11 月 14—19 日，中国铁路总公司组织的新建龙川经梅州至龙岩铁路可行性研究评审会在上杭县古田镇召开，铁总专家组、南昌铁路局、广铁集团、中铁工程设计咨询公司、福建省发改委、广东省发改委、河源市、梅州市、龙岩市和福建省省市相关部门领导及新罗、上杭、武平沿线县（区）领导参加会议。会前铁总专家组一行在鉴定中心副主任俞祖法的率领下，沿线踏勘线位、站位。会议进一步明确线路走向、场站设置、速度目标值等事项，原则同意从古田会址站引出经上杭、武平的线路走向及在上杭城区、武平十方设站方案，初步推荐龙岩至梅州段暂按时速 250 千米设计，标志着项目前期工作取得重大成果。

可研评审会后，上杭县有关部门配合福平公司提前开展压覆矿、地灾、社会稳定风险评估等可研批复前置工作。12 月底，国家林业局国有林场和林木种苗工作总站、国家森林公园管理办公室批复同意龙岩经梅州至龙川铁路穿越上杭国家森林公园开展设计、可研等前期工作。

运输业

【铁路运输】　2017 年，赣龙铁路上杭火车站运行完成货运装车数 13781 车，卸车数 27877 车，约 1752635 吨，发送货物 25.86 万吨，接发列车数 9992 次；古田会址站接发列车 14256 列，客发 174011 人；紫金铁路货场年运量完成 163 万吨，比减 3.94%（少完成 7 万吨）。减量部分有瓮福磷精矿、硫酸和铜业公司 OT 矿共 13 万吨；增量部分有铜业公司铜精矿、金精矿和新增业务磷酸、河沙、煤炭等 6 万吨。

【公路运输】　2017 年，上杭县有客运班线 56 条，日发 389 班次，其中跨省班线 6 条，日发 9 班；跨地（市）班线 9 条，日发 14 班；跨县班线 20 条，日发 92 班；县境内班线 21 条，日发 274 班。

【农村公路场站】　2017 年，上杭县有客运站 20 个，其中上杭汽车站为二级站，南阳、官庄、通贤、官余、湖洋、蓝溪、稔田、坪埔、蛟洋、中都 10 个客运站为五级站，才溪、旧县、古田、下都、太拔、溪口、庐丰、步云、步云虎园 9 个客运站为简易客运站，有农村候车亭 203 个。

【农村客运】　2017 年，上杭县农村客运班线通达乡镇 22 个，通达率 100%，通达行政村 331 个，通达率 100%。通过采取延伸班线和预约班车等方式实现全县 100%行政村通班车目标。

【客货运输管理】　2017 年，上杭县公路部门加强道路客货运输市场安全监管。加强运输组织，圆满完成春运任务。春运期间，上杭县投入客车 121 辆，总座位 2726 座，协议借调外援车辆 47 辆次，累计发班 15149 班次（其中，加班 122 班，包车 45 班）；运送旅客 80815 人次。严格运输市场准入制度。抓住市场准入这个关键环节，严禁不符合经营条件的业户进入道路运输市场，审查道路运输企业行政许可条件和从业人员资质要求。全年新增货运企业 3 家。发展道路旅客运输，确保旅客运输市场健康有序。全年新增和更新客运车辆 14 辆。强化源头管理，整合车辆动态监控平台资源。加强对车辆运营过程的动态监管，对超速、超员、离线和疲劳驾驶等严重交通违法行为从重从严处罚。加强汽车客运站安全监督。严格落实汽车站各项安全生产管理规定，执行《汽车客运站安全生产规范》和《汽车客运站安全管理规定》，继续执行“三不进站、六不出站”（无关人员不进站，无关车辆不进站，易燃、易爆、易腐蚀等危险物品不进站；客车超载、天气恶劣不宜行车不出站，安全例检不合格车辆不出站，驾驶员资格不符不出站，客车证件不齐全不出站，出站登记表未经审核签字不出站，乘客、驾驶员未系安全带和驾驶员不作安全承诺不出站）要求，确保客运车辆出站安全。落实客运实名制售票查验工作。上杭县从2017年4月1日开始从事省际、市际客运班线经营售票站点实行实名售票制度。严格落实物流企业100%接入省级卫星定位公共服务平台，100%保证实时在线（简称“2个100%”）制度。与全县27家货运企业签订《物流企业落实“2个100%”制度责任状》，同时督促运输企业与全县736名从业人员签订《企业员工落实“2个100%”制度承诺书》。采取日常检查与专项整治活动相结合方式，加大对安全生产工作的检查力度。特别在“春运”“五一”“清明”“端午”和汛期等重点时段，组织人员对全县道路运输企业开展安全生产工作专项检查和督查，并对检查、督查存在的安全隐患，发出整改通知书，限期整改，确保全县道路运输安全。2017年组织客货运输企业检查735人次，发出整改通知42份，落实隐患整改42条。

【道路危险化学品运输管理】 2017年，上杭县对全县4家危货运输企业经营资质、车辆技术状况和从业人员资格等进行排查和进行1次拉网式安全生产大检查。全年组织安全检查10次、出动检查人员35人次，发出整改通知4份，落实隐患整改9条。督促危货企业严格落实车辆动态监控主体责任并完善动态监控制度，确保在运营的危货运输车辆实现2个100%，加强对所属危险货物运输车辆运输全过程的动态监控，特别对重点时段，发往重点方向的危险货物安排专人负责监控，确保危险化学品的安全运输。

【公共交通行业管理】 2017年，上杭县进一步优化公交网络，提升城市公交服务能力。2月下旬，聘请厦门市交通研究中心对现有公交线网和城区公交车尚未覆盖区域进行改善规划设计，同时实施“古田—蛟洋”旅游公交专线规划设计。合理安排公交车运行班次，增加市民上下班、学生上学放学等高峰时段的公交车运行班次，提高公交车到站准时率，方便广大市民乘坐绿色公交出行。全年公交客运量340.7万人次。

【出租汽车行业管理】 2017年，上杭县加大出租汽车行业管理力度，为乘客提供安全、便捷、舒适的出租汽车服务。全县有出租汽车13辆，全年完成出租汽车客运量6.1万人次。

【机动车维修行业管理】 2017年，上杭县加强机动车维修市场监管，坚持每季度对一、二类维修企业开展一次安全生产检查。全年共出动53人次，检查一、二类维修企业17家、三类维修企业27家，发出整改通知书6份，全部落实整改。严格维修企业行政许可审批制度和质量信誉考核工作，全年新增维修企业23家，完成36家维修企业质量信誉考核工作。

【机动车驾驶员培训行业管理】 2017年，上杭县加强机动车驾驶员培训市场监管。严格落实培训记录制度，规范教学行为，确保各驾校按照交通部编制的教学计划和教学大纲进行教学。严格落实IC卡教学制度。各驾校在教学过程中必须规范使用IC卡计时，对不按规定使用IC卡的驾校予以停签培训记录。维护驾培行业秩序。联合县交通综合行政执法大队和公安局交警大队开展专项整治工作，对6家驾培机构硬件、软件进行重新复核，对存在的问题和隐患，发出限期整改通知书6份，均落实整改。全年培训驾驶学员9081人，其中小车驾驶员4865人，摩托车驾驶员4216人。

■ 交通安全

【道路交通安全管理】 2017年，上杭县开展道路交通安全管理。每季度组织召开1次安全生产工作例会，利用会议形式组织道路运输企业负责人学习道路运输安全生产有关文件精神，及时通报近期发生的重特大道路交通事故案例，举一反三，从中吸取教训，进一步提高安全生产意识，切实加强各类事故防范。开展“6·16”集中宣传咨询日活动。6月16日，组织各相关股室工作人员参加县安办在县人民广场举办的集中宣传咨询日活动，开展现场咨询服务活动。6月18日与上杭县客家民乐队合作，在县城孔庙广场举行“交通运输发展与安全生产”主题客家歌舞与民乐演奏宣传活动，宣传活动期间发放交通安全宣传资料1000余份，发放印有交通运输安全标语围裙500余件。组织或参与“守护生命”安全知识竞赛活动。组织干部职工、辖区企业100余人参与邮政信函和“龙岩一安监”微信平台安全生产知识有奖竞答。落实安全生产责任制，形成安全长效管理机制。与全县3家客运企业、1家二级客运站、9家五级客运站、1家城市公交企业、27家货运企业、18家一、二类机动车维修企业和7家驾驶员培训公司签订2017年度安全生产责任状，并督促道路运输企业与各部门各岗位相关人员签订全生产责任状，层层落实安全生产责任制，形成安全生产长效管理机制。加强道路运输事故防范，维持生产安全形势稳定。对全县交通运输企业开展安全生产大排查大整治工作，确保各项安全生产制度和专项整治工作落到实处，对出现的问题狠抓整改落实。把检查和整改结合起来，对各类隐患分类归档，明确整改期限和责任人，抓好安全生产隐患的整改落实和“回头看”工作，确保大排查大整治行动取得成效。全年共出动50人次，发出整改通知5份，均已落实整改。开展“道路运输平安年”活动。联合当地公安部门依法严厉查处道路运输违法行为，坚决遏制和减少重特大道路交通事故，确保“道路运输平安年”活动取得实效。活动期间，共组织安全检查10次、出动152人次，发出整改通知22份，落实隐患整改22条。部署防台防汛工作。切实加强与气象、交通警察、公路部门沟通，密切关注雨情、汛情、洪涝等极端天气变化，及时通过各种媒介发布地质灾害、危险路段等预警信息，确保道路运输安全。

【水上交通安全管理】 2017年，上杭县抓好“三长”（县长、乡镇长、村主任）责任制落实，高度重视县、乡、村、船主四级安全管理体系建设，成立水上交通安全专项整治领导小组和以县政府办公室主要领导为组长，由交通、监察、经贸、财政、卫生、公安、安监、水利、国土、工商、农业、旅游、文体广新局等相关部门和各乡镇为成员单位的水上交通安全管理领导小组，协调指导全县水上交通安全工作。举办船员及船舶（业主）法制、安全学习教育培训班4次。在全县范围内开展船舶驾机员证件审验核查，查处无证驾驶2例，违反避洪规定、船舶停靠点牌设置不规范1例，救生圈老化未及时更换1例，开展渡口渡船安全专项检查，发现隐患2起限期进行整改。

加大航道巡查力度，规范和整顿水上交通安全秩序 2017年，开展航道巡查，巡查里程2000千米，检查航标34座，对航标进行清除杂草、铁锈、刷新，保持航标清新、牢固。督促49组采砂船、180艘运输船签订安全生产责任状和船员安全承诺书，作出不超载、不违章、不冒险航行承诺。开展水上执法5次，发现事故隐患2起，发出整改通知书2份，及时消除安全隐患，与县水利局取缔“三无”（无船名和船号、无船籍港、无船舶证书）吸金船舶2艘。建立健全渡口渡工安全管理目标责任考核制度，并建立通航管理基础台账。

【交通工程建设安全管理】 2017年，上杭县督促项目建设施工单位严格落实质量安全管理“五项制度”（安全生产条件审查制度、安全生产责任追究制度、危险作业领导带班制度、安全事故与信用考核挂钩制度、重大质量安全事故隐患“挂牌督办整改销号”制度），危险作业夜间限时作业制度，“隧道施工安全九条规定”等安全生产制度和措施规定，加大对在建工程的安全巡查力度，全面掌握台风暴雨天气动态，及时跟踪，指挥到位，措施有力，确保施工安全。开展汛前及复产复工安全大检查，全年分5个检查组30多人次分别对大中线庐丰至中都段、古蛟快速通道、矶头渡改桥项目、黄太线、南阳至才溪下王改建等在建项目进行防汛安全大检查。全年未发生较大交通工程安全质量事故。

■ 综合交通行政执法

【执法行为规范】 2017年，上杭县交通综合行政执法大队做好执法相关基础工作。规范行政处罚案件办理，全面推行执法软件应用，规范执法文书、执法程序、处罚裁量、集体讨论、罚缴分离等制度的实施，做好执法案件的公示工作和重大案件报备工作，至年底，报备重大案件84件，大队办理的执法案件每月均在大队公开栏和中国·上杭信息公开网站公示，全年向上杭县人民法院申请强制执行案件2件。做好执法案件评查工作，每季度按照评查标准规范开展案件评查，确保大队执法案件主体适格、程序合法、事实清楚、证据充分、依据准确、裁量适当、文书规范，全年开展3次案卷评查活动。

【运政路政执法】 2017年，上杭县综合行政执法大队检查客运企业49家次、检查货运企业177家次、检查维修企业198家次、检查驾培企业37家次，检查危货企业68家次，其中查处“非法客运”“非法出租”行为案件21件，查处无从业资格证等其他案件70件。查处总质量超限运输案件512件，查处几何超限13件，总质量超限且几何超限1件，查处污染公路等其他涉路案件52件，拆除非法广告、搭盖等679处4306平方米。

【水上交通执法】 2017年，上杭县综合行政执法大队共检查渡口29处次，检查捞沙等船舶83处次。5月3日，大队执法人员在旧县池溪砂场检查时，发现川元坝采0089号捞砂船，航行前往河道上游采砂，经查当事人未经考试合格未取得适任证书或其他适任证件擅自从事船舶航行，执法人员对此案进行行政立案处罚。

【执法队伍建设】 2017年5月，上杭县综合行政执法大队通过事业单位考试录用3人，为大队执法人员更新配发10台执法记录仪，采购打印机3台。8月底，福建省交通执法总队正式将上杭县交通综合行政执法大队列入第二批交通执法站所装备标准化建设单位。

责任编辑： 钟梅娇

信息业

数字信息

【概况】 2017年，上杭县数字信息工作主要以提升“互联网+政务服务”、部署远程教育云和优化站点管理、推进云计算的电子政务应用、县政府门户网站升级改版、政务公开与服务平台运维、网络安全为重点，上杭县信息化工作继续走在福建省、龙岩市前列。开展门户网站安全检测、政府网站升级改版，关闭部分网站，不定期进行县直部门和乡镇子网站抽查，抽查情况全县通报，督促抓好整改落实，将整改情况及时向省、市汇报等；做好视频会议系统运维管理，举办2期业务操作培训；做好县数据中心安全保障、政务公开和政务服务系统、网络督查管理、OA内网邮件系统运维，协同办公系统推广和业务培训、电子证照办理等。开展政民互动活动，邀请单位主要领导录播8期政民互动节目；每月定期向省政府报送政府信息公开情况；按照推进“智慧上杭”建设行动计划，逐步推进项目的落实，争取省发改委100万元的智慧农村“云下乡”项目扶持资金，实施部分“云下乡”项目。

【电子政务】 *政府网站建设与管理* 2017年，上杭县政府网站群平台完成升级，县级政府门户全新改版。该网站升级改版是继2009年以来最大的一次改动。根据《国务院办公厅关于印发政府网站发展指引的通知》要求，上杭县直部门和乡镇共57家单位纳入网站群平台并以专栏形式对外公开发布信息，原有独立站点全部关停并公告。重新梳理政府网站内容保障责任清单，按照责任清单重新规划权限，重新配置，9月25日新版政府网站经过第三方安全检测合格后成功上线。印发《开展2017年“中国·上杭”政府网站“在线访谈”活动的通知》《关于进一步规范政府网站管理工作的通知》文件，规范网站管理和关停流程。2017年县政府门户网站获福建省优秀政府网站称号，县（区）排名全省第八，全市第一。

数据中心信息安全管理 是年，数字上杭县级中心机房配备网络防火墙3台、应用防火墙2台、链路负载均衡2台，入侵防御系统（IDS）1台、安全网关（SSL VPN）1台，安全隔离网闸1台、堡垒机1台、上网行为管理1台、漏洞扫描1台、抗DDOS攻击1台，安全硬件设备更加完备。基于云计算的电子政务公共平台（虚拟化平台）采用使用趋势科技无代理安全软件（Deep Security 9.0），传统物理机平台采用卡巴斯基企业级安全解决方案，基本覆盖中心所有服务器与终端。完善安全管理制度，与福建海峡信息科技有限公司签订安全服务合同，要求对方监测平台对“中国·上杭”网站群提供24小时在线安全监测服务，发现问题及时报告并处理，全年4次上门做机房全面安全检测服务，并出具书面报告，全年1次空调故障，及时组织联系承建方做好维修工作，以大功率风扇和大量冰块方式保障空调维修期间运行，确保空调运维期间信息安全；实行机房出入安全登记制度，无关或未经允许不得进入机房，做好机房日常值班安全巡查登记、机房报警系统与技术人员手机联网制度，将巡查情况及时处理并备案。

政民互动 年内，邀请县直8个部门主要领导或分管领导，开展网上访谈录播8期，依托上杭县人民政府网站平台，整合在线办事、行政审批系统、梳理行政职权和便民事项，打造高效、便民、线上线下相结合、“一站式”的政务服务专栏。政务服务专栏提供47个政府部门及企事业单位655项行政职权事项网上在线办理。公众只需通过互联网登录平台即可以办理相关事项，而且可以通过电脑、短信等渠道获取事项办理进度及相关情况。公众可通过政务服务平台实现全流程办理审批业务。县效能机关可通过电子监察系统进行效能监察，开展督查、督办、结果反馈。

电子证照生成与应用 再次梳理各具有行政审批和公共服务职能单位电子证照（批文）目录，做好目录动态调整，完成存量证照转换以及电子签章工作。全年梳理32家单位235类证照，其中证书106类，批文129类。存量证照转换21万件，签章有效数据17万，该项工作名列龙岩市第二。

协同办公系统建设与应用 做好龙岩市协同办公系统的应用推广工作，收集卫生局等79个县直单位、22个乡镇接入协同办公系统所需材料并汇总上报龙岩市协同办；开展协调办公系统应用业务培训，组织全县接入应用单位集中培训2次，通过电话交流解疑92次以上，QQ群聊解答协同办公系统疑问及使用技术105

条，全县所有接入协同办公系统单位基本能够操作应用。收集78家县直单位、22个乡镇的电子印章申请材料并汇总上报龙岩市机要局。

“智慧上杭”建设　以智慧化应用为重点，通过完善智慧城市基础设施建设，农村云计算中心及配套设施布局，建成一批智慧城市示范性工程，初步形成具有区、县级特色亮点的智慧城乡信息化雏形。

政务应用系统运行维护　对视频会议、网络督查管理、内网邮件、协调办公系统等由专人专职运行维护。全年保障120余场次各级视频会议系统顺畅，组织2场次乡镇和县直相关单位视频会议系统操作人员业务技术培训。持续为内网邮件系统升级服务，对网络督查管理系统发布文件进行归档，内网邮件内存储优化升级扩容，满足当前电子邮件往来需要。举办协同办公系统应用业务培训，要求接入协同办公系统单位分管领导、具体收件人员务必掌握协同办公系统应用管理。按照协同办公系统建设应用考评抓好对县直单位年度绩效考评工作。

【远程教育】　2017年，上杭县做好站点设备运维管理，制定下发接收站点量化考核制度，县、乡镇、村签订设备使用管理和维护协议，明确各级管理责任，实行站点定期开放制度，建立远程教育设备器材技术档案盒设备维修台账，做到规范操作和定期维护，及时做好登记备案。举办2期乡镇站点管理员维护技术培训，对一些陈旧设备做好登记，新采购一批液晶显示器用于农村远程教育云，在接入以远程教育云应用后更新更换。采取分级管理和归口培训原则，有计划地开展各级各类培训；按照保证质量原则，根据不同对象，围绕解决“三农”问题和建设社会主义新农村大局进行，把提高农村党员干部和群众的科技文化素质，促进农村经济社会全面发展，作为培训工作的出发点和落脚点。

上杭县古田邮政支局（2017年摄）　　（县邮政局供稿）

【远程教育云平台】　2017年，上杭县实施建成远程教育云平台，利用云终端技术，即基于县电子政务公共平台的创新应用，旨在解决全县农村党员干部现代远程教育网终端投入和维护等问题，以桌面云（虚拟桌面VDC）的方式逐步替代全县22个乡镇共427个远程教育站点的传统PC，采用上杭县本土云计算高科技企业时迅科技生产的瘦客户终端产品，完成首批330个终端部署，在全省率先实现远程教育“云计算”服务，22个乡镇全部试运行，效果良好。

【部门信息化】　2017年，上杭县把福建时迅智慧上杭农村云计算项目列为落地攻坚战役项目之一，由县数字办牵头，经信科技局、商务局为责任单位落实，为项目推进策划4次现场经验交流和座谈会，协助公司做好项目策划和产品推介。实施建设教育云、政务云和残联智慧助残项目。在龙岩市推进全流程网上办事大厅建设过程中，首次采用云终端方式部署接入终端，解决基层单位无技术人员服务问题，极大推进项目实施。

邮政

【概况】　2017年，上杭邮政继续实施集团公司“一体两翼”（电子商务发展模式线上线下于一体的综合便民服务平台，“金融翼”和“寄递翼”）战略部署，突出金融、包快、农村电商三大业务，加快函件、集邮、报刊等基础性业务创新发展，全年实现业务收入3380万元，比增13.61%。

【金融类业务】　2017年，上杭邮政金融业务收入2217万元，比增6.23%，其中利差收入完成1643万元，比增10.2%。年末储蓄存款余额11.2亿元，全年累计净增储蓄余额8960万元。

【邮务类业务】　2017年，上杭邮政包裹收入246万元，电子商务分销业务收入340万元，函件收入146万元，集邮收入143万元，报刊收入176万元。

包裹快递业务　通过对老客户

维护和新客户开拓，做好上杭各种特色产品寄递工作，蜜雪梨、蜜柚、百香果、脐橙等特色产品包裹寄递量比上年翻一番多，日均寄递量556件，“双十一、双十二”更是成倍增长。2017年完成包快收入246万元，完成率110%，完成率居全市第二，电商快包、国内标快、国际小包实现均衡发展。

电商分销专业　建设邮乐购优质站点151个，全年完成率105%，全市排名第二；代开税票210万元，全市排名第三；发展邮乐小店120户，完成率131%，全市排名第二。围绕“专业引领、协同服务、渠道共享”主线，立足电商渠道功能与优势，发挥邮储网点力量，精细经营“邮掌柜”站点，以金融积分、批销折扣为媒介，推动金融客户、邮掌柜站点双向引流，达到业务共联、客户共享，实现“1155工程”平台增收增效目的，建点335家，沉淀余额达1000多万元。结合县政府“项目落地、精准扶贫”政策，开展农产品返城活动，为上杭九洲蜜雪梨、稔田柚子、下都红心柚配送2万多件，利用邮政电商平台为农户销售蜜雪梨500多件。通过与国税局、地税局对接，在上杭邮政9个自办支局全面开办代开税票业务，为当地商贸户和群众开具发票提供方便，得到当地百姓的高度好评。

函件业务　导入“互联网+全媒体”模式，推行“互联网+邮政业务+现场活动”新营销模式，以及“新媒体（朋友圈广告）+传统媒体（纸媒）”综合服务解决方案，推动大项目开发。全年完成上级下达146万元收入指标。

集邮业务　导入“全渠道+微营销”模式，利用金融渠道客户资源做好产品销售，实现收入12万元。在生肖贺岁季战役中，发挥微营销作用，通过线上+线下预售模式，实现84.6万元的收入，共计完成143万元收入。

报刊业务　实现报刊流转额660.39万元，增幅11.6%，报刊收入176万元，其中党报党刊260.22万元、校园报刊106.97万元、行业报刊134.4万元、其他报刊收入158.8万元。

电信

【概况】 2017年，中国电信上杭分公司（简称上杭电信分公司）加快推进网络智能化、业务生态化和运营智慧化，提高企业发展质量和效益。全年完成固定资产投资2261万元，全业务收入累计完成6700万元，比增5.64%，累计净增有线宽带9100户。

【社区店建设】 2017年，上杭电信分公司新建渠道网点16家，全县专营门店51家。城区共划分成8个片区，每个片区对应一个社区店。至年底，新建3个社区店，完成改造厅店5家，其中建设标杆社区店1家，社区店全年完成率龙岩市排名第一。

【光网建设】 2017年，上杭电信分公司完成新建开通1.6万个AP端口，FTTH通信能力达到11.6万个AP端口，FTTH端口占用到达数6万户，端口利用率50.83%。实现FTTH光纤覆盖行政村330个，行政村光网络覆盖率98.8%。

【4G网建设】 2017年，上杭电信分公司完成两个阶段800M基站工程的建设，安装和开通289个800M基站（627个载扇），实现与原CDMA网络1∶1等比安装，基本能满足全县的无线数据通信需求，全县主要居民聚居区、主要道路沿线信号全覆盖。

【网络优化】 2017年，上杭电信分公司完成稔田5800、古田C300等30多条上行中继扩容，调测开通古田5800和紫金5800；完成全县所有OLT的直挂及双路由改造，OLT改直挂及双路由改造完成率均达100%。完成南阳马洋洞、南阳南岭等IPRAN双上行成环工作，IPRAN物理成环率达100%。

【机房整治】 2017年，上杭电信分公司推进机房标准化整治，完成接入网机房的现场综合化培训基地建设及通贤、下都、太拔等11个局站的机房整治，取得机房资源融合、能耗降低、投资节约等成效。

【打击信息诈骗】 2017年，上杭电信分公司配合厦门金砖会议召开，开展打击通信信息诈骗违法犯罪专项整治行动，全面完成电话、手机用户实名登记，有效防范信息网络新型违法犯罪活动。

移动

【概况】 2017年，中国移动上杭分公司（简称上杭移动分公司）拥有移动用户总数约23万户，有4G移动通信站点数1100多个。家庭宽带网速实现全面提速，100M带宽成为主流。

【网络建设】 2017年，上杭移动分公司继续做好4G站点网络建设，同时做好2G/3G信号优化，巩固网络领先优势。全年新增4G站点超400个，存量4G站点1100多个，城区、乡镇集市实现深度覆盖，行政村、高流量农村区域以及赣龙高铁等区域实现有效覆盖。

【宽带优质服务】 2017年，上杭移动分公司投入约1500万元推进全县宽带网络覆盖建设，继续推进城区全覆盖的宽带扩容和乡镇集镇、密集住宅区的宽带网络覆盖建设。

【推进信息化建设】 2017年，上杭移

动分公司继续推进“互联网+”战略，围绕“智慧·上杭”项目，推出“云视讯”产品；全流程网上办事大厅项目已完成终验，该项目为全县22个乡镇及行政服务中心政务内网提供支撑；建设无线网络系统，古田景区逐步实现Wi-Fi全覆盖，让游客充分体验景区的人性化服务。

联通

【概况】 2017年，中国联合网络通信有限公司上杭县分公司(简称上杭联通分公司)深化落实混合所有制改革，加快互联网业务发展，各项经营管理工作态势良好。全年手机用户规模达到2.9万户，比增7.4%；4G网络用户规模同比增长74%。互联网宽带接入1.2万户，全年实现通信业务收入同比增长5.1%。

【通信保障能力持续增强】 2017年，上杭联通分公司全年投资近1500万元，加大4G移动基站的建设，全县基站总数增加至1009个。实现3G网络村村通、4G网络镇镇通；景区及主干道路沿线实现全覆盖，网络口碑及网络能力得到大幅提升。实现城区内所有用户光纤到户，全力开展乡镇宽带建设，除步云、珊瑚外，全县其他20个乡镇实现光纤网络全覆盖。

【客户满意度提升】 2017年，上杭联通分公司通过开通微信在线服务，增强在线处理能力，实现第一时间处理客户需求，全年自助营业厅整体满意率99.69%，服务质量达标率99.28%，服务能力和用户满意度显著提升。

2017年上杭联通分公司网络覆盖情况表

表15　　　　单位：个

乡镇	3G覆盖点	4G覆盖点	乡镇	3G覆盖点	4G覆盖点
临城	168	101	步云	27	1
临江			太拔	28	1
古田	71	17	下都	28	1
蛟洋	70	8	官庄	22	1
旧县	34	3	稔田	30	1
南阳	66	3	溪口	28	2
白砂	58	4	庐丰	22	1
才溪	41	2	茶地	22	1
中都	38	2	通贤	24	1
湖洋	38	2	蓝溪	16	2
泮境	12	1	珊瑚	10	1

责任编辑：钟梅娇

商贸　服务业

综述

【概况】　2017年，上杭县扶持商贸流通业发展。现代物流、电子商务、家政服务等新兴产业迅速发展，特别是电子商务高速发展。至年底，上杭县电子商务法人企业数量196家，个体工商户67户，实现线上线下交易额800多万元。

【消费品零售】　2017年，上杭县社会消费品零售总额完成85.57亿元，比降0.8%；批发业销售额完成96.51亿元，比降9.9%；零售业销售额完成71.48亿元，比增8%；餐饮业营业额完成8.75亿元，比增13.7%；住宿业营业额完成2.4亿元，比增19.7%。新培育限额以上商贸流通企业16家。

【进出口总额】　2017年，上杭县实现进出口总额124.8亿元，其中出口完成31.4亿元，比增22.9%；进口完成93.4亿元，比增5%。

国内贸易

【副食品基地建设】　2017年，上杭县“菜篮子”工程建设不断推进。临城等7个乡镇被列为常年蔬菜基地保护区重点乡镇，划定16块常年蔬菜基地保护区，面积220公顷，确认15个副食品调控基地名单，下拨93万元支持县级副食品调控基地进行项目新建改造，推进市场体系建设，庐丰畲族乡安乡农贸市场和溪口农贸市场建成投入使用。

至2017年年底，上杭县境内建立省、市、县直控的副食品基地15个；完成25吨蔬菜储备任务；完成生猪活体储备1120头；完成禽蛋储备40吨。

【牲禽定点屠宰管理】　2017年，上杭县加强对城区定点屠宰场的监管，生猪定点屠宰4.99万头，定点屠宰率100%；定点屠宰肉牛4660头、羊1.27万头，定点屠宰率达100%。开展打击私屠滥宰强化肉品卫生安全专项治理行动，确保上市畜产品检疫率达100%。

【商贸服务业会战】　市对县项目　至2017年底，“诗意院田”历史文化古村落保护与旅游发展项目、步云国家生态旅游示范区提升工程（一期）2个续建项目和上杭碧桂园·御龙湾建设项目均按序时进度有序推进，累计完成投资9.05亿元，占年度计划投资6.37亿元的142.07%。

县对部门项目　是年，县对部门商贸服务业领域会战项目15个，其中新开工及续建项目有“诗意院田”历史文化古村落保护与旅游发展项目、步云国家生态旅游示范区提升工程（一期）、上杭碧桂园·御龙湾建设、紫金顺安综合物流园、上杭观音井百果园生态农业旅游、福建贝湖生态农业种养休闲生产、两岸旅游与原创文化艺术基地、永辉超市、上杭众创空间、淘实惠电子商务平台、智慧上杭项目等11个。竣工项目有帝豪时代广场二期工程、乐邦生态农业公司生态农庄、上杭观音井百果园生态农业旅游、淘实惠电子商务平台项目等4个。上杭县东二环农贸市场、上杭县普陀山文化中心项目正在推进。全年累计完成投资13.1亿元，占全年计划投资的111.47%。

【经济合作交流】　2017年，上杭县有中国机械进出口集团有限公司、中国中车集团公司、广西桂川建设集团、安徽省路网交通集团股份有限公司、中国华能集团福建分公司、中国电子科技集团公司、北上苏杭深“千人计划”专家、深圳鑫昌龙新材料公司、天津力神电池股份有限公司等省外企业及浙江商会先后到上杭县交流协作。同时，台湾永信药业、台耀化学来杭考察维生素D2扩能及新药生产线项目，华协（香港）国际投资有限公司来杭考察智能锁、音响制造项目，香港永光集团来杭考察LED生产项目，拓展合作。

对外经济贸易

【概况】　2017年，上杭县15家企业实现进出口总额124.8亿元，位居龙岩市首位，其中出口完成31.4亿元，比增22.9%；进口完成93.4亿元，比增5%。出口产品主要有阴极铜、白银、氢氟酸、电源接插线、磷肥等。出口市场以东南亚、欧美为主。出口方式主要是加工贸易，其中紫金铜业加工贸易出口占上杭县出口的84%。

全县新批外商投资企业4家，合同外资2676万美元；实际利用外资4099万美元，实际利用外资排名全市第三。

【出口企业服务】　加强政策扶持　2017年，上杭县出台外经贸扶持政策。制订出台上杭县的外贸出口奖励扶持办法，提高外贸企业的积极性。是年，上杭县出口额31.4亿元，总量位居龙岩市第一。落实上级外贸政策。对省、市出台的外贸政策，加强学习和落实，全年指导4家外贸企业申请中小企业开拓国际市场资金；指导3家企业申请对龙岩市级境外展会补助资金；指导紫金铜业有限公司申请龙岩市加工贸易梯度转移重点承接地建设资金。

争创福建省外贸转型升级示范县　上杭县围绕优化外贸出口结构，加大产业集聚，培育外贸创新，完善平台建设，实现2017年出口增速高于龙岩市平均水平；产业集聚及产业链发展特征鲜明，生产型企业出口规模占比超过40%的外型升级目标，被省商务厅确认为“外贸转型升级示范县”。

支持企业拓展国际市场　是年，上杭县支持企业开拓国际市场，对省、市制订的境内外重点展会计划，做好宣传和参展组织工作，鼓励企业参加境外展会，推动企业与境外经销商的直接对接。年内，先后组织上杭县兴成工艺品有限公司参加中国品牌商品（中东欧）展览会，大地生机（福建）农业发展有限公司参加香港食品饮料及酒店用品展和龙岩市福欣牧业发展有限公司台湾食品展。

培育外贸创新　服务重点龙头企业紫金铜业有限公司探索推广以企业为单元、总量控制、账册管理、定期核销的加工贸易监管模式。培育外贸出口新主体，重点做好鸿航卫浴、富鑫达电子、紫金佳博、龙德新能源等企业的培育工作。对上杭县首家跨境电商欧壹国际电子商务有限公司进行跟踪服务，给予境外专利申请、商标注册和产品推广方面的政策扶持，支持企业做强做大。

招商引资

【概况】　产业链招商　2017年，上杭县做大做强主导产业，加大铜加工、稀贵金属、循环经济等三条产业链招商，已形成产业集聚。铜产业链方面，太阳铜业年产22万吨低氧铜杆、紫金佳博年产6吨键合金丝、志裕铜业年产11万吨冶炼废杂铜、微波通5G通信线缆等项目落地建设；新能源材料方面，龙德新能源年产6000吨六氟磷酸锂、金山锂科锂离子电池高性能储能材料、鑫昌龙石墨烯等项目落地建设；产业链条进一步延伸、完善。

精准招商　是年，县委、县政府主要领导或分管领导分别带队开展外出招商，赴贵州、浙江、江苏、广东、天津、上海等地开展招商推介工作。分别拜访佳博电子、久立特材、震雄铜业等金铜产业企业，华为集团、省电子信息集团等电子科技企业，厦钨集团、宁德时代等新材料企业，建发集团、瓮福集团、广发纳斯特、兴业证券等国有企业，中电科十四所、十八所、天津力神集团等军工企业。洽谈对接绿色建筑产业园、键合金丝、宁波中科院合作共建、瓮福集团深化合作、鑫昌龙石墨烯、微波通电线电缆、军民融合产销合作等项目，并转化落地。

主题招商与专业招商　年内，上杭县组织参加“6·18”“9·18”“11·8”等大型招商活动，组织企业参展。3个活动签约17个项目，其中5个外资项目，总投资52.15亿元。“9·18”厦洽会期间举办“产融结合·创新发展”项目对接座谈会、“11·8”机博会期间举办“走进新时代·聚焦新业态”产业发展座谈会，构建“亲”“清”新型政商关系，探讨上杭产业发展。

这一年，上杭县建成科技创业孵化园、上杭县供销农产品双创孵化园、蛟龙创业园等创新创业平台，筑巢引凤。其中，科创园引进硅基新材料、石墨烯薄膜研发、无人机研发组装、三维真彩色喷绘机器人等高新科技项目。

驻点招商　是年，上杭县在福州设立驻点招商工作组，选派2名综合素质较高、招商能力较强的年轻干部专职开展驻点招商，与异地商会开展合作，洽谈招商项目，建立客商信息平台，宣传上杭政策和环境。

市对县招商引资项目完成情况　是年，上杭县完成新签约项目32个，总投资105.3亿元，完成任务数的114.3%，其中当年新开工项目22个，占新签约项目数的68.7%。

县对乡镇（县直部门）招商引资项目完成情况　全年全县新签约项目58个，新开工项目45个，新竣工项目20个。

【投资环境改善】　2017年，上杭县完善招商引资优惠政策，以良好的服务和优惠政策为招商引资工作提供保障。执行“一个项目、一个联系领导、一个责任单位、一个责任人”跟踪服务责任制。贯彻落实深化改革精神，进一步简政放权，简化办事程序，减少项目审批材料要求，缩短办事时间。对一些重点项目实行“容缺审批”和联动审批，限时办结。进一步规范外商投资企业审批行为，按照“一站式审批，一个窗口对外”的要求办理行政审批事项。

是年，上杭县加大项目联合预审制度。规范入园项目联审流程、保证金专户管理。全年召开6次项目联审会议，联合相关部门对17个项目进行联审，通过13个项目予以准入上杭县工业园区。

【山海协作和对口帮扶支援】　2017年，厦门同安区继续拨付上杭县龙厦山海协作对口帮扶资金100万元，根据上杭县与厦门同安区签署的山海协作协议规定，用于扶持建设官庄乡树人村红色文化活动中心等5个项目。

电子商务

【概况】　2017年，上杭县电子商务处于高速发展阶段。至年底，上杭县电子商务法人企业196家，个体工商户67户，全年实现电商交易额40亿元。阿里巴巴农村淘宝完成电商交易额5100万元；上杭邮政分公司完成收入3380万元，完成计划98.8%，增长13.61%，排名龙岩市第四。供销电商公司在全县成立12个乡镇电商中

2017 年 12 月 20 日，上杭县 2017 年电商年会暨电商业务培训会召开
（县铜业局供稿）

心，20 个农村电商服务中心，联系全县农特产品生产加工专业合作社或公司 110 家，进驻农特产品 300 多种，实现线上线下交易额 800 多万元。

【供销电子商务】 农特产品展销中心 2017 年，上杭县投资 150 万元在供销大厦一楼建设经营服务面积 34 平方米的“一镇一品”农特产品展销中心，对接本地农特产品生产加工企业 100 多家，其中对接食品安全可追溯基地 32 家，无公害、绿色食品、有机认证 28 家，产品 300 多种。注册“集农汇”商标，聚合 B2C、B2B、O2O 等多种营销模式，以生鲜配送为纽带打造上杭农特产品电商供应生态圈。全年销售农产品 590 万元。

农产品双创孵化园 6 月，供销电子商务有限公司在供销大厦三楼建设上杭县供销农产品双创孵化园，总面积约 2000 平方米，完成一期投资约 300 万元，初步建成创客办公区、产品展销区、路演培训室、商务洽谈室等，入驻种养协会、农产品电商企业等 28 家，举办 6 场研讨会、培训会。2017 年，被授予“龙岩市众创空间”称号。

供销物联网平台 以全国供销总社“供销 e 家”平台为依托，通过对传统产业的信息化和电商化进行转型升级，搭建覆盖本地以及跨区域的农产品流通通道，全力打造“全国供销一张网”“网上供销社”。拓展电子商务经营服务领域，逐步实现农民购物不出村、销售不出村、生活不出村、金融不出村的经济便民发展目标。2017 年，投资 100 多万元搭建“供销物联网平台”，开设运营注册 138 家网店。

农村电商服务站点 发挥供销系统组织体系健全、基层网络完善优势，推进镇村农村电子商务服务站点建设。2017 年，在临江、古田、中都、茶地、太拔等 5 个乡镇建成农村电商综合服务站。

【2017 年电商大会】 2017 年 12 月 20 日下午，上杭县电商年会暨电商培训会议在光源国际大酒店四楼多功能厅召开。龙岩市电商协会会长、市青年电商常务副会长、市青联副主席、副县长等市、县有关领导参加会议。该次会议特邀同步推、91 助手创始人，同步网络 CEO 熊俊到场指导并开展电商分享和培训。龙岩市电商协会会长陈永洋在会上分享“DT、VR& 电商”，上杭电商协会副会长翁水发结合十九大精神解读“新形势与上杭商务”。为进一步激发企业家创业热情，推动上杭县电子商务提高品质、规范发展起到积极作用，会上对上杭汇利兴贸易有限公司等 23 家电商企业给予表扬。

2017 年建成的上杭县供销农产品双创孵化园 （县供销联社供稿）

■ 粮食流通

【粮食安全行政首长责任制】 牵头做好市对县考核迎检工作 2017年，根据龙岩市、上杭县政府和龙岩市粮食局关于粮食安全行政首长责任制考核有关要求，把迎接粮食安全责任制考核工作任务分解到有关责任部门和配合部门，做好县粮食局自身承担的22个牵头事项、3个配合事项的落实工作，加强各部门分工协作，及时召开县粮食安全行政首长责任制考核工作组成员单位会议，落实迎检各项工作。6月，龙岩市对上杭县2016年度粮食安全行政首长责任制落实情况进行现场核查。12月，龙岩市政府办通报综合考核结果，上杭县在龙岩市位居第一。

牵头制订2017年度县直部门对乡镇粮食安全绩效指标考评细则 粮食安全继续列入县对乡镇绩效评估指标考核体系。县粮食局主动与县粮食安全责任考核工作组有关成员单位沟通联系，相应制订完善和下达2017年对乡镇粮食安全绩效评估指标考评细则。

严格落实粮食收购最低保护价政策和服务"五到位" 是年，粮食购销企业的粮食收购继续按储备粮订单直接补贴政策收购粮食、按优质稻订单补贴政策收购粮食和按市场价直接向农户收购余粮。继续执行省政府出台的储备粮食订单直接补贴政策和县政府出台的优质稻订单补贴政策，对用于储备粮扩储、轮换的粮源和用于地产粮食品牌创建的优质稻粮源实行订单直接补贴收购。省、市、县政府下达上杭县各级储备粮订单补贴收购计划2201.9万千克，县优质稻订单收购300万千克，为龙岩市2017年各级订单量最多的县份。县政府下达除临江镇、步云乡、古田镇外18个乡镇各级储备粮订单收购计划2201.9万千克(其中，省级1000万千克、市级515.1万千克、县级686.8万千克)，下达临城、湖洋、中都、庐丰、白砂、蛟洋、南阳等7个乡镇优质稻订单300万千克，由国有粮食购销企业与农户订单收购。订单粮食除按市价收购外再给予政府补贴，储备订单收购和优质稻订单收购每50千克另加直接补贴12元和15元，均在收购时随粮款一并给付卖粮户。同时继续对农民实行粮食收购最低价保护政策，早籼稻和中晚籼稻市场价低于每50千克130元和136元时，仍由国有粮食购销企业按每50千克130元和136元收购；落实订单补贴政策，使种粮农民得到实惠，全县售粮农户增收订单补贴资金618万元(其中，储备粮订单补贴528万元，优质稻订单补贴90万元)。为抓好粮食订单收购和市场粮食收购工作，粮食购销企业继续做到收购任务(计划)、收购仓容、收购资金、收购人员、服务措施五到位。坚持为农民着想，为群众服务的思想，不断优化服务意识，提高服务质量。除确保落实"五要五不准"要求和收购政策执行到位外，在收购期间推行固定收购网点坚持"早开门晚关门"收购，实行"一幅欢迎问候标语、一张休息座椅、一杯解渴茶水、一块收购政策信息公开栏、一个从质检计量到结算付款便捷收购程序"的"五个一"便民服务措施。全面实行"一卡通"，农户在送粮入库时凭社会保障卡(农商行银行卡)，通过登记、验质、检斤、入仓，结算等业务流程，所售粮款和直接补贴款通过"一卡通"，由粮食购销站一次性转账兑现给农户。

【粮食购销】 2017年，上杭县国有粮食购销企业粮食总购进2266.2万千克，比减128.8万千克，比减5.38%，其中完成各级储备订单粮食收购2201.9万千克，占计划的100%；粮食总销售3622.5万千克，比减1283.6万千克，比减26.16%，主要原因是贸易粮业务下降；连续15年实现国有粮食企业收支盈余。

【粮食安全体系建设】 粮食储保 2017年，上杭县粮食企业继续常年开展仓库"一符四无"(账实相符，无虫害、无霉变、无鼠雀、无事故)粮仓活动，坚持保管员3天一小查、7天一大查、风雨随时查、每月站库会查制度，及时发现和消除隐患。4月、10月组织开展春秋季全县粮油安全大普查，做到有仓必到，有粮必查，查必彻底。经普查鉴定，全县站(库)储粮粮温正常，粮情稳定，无高水分粮和高温发热粮，无霉变粮等，均达到"一符四无"标准，确保储粮安全。

粮食储备与风险基金 是年，上杭县政府批准轮换县级储备粮6868吨，将2014年入储的6868吨县级储备粮，全部通过龙岩市五丰粮油交易信息服务有限公司电子竞价平台公开竞价出库，8月初夏粮一登场就开始组织当年地产粮新增入储和轮换入储，至10月底全部入储到位。至年底，库存县级储备粮和动态储备油规模100%到位。在各级储备粮油管理上，继续做到专仓储存，专人保管，专账管理，地点落实，数量落实，品种落实，确保应急时调得动、用得上。继续执行县级粮食风险基金制度，年底县粮食风险基金累计到位913万元。

【粮食订单收购和粮食购销市场化】 2017年，上杭县继续对省、市、县级新增和轮换等所需储备粮粮源实行"订单"形式收购，订单收购实行最低限价以上随行就市收购的同时，政府再给予卖粮户每50千克直接补贴12元，补贴资金按"谁用粮、谁拿钱"原则分别由各级财政支出；继续对国有粮食购销企业用于上杭"山田禾"粮食品牌经营粮源的优质稻实行订单计划收购，在最低限价以上随行就市收购的同时县财政再给予每50千克直接补贴15元；此外粮食均按最低限价以上随行就市收购。继续实行放开粮食购销价格，国有粮食企业继续按市场供求规律自行确定购销价格，自主经营，自负盈亏；放开粮食市场，实行粮食市场经营主体多元化，凡按规定取得经营资格的单位、集体和个体均可参与粮食购销经营;放开粮食零售市场,继续常年开放粮食集贸市场,鼓励农民自产自销粮食。

【军粮供应服务】 2017年,上杭县继续执行国家军供工作各项方针政策,执行国家和省、市军粮供应管理法规,根据军粮需求计划做好军粮筹措、调运和供应工作,保证按时按质按量按品种供应军粮,并加强和改进供应方式、方法,不断改善供应条件,并在"八一"期间开展军粮供应回访和慰问工作,提高优质服务水平,得到驻杭部队官兵的赞扬。5月11日,福建省武警总队处长薛磊、龙岩市武警支队后勤处领导到上杭县检查工作,对上杭县军供工作给予较高评价。

【国有粮食品牌建设】 2017年,上杭县继续打造国有粮食企业产业化经营品牌,重点做好省著名商标"山田禾"粮食品牌建设,国有粮食购销企业继续从生产、收购和加工3个环节提升质量,打造特色品牌。与农业技术推广站协作,建立"山田禾"品牌优质稻生产基地,在白砂、中都、庐丰等乡镇建立优质稻核心示范区66.67公顷,推广免耕抛栽、测土配方施肥等新技术示范,提高粮农科技水平,促进品种调优、增产增收,带动10个乡镇优质稻种植约1.2万公顷。在收购环节坚持验质把关提高收购质量。在收购网点公布质量标准,所有收购入库粮食首先按照国家标准验质把关,确保"山田禾"稻谷符合优质稻质量指标。2017年,经龙岩市粮油质量检测站监测,全县国有粮食购销企业收购的地产"山田禾"稻谷100%达到国标三等以上,其中80%达到国标二等以上。开展收购加工联营,打造"山田禾"优质大米品牌。国有粮食购销企业与龙岩嘉丰米业和上杭县三晶米业、都瑞康米业等单位开展购加联营协作,引进先进加工工艺与设备,开展"山田禾"粮食精深加工,开发出"山田禾"优质米、红米、富硒米等系列产品,深受广大消费者欢迎。

【粮食流通监管】 粮食质量与卫生监督管理 2017年,上杭县全面完成省、市下达的早、晚籼稻谷收购环节质量安全抽查,全年抽取原粮样品123份(其中,早籼稻农户风险监测23份,新收获早籼稻谷会检4份,收购环节卫生质量抽查7份,新收获晚籼稻谷质量会检4份,新收获质量安全监测10份,晚季籼稻谷质量调查15份,风险监测55份,收购环节质量安全抽查3份,社会收购原粮加工环节2份),抽检质量均符合相关标准。全年上杭县没有发现粮油质量安全事故。

是年,上杭县粮食局制订《关于建立健全地方储备粮质量安全监管机制的实施意见》,明确质量安全主体责任、属地责任、监管责任和检查制度。储备轮换出库质量、卫生检测,抽检8个样品,代表数量686.8万千克,均符合出库要求。对轮换入库粮食质量监测,抽检9个样品,均符合入库宜存要求。对县级库存粮食质量监测,4月、10月共抽检样品12份,经市质检站检测,均符合宜存要求。军供销售粮油质量监测,抽检2份样品,均符合销售标准。

这一年,上杭县粮食局参与治理餐桌污染,创建食品放心县工作。强化安全预警和处理体系,在保证职责范围内的粮食质量安全外,加强与各部门联动,配合相关部门参与全县粮油食品市场监督检查,保证粮油食品安全,维护消费者利益。全年上杭县没有发生粮油食品污染事故和粮油质量安全事故,确保粮食质量安全。

粮食行政许可 根据《粮食流通管理条例》及其相关规定,实行粮食收购准入制度,核发或年度检查审核通过县粮食储备直属库、杭川粮食购销有限责任公司、汀江粮食购销有限责任公司、杭香粮食加工场、都瑞康米业有限公司、茂强粮食专业合作社、龙岩傲农饲料有限公司、峰面桥粮食加工场、永城粮食加工场、三晶粮食加工厂、南华米业加工场、善都粮食专业合作社等12家粮食收购资格证。

粮食流通统计 上杭县粮食局对全社会开展粮食流通统计,全县列入统计重点单位12家,其中国有粮食企业3家(县杭川粮食购销公司、汀江粮食购销公司、粮食储备直属库),非国有重点经营单位9家(杭香粮食加工场、都瑞康米业有限公司、茂强粮食专业合作社、龙岩傲农饲料有限公司、峰面桥粮食加工场、永城粮食加工场、三晶粮食加工厂、南华米业加工场、善都粮食专业合作社)。至2017年底,非国有重点粮食经营企业商品粮食总购进1202.1万千克,总销售1306.7万千克,年末库存94.1万千克。

粮食供需平衡调查 是年,按照全县城区居民家庭户万分之三比例抽取样本54户,以各家庭户台账记录为基础,进行样本数据推算、汇总形成数据,全县粮食总供给和总需求基本平衡。年初社会粮食库存量8.52万吨;当年粮食总供给34.27万吨,其中全县粮食产量19.91万吨,省外购进量2.36万吨,省内县外购进量

山田禾优质稻基地 (县粮食局供稿)

12万吨；当年粮食总需求34.8万吨，其中社会粮食消费量26.88万吨（含城区居民口粮消费9.9万吨，粮食转化16.97万吨）。销往省外粮食量1.5万吨，销往省内县外6.42万吨；期末社会粮食库存量7.99万吨。

骨干粮食厂店　年内，为增强粮食安全应急能力，继续确定2家定点骨干粮食加工厂（三晶粮食加工厂、峰面桥粮食加工厂）、2家定点骨干粮店（城区粮贸粮油批发部、城区军民粮油店）。正常情况下，骨干粮食加工厂和骨干粮店自主经营；非正常情况下，骨干粮食加工厂按照政府要求，接受国有粮食部门委托加工，以应紧急要求；骨干粮店继续承担协助政府平抑粮价、稳定市场供应任务。应急加工费按市场加工费加倍上浮，应急供应粮食手续费按市场正常销售手续费加倍上浮，上浮部分由县财政据实核拨。全年未发生非正常情况，2家定点骨干粮食加工厂和2家定点骨干粮店均自主经营。

■ 烟草

【烤烟生产】　2017年，上杭县种植烤烟面积0.25万公顷，烤烟种植户数2874户，签订烟叶产购合同5150吨，收购烟叶5273.76吨，完成计划任务的102.4%，比增374吨，上等烟比例61.99%，比上年提高4.9个百分点；全县烟农售烟总收入1.59亿元（含各项补贴），比上年增加400万元，户均售烟收入5.33万元，比上年增加0.33万元，实现烟叶税3008万元，比去年增加244万元。

是年，县烟草分公司精准落实烟叶生产计划。全面落实土壤保育技术，全县落实0.27万公顷稻草回田等土壤改良技术。全面落实早栽深栽技术，烟叶移栽期普遍提早10～15天，推广小苗营养土深栽0.11万公顷，生育期达到130天，有效延长烟叶大田生育期。着力培育中棵型烟株，在雨水偏少、养分利用更充分的情况下，采取控氮增密措施，推行撑膜高培土0.07万公顷，烟株营养均衡，中棵烟长相明显。抓好烟叶成熟采烤技术，全县推广使用生物质燃料炉141套，普及四层烟叶烘烤1977烤次。重抓中上部烟叶成熟度和延长最佳变黄期等烘烤技术，烤后烟叶成熟度得到提高，特别是上部叶的香气质量得到改善。全面推行烟叶精益收购，严格落实“三定一减”（定户定量定时，减少售烟次数）的售烟模式，“三定一提”（定员定岗定组别，提高等级纯度）的专业化分级模式，烟叶收购水平不断提升。落实优质服务，把握烟叶收购等级标准，严格执行收购政策，提高烟叶等级纯度，保证烟农收益。

这一年，县烟草分公司推进科技引领示范，实施《福建省上下部烟叶深化研究与应用》项目，与安徽中烟联合开展“平衡烟株上下部烟烟碱”技术研究，在庐丰乡、蓝溪镇各建立33.33公顷示范区。全面推广地膜回收再利用技术，全县累计回收地膜735吨，实现废弃地膜100%回收再利用。全面推广烟蚜茧蜂防控蚜虫技术，实现全县0.25万公顷烟田全覆盖，并在湖洋和稔田等乡镇建立333.33公顷大农业烟蚜茧蜂防治蚜虫技术核心示范区。全面启动烟草绿色防控，试点推广免疫无毒壮苗培育技术、太阳能频振式杀虫灯和田间黄板诱集防虫技术等绿色防控措施。

2017年，县烟草分公司健全保障体系建设。全面落实烟田优化工作，全县优化烟田295.87公顷，占种植面积的12.1%，优化烟农109户。将生产计划安排在生态条件和耕作条件好的烟田，安排给生产技术好、管理水平高的烟农。抓好大田保险工作，全县2874户烟农100%投保，种植面积0.25万公顷100%投保，保险部门累计支付烟叶受灾理赔款40万元。做好防灾减灾工作，启动人影作业12次，发射消雹弹103发，减少灾害天气造成的烟叶损失。做好金融服务工作，与各家银行沟通，为烟农提供信贷服务，共发放烟农种烟贷款7759万元，解决生产资金短缺问题。稳定烟叶生产扶持力度，各乡镇也相继制订扶持奖励政策。

2017年，县烟草分公司落实助农增收措施。全年推广稻谷烘干器800多套，为烟农节省烟后稻谷干燥费用近50万元。发挥合作社整合后的优势，推动烟农合作社市场专业化服务，引导烟农使用无人机植保作业162公顷，三丰煤球厂为社员提供优惠烟用煤球40万个。联合省农科所水稻制种公司在烟区乡镇建立水稻制种区，实现烟稻互促共提目的。开展结对生产帮扶，助力脱贫攻坚。针对贫困乡镇、贫困村、贫困烟农，采取计划倾斜、政策优先、结对帮扶等措施。全县113户贫困户烟农共种植烤烟61.2公顷，其中96户贫困烟农达到脱贫标准，占贫困烟农总户数的86.5%。加强队伍建设，提升人员素质。一方面强化对烟农的培训考核，对烟农种植计划引导、生产技术培训、严格过程考核等方式，促进烟农生产技术提升；另一方面强化员工服务技能，开展“管理提升年”活动，与县总工会联合举办“中国梦·劳动美”全县首届烟叶调制技能竞赛，提高员工业务素质和技能水平。

2017年，县烟草分公司不断夯实基础设施，全县共投入资金366万元，完成常规烟基建设项目16个，项目涉及8个乡镇、15个项目村，受益基本烟田面积215.33公顷。协调推进烟草水源工程建设。旧县片区烟区水源工程项目总投资2.05亿元，其中烟草部门投入1.71亿元，完成投资1.05亿元；白砂锦绣水库项目总投资6426.81万元，其中烟草部门投入4718.15万元，完成投资2080万元。泮境乌石水库项目、稔田马岌背水库项目正在申报。

【卷烟销售】　2017年，上杭县销售卷烟1.24万箱，条均价118.3元，比增2.3元/条。

是年，县烟草分公司以品牌培育为途径，拓展客户获利渠道，实现稳销量提结构。开展各类民俗营销、节日营销、慈善营销、旅游营销等活动，拉动高端卷烟和新品卷烟销售。结合畲乡“三月三”、通贤迎老佛等民俗节点，开展“畲乡情、狼风炫”、“素食文化，低焦同行”等民俗营销活动，提升品牌知名度和美誉度。利用旅游资源，设计制作多样礼盒、礼袋，打造独具特色的“卷烟旅游营销特色店”62户，开展以革命圣地古田、才溪为主题的红色，以社会和谐为主题的金色和以环保为主题的绿色“多彩”旅游营销活动。组建“古田”品牌精英单元，将红色旅游资源与古田红色文化特色相结合，通过精英单元运作，提升品牌的知名度和影响力，并形成精英单元价格保障机制，小组运作机制和品牌推广机制。

这一年，县烟草分公司以终端建设为手段，改善客户经营环境，增强客户营销能力。完善现代终端进入和退出机制、评价激励机制，加强终端建设规划、重点选择年轻化、知识化、守法、懂法的中户为发展对象，共建设现代终端310户，占总客户数的16%；打造优质户90户，占现代终端客户数的29%；精英户18户，占现代终端客户数的5.8%；全县建成标杆店、形象店95户。

【烟草专卖管理】 2017年，上杭县烟草专卖局依托各类媒体开展烟草专卖法律法规宣传活动，发放宣传资料3500余份，接受咨询500余人次，举办烟农、零售户法律法规培训班，参加烟农零售户1500余人次，全年出动打假打私1096人次，检查卷烟零售户1.14万户次，走访无证经营户325人次，办理烟草专卖零售许可证113户、注销许可证138户。查获各类违法案件57件，先行登记保存卷烟322.1条、烟丝27.9吨、烟叶1.24吨，刑拘6人、逮捕3人、判刑3人，罚没人民币2.26万元。

是年，县烟草专卖局加强“两烟”内管工作。采用天地图测量面积的方法，对2017年烟叶产购合同签订面积与实际种植面积进行全面核查，确保烟叶产购合同的真实性。全年核查15个烟草站，走访烟农330户，实地勘验种植面积171.93公顷，审核种植收购合同2874份。全年开展“一案双查”2次，涉案卷烟167条，涉及7户卷烟零售户。

2017年上杭县各乡镇烤烟生产收购情况表

表16

乡镇	面积(公顷)	实际收购量(吨)	上等烟比例(%)
庐丰	668.13	1480.83	65.53
蓝溪	302.40	667.99	61.49
太拔	46.40	105.21	58.18
稔田	183.33	393.56	62.67
溪口	101.93	235.49	68.02
茶地	28.53	59.92	64.63
蛟洋	41.00	86.08	61.97
古田	20.20	42.42	55.88
白砂	11.67	198.53	66.81
泮境	63.87	133.51	60.68
湖洋	142.87	294.39	56.03
临城	94.73	204.07	63.74
中都	106.93	222.56	54.37
下都	140.27	297.51	66.92
南阳	51.27	98.59	52.29
通贤	4.67	9.30	63.61
旧县	64.07	129.38	49.73
才溪	20.00	40.83	42.84
官庄	242.80	496.90	59.82
珊瑚	37.47	76.69	50.33
全县	2452.53	5273.76	61.99

供销合作

【概况】 商品购进 2017年,上杭县供销系统农副产品购进245559万元,占年计划188171万元的130.5%;农产品市场交易额35291万元,占年计划30378万元的116.2%;再生资源购进13892万元,占年计划10740万元的129.3%。

商品销售 是年,上杭县供销系统实现商品销售总额494212万元,占年计划344310万元的143.5%。其中,连锁销售额182222万元,占年计划126000的144.6%;消费品零售额353888万元,占年计划255049万元的138.8%;售给农民的生产资料27393万元,占年计划24816万元的110.4%。

经济效益 上杭县供销系统全年实现利润1341.7万元,占年计划1081万元的124.1%。

【农资服务】 农资冬储 2017年,上杭县供销合作社联合社(简称上杭县供销合作社)组织全系统提前谋划农资货源,多方筹措资金储肥、储药。全县供销系统储备化肥1.43万吨(实物吨,下同),比计划9600吨增长49%,其中优质肥6171吨(尿素1493吨、复合肥3117吨、钾肥1561吨),小化肥8128吨(碳铵2647吨、过钙2215吨、复混肥3266吨);农药1341吨比2016年1193.5吨比增11%;农药械6.6万件比2016年5.87万件比增11%;农(地)膜159吨,抛秧盘40.2万片。超额完成储备任务。

农资供应 是年,上杭县供销合作社开展农资连锁配送经营,形成以农资配送中心为基地,21个乡镇农资配送分部为支撑,135个村级农资配送站为终端的农资经营服务体系,农资配送率85%以上。全年销售各种化肥9.71万吨,其中氮肥4.38万吨,磷肥2.02万吨,钾肥7482吨,复合肥1.95万吨。销售农药1590.06吨,销售农(地)膜612.55吨,销售农药械792万元。

农资科技服务 这一年,上杭县供销合作社以庄稼医院为载体,向农民介绍推广使用新品种、新化肥、新农药和农作物栽培新技术,免费发放资料5100余份,接受咨询服务3000多人次。

信息服务 年内,上杭县供销合作社建设基层农产品信息站(点)2个;发布供求信息102条,本地农产品市场行情37期,本地农资行情37期;撰写农产品市场动态分析文章7篇,促进农产品流通10414万元。

【农村合作金融服务】 2017年1月,上杭县供销合作社注册成立上杭县供销农业服务有限公司,与上杭中成村镇银行、农业银行等金融机构联合推出"供销惠农贷"贷款产品。至年底,为47家合作社、家庭农场、种养大户提供增信贷款705万元,缓解新型农业经营主体"融资难"问题。

【农民专业合作社】 2017年,上杭县新发展农民专业合作社41家,全县累计发展农民专业合作社405家,有国家级示范社9家,省级示范社13家,市级示范社16家,县级示范社27家。专业合作社注册农产品商标39个,获得著名商标5个,知名商标5个,无公害认证13个,有机转换食品认证4个,绿色食品证书认证5个。新发展农民专业合作社联合社2家,累计培育4家农民专业合作社联合社。

市场服务管理

【概况】 市场秩序巡查监管 2017年,上杭县市场服务中心(以下简称中心)制订各所目标管理考评办法。办公室每月不定期对各市场所目标管理所涉及的卫生保洁、交易秩序、车辆停放,员工队伍、票据管理、收费情况、食品安全等进行跟踪检查,并将日常检查测评结果和年终目标管理综合考评挂钩,检查发现的问题要求及时整改,确保目标管理落实到位。各所日常市场服务管理工作实行定人定岗的岗位责任制,与每位员工签订《岗位职责责任书》,确保管理职责和安全责任分解落实到人。做到组长带队,一日一巡查,一月一整治,实现管理与整治相结合的长效管理机制。为确保市场整治秩序长效化、常态化,实行错时上下班工作机制,采取定点值守、机动巡查相结合方式强化监管,较好地解决占道经营、交通堵塞问题。南岗市场对琴岗路沿线占路经营,与城管中队密切配合,采取定期与不定期整治,达到较好效果。

安全监管 配合相关执法部门依法查验入场食品经营者证照和所售食品是否过期、变质、伪劣产品。加强对肉摊、熟食摊(店)监管,要求肉摊经营户必须持有卫生许可证和健康证,熟食摊(店)经营户规范食品销售操作规程,做好防尘防蝇工作。各市场管理所水电专管员(消控员)做到日巡月查,中心办公室每月组织1次消防安全大检查,对市场用电设施、消防设施进行安全检查,发现问题,及时整改。

禽流感期间预防管控 年内,城东市场禽畜行因H7N9禽流感抽样、环境检测呈阳性,根据县政府要求在规定时间内(3月30日至4月18日)休市,中心做好禽畜行休市工作。配合农业局做好扑杀家禽工作。休市期间每天安排专人对市场禽畜经营场地和铁笼进行冲洗消毒处理,做好拍照存档及消毒台账记录工作,有效预防H7N9病毒滋生。为做好禽畜行、宰杀行经营户维稳工作,城东市场管理所配合农业局做好扑杀家禽的补助工作(共补助经营户损失8.9万元),同时减免休市期间摊位费3.5万元。各市场所利用LED宣传人感染H7N9、登革热防控和除"四害"相关知识,提高群众卫生意识和自我防病能力。

市场设施维修 是年,中心投入市场设施维修改造经费11.4万元。东门市场因市场设计不合理,停车场地不足,且处城区中心区域人流量较大,造成市场及周边道路异常拥堵。中心向县政府等有关部门申请,经县政府批准同意,将闲置的解放路134号原面粉厂改建为东门市场配套公共停车场。根据经营户反映东门市场层高不足,影响市场光线,东门市场对照明进行改造,改善线路,全部更换LED灯,共装灯37盏。对东门市场蔬菜地摊进行改造,增设农户自产自销摊、河鱼地摊,并对行业布局进行调整。改造城东市场底层公厕和东门市场公厕部分结构、加装电灯、抽风机、冲水箱等,市场公厕环境得到改善。取缔城东市场桥洞狗食、鸭血煮熟摊,同时中心投资4万多元,修缮闲置房1所,安装天然气炉灶,妥善安置桥洞下经营户,改善桥洞卫生环境。

完善城区市场布局　年内,中心配合商务局做好用地规划红线、市场初步规划设计方案、市场功能布局等前期工作,推进东二环市场尽快建设,完善城区市场布局,解决北部片区居民日常生活必需品购销不便问题。向县政府建议在原轻机厂址规划建设临时农贸市场,解决因原临江市场拆迁、建设路过渡市场搬迁后,解放路西段流动肉、菜摊占路经营,该片区居民日常生活必需品购销不便问题。

“两费”收入　全年“两费”(租赁费、服务费)收入407万元,超额完成年初下达350万元目标,超额率16.3%。

【物流业发展】 2017年,上杭县新注册登记物流企业70家,从业人员168人,注册资金1980万元。全县累计有物流企业168家(包括24个邮电支局、邮电代办所和县邮政局)。主要业务包裹普通货物仓储、专用货物运输、企业物流供应链管理咨询、经济信息咨询、代办货物托运、货物配送代理、代办火车、海运、空运运输的联络业务、自营和代理各类商品的进出口业务等,注册资本合计30792万元。

2017年上杭县新增物流企业情况表

表17　　单位:万元

物流公司名称	地　　址	经营范围	注册资本
上杭县畅行速递服务有限公司蛟洋分公司	上杭县畅行速递服务有限公司蛟洋分公司	承接隶属公司委托的国内快递服务的联络业务。(依法须经批准的项目,经相关部门批准后方可开展经营活动)	
龙岩上杭鑫速达物流有限公司古田分公司	龙岩上杭鑫速达物流有限公司古田分公司	国内货运代理服务(不含水路货运代理),货物仓储(不含危险化学品及监控化学品)、装卸服务、配送服务(不含运输)。(依法须经批准的项目,经相关部门批准后方可开展经营活动)	
上杭县畅行速递服务有限公司才溪分公司	上杭县畅行速递服务有限公司才溪分公司	承接隶属公司委托的国内快递服务的联络业务。(依法须经批准的项目,经相关部门批准后方可开展经营活动)	
上杭县畅行速递服务有限公司白砂分公司	上杭县畅行速递服务有限公司白砂分公司	承接隶属公司委托的国内快递服务的联络业务。(依法须经批准的项目,经相关部门批准后方可开展经营活动)	
上杭县畅行速递服务有限公司通贤分公司	上杭县畅行速递服务有限公司通贤分公司	承接隶属公司委托的国内快递服务的联络业务。(依法须经批准的项目,经相关部门批准后方可开展经营活动)	
上杭县畅行速递服务有限公司南阳分公司	上杭县畅行速递服务有限公司南阳分公司	承接隶属公司委托的国内快递服务的联络业务。(依法须经批准的项目,经相关部门批准后方可开展经营活动)	
龙岩上杭鑫速达物流有限公司中都分公司	龙岩上杭鑫速达物流有限公司中都分公司	国内货运代理服务(不含水路货运代理),货物仓储(不含危险化学品及监控化学品)、装卸服务、配送服务(不含运输)。(依法须经批准的项目,经相关部门批准后方可开展经营活动)	
龙岩上杭鑫速达物流有限公司南阳分公司	龙岩上杭鑫速达物流有限公司南阳分公司	国内货运代理服务(不含水路货运代理);货物仓储(不含危险化学品及监控化学品)、装卸服务、配送服务(不含运输)。(依法须经批准的项目,经相关部门批准后方可开展经营活动)	
龙岩市汇联旅游客运有限公司上杭古田分公司	龙岩市汇联旅游客运有限公司上杭古田分公司	承接隶属公司委托的省际(旅游)包车客运、市际(旅游)包车客运、县际(县内)班车客运的联络业务;汽车租赁。(依法须经批准的项目,经相关部门批准后方可开展经营活动)	
上杭县畅行速递服务有限公司稔田分公司	上杭县畅行速递服务有限公司稔田分公司	承接隶属公司委托的国内快递服务的联络业务。(依法须经批准的项目,经相关部门批准后方可开展经营活动)	

续表17

物流公司名称	地址	经营范围	注册资本
上杭建航物流有限公司蛟洋分公司	上杭建航物流有限公司蛟洋分公司	普通货物运输和仓储。(依法须经批准的项目,经相关部门批准后方可开展经营活动)	
上杭县佳吉货运代理有限公司	上杭县佳吉货运代理有限公司	国内普通货物运输代理服务;普通货物运输。(依法须经批准的项目,经相关部门批准后方可开展经营活动)	50
龙岩上杭鑫速达物流有限公司蓝溪分公司	龙岩上杭鑫速达物流有限公司蓝溪分公司	国内货运代理服务(不含水路货运代理),货物仓储(不含危险化学品及监控化学品)、装卸服务、配送服务(不含运输)。(依法须经批准的项目,经相关部门批准后方可开展经营活动)	
上杭县畅行速递服务有限公司南岗分公司	上杭县畅行速递服务有限公司南岗分公司	承接隶属公司委托的国内快递服务的联络业务。(依法须经批准的项目,经相关部门批准后方可开展经营活动)	
福建德邦物流有限公司龙岩上杭分公司	福建德邦物流有限公司龙岩上杭分公司	货物运输代理、装卸搬运、普通货物仓储服务(不含危险化学品);国内快递(邮政企业专营业务除外)(有效期至2021年9月5日)。(依法须经批准的项目,经相关部门批准后方可开展经营活动)	
龙岩上杭鑫速达物流有限公司稔田分公司	龙岩上杭鑫速达物流有限公司稔田分公司	国内货运代理服务(不含水路货运代理),货物仓储(不含危险化学品及监控化学品)、装卸服务、配送服务(不含运输)。(依法须经批准的项目,经相关部门批准后方可开展经营活动)	
龙岩上杭鑫速达物流有限公司旧县分公司	龙岩上杭鑫速达物流有限公司旧县分公司	国内货运代理服务(不含水路货运代理),货物仓储(不含危险化学品及监控化学品)、装卸服务、配送服务(不含运输)。(依法须经批准的项目,经相关部门批准后方可开展经营活动)	
龙岩上杭鑫速达物流有限公司下都分公司	龙岩上杭鑫速达物流有限公司下都分公司	国内货运代理服务(不含水路货运代理),货物仓储(不含危险化学品及监控化学品)、装卸服务、配送服务(不含运输)。(依法须经批准的项目,经相关部门批准后方可开展经营活动)	
龙岩上杭鑫速达物流有限公司白砂分公司	龙岩上杭鑫速达物流有限公司白砂分公司	国内货运代理服务(不含水路货运代理),货物仓储(不含危险化学品及监控化学品)、装卸服务、配送服务(不含运输)。(依法须经批准的项目,经相关部门批准后方可开展经营活动)	
上杭县闽杭道路救援服务有限公司	上杭县闽杭道路救援服务有限公司	道路救援服务。(依法须经批准的项目,经相关部门批准后方可开展经营活动)	50
龙岩顺丰速运有限公司上杭丰康分公司	龙岩顺丰速运有限公司上杭丰康分公司	国内快递(邮政企业专营业务除外)(有效期至2020年9月20日);国际快递(邮政企业专营业务除外)(有效期至2020年9月28日)。(依法须经批准的项目,经相关部门批准后方可开展经营活动)	
龙岩顺丰速运有限公司上杭稔田分公司	龙岩顺丰速运有限公司上杭稔田分公司	国内快递(邮政企业专营业务除外)(有效期至2020年9月20日);国际快递(邮政企业专营业务除外)(有效期至2020年9月28日)。(依法须经批准的项目,经相关部门批准后方可开展经营活动)	
龙岩顺丰速运有限公司上杭河西分公司	龙岩顺丰速运有限公司上杭河西分公司	国内快递(邮政企业专营业务除外)(有效期至2020年9月20日);国际快递(邮政企业专营业务除外)(有效期至2020年9月28日)。(依法须经批准的项目,经相关部门批准后方可开展经营活动)	
龙岩顺丰速运有限公司上杭溪口分公司	龙岩顺丰速运有限公司上杭溪口分公司	国内快递(邮政企业专营业务除外)(有效期至2020年9月20日);国际快递(邮政企业专营业务除外)(有效期至2020年9月28日)。(依法须经批准的项目,经相关部门批准后方可开展经营活动)	
龙岩顺丰速运有限公司上杭通贤分公司	龙岩顺丰速运有限公司上杭通贤分公司	国内快递(邮政企业专营业务除外)(有效期至2020年9月20日);国际快递(邮政企业专营业务除外)(有效期至2020年9月28日)。(依法须经批准的项目,经相关部门批准后方可开展经营活动)	

续表17

物流公司名称	地　址	经营范围	注册资本
龙岩顺丰速运有限公司上杭茶地分公司	龙岩顺丰速运有限公司上杭茶地分公司	国内快递(邮政企业专营业务除外)(有效期至2020年9月20日);国际快递(邮政企业专营业务除外)(有效期至2020年9月28日)。(依法须经批准的项目,经相关部门批准后方可开展经营活动)	
龙岩顺丰速运有限公司上杭白砂分公司	龙岩顺丰速运有限公司上杭白砂分公司	国内快递(邮政企业专营业务除外)(有效期至2020年9月20日);国际快递(邮政企业专营业务除外)(有效期至2020年9月28日)。(依法须经批准的项目,经相关部门批准后方可开展经营活动)	
龙岩顺丰速运有限公司上杭梅永分公司	龙岩顺丰速运有限公司上杭梅永分公司	国内快递(邮政企业专营业务除外)(有效期至2020年9月20日);国际快递(邮政企业专营业务除外)(有效期至2020年9月28日)。(依法须经批准的项目,经相关部门批准后方可开展经营活动)	
龙岩顺丰速运有限公司上杭官庄分公司	龙岩顺丰速运有限公司上杭官庄分公司	国内快递(邮政企业专营业务除外)(有效期至2020年9月20日);国际快递(邮政企业专营业务除外)(有效期至2020年9月28日)。(依法须经批准的项目,经相关部门批准后方可开展经营活动)	
龙岩顺丰速运有限公司上杭下都分公司	龙岩顺丰速运有限公司上杭下都分公司	国内快递(邮政企业专营业务除外)(有效期至2020年9月20日);国际快递(邮政企业专营业务除外)(有效期至2020年9月28日)。(依法须经批准的项目,经相关部门批准后方可开展经营活动)	
龙岩顺丰速运有限公司上杭南阳分公司	龙岩顺丰速运有限公司上杭南阳分公司	国内快递(邮政企业专营业务除外)(有效期至2020年9月20日);国际快递(邮政企业专营业务除外)(有效期至2020年9月28日)。(依法须经批准的项目,经相关部门批准后方可开展经营活动)	
龙岩顺丰速运有限公司上杭珊瑚分公司	龙岩顺丰速运有限公司上杭珊瑚分公司	国内快递(邮政企业专营业务除外)(有效期至2020年9月20日);国际快递(邮政企业专营业务除外)(有效期至2020年9月28日)。(依法须经批准的项目,经相关部门批准后方可开展经营活动)	
龙岩顺丰速运有限公司上杭太拔分公司	龙岩顺丰速运有限公司上杭太拔分公司	国内快递(邮政企业专营业务除外)(有效期至2020年9月20日);国际快递(邮政企业专营业务除外)(有效期至2020年9月28日)。(依法须经批准的项目,经相关部门批准后方可开展经营活动)	
龙岩顺丰速运有限公司上杭登凯财富分公司	龙岩顺丰速运有限公司上杭登凯财富分公司	国内快递(邮政企业专营业务除外)(有效期至2020年9月20日);国际快递(邮政企业专营业务除外)(有效期至2020年9月28日)。(依法须经批准的项目,经相关部门批准后方可开展经营活动)	
上杭县顺联物流有限公司	上杭县顺联物流有限公司	道路货物运输;仓储服务(不含危险化学品)。(依法须经批准的项目,经相关部门批准后方可开展经营活动)	200
上杭县申通快递有限公司白砂分公司	上杭县申通快递有限公司白砂分公司	国内快递(邮政企业专营业务除外)(有效期至2021年6月2日)。(依法须经批准的项目,经相关部门批准后方可开展经营活动)	
上杭县申通快递有限公司南阳分公司	上杭县申通快递有限公司南阳分公司	国内快递(邮政企业专营业务除外)(有效期至2021年6月2日)。(依法须经批准的项目,经相关部门批准后方可开展经营活动)	
上杭县申通快递有限公司中都分公司	上杭县申通快递有限公司中都分公司	国内快递(邮政企业专营业务除外)(有效期至2021年6月2日)。(依法须经批准的项目,经相关部门批准后方可开展经营活动)	
上杭县申通快递有限公司官庄分公司	上杭县申通快递有限公司官庄分公司	国内快递(邮政企业专营业务除外)(有效期至2021年6月2日)。(依法须经批准的项目,经相关部门批准后方可开展经营活动)	

续表17

物流公司名称	地　址	经营范围	注册资本
上杭县申通快递有限公司二中分公司	上杭县申通快递有限公司二中分公司	国内快递(邮政企业专营业务除外)(有效期至2021年6月2日)。(依法须经批准的项目,经相关部门批准后方可开展经营活动)	
上杭县申通快递有限公司太拔分公司	上杭县申通快递有限公司太拔分公司	国内快递(邮政企业专营业务除外)(有效期至2021年6月2日)。(依法须经批准的项目,经相关部门批准后方可开展经营活动)	
龙岩顺丰速运有限公司上杭中都分公司	龙岩顺丰速运有限公司上杭中都分公司	普通货运,国际快递(邮政企业专营业务除外)(有效期至2020年9月28日),国内快递(邮政企业专营业务除外)(有效期至2020年09月20日),国际货运代理(陆运),国内普通货物运输代理,经济与商务咨询服务。(依法须经批准的项目,经相关部门批准后方可开展经营活动)	
上杭恒达物流有限责任公司	上杭恒达物流有限责任公司	道路货物运输;普通货物的运输、配送、仓储、包装、装卸、搬运服务。(依法须经批准的项目,经相关部门批准后方可开展经营活动)	50
上杭县通诚快递有限责任公司太拔营业部	上杭县通诚快递有限责任公司太拔营业部	国内快递(邮政企业专营业务除外)。(依法须经批准的项目,经相关部门批准后方可开展经营活动)	
龙岩上杭鑫速达物流有限公司西门分公司	龙岩上杭鑫速达物流有限公司西门分公司	国内货运代理服务(不含水路货运代理),货物仓储(不含危险化学品及监控化学品)、装卸服务、配送服务(不含运输)。(依法须经批准的项目,经相关部门批准后方可开展经营活动)	
龙岩上杭鑫速达物流有限公司庐丰分公司	龙岩上杭鑫速达物流有限公司庐丰分公司	承接隶属公司委托的国内货运代理服务(不含水路货运代理),货物仓储(不含危险化学品及监控化学品)、装卸服务、配送服务(不含运输)。(依法须经批准的项目,经相关部门批准后方可开展经营活动)	
上杭县先驱农副产品配送有限公司	上杭县先驱农副产品配送有限公司	农副产品配送服务;装卸搬运;新鲜果蔬、鲜冻畜禽产品、日用品、办公用品、劳动防护用品、家用电器、建筑材料(木材及危险化学品除外)、装修装饰材料(木材及危险化学品除外)、金属制品、电气设备、机械设备、化工产品(危险化学品除外)、五金产品、电子产品的批发、零售及网上经营。(依法须经批准的项目,经相关部门批准后方可开展经营活动)	30

2017年上杭县新增主要居民服务业情况表

表18　　单位:万元

名　称	经营场所	注册资金
上杭县权古交通施救服务站	上杭县临城镇二环路帝豪广场1号楼2单元2902房	50
上杭县纤姝美容会所	上杭县临城镇东二环金山路城东新村112号C1-03室	90
上杭县古田镇满艺保洁服务部	上杭县古田镇吴地村吴地路49号	80
上杭县丰乐电子商务服务站	上杭县庐丰乡丰乐村营前路村部一楼左侧第一间	80
上杭县碧山庄旅游服务中心	福建省龙岩市上杭县白砂镇碧砂村碧砂路51号	100
上杭县锦城汽车维修服务部	上杭县临城镇琴岗路275-1号	99
上杭县利安消防设施检测服务中心	上杭县临城镇二环路与紫金路交叉口帝豪大厦17层1707室	50
上杭县辉美水电安装服务部	上杭县临城镇水西村瓦流全路85号	30
上杭县鸿鹏装饰装潢设计经营部	上杭县临城镇北环西路147-1号	90

【居民服务业】 2017年，上杭县有持照居民服务业经营户1982户，从业人员4142人，注册资金16360万元，其中2017年新开业466户，从业人员1048人，注册资金4119万元。

【个体私营餐饮业】 2017年，上杭县有持照餐饮业个体经营户2536户，从业人员5384人，注册资金17728万元，其中新开业个体经营户699户，从业人员1596人，注册资金5134万元。

2017年上杭县新增主要个体餐饮业情况表

表19 单位：万元

名　　称	经营场所	注册资金
上杭县李记串串香火锅店	上杭县临江镇江滨路38号一、二层	20
上杭县群群美食店	上杭县临城镇东二环路南建大厦2号	15
上杭县才溪红庄农家乐	上杭县才溪镇溪西村红庄路21号	15
上杭县豪佳牛排店	上杭县临江镇建设路紫金财富中心冠超市三楼	80
上杭县古田镇军桥农家餐厅	福建省上杭县古田镇赖坊村赖坊路208号	15
上杭县芒来芒去饮品店	上杭县临江镇江滨路78-1号	20
上杭县稔田镇官田永信农庄	福建省龙岩市上杭县稔田镇官田村山下组150号	25
上杭县园山餐馆	上杭县临城镇白玉村李坑西普陀风景区大门向西北方向50米	80
上杭县荣荣饭庄	上杭县临江镇振兴路39号	20
上杭县牛里合火锅店	上杭县临城镇城东村长岭下金秋公寓斜对面100米	20
上杭县曼岛主题咖啡厅	上杭县临城镇江滨东路杭鑫汇景大厦一层沿街2#店	80
上杭县玛格利塔比萨店	上杭县临江镇北大路17、19号	50
上杭县食好冒冒菜馆	上杭县临江镇人民路136号	15
上杭县居居咖啡馆	上杭县临江镇振兴路62号	30
上杭县蛟洋镇西客休闲吧	福建省龙岩市上杭县蛟洋镇坪埔村梅坝新村路16号	20

■ 旅游业

【概况】 2017年，上杭县旅游经济发展态势良好，游客接待量和旅游收入持续增长。全年旅游总人数700.94万人次，比增21.4%；旅游总收入49.39亿元，比增26%；过夜游人数211.84万人次，比增40.2%。

品牌建设　是年，古田旅游区获得省级旅游度假区殊荣，入选中国旅游志愿服务示范基地和全国港澳青少年游学基地名单。古田镇被列为省十佳旅游休闲集镇。太拔镇太拔村、步云乡马坊村、珊瑚乡上珊瑚村和古田镇苏家坡村等4个村成功申报2017年省级乡村旅游特色村；福建百果园生态农业股份有限公司和

2017年建成的梅花山景区玻璃栈道　（县旅游局供稿）

龙岩渔博园农业休闲旅游开发有限公司成功申报2017年三星级乡村旅游经营单位；梅花山中国虎园森林人家、上杭县添福山庄森林人家被评为龙岩市首届“十佳森林人家”。引导旅游商品生产经营企业打造旅游品牌，开发“福建好礼”旅游伴手礼产品。古田红五星旅游有限公司的“红军小公仔系列”、上杭县紫金恒星珠宝有限公司的“旅游文化礼品套件”获2017年首届龙岩市十佳文化创意产品奖；上杭县福如农庄的蝶翅画“山里人家系列”“生肖系列”、福建佰仁贸易有限公司的“妈妈酿的酒”、福建家友竹木有限公司的“忘言小号”茶具获2017年首届龙岩市十佳文化创意产品提名奖；福建佰仁贸易有限公司的“妈妈酿的酒”（客家米酒）被评为2017年度“福建好礼”百家旅游商品；大地生机（福建）农业发展有限公司的“大地生机果蔬脆片”、印象杭川文化传媒有限公司的“上杭乌梅”产品被评为2017年度“福建好礼”旅游美食伴手礼。

宣传推介　年内，举办湖洋镇观音井第三届杭梅采摘节、稔田镇第五届葡萄采摘节、古田镇第二届果蔬采摘节、上杭才溪景区首届荷花节等系列采摘节、赏花节活动等共计11场次。5月12日，组团参加“第十三届海峡旅游博览会”；5月17日，承办“清新福建·欢乐龙岩”（福州）旅游推介会；5月19日，在城区瓦子街举行“5·19”旅游日暨上杭县第五届乡村旅游文化节——企村结对帮扶活动启动仪式，参加龙岩市“5·19”中国旅游日纪念活动；12月22—24日参加福建首届国际旅游生活展。加强媒体宣传，先后策划、制作完成《老街里的慢时光》《行走上杭·最美杭城》《上杭遇见》等旅游宣传片。

行业管理　是年，为提升旅游从业人员综合素质，龙岩学院在湖洋观音井举办“百名教授进基层”乡村旅游人才培训班，全县旅游从业人员80人参加培训。落实旅游安全生产主体责任，与旅游景区、旅行社、星级酒店等旅游经营单位签订责任书。联合相关部门开展元旦、春节、“五一”、金砖会议、国庆、中秋、十九大会议期间旅游安全大检查。开展“安全生产月”活动、安全生产重点整治百日行动和消防安全大整治大排查，以及安全生产专项整治、旅行社规范服务等专项治理，全年组织14个检查组，出动人员86人次，检查旅游企业35家次，发现问题43个，全部得到整改。9月7日，由上杭县旅游局牵头，县公安局、城市管理行政执法局、市场监督管理局、交通运输局、物价局、水利局等15个部门以及古田镇政府机关干部职工等130多人组成综合整治执法队伍，在古田旅游区核心景区和集镇范围内分8个工作组同时开展综合整治提升集中执法活动，下发整改通知书89份，其中不规范户外广告25份、店外店24份、流动摊贩40份，发放交通安全知识宣传资料350多份，劝导违章停放群众80多人次，劝导照相规范经营30多人次，劝导门前环境卫生三包工作30多户，劝导牵移报废“僵尸”车5辆。

【红色文化旅游产业】　2017年，上杭县各红色旅游景区接待游客424万人次，比增21.5%，红色旅游综合收入31亿元，比增21.1%。红色教育培训产业初显规模，古田及其周边33个红色资源打造成为党员干部红色培训教育现场教学点，7个市级核心教学点建设成为示范标杆，26个市级教学点通过验收授牌。古田吴地华润希望小镇建设成红军小镇，被评为国家AAA级红色旅游景区。

【项目建设】　重点项目建设　2017年，梅花山国家级生态旅游区建设项目一期总投资2.3亿元，完成投资2.3亿元。至年底，完成游客中心征地及三通一平，完成红豆杉木栈道、尖峰顶栈道、玻璃栈道，索道等工程；12月30日，玻璃栈道及木栈道对外开放。太拔镇院田村国家传统村落旅游景区开发建设项目总投资3.9亿元，完成投资1.1亿元。院田村朦胧诗古民居大部分完成装修并对外开放，游客服务中心主体工程建好地基，地上一层开始建设、停车场三通一平及外围良田约0.67公顷地完成征地，游步道完成约5千米的铺设，同时进行边沟的修筑。古田AAAAA级景区旅游区综合提升项目总投资5亿元，其中第一期完成投资1.5亿元，完成游客中心扩容工程、道路交通等附属服务设施工程，完成桃园停车场

2017年5月19日，2017年中国旅游日暨上杭县第五届乡村旅游文化节——“企村结对”扶贫行动启动仪式在瓦子街举行　　（县旅游局供稿）

2017 年 7 月 15 日，才溪景区首届荷花节举行　　（县旅游局供稿）

建设、卫生间改造、商铺搬迁、智慧旅游系统接入等项目，古田会议会址经过近一个月的维修，12 月 13 日重新对外开放。才溪乡调查旧址景区提升项目完成投资 0.2 亿元，其中成龙桥开工建设，完成桥台灌注桩施工，核心景区岸滩整治完成河道清理 600 米，破损防洪堤修复 500 米，才溪镇道路提升改造工程完成约 2 千米路面开挖、平整等工程。

厕所建设　全年，建成旅游厕所 12 座（新建 7 座、改建 5 座），总投资 162.8 万元，主要分布在乡镇景区或乡村旅游点。12 月底，通过市级验收。

【旅游扶贫项目】　2017 年，上杭县制订出台旅游扶贫工作实施方案，对当年创办农家乐（含森林人家、水乡渔村）且达到海峡客家乡村旅游示范户标准的贫困户给予每户 3 万元补助，对验收合格的旅游扶贫示范户给予每户 5000 元补助，对验收合格的旅游扶贫示范合作社给予 3 万元补助，全年评出 11 家乡村旅游农家乐、17 户旅游扶贫示范户、2 家旅游扶贫示范合作社。

【国务院安全委员会安全生产第五巡查组到上杭巡查旅游安全生产】　2017 年 4 月 23 日，国务院安全生产委员会第五巡查组到上杭县古田旅游区开展安全生产巡查工作，龙岩市副市长谢海波、上杭县县长王波及省、市、县有关单位负责人陪同巡查。国务院巡查组深入古田镇，先后对景区的游客中心、古田会议纪念馆等旅游景点的安全生产情况开展实地巡查，详细了解古田旅游景区的观光车运行情况、消防安全、游客最大承载量、游客疏散应急预案、从业人员安全意识等各项安全生产工作开展情况，并对县旅游安全生产工作给予肯定。

【《上杭遇见》开播】　2017 年 9 月，由上杭县旅游局聘请专业队伍拍摄的旅游宣传片《上杭遇见》经过近一个月筹备、拍摄、制作，在福建省海峡卫视、龙岩市电视台、上杭县电视台陆续播放。《上杭遇见》采用小清新的方式，从男主角的梦境开始展开，现实与梦境的镜头相互交织，以梦境穿梭的手法表现积淀千年的上杭文化及红色历史，全方位展现上杭风景。

【古田旅游区被评为全国首批港澳青少年游学基地】　2017 年 6 月 19 日，经港澳青少年游学基地认定工作组审核，国家旅游局同意全国 24 家单位认定为港澳青少年游学基地，并进行公示。其中，龙岩古田旅游区入选，全省仅入选 2 家。

古田旅游区是全国爱国主义教育基地、全国红色旅游十大精品线路的核心景区，从 2014 年起，每年有 200 余名港澳青少年来景区交流学习，游学服务与管理框架体系初步建立。

【“5·19”中国旅游日暨上杭县第五届乡村旅游文化节——“企村结对”扶贫活动启动仪式】　2017 年 5 月 19 日，以“旅游让生活更美好、扶贫让乡村更美丽”为主题的上杭县 2017 年“5·19”中国旅游日暨第五届乡村旅游文化节——“企村结对”扶贫行动启动仪式在瓦子街举行，县 A 级旅游景区、星级酒店、旅行社、星级乡村旅游经营单位、海峡客家乡村旅游示范户、省级重点乡村旅游扶贫村、省级乡村旅游特色村等负责人 60 余人参加，吸引近 5000 余名市民参与。活动内容包括十番音乐、客家木偶艺术中心节目表演，“企村结对”扶贫行动签约仪式，“醉美上杭”主题摄影展，旅游安全生产、文明旅游宣传和旅游商品展销。

【才溪景区举办首届荷花节】　2017 年 7 月 15 日，由上杭县才溪旅游景区管委会、县旅游局、才溪镇党委政府、县妇联、毛泽东才溪乡调查纪念馆主办的荷塘“乐”色——才溪景区首届荷花节在才溪景区游客中心举行。龙岩市旅游发展委员会副调研员黄素珍，副县长袁静及县、乡镇有关负责人和近万市民参加此次活动。活动内容包括十番音乐表演、百人旗袍荷塘走秀、红歌民歌大家唱、“美景留才溪”摄影大赛、“为荷而乐”花海骑行、“万象太极”展演等。其间，还举办才溪红庄葡萄园采摘体验，特色旅游商品、农副产品、特色美食展销，吸引近万人参加。

责任编辑： 钟梅娇　王冬英

金　融

综述

【银行业】 2017年，上杭县金融机构继续贯彻落实国家宏观调控政策，着力推进金融创新，加大信贷投放力度，支持上杭县经济持续健康发展。至本年年底，全县银行业金融机构各项存款余额273.89亿元（本外币）；各项贷款余额201.29亿元（本外币）；存贷款总量（本外币）475.18亿元，占6个县（市、区）的29.99%。2017年度存贷款增幅名列全市第一，存贷款总量在6个县（市）（除新罗区外）居第一。

【保险业】 2017年，中国人民财产保险股份有限公司上杭支公司实现保费收入1.06亿元，比增4.14%，赔款支出4886万元；中国人寿保险股份有限公司上杭县支公司实现保费收入1.59亿元，比增21.37%，全年赔付支出1040.64万元。

2017年12月末上杭县各金融机构存贷款情况对比一览表

表20　　　　单位：万元、%

行　别	存款			贷款		
	余额	比年初增减额	增长率	余额	比年初增减额	增长率
工行	210035	33258	18.81	249590	95890	62.39
农行	280194	4889	1.78	244648	78161	46.95
中行	42854	-15433	-26.48	73208	9788	15.43
建行	143435	21624	17.75	141355	48895	52.88
兴业	126979	-155746	-55.09	70577	5420	8.32
农商行（含龙岩支行）	1065080	102961	10.70	462804	54818	13.44
农发行	39479	16956	75.28	120142	50007	71.30
邮储	159661	10042	6.71	65655	20949	46.86
中成村镇	16180	2963	22.42	17635	5516	45.52
龙岩农商行	8799	1395	18.84	9719	904	10.26
合计	2092696	22909	1.11	1455333	370348	34.13

说明：本表数据由县人民银行提供

■ 金融监管

【货币政策执行】 2017年,中国人民银行上杭县支行(简称县人行)利用政府搭建的产融合作和、政银企等平台,挖掘好、对接好实体经济融资需求,切实加大金融对实体经济资金投入。在2017年年度政银企校产学研对接会上,银企实现资本对接总额达27.29亿元,有效支持上杭县实体经济发展。推进上杭县农民住房财产权抵押贷款试点工作。至年底,上杭县农民住房财产权抵押贷款余额2.14亿元,比年初增加1.53亿元,增长248.85%,突破2亿元大关。创新林业绿色信贷投入,至2017年年底,全县林权证及林业资源抵押面积1.09万公顷、贷款余额2.14亿元,其中林权证质押贷款余额0.11亿元。

【金融稳定维护】 2017年,上杭县人行围绕服务实体经济、防控金融风险、深化金融改革三项任务,创新金融调控思路和方式,继续引导辖区金融机构贯彻落实重大事项报告制度,并将执行情况纳入年度综合评价;出台上杭县银行业金融机构金融管理与服务综合评价办法(试行),依据法定管理职责,对辖区内银行业金融机构执行有关金融法律法规规章和人民银行政策措施、管理规定情况进行全面评估,确定评价等级,并分级采取相应管理和服务措施,保持政策连续性和稳定性。

【征信管理】 2017年,上杭县人行继续以征信信息安全为中心,以征信队伍建设为保障,坚持征信服务和监管并举,围绕征信系统建设、社会信用体系建设、征信宣传和市场培育等工作重点,开展专题宣传,推动业务创新,营造诚信氛围。按照新的个人信用报告查询操作流程做好查询工作,全年个人征信查询3117份,企业征信查询140份,司法查询37份。规范机构信用代码工作流程,全年发放机构信用代码证907份。

【支付结算】 2017年,上杭县人行落实关于规范账户行政许可的通知以及县政府关于推行"一趟不用跑""最多跑一趟"的行政审批和公共服务事项便民服务措施,制定人民币结算账户行政许可工作流程,最大限度地落实各项便民措施。全年核准开立各类账户1348户、核准变更各类账户954户、核准撤销各类账户570户。

【打击金融领域犯罪活动】 2017年,上杭县人行监管新要求,组织并完成辖区金融机构2016年度反洗钱工作的考核评级试行工作,累计考评机构达32家,对存在问题突出的义务机构采取质询措施进行纠查及督促整改,全年开展监管质询2次。开展反洗钱宣传培训,采取现场宣传、网络培训等多种形式开展反洗钱宣传和反洗钱培训。推动《金融机构大额交易和可疑交易报告管理办法》(中国人民银行令〔2016〕3号)的全面落实。开展电信网络新型违法犯罪专项整治工作取得明显成效,切实担负起社会责任,在劝阻客户避免受骗方面发挥作用。农行成功劝阻50余起涉嫌电信网络诈骗事件,上杭农商行进行柜面防骗提醒80余次、成功劝阻客户30余人次,避免群众财产损失,得到地方政府和人民群众好评。

【外汇管理】 2017年,上杭县外汇管理工作坚持"围绕一个中心,抓好五项重点"为工作导向,按照"扩流入,控流出"工作部署,加大购付汇业务监管力度,指导辖区银行、企业深化跨国公司外汇资金集中运营。提高外汇统计数据质量,用好外汇检查管理手段。加强非现场检查与分析,完成13次非现场监管,加大对非现场线索的督办与查处力度。

【金融扶贫】 2017年,上杭县金融机构积极作为,发挥金融力量,助力精准扶贫工作。推广扶贫小额担保基金担保贷款。涉农金融机构与上杭县兴诚担保公司合作,通过扶贫小额信贷担保基金对贫困户贷款担保,提供信贷支持。至年底,发放扶贫小额贷款2392笔,余额6705万元,比年初

2017年2月15日,中国人民银行上杭县支行举行加强信息保护和支付安全,防范电信网络欺诈宣传活动 (县人民银行供稿)

增加3322万元，解决贫困户在脱贫致富中资金需求。上杭农商银行会同华润集团五丰公司探索“央企+合作社+贫困户”联动扶贫模式，由华润集团五丰公司+上杭县乡镇种养专业合作社+在册立卡贫困户实施“企业示范、村级联动、贫困户圆梦”产业富民工程，开展“金融精准扶贫（产业）示范点”创建，取得较好效果。至年底，为当地贫困户发放贷款458户，金额2300万元。推进助学贷款工作。采取有效措施引导和鼓励金融机构开展生源地助学贷款业务，加大生源地助学贷款发放力度，缓解家庭经济困难学生就学难题，阻断贫困代际传递。至年底，全县生源地助学贷款余额2503万元，比年初增加616万元，增长25.9%。

■ 银行业监管

【信贷服务实体经济】 2017年，中国银行业监督管理委员会龙岩监管分局上杭办事处（简称县银监办）督导辖内银行业机构按照“稳存量、保增量、调结构、提质效”的思路，围绕供给侧结构性改革，将服务实体经济与银行业自身可持续发展有机结合，主动对接实体经济有效需求，稳住当前信贷保持增长基本面，持续扩大有效信贷供给。同时，将推动经济结构调整与银行业自身改革转型有机结合，推动管理模式改革和业务模式创新，优化信贷供给结构和效率，严防脱实向虚，回归服务本源。至年底，各项贷款余额201.29亿元，比年初增加39.36亿元，增长23.84%，同比多增19.75亿元，高出龙岩市平均增速7.25个百分点。对接重点领域推动产业转型。加强与地方政府职能部门沟通合作，聚焦产业政策支持的重点领域、重大工程、重点项目建设，综合运用信贷、非信贷渠道，强化配套金融供给。围绕上杭县产业发展特点和需求，加快技术服务创新和业务结构调整，促进实体经济调优存量、做优增量，推动产业转型升级，健全有利于发展绿色金融的管理体制机制，推动绿色经济、循环经济和低碳经济发展。小微金融服务得到深化。督促各家银行业机构向上级行争取小微企业贷款审批权限，在强化风险管控基础上，有效落实尽职免责制度，适度提高小微企业不良贷款容忍度，提高基层经营机构积极性，贴近小微企业融资需求和经营特征，加强小微企业金融产品和服务创新。通过继续深化“政府、银行、企业和担保公司。”互动合作机制，推广“银税互动”等新服务模式，支持中小微企业发展。8月30日，举办2017年“政银企校产学研”合作对接会，县银监办组织辖内各家银行业参加银行业综合业务巡展及政银企签约活动，签约金额27.29亿元，实际到位资金超过20亿元。至年底，小微企业贷款余额总计41.2亿元，比年初增加8.53亿元，增长26.1%。“三农”金融服务得到提升。督导涉农银行业机构支持农业供给侧结构性改革，促进农村产业融合发展。至年底，辖内银行业机构涉农贷款108.7亿元，占比53.16%，比年初增加21.13亿元，增长24.13%完善金融扶贫工作机制，提升扶贫工作成效全年，发放扶贫贷款7042.56万元。推动农民住房财产权抵押贷款试点工作，有效盘活农村资源、资金、资产，促进辖内涉农贷款增速持续上升。上杭农商银行等6家银行业机构均开办农民住房财产权抵押贷款业务，全县7个乡镇筹集风险补偿基金350万元。至年底，农民住房财产权抵押贷款余额15544万元，比年初增加10987万元，增长41.48%。

【银行业信用风险防控】 2017年，面对经济下行和不良贷款反弹压力增大形势，上杭县银监办督导辖区各银行业金融机构按照“真实反映、加快处置”原则，疏堵结合，分类施策，严守辖区银行业风险底线，实现化解风险和服务实体经济有机结合。至年底，不良贷款余额15875万元，比年初增加3765万元；不良贷款率为0.78%，比年初上升0.06个百分点，全辖区不良贷款仍维持在较低水平。

【法人银行业机构监管】 2017年，上杭县银监办结合上杭实际，对辖区两家农村中小金融机构开展监管工作。对上杭农商银行和上杭中成村镇银行开展2016年监管评级以及高管履职评价。开展上杭农商银行、上杭中成村镇银行和外部审计机构“三方会谈”，向外部审计机构提出审计建议、审计重点。对上杭农商银行和上杭中成村镇银行2016年经营情况进行总体评价，针对经营中突出和潜在的问题提出相应监管意见。列席上杭农商银行、上杭中成村镇银行两家法人机构董事会、股东大会和监事会，听取经营情况汇报，审查相关议题。督促上杭农商行抑制高分红，提足贷款损失准备，增加利润留存，提高损失消化能力，持续补充资本，做到损失类贷款“应核尽核”。

【银行业安全监管】 2017年，上杭县银监办开展系列银行业监管相关工作。审核上报非现场监管1104系列报表，及时发现苗头性、倾向性问题，对相关机构作出监管提示。配合上级开展银行业机构两节期间安全检查工作以及对法人银行机构信息科技风险评级检查工作。规范辖内商品房按揭贷款业务。针对某楼盘开盘在即，各行在按揭贷款业务出现的苗头性问题，及时约谈银行业协会负责人，要求各行规范办理商品房按揭贷款业务。配合县法院出台《关于上杭县联合惩戒失信被执行人实施方案》,构建跨部门、跨领域的信用监督、警示和惩戒工作体制机制。同时,督促银行业机构密切关注法院联动执行失信案件,主动加强工作沟通。配合县政府做好全县行政事业单位银行账户管理相关工作。配合县处理非法集资办公室开展涉嫌非法集资风险隐患排查相关工作,与县金融办协作开展“打击和处置非法集资”及“金融知识”宣传活动。开展银行业机构营业场所理财专区“双录”(录音、录像)情况检查工作,督促各银行业机构切实履行消费者权益保护主体责任,加强员工行为管理,保障金融消费者知情权和财产安全,稳妥处置相关银行业机构客户因购买理财产品导致亏损信访事件,并持续跟踪关注后续情况。组织银行业机构开展“金融知识进万家”宣传服务月活动。通过银行业机构网点宣传、上街宣传咨询、进校园、进社区、进企业宣传服务等形式,全辖区 49 个银行业网点参与宣传,活动参与度和覆盖面 100%,举办集中活动宣传 9 场,发放宣传资料 3 万余份,电子显示屏播放宣传标语 147 条,发送短信、微信 3 万余条,宣传服务受众 10 万余人。

■ 工商银行

【概况】 2017 年,中国工商银行股份有限公司上杭支公司(简称县工行)本外币各项存款余额 21.15 亿元,比年初增加 3.24 万元;其中储蓄存款 10.12 亿元,比年初增加 5667 万元;公司存款 5.86 亿元,比年初增加 21599 万元;机构存款 5.06 亿元,比年初增加 5112 万元;保证金存款 1100 万元,比年初增加 39 万元。各项贷款余额 29.68 亿元,比年初增加 7.31 亿元;其中公司贷款 24.39 亿元,比年初增加 6.66 亿元;个人贷款 5.29 亿元,比年初增加 6508 万元。受国内经济增速放缓,企业经营困难、房地产发展趋势不明朗和部分借款人涉及民间借贷等影响,不良贷款比年初略有增加,但资产质量继续保持良好,贷款不良率仍然较低。至 2017 年年末,不良贷款余额 3277 万元,比年初增加 968 万元,占贷款总额的 1.1%。

是年,坚持以增加效益为要旨,挖掘新的利润增长点,多措施提高中间业务收入。全年实现中间业务收入 3769 万元,实现拔备前利润(是指尚未扣除风险准备金的利润,它等于净利润与风险准备金之和)11284 万元,净利润 7236 万元,完成上级行下达的序时任务。

【存款业务】 2017 年,上杭县工行持续狠抓存款不放松,全力以赴争夺市场份额。开展扫街拓户活动。要求员工改变坐等客户上门的想法,强化“走出去营销”战略,提升工行存款市场份额。锁定当年政府新建项目和财政专项拨款目标客户,有重点地展开营销攻势。实施拓户工程,寻找存款增长点,指定专人不定期走访工商局、招商局、铜业局、工业开发区等,动员新建企业落户工行;由支行行长亲自负责维护和走访紫金财务公司等对工行存款贡献度高的核心优质客户,为他们提供全方位服务,提高客户信赖度和综合贡献度。大力营销拆迁户存款。将拆迁户逐户分解给员工,支行领导和客户经理多次到拆迁重点村和拆迁办走访营销,既为工行储蓄存款的增长奠定良好的基础,又为营销工行网上银行、手机银行、工银 e 支付、工行融 e 购、工银 e 生活和信用卡等产品,提供良好的契机。重视存管通业务的推动工作。为促进第三方存管资金回流,提高工行个人客户存款留存率,促进日均存款稳定增长,要求每个员工特别是客户经理熟练掌握存管通业务的操作流程和营销技巧,在朋友圈内转发“存管通”宣传资料;将日均资产超过 5 万元的优质客户列为存管通目标客户,采取多项措施开展精准营销,建立营销台账和客户回访工作,提高客户签约率;同时指派专人到证券公司,推介工行存管通业务,并要求员工在营销第三方存管时同时请客户签订存管通协议。对金融资产 5 万元~20 万元间客户,指定客户经理进行回访;对金融资产 20 万元~100 万元间的中端客户,由支行主管行长负责回访,并由具备 AFP 资格的理财客户经理提供理财服务;对金融资产 100 万元以上的高端客户,由支行行长直接负责维护,并由贵宾中心具备 AFP 资格的理财客户经理提供一对一专家理财服务。

【贷款营销业务】 2017 年,上杭县工行灵活运用黄金租赁、进口信用证和票据贴现等金融产品竭诚为重点企业提供全方位服务,努力解决其资金需求。全年营销办理紫金矿业集团公司黄金租赁业务 22 亿元、并购贷款 9 亿元、银行承兑汇票 3374 万元、贴现 8421 万元和中期流动资金贷款 4000 万美元。深入开展“大联动、大营销”活动,支持县工业园区和蛟洋工业区落户企业金融需求,继续加大对小微企业贷款支持力度。强化信贷风险管控,打好不良贷款压降攻坚战。要求管户客户经理每月至少下企业 2 次,及时了解企业应收账款的收回和存货积压情况,加强企业财务分析和资金回笼监督,对存贷比小于 10%的裸贷企业尽可能追加增信措施,签订三方账户监管协议和新增房地产抵押等。通过走访人民法院和借款企业法人代表的朋友等及时了解企业民间融资情况,实现早预警,防止借款企业过度融资导致资金链断裂而使工行正常贷款或表外融资出现潜在风险。对到期贷款需要通过再融资等转化方式化解的，要求管户经理提前一个月确定工作预案，留出工作开展时间，创造条件化解风险。根据剪刀差产生的实际情况，制订相应的信贷管控措施，持续监控跟进风险转化进度，防止剪刀差最终劣变为不良贷款。

【国际业务营销】 2017年，上杭县工行采取稳定重点目标客户和拓展新增业务资源等多项措施，国际业务多项核心指标名列龙岩工行第一。全年累计办理国际结算59119万美元，占龙岩工行的77.02%；办理国际贸易融资业务29133万美元，占龙岩工行的99.96%；实现外汇中间业务收入1182万元，占龙岩工行的84.42%，上述指标连续12个月名列龙岩工行第一。

【票据融资业务】 2017年，上杭县工行为适应国内经济增速放缓新常态，以票据融资业务为突破口，抓大不放小，取得明显成效，全年累计办理票据融资业务36934亿元，完成上级行下达序时任务的291.15%，名列龙岩工行前列。

【银行卡和私人银行业务】 银行卡业务　2017年，上杭县工行将辖内行政事业单位和企业单位分配给4个营销小组，由支行领导亲自带队分批进行精细化、地毯式营销，以营销信用卡发卡、二维码商户拓展和信用卡分期为主线，联动营销企业存贷款、机构存款、融e联和代发工资等业务。全年发行信用卡3463张，名列龙岩工行第一。

私人银行业务　围绕个金业务目标任务，拓展私人银行业务。全年新签约私银客户24户，至年底签约私银客户127户，私银理财产品余额36693万元，比年初增加8411万元，余额和增量均位居龙岩工行第一。

2017年6月5日，上杭农行与县供销社举行"农行+供销社服务农户贷款合作签约仪式，推出"农行+供销社"模式贷款支持"三农　（县农业银行供稿）

■ 农业银行

【概况】 2017年，中国农业银行上杭县支行（简称县农行）强党建，抓发展，补短板，提质量，控风险，各项工作保持良好发展势头，全年综合绩效考核居全市农行第一。至年底，本外币各项存款余额33.13亿元，比年初净增4.45亿元，存量、增量市场份额分别为45.06%和53.11%，居"四行"第一。本外币各项贷款余额27.56亿元，比年初净增4.44亿元，人民币贷款余额24.46亿元，比年初净增7.82亿元。

【农行支持县域经济发展】 2017年，上杭县农行支持民生工程，对县城市建设发展有限公司建设路（东侧）道路改造安置小区项目发放贷款1.25亿元，支持妥善解决被拆迁群众安置问题；对福建省古蛟实业集团有限公司新增发放贷款1亿元，支持中共龙岩市委党校搬迁项目，带动红色文化资源、培训教育和生态旅游产业的发展；为梅花山索道项目授信8000万元，全年发放贷款6500万元，助力步云国家生态旅游示范区提升工程；支持紫金矿业最大股东闽西兴杭国有资产投资经营有限公司短期流动资金贷款2亿元，解决公司资金周转需求；对瓮福化工、清景铜箔、瓮福贸易、金怡矿业、优创油脂、盛先纺织、三高青梅等11家小微企业发放贷款3.05亿元，解决企业流动资金需求；支持紫金矿业、铜业等重点金铜企业发展，全年为紫金矿业办理黄金租赁11.5吨，折人民币31.89亿元，为紫金铜业有限公司开立信用证36046.40万美元，支持紫金矿业流动资金贷款5亿元，瓮福紫金流动资金1亿元，为紫金矿业、铜业办理内保外贷、开立涉外信用证等业务支持企业走出去，拓展国外市场。

【农行服务"三农"】 2017年，上杭县农行通过创新模式，着力解决农户担保难问题，支持新型农业经营主体。发放"农行+供销社"贷款35笔，535万元；与县政府、保险公司沟通商议，签订"政银保"农业小额贷款保证保险业务合作协议；办理农民住房财产权抵押贷款3659万元；8月，举办新型农业经营主体培训班，邀请农业专家对全县30名新型农民进行业务培训；支持烟农烤烟种植，上线金穗快农贷业务，系统实现自动审查审批

2017年8月22日，农行龙岩分行在上杭农行举办新型农业经营主体培训，邀请农业局专家为各乡镇新型职业农民上课，提高新型农民种养殖经营管理能力和水平　　（县农业银行供稿）

烟农信用贷款，快捷方便，利率低、免担保等优惠政策，为烟农降低成本，减轻负担。全年发放烟农贷款163笔，金额842万元。

【金融精准扶贫】 2017年，上杭县农行以建档立卡贫困户为重点对象，做到扶持对象、项目扶持、措施到户、服务方式、扶贫成效“五个精准”，取得明显成效。至年底，投放建档立卡贫困户贷款103笔，金额356.8万元，对挂钩帮扶的茶地镇久泰、千龙两村20户贫困户落实挂钩人员，分解帮扶任务，按季入户走访帮扶，每名挂钩人员向各自挂钩帮扶的贫困户给予资助资金2500元，对挂钩帮扶的茶地镇官山村给予帮扶资金1万元。

■ 中国银行

【概况】 2017年，中国银行股份有限公司上杭支行（简称上杭中行），各项存款余额11.31亿元，比上年末增加5.12亿元；外币存款折合美元518万美元，比上年末减少175万美元；各项贷款余额7.32亿元，比上年增加9788万元，其中公司贷款余额48011万元，比上年末减少2870万元，零售贷款余额14189万元，比上年末增加6347万元，不良贷款余额104.29万元，不良率为0.14%，比上年末增加0.16个百分点，在2017年全辖年终绩效考评中排名第三。

【存贷业务】 公司业务　2017年，上杭中行拓展公司存贷款业务，稳定存贷款客户，取得良好业绩。某项公司存款较上年增长近1亿元；通过办理黄金租赁业务增加表外理财存款1.37亿元；同业存款新增3.26亿元；2017年累计远期购汇2.9亿港币；2017年累计办理贴现业务10452.92万元。

个人金融业务　2017年新增6家代发薪企业办理代发业务，有效带动基础客户群的增长；通过对碧桂园等楼盘按揭工作的营销，新增按揭贷款金额7000余万元，截至12月末累计投放3594万余元，贷款余额超1.1亿元。通过拓展二手房市场，二手房业务初见成效，与县域较为大型二手房中介建立合作关系，填补近年来上杭支行二手房按揭业务的空白。通过加强同二手房中介走访力度，全年累计新增贷款金额1000余万元。

个贷业务　通过二手房贷业务的增长，带动有效客户的增长；通过交叉营销，带动电子银行、短信通等相关产品增长，增强客户黏性。拓展基础客户群，走访县行政事业单位，介绍中银E贷、爱家分期、易达钱等优势产品，提高基础客户群；全年专项分期合计投放1570万元，较2016年新增655万元，增长率72%，其中车位分期388万元，汽车分期141万元，爱家分期1041万元。

■ 建设银行

【概况】 2017年，中国建设银行股份有限公司上杭支行（简称县建行）贯彻落实省、市建设银行工作会议精神，以夯实客户基础为保障，以培育团队精神为支撑，强化风险管理为基础，推动各项业务的稳健发展。至年底，一般性存款余额118797万元，比年初负增长3551万元；其中对公存款余额48167万元，比年初负增长4502万元，储蓄存款余额70630万元，比年初新增951万元。各项贷款余额192177万元，比年初新增83367万元。个人贷款余额68659万元。做强黄金租借，加强汽车分期、装修分期、账单分期、现金分期和分期通的营销力度。2017年，中间业务收入快速增长，全年实现中间业务收入6441万元，同比增长2492万元，收入总量和完成率全市排名第1位。

【支持企业发展】 2017年，上杭县建行支持大中型客户发展，重点支持紫金矿业集团、上杭闽西兴杭国有资产投资经营有限公司相关子公司、上杭县2017年重点项目、上杭建筑企业。大力支持中小企业客户发展，利用“助保贷”“速贷通”“小微企业快贷”“善融贷”“云税贷”“税易贷”“pos贷”等平台，发放贷款。全年完成授信业务63笔，金额7.03亿元。全年发放各项自营性贷款4252笔，发放金额13.1亿元，各项贷款余额17.18亿元，比年初新增6.3亿元，其中对公贷款发放73笔，发放金额11.14亿元，余额12.35亿元，比年初新增5.76亿元；发放个人类贷款4179笔，发放金额1.96亿元，余额4.83亿元，比年初增加0.54亿元；发放委托个人住房贷款219笔，发放金额0.6亿元，余额3.05亿元。

■ 农商银行

【概况】 2017年，上杭农商银行（简称县农商行）坚持“服务三农，助力小微、造福民生”经营宗旨，坚持稳中求进，保持各项业务持续健康发展态势。截至年底，县农商行各项存款106.51亿元，市场份额50.9%；各项贷款46.28亿元，市场份额31.8%，贷款总量、份额均居上杭县银行业第一。支农支小贷款占上杭县90%以上，人均创利达174.23万元，排名福建省农信系统第一。全年缴纳各类税费1.29亿元，成为上杭纳税大户，龙岩市纳税前20强，社会贡献度不断提升，被评为龙岩市2017年度服务业“十强”企业、上杭县2017年度金融服务地方经济发展优秀单位。

【支农支小】 准确定位持续支农 2017年，上杭县农商行大力拓展支农范围，支持农业结构调整优化，推进设施农业等现代农业项目实施，创新推出免担保“家庭信用贷”“小额扶贫贷”“安居贷”、自助循环贷款、普惠金融卡和农E贷等支农金融产品。截至年底，发放农户贷款2.99万户，涉农贷款余额达39.91亿元；发放家庭信用贷款2446户，金额1.35亿元；发放农E贷8073笔，金额2.58亿元；办理普惠金融卡19924张，授信13.19亿元。贷款客户比年初增加9537户，有效提升金融服务覆盖率。

2017年8月，上杭农商银行慈善助学仪式举行 （县农商行供稿）

积极主动全力支小 是年，县农商行围绕县政府确定的经济发展主攻方向，加大对实体经济、小微企业的金融支持，调整优化信贷投向，扶持建筑、矿冶和加工制造等重点企业、支柱产业、特色农业、工业园区和城镇建设等，实现与县域经济同生共长。特别是为建筑企业量身定做投标保函、保证金保函、履约保函、银行汇票、存款资信证明和最高额授信贷款等特色业务。响应县委、县政府打造上杭千亿建筑产业号召，加大对绿色建筑产业扶持，适时推出手续简、资费低、时效快、信誉高“助建保”业务，形成“多层次、广覆盖、可持续”的金融产品服务模式。截至年底，对接各类企事业单位120多家，发放小微企业贷款余额18.71亿元。

持续开展信用创建 年内，县农商行全力打造以信用户、信用村、信用乡镇为主要内容的农村信用工程。共创建信用村312个，占上杭县行政村数的90.7%，创建信用乡镇20个，占上杭县乡镇数的90.91%。每年给信用村农户1500多万元贷款利息优惠，让农民得到实惠，营造良好信用环境。

【普惠金融】 着力精准建档 2017年，上杭县农商行打造普惠金融，把客户精准建档作为2017年中心工作之一，组织员工利用清早、傍晚和晚上时间走村入户建档授信，让“好信用建好档案，建好档案好贷款”理念深入人心，让“贷款像存款一样方便”。截至年底，精准建档户数达57481户，为推进“振兴乡村”战略打下坚实基础。

推动脱贫攻坚 是年，县农商行，对全县7298户19926名贫困人员进行建档立卡，推出“小额扶贫贷”专项产品，全力推进脱贫攻坚。全年发放扶贫小额贷款2289户，金额6448万元，占上杭县扶贫小额贷款总量的96%，有效帮助贫困户发展生产、增收脱贫。

【服务民生】 服务免费 2017年，上杭县农商行全力打造民生金融，通过农户资金代理发放平台免费发放政府、民生类所有惠农资金，每年免收办理社保卡、领取社保金、缴交医保和各类补助各类手续费用700多万元；完成上杭县40多万张社保卡采购、制发卡等各项工作，免费为全县各医院、卫生院、配置社保卡读卡器837台；全县乡村327个小额支付便民点免费为农户办理存取款业务，方便群众，节省支出，得到群众欢迎。全年代收2018年医保费，385717笔，金额6942.9万元，完成上杭县医保缴费任务。

扶弱助困　为促进社会和谐，做好生源地信用助学贷款，开展下岗人员失业小额贷款，满足妇女创业、青年自主创业、大学生自谋职业、下岗失业人员再就业贷款需求。截至年底，累计发放生源地信用助学贷款5312笔、金额2502万元，支持2301名贫困学子圆大学之梦；发放下岗失业人员、妇女创业和青年创业等民生类贷款4155笔，金额2.1亿元。

邮储银行

【概况】　2017年，中国邮政储蓄银行股份有限公司上杭县支行（简称县邮储银行）围绕稳中求进、创新求变、转型升级的总基调，实现健康较快发展。至年底各项存款余额15.97亿元，比增1.01亿元；各项贷款余额6.56亿元，比增2.09亿元，涉农贷款余额3.65亿元，实现“两个不低于”（涉农和小微企业贷款实现“两个不低于”即：对于涉农和小企业信贷投放，增速不低于全部贷款增速，增量不低于上年），资产质量优良。

【支持“三农”发展】　2017年，上杭县邮储银行，设立“三农”事业部，坚持“两小”（小额贷款和小企业贷款业务）策略，持续加大对家庭农场、专业大户、农民专业合作社等新型农业经营主体的支持，全年投放涉农贷款1800多笔，金额2.57亿元，覆盖全县22个乡镇，90%的行政村。建立信用合作村9个，发放贷款229户，涉贷金额2015万元。

兴业银行

【概况】　2017年，兴业银行上杭支行（简称兴业支行）坚持“真诚服务，相伴成长”的经营理念，致力于为客户提供全面、优质、高效的金融服务，坚持走差异化发展道路，经营实力不断增强。至年底，兴业支行各项存款余额15.22亿元，各项贷款余额7.06亿元。

【金融创新助力经济发展】　2017年，上杭县兴业支行通过金融创新、贷款资源倾斜等方式加大与闽西兴杭国有资产投资有限公司、上杭工贸实业发展有限公司等企业的战略合作。6月，与紫金矿业合作第一笔FICC业务。为闽西兴杭国有资产投资有限公司办理6.3亿元股票定增业务。加大对上杭支柱特色产业——建筑行业的贷款支持力度，向分行上报建筑业集群式营销方案，先后为登凯成龙、福鑫矿业、金杭市政、宏庄建筑、丰田建筑、顺天亿建设等企业提供贷款，助力上杭民营企业发展。落实“重心下沉”客户策略，培育发展小微企业。兴业支行依托链式营销、集群营销模式为小微企业解决融资难问题，针对小微企业融资需求“短、小、频、急”特点，创新融资和担保方式，推出易速贷、连连贷及简捷贷，加大对业务主线清晰，经营平稳或现金流稳定的小微企业信贷投放力度。

是年，兴业支行深入社区街道，了解群众金融需求，不断强化自身服务能力，坚持做深做透市场服务，做强做实零售业务。为各阶层群众提供量身定制的个人信贷、支付结算、理财增值等服务，办理包括退休人员养老金直发、代发工资、“安愉人生”养老金融服务等业务。11月7日，支行联合县老年大学旗袍班在紫金公园举办“旗袍秋韵”摄影秀活动。

中成村镇银行

【概况】　2017年，上杭中成村镇银行股份有限公司（简称“上杭中成村行”）围绕“支农支小、小额分散”经营理念，把合规经营、增收节支、防控风险作为重要抓手，在产品、渠道、营销、服务、授信、风控、机制等方面创新优化，推动各项业务持续健康发展。至年底，各项存款余额1.62亿元，比增22.42%；贷款余额1.76亿

2017年9月13日，上杭县中成村镇银行上街开展金融知识普及宣传活动

（县中成村镇银行供稿）

元,比增22.79%。被母行(成都农商银行)表彰为先进集体。

【支持"三农"与小微企业】 2017年,上杭中成村行坚持支持"三农"发展,助力"小微"经营,继续力推"移民创业贷款""农民住房财产权抵押贷款""薪酬通""资质通"等受客户欢迎产品的基础上,持续加大产品创新力度,与县供销社合作,推出"供销惠农贷"产品,支持农民专业合作社社员、家庭农场、种养大户、农副产品加工和流通企业以及从事电子商务的其他涉农企业和商户;推出"上杭县稔田镇红肉蜜柚种植贷""上杭县下都镇沙田柚种植贷""上杭县养鸡贷"等多项批量业务,支持种养殖户经营和发展。全年涉农贷款占比全部贷款比例98.64%,小微企业贷款占比全部贷款比例87.44%,实现涉农贷款增速不低于各项贷款平均增速及小微企业贷款增速、户数、申贷获得率"三个不低于",促进农业增效。

■ 人保财险

【概况】 2017年,中国人民财产保险股份有限公司上杭支公司(简称县人保财险)继续发挥保险保障职能,创新推进非车险和农业保险工作,为探索构建完善社会保障体系、促进县域经济发展和社会稳定起到较为积极的作用。全年完成保费收入10637万元,规模排名龙岩市第二,县域第一;其中,车险完成5485万元;非车险完成2058万元。全年累计赔款4887万元,缴纳税收1207万元。

【车险业务】 2017年,上杭县人保财险整合财务、人力、理赔资源,发挥有限资源的乘数效应,应对二次商车费改,强化车险龙头地位,全年实现车险保费5485万元,同比增长1.46%。其中新车保费740万元,非新车保费4745万元。

【非车险业务】 2017年,上杭县人保财险拓展3个非车险新增项目,合计实现新增保费71.46万元。新开办环境污染责任险,实现保费收入19.64万元。全年实现非车险保费收入2058万元,占总体业务的19.35%。

【险种业务创新】 2017年,上杭县人保财险率先在龙岩市办理农房叠加保险承保工作。同时,完成全县18个乡镇的生猪价格指数保险承保工作,实现保费收入261.41万元,基本实现全县覆盖。11月21日,县人保财险率先在龙岩市开展新型农业保险试点工作,签下全市蔬菜价格指数保险的第一张保单,保费收入2.25万元。至年底,合计完成蔬菜价格指数保险保费收入5.39万元。

【"三农"保险业务】 2017年,上杭县人保财险率先在龙岩市办理农房叠加保险承保工作。同时,完成全县18个乡镇的生猪价格指数保险承保工作。利用龙岩市政府在"三农"综合保险中对建档立卡贫困户提高补贴的优惠政策,动员有条件乡镇为贫困户统保务工险,全年14个乡镇为建档立卡贫困户统保务工险,实现贫困户统保务工险保费69.38万元。至年底,人保财险农险完成保费收入3094万元,同比增长23.38%。

是年,县人保财险获评集团公司"农村保险先进单位"福建省公司经营管理先进单位一等奖、福建省公司2017年度创新项目成果一等奖,龙岩市分公司经营管理先进单位三等奖以及龙岩市分公司农险工作先进集体。

■ 人寿保险

【概况】 2017年,中国人寿保险股份有限公司上杭县支公司(简称中国人寿保险上杭支公司)坚持"系统先进、市场领先、队伍壮大、基础扎实、风险可控"的发展目标,以党的建设和转型升级为统领,奋力争先,砥砺前行,全年实现股份总保费1.58亿元,比增28.63%,其中长险首年期交保费4066.8万元,比增37.36%,完成率96.35%;10年期以上期交保费2303.91万元,比增23.41%,完成率91.24%;长险首年标准保费1958.21万元,比增38.53%,完成率87.46%;短期险保费1533.81万元,比增35.62%,完成率110.03%。该公司全年新增860人,年末总人力超过730

中国人寿保险公司上杭支公司(2017年摄) (县人保公司供稿)

人。2017年,赔案件数2378件,赔案金额1040.64万元,增22.12%。

【个险销售业务】 2017年,中国人寿保险上杭支公司个险渠道明确职场经营责任人,强化职场自主经营,增强市场竞争力和应变能力,提升职场产能,逐步由内勤包揽向内勤指导和督导、外勤主管主导、内外勤联动的方式转变,产生两个百人团队。全年实现长险首年期交保费3459万元,比增37%,完成率98.6%;10年期以上保费2120万元,完成率92.17%,比增24%。全年实现新增人力773人。

【团险销售业务】 2017年,中国人寿保险上杭支公司团险渠道用心运作学生险、计生险、紫金业务等,拓宽业务来源,改善业务结构,壮大业务总量,降低经营风险,全年实现短期险保费969万元。其中,学生险保持与教委良好的合作关系,收取保费387.75万元;计生险政府采取招投标形式确定承保公司,中国人寿上杭支公司在标书制作上展现实力,收取保费74.8万元;与紫金矿业集团合作,为其提供全方位的服务支持,全年实现保费83.25万元;小额借意险重点加强沟通协调,在工行、村镇银行渠道加大拓展力度,全年实现借意险保费94.31万元。

【银保销售业务】 2017年,中国人寿保险上杭支公司银保渠道落实"一体化营销"策略,以期交业务的拓展为核心,坚持渠道经营和自销发展并举,落实工作目标,制订实施计划,推进劳动业务竞赛,实现长险首年期交保费607.8万元,比增42.74%,完成率91.26%,其中10年期以上期交保费203.96万元,比增21.67%,完成率90.23%。全年累计增员81人,人员队伍较上年比增1倍。

■ 兴业证券

【概况】 兴业证券上杭二环路证券营业部借助公司多元化业务平台,全力参与上杭县经济社会发展。截至2017年,累计实现托管资产约230亿元,客户1.5万户,全年缴纳各项税费3130万元。

【投融资服务】 2017年,兴业证券上杭二环路营业部竭诚为企业提供投融资服务,通过资本市场渠道为企业解决资金需求和股票托管需求。推动紫金矿业定向增发项目,托管员工持股计划资产4.5亿元;引进康尼机电6个股东限售股权,托管资产约3亿元;为宏大爆破股东提供融资贷款3500万元。

【风险投资教育】 2017年,兴业证券上杭二环路证券营业部开展投资者教育活动,为百姓提供风险投资教育。邀请基金公司经理、民间投资高手、公司内部投资顾问等,举办与投资者交流沙龙31场次;深入社区、老年大学、运动协会等开展投资者适当性管理主题讲座8场次;协助县金融办深入临江镇、临城镇等7个乡镇,进行防范非法集资活动宣讲7场次。通过形式多样的投资者教育活动,向公众普及金融知识和防范风险的意识。

■ 华福证券

【概况】 2017年,华福证券有限责任公司上杭北环路证券营业部围绕"诚信专业,创造价值"的经营宗旨,坚持"规范经营,稳健发展"的经营理念,全年营业部实现营业收入877.61万元,缴纳税收105.94万元。

华福证券于2008年4月在上杭设立营业部。其经营范围为证券经纪;证券投资咨询;与证券交易、证券投资活动有关的财务顾问;融资融券;证券投资基金代销;为期货公司提供中间介绍业务;代销金融产品;证券资产管理业务项目的推介和承揽;证券承销与保荐业务项目的推介和承揽。

【投资者教育】 2017年,华福证券有限责任公司上杭北环路证券营业部开展形式多样、内容丰富的投资者教育活动,强化投资者的证券投资安全意识,提高投资者专业知识水平和风险防范意识,防范非法证券活动发生;利用"3·15"国际消费者权益日,营业部在居民集中地方开展以"3·15理性投资,从我做起"为主题的专项活动。通过邀约投资者到营业部开展投资理财沙龙讲座,提高投资者的专业知识水平。营业部每月通过街头展业的形式,发放宣传证券折页、展示投教基地原创主题海报,并就居民们关心的投资问题进行解答。

责任编辑: 孔敏慧

城乡规划建设

■ 城乡规划

【城市规划与管理】 2017年，上杭县城市规划有序推进。3月30日，《上杭县城总体规划（2015—2030年）》在龙岩市规划委员会2017年度第二次规划委员会审议通过，9月13日经龙岩市人民政府以龙政综〔2017〕174号正式批复。加快《汀江两岸城市设计》《城市景观风貌专项规划》《老城区更新发展规划》《道路系统专项规划》等专项规划编制；4月1日、7月13日、10月27日分别召开规划委员会第一次、第二次、第三次会议，审议《上杭城区十五分钟社区生活圈》《景观风貌专项规划》等36个议题（包括规划、设计、选址、可研事项）。

是年，严格执行规划管理制度。按照《上杭县城市规划区危险住房处置管理办法（试行）》，规范城区危房改建审批，严格危旧房改造审批，全年受理2批次，经现场踏看及联审通过审批22户；出台并实施《上杭县城市规划区经审批超高超层建设违章历史遗留问题处置意见》，全年受理并办结5户；严格执行"一书二证"规划管理制度，深化建设项目公示制度。完成项目审定方案通知书30个，审定规划用地面积约40万平方米；出具用地规划红线图、用地规划红线图及设计条件通知书共95份，用地面积约450平方米。2017年县城规划区内核发《建设选址意见书》17件，选址用地面积22.08万平方米；核发《建设项目用地规划许可证》24件，用地面积162.12万平方米；核发《建设工程规划许可证》16件，建筑规模11.48万平方米。在核发的各种规划许可中，按县政府批复规划执行，确保各项规划顺利实施。

【城市规划测绘】 2017年，上杭县完成城区地形图修测6.4平方千米，主要县城规划区周边区域1:500地形图修补测；完成城区建设项目规划放样、核样13个。

【新农村规划建设】 2017年，上杭县在全县乡镇、村规划全覆盖的基础上，优化、提升往年比较早期编制规划，完成旧县镇总体规划修编、南阳镇核心区控制性详细规划和道路工程等专项规划并经县政府批复实施，启动蛟洋镇总体规划修编和中都兴坊、罗溪、田背3个中国传统村落保护规划工作。2017年县实施省级"千村整治、百村示范"环境综合整治17个村、市级"美丽乡村三年行动计划"21个村，共实施228个整治项目，涌现出一批如旧县镇兰田村、才溪镇溪北村等环境整洁、自然生态和富有地域特色的宜居村庄。扶持古田镇历

2017年上杭城区全景 （县城乡规划建设局供稿）

史文化名镇、古田红色小镇建设;组织申报历史文化名镇、传统村落命名。农村危房改造工作有力推进,上级下达2017年度危改任务875户全面完成并全额下拨补助资金,危改工作得到住建部和省、市住建部门的肯定。在全市率先实现乡镇生活污水处理厂、垃圾转运站建成"全覆盖"。2017春节前,完成乡镇生活污水处理厂、垃圾转运站建设任务,在全市率先探索通过公开招投标方式推进乡镇生活污水处理厂第三方运营,以农户三格化粪池为主要内容的村庄污水治理全面推行。蓝溪镇沈田村实行"路长制"落实垃圾治理责任制;太拔镇、蛟洋镇分别采用低温裂解、高温热解处理技术,建成全市首例就地减量化生活垃圾处理站3座。

■ 城乡建设

【城市基础设施建设】 2017年,上杭县城市基础设施建设投入12.86亿元(固定资产投资数据),组织实施汀江绿道建设工程、潭头大桥及其连接线工程、江滨中路道路改造工程、人民路西段道路改造工程、西北片区污水整治工程(一期)、罗星塔公园建设工程、石壁寨登山步道提升改造工程、杭光路道路建设工程、振兴路、振兴东路道路改造工程、二环路东段及杭永路白改黑工程、建设路南段东侧道路及交叉口改造工程、建设路西侧供水管网改造工程、江滨西路滨水景观提升改造工程、城区公共自行车建设工程等项目。

汀江绿道建设工程　该项目建设起点为临城镇九洲村,沿汀江两岸建设至庐丰摩陀寨,全长约60千米,全线涉及5个乡镇130余个村,至2017年底实施九洲至丰竹湾大桥,全长约35千米,绿道宽度5米,其中3米为自行车道,2米为人行道,彩色沥青路面,2017年完成投资额2.8亿元。

潭头大桥及其连接线工程　该项目为PPP项目(Public—Private—Partnership的字母缩写,是指政府与私人组织之间,为了合作建设城市基础设施项目,或是为了提供某种公共物品和服务,以特许权协议为基础,彼此之间形成一种伙伴式的合作关系,并通过签署合同来明确双方的权利和义务,以确保合作的顺利完成,最终使合作各方达到比预期单独行动更为有利的结果),于2017年6月开工建设,实施桩基工程,项目总投资额3.8亿元。

江滨中路道路改造工程　该道路西起思源阁、东至东二环路交叉口,全长1.8千米,宽度12米,实施主路面沥青化、自行车道和人行道建设,同时对瓦子街交叉口、和平路交叉口、东环路交叉口实施顶管雨污分流,总投资约2200万元。

人民路西段道路改造工程　该道路西起西环路、东至建设路交叉口,全长约460米,宽度18米,主路面沥青化,人行道铺设透水砖,雨污分流,强弱电下地,路灯改造、绿化及交通通信标志标线工程,总投资约800万元。

西北片区污水整治工程　该项目北起二环路,南至汀江,全长约3.6千米,铺设DN800、DN1000污水管网,对丰山溪及周边污水进行全面收集至汀江北侧污水主干管,做到雨污分流,总投资额约3000万元。

罗星塔公园建设工程　该项目位于抚坡桥南侧罗星塔周边,实施游步道、自行车道及休闲公园建设及停车场建设工程,至2017年完成全部投资约5000万元(含征迁费用)。

石壁寨登山步道提升改造工程　该项目位于客家缘文化中心西南侧,建设2千米登山步道和1千米步行道,配套建设主次入口、小景观节点、停车场、公厕、绿化补植、智能安防系统等工程,至2017年完成全部投资约1500万元。

杭光路道路建设工程　该项目起于龙翔大道、东至上杭大道(建设南路),全长约1100米,城市主干路设计,宽36米,双向六车道,主路面铺设沥青,雨污分流、强弱电下地、照明、绿化及交通工程,总投资约3500万元。

振兴路、振兴东路道路改造工程　该道路全长2.45千米,宽度18米、24米,实施主路面铺设沥青,人行道铺设透水砖、雨污分流、强弱电下地、照明、绿化及交通工程,总投资额约3600万元。

二环路东段及杭永路道路白改黑工程　二环路东段白改黑工程西起上杭大道,东至紫金路;杭永路白

2017年底,上杭汀江绿道建成　　(县城乡规划建设局供稿)

改黑工程北起振兴路交叉口，南至黄竹大桥北桥台，全长约4千米，实施主路面、非机动车道铺设沥青，实施完善部分雨污分流、非机动车道及人行道，总投资约4000万元。

建设路南段东侧道路及交叉口改造工程　2017年，对建设路（人民路至解放路）东侧道路及解放路交叉口进行提升改造，实施雨污分流、非机动车道、人行道改造，照明、绿化及交通工程，至2017年完成全部投资约1500万元。

建设路西侧供水管网改造工程　该项目北起北环路，南至解放路，实施原老城区东西走向的主排水沟改造，铺设DN800自来水管和人行道铺设透水砖，总投资额约400万元。

江滨西路滨水景观提升改造工程　该项目东起南门大桥，西至西环路，实施滨水景观建设，自行车道、游步道、停车场和休闲公园建设，总投资额约3000万元。

城区公共自行车建设工程　2017年，完成北环路街心花园、第二实验小学、紫金路天和国际公馆、和平路、江滨路人民广场、东方花园、江滨西路安阑桥、北环路街心公园、杭永路紫金公园等公共自行车站点36个，共750个桩点，投放公共自行车600辆，总投资约500万元。

【市政维护管理】　2017年，上杭县指派专人负责管理、完善上杭县市政地下管线信息系统，有效减少盲目施工、破路现象，确保道路开挖安全、有序。全年完成上杭县数字城管委派案件843件，做好文明县城创建公共文明指数测评准备工作，会同县道路安全办、交管大队对城区车流量大以及学校周边路段的停车位、交通标识、标线和安全设施进行排查和维护。

是年，零星市政工程维护作业项目进行县内企业公开招标。零星市政工程维护作业工程经费（2017年2月至2017年12月）投入284.69万元。其中，交通标志标线及指示牌的维护与设立89万元；道路及设施养护维修195.69万元。道路及设施养护维修方面包括养护巡查2520千米，计4.03万元；城市排水设施管理与养护71.84万元，其中，清理雨水井943个、清理沉砂池409个，计10.56万元；清理城区雨污管沟15320米，61.28万元；全年更换县城区道路各类损坏井盖、板盖217个，更换损坏雨水箅48个，计18.73万元；修复破损路面约5140平方米，57.14万元；修复破损人行道透水砖198平方米、彩砖209平方米、火烧板856平方米，共计38.94万元；修复破损路缘石324平方米，5.01万元。

【城市公共服务】　天然气建设　2017年，上杭县天然气散户总开户数1400户，实际散户安装完成1000户。完成工商业用户45户，完成庭院管6411米。完成主干管10377米。

城区垃圾处理等设施建设　是年，县城区11月新增清扫保洁面积约240万平方米，日清扫保洁面积375.8万平方米，全年城区收集清运生活垃圾3.9万吨。县生活垃圾无害化处理场严格按照生活垃圾卫生填埋操作规程作业，每日做好垃圾进场检测、称重、分单元填埋作业、摊铺压实、消毒、覆盖等，做到控制污染，减少对周边环境的影响，日处理生活垃圾163.5吨，全年处理生活垃圾6万吨，城市生活垃圾无害化处理率99%以上。渗滤液处理站采用生化处理+MBR膜+NF膜+RO膜处理工艺，按操作规程规范作业，实行全天24小时运行，日处理渗滤液量86.5吨，全年共处理垃圾渗滤液3.2万吨，处理后出水达到《生活垃圾填埋场污染控制标准》（GB16889－2008）排放标准排放。

园林绿化　年内，园林绿化投入资金3062万元（不含汀江绿道），突出抓好城市公共绿地建设，提升城市绿化园艺水平，建成一批高标准、高质量的园林精品，形成绿化、美化、彩化、香化并举，点、线、面、轴结合的城市园林绿化系统。城区新增公园绿地32公顷；街头绿地2公顷，补植行道树5.6千米，新增植行道树135株，行道树长度达35.43千米，道路绿化率100%。城区公共绿地面积达216.53公顷，人均公共绿地面积

2017年底，上杭城区江滨夜色　　（县城乡规划建设局供稿）

17.29平方米。园林绿地面积579.10公顷，建成区绿地率40.21%；城区园林绿化覆盖面积612.06公顷，绿化覆盖率42.5%。（建成区面积按14.4平方千米、人口按12.52万人算）。2017年园林所管护的绿地面积32万平方米，行道树约5000株，日常养护的主要内容包括：浇水，施肥，修剪，除草、绿地清洁卫生、病虫害防治，防涝防旱等。全年城区公共绿地施有机肥330吨，复合肥约51吨；修剪行道树约400株；补种地被2600余平方米。加强绿化日常养护管理，园林所坚持每天巡查，一月一考核，及时发现、分析并解决绿化养护工作过程中出现的难点问题。

工业园区基础设施建设　这一年，工业园区完成场地平整工程487万元；完成路网工程建设1520万元，其中龙达路Ⅰ期（杭富路至腾达路）、龙达路Ⅱ期（I6、I7地块路网工程）、农副产品加工园区杭美路、永美路工程竣工验收。龙飞路Ⅱ期（黄竹路至杭富路）因坟墓未迁移问题只完成杭富路至K0+760段、黄竹路至K0+820段未全部完成。行政服务中心两侧停车场及明渠等基础设施完成造价230万元。

【农村生活垃圾治理】 2017年，上杭县结合全县农村实际出台《上杭县人民政府关于进一步加强农村污水垃圾处理工作的通知》（杭政综〔2017〕85号），提高补助标准，按每500人不少于1名保洁员的要求进行增配，县财政按1∶1∶1的比例配套补助专项保洁员工资（即3300元/人·年）的基础上，垃圾运行管理费用再按20元/人·年的标准给予补助；对竣工验收的生活垃圾转运站，除省级补助外，县财政再对每座生活垃圾转运站给予30万元补助；垃圾收集运输车按采购金额的50%给予补助（乡镇用车最高限10万元，村级用车最高限4万元）；对垃圾治理较好的乡镇通过“以奖代补”的形式给予5万元~15万元的奖励等，农村生活垃圾治理工作得到改善。2017年，全面关停12个乡镇生活垃圾简易填埋场，实现“村收集、乡镇转运、县（市）处理”。全县20个农村乡镇集镇均聘请专业保洁队伍承包保洁和转运，实现市场化运作“全覆盖”。同时，探索农村生活垃圾就地减量化处理消纳模式，蓝溪、通贤等乡镇推行垃圾收费制度。蓝溪镇沈田村实行“路长制”落实垃圾治理责任制；太拔镇、蛟洋镇分别采用低温裂解、高温热解处理技术，建成全市首例就地减量化生活垃圾处理站3座，实现生活垃圾资源化、减量化处理。

■ 城区给排水

【供水管网维修改造】 2017年，上杭县根据城市发展需要，加快推进供水管网建设改造，完成供水管网改扩建投资700万元，实施上杭大道至205国道、工业园区、建设路、驷马桥西区宅基地小区等区域管网建设，完成DN200以上新管网铺设8195米，铺设DN63以上管网12千米，新增用户632户。

是年，针对恶劣天气环境可能对供水造成的影响，及时发布预警信息，组建供水应急、抢修、抢险3个分队。全年实施管网维护抢修2796次，其中DN100-800管45处，消防设施15处。全年未发生因抢修不及时、物资不足导致大面积、长时间停水事件。全年城区总供水量1337万吨，查表总数1019万吨，产销差率23.8%，漏损率21.8%，水费回收率97.3%。实现水费收入1098万元，营业外收入336万元，与2016年相比，水费收入增加143万元，产销差和漏损率分别下降0.2%。全年水质达标率100%。

【小区供水管道改造及水表安装、故障维护】 2017年，上杭县实施小区供水管道改造。投资149万元，实施东门水厂、石禾仓水厂、北环路城东村部至东门大桥段及李家坪大桥北桥头段、和平路口至北环路凯悦花园段、鑫业花园小区等给水管网改造3276米，水表改造出户477户。加快水表入户安装。全年新安装入户632户，其中DN15用水605户，DN32-50用水14户，DN100消防、生活用水13户。做好故障水表的更换维修。计量室共检定DN15水表528架，完成故障水表的更换和维修762架次，其中换表686架。加强市政消火栓维护管理。

【污水处理】 2017年，上杭县处理污水量1010.44万吨，全年进水、出水各项指标平均值为：BOD5（生化需氧量）进水52.08mg/L、出水4.79mg/L；CODcr（化学需氧量）进水149.1mg/L、出水14.1mg/L；NH3-N（氨化物）进水22mg/L、出水0.66mg/L；TN（总氮量）进水31.3mg/L、出水3.06mg/L；TP（总磷量）进水2.25mg/L、出水0.762mg/L；SS（悬浮物）进水137.3mg/L、出水13.4mg/L；PH（酸碱度）进水7.4mg/L、出水7.1mg/L。全年出水水质均达到《城镇污水处理厂污染物排放标准GB18918-2002》一级B标准。2017年各指标消减量为：BOD5（生化需氧量）：477.84吨、COD（化学需氧量）1364.09吨、NH3-N（氨化物）215.63吨。

■ 城市管理行政执法

【“两违”综合整治】 2017年4—7月，上杭县围绕服务“三大战役”为主题，全县开展违法占用耕地、林地行为“清零行动”。其间，全县拆除违章建筑990宗，处置面积63.5万平方米，腾出土地面积61.9万平方米。全年拆除“两违”(违法占地、违法建设)建筑1867宗,违建面积120.07万平方米,处置面积118.36万平方米,腾出土地面积114.59万平方米,拆后土地利用面积110.91万平方米,拆后利用率96.79%,完成年度拆除任务的232.08%。2017年,县城市管理行政执法局获得龙岩市“两违”专项整治工作综合考评一等奖。

【市容市貌综合管理】 2017年,上杭县城市管理工作围绕“创建省级文明城市”目标,开展净化、亮化、美化城市管理综合整治工作,城市面貌得到显著改善。全年发放城市管理通告5万余份,开展大型占道经营整治活动200余次,暂扣物品2000余件,拆除店外固定摊位、加宽台阶、水池等500余个,清理乱堆乱放100余车;开展流动摊点专项整治80余次,清理流动摊点200余个,暂扣三轮车100余辆,经营工具200余个;开展户外广告专项整治,拆除破旧、破损、老化的广告牌、不规范的店招店牌、布幔、条幅800余块,面积近1万平方米;查处“滴洒漏”行为108起,其中警告30起,发放责令整改通知书37份,约谈“滴洒漏”污染路面单位主要负责人20起,行政处罚21起,罚款1.02万元。

【环境卫生管理】 2017年,上杭县全面实施城区环卫保洁一体化,主动作为将城区主次干道及背街小巷、工业园区的清扫保洁作业按市场化运作模式进行运作,清扫保洁面积达375.8万平方米,由福建龙马环卫装备股份有限公司负责清扫保洁作业。加强城区主次干道洒水除尘作业,实行早中晚洒水作业方式,全年洒水面积约100万平方米,洒水量约2.5万吨,对主要街道及特殊路段实行一天6次洒水作业,并定期对街道、人行道进行冲洗。推进生活垃圾无害化处理,生活垃圾填埋场接纳全县(湖洋、中都、蓝溪、庐丰、旧县、南阳、官庄、溪口、白砂、通贤、才溪、泮境、稔田、茶地、下都、珊瑚)16个乡镇的垃圾处理,日处理生活垃圾200吨。

上杭城区夜景(2017年摄) (县城乡规划建设局供稿)

【市场服务管理】 2017年,上杭县投入3万多元将原垃圾房进行维修改造,为经营户营造良好的经营环境,彻底解决城东市场桥洞脏乱差老大难问题。同时要求各市场卫生保洁保质保量,做到人员到岗到位、保洁清扫责任到位。加强市场安全排查,做到日巡月查,每月组织一次消防安全大检查,发现问题,及时整改。

【城区路灯维护管理】 2017年,上杭县路灯站以亮化、美化、安全为出发点,着力解决重要节点、背街小巷、城乡接合部等区域的照明问题,加强对路灯的维护管理工作,保证城区1.8万多盏路灯和200余处夜景的正常运行。投入60万元对利民路、民兴路、人民路西段及其他重要节点、背街小巷安装中杆灯,对人民广场、南江滨公园等广场进行增亮改造。投入11.6万元对西江滨、富古路、东二环路电缆进行抢修维护。全年共受理路灯故障案件1600余件,累计完成抢修、维修1663班次,维修路灯3962盏次,维修电缆267处,更换电缆4950米,城市亮灯率及设施完好率达98%。

【数字城管监督指挥中心】 2017年,上杭县“数字城管”以智能、高效、精细的科学化管理方式主动服务民生,整合利用平安上杭、数字城管共2144个视频监控平台,实时采集城市管理信息,通过热线电话、政务外网受理群众反映的各种投诉举报、咨询、建议,及时监督29个成员单位工作任务的完成情况,实现第一时间发现问题,第一时间处置问题,第一时间解决问题。全年上报案件25144件,立案24634件,结案24514件,结案率99.5%。

责任编辑:王冬英

建筑和房地产业

■ 建筑业

【建筑业发展与管理】 2017年,上杭县完成建筑业总产值441.6亿元,总产值居龙岩市第一,约占全市建筑业总产值的50%,比增12.2%,本地建筑产值154.2亿元。

是年,上杭县新成立35家建筑施工总承包企业,共有建筑施工资质企业137家(不包含4家预拌混凝土企业、5家施工劳务企业),其中一级企业27家(含总承包14家、专业承包13家);二级企业89家(含总承包33家、专业承包56家);三级企业21家(含总承包19家、专业承包2家)。

年内,开展建筑施工质量安全检查153次共计610人次,发出质量安全整改单153份,排查隐患834处,已整改834处,整改率100%,至2017年底,全县在建房屋建筑和市政公用工程质量安全处于受控状态。

这一年,依据《上杭县关于推进绿色建筑发展和建筑产业工业化的实施意见》(杭委〔2016〕19号),加大对发展绿色建筑和建筑工业化的扶持力度;实施上杭职业中专学校绿色建筑教学实训基地绿色建筑项目(三星级);绿色建筑产业园区全年完成投资5600万元。

【建筑市场整顿规范】 2017年,上杭县严格执行福建省住建厅《工程施工标准施工招标文件》、龙岩市住建局《龙岩市建筑施工企业信用综合评价体系评价标准》等招投标相关文件精神,全年备案审查依法公开施工招标文件80个,总投资13.31亿元,备案审查监理、设计、勘察招标项目招标文件30份;11月,开展2017年度绿色建筑与建筑节能标准执行情况的检查,抽查5个项目发出整改通知4份,全部整改到位。

上杭碧桂园一角(2017年摄) (县城乡规划建设局供稿)

【建筑市场拓展】 2017年,上杭县发挥"中国建筑之乡"品牌效益,通过强强联合、协作互补等形式,不断拓展市场空间,在巩固本地、广东市场及矿山市场的基础上,向更高、更大、更远的市场拓展。全年省外产值309.72亿元,占总产值的70.14%。

■ 房地产业

【保障性住房建设】 2017年,上杭县完成357套城市棚户区改造任务,配租公租房(含廉租房)65套,配售黄竹经济适用房18套,南岗限价商品房83套。

【房地产开发】 2017年,上杭县实施碧桂园.御龙湾、帝豪时代广场、御江华府、建设路(东侧)安置小区4个在建、续建房地产开发项目,已完成投资4.69亿元。商品房销售金额10.09亿元,销售面积17.4万平方米,商品住宅销售1026套,新建商品住房平均销售价格5933.69元/平方米。

【县直公房管理】 2017年,上杭县房管所投入15万元维修公房230幢次,全年收取公房租金约78万元。

责任编辑:王冬英

生态环境

生态建设

【生态环境质量】 2017年,上杭县城区空气质量优良天数364天,优良率99.7%,在全省58个县级城市空气质量综合指数排名中,上杭县排名第14名。汀江流域国、省控断面2017年年度综合水质达标率均为100%。Ⅰ类~Ⅲ类水质比例96.7%;Ⅰ类~Ⅱ类水质比例66.7%,同比提高23.4个百分点。各类水质比例中,Ⅱ类水质占66.7%,Ⅲ类水质占30%,Ⅳ类水质占3.3%。旧县河市控清陵塔断面水质类别分别均为Ⅲ类,达标率100%;黄潭河市控城头坪断面水质类别分别为劣Ⅴ类、Ⅳ类、Ⅲ类、Ⅲ类、Ⅲ类、Ⅲ类,达标率66.7%。2个市控断面Ⅰ类~Ⅲ类水质比例83.3%,比2016年提高16.6个百分点。市控断面各类水质比例中,Ⅲ类水质占83.3%,Ⅳ类水质占8.3%,劣Ⅴ类水质占8.3%。城区饮用水源地石禾仓水厂、横滩饮用水源地水质类别均达到或优于Ⅲ类水。城区声环境质量达到环境区域噪声二类标准,符合功能区要求。

【项目环评审查】 2017年,上杭县审批审查项目环评文件66个,其中报告表57个;龙岩市上杭县古石岩米酒酿制厂年产古石岩客家糯米酒80吨项目,上杭县儒溪槐猪有限公司龙岩八大鲜(槐猪)标准化养殖示范项目项目,上杭县二环路(金岗路至金山路段)、金山路(北环路至二环路段)道路改造工程,上杭县医院整体搬迁(龙翔)周边道路工程,上杭县骏达橡胶制品有限公司年产优质再生胶1万吨生产线项目,福建宜林门业有限公司年产15000套木制家具项目,上杭县杭武报废车辆回收有限公司年拆解废旧汽车3000辆项目,福建省上杭县石灰岭矿区年采20万吨冶金用白云岩矿项目,龙岩市汇鑫报废汽车回收拆解有限公司年加收拆解10000辆报废项目报告书9个。完成环保竣工验收合格项目73个。发放排放污染物许可证单位8个。

2017年,上杭县对汀江干流(上杭城区段)水环境进行综合整治。图为整治后的汀江 (县环境保护局供稿)

环境保护

【环境执法】 2017年,上杭县对福建紫金选矿药剂有限公司、龙岩市鸿航金属科技有限公司等98家次违法企业进行立案调查,共处罚款247.28万元;运用四个配套办法处罚的案件有18件,其中查封扣押1件、实施限制生产13件、行政拘留8件、环境污染犯罪案件3件;移送法院强制执行12件,行政应诉案件1件;开征257家,共征收637.5万元排污费。对全县范围内的43家机砖企业进行逐个排查,责令关闭或限期整改,其中13家机砖企业符合产业政策,但因环保设施不全,要求部分企业停产对环保设施进行升级改造;其余30家机砖企业各相关部门负责管理。全县完成"双随机"抽查任务共110家企业的检查工作。全年处理群众信访投诉件430件,其中投诉信145件,来电211件,微信举报系统平台收到投诉件74件,办结率100%。

【重点区域监管】 紫金山矿区环境监管情况 2017年,上杭县强化落实企业主体责任、党委、政府属地监管责任、部门执法责任"三个最严格"监管责任,县直相关部门按《上杭县人民政府关于加强紫金山金铜矿生产安全和环境安全工作的通知》(杭政综〔2013〕164号)任务分解落实。每月5日组织安全环保联合检查组持续对紫金山矿区开展检查督促,督促

2017年,生态恢复后的紫金山矿区肚子坑金矿堆渣场

(县环境保护局供稿)

并指导企业严格落实隐患排查整改工作。

蛟洋工业区环境监管情况　完成蛟洋片区内“双随机”抽查企业检查49家次,出动执法人员约165人次,对紫金铜业有限公司、瓮福紫金化工股份有限公司等重点企业检查313家次,出动执法人员约1100人次。委托福建省环保设计院每年2次对蛟洋工业区开展环境隐患排查、风险评估、技术服务指导,对园区内23家企业开展环保专项检查。

【汀江流域水环境整治】　2017年,上杭县加强养殖业污染整治。全县拆除生猪养殖场4005家,面积58.36万平方米,下拨补助资金8266万元;标准化养殖场改造任务数114家,有247家猪场动工改造,开工率100%,竣工246家,竣工率99.6%,其中1500头以上有12家竣工,1500头以下有234家竣工。2016年度涉及生态补偿项目7个,争取资金16030万元;2017年涉及生态补偿项目14个,总投资52430万元,2017年计划投资15960万元,累计完成投资21589万元,完成年度计划的135.26%。

【污染防治】　大气污染行业治理　2017年,上杭县完成燃煤锅炉整治20台,完成率100%。依法取缔无证无照违法机砖企业25家,立案查处违反环保“三同时”制度机砖企业6家,淘汰落后产能机砖企业5家。完成淘汰黄标车573辆(市下达任务568辆),完成率100.9%。督促全县52家加油站开展二次油气回收治理并全部完成验收工作。

土壤污染治理　出台《上杭县土壤污染防治行动计划工作方案》,明确土壤污染防治工作重点与治理修复责任主体及任务分工。与紫金矿业集团共同委托中科院生态环境研究中心对紫金山矿区及周边村庄(迳美村、碧田村、曾坑村、中寮村等村庄)土壤重金属情况进行调查与评估,完成取样调查工作。

【生态环保攻坚战役项目】　2017年,上杭县生态环保攻坚战役项目47个(其中44个列入市战役项目),年度计划投资84292万元,完成投资约10亿元,完成年度计划投资的119.4%。全年建成空气自动监测站3座,分别是城区站、上杭一中站和古田中学站。上杭县生态环保攻坚战役综合考评结果龙岩市排名第一。

【环保督察】　2017年,中央第五环境保护督察组进驻福建省督察期间共向上杭县转办45件信访件,办结45件,完成率100%。对涉及上杭县8项整改问题明确责任单位和工作目标,至年底,整改5项,按序时进度整改3项。省级环保督察期间,转办群众信访举报环境问题涉及上杭县13件,全部完成整改。对涉及上杭县六大块41项整改任务,完成整改38项,按序时进度整改3项。市生态环保涉及上杭县56项突出环境问题,全部完成整改。

■ 水土保持

【监督执法】　2017年,上杭县审批开发建设项目水土保持方案28份,申报率达100%,全部落实水保措施,落实率达100%,全年征收水土保持补偿费286.91万元。全年开展生产建设项目落实水土保持“三同时”制度专项监督检查43次,检查72个项目,发出整改通知书6份。

【重点治理】　2017年,上杭县完成水土流失综合治理面积0.36万公顷,占任务数的104.9%,完成投资6292万元。重点实施国家水土保持重点建设工程和省重点乡镇水土流失综合治理项目。国家水土保持重点项目上杭县寨背溪小流域水土流失综合治理项目,总投资为1000.06万元,完成治理面积0.13万公顷,通过省水利厅验收。省重点项目通贤镇通贤溪、蓝溪镇载丰溪小流域水土流失项目和旧县镇水土流失综合治理项目,共完成治理面积0.08万公顷,完成投资614万元。林业、国土等部门实施水土流失治理0.15万公顷,完成投资4678万元。

责任编辑:王冬英

科技 教育

■ 科学技术

【科技项目申报、实施和管理】 2017年，上杭县获得2018年省科技计划项目立项1个、2017年市科技计划项目1个，分别为杰青滚动资助项目（高砷铜精矿砷的溶解化学特性及选择性脱砷机理）、技术创新项目（多宝山铜矿数字爆破技术与系统优化研究）。全年安排实施县工业类科技计划项目4个、创新资金项目6个，下达和计划资助金额130万元。推进科技项目管理创新，改变以往科技项目立项“撒胡椒面”现象，整合有限科技资金，设立县科技重大项目。研究制定《关于印发上杭县科技计划项目及经费管理办法（暂行）的通知》，出台项目评审、项目验收、项目和资金监督管理等细则，在项目管理上建章立制抓长效。及时开展市、县到期科技项目结题验收工作。完成市科技项目结题数4个、完成2016年以前立项未结题县创新资金项目15个，结题率达100%。完成省、市项目结题6项，市结题率100%，县经信科技局生产力中心承担的省市项目全部验收。

【科技品牌建设】 2017年，上杭县开展“双创”活动，加大“双创”优秀典型培育。上杭县供销农产品双创孵化园获市级众创空间认定。以县商务局牵头筹建的上杭县众创空间基本建成，正在招聘运营团队。5月26日，《闽西日报》头版刊登“双创在福建 走进龙岩”上杭专题通讯稿。5月30日，时长近7分钟，展示上杭县科技创新最新成效专题片在县电视台播出。动员和组织企业参加创新创业大赛。上杭县有22家企业报名参加2017年第六届中国创新创业大赛，报名企业数居全市第一，其中希望生物、优创农业、鱼博园等3家企业分别获得市赛二等奖和省、市优胜奖。抓好县科技创业园建设，与县科技创业服务有限公司通力合作，制订出台《上杭县科技创业园入孵企业管理办法》，引进入园孵化企业6家。与龙岩市高新技术创业服务中心对接，指导县科创园做好福建省科技企业孵化器备案工作。开展县工业园区创建省级高新技术产业园区申报工作。5月，启动开展工业园区创建省级高新技术产业园区工作，创建工作基础材料全面完成。

【高新技术企业培育】 2017年，上杭县有8家企业申报市级科技小巨人领军企业，其中3家被新增列入省、市级科技小巨人领军企业培育发展库。至年底，全县共培育省、市级科技小巨人领军企业7家。做好县委、县政府出台的科技创新扶持政策奖励资金兑现落实相关佐证材料的收集上报工作，主要包括高新技术企业认定、科技创新平台建设、创新创业大赛、科技小巨人领军企业培育等项目的县级奖励资助资金以及市新产品开发、省市两化融合奖励补助，落实惠企政策资金481万元。

【科学技术奖励评审与表彰】 2017年，上杭县有19项科技成果获县十三届科学技术奖，奖励86万元，其中一等奖2项，二等奖8项，三等奖9项；推荐2017年度省科技进步奖2项，获2016年省科技进步奖2项，其中紫金矿业集团股份有限公司完成的“铜电积高效与清洁生产关键技术”项目获二等奖、紫金矿业集团黄金冶炼有限公司完成的“高纯黄金绿色提取关键技术与装备”项目获三等奖；市科学技术奖3项，其中二等奖1项，三等奖2项，兑现配套省、市科学技术奖励12.5万元；推荐2名2017年市科技创新人才奖候选人。

【科技兴农惠民】 2017年，上杭县推进科技特派员创业创新，研究出台《上杭县深入推行科技特派员制度实施方案（试行）》和激励科技特派员创新的优惠政策。全县有27名科技人员通过2017年省级科技特派员认定。引导农业龙头企业开展现代农业科技示范并组织申报2018年省、市科技项目8个，2017年年底获市科技重大项目立项1项，市重点项目立项1项，争取上级经费65万元。全年科技计划项目重点支持“互联网+现代农业”项目25个，支持经费超过130万元，培育出25项新型农业经营主体。

【专利工作】 2017年，上杭县专利申请量1198件（其中，发明68件，实用新型1001件，外观设计129件），专利授权量555件（其中，发明专利18件，实用新型396件，外观设计141件）。2家企业申请国外专利，分别被欧蒙、日本授权，实现上杭县外国专利零突破。全县有效发明专利128件，每万人拥有有效发明专利3.42件；全年奖励2016年度授权专利、试点企业等科技创新配套奖304.7万元；2家企业顺利通过省知识产权优势企业复审；3家企业被确定为市知识产权试点企业；1项发明专利获省专利奖三等奖；2项发明专利分获市专利奖一等奖和三等奖，全年获得省、市专利产业化支持项目1个。

2017年上杭县获福建省专利奖项目情况表

表21

专利名称	专利号	专利权人	发明人	获奖等级
从废弃氰化尾渣中再提取金银等金属及硫的浮选方法	ZL201110409765.7	紫金矿业集团股份有限公司	孙忠梅、巫銮东、甘永刚、袁水平、殷志刚	三等奖

2017年上杭县获龙岩市专利奖项目情况表

表22

专利名称	专利号	专利权人	发明人	获奖等级
一种含铜氧化金矿氨氰选择性提金的方法	ZL201410274430.2	厦门紫金矿冶技术有限公司、紫金矿业集团股份有限公司	黄怀国、陈庆根、林鸿汉、张文波、叶志勇、熊　明、李晓伟、许晓阳、孙艳慧、丁文涛	一等奖
一种保健茶油的制备方法	ZL201510980994.2	福建优创油脂有限公司	华　锋	三等奖

2017年上杭县被确认的龙岩市知识产权试点单位名表

表23

单位名称	类别	时间
福建优创农业发展有限公司 龙岩金太阳光电科技有限公司 福建上杭太阳电缆有限公司	2017年度市知识产权试点单位(龙知〔2017〕53号)	2017年9月

2017年上杭县获授权专利情况表

表24

名称	发明人	申请号	名称	发明人	申请号
一种用于钢绞线连续喷涂的分叉装置	朱贵兴	ZL201620778611.3	吸顶灯(1806)	黄彩元	ZL201630434895.X
			剥海蛎装置(3)	黄泉善	ZL201630109526.3
一种双排桩基坑支护结构	黄春连	ZL201620516458.7	应急LED灯	许荣林	ZL201310698290.7
电子烟电池盒(双位2)	吴添娣	ZL201630231231.3	新型用于橙汁的压榨器	朱贵兴	ZL201620432771.2
灯(1113)	黄彩元	ZL201630421251.7	一种单侧曲轨侧卸式矿车	官翠华	ZL201620523521.X
吸顶灯(5010)	黄彩元	ZL201630424897.0	一种伸缩管	陈猛	ZL201620649459.9
吸顶灯(1809)	黄彩元	ZL201630434865.9	网络摄像机	温新锋	ZL201630156079.7

续表 24

名称	发明人	申请号	名称	发明人	申请号
抓周用品	卢丽云 卢松盛	ZL201630456377.8	采摘剪切烟柄的圆筒刀	兰金隆	ZL2016208740545
			一种红外线电子玩具枪	丘振良	ZL201620857189.0
一种使用安全方便的电饭锅	王明晟	ZL201620403992.7	电子烟电池盒(双位-1)	吴添娣	ZL201630231232.8
			灯(5007-700 吊)	黄彩元	ZL201630421249.X
一种具有控温功能的电力烧水壶	王明晟	ZL201620403965.X	吸顶灯(1810)	黄彩元	ZL201630424896.6
一种自动饮水机	王明晟	ZL201620403980.4	一种设有霍尔元件的电风扇	唐露萍	ZL201620536857.X
一种高楼防坠救生装置	官世威	ZL201620686056.1			
一种高层建筑消防机器人	陈猛	ZL201620822281.3	一种设有编码器的小太阳	唐露萍	ZL201620536896.X
一种用于爬壁机器人的防滑履带轮	陈猛	ZL201620823450.5	矿泉水瓶瓶盖	吴添娣	ZL201630223799.0
			矿泉水瓶瓶盖	吴添娣	ZL201630223801.4
一种可调节履带轨距的履带底盘	陈猛	ZL201620822471.5	矿泉水瓶瓶盖	吴添娣	ZL201630223802.9
			手机旋转支架	张松坤	ZL201630210492.7
一种用于连接左右履带架的连接结构	陈猛	ZL201620825616.7	龙头(087700d)	蔡新疆 王金龙	ZL201630487876.3
一种用于高层建筑消防的爬壁机器人	陈猛	ZL201620823469.X	抽油烟机(恒星三)	饶日添	ZL201630401582.4
			抽油烟机(恒星二)	饶日添	ZL201630401650.7
一种高速公路避险车道	官世威	ZL201620818933.6	抽油烟机(恒星一)	饶日添	ZL201630401661.5
一种多层移动应急休息车的保温墙体	官世威	ZL201620819123.2	一种排水车	陈猛	ZL201410490790.6
			采摘剪切烟柄的圆筒刀	兰金隆	ZL201620874054.5
一种可智能调温照明配电柜	邱进坤	ZL201620821625.9	可以定量编烟的烤烟夹杆	蓝艺河	ZL201620867159.8
一种移动式减振散热电力配电柜	邱进坤	ZL201620821990.X	设有安全带的摩托车雨衣架	蓝艺河	ZL201620873628.7
安装板	蔡新疆 王金龙	ZL201630487865.5	外箱(姜姑娘有料姜糖山茶油姜糖膏)	华祥斌	ZL201630319780.6
面盆龙头(古典 0899804)	蔡新疆 王金龙	ZL201630487855.1	充电器	罗竹先	ZL201630426904.0
			瓶贴(姜姑娘有料姜糖山茶油姜糖膏)	华祥斌	ZL201630319778.9
面盆龙头(古典 0899805)	蔡新疆 王金龙	ZL201630487859.X	天花灯(TH020-3T)	周博文	ZL201630586852.3
龙头(面盆古典三件 08998011)	蔡新疆 王金龙	ZL201630487882.9	纳物首饰盒(912)	陈喜贤	ZL201630492999.6
			多功能纳物盒(976)	陈喜贤	ZL201630493022.6
龙头(面盆古典三件 08998077)	蔡新疆 王金龙	ZL201630487887.1	长方收纳盒(978)	陈喜贤	ZL201630513068.X
			多功能纸巾收纳盒(977)	陈喜贤	ZL201630513072.6
一种新型冷热墙	丘振良	ZL201620856023.7	纸巾盒(952)	陈喜贤	ZL201630493024.5
管道安装装置(1)	黄泉善	ZL201630082159.2	多功能壁挂吊架	陈喜贤	ZL201630493021.1
一种蘑菇型振动理疗器	谢庆生	ZL201620548016.0	多功能陶土瓶(974)	陈喜贤	ZL201630493023.0
横向鼎立简易起重器	曹尔彬	ZL201510070846.7	多功能独轮车	李禄明	ZL201620971521.6

续表 24

名称	发明人	申请号
一种太阳能智能遥控婴儿车	丘振良 周长秀	ZL201620855965.3
一种除尘除臭垃圾焚烧炉	曹尔彬	ZL201510192744.2
一种多重锁头动物耳标	丁永富	ZL201621031488.5
一种用于苦笋的快速剥皮装置	朱贵兴	ZL201620541831.4
一种苦笋的快速剥皮装置	朱贵兴	ZL201620541833.3
苦笋的新型剥皮装置	朱贵兴	ZL201620541834.8
一种可以插太阳伞的折叠桌	朱贵兴	ZL201620705844.0
一种橙汁压榨器	朱贵兴	ZL201620432777.X
一种方便处理堵塞的儿童沙滩漏斗	朱贵兴	ZL201620748026.9
新型防堵塞的儿童沙滩漏斗	朱贵兴	ZL201620748027.3
一种烘衣架	黄泉善	ZL201620735870.8
一种太阳伞底座	朱贵兴	ZL201620705609.3
一种圆柱型镍氢电池组	杨清文	ZL201620846288.9
置物台(四功能)	蔡新疆 王金龙	ZL201630487864.0
面盆龙头(古典 0899803)	蔡新疆 王金龙	ZL201630487854.7
面盆龙头(古典 0899807)	蔡新疆 王金龙	ZL201630487860.2
面盆龙头(古典 0899802)	蔡新疆 王金龙	ZL201630487861.7
面盆龙头(古典三件 08998044)	蔡新疆 王金龙	ZL201630487863.6
面盆龙头(古典三件 08998022)	蔡新疆 王金龙	ZL201630487866.X
面盆龙头(古典三件 08998055)	蔡新疆 王金龙	ZL201630487868.9
面盆龙头(古典三件 08998033)	蔡新疆 王金龙	ZL201630487871.0
面盆龙头(古典三件 08998088)	蔡新疆 王金龙	ZL201630487873.X
面盆龙头(古典 0899808)	蔡新疆 王金龙	ZL201630487874.4
面盆龙头(古典 0899801)	蔡新疆 王金龙	ZL201630487888.6
一种放牧场用全自动无人值守门	黄春连	ZL201620552128.3
一种洗狗装置	黄泉善	ZL201620462445.6
一种浮钓与底钓两用的坠子线组	黄春连	ZL201620551424.1
一种肌电图机校准装置	黄泉善	ZL201620356211.3
一种焊缝磁记忆检测装置	黄春连	ZL201620638116.2
一种磁力车载手机支架	黄春连	ZL201620638117.7
一种便于观看手机的竹枕	俞龙洲	ZL201620683573.3
一种改进型枕头	俞龙洲	ZL201620683578.6
一种筷子及放置筷子的磁性筷子架	朱贵兴	ZL201620589952.6
一种刀	俞龙洲	ZL201620705276.4
一种切块刀	俞龙洲	ZL201620705287.2
烟叶收储周转箱	吴龙	ZL201620950562.7
一种键盘	巫建烽	ZL201620701197.6
一种改进型键盘	巫建烽	ZL201620705487.8
一种防尘装置	巫建烽	ZL201620705488.2
一种复合节能多功能配电柜	邱进坤	ZL201620822013.1
一种电动手机架	俞龙洲	ZL201620683571.4
洗衣池	黄有锦	ZL201630522103.4
天花灯(TH022-6T)	汤冬华	ZL201630586851.9
台灯(TD 016)	汤冬华	ZL201630602590.5
一种纳米二氧化硅气凝胶的制备方法	谢建干	ZL201510553903.7
一种用于苦笋的剥皮装置	朱贵兴	ZL2016205418668
一种提醒吃药和补水的智能水杯	黄泉善	ZL2016203243438
麻绳灯(6-10 头系列)	丘炜华	ZL2016302986994
一种多功能电动果蔬榨汁机	王明晟	ZL2016204040074
一种气压搅拌式载金炭吸附装置	冯开水 俞金生 夏珍珠	ZL2016209415828
连续出料圆盘粉碎机	龙秀甲	ZL2016209468492

续表 24

名称	发明人	申请号
一种负压下工作的滴定装置	冯开水 俞金生 夏珍珠	ZL2016209415832
一种圆盘粉碎机磨盘	龙秀甲	ZL2016209431040
一种挡板式滚筒混样装置	冯开水 俞金生 夏珍珠	ZL2016209436720
太阳能防水盒	陈坤荣	ZL2016304445502
云终端	阙祥泰	ZL2016305843225
台灯(TD-018)	周博文	ZL201630602591X
一种节能型高低压配电柜	邱进坤	ZL2016208265594
吸顶灯(1808)	黄彩元	ZL2016304249070
吸顶灯(5009)	黄彩元	ZL2016304249085
吸顶灯(1305)	黄彩元	ZL2016304249136
太阳能装饰灯	陈坤荣	ZL2016305183210
灯(1903)	黄彩元	ZL2016305276639
灯(1905)	黄彩元	ZL2016305282358
吊灯(1918)	黄彩元	ZL2016305282362
LED 灯	曹友秋	ZL2016306010492
灯(1118)	黄彩元	ZL2016306105204
粉末样品多级自动二分器	冯开水 包卫东 龙秀甲	ZL2016209436735
一种握把式振动理疗器	钟小川 谢庆生	ZL2016205737574
一种用于鱼腥草汁的压出装置	朱贵兴	ZL2016204330607
一种弯杆搓背器	刘伟霞	ZL2016207782659
一种能够调节气压的弹簧气门芯式真空拔罐器	刘伟霞	ZL2016207401680
一种乳胶气门芯式真空拔罐器	刘伟霞	ZL2016207479384
多功能果盘(983)	陈喜贤	ZL2016305643676
多功能果盘(982)	陈喜贤	ZL2016305646960
多功能果盘(984)	陈喜贤	ZL2016305646975
花瓶(985)	陈喜贤	ZL2016305644556
花瓶(979)	陈喜贤	ZL2016305644611
蜡烛台(987)	陈喜贤	ZL2016305644749
烟灰缸(980)	陈喜贤	ZL2016305862508
一种具有自动报警实用性强的橱柜	蓝玉	ZL2016211222927
一种橱柜倒角处理机	蓝玉	ZL2016211223296
枕芯	梁标	ZL201630518886.9
果盘(989)	陈喜贤	ZL201630564698.X
外观设计	游添荣	ZL201630341799.0
一种基于钠钙双碱法的工业硅矿热炉脱硫脱硝系统	谢建干	ZL201621042648.6
一种具有防侧翻装置的货车	官世威	ZL201620819070.4
一种分体式矿用新风机	吴啟凤	ZL201621227181.2
灯(1919)	黄彩元	ZL201630610495.X
圆烟灰缸(911)	陈喜贤	ZL201630513071.1
置物台(08770)	蔡新疆 王金龙	ZL201630487877.8
置物台(087030)	蔡新疆 王金龙	ZL201630525154.2
置物台(085573)	蔡新疆 王金龙	ZL201630525645.7
置物台(087050)	蔡新疆 王金龙	ZL2016305251519
置物台(08771)	蔡新疆 王金龙	ZL201630487886.7
市政工程用新型围栏	郭立号	ZL201621215135.0
一种方型电池的串联结构以及方型镍氢电池	杨清文	ZL201621234224.X
一种可视楼宇对讲平板电脑	李开福	ZL201621062466.5
声音睡眠仪(SonTech)	袁元生	ZL201630660332.2
列管式氟化氢蒸馏装置	雷游生	ZL201621250986.9
一种地板用多形状切割机	蓝玉	ZL201621328417.1
一种切坯机	蓝玉	ZL201621316296.9
一种池塘水草打捞机构	蓝玉	ZL201621339010.9
一种电力设备码放装置	蓝玉	ZL201621328416.7
一种管材连接件	蓝玉	ZL201621317890.X
一种 LED 日光灯	曹友秋	ZL201621286501.1

续表24

名称	发明人	申请号	名称	发明人	申请号
一种测量记录托板	蓝玉	ZL201621339116.9	一种装有列管式水冷器的氟化氢冷却系统	雷游生	ZL201621273089.X
CO气体在线监测及控制装置	雷游生	ZL201621254238.8	一种纯电动复合式开采机用内置电源减震固定装置	蓝玉	ZL201621327669.2
一种苗木绿化工程专用节电装置	蓝灿玉	ZL201621223655.6	氟化氢炉渣冷却系统入料机构	雷游生	ZL201621265234.X
一种智能开关柜	蓝灿玉	ZL201621212181.5	一种箱式变压器箱体门体按压锁紧机构	张正勤	ZL201621426949.9
一种多口充电器	丘振良	ZL201621149195.7	一种油浸式变压器用便于安装的箱体	张正勤	ZL201621426956.9
镇流器散热外壳	丘振良	ZL201630617614.4	一种干式变压器用安装卡座	张正勤	ZL201621427705.2
纸巾盒(981)	陈喜贤	ZL2016305862495	一种干式变压器高效分冷机构	张正勤	ZL201621427703.3
枕芯	梁标	ZL2016305188888	一种用于油浸式变压器的环保型注油装置	张正勤	ZL201621426947.X
一种耙子	蓝玉	ZL2016213156718	一种用于油浸式变压器内部的内循环散热装置	张正勤	ZL201621426950.1
一种挤压绕线捆扎设备	蓝玉	ZL2016213297241	一种干式变压器用可拆卸安装绕组机构	张正勤	ZL201621427706.7
一种风景园林用花卉培养装置	蓝玉	ZL201621317876X	一种风冷式矿用变压器	张正勤	ZL201621427707.1
一种多功能树杆扶正装置	蓝玉	ZL2016213178967	一种防高温损坏的变压器加工装置	张正勤	ZL201621427702.9
一种美甲架	王明晟	ZL2016213391690	一种具有线圈卷绕放线的加工制造设备	张正勤	ZL201621427704.8
一种袋装食品杀菌的送料装置	蓝玉	ZL2016213284186	一种组合式箱式散热变压器	张正勤	ZL201621427122.X
一种翻坯机	蓝玉	ZL2016213178774	一种带有线路收缩功能的矿用变压器	张正勤	ZL201621427121.5
一种码坯机	蓝玉	ZL2016213153457	从高硫含铜氧硫混合型矿石中提铜工艺	崔立凤	ZL201510789182.X
一种带有变速功能的单张纸输纸机	蓝玉	ZL2016213280039	一种误踩油门变刹车系统	黄文年	ZL2015105447586
一种带有纸张展平功能的输纸机	蓝玉	ZL2016213280024	一种防泄漏式变压法真空干燥设备外壳	李德凤 林小英 罗福萍 周智琳 范金凤 张正勤 钟立谦	ZL2016214271179
一种便于临时拆卸检查的管材连接件	蓝玉	ZL2016213391192			
一种测量用防摔三脚架	蓝玉	ZL201621339072X			
一种矿山雨靴与安全帽摆放架	刘清福	ZL201620908615.9			
一种多功能快捷橱柜	蓝玉	ZL201621122630.7			
一种高效超细干粉灭火剂制作填充设备	蓝玉	ZL201621317868.5			
一种车盖空气喷涂装置	蓝玉	ZL201621339071.5			
一种包装袋印刷机的输纸机构	蓝玉	ZL201621339111.6			
一种工程机械轮胎存放架	蓝玉	ZL201621317869.X			
循环式氟化氢洗涤装置	雷游生	ZL201621265465.0			

续表 24

名称	发明人	申请号	名称	发明人	申请号
一种紧固式的可调压油浸式变压器	李德凤 林小英 罗福萍 周智琳 刘玉铭 张正勤 钟立谦	ZL2016214271198	置物台(087020)	蔡新疆 王金龙	ZL201630525635.3
			置物台(085601)	蔡新疆 王金龙	ZL201630525642.3
			防水插	何永武 毛忠民	ZL2017200340962
一种黄金湿法提纯过程分金贵液过滤净化装置	吴卫煌	ZL201621320818.2	防松的防水接头	毛忠民 何永武	ZL2017200340534
一种综合试验台的理线收纳装置	张正勤	ZL201621427118.3	电源接头	毛忠民 何永武	ZL2017200340712
一种云终端	阙祥泰	ZL201621416539.6	充电器公母插头电源线	张天生 钟思榕	ZL2017200342169
一种箱式变压器防浸水悬挂安装机构	张正勤	ZL201621426948.4	一种控制线	毛忠民 何永武	ZL2017200340657
一种悬空式矿用变压器固定结构	张正勤	ZL201621427120.0	收纳盒(986)	陈喜贤	ZL201630564737.6
			一种小型电缆捆扎装置	徐长宝	ZL2016213932687
筷子架(磁性)	朱贵兴	ZL2017300321168	一种智能化电缆加工缠绕装置	张长帅	ZL2016213935740
一种营养土下料机	罗也平 高友峰 彭国华 郑开强 林清通	ZL2016213115120	一种智能移动式电缆盘	吴孔声	ZL2016214509914
			一种电缆智能收放线装置	黄祥铭	ZL2016214533650
			一种便携式多功能零散电缆包装袋	黄祥铭	ZL2016213927481
一种移动车厢式精密控温烤烟房	袁晓鹏 林清通 高友峰 罗也平 彭国华	ZL2016213114927	一种免浮标海浮式风力发电电缆	伍邦野	ZL2016213932780
			一种低温环境专用自加热电缆	陈江文	ZL2016214540298
一种电磁能空气加热器	林贵 陈钰 高友峰 罗也平 彭国华	ZL2016213114912	一种用于铜线电缆降温的降温装置	张新年	ZL201621394065X
			一种智能控制快速布线装置	钟俊云	ZL2016213931114
			一种全自动电缆剥皮机	林建文	ZL2016214519437
一种铜管自动清洗装置	曾佳伟	ZL201621372557.9	一种防腐蚀海浮式电缆托架	黄兴昌	ZL201621452518X
一种毛细铜管拉伸装置	邓子龙	ZL201621373109.0	一种电缆端头防护装置	林建文	ZL2016213930130
一种小型铜管截面去毛刺装置	谭文龙	ZL201621372558.3	低品位硫化铜矿的选矿方法	温建 鲁军	ZL2015107892911
一种铜管智能放线装置	王腾云	ZL201621379210.7			
一种贵金属熔炼用锥底坩埚	李良 吴卫煌	ZL201621320820.X	从矿山含铜氰废水中回收铜的方法	巫銮东 沈贤德	ZL2015107883791

续表24

名称	发明人	申请号	名称	发明人	申请号
一种多功能经络理疗器	钟小川 谢庆生	ZL2016205809996	一种便携式农用组合挖坑装置	蓝玉	ZL2016213391050
螺纹钢筋的连续喷砂装置	朱国豪	ZL2017300477388	一种新型组合式橱柜	蓝玉	ZL2016211222857
端子检测装置	张天生 钟思榕	ZL2017200340549	一种嵌入式自动橱柜	蓝玉	ZL2016211222931
一种抗挠漂浮电源线	曹华招 钟思榕	ZL2017200347213	一种负离子空气净化器橱柜	蓝玉	ZL2016211223262
一种高层建筑反恐机器人	廖婕 陈猛 张海丰	ZL2016214527058	一种可拆卸便于清扫的橱柜	蓝玉	ZL201621122321X
防水公母插	毛忠民 何永武	ZL2017200342050	一种多用途橱柜	蓝玉	ZL2016211223421
一种线材上锡装置	谢炳生 李秋萍	ZL2017200350979	一种自动化刀具取放橱柜	蓝玉	ZL2016211222397
一种充气密封圈以及安装有该充气密封圈的伸缩管	廖婕 陈东青 陈猛	ZL2016213597462	一种多功能家用橱柜	蓝玉	ZL2016211222946
一种高能低耗高压柜	邱进坤	ZL2017201138094	一种食堂用多功能橱柜	蓝玉	ZL2016211223309
一种耐火母线槽	邱进坤	ZL2017201138215	一种家用橱柜	蓝玉	ZL2016211223313
一种新型组合式高压柜	邱进坤	ZL2017201138249	一种新型家用橱柜	蓝玉	ZL2016211222950
无动力滚筒式粪液分离装置	罗平	201720034327X	一种可拆卸的组装橱柜	蓝玉	ZL2016211223436
一种清洁脚底沐浴垫	黄开枚	ZL2016209572640	一种搅拌箱用双口出料管	蓝玉	ZL2016213285329
一种多层移动应急休息车的爬梯装置	陈欣仪 官世威 陈猛	ZL2016208195572	一种切管机	蓝玉	ZL2016213290488
一种中药保存用固定罩	陈凌云	ZL2016214557655	一种低能耗的烤烟系统	彭国华	ZL201720030523X
一种节省原料高性能抽出式开关柜	邱进坤	ZL201720113808X	钻石碗型砂轮包装盒	龚荣顺	ZL2017301086061
挂瓶输液自动报警关闭装置	张正勤 黄永春	ZL201620994675.7	充电器(2016306155044)	罗竹先	ZL2016306155044
一种多功能枕头	俞龙洲	ZL2016206835790	充电器(2017300218082)	罗竹先	ZL2017300218082
一种咖啡杯	俞龙洲	ZL2016206835767	大电流母插	毛忠民 何永武	ZL2017200350841
吊灯(1968)	黄彩元	ZL2017301202594	一种抗疲劳垫	黄开枚	ZL2016209984975
吊灯灯头(1118/梅)	黄彩元	ZL2017301200230	儿童床	黄良全	ZL2017300633598
吊灯灯头(1118/菊)	黄彩元	ZL2017301200226	台灯(TD 027)	周博文	ZL2017301602135
吊灯灯头(1118/竹)	黄彩元	ZL2017301202433	台灯(TD 023)	周博文	ZL201730160214X
吸顶灯(1968)	黄彩元	ZL2017301197990	台灯(TD 024)	周博文	ZL2017301602385
			包装袋(粘米粉)	林洪发	ZL2017301069564
			一种绝缘安全高压柜	邱进坤	ZL2017201138075
			一种带有报警功能的抽出式开关柜	邱进坤	ZL2017201137994
			一种偏心曲转仿真按摩器	谢庆生	ZL2016206361135
			一种远程供排水车	廖婕 官翠华 官世威 张海丰	ZL2017201048717

续表 24

名称	发明人	申请号
一种中药生产用发酵罐	陈凌云	ZL2016214564502
一种高速公路避险车道	官翠华 廖婕 陈猛	ZL2016214675952
一种密封圈以及安装有该密封圈的伸缩管和旋转法兰	廖婕 陈东青 陈猛	ZL2016213588035
一种电子锁具	刘天发	ZL2017202345922
一种误踩油门变刹车系统中油门踏板臂复位机构	黄文年	ZL201720007449X
一种误踩油门变刹车系统的刹车补偿机构	黄文年	ZL2017200061324
一种与测距雷达相结合的误踩油门变刹车系统	黄文年	ZL2017200062948
一种改良的误踩油门变刹车系统	黄文年	ZL2017200067424
一种误踩油门变刹车系统中快速踩和超限踩的检测机构	黄文年	ZL2017200074697
按摩棒	黄启森	ZL2017300133120
一种 PH 计安装检测装置	李辉德 张小玲	ZL2017202464391
一种用于中药发酵的电磁搅拌分离装置	陈凌云	ZL201621454896.1
灯(2198)	黄彩元	ZL201730160056.8
台灯(TD 021)	汤冬华	ZL2017301603284
台灯(TD 022)	汤冬华	ZL201730160239X
台灯(TD 019)	汤冬华	ZL2017301603301
台灯(TD 025)	汤冬华	ZL2017301602370
一种全自动割草机	刘天发	201720266918X
一种新型锁具	刘天发	ZL2017202345852
一种智能锁具	刘天发	ZL2017202347167
一种新型双扇头风扇	刘春燕	ZL2017202345265
一种工业废物焚烧炉	沈声增	ZL2017202908458
一种防水电磁炉	刘轩华 刘春燕	ZL2017202172020
一种具备易拔功能的插座	刘春燕	ZL2017202977462
一种新型结构工艺品手机支架	刘春燕	ZL2017203089919
一种 360 度全景摄像头	蓝永连	ZL2017202909569
一种可自动翻译多种语言的电视机	蓝永连	ZL201720319647X
一种机械专用电控箱	刘春燕	ZL201720327798X
从低品位次生硫化铜矿中回收铜的方法	谭希发	ZL2016101266228
从富铼渣中综合回收铜铼的方法	张焕然	ZL2016101266209
一种被 Cu2+活化的黄铁矿与辉铜矿的低碱度浮选分离方法	杨远坤	ZL2016101266143
一种带有无线摄像头的 LED 路灯	丘振良	ZL2017200434777
新型用于灯头散热器的连续喷涂装置	朱贵兴	ZL2017201095417
灯头散热器的连续喷涂装置	朱贵兴	ZL2017201095421
一种螺纹钢筋可自动翻转的连续喷砂装置	朱国豪	ZL2017201622010
一种用于螺纹钢筋可升降连续喷砂装置	朱国豪	ZL2017201622063
一种低压电输入电源	丘振良	ZL2017203377102
一种智能化油烟机	刘天发	ZL2017202277681
灯(2198 圆)	黄彩元	ZL2017301600500
一种分析仪在线安装维护装置	李辉德 张小玲	ZL2017202878518
一种电缆接头监测保护装置	吴孔声	ZL2016213927918
一种农业机械自动化耕地测量仪	苏国钦	ZL2017203060164
一种搅拌器用搅拌杆	苏国钦	ZL2017203090687
一种无线控制器	苏国钦	ZL2017203063266
一种颗粒肥料流体施肥装置	苏国钦	ZL2017203060179
一种用于农业机械散热器的减震装置	苏国钦	ZL2017203090831
水果盘(995)	陈喜贤	ZL2017301731333

续表 24

名称	发明人	申请号
烟灰缸(996)	陈喜贤	ZL2017301732073
一种带有漏电提示装置的充电桩	邱进坤	ZL2017203793555
一种便于清理的排风设备	陈炳如	ZL2017201933541
一种带喷雾功能的折叠式风扇	阙银才	ZL201720321080X
挂钩	阙银才	ZL2017300991827
台灯(TD 026)	汤冬华	ZL2017301602154
台灯(TD 020)	汤冬华	ZL2017301603299
台灯座(TD 028)	汤冬华	ZL2017302533791
一种新型电脑显示屏	苏国钦	ZL2017203062530
一种带有温度检测装置的充电桩	邱进坤	ZL2017203793540
一种误踩油门变刹车系统中联动臂回位与固定分离机构	黄文年	ZL2017200074625
一种农业机械种肥箱	蓝燕	zl2017202993662
一种新型农业机械分苗装置	张德应	ZL201720299234X
一种智能收割机	刘春燕	ZL201720327318X
一种全自动割草机械	蓝燕	ZL2017202997610
一种多用途农业机械	蓝燕	ZL2017202874697
一种果树用自动喷药机	刘春燕	ZL2017203278431
一种多功能旅行环保袋	蓝文文	ZL2017202850052
一种多模式互动式益智玩具	张德应	ZL2017202850033
一种工业废物燃烧硫化气体处理装置	刘春燕	ZL201720305621X
一种节能碾米机	蓝文文	ZL2017202852170
一种新型智能超市碾米机	蓝永连	ZL201720278975X
一种全自动碾米机的出料装置	蓝永连	ZL2017202789567
一种花生仁筛选机	刘天发	ZL2017202666656
一种垃圾设备的自动清洗装置	蓝燕	ZL2017203064080
一种多关节机械手	张德应	ZL2017202915292
一种汽车安全座椅	王琳荣	ZL2017203415320
一种带有自动报警装置的自行车	蓝燕	ZL201720278936X
一种船用喷水推进器	俞桂周	ZL2017204414946
一种环保口香糖瓶	张德应	ZL2017202789711
一种新型多功能垃圾箱	刘春燕	ZL2017203052897
一种用于摊放和收集油茶果的装置	巫建烽	ZL2017203944790
一种新型纺纱机械	蓝文文	ZL2017203059862
一种农用机械传动箱	蓝永连	ZL2017203197025
一种烛台	俞桂周	ZL2017204489497
一种家用电器智能控制装置	刘春燕	ZL2017203274939
一种便于搬运的门前石雕像	俞桂周	ZL2017204428474
一种彩票期号统计板	巫建烽	ZL2017203945045
矫正带	袁元生	ZL2017302026388
台灯座(TD 029)	汤冬华	ZL2017302536094
粪尿分离设备	罗平	ZL2017300133811
一种铁皮雨棚的消音贴	巫建烽	ZL2017203945064
一种新型爆破管	林庆长	ZL2017202465604
一种油茶果晒干装置	巫建烽	ZL2017203944752
一种哑铃架	俞桂周	ZL2017204571699
一种便于清洁的剑鞘	巫建烽	ZL2017205159583
一种花盆	巫建烽	ZL2017205095685
灯(2116)	黄彩元	ZL2017301627698
灯(303)	黄彩元	ZL2017301627857
灯(302)	黄彩元	ZL2017301627912
灯(301)	黄彩元	ZL2017301627927
灯(5118)	黄彩元	ZL2017301653283

续表 24

名称	发明人	申请号
从铜冶炼废酸中快速回收铼、铜、铅的方法及其装置	刘晓英 邱逢杭 林锦富 苏秀珠 熊家春 刘长东 刘招平 王俊娥 林泓富 张焕然 衷水平 吴健辉	ZL2016101266196
一种用于翻动稻谷的装置	俞桂周	ZL2017204414931
一种有机化学反应的抽风装置	李斌 程思聪	ZL2017204858415
一种循环流化床炉钟罩式风帽拆装装置	周斌	ZL2017203888146
一种具有故障监测功能的灯具底座及灯具监测系统	吴添娣	ZL2017205522416
一种城市绿道行走记录系统	吴添娣	ZL2017205425223
低温低压逆流浸出铜阳极泥中碲的方法	王俊娥	ZL2016106838717
一种秸秆粉碎装置	阙优标	ZL2017203195937
一种便携式塑胶香烟盒	黄春连	ZL2017202636241
一种仿生眼镜盒	俞桂周	ZL201720448950X
一种家用哑铃箱	俞桂周	ZL2017204571701
一种语音互动玩具	张德应	ZL2017202916971
一种卧式搅拌箱用搅拌装置	阙优标	ZL2017203256945
一种有机化学反应杯	李斌 程思聪	ZL201720485842X
一种新型清洗风干机	阙优标	ZL2017203271625
一种切片菜刀	巫建烽	ZL2017205095666
一种自动切纸机	阙优标	ZL2017203358205
一种橡胶冲切用自动化卸料装置	阙优标	ZL2017203260936
一种自行车可调节车座	阙优标	ZL2017203350260
一种两用自行车后座	阙优标	ZL2017203288448
一种自行车折叠挡泥板	阙优标	ZL2017203358281
一种新型电动自行车	蓝燕	ZL2017202789139
一种自动调压倾翻台系统	李辉德	ZL2017205220740
一种简易实用的洗衣机脱水桶平衡装置	阙优标	ZL2017203195015
一种建筑机械的爬升装置	张德应	ZL2017202789726
一种全自动凿孔机	蓝文文	ZL2017203278272
一种新型多功能纯净型空气加湿器	黄顺明	ZL2017204579741
一种具有温度控制的血液保存箱	阙优标	ZL2017203195941
一种具有自动复位功能的汽车地磅	黄顺明	ZL2017204675749
一种自拍补光装置	吴添娣	ZL2017205642776
一种利用光动能的智能夜视手表	蓝燕	ZL2017202977320
一种具有定时开关功能的路由器	吴添娣	ZL2017205422598
一种办公设备智能节电装置	蓝永连	ZL201720517462X
拉伸式舞台吸顶灯	袁月明	ZL2017302976342
网线连接器	刘文寿	ZL2017302642591
测试仪(SY 468A 组件)	刘文寿	ZL2017302646291
吊灯灯头(1118/兰)	黄彩元	ZL2017301202452
一种木材加工的切割装置	苏国钦	ZL2017203089548
一种新型防爆电机设备	林振裕	ZL2017206143008
一种山茶油胶囊低温制备方法及其脱臭电解设备	胡发庭	ZL2014108477042
一种电机设备快速拆卸装置	林振裕	201720614667X
一种快速收放式折叠爬梯	薛国文	ZL2017203763507
一种带有夜晚提示装置的充电桩	邱进坤	ZL201720378955X
一种畜牧养殖场所的自动加湿降温装置	蓝富生	ZL2017203927314
一种智能防火百叶窗装置	薛国文	ZL2017203930590
一种用于高层建筑的消防逃生装置	薛国文	ZL2017203933067

续表 24

名称	发明人	申请号
一种折叠式捕鱼笼具	刘秋连	ZL2017204188023
一种带消毒装置的安全畜牧饮水槽	蓝富生	ZL2017203716953
一种用于双杠训练的体操训练器械	丘冬娇	ZL2017203784700
一种击剑运动员体能测试训练装置	丘冬娇	ZL2017203869501
一种新型击剑护脸面罩	丘冬娇	ZL2017203928976
一种具有保护功能的变压器及变压系统	唐露萍	ZL2017205422545
一种排球扣球训练装置	丘冬娇	ZL2017203930567
一种高效省力的淡水湖捕鱼装置	刘秋连	ZL2017204215779
一种畜牧场中的灭蚊设备	蓝富生	ZL2017203926769
一种智能型舞蹈形体训练装置	丘冬娇	ZL2017203930571
一种自动扶梯消防控制装置	薛国文	ZL2017203933315
一种新型蓄牧保健床	蓝富生	ZL2017203926773
一种高层建筑楼层消防救生装置	薛国文	ZL2017203930586
灯(305)	黄彩元	ZL2017301627700
一种油茶果晒干辅助装置	巫建烽	zl2017203944911
粉末冶金法制备高硅铝合金的方法	谢建干	ZL2016108083196
一种可以打磨厚板光滑度的装置	钟建	ZL2017206890472
一种多管口的节能真空泵	林炜	ZL2017206888538
一种用于家庭的电机	钟建	ZL2017206890947
花瓶摆件	陈富华	ZL2017302013941
环保空调触摸式变频控制面板	吴添娣	ZL2017303058136
环保空调变频控制盒	吴添娣	ZL2017303060812
一种可移动式的吊篮架装置	钟建	ZL2017206886994
一种用于切割塑料的切刀装置	钟建	ZL2017206891070
一种工作效率高用于涂膜机的分切装置	林炜	ZL2017206887732
一种使用方便的全自动钉箱机	钟建	ZL2017206888260
多糖生产装置及多糖生产系统	唐玉泰 吴永康 李荣德 邱德如	ZL2017205324186
一种可调节高度的防静电地板	钟建	ZL201720688698X
一种结构简单的取土器	林炜	ZL2017206887751
一种用于伸缩杆的固定装置	钟建	ZL201720689109X
光伏支架、光伏支架组和光伏发电设备	唐玉泰 吴永康 李荣德 邱德如	ZL2017205324190
台灯座(TD 030)	周博文	ZL201730253608X
一种新型固定式消防设备	薛国文	ZL201720393276X
一种带有补球功能的乒乓球桌	丘冬娇	ZL2017206505263
一种编织机编织切换装置	刘秋连	ZL2017206506798
一种用于纺织车间的智能除毛机	刘秋连	ZL2017206568169
一种挖掘机改进型松土斗	温能灿	ZL2017206573383
一种挖掘机动臂折叠装置	温能灿	ZL2017206578917
一种纺织机多工位加工设备	刘秋连	ZL2017207214462
一种智能陪玩机器人玩具	蓝永连	ZL2017203277994
一种多功能体操训练装置	丘冬娇	ZL2017203763494
一种挖掘机斗齿的更换装置	温能灿	ZL2017206504148
一种纺织机械中的防绞纱装置	刘秋连	ZL201720650530X
一种具有散热灯架的纺织装置	刘秋连	ZL2017206567791
一种新型纺织设备用润滑装置	不公告发明人	ZL2017207213370
一种新型农业播种机械	刘春燕	ZL2017203278003

续表 24

名称	发明人	申请号	名称	发明人	申请号
一种便携式对讲机无线充电器	薛国文	ZL2017206504966	花瓶(997)	陈喜贤	ZL2017302624875
			花瓶(999)	陈喜贤	ZL201730262488X
一种高效散热型对讲机	薛国文	ZL2017206506618	花瓶(960)	陈喜贤	ZL2017301732637
一种家禽自动喂料机的下料装置	蓝富生	ZL2017206572041	环保空调变频控制器	吴添娣	ZL2017303060827
			天花灯(TH023 3T)	周博文	ZL2017303432779
一种智能防水型对讲机	薛国文	ZL2017206579977	一种高效节能林业育苗装置	不公告发明人	ZL2017206505282
一种纺织品印染设备	不公告发明人	ZL2017207321680	一种设有延伸槽的家禽养殖防冻饮水器	不公告发明人	ZL2017206568188
一种智能化自行车刹车器	刘春燕	ZL2017203281839	一种智能胸围	陈猛	ZL2016214675948
一种安保用对讲机	薛国文	ZL2017206505884	一种智能胸围的胸围测量装置	官翠华 廖婕 陈猛	ZL2016214662628
一种多功能的防摔对讲机	薛国文	ZL2017206507663			
一种设有照明功能的对讲机	薛国文	ZL2017206567927			
一种家禽养殖大棚污水自动处理装置	蓝富生	ZL2017206568794	一种感应式篮球架	丘冬娇	ZL201720650442X
			一种跆拳道训练用拿靶装置	丘冬娇	ZL2017206568830
一种羽毛球自动发球机	丘冬娇	ZL2017206576023			
一种全自动数控的纺织机械设备	刘秋连	ZL2017207211479	一种有机化学反应装置	李斌 程思聪	ZL2017204853271
一种房屋外墙结构		ZL2017207213099	一种可调节式纺织纱架	刘秋连	ZL2017206575533
一种多功能药材挖掘机	温能灿	ZL2017207317651	一种防火防水疏散逃生电梯	蓝永连	ZL2017205172855
一种抽屉式双层电磁炉	刘春燕	ZL2017202175033			
一种自动声光捕鱼装置	刘秋连	ZL2017204188038	一种液压挖掘机	不公告发明人	ZL2017207275108
一种挖掘机大臂助力器	温能灿	ZL2017206504449	一种多功能挖掘机液压抓钳器	不公告发明人	ZL2017207213968
一种针织横机的沉降片装置	刘秋连	ZL2017206568614			
一种新型挖掘机液压泵	温能灿	ZL2017206569195	一种使用方便挖掘机用推土铲	不公告发明人	ZL2017207214481
一种具有自动清理功能的搅拌器	钟建	ZL2017206888082	一种多功能挖掘机用斗齿	不公告发明人	ZL2017206506976
一种生产沙拉酱用的搅拌装置	钟建	ZL2017206890576	一种防水房屋外墙结构	不公告发明人	ZL201720721427X
一种改进型房屋外墙结构	丘小琴	ZL2017207212556	一种高强度外墙与楼板安装结构	不公告发明人	ZL2017207275606
一种纺织设备专用减震吸尘机架		ZL2017207213987	一种新型密封型挖掘机油缸	不公告发明人	ZL2017207275979
一种带混凝土挂板的房屋外墙结构		ZL2017207214087	一种挖掘机智能回转减速机	不公告发明人	ZL201720727683X
收纳盒(1001)	陈喜贤	ZL201730262505X	一种密封圈及其在伸缩管和旋转法兰上的安装方法	陈猛 陈东青 廖婕	ZL201611140005X
收纳盒(1000)	陈喜贤	ZL2017302625064			
花瓶(998)	陈喜贤	ZL2017302622545			

■ 防震减灾

【监测预报】 2017年，上杭县更新"三网一员"（地震宏观测报网、地震灾情速报网、地震知识宣传网，防震减灾助理员）队伍并开展培训工作，将群测群防工作延伸至每一个村居，做到纵向到底。3月31日，召开全县防震减灾工作会议暨三网一员培训会，县抗震救灾指挥部成员单位、各乡镇分管领导、地震宏观观测员等80余人参会培训。开展宏观观测点运行管理检查，加强规范地震异常处置机制，及时上报并处理各类异常情况。加强地震监测设施建设和保护工作，对全县3个地震微震台（下都镇吉安村、蓝溪镇冯石村、临城镇九仙湖）、1个地震强震台（上杭职业中专学校）、1个GPS基准站和北斗框架网基准站（临城镇璜岗村）开展巡查和维护工作。加快推进地震预警系统建设，完成地震预警信息节点建设工作。

【震害防御】 2017年，上杭县加强地震应急避难场所建设。全年建成下都、庐丰、稔田、茶地、太拔、溪口等6个地震应急避难场所，各地震应急避难场所均配备应急供水、供电、应急厕所、应急淋浴、应急停车、应急指挥等设施设备。至年底，全县有地震应急避难场所14个。

【应急救援】 2017年，上杭县修订完善《上杭县地震应急预案》，制订相应地震应急处置流程图。把防震减灾知识纳入学校安全教育内容，组织中小学校、幼儿园积极开展地震应急疏散演练。组织上杭供电公司、中国移动上杭分公司等大型企业开展地震应急演练3次。对上杭县地震应急专业救援队、青年志愿者地震应急救援队骨干队、紫金山金铜矿矿山救护队等救援队伍开展地震应急培训和演练各1次。上杭县地震办获评福建省地震局"2017年度地震应急救援工作"优秀奖。

2017年9月17日，上杭县全国科普日活动——科普走进文化中都联合行动
（龙岩市科学技术协会供稿）

【防震减灾宣传】 2017年，上杭县开展防震减灾宣传教育"五进"（进农村、进学校、进社区、进机关、进企业）活动，组织地震科普宣讲团及其成员在各乡镇开展巡回宣传，开展地震科普知识巡回宣传39场次，其中乡镇6次，幼儿园7次，小学8次，中学7次，职专1次，县直单位8次，大型企业2次，参加讲座人数总计8000人次以上。把《福建省防震减灾条例》纳入公职人员学法考试内容，县防震减灾工作总结文章《基层防震减灾宣传工作的探索》入选中国地震局期刊《市县防震减灾》，上杭县地震办获福建省地震局"2017年度市县防震减灾工作年度考核"先进单位。

■ 教育

【概况】 2017年，上杭县有幼儿班657个（其中，公办园390个班、民办园267个班），招生6850人，在园幼儿22196人，学前三年幼儿入园率98.3%，学前一年入园率100%；小学56所，招生4879人，完成任务100%，在校生25531人，其中城区小学9所，计划招收41个班级共2050人，实际招收2005人；七年级招生4016人，完成任务100%，初中在校生11082人；高一招生2128人，完成任务98.5%，高中在校生6640人；职校1所，招生926人，完成率为123.5%，在校生2819人；特殊教育学校1所，在校生134人；福建电大上杭工作站2017年招生220人，居全市县级电大工作站第一。

【教育项目建设】 公办幼儿园项目建设 2017年，上杭县开工建设上杭湖洋中心幼儿园、通贤岭头幼儿园，建筑面积5706平方米，计划总投资2000万元，至2017年底完成投资1100万元。

"全面改薄"工程 计划投入中央资金1915万元，建筑面积7160平方米。至2017年底，竣工3个，在建3个，完成投资1750万元。建成职业中专绿色建筑实训基地项目。

教育信息化项目 完成部分学校"三通两平台"（宽带网络校校通、优质资源班班通、网络学习空间人人通；建设教育资源公共服务平台和教育管理公共服务平台）建设，全年完成投资1000万元。

校舍安全建设项目　推进中小学校舍安全建设项目，完成6个中小学校舍安全保障长效机制项目，重建中小学校舍项目35个，完成投资2450万元。

薄弱普通高中改造提升工程　新建上杭一中九层框架结构综合楼和三层框架结构校史展览馆，完成投资1000万元。

【教师队伍建设】　师德师风　2017年，上杭县开展“师德师风”建设年活动，组织举办师德师风报告会、师德标兵报告会，举办“我的师德故事”演讲比赛等，常态化开展师德师风学习教育活动，引导广大教师争做“四有”教师。教师节期间，邀请国内著名专家为城区中小学教师作师德教育专题报告，激发广大教师干事创业激情。开展多层面的“师德评议”活动，通过“学生评教师”“教师评校长”和“社会评学校”为基本内容的“三评”活动，以及社会问卷调查和召开座谈会等形式，摸清师德师风建设工作存在的突出问题，使学校开展师德师风整治更有目的性，增强师德师风建设的针对性和实效性。抓好治理教师违规从教行为，要求全县各校利用教师例会、宣传栏、校园网等，抓紧抓早组织全体教职工原原本本学习市教育局有关文件精神，深刻认识违规从教行为36种情形的危害性。组织教职工对照36种情形进行自查自纠，要求每一位教师作出规范从教承诺，规范从教行为。持续开展师德评优活动，上杭职专教师吴永康获省首届“最美教师”提名奖，全市唯一获此殊荣；上杭二中教师丘银生获龙岩市“最美教师”，同时荣登福建省“最美教师”候选人。

体制机制　加强学校领导班子管理，健全完善校级领导班子管理制度，开展校级班子及成员全面考核活动，做好后备干部推荐考察工作，运用考核结果，优化学校领导班子队伍，建设后备干部队伍。实施《乡村教师支持计划》和《上杭县教职工绩效考核激励方案》，充分调动广大教师特别是农村教师教书育人的工作积极性。优化教师队伍结构，做好师资的增补工作，结合教师队伍现状，全年共招聘新任教师123名，其中小学教师70人、幼儿教师35人、职专教师6人、中学教师7人、上杭一中专项招聘优秀高校毕业生5人，有效缓解教师年龄结构老化和学科结构矛盾问题。突破体制机制，专项招聘“985”工程优秀高校（兰州大学、中国农业大学）毕业生2名到上杭一中从教，储备优质师资；实施义务教育阶段学校教师校际交流工作，全年选派355名教师（其中，幼儿园教师57人、小学教师148人、中学教师150人）参加校际交流，占应交流人数的12.5%。做好教师调配，促进教育均衡，顺利完成城区初中学校及上杭四中高中部教师均衡配置电脑派位工作。组织城区小学面向农村学校教师遴选考试工作，全年遴选19人，缓解城区小学师资较紧问题。选派龙田中学曾尚锦老师赴西藏昌都市支教，湖洋中心小学老师赴武平县支教。实施中小学富余教师分流，全年中小学富余学科教师办理提前退休24人。做好原公办民办代课教师相关待遇的落实工作，出台相关政策，各项工作全面有序稳步推进。2017年，向已经落实的第一批达到退休年龄的原民办代课教师1319人，发放补助金252.38万元。

业务培训　2017年，加强教师中小学校长培训，组织全县60多名中小学校（园）长到清华大学参加校长创新管理培训。组织全县近5000名专业教师参加信息技术能力提升工程培训，促进信息技术与学科教学的深度融合，提升信息化时代教师专业技术整体水平。组织举办初中、小学骨干班主任、骨干语文、数学教师培训和2017年新任教师岗前培训，进一步提升教师的专化业化水平。举办“智慧课堂创新教学种子教师工作坊”人员培训，提升信息技术与课程深度融合应用水平。开展教师岗位练兵，承办龙岩市普通高中教学开放周活动，加强高中教师教育教学能力培养。组织教师参加2017“一师一优课，一课一名师”活动；加强片区化教

2017年7月21日，上杭县中小学幼儿园新任教师岗前培训

（县教育局供稿）

学管理，实行片区教研汇报课制度。抓好“送培下乡”“名师送教”等活动的常态开展，全县中小学校“请进来”县外专家、“名师”、教授讲学80多人次，受益教师2300多人。11月，承办龙岩市普通高中教学开放周活动，加强高中教师教育教学能力培养。2017年，28位中小学名师、骨干教师深入农村中小学校开展“送教下乡”活动。

【素质教育】 *规范办学行为* 2017年，上杭县教育局加强教育教学常规督查，规范中小学办学行为。执行国家课程计划，减轻中小学生过重课业和心理负担，推进教育以人为本、科学发展。

深化课程改革 推进义务教育阶段学校“先学后教，高效课堂”课改实验，提高义务教育阶段实施新课程教学水平和课堂教学质量；推进课堂教学改革，实施高中新课程实验工作，创设自主学习研讨平台，培养学生自主创新意识和能力。抓好初三、高三毕业班工作，实行局领导、进校教研员挂钩高三毕业班工作制度，推行进校教研员挂钩薄弱学校、薄弱学科制度，建立全面提升教育教学质量长效机制。

青少年思想道德建设工作 开展“中国梦和社会主义核心价值观”主题宣传活动，围绕“立德树人”根本任务，发挥课堂教学主渠道作用，挖掘各种教育资源，学习中共十八大及十八届历次全会和习近平总书记系列重要讲话精神；推进社会主义核心价值观进教材、进课堂、进头脑；开展“喜迎十九大，争当文明人”主题征文活动，广大中小学生踊跃参与，共评出一等奖10篇、二等奖20篇、三等奖40篇。开展“学雷锋”志愿服务活动，围绕主题，创新形式、丰富载体，开展邻里守望、奉献爱心、结对帮扶、党员志愿者、文明劝导等志愿服务活动，弘扬雷锋精神和“奉献、友爱、互助、进步”的志愿精神，推动学雷锋活动常态化、制度化。开展“评选美德少年”和“百名先进进校园”等活动，组织学生登陆福建文明风和龙岩文明网学习了解美德少年事迹，为美德少年点赞，县三中何婧茹等4名学生获2017年度龙岩市“美德少年”称号。突出以敬业和诚信为重点，通过开展以诚信为主题校园广播、班队会、演讲、故事会、征文、专栏等形式，培养诚实守信良好习惯。6月，县教育局联合县诚信促进会开展“诚信之星”和“诚信教育活动工作先进个人”评选活动，30名中小学生被评为县中小学生“诚信之星”、10名中小学教师被评为“诚信教育活动工作先进个人”、2名学生被评为龙岩市“诚信之星”。开展禁毒宣传教育，组织开展禁毒图片展、禁毒教育专题报告会、主题班会等活动，推进校园禁毒宣传教育。

【学校安全稳定】 2017年，上杭县教育局完善学校综治安全“党政同责、一岗双责、齐抓共管”责任体系，召开全县中学校（幼儿园）校（园）长参加的学校安全工作专题会议，并与全县各中小学校长、幼儿园园长签订《上杭县学校综治安全工作责任书》。制订《上杭县教育系统安全大排查大整治工作方案》，采取学校自查、教育局督查和各相关单位联合督查相结合的方式，落实每月5日前后安全集中检查日检查制度，开展校园及周边安全隐患排查整治工作，全年县教育局主要领导带队检查10次，出动检查人员112人次，发出整改通知书8份，检查发现65处一般隐患，整改一般隐患65处。其中，3月和9月，结合开学工作督查，分为22个组，出动检查人员50人次，分赴全县各中小学校幼儿园进行检查。部门联动构建安全网络，会同公安交警、安监、交通等部门部署开展校车专项检查暨校车站点标识、标牌核定及安装验收。主动与市场监督管理局密切配合，抓好全县学校食品、饮用水卫生安全及传染病管理，开展安全培训。4月8—9日，组织全县300多名校园保安参加全县教育系统校园保安反恐培训；5月26日，组织全县各校（园）分管学校公共卫生管理工作的副校（园）长、学校校医和卫生联络员共130人参加学校公共卫生管理人员培训班；6月16日，召集龙岩市卫生计生委通报的重点管理托幼机构相关校（园）长，进行手足口病防控工作的培训和部署。开展校园安全教育，在全县中小学开展“第21个全国中小学生安全教育日”“4·15全民国家安全日”“防震减灾科普宣传教育”“防溺水”等一系列的专项宣传教育活动。开展安全宣传教育演练，引导学校、师生及家长参与安全教育，全县有111所学校，1376个班级，3408名教师，50334名学生加入安全教育平台，利用免费作业本封面背面及底面宣传“防火安全、游泳安全、食品卫生安全、道路交通安全”等安全知识，发放免费作业本30多万本。抓好开学初、放假前、节假日和汛期等重要时段，开展有针对性的安全教育，增强安全防范意识。

【教育惠民政策】 2017年，上杭县落实义务教育阶段公办学校学生免费提供教科书、作业本政策，全年免教科书费449万元，受益学生73394人次，配送免费作业本总计118万元。继续落实义务教育免除学杂费和公用经费补助（含寄宿生公用经费补助及小规模小学公用经费补助）政策，全年共计下拨资金3007.24万元，受益学生73394人次。继续实行农村义务教育学校寄宿生“营养改善工程”，全年下拨寄宿生营养改善补助费1026万元，受益学生17941人次。落实国家助学金制度，发放学前教育政府助学金180万元，受益幼儿1260人次；发放高中学生国家助学金141.14万元，受益学生1350人次；发放少数民族助学金33.85万元，受益学生677人次；对中职学校学生实行免除学费及发放生活补助费政策，全年发放中职助学金31.38万元，受益学生315人次；继续实施高中免费教育，共计补助1693.34万元，受益学生13435人次。做好社会助学工作，多渠道筹集助学资金，全年社会机构资助贫困学生815人，资助金额约158万元。落实进城经商务工人员子女在流入地免费接受义务教育政策，2017年秋季城区义务教育阶段公办学校接收656名进城经商务工人员子女就读。

【阳光招生】 2017年8月7日，上杭县纪委组织县教育局、国土局、人社局、编办、住建局、自来水公司及城区学校等26家单位主要负责人召开阳光招生工作推进会，分学段具体布置“阳光招生”工作。通过印制招生宣传册，利用电视、网络、微信等新型媒体，加大阳光招生宣传力度。县教育局成立17个监督小组，进驻各公办幼儿园及城区义务教育学校，对学校的招生环节进行全程监督，同时建立请托说情登记制度。9月，县教育局组织开展阳光招生“回头看”专项督查，取得良好效果。

【职业教育】 2017年，上杭县中职招生超额完成任务，确定建筑、幼师、机电、会计等4个专业为省市重点专业，新开设护理和航空专业，在校生2819人，15个专业，65个班级。与福建工程学院、闽南师范大学（原漳州师院）分别联办小自考大专建筑工程施工专业、学前教育专业，实现中职与高职学校衔接办学；与厦门城市学院、福建教育学院联办五年制大专班，实现中高职无缝对接。加强专业师资队伍建设，县职校专任教师合格率占65%，“双师型”教师达84人。推进基础能力建设，设有建筑、金属压力加工、机电、汽车、计算机、教育、财会商贸七大类实训基地，其中建筑和金属压力加工两个为国家级实训基地。

【学前教育】 2017年，上杭县做好学前教育“三年行动计划”项目规划建设，利用闲置并安全的校舍进行学前教育扩容，改善农村幼儿园、小学附设幼儿园（班）的办园条件。扩大幼儿园（班）布点的覆盖面，全年18个乡镇利用乡村中小学布局调整富余校舍改建幼儿园23所，改扩建面积为9.2万平方米。加强保教常规督查管理，发挥示范园示范辐射作用，开展片区幼教教研活动，开展全员岗位练兵、乡镇公办园幼教教学观摩评优等活动，逐步提升办园质量。加强师资进修培训，提高幼教素质，通过外出进修学习、暑期全员培训、新任教师培训、省级专家送培下乡、幼教教研员送教下乡等形式，提高幼教师资素质。加强民办园管理，规范办园行为，开展民办幼儿园年度检查工作，做好低收费民办幼儿园补助申报工作。联合交管等部门做好中小学幼儿园专用校车运行方案审核、标牌发放及交通安全管理等工作。

【教育督导】 *学校督导检查* 2017年，春季、秋季开学初，上杭县组织23个督导组到全县各校开展每学期初开学工作督查，就校园安全、学生准时返校情况、教师准时到位情况、教师新学期教育教学工作准备情况及存在的困难和问题进行督导检查，针对存在问题督促相关学校与相关部门做好整改工作，确保各中小学开学工作规范有序。组织开展教育教学常规督导检查，推进责任督学挂牌督导工作，组织责任督学开展开学工作督查，探索挂钩领导、挂钩干部、责任督学联合挂钩学校工作机制，联合教育局、教师进修学校相关职能股室，开展教育教学专项督查活动，促进中小学教育教学质量进一步提升。修订完善中小学目标管理评估意见，对设奖方案进行调整，科学组织2016—2017学年中小学目标管理评估，进一步提升评估权威性、导向性、和实效性。

乡镇教育督导 开展2016年乡镇教育工作督导评估工作，加强评估反馈工作，强化跟踪、促进整改，进一步推动各乡镇党委政府依法履行发展教育的责任。

省、市对县教育工作“两项督导”检查评估通过 10月中旬开始，做好迎检各类材料的收集、整理和归档工作，按时、保质完成各项准备工作，有关迎检工作得到省、市督导评估组的肯定。

完成2017年福建省义务教育质量监测工作 根据福建省2017年义务教育质量监测工作要求，县教育局、督导室、教师进修学校等相关部门密切配合，按时完成信息上报、动员部署、工作培训、测试工具准备、考前巡查等各项准备工作，12月28日完成本次质量监测各项任务。

【上杭县兴诚教育培训咨询服务有限公司成立】 2017年，为规范对外培训工作，上杭县委党校向县委、县政府提出成立上杭县兴诚教育培训咨询服务有限公司的建议意见。9月28日，县委常委、组织部长、党校校长徐峰在县委党校三楼会议室主持召开成立上杭县兴诚教育培训咨询服务有限公司专题会议。会议议定，由兴诚实业有限公司作为出资人，注册成立上杭县兴诚教育培训咨询服务有限公司，招聘财务人员1名，综合业务人员3名。

责任编辑： 袁发昌 钟梅娇

文化　体育

■ 文化

【概况】　设施建设　2017年，上杭县强化客家缘板块运营管理，完成县博物馆陈列布展工程；县城乡规划展示馆竣工验收；档案馆室内二次装修工程竣工并通过消防验收。客家族谱博物馆主体及一、二层局部装修工程，文化中心主体及演艺中心、公共大厅二次装修工程通过消防验收。办理完成档案馆、客族谱博物馆、文化中心不动产权证书。实施文体惠民工程，低保户、残疾人、贫困户、优抚对象等四类人员家庭5000户有线电视联网入户工作和每年30个薄弱村文体设施提升改造和8个乡村文体广电示范点建设全面完成。

文化活动　年内，开展群文、文艺演出活动。举办“文化上杭2017群文十大活动”；成功举办“上杭县纪念畲族民族成分恢复30周年暨首届‘三月三’畲族文化节”“家·梦开始的地方——何英李式耀原创歌曲音乐会”“白砂田公堂木偶文化节”“上杭丁酉年祭孔大典”和“第12届片区（泮境）农民文化体育节”等活动。县文化馆举办广场舞、排舞、少儿舞蹈培训班，开展全国首个“文化和自然遗产日”非遗宣传活动，开展13场非物质文化遗产进校园活动。县图书馆分别与县文明办、县交警大队合作，在未成年人心理健康辅导中心和交警大队设立7个百姓读书吧，推广阅读活动200多场，举办文化展览11场。开展文博宣传活动，举办专题展览6个，县博物馆全年组织举办临时展览、巡回展览、在线展览10个66场次，其中原创和输出展览5个，印发推介资料、宣传册页、报纸1.5万份（册），发放文化创意产品2000余套，深受社会各界好评。客家族谱博物馆举办“客家姓氏源流展”“走近客家”系列展等专题展览。开展文艺下乡、文艺演出进社区、进机关活动。“上杭傀儡戏”历时31年重返国际舞台，全年举办木偶公益巡演34场；古田民俗广场每月举行文艺演出5～8场；实施农村电影放映工程，全县331个行政村每年放映电影3972场次；出版《百姓故事报》12期3.6万份。2017年，县博物馆、毛泽东才溪乡调查纪念馆、客家族谱博物馆、县图书馆接待各类参观人员、读者约245万人次。

县文联举办“金秋圆梦·晚霞生辉”厦门老摄影家“走进上杭”采风摄影作品展；举办喜迎中共十九大“大美杭川”书画作品展；举办谢春池写作50周年座谈会暨《谢春池散文》首发式；举办第二届李辉选文学奖颁奖典礼；举办“平安上杭”主题书法笔会。举办闽西籍中国美协会员油画家走进上杭写生采风并举办“乡情浓彩”闽西籍油画家“新春上杭行”写生作品展。举办“大美畲乡”油画、水彩画作品展；举办福建省文联赴革命老区上杭通贤镇文化下乡。举办大型乡村文集《中都气派》首发式，来自省内近100位作家出席活动。举办庐丰畲族乡“三月三”征联获奖作品书法展。邀请天津美院教授、中国美协会员、杭籍在外油画家袁文斌及闽西籍中国美协会员油画家到上杭写生采风，并举办“乡情浓彩”闽西籍油画家“新春上杭行”。县摄协开设公益摄影讲座“我所理解的摄影人文精神”，邀请中国摄影家协会会员、福建省摄影家协会理事王世民在上杭县作如何投稿参赛讲座及作品点评。

文化品牌打造　是年，县图书馆通过国家一级馆验收；上杭客家族谱博物馆获批为“福建省对台交流基地”；启动闽西（上杭）傀儡戏申报国家级非物质文化遗产保护项目工作；启动“中华诗词之乡”创建工作。县文联打造“书画之乡”“上杭诗群”品牌建设。做好中国美术家协会古田写生基地工作。组织一批中国美协会员到上杭各地写生。举办“笔下有梦——第二届上杭当代书画十五家小品展”；配合举办“杭韵流馨——上杭书画作品展”；举办福建省书法家研究会会员作品巡回展走进上杭。配合办好“让小说走进人民”暨第八届“茅台杯”《小说选刊》年度大奖颁奖活动。举办“上杭文学与上杭诗群”座谈会。做好福建文学杂志社创作基地建设工作。组织文学作者进行采风活动，并定期举行交流会，提高县文学作者创作水平。

文化遗产保护　这一年，县博物馆、毛泽东才溪乡调查纪念馆征集各类藏品1600多件（套、册）。做好全国重点文物保护单位毛泽东才溪乡调查旧址群、临江楼、官田李氏大宗祠的保护规划编制工作，完成县级文物保护单位郎官第、下都百岁牌坊维修保护工作。完成省级文物保护单位中都存耕堂主座的修缮初验工作，做好第九批省级文物保护单位的申报工作，在2016年底向省局提出7处

2017 年 12 月 21 日，“诗韵杭川”晚会在上杭人民会堂举行

（县文体广电新闻出版局供稿）

文物保护单位申报第九批省级文物保护单位的基础上，追加碧沙红色交通站旧址（丁正昌号商铺）、大洋坝红色交通站旧址、院田乡苏维埃政府旧址等 3 处红色交通线文物申报第九批省级文物保护单位，获省文物局公示。注重文物调查和文物定级工作，全年开展革命文物调查并初步认定的革命文物 149 处，完成客家文物调查并登记客家文物 440 处，完成上杭县中央苏区红色交通线文物调查，登记红色交通线旧址 12 处。巡查不可移动文物 28 次 68 处，完成 5 个单位生产标准化建设的自评工作。新公布县级文物保护单位 7 处，至年底，全县有县级文物保护单位 82 处 91 点，省级文物保护单位 14 处 15 点，全国重点文物保护单位 4 处 11 点。

文化市场管理　加强对文化经营单位、歌舞娱乐市场、文艺演出的团体、网吧等的监督检查。全年出动执法人员 1100 余次，检查网吧、娱乐场所、演出场所等文化经营场所 330 余家次。收缴非法出版物 2630 余册（张），清除网上有害信息 148 条。强化行政审批管理，全年受理办件 88 件，其中即办件 65 件，承诺件 23 件，办结率 100%。

【“诗韵杭川”诗歌晚会】 2017 年 12 月 21 日，由龙岩市政府主办，市文广新局、上杭县政府承办的 2017 文化龙岩群文十大活动之“诗韵杭川”诗歌晚会在上杭人民会堂举行，来自各地的诗歌爱好者和上杭市民近千人观看演出。演出分为《诗满田园》《诗歌福地》《诗情热土》3 个篇章。表演形式新颖，有山歌演唱、书画表演、配乐诗朗诵、音舞诗表演、情景朗诵等形式，《美哉，上杭》《忆游上杭》《采桑子·重阳》《寄杭城》等众多脍炙人口的经典诗歌依次上演。

【中央歌剧院在才溪举行“三下乡”慰问演出】 2017 年 1 月 18 日，中央歌剧院的艺术家们到上杭县通贤镇和才溪镇举行“三下乡”慰问演出，为革命老区群众献上新春的祝福。

【城区孔庙举行祭孔大典】 2017 年 9 月 24 日，由上杭县文体广电新闻出版局主办，上杭县文化馆、龙岩市汉服文化研究会承办，上杭县广播电视台等单位协办的“上杭文庙丁酉年祭孔大典”在上杭文庙举行。上午 10 点，祭孔活动开始，随着赞礼官的唱赞，钟鼓齐鸣，文庙大成门缓缓开启，现场神圣而肃穆。佩戴黄色绶带的参祭人员在赞礼官引领下，踏着鼓点穿过石拱桥、中门右廊来到大殿前，祭拜大成至圣先师孔子。其间，演出执羽舞《子衿》、经典诵读《论语》、独舞《幽兰操》、汉舞《采薇》、射礼《君子之争》、武术《卧虎藏龙》、汉舞《礼仪之邦》等节目。以“乐、歌、舞、礼”四种艺术形式，形象阐释孔子“礼”的涵义。

2017 年 1 月 18 日，中央歌剧院歌唱家李金朔、高伟、陈淼、苏雪冰在才溪为观众演出

（县文体广电新闻出版局供稿）

2017 年 9 月 24 日，上杭文庙举行“祭孔大典”

（县文体广电新闻出版局供稿）

上杭县前一次举行祭孔活动在 1947 年 8 月，距今 70 年整。

【“金钟之星”艺术团送欢乐下基层慰问演出在才溪举行】 2017 年 10 月 30 日上午，中国音乐家协会，福建省委宣传部、省文联，龙岩市委、市政府在上杭毛泽东才溪乡调查纪念馆广场举行“金钟之星”艺术团送欢乐·下基层慰问演出。其间，金钟奖获得者和青年歌手同台演唱《我们从古田再出发》《共圆中国梦》《领航新时代》《美丽中国走起来》《走在小康路上》《我和我的祖国》《咱老百姓》《看山看水看中国》等群众耳熟能详的经典歌曲。

【“让小说走进人民”暨第八届“茅台杯”《小说选刊》年度大奖颁奖活动在上杭举行】 2017 年 6 月 19 日，“让小说走进人民”暨第八届“茅台杯”《小说选刊》年度大奖颁奖活动在上杭县客家缘文化中心举行。该奖项首次在福建省举办颁奖活动，也是上杭县历史上规格最高的文学盛会。活动由小说选刊杂志社、贵州茅台集团、福建省作协、福建省文学院、福建文学杂志社联合主办，中共上杭县委、上杭县人民政府承办。中国作协副主席、国务院参事、著名作家张抗抗，福建省政协副主席、省文联主席、省社科院院长、著名作家张帆（笔名南帆），茅台集团董事长、茅台股份公司董事长袁仁国，《小说选刊》副主编、鲁迅文学奖得主王干，吉林省作协主席、著名评论家张未民，福建省文联党组成员、书记处书记、副主席、小说家陈毅达，中国社会科学院研究员、鲁迅文学奖得主李洁非，贵州省作协副主席、作家、诗人赵剑平等，龙岩市人民政府副市长孙秋霞，中共上杭县委副书记、县长王波，中共上杭县委常委、宣传部长张北阳以及来自本省各地的作家代表近 100 人出席颁奖活动。

《小说选刊》是中国作家协会主管的唯一一家国家级大型文学选刊，以遴选优秀中短篇小说为己任，每年评选出 3 篇优秀中篇小说、3 篇优秀短篇小说和 1 篇优秀微型小说。《小说选刊》年度奖是在全国文学界具有重大影响的文学奖项。此次年度大奖共有 8 位作家获奖。

【“上杭傀儡戏”参加第五届中国泉州国际木偶节】 2017 年 12 月，上杭《多彩偶苑》参加第五届中国泉州国际木偶节，这是 1986 年后“上杭傀儡戏”作为福建省首批非物质文化遗产，再次登上国际舞台。

【县政府公布第 13 批县级文物保护单位】 2017 年 12 月 28 日，上杭县人民政府公布伍洪祥故居、丘复故居、旧县区苏维埃政府旧址（敦和堂）红色交通线接头点旧址（通济庵）、华家华氏民居、华家华氏寅山祠、新屋下蓝氏民居等 7 处旧址古迹为第 13 批县级文物保护单位，并划定其保护范围。

【出版物市场监管】2017 年，上杭县完

2017 年 10 月 30 日，金钟之星艺术团“送欢乐·下基层”慰问演出在毛泽东才溪乡调查纪念馆广场举行 （县文体广电新闻出版局供稿）

成24家出版发行单位2017年度全市出版发行单位年度核验，完成6家印刷企业2017年全市印刷企业年度核验，完成29家出版单位和6家印刷企业全国新闻出版统计工作。开展2017年印刷复制发行监管工作，组织辖区内印刷复制企业开展自查自纠，出动执法人员175人次，检查印刷复制发行企业35家次，收缴各类非法出版物124张（册）。做好一次性内部资料性出版物的审批报备工作，全年以内刊书号出版《上杭百姓故事报》《紫金矿业科技》等各类不同性质的出版物28种。

上杭傀儡戏进校园　　（县文体广电新闻出版局供稿）

2017年上杭县一次性内部资料性出版物审批情况表

表25

书　名	委印单位	承印单位	准印证号	批准时间
紫金矿业科技	紫金矿业股份有限公司	厦门市竞成印刷有限公司	（杭）新出〔2017〕内书第01号	2017.1.19
通贤镇志	通贤镇政府	上杭县腾达工贸经营部	（杭）新出〔2017〕内书第02号	2017.1.19
上杭百姓故事	上杭县文化馆	上杭县龙达文化印刷厂	（杭）新出〔2017〕内书第03号	2017.2.6
上杭百姓故事	上杭县文化馆	上杭县龙达文化印刷厂	（杭）新出〔2017〕内书第04号	2017.2.28
上杭百姓故事	上杭县文化馆	上杭县龙达文化印刷厂	（杭）新出〔2017〕内书第05号	2017.3.24
紫金矿业科技	紫金矿业股份有限公司	厦门市竞成印刷有限公司	（杭）新出〔2017〕内书第06号	2017.3.27
上杭百姓故事	上杭县文化馆	上杭县龙达文化印刷厂	（杭）新出〔2017〕内书第07号	2017.4.24
0-3岁婴幼儿早期发展家长指导手册	上杭县计划生育协会	龙岩市日升彩印有限公司	（杭）新出〔2017〕内书第08号	2017.5.5
上杭百姓故事	上杭县文化馆	上杭县龙达文化印刷厂	（杭）新出〔2017〕内书第09号	2017.5.27
上杭县档案志	上杭县档案局	龙岩东方彩印有限公司	（杭）新出〔2017〕内书第10号	2017.6.20
蜡烛之微光寒梅之坚韧	上杭县湖洋中心小学	龙岩市海得宝印刷有限公司	（杭）新出〔2017〕内书第11号	2017.6.27
上杭百姓故事	上杭县文化馆	上杭县龙达文化印刷厂	（杭）新出〔2017〕内书第12号	2017.7.4
紫金矿业科技	紫金矿业股份有限公司	厦门市竞成印刷有限公司	（杭）新出〔2017〕内书第13号	2017.7.5
上杭百姓故事	上杭县文化馆	上杭县龙达文化印刷厂	（杭）新出〔2017〕内书第14号	2017.12
上杭百姓故事	上杭县文化馆	上杭县龙达文化印刷厂	（杭）新出〔2017〕内书第15号	2017.8.23
蛟洋镇志	中共上杭县蛟洋镇委员会	龙岩市九州彩印有限公司	（杭）新出〔2017〕内书第16号	2017.9.2

续表25

书　名	委印单位	承印单位	准印证号	批准时间
小学经典读本 1-6 年级	上杭县教育局	上杭县第二中学印刷厂	(杭)新出〔2017〕内书第 17 号	2017. 9.20
上杭百姓故事	上杭县文化馆	上杭县龙达文化印刷厂	(杭)新出〔2017〕内书第 18 号	2017. 9.27
乡魂永驻	上杭县蛟洋镇人民政府	福州凯达印务有限公司	(杭)新出〔2017〕内书第 19 号	2017. 10. 10
中村村志	上杭县蛟洋镇人民政府	龙岩市闽希票印有限公司	(杭)新出〔2017〕内书第 20 号	2017. 10. 10
上杭县统计局年鉴	上杭县统计局	龙岩市海得宝印刷有限公司	(杭)新出〔2017〕内书第 21 号	2017. 10. 20
杭川胜境赤面石	湖洋镇涧头村	龙岩市日升彩印有限公司	(杭)新出〔2017〕内书第 22 号	2017. 10. 22
紫金矿业科技	紫金矿业股份有限公司	厦门市竞成印刷有限公司	(杭)新出〔2017〕内书第 23 号	2017. 10. 22
上杭百姓故事	上杭县文化馆	上杭县龙达文化印刷厂	(杭)新出〔2017〕内书第 24 号	2017. 10. 27
上杭百姓故事	上杭县文化馆	上杭县龙达文化印刷厂	(杭)新出〔2017〕内书第 25 号	2017. 11. 25
杭川警务	上杭县公安局	龙岩市驰远工贸有限公司	(杭)新出〔2017〕内书第 26 号	2017. 11
上杭客家始祖文化	上杭县客家联谊会	龙岩东方彩印有限公司	(杭)新出〔2017〕内书第 27 号	2017. 12. 10
紫金矿业科技	紫金矿业股份有限公司	厦门市竞成印刷有限公司	(杭)新出〔2017〕内书第 28 号	2017. 12

2017 年上杭县文联文艺创作主要成果表

表 26

作品名称	作　者	文艺门类	发表、出版、展览、演出获奖情况
小说《大名府》	李迎春	文学	获省委、省政府颁发的福建省第八届百花文艺奖三等奖
小说《百发百中》	李迎春	文学	获首届福建省中长篇小说双年榜中篇小说提名奖
散文《日子再难,也不能丢诚信》	熊永富	文学	获龙岩市第二届诚信征文三等奖
散文《蓝溪、蓝溪》	罗冬卿	文学	获第二届李辉选文学奖优秀奖
诗歌《无你有酒能何欢》(组诗)	刘佩光	文学	获首届“国际诗酒文化大会”优秀奖
诗歌《串珠之泪》(组诗)	刘佩光	文学	获 2017 第三届上海市民诗歌节一等奖
小说《红星别动队》	李迎春	文学	获《中国出版传媒商报》推荐“2017 年度影响力图书推展”
诗集《十里蛙声听山泉》	刘寿兴	文学	河南人民出版社出版
诗歌《窗外》《深海蚌心》《风杨》	李迎春　刘佩光　熊永富	文学	入选 2017 年《福建诗歌精选》
书法	丘仰文	书法	龙岩市防震减灾书法展优秀奖
书法	丘仰文	书法	入选市建军 90 周年书法展

续表26

作品名称	作　者	文艺门类	发表、出版、展览、演出获奖情况
书法作品《不忘初心牢记使命》	丘仰文	书法	发表于中国城乡金融报
书法作品	丘能鲁　温文茂 邹泉生　杨华林 郭胜初　丘仰文 叶政年　龚新城	书法	入选龙岩市防震减灾主题书法作品展
楷书	郭胜初	书法	入选龙岩市纪念建军暨南昌起义军入闽90周年书法作品展
书法作品	郭胜初	书法	入选龙岩市“中国人民解放军建军90周年”书法展
书法	邹泉生	书法	获龙岩市市防震减灾主题书法作品展二等奖
书法作品	郭建强　邹泉生 郭胜初　丘仰文 杨华林　张家贤 何育元　张　兴	书法	入选龙岩市政协书画室“走进新时代·翰墨政协情”书画展
书法	温文茂	书法	入选坚定信念廉政现行——福建省喜迎十九大廉政楹联书法作品邀请展
书法	温文茂	书法	入选坚定信念廉政现行——福建省喜迎十九大家规家训书法作品邀请展
国画《清风雀影玉枝摇》	何美玲	美术	入选中国文联、中国美协、书协举办的“中华情　中国梦”美术书法作品展
国画	唐保昌　谢天茂 吴福寿　汤发权	美术	入选“意之大者”第四届福建省写意画大展
油画《观音井那条小河》	张文忠	美术	入选福建省第21回东海浪(新人新作)展
油画《岩下听禅》	张文忠	美术	入选第二届福建省油画写生作品展
《新绿》油画	张文忠	美术	入选“莆阳雅集”福建省新文艺群体油画作品展
国画	孔繁春　黄　榕 廖旭霞　郭春生 吴添禄　李　强 郭如尊	美术	入选龙岩市政协书画室“走进新时代·翰墨政协情”书画展
摄影作品《88斤》	赖锦发	摄影	入选“大美渔村”全国赛
摄影作品《喜悦》	蓝善祥	摄影	入选“大美渔村”全国赛
摄影作品《流芳坊》	华彩文	摄影	入选八闽古建筑摄影比赛
摄影作品《补网》	赖登榕	摄影	获“幸福福鼎”全国摄影大赛优秀奖
摄影作品《佛法随缘》	赖登榕	摄影	获摄影禅修创作研修班优秀奖
摄影作品《幸福生活　伟伟道来》	王飞燕	摄影	获福建省总工会劳动美优秀奖
木偶《多彩偶苑》	邱保铭等	音乐	参加第五届中国泉州国际木偶节，获福建省文联、厦门市文联、福建省民协主办的“福建省民间木偶戏展演大赛暨首届福建民间文艺‘山茶花’奖民间艺术表演奖”金奖
木偶《降妖》	邱保铭等	音乐	参加由中国民间文艺家协会主办的全国木偶展演获银奖
木偶《木偶茶艺》	邱保铭等	音乐	参加由福建省委宣传部主办的 福建省茶文化艺术创作调演活动 获最佳表演奖

■ 档案

【概况】 开展档案法律法规专题调研 2017年9月13—14日，上杭县政府组成调研组，就乡镇贯彻执行《中华人民共和国档案法》等相关法律法规情况开展专题调研。调研组先后前往6个乡镇调查了解档案法规的宣传贯彻情况，并实地查看档案的收集整理、开发利用和安全管理等情况，召开6场次汇报座谈会。

制定档案管理工作规范性文件 2017年6月，上杭县出台《关于进一步加强档案管理工作的通知》，进一步明确乡镇和部门在档案管理体制机制，档案收集整理、保管，档案安全、档案监督执法、考核检查等方面的工作要求、工作职责，首次提出从2017年开始，将档案工作考评纳入县委、县政府对各乡镇、各单位、各部门的日常绩效管理的考核范畴，为全市首创。

档案创新工作取得新进展 2017年6月，完成上杭县档案数字档案馆建设方案的编写和评审。9月，才溪镇岭和村乡村记忆档案示范项目创建工作通过省、市档案主管部门验收。12月，完成县档案馆新馆展厅“杭川记忆——上杭档案精品展”展览方案的编写和评审。

【档案法律法规宣传】 2017年6月9日，上杭县档案局结合《中华人民共和国档案法》颁布30周年暨《福建省档案条例》颁布15周年，在江滨广场举行以“档案——我们共同的记忆”为主题的“6·9”国际档案日宣传活动，宣传普及档案法律法规等相关知识，接受群众咨询，现场发放宣传小册子、宣传单、宣传折页、宣传布袋、档案书籍等近2000份。在县电视台播放档案宣传口号标语，利用移动公司短信平台、上杭网微信平台，群发档案法律法规等相关知识的短信、微信1.8万多条，活动取得良好效果。

【档案编研】 2017年，在中国档案学会举办的第六届中国档案职业发展论坛上，县档案局选送的《浅谈档案部门对非物质文化遗产的保护——对闽西客家非物质文化遗产档案管理的思考》，被评选为第六届中国档案职业发展论坛二等奖。在福建省科协第十七届学术年会档案分会场论文征集中，报送论文10篇，其中《浅谈档案中介服务公司如何在档案信息化路上突围》被评选为三等奖，《浅论档案信息化建设的后发优势和后发劣势》《浅谈新常态下的档案信息化发展之策》被评选为优秀论文奖，上杭县成为龙岩市在省科协第十七届学术年会档案分会场获奖论文最多的县。2017年，完成《上杭档案志》《上杭汀江风情》画册的编纂工作。

【档案监督和安全监管】 2017年，上杭县档案局加大监督指导力度，创新监督指导的方式和内容，主动联系各有关单位，采取上门指导、跟踪服务、接受电话及网络咨询等方式，指导全县档案工作。业务人员深入基层督导档案资料收集、整理，从源头上保证档案材料的完整、齐全和安全。加强档案的安全管理，严格按照“八防”（防火、防盗、防潮湿、防高温、防鼠、防虫、防水、防污染）要求，完善安全管理制度，落实安全保管措施，确保档案的绝对安全和有效利用。7月4—11日，按照省、市档案局局要求，采取“双随机”（随机抽取检查对象，随机选派执法检查人员）方法，开展档案安全保密执法检查，全县抽查18个部门单位和2个乡镇，并根据检查发现的问题下发限期整改通知书。

【档案利用】 2017年，上杭县档案局推行便民措施，简化工作流程，完善服务平台，拓展服务领域，为各级领导和各单位决策提供信息参考，为人民群众解决实际难题。为方便人民群众就近查询档案，县档案局与市档案局签订档案跨馆利用协议，双方居民可异地跨馆利用馆藏档案。2017年，接待社会各界查档2481人次，提供档案3863卷（册），复印档案资料6851页。

【档案资料征集接收】 2017年，上杭县档案局接收进馆文书档案249卷444盒5154件，购置书籍资料120册。加强对县直机关和乡镇档案的整理力度，对全县21个乡镇和县经信科技局、卫计局、移民局等30多个单位档案进行规范整理。

■ 志鉴编纂

【概况】 《上杭年鉴（2017）》编纂出版 《上杭年鉴（2017）》全面、真实地记载2016年全县各行各业实施创新驱动、产业兴县、人才强县“三大战略”，打好项目落地、脱贫攻坚、生态环保“三大战役”，围绕实现“四个率先”、打造“四个上杭”所取得的新成就、新经验、新面貌，重点反映全县的大事、要事、新事和特事，着力体现时代特征、上杭特色、年度亮点。为确保按时保质保量完成年鉴编纂工作，县方志委组织起草《〈上杭年鉴〉（2017）编纂方案》，并由县政府予以批转。经过五次校对修改，主编总纂审稿后，2017年11月，由方志出版社出版发行。同时，完成《福建年鉴（2017）》《龙岩年鉴（2017）》有关上杭概况、特色条目的编写和图片征集工作，并及时上报省、市。

上杭方志网站建设 上杭县方志网站在借鉴各方志部门建设网站经验的基础上，突出上杭方志特色，界面分为工作动态、地情资料库、志鉴研究、上杭风物、史海钩沉、历史人物等模块，地情资料库用图片信息全面展示上杭近年出版的志书、年鉴、乡镇（部门）志及其他地情书刊，为读者了解查询资料提供信息平台，彰显上杭特色。

开展志书“四进”活动 在《上杭县志（1988—2003）》首发后，开展志书进机关、进学校、进社区、进农村“四进”活动，向全县机关、事业单位

2017年4月19日，市县方志委到庐丰乡召开《庐丰乡志》编纂工作会议（县方志委供稿）

免费发放县志、年鉴500余册；向县领导和全县各乡镇、单位赠送同治版《上杭县志》；结合党员进社区活动和精准扶贫等工作开展，向社区、农村赠送县志、年鉴，推动全县读志用志活动深入开展。

参加方志编纂工作经验交流 2017年4月，作为全省唯一的县级方志机构代表，县方志委领导与省方志委领导一起参加中央地方志指导小组办公室在陕西汉中召开的《汶川特大地震抗震救灾志》编纂工作经验交流会暨地方志质量建设研讨会。以奖代补、鼓励修志的举措对于保存当地的历史文化资源，推进文化上杭建设，提高全社会对方志工作的认知度起到重要作用。

【以奖代补鼓励修志】 志书编修出版 2017年，《上杭县广播电视志》《上杭档案志》《珊瑚乡志》《蛟洋镇中村志》《湖洋镇上罗村志》出版，县财拨付志书编修补助经费36万元。白砂镇、下都镇、临城镇、县供销社、数字建设办召开修志启动会，进入资料收集阶段，拨付志书编修启动经费15万元。审核验收《上杭县农业志》《太拔镇志》等。

确定第六批修志启动单位 根据部门申请和前期工作准备情况，经县政府研究，2017年12月29日，县政府办印发《关于确认第六批修志启动单位并认真做好志书编修工作的通知》，确定县商务局1个县直部门，官庄畲族乡官庄村、蛟洋镇丘坊村、湖洋镇湖洋村、珊瑚乡彩坑村、太拔镇大地村、旧县镇坝上村、下都镇象栏村等7个村共8个单位为第六批修志启动单位。

【旧志保护整理】 2017年，上杭县方志委搜集散失旧志，正视旧志搜集整理工作存在的困难和问题，有计划整理和研究上杭县历代旧志。通过对原志进行标点、校勘、注释，在2013年整理出版《杭川风物志》，2014年点校出版康熙版《上杭县志》，2016年点校出版乾隆版《上杭县志》的基础上，2017年9月，点校出版同治版《上杭县志》。

【《中国影像志·福建名镇》暨《八闽历史文化名镇名村影像志》开机仪式在上杭县举办】 2017年9月22日，《中国影像志·福建名镇》暨《八闽历史文化名镇名村影像志》开机仪式在上杭县古田镇举行。中共中央候补委员、中国社科院副院长、中国地方志指导小组常务副组长李培林，中国地方志指导小组秘书长、中国地方志指导小组办公室党组书记、主任冀祥德，福建省方志委主任陈秋平，副主任俞杰、林浩，龙岩市政府副市长郭丽珍，上杭县领导傅藏荣、王波及全省各设区市、平潭综合实验区方志机构负责人，全省方志系统和上杭县部分干部代表等100余人参加开机仪式及相关活动。上杭县方志委发挥自身优势，主动靠前协调，群策群力，完成《中国影像志·福建名镇》暨《八闽历史文化名镇名村影像志》开机仪式各项工作，得到参会领导及代表的肯定。

【《上杭年鉴(2017)》出版】 2017年11月，由上杭县人民政府主办，上杭县地方志编纂委员会编纂的《上杭年鉴(2017)》出版发行。该年鉴设23个部类、163个分类、759个条目，约65万字，全面、系统、翔实地记载2016年上杭县全面深化改革，实施创新驱动、产业兴县、人才强县“三大战略”，打好项目落地、脱贫攻坚、生态环保“三大战役”，围绕实现“四个率先”、打造“四个上杭”所取得的新成就、新经验、新面貌。该年鉴旨在“资政、教化、存史”，服务、科研、交流。

【《上杭县统计年鉴(2017)》出版】 2017年10月，《上杭县统计年鉴(2017)》出版发行，该书由县统计局、国家统计局上杭调查队承编，经龙岩市文化与出版局批准。该鉴是一部全面反映国民经济和社会发展情况的资料年刊，主要收录全县2016年和中华人民共和国成立以来重要年份经济社会发展的主要统计数据，以及全省各县市(区)2016年的主要统计数据。全书内容涵盖县域经济、国民经济核算、人口与劳动力、固定资产投资、人民生活、财政、金融、保险、农业、工业、建筑业、交通运输、邮电业、国内贸易、外经、旅游、科技、教育、文化、体育、卫生、社会福利与其他社会事业、物价指数，各乡镇主要经济指标、新中国成立以来主要经济指标、全市各县市主要经济指标、全省各县市主要经济指标、全省苏区县市资料及附录等内容。在正文的前面附有主要指标的统计图，在大部分篇章的后面附有主要统计指标解释。

【清同治《上杭县志》校注本出版】 2017年6月，(清)沈成国总纂、唐鉴荣校注、上杭县委书记傅藏荣、县长王波作序的《上杭县志》(清同治三年)校注本由方志出版社出版发行。

《上杭县志》(清同治三年)全书设14卷73.4万字。校注本对文字进行规范，增加注释，使之成为一部明白易懂的县情教育读本，对推进上杭文化强县建设以及推动该县经济、旅游和海内外乡亲寻根谒祖发挥积极作用。

【《珊瑚乡志》出版】 2017年9月，《珊瑚乡志》出版发行。该志采用“述、记、志、传、图、表、录”等体裁，全书设20章87节73.6万字。全面系统记述珊瑚的自然、经济、政治、文化、社会等历史与现状。是一部集思想性、科学性、资料性于一体的历史全书，同时亦是知乡爱乡和进行革命传统教育的好教材。

广播影视

【概况】 2017年，上杭县广电部门做好农村有线广播“村村响”提升工程工作。落实县委、县政府2017年为民办实事项目。完成低保户、残疾人、贫困户、优抚对象四类家庭收看有线数字电视5000户的安装入户工作。完成广播电视节目无线数字化覆盖工程，16套中央、省、市、县电视节目正式开播。开展整治非法卫星地面接收设施、打击治理“黑广播”违法犯罪等专项行动。做好元旦、春节、全国“两会”和中共十九大、厦门金砖会晤等重要敏感期广播电视安全传输播出工作。继续实施农村电影放映工程，全县331个行政村全年放映电影约3972场次。探索农村电影放映新模式，新增蛟洋镇蛟洋村为全省农村电影放映工程室外转室内固定放映试点村。城区新增金逸时代影城。

【广播电视新闻宣传】 突出主题宣传 2017年，上杭县广电部门发挥广播、电视舆论宣传作用，紧贴县委、县政府工作部署，围绕中心、服务大局，先后开辟《全力打好三大战役，打出上杭气势水平》《客家畲乡红》《从严治党在上杭》《砥砺奋进的五年》等专栏，根据不同时期的宣传重点，推出乡镇项目工作巡礼大型系列报道《撸起袖子加油干，建设美丽新上杭》、工作松弛专项整治效能察访活动系列报道《纠正不良习气、树立清风正气》、创建省级文明县城系列报道《省级文明县城，我们在行动》、五一“工匠精神”系列报道《寻找上杭工匠》等，唱响全县工作主旋律，为县委、县政府中心工作营造了良好的舆论氛围。

突出对外宣传 在中央电视台军事农业频道播出各30分钟的《上杭树叶吹奏》《上杭提线木偶》2项省级非物质文化遗产项目，在央视体育频道播出5分钟的上杭太极热专题节目《千年古城太极传承》，在央视中文国际频道《记住乡愁》栏目播出30分钟专题《古田镇：公而忘私，勇于担当》等。协助中央电视台拍摄党的十九大专题节目《不忘初心、继续前进》。全年电视、广播新闻在中央、省、市主流新闻栏目上稿量1200多条，位居全省前列。

突出本土宣传 县首届春节联欢晚会，县广播电视台实现“上杭综合”电视频道、“福建公共”电视频道、官方微信“上杭广电”、手机客户端(APP)“上杭TV”、城区江滨广场LED大屏幕等五路同步直播的技术突破。6月初，上杭县广播电视台“上杭综合频道”实行全天候播出、全媒体运作，播出基数得到大幅提升。

突出节目创新 推出上杭史上首档本土客家方言新闻节目《上杭方言故事汇》，传递客家的力量，讲述熟悉的乡音。与部门、乡镇、企事业单位的合作，推出一批和单位工作紧密结合的联办节目，先后组织策划“欢动客家缘、百姓闹元宵”“纪念畲族民族成分恢复30周年暨首届‘三月三’畲族文化节”等活动，取得良好社会效益。

【上杭县一批广电新闻作品获得省级以上荣誉】 2017年，上杭县广电部门强化节目品牌意识，一批广播电视作品在全国、省、市获奖。其中，《上杭县首届春节联欢晚会》荣获中国电视艺术家协会全国综艺晚会类一等奖、《海丝飘带上的畲乡明珠》获全国电视专题一等奖，《上杭方言故事汇》获全国电视栏目类一等奖；申报省级非遗项目制作的《木偶背后的提线人》获第23届中国纪录片短片十佳作品。

【上杭县广播电视台古田记者站组建】 2017年，上杭县广电部门为适应市委、县委对古田“三位一体”的管理体制，加大对古田红色资源保护与发展管理中心、古田纪念馆及古田镇各项工作的宣传报道力度，组建上杭县广播电视台古田记者站，安排专门的新闻采编人员常驻古田镇，围绕古田红色资源保护与发展管理中心、古田纪念馆及古田镇一段时间的中心工作，根据县广播电视台的宣传报道计划，开展新闻采编。

体育

【概况】 设施建设 2017年，上杭县加快推进体育中心、水上运动中心2大省级重点项目建设。体育中心综合体育场完成施工图设计、预算、图纸审查。水上运动中心一期综合大楼竣工，11月投入使用，游泳池基本完成；二期配套工程完成招投标；跳水馆完成设计招投标，进入设计。省

2017 年 11 月 3 日，上杭县第十二届（东北）片区农民文化体育节在泮境乡举行 （县文体广电新闻出版局供稿）

体育局分配上杭县的为民办实事工程有多功能运动场 2 个（临城镇新塘村、下都镇璜溪村）、笼式足球场 1 个（临城镇城西社区）、室内健身房 1 个（南阳镇宏福社区）、门球场 1 个（南阳镇南阳村），完成选址、土地平整，场地硬化等工作，待省局统一安装器材即可使用。上杭县文体设施提升工程，完成 8 个示范点、30 个薄弱村名单确定和体育器材发放工作。

全民健身活动　2017 年，上杭县制订出台上杭县《全民健身实施计划（2016—2020 年）》，开展福建省全民健身运动会上杭赛区气排球、乒乓球、地掷球、门球、围棋等活动。承办龙岩市第 15 届运动会水上比赛及 2017 年福建省青少年体操锦标赛等。举办第 12 届（东北）片区农民文化体育节等群众喜闻乐见、健康向上的各类体育比赛及健身活动 40 余次。8 月，文体广电新闻出版局被国家体育总局评为 2013—2016 年度群众体育先进单位。

竞技体育　2017 年，上杭县少体校向福建省体校输送运动员 7 名，向龙岩市体校输送运动队 15 人。组队参加龙岩市第 15 届运动会，获得总奖牌榜第一（金牌 302 块，奖牌 655 块）、总积分榜第一（4790.51 分）、现场比赛奖牌第一（金牌 112.5 块，奖牌 242.5 块），现场比赛积分榜第一（1522 分）的好成绩。7—10 月组队参加福建省青少年锦标赛。县少体校运动员参加 11 个项目比赛，获得击剑金牌 4 块，铜牌 4 块；体操金牌 6 块，银牌 3 块，铜牌 2 块；武术散打铜牌 1 块；田径铜牌 2 块；游泳银牌 2 块；拳击铜牌 2 块；激流银牌 3 块；皮划艇金牌 1 块，银牌 3 块；赛艇金牌 3 块，银牌 4 块。

2017 年，县少儿业余体校被国家体育总局授予“国家重点高水平体育后备人才基地（2017—2020）”称号。

【第 12 届东北片区农民文化体育节】　2017 年 11 月 3 日，上杭县第 12 届（东北）片区农民文化体育节在泮境乡举行，县委常委黄和芳、副县长卢家荣、县政协副主席阙春林及县直有关部门、东北片区各乡镇负责人、运动员、裁判员等参加开幕式。活动将文化与体育融于一体，有农民运动会、广场舞比赛、民间文艺调演等项目。临城镇、临江镇分别获总体成绩及广场舞比赛第一名。

【“国家重点高水平体育后备人才基地”授牌】　2017 年 6 月 13 日，国家高水平体育后备人才基地（2017—2020）授牌仪式在福建省青少年体育学校举行。福建省有 20 所体校获此殊荣，上杭县少年儿童业余体校位列其中。

依据《国家高水平体育后备人才基地认定办法》和《体育总局办公厅关于开展国家高水平体育后备人才基地（2017—2020）认定工作的通知》，经过各申报单位自评、各省（区、市）体育局复评、国家体育总局统评 3 个阶段，认定“国家重点高水平体育后备人才基地（2017—2020）”119 所，是国家体育总局对国内各级各类体校授予的最高荣誉。

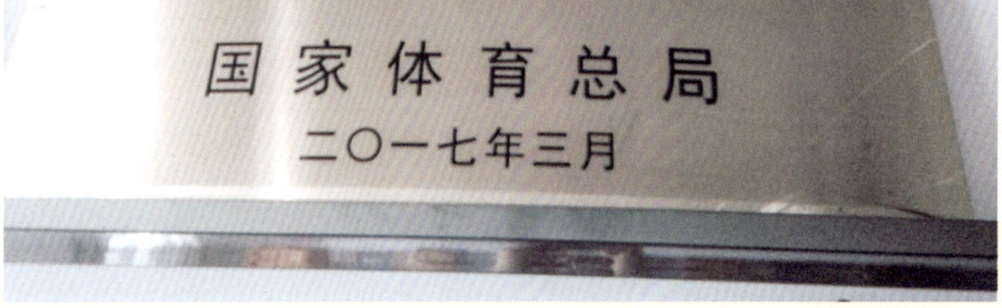

2017 年 6 月 13 日，上杭县少体校被确认为国家重点高水平体育后备人才基地 （县文体广电新闻出版局供稿）

2017年上杭县运动员参加省级以上运动竞赛获奖情况表

表27

姓名	性别	项目	赛事名称	成绩
范梦艳	女	羽毛球	2017年第十三届全国运动会女子团体	五
范梦艳	女	羽毛球	2017年全国羽毛球冠军赛混合团体女单	三
范梦艳	女	羽毛球	2017年全国羽毛球冠军赛混合团体	四
范梦艳	女	羽毛球	2017—2018年羽毛球超级联赛团体	一
沈雅冰	女	羽毛球	2017年第十三届全国运动会女子团体	五
沈雅冰	女	羽毛球	2017年全国羽毛球冠军赛混合团体	四
沈雅冰	女	羽毛球	2017年全国羽毛球冠军赛女子双打	五
黄琼慧	女	羽毛球	2017年第十三届全国运动会羽毛球女子团体	五
黄琼慧	女	羽毛球	2017年全国羽毛球冠军赛混合团体	四
林隆彪	男	蹦床男子团体	中华人民共和国第十三届运动会	六
陈　敏	男	男子花剑团体	中华人民共和国第十三届运动会	四
陈　敏	男	男子花剑团体	2016—2017赛季全国击剑冠军赛第二站暨十三运会击剑预赛	一
陈　敏	男	男子花剑团体	中华人民共和国第十三届运动会击剑预赛第三站	二
陈　敏	男	男子花剑团体	2017年全国击剑锦标赛暨十三运会击剑预赛	一
袁俊超	男	男子54KG	全国跆拳道锦标赛	五
袁俊超	男	男子58KG	全国跆拳道U18-21年龄锦标赛	一
袁俊超	男	男子54KG	全国跆拳道冠军赛	一
梁文希	男	男子花剑团体	全国击剑冠军总决赛(2016-2017)赛季	一
梁文希	男	男子花剑个人	全国击剑冠军总决赛(2016-2017)赛季	六
梁文希	男	男子花剑团体	全国儿童击剑锦标赛	一
梁文希	男	男子花剑个人	全国儿童击剑锦标赛	三
梁文希	男	男子花剑U12团体	中国击剑俱乐部联赛第二站	六
梁文希	男	男子花剑U12个人	中国击剑俱乐部联赛第二站	三
梁文希	男	男子花剑U12个人	中国击剑俱乐部联赛第三站	六
梁文希	男	男子花剑U12团体	中国击剑俱乐部联赛第三站	一
王威发	男	男子花剑团体	全国击剑冠军总决赛(2016-2017)赛季	一
王威发	男	男子花剑个人	全国击剑冠军总决赛(2016-2017)赛季	三
温杭鸿	男	U16男子重剑团体	中国击剑俱乐部联赛总决赛	二
温杭鸿	男	U16男子重剑团体	中国击剑俱乐部联赛第一站	三
徐　甜	女	女子重剑团体赛	全国青年击剑锦标赛	一
徐　甜	女	女子重剑个人赛	全国青年击剑锦标赛	三
徐　甜	女	2016—2017年赛季“斐讯杯”全国击剑冠军赛总决赛	全国青年击剑锦标赛	二

续表27

姓名	性别	项目	赛事名称	成绩
谢森德	男	U16 男子团体	中国击剑俱乐部联赛第二站	二
林 强	男	男子重剑团体	全国冠军赛分站赛第一站	六
龚晓锋	男	U16 男子重剑团体	全国青少年俱乐部联赛击剑赛	二
龚晓锋	男	U16 男子重剑团体	全国击剑冠军总决赛	二
龚晓锋	男	U16 男子重剑个人	全国击剑冠军总决赛	五
龚晓锋	男	U16 男子重剑团体	中国击剑俱乐部联赛总决赛	三
龚晓锋	男	U16 男子重剑团体	中国击剑俱乐部联赛第一站	一
龚晓锋	男	U16 男子重剑团体	中国击剑俱乐部联赛第二站	三
龚晓锋	男	U16 男子重剑个人	中国击剑俱乐部联赛第二站	一
龚晓锋	男	U16 男子重剑个人	中国击剑俱乐部联赛第三站	三
龚晓锋	男	U16 男子重剑团体	中国击剑俱乐部联赛第三站	一
孔令威	男	男子 11 岁组团体	全国少年体操分区赛(第一赛区)	一
孔令威	男	男子 11 岁组个人全能	全国少年体操分区赛(第一赛区)	五
孔令威	男	男子 11 岁组自由体操	全国少年体操分区赛(第一赛区)	三
孔令威	男	男子 11 岁组吊环	全国少年体操分区赛(第一赛区)	四
孔令威	男	男子 11 岁组跳马	全国少年体操分区赛(第一赛区)	三
孔令威	男	男子 11 岁组跳马	全国少年体操总决赛	二

2017 年上杭县运动员参加福建省青少年锦标赛获奖情况表

表 28

姓名	项目		赛事名称	名次
刘煜文	羽毛球	男子丁组单打	福建省青少年锦标赛	五
黄杨帆	拳击	男子乙组 52kg	福建省青少年锦标赛	三
张龙新	拳击	男子甲组 56kg	福建省青少年锦标赛	三
郑珊源	蹦床	男子丙组网上团体	福建省青少年锦标赛	五
蓝鑫涛	蹦床	男子丙组网上团体	福建省青少年锦标赛	五
陈梓鹏	蹦床	男子丙组网上团体	福建省青少年锦标赛	六
郑宇城	体操	男子丁组团体	福建省青少年锦标赛	一
郑宇城	体操	男子丁组全能	福建省青少年锦标赛	二
郑宇城	体操	男子丁组自由体操	福建省青少年锦标赛	五
郑宇城	体操	男子丁组鞍马	福建省青少年锦标赛	一
郑宇城	体操	男子丁组吊环	福建省青少年锦标赛	一
郑宇城	体操	男子丁组双杠	福建省青少年锦标赛	一
邱宇航	体操	男子丙组跳马	福建省青少年锦标赛	四

续表28

姓名	项目		赛事名称	名次
马雯钰	体操	女子乙组跳马	福建省青少年锦标赛	六
马雯钰	体操	女子乙组高低杠	福建省青少年锦标赛	六
黄苑葭	体操	女子丙组团体	福建省青少年锦标赛	四
张姝婷	体操	女子丙组团体	福建省青少年锦标赛	四
胡淑婷	体操	女子丁组团体	福建省青少年锦标赛	一
胡淑婷	体操	女子丁组全能	福建省青少年锦标赛	一
胡淑婷	体操	女子丁组跳马	福建省青少年锦标赛	一
胡淑婷	体操	女子丁组自由体操	福建省青少年锦标赛	四
曹嘉钰	体操	女子丁组团体	福建省青少年锦标赛	一
曹嘉钰	体操	女子丁组全能	福建省青少年锦标赛	三
曹嘉钰	体操	女子丁组跳马	福建省青少年锦标赛	二
曹嘉钰	体操	女子丁组平衡木	福建省青少年锦标赛	六
曹嘉钰	体操	女子丁组自由体操	福建省青少年锦标赛	三
黄昕辉	田径	男子 15.16 岁组 100 米	福建省青少年锦标赛	八
邹景华	田径	男子 13.14 岁组 200 米	福建省青少年锦标赛	三
邹景华	田径	男子 13.14 岁组 400 米栏	福建省青少年锦标赛	六
李　凯	田径	男子 13.14 岁组 400 米	福建省青少年锦标赛	五
李　凯	田径	男子 13.14 岁组 400 米栏	福建省青少年锦标赛	四
邱毅强	赛艇	男子甲组轻量级双人单桨 2000 米	福建省青少年锦标赛	一
邱毅强	赛艇	男子甲组轻量级单人双桨 2000 米	福建省青少年锦标赛	六
郑桂鸿	赛艇	男子甲组公开级双人双桨 2000 米	福建省青少年锦标赛	二
郑桂鸿	赛艇	男子甲组公开级双人单桨 2000 米	福建省青少年锦标赛	二
蒋闻杰	赛艇	男子乙组轻量级双人双桨 2000 米	福建省青少年锦标赛	二
蒋闻杰	赛艇	男子乙组轻量级单人双桨 2000 米	福建省青少年锦标赛	五
黄文杰	赛艇	男子乙组轻量级单人双桨 2000 米	福建省青少年锦标赛	六
黄富鑫	赛艇	男子丙组单人双桨 2000 米	福建省青少年锦标赛	一
雷金萍	赛艇	女子甲组轻量级双人双桨 2000 米	福建省青少年锦标赛	一
雷金萍	赛艇	女子甲组轻量级单人双桨 2000 米	福建省青少年锦标赛	三
丘钰婷	赛艇	女子乙组公开级双人双桨 2000 米	福建省青少年锦标赛	二
邹丽扬	赛艇	女子乙组公开级双人双桨 2000 米	福建省青少年锦标赛	二
林夏莲	划艇	女子乙组单人划艇 500 米	福建省青少年锦标赛	一
蓝慧琼	皮艇	女子乙组双人皮艇 500 米	福建省青少年锦标赛	六
丘文燕	皮艇	女子乙组双人皮艇 500 米	福建省青少年锦标赛	六
范秀玲	皮艇	女子甲组双人皮艇 500 米	福建省青少年锦标赛	二

续表28

姓名	项目		赛事名称	名次
蓝荣昌	皮艇	男子甲组双人皮艇 1000 米	福建省青少年锦标赛	二
蓝荣昌	皮艇	男子甲组双人皮艇 200 米	福建省青少年锦标赛	二
林　鸿	激流	男子乙组划艇队赛	福建省青少年锦标赛	二
王书槐	激流	男子甲组划艇队赛	福建省青少年锦标赛	二
杨进伟	激流	男子乙组皮艇队赛	福建省青少年锦标赛	二
黄伟龙	激流	男子甲组皮艇队赛	福建省青少年锦标赛	二
陈颖欣	击剑	女子花剑儿童乙组个人	福建省青少年锦标赛	一
陈颖欣	击剑	女子花剑儿童乙组团体	福建省青少年锦标赛	一
李奕涵	击剑	女子花剑儿童乙组团体	福建省青少年锦标赛	一
林宸羽	击剑	女子花剑儿童乙组团体	福建省青少年锦标赛	一
张静萱	击剑	女子花剑儿童乙组团体	福建省青少年锦标赛	一
黄育豪	击剑	男子花剑儿童乙组个人	福建省青少年锦标赛	一
黄育豪	击剑	男子花剑儿童乙组团体	福建省青少年锦标赛	三
林培磊	击剑	男子花剑儿童乙组团体	福建省青少年锦标赛	三
张　航	击剑	男子花剑儿童乙组团体	福建省青少年锦标赛	三
蓝泓智	击剑	男子花剑儿童乙组团体	福建省青少年锦标赛	三
王其辉	击剑	男子花剑少年乙组个人	福建省青少年锦标赛	一
王其辉	击剑	男子花剑少年乙组团体	福建省青少年锦标赛	五
李　昌	击剑	男子花剑少年乙组团体	福建省青少年锦标赛	五
郭飞燊	击剑	男子花剑少年乙组团体	福建省青少年锦标赛	五
罗榕彬	击剑	男子重剑儿童乙组个人	福建省青少年锦标赛	四
李奕涵	击剑	女子花剑儿童乙组个人	福建省青少年锦标赛	七
龚晓锋	击剑	男子重剑少年甲组团体	福建省青少年锦标赛	三
谢森德	击剑	男子重剑少年甲组团体	福建省青少年锦标赛	四
温杭鸿	击剑	男子重剑少年甲组团体	福建省青少年锦标赛	五
钟昊沣	网球	男子单打	福建省青少年锦标赛	六
张嘉怡	网球	女子单打	福建省青少年锦标赛	六
钟昊沣	网球	男子双打	福建省青少年锦标赛	七
梁奕洋	网球	男子双打	福建省青少年锦标赛	七

责任编辑：王冬英　蓝晓东

卫生 计生

医疗

【概况】 2017年，上杭县有公立医疗卫生机构33个，其中县直医疗卫生单位11个（其中，二级甲等医院2个），中心卫生院6个，乡镇卫生院15个，社区卫生服务中心1个，民营医院3家，个体诊所28家，村卫生所（室）445个，在岗乡村医生569人。全县开设床位1944张，工作人员2635人，其中卫技人员2163人，卫技人员中有高级职称144人，中级职称392人，初级职称1092人。全县医疗业务用房15.3万平方米，生活用房7.15万平方米，医疗设备2.13亿元。全县医疗单位业务收入3.72亿元（其中，医疗收入2.47亿元，药品收入1.25亿元），其他收入599万元。

【简政放权】 2017年，围绕简政放权、放管结合、优化服务的要求，上杭卫生计生局有行政审批和公共服务事项61项，全部进驻县行政服务中心统一办理。全年累计办理各类行政审批办件1782件。

【公立医疗机构改革】 县级公立医疗机构管委会成立 2017年，上杭县为加强对公立医疗机构综合改革工作的组织领导，推进医药卫生体制改革工作，进一步完善公立医疗机构法人治理机构，8月28日县政府办印发《关于成立上杭县公立医疗机构管理委员会的通知》，建成公立医疗机构管办分开的格局。

县级公立医院医药费用控制 贯彻落实龙岩市卫计委《关于进一步规范药品耗材使用等医疗行为的通知》和上杭县人民政府《关于控制公立医院医药费用过快增长的实施方案》精神，督促县级公立医院加大医疗质控监管力度，继续实施药品、耗材用量动态监测及超常预警制度，推进同级及以上医疗机构检查检验结果互认工作。1—12月，全县公立医院药品耗材收入占比36.38%（指标要求控制在37%以内）；单病种付费病种数累计达到3484例。

基层医疗卫生体制改革 在全县建立“一归口、三下放、三考核”为主要特征的基层医疗卫生机构运行新机制，门诊量较2016年增长3.88%，基层医疗机构总诊疗人次增长率4.52%。

【医疗安全及质量管理】 2017年，上杭县卫计局加强医疗安全和医疗质量监管，开展医疗质量、院感管理检查，确保医疗安全工作职责明确、管理到位，落实住院医师规范化培训和全科医师培训制度，强化医疗业务培训，提升医疗服务能力和水平；强化麻醉药品、精神药品督查，全年未发现违规使用行为；落实龙岩市小型医疗机构医疗废物“小箱进大箱”制度，委托龙岩绿洲环境科技有限公司集中处置，医疗废物集中无害化处置覆盖率100%；落实医疗机构未被污染的输液袋（瓶）的回收处置，医疗机构未被污染的输液袋（瓶）统一交由市卫计委招标确定的企业上门收集处理。开展医患矛盾纠纷排查，公立医疗机构医疗责任保险投保率100%；开展“平安医院”建设，打击破坏医院秩序的违法行为，营造和谐的医疗服务环境。上杭县医院临床路径管理工作举措在龙岩市医政管理工作会议上被作为会议典型经验推广，全年未发生重大医疗安全事故。

【疾病预防控制】 2017年，上杭县疾病预防控制中心加强重点传染病监测和防控工作，全县无甲类传染病发生，报告乙、丙类传染病3801例，其中手足口病2208例，病毒性肝炎675例，其他感染性腹泻病370例，梅毒166例，肺结核163例，淋病67例，流行性腮腺炎46例，急性出血性结膜炎35例，痢疾25例，流行性感冒24例，艾滋病8例（HIV24例），伤寒（副伤寒）5例，猩红热3例，乙脑1例，传染病总发病率1014/10万，控制在规定范围内。县疾控中心在疾病预防控制系统报告质量综合评价中排名全省第六名。县接种免疫规划疫苗168322剂次，接种二类疫苗51332剂次；按上级有关要求开展国家免疫规划疫苗查漏补种和新入托、入学儿童查验预防接种证工作；完成市委、市政府为民办实事项目工程的5所卫生院示范性预防接种门诊改造建设。

【医疗卫生人才引进】 2017年，根据《中共上杭县委关于实施“人才强县”战略的意见》，县卫计局加大医疗卫生人才引进力度。其中，县医院引进美籍医学微生物博士居金良，合作成立上杭县医院“精准诊断中心”。县卫计局面向社会公开招聘大专以上学历卫生技术人员58名。定向福建医科大学、福建中医药大学、莆田学院、厦门医学院为县级医院培养本科临床医学人才10名，定向漳州卫生职业学校、福建卫生职业技术学院为乡镇卫生院培养大专学历医学人才10名，面向社会招聘本科学历全科特岗执业医师1名。

【乡村医生队伍建设】 2017年，上杭县卫计局落实县政府办《关于进一步加强乡村医生队伍建设实施方案》精神，一是对年满60周岁的在岗和退岗乡村医生，在乡村医生工作岗位上累计满15年，按月发放农村居民低保标准的养老生活补助(2017年为每人每月330元)，未满15年的按年限比例递减。乡村医生养老生活补助标准随农村低保标准的变化同步调整。二是乡村医生可自愿选择参加企业职工基本养老保险，对男性未满60周岁、女性未满55周岁的乡村医生，以灵活就业人员身份参加企业职工基本养老保险，按缴费额给予补助50%，政府补助的缴费年限以最高15年为限。至2017年底，全县确认符合养老生活补助的老年乡村医生533名，发放养老金174.3万元；复核确认参加企业职工基本养老保险的乡村医生242名，发放政府补助金额66.46万元。

【家庭医生签约】 2017年8月，上杭县政府办转发县卫计局、财政局联合制订的《临江社区卫生服务中心开展慢性病家庭医生签约服务工作方案》。12月，县政府办印发《关于转发〈龙岩市推进家庭医生签约服务十条意见〉的通知》，要求全面启动家庭医生签约工作。至年底，全县参加家庭签约医生180人，家庭医生签约233834人，其中重点人群签约116679人，建档立卡贫困人口签约7004户19528人。

【中医药工作】 2017年，上杭县巩固“全国基层中医药工作先进单位”成果，加强全县基层中医特色专科建设，推广基层中医药适宜技术，提升基层中医药服务能力。开展基本公共卫生服务中医药健康管理服务。县中医院建成现代化智能中药煎药室，推行代煎中药城区免费递送服务。开设中医护理门诊，全县拥有市级以上中医特色专科4个，省级基层中医馆7个。

公共卫生

【公共卫生体系建设】 2017年，上杭县加大农村及城区医疗卫生服务设施建设。完成白砂镇中心卫生院康复医养用房、湖洋镇卫生院病房综合楼、下都镇卫生院门诊综合楼、蓝溪镇中心卫生院门诊综合楼、溪口镇卫生院门诊综合楼、蛟洋镇中心卫生院医技病房综合楼6个项目建设，新增用房面积9679平方米，总投资1850万元。继续推进县医院和妇幼保健院整体搬迁项目，县医院门诊楼、医技楼、培训楼完成外墙装修和病房楼主体工程，完成投资4.67亿元；妇幼保健院综合大楼完成投资2500万元。

【基本公共卫生服务均等化】 2017年，上杭县按照《国家基本公共卫生服务规范(第三版)》要求规范实施15大类基本公共卫生服务项目。至年底，全县建立居民电子健康档案373328份，建档率99.81%；免费为城乡居民提供健康教育宣传咨询服务；接受健康管理老年人36117人，老年人健康管理率65.26%；高血压患者规范管理32235人，规范管理率85.96%；2型糖尿病患者规范管理8743人，规范管理率86.93%；开展65岁以上老年人中医药健康管理服务32258人，管理率58.29%，0~36个月儿童中医药健康管理服务28610人，管理率87.1%；传染病报告率、报告及时率达到100%；突发公共卫生事件报告率达到100%；卫生计生监督协管目标人群覆盖率达100%。

【群众满意的乡镇卫生院建设】 2017年，上杭县继续在各乡镇卫生院开展“建设群众满意的乡镇卫生院”活动。其中，庐丰畲族乡、旧县镇2个卫生院通过“建设群众满意的乡镇卫生院”县级初评和市级、省级复核，被国家卫生计生委命名为“群众满意的乡镇卫生院”，全市22个“群众满意的乡镇卫生院”中，上杭县有5个，占22%。

【“乡镇卫生院文化建设年”活动】 2017年，上杭县卫计局开展“乡镇卫生院文化建设年”活动，制订《关于开展“乡镇卫生院文化建设年”活动的实施方案》，召开“乡镇卫生院文化建设年”活动动员大会，形成“乡镇卫生院文化建设年”活动考核评价指标，将卫生院文化建设情况纳入卫生院院长等管理人员和基层医疗卫生机构管理绩效考核内容，考核结果与绩效考核奖励金挂钩。通过卫生院文化建设活动，乡镇(中心)卫生院服务环境明显改善，服务能力显著提高，医患关系日趋和谐，人民群众享受基本公共卫生服务和基本医疗服务的获得感、幸福感增强，满意度得到提高。

【婚检、孕前优检、婚姻登记“一站式”服务】 2017年，上杭县在全市率先推行“婚检、孕前优检、婚姻登记”的一站式服务项目，9月通过省级验收。自实行一站式服务以来，全县婚检率90.12%，比2016年提高66.27个百分点，孕前优检完成4462人，超出市下达任务数30.5个百分点。《闽西日报》、龙岩电视台、上杭电视台等多家媒体对上杭县“一站式”服务工作进行报道。

【公共场所卫生监督】 2017年，上杭县卫生计生局对全县公共场所经营单位进行建档，建档率100%，公共场所应监督户数307户，监督频次大于1次以上户数307户，监督覆盖率100%，完成公共场所“双随机一公开”监督和抽检任务数37户。

【生活饮用水卫生监督】 2017年,上杭县生活饮用水集中式供水单位应监督户数11户,监督频次大于1次以上户数11户,监督覆盖率100%。

【学校卫生监督】 2017年,上杭县开展学校卫生专项监督检查行动,借助网络通信技术,有针对性向学校校长、分管领导、责任人发出学校卫生应做好事项,结合春季呼吸道传染病高发流行特点,重点提示同一日同一个宿舍(班级)出现3例以上流感样症状、腹泻、出疹等,应在24小时内向当地卫生院或县疾控中心报告;以国家卫生计生监督信息平台学校卫生监督内容为蓝本,制订学校卫生检查表,指导各乡镇卫生院协管员开展学校卫生监督检查,全年出动卫生监督人员160多人次,对80所学校进行重点监督检查,检查户次数99次,对发现存在生活饮用水管理人员持健康证、生活饮用水卫生管理不符合规范等问题,发出《卫生监督意见书》6份,并要求限期整改。根据县疾控中心提供手足口病流行疫情,会同县教育局等有关部门,先后对发生重大疫情的蓝溪、太拔等乡镇幼儿园、小学进行督导检查,对个别小学、幼儿园存在的晨检和公共用品用具消毒落实不到位问题提出指导性意见15条。按照国家对学校卫生"双随机"检查和抽检计划要求,全年将16所学校列入教学环境卫生检测,以教室课桌椅、采光、照明为主要检测项目,教室采光均符合要求,课桌面照度符合率81.25%,黑板照度合格率87.5%。

【放射诊疗卫生监督】 2017年,上杭县监督检查放射诊疗医疗卫生机构25家,其中医疗机构24家、疾控机构1家。普通X线诊断机11台,CR2台,DR20台,CT3台。有放射工作人员76人,其中具有临床诊断资质39人、技术人员37人,均取得放射工作人员证和接受个人剂量监测。受检者个人防护用品配备齐全9家,未配备16家。有控制区划分11家,未划分14家。受检者X射线检查危害明示告知3家,未告知22家,取得有效《放射诊疗许可证》21家。

【卫生监督协管督导检查】 2017年,上杭县聘用卫生监督协管员233人,9月邀请市卫生监督所专家对全县卫生监督协管员进行集中培训、考核,完成卫生监督协管员岗前培训18学时和年度培训15学时的培训任务,提高卫生监督协管水平。结合年度专项整治工作,多次组织卫生监督人员深入各乡镇卫生院对卫生监督协管工作进行监督检查。

■ 计生服务

【概况】 2017年,上杭县人口出生(不含补报)10942人,出生率20.39‰,自然增长率14.86‰,政策内出生10291人,政策符合率94.05%,出生性别比为114.04∶100。全县查处"两非"案件15件,其中重大案件1件。依法征收社会抚养费1909万元,申请法院强制执行435例。2017年,上杭县被福建省人口和计划生育领导小组评为2017年度全省计划生育工作先进县。

【计划生育技术服务项目】 2017年,上杭县将计划生育技术服务纳入基本公共卫生服务项目,对基本公共卫生计生"5+5"重点服务对象(基本公共卫生重点服务对象"5"类,分别是0~6岁儿童、孕产妇、65岁以上老年人、慢性病患者和重性精神疾病患者;计划生育重点服务对象"5"类,分别是新婚夫妇、计划怀孕夫妇、不孕不育夫妇、长期使用避孕药具夫妇、计生特殊家庭,合并简称"5+5"。服务对象包括常住人口和流入人口)实行"宣传指导、随访服务、健康检查"服务模式。全年投入20余万元新购置自动发放避孕套机38台。

【全面两孩政策实施】 2017年,上杭县继续实施全面两孩政策。4月,出台《中共上杭县委办公室、上杭县人民政府办公室关于实施全面两孩政策配套措施的通知》,明确卫计、发改、财政、教育、人社、民政等部门职责和政策措施,为实施全面两孩政策提供保障。

【计划生育家庭扶助】 2017年,上杭县兑现计划生育奖励扶助16389人,946.64万元;发放独生子女户、二女扎户计划生育家庭公益金补助87人,175万元;计划生育特殊家庭再生育补助2万元;独生子女户、二女扎户因疾病困难救助2.8万元;输卵管吻合手术补助21人,经费13万元;独生子女户、二女扎户金秋助学129人,发放资金14万元;独女、二女户中考加分474人。兑现独女、二女扎户免缴医保28507人,合计513.13万元。15户计划生育特殊家庭贫困户每户获得1万元救助金,17户手术并发症患者获得600~1000元不等的看病门诊补助金,合计2.5万元。继续开展干部挂钩帮扶与志愿服务相结合,为计生贫困家庭提供生产扶助、就学资助、就业辅助、建房补助、医疗援助和紧急救助。依托计划生育特殊家庭服务管理信息系统,落实计生特殊家庭"双岗"联系人制度,建立信息档案并流动更新帮扶联系记录,做到有档可查、有迹可循。

责任编辑:袁发昌 王冬英

社会生活

人力资源

【概况】 高校毕业生就业 2017年，上杭县人社局牵头做好当年高校毕业生就业工作，共接收非师范类高校毕业生档案1594份。组织实施高校毕业生“三支一扶”（是指大学生在毕业后到农村基层从事支农、支教、支医和扶贫工作）计划，全年招募“三支一扶”高校毕业生30人（其中省级10人，市级20人），并及时派遣到乡镇服务单位。同时，协助做好村干部计划、志愿服务计划、服务社区计划等工作。

公务员登记和培训 完成2015年度2个新录用公务员试用期满转正定级（因产假延期）和2017年23名新录用公务员（含参照公务员管理工作人员）的网上审核及笔试、面试资格复审工作。实施与完善县级以下公务员职务与职级并行制度，对27人的职级晋升给予确认。

干部考核奖惩 完成全县行政机关事业单位2016年度考核审核工作。考核对象9099人，其中优秀1294人，称职（合格）7457人，不称职（不合格）4人，不定等次295人，不属考核对象61人。

专业技术人员队伍建设 贯彻落实《事业单位人事管理条例》，解决专业技术人员职称评审和职务聘任之间的矛盾，做好事业单位岗位聘用管理工作。全年推荐晋升卫生高级职务34人，教授级高工3人，高级工程师35人，高级教师9人。工程师131人，农艺师3人，兽医师2人，讲师2人，审核报考会计师227人，卫生中初级职务384人，其中中级93人，初级291人。

2017年11月9日，上杭县人社局举办“见义勇为，传递社会正能量”道德讲堂 （县人力资源和社会保障局供稿）

【人事制度改革】 事业单位人员聘用制度改革 2017年，上杭县完善机关事业单位公开招聘制度，组织开展政府系统县事业单位公开招聘工作人员工作，全年新招聘事业单位工作人员245人（含教师117人）。继续开展专业技术人员继续教育培训，全年培训8789人。

人才引进制度改革 创新机制，通过专项招聘补充县急需专业人才。上杭一中通过面试考核招聘4名985、211等院校优秀高校毕业生（其中，2名由龙岩市人才发展集团公司招聘），上杭县医院通过校园招聘会直接考核招聘8名临床医学、口腔医学、护理学等专业本科毕业生。

【军转干部安置】 2017年，上杭县接收安置2名军队转业干部，全部安排到县直机关。贯彻落实国家和省的解困维稳政策，做好企业军转干部解困工作，及时化解矛盾，并在春节和“八一”建军节期间组织慰问部分生活困难的企业军转干部。

【退休人员管理】 2017年，根据《福建省人力资源和社会保障厅关于调整机关事业养老保险制度改革实施时点之后职务升降工作人员养老金预发标准的通知》（闽人社文〔2017〕82号）精神，上杭县对2014年10月1日后职务（等级岗位）有变动且已办理退休手续人员进行养老金预发标准的调整，2017年底，审批调整64人。对2017年4月以后到龄退休的符合闽人社文〔2017〕82号文件精神的退休人员则直接按退休时的工资职级对应 2014 年 9 月工资标准核定退休费。至 2017 年底，过渡期“中人”退休人员职务（等级岗位）有变动的退休人员的养老金全部按政策作重新调整。

2017 年，根据闽人社文〔2017〕190 号文件，以 2016 年度 6% 的工资增长率，对 2016 年 1 月 1 日至 2017 年 6 月 30 日期间批准退休的退休人员养老金进行重算，并补发其开始领取养老金当月至 2017 年 7 月期间应补发的养老金差额。其间，办理退休手续 288 人，人均月增加养老金 221 元，补发待遇总额 56 万元。

【劳务供需见面会】2017 年 2 月 23 日（农历正月初八），上杭县 2017 年新春劳务供需见面会暨高校毕业生新春供需见面会以及第五届建筑人才招聘会在县社会保障服务中心举行。110 家用工企业提供 247 个工种 2969 个就业岗位，吸引 6300 余名求职者进场，3012 名求职者现场与用工单位签订就业协议。当日，举办上杭县人力资源和社会保障局春风行动暨再就业援助月活动专场，发放就业政策明白卡、《创业上杭、跨越发展（政策汇编）》《创业小知识》和各种就业创业优惠政策等宣传材料 1 万余份。同时，设置城乡居民社会养老保险、城乡一体化医疗保险、工伤生育保险、劳动保障维权等各项政策宣传咨询服务台，为劳动者提供现场就业创业服务、职业培训、社会保障、劳动维权、争议仲裁等宣传服务咨询达 1200 人次，发放各类宣传资料 5000 余份。

【劳动就业与再就业】 2017 年，上杭县城镇登记失业率 2.67%，实现城镇新增就业 1821 人，促进下岗失业人员实现再就业 1231 人，帮助 442 名城镇就业困难对象实现再就业。全年维权及法律援助 2 人次，发放就业政策、企业用工信息等宣传资料 406 份。

2017 年 2 月 4 日，上杭县在社会服务中心举行新春劳务供需见面会

（县人力资源和社会保障局供稿）

【职业技能培训】 2017 年，上杭县以政府购买服务的形式，对创业培训和职业技能培训机构的资质认定实行政府向社会公开招标方式选择认定。全年，通过公开招标新增加 3 家职业技能培训机构。加大开展培训力度。动员职业技能培训定点机构尤其是师资及相关设施、培训力量雄厚的省市属职业技术院校帮助推进职业技能培训工作。同时，鼓励有创业意愿的劳动者参加免费创业培训班，全年组织开展育婴员、保育员、维修电工、化妆师等职业技能培训 5130 人，其中为贫困劳动力开展家政服务员等职业技能培训 710 人。

■ 社会保障

【概况】 2017 年，上杭县社会保障服务中心围绕“民生为本，人才优先”工作主线，以创建优质服务窗口为目标，重新梳理行政审批和公共服务事项大项 21 项，其中行政审批事项 7 项，公共服务事项 9 项，其他行政权力事项 5 项。服务评价系统群众满意度 99.82%。

【企事业职工基本养老保险】 2017 年，上杭县参加企事业职工基本养老保险单位 2149 家，企业参保人数 5.36 万人，比增 7.54%，征收基金 19.8 亿元，比增 15.68%；离退休人数 6455 人，比增 4.37%，新增退休人员 520 人，支付离退休费 16500 万元，比增 11.3%。机关事业养老保险参保单位 295 个，参保职工覆盖人数 1.39 万人（其中，执行机关事业养老保险制度 1.12 万人，执行企业养老保险制度 0.27 万人），基本养老保险费征缴收入 19184 万元，机关事业制度人员缴纳职业年金 4623 万元；统筹退休人员 5518 人，按时足额发放养老保险待遇 25383 万元，代发放 70 位离休人员离休金 590 万元。规范退休管理，全面落实退休审核审批公示制度，健全养老金发放监督机制，严查虚报冒领行为。配合地税部门抓好企业职工基本养老保险扩面征缴工作，强化省级劳动保障优质服务窗口建设，为城镇灵活就业人员和下岗失业人员提供参保缴费和养老保险接续工作。

【城镇职工基本医疗保险】 2017年，上杭县城镇职工基本医疗保险参保4.45万人；全年征收基金2.20亿元（其中，统筹基金9769.25万元，个人账户12222.41万元）；支出1.72亿元（其中，统筹基金7205.76万元，个人账户9997.82万元）。累计结余基金2.63亿元（其中，统筹基金2513.93万元，个人账户基金23754.95万元。）

【城乡居民合作医疗保险】 2017年，上杭县城乡居民基本医疗保险参保人数42.95万人，参保率99.9%。人均筹资标准600元（其中，个人缴费150元/人·年，政府补助450元/人·年），征收基金2.77亿元。全年补偿69.48万人次，补偿金额2.23亿元；其中，住院补偿70717人次，补偿金额1.83亿元；普通门诊补偿44万人次，补偿金额942.89万元；门诊特殊病种补偿18.42万人次，补偿金额3115.22万元。

【企业退休人员社会化管理服务】 2017年，上杭县按闽政〔2017〕27号文件要求，开展2016年12月31日前已按规定办理退休（退职）手续并按月领取基本养老金的企业退休人员调整待遇工作，补发待遇从2017年1月补起。其中，按机关事业制度退休调整待遇人数5233人，月人均增加养老金196.02元（人均增长率5.15%），补发总额709万元；按企业制度退休调整待遇人数104人，人均增加养老金97.88元（人均增长率7.16%），补发总额71108.91元。

【城乡居民社会养老保险】 2017年，上杭县城乡居民参保缴费人数14.5万人，缴费率94.12%。平均每月领取养老金人数6.98万人，发放金额7054.18万元，发放率100%。其中，领取丧葬补助金人数1594人，发放金额386.69万元。

【被征地农民社会保障】 2017年，上杭县被征地农民19384人，月平均发放人数4793人，共计发放被征地养老保障金584.41万元。

【失业保险】 2017年，上杭县参加失业保险的职工28000人，征收失业保险基金760万元；为5800人次下岗失业人员按时足额发放失业保险金750万元，代缴医疗保险费180万元。

【工伤保险】 2017年，上杭县工伤保险参保单位1650家，参保人数5.03万人；征收基金1687万元，与2016年同期相比增长11.6%；工伤团体保险参保户数245户，参保人数9850人，征收基金228.36万元.全年支付287起工伤保险待遇1173.93万元。

【无力参保和未参保高龄职工老年生活保障金发放】 2017年，上杭县人社局继续落实《福建省解决未参保高龄职工老年生活保障和特殊困难人员基本医疗保险的实施办法》（闽人社文〔2013〕139号），全年无力参保发放人数91人，发放保障金58.65万元；未参保高龄发放人数45人，发放保障金28.54万元。

■ 社会救济

【城乡低保】 2017年，上杭县政府制订出台《上杭县特困人员救助供养实施办法》，1月起提高城乡低保保障标准，统一城乡特困人员供养标准，除发放生活补贴外，对所有特困人员发放护理补贴。集中供养人员基本生活供养标准从710元/月·人提高到806元/月·人，分散供养人员供养标准从592元/月·人提高到672元/月·人；分散供养护理费标准为全自理123元/月·人、半护理308元/月·人、全护理492元/月·人；集中供养护理费标准为全自理148元/月·人、半护理370元/月·人、全护理590元/月·人；农村低保保障标准从家庭年人均收入3210元提高为3960元。城市低保保障标准从月人均收入517元提高为580元。2017年，全县城市低保有106户140人，全年发放城市低保金70.75万元，月人均补助399.48元；农村低保1648户4175人，全年发放农村低保金1415.09万元，月人均补助277.01元；城市特困人员80人，全年发放城市特困供养金79.52万元，月人均补助761元，发放城市特困护理补贴27.42万元。农村特困人员1872人，全年发放农村特困供养金1623.95万元，月人均补助683.19元，发放农村特困护理补贴387.87万元。全县80周岁以上低保老年人按每人每月100元标准发放高龄补贴，全年共发放25.59万元。

是年，县民政局牵头会同县直相关部门开展全县特困人员对象全面复核工作。县公安局负责核对农村特困对象有无法定赡养、抚养、扶养义务人；县残联负责核对农村特困对象中重残人员；县民政局负责核对16周岁以下特困对象有无领取孤儿补助金，通过核查清理取消不符合特困条件对象11人。开展农村低保家庭收入及财产情况联合核查工作，取消不符合农村低保条件对象54户121人。

这一年，县民政局制订兜底脱贫实施方案，对建档立卡贫困户完全丧失劳动能力、无法通过开发性扶贫措施实现脱贫的贫困人口，且家庭年人均收入低于保障标准条件贫困家庭全部纳入农村低保，实行兜底脱贫。全县农村低保1826户4175人农村低保全部纳入建档立卡贫困户。

【救灾救济】 2017年，上杭县受“4·21”“6·3”“6·20”洪涝及“6·15”“7·31”台风灾害影响，19个乡镇遭受不同程度灾害损失。受灾人口11253人，因灾紧急转移人口

2017年5月8日，上杭县民政局举办防灾减灾宣传活动　（县民政局供稿）

958人，部分乡镇农作物、水利、交通设施及农村住房受灾，直接经济损失4133万元（其中家庭财产损失246万元）。灾情发生后，县、乡及时入户开展查灾核灾工作。经乡镇核实上报及县保险公司保险理赔统计，2017年，全县农村住房倒损农户234户，保险理赔197户共125.68万元。当年自行重建受灾农户97户。全年下拨资金16万元扶持庐丰乡、白砂镇、蓝溪镇蓝溪村和临江镇镇南社区避灾示范点建设。开展第九个全国防灾减灾日上街宣传活动及创建“全国综合减灾示范社区”活动。12月，临江镇镇南社区被国家减灾委员会、民政部授予“2017年全国综合减灾示范社区”称号。

【全国“救急难”综合试点】 2017年，上杭县推进全国“救急难”综合试点工作，在龙岩市率先出台《上杭县家庭应急救助实施办法（试行）》，从临时救助资金中划出80万元设立家庭应急救助基金，帮助城乡居民妥善解决家庭突发性事件或重特大、特殊困难，实现家庭应急救助与临时救助、“救急难”及其他社会救助制度有效衔接。依据《上杭县临时救助实施办法》继续开展临时救助工作，将临时救助政策覆盖全体居民，即遭遇突发事件、意外伤害、重大疾病或其他特殊原因导致基本生活陷入困境，其他社会救助制度暂时无法覆盖或救助后基本生活暂时仍有严重困难的家庭或个人。同时，降低贫困对象、重度残疾人、困境儿童救助准入门槛，提高救助标准。全年县级审批“救急难”144人次76.6万元；县级审批发放临时救助款1800人次444.06万元；下拨乡镇审批临时救助款40万元。至年底，全县精减退职老职工40%救济对象102人，其中审批新增救济对象2人。

【民政资金管理办法出台】 2017年5月，上杭县政府办印发《上杭县民政专项资金管理办法》（杭政办〔2017〕99号），在龙岩市率先以县政府名义出台民政资金管理办法，全县统一取消乡镇民政办账户，民政资金纳入乡镇财政所管理。

【社会福利】 2017年，上杭县有电脑福利彩票投注站38家，“快三游戏”专营店26家，刮刮乐中心站1家，中福在线销售厅1家，全年销售彩票收入2413.13万元，筹集县级公益金219万元。至年底，县利用中央、省、市福彩公益金补助及县财政投入资金建设农村幸福院27座。

是年，做好新增孤儿资料审核、上报、生活补助金发放、收养登记日常管理工作。全县有在册孤儿36人，每人每月享受基本生活补贴900元；办理孤儿收养登记3例。做好重残人员生活补贴、护理补贴审批及发放工作，全县有重残人员7200余人，全年发放生活补贴378万余元，护理补贴525万余元；做好留守儿童、留守妇女、留守老人摸排统计工作，全县22个乡镇摸排留守儿童562名，留守妇女1479名，留守老人7190名。

2017年，继续做好流浪乞讨人员救助工作。全年救助乞讨人员540人次4.6万元，帮助寻亲及护送返乡13人。

■ 基层自治组织建设

【基层政权与社区建设】 2017年，上杭县出台政策支持社区改善办公用房条件，推进临江镇镇西社区综合服务站建设；深入推进农村社区建设及城乡社区协商示范点工作，确定通贤镇通贤村、庐丰畲族乡丰乐村、蛟洋镇桃源村为福建省第二批农村社区建设省级示范单位，确定临江镇镇西社区、临城镇城北社区、通贤镇通贤村、庐丰畲族乡丰乐村为福建省第二批城乡社区协商示范点；完成高校毕业生服务社区年度考核工作及2017年8名高校毕业生服务社区招聘工作。做好离任村（居）主干养老补助资金发放工作，全年发放养老补助金2730人次133.3072万元。

【老区扶贫建设】 2017年，上杭县争取省老区办支持泮境乡元康村伍洪祥革命传统教育基地、通贤镇障云村邱国光将军故居及庐丰畲族乡天后宫革命遗址维修保护项目,各补助资金15万元;争取省老区重点扶持旧县镇坝上村村部建设补助20万元和蓝田村鱼塘养殖、太拔镇鲜水坑村水电项目建设资金各10万元。争取市财政局对步云乡云辉革命基点村道路硬化补助资金27万元、太拔镇鲜水坑村革命基点村道路硬化补助资金30万元;下拨县老区扶建资金84万元惠及13个乡镇21个老区村、贫困村,改善基础设施建设。

是年,全县有20个革命基点村完成道路硬化33.36千米,补助资金166.8万元;有20个革命基点村新开农田机耕道24条47.7千米,补助资金80.9万元;县财政补助全县82个革命基点村1万元村级运转经费,帮助解决办公经费短缺问题;完成62个革命基点村建制村实施"以奖代补"项目资金620万元运营及第一批运营收入每村1.2万元,共74.4万元。2017年度革命基点村、革命烈士、革命"五老"人员后代当年考上大学本科考生91名,每人获得资金补助3000元;加强老区宣传报道,2017年度获中国老区建设杂志老区宣传一等奖。

县老区办联合县老促会、县农业局、关工委、退科协等单位举办百香果标准化栽培技术培训班,200余名百香果种植大户(含革命基点村种植户)参加培训。

2017年10月起,革命"五老"人员生活定期补助标准由1030元/月·人提高到1130元/月·人。

社会事务

【婚姻登记】 2017年,上杭县婚姻登记中心保持"国家AAA级婚姻登记机关"荣誉,被省文明委评为"第八届(2015—2017年)文明行业创建竞赛活动示范点"。全年办理婚姻登记6501对,其中结婚登记4171对,离婚登记1234对,补领婚姻登记证1070对,涉外婚姻登记26对。

【殡葬管理】 2017年,上杭县继续实行免费火化制度。全年火化3066具,火化区火化率100%,红岭子公墓售出墓地80座,安葬130座。县殡仪馆实行骨灰盒、殡葬用品公开招标采购,严控采购成本,降低营销费用,坚持公益惠民,减轻群众殡仪负担,降低骨灰盒销售价格,降幅10%~20%,骨灰盒供应做到"惠民有质量、中端是主体、高端有供应",鼓励群众选用惠民、中端消费。

【民间组织登记管理】 2017年,上杭县出台《改革社会组织管理制度促进社会组织健康有序发展的实施意见》(杭委办发〔2017〕18号),开展行业协会商会与行政机关脱钩工作,摸底排查43家行业协会商会,对在职公务人员任职、兼职情况进行清理。做好社会组织信息化建设,完成527个社会组织录入全国社会组织统一社会信用代码信息系统,按照类别分批转化成电子证照,在行政审批服务过程中生成纸质证照,同步生成电子证照。规范做好社会组织登记、变更、注销工作,全年办理社会团体成立登记10个,变更登记30个,注销登记8个,民办非企业单位成立登记5个,变更登记6个,注销登记2个,撤销登记40个,非公募基金会成立登记2个。至年底,全县有县级社会团体454个,民办非企业单位69个,非公募基金会3个。全年完成403个社会组织年检工作,社团年检合格率100%。

【区划地名界线管理】 2017年,上杭县开展行政区划调研工作,向市级报送《福建省乡级以上政府驻地信息统计表》和《上杭县行政区划调整影响城镇统计情况报告》;继续开展县第二次全国地名普查工作,完成审核工作;做好全县范围内街、路、巷牌等地名标志管护;配合公安部门开展清理楼门标志实施地址二维码管理工作;深入开展"平安边界共建"活动,完成长汀—上杭线59.92千米市内县界及县内6条83.1千米乡级界线联合检查工作,维护边界地区和谐稳定。

优抚安置

【优抚工作】 2017年,上杭县审批生活困难优抚对象132人次,发放资金25.56万元;审批重点优抚对象个人一次性门诊补助969人、发放补助金17.44万元;审批重点优抚对象个人申请医疗补助132人次,发放补助金19.46万元;审批重点困难优抚对象个人申请住房补助3人,发放补助金1.5万元;"八一""春节"期间慰问优抚对象1549人,发放慰问金50.89万元;全年发放义务兵家庭优待金对象409人次,其中城镇义务兵32人、农村义务兵377人,城镇义务兵家庭优待金标准为每人每年13208元,农村义务兵家庭优待金标准为每人每年14074元;发放大学生入伍一次性奖励金对象79人次,其中本科毕业3人、本科在校16人、大专毕业16人、大专在校44人,全年累计发放义务兵家庭优待金及大学生入伍一次性奖励金592.76万元,发放全县优抚对象定期抚恤金及生活补助3608人,发放资金2000余万元。2017年6月,下都镇薛先维、薛培年被追认为革命烈士。

【复退安置】 2017年,上杭县符合安置条件春季转业士官3名,均安置在县直全额拨款事业单位。

【上杭县获福建省"双拥模范县"称号】 2017年7月,上杭县再次被评为福建省"双拥模范县",喜获"三连冠"。7月28日至8月1日,县委书记傅藏荣,县委常委、县人武部政委杨葵代表上杭县,作为全国10个之

一、福建省唯一的“双拥模范县”代表晋京参加纪念建军 90 周年系列活动。

■ 老龄事业

【概况】 2017 年，上杭县在龙岩市率先引进城乡社区居家养老专业化服务组织——龙岩（上杭）禾康智慧养老有限公司。龙岩（上杭）禾康智慧养老有限公司完成“互联网+养老”信息服务呼叫平台场所建设，受益对象为临江镇、临城镇社区范围的特困供养人员、低保对象、建档立卡贫困人口、重点优抚对象、计划生育特殊家庭成员、重度残疾老年人以及 80 周岁以上老年人等七类人员，由政府购买线上呼叫信息服务，每人每月服务费 20 元；为临江镇、临城镇 12 个社区除 80 周岁以上老年人外上述其他六类人员，由政府购买线下实体援助服务，每人每月服务费 100 元，首批符合政府购买服务对象近 2000 人受益。是年，禾康智慧养老有限公司配备各工种服务人员 6 人，整合联盟商家共 75 家，打造专业化、制度化、特色化品牌。此项工作获省市民政厅（局）以奖代补资金补助，成为龙岩市唯一获奖县。

是年，上杭县继续开展百岁老人慰问走访活动。重阳节前夕，县委书记傅藏荣、县长王波等 23 位县领导走访慰问全县 29 位百岁老人（其中男 4 人、女 25 人），送上“盛世寿星”牌匾及慰问品、慰问金。通贤镇岭头村李细兰 115 岁（女，1902 年 1 月出生），为龙岩市最年长寿星。

这一年，上杭县核准成立 3 家老年协会，分别为古田镇赖坊村、溪背村及上洋村老年协会。县老年学会动员老年人参与全国“关爱老年人，欢庆十九大”征文活动，撰写论文 23 篇，9 篇文章获得全国优秀论文奖。

【“银龄安康保险”】 2017 年，上杭县民政局继续与中国人寿上杭分公司联合实施“银龄安康保险”。全年投入 31.52 万元，为全县 80 周岁以上老人、60 周岁至 79 周岁优抚对象及城乡特困供养人员共 15773 人，每人投保“银龄安康保险”1 份，每人每年保费 20 元，受投保对象意外伤害住院给予每人每日津贴补助 30 元，意外身故或伤残给予保险补助 5000 元。

【农村幸福院建设】 2017 年，上杭县推进农村幸福院建设，完成农村幸福院建设项目 27 个（其中县项目 20 个，省市项目 7 个），每座补助资金 23 万元。2014—2017 年，全县建成农村幸福院 88 座。

2017 年 4 月 14 日，省民政厅副厅长陈丽华（前左三）到上杭调研养老服务工作 （县民政局供稿）

【80 周岁以上老年人高龄津贴发放】 2017 年，上杭县继续对上杭县户籍 80 周岁以上老年人每人每月发放高龄津贴 100 元（含离、退休人员），管理工作由县、乡、村三级劳动保障部门负责；每月发放、建立高龄津贴信息管理系统、领取资格认证工作由县社保中心负责。全年享受 80 周岁以上老年人高龄津贴发放人数 13815 人，发放金额 1585.63 万元。继续落实老年人优惠政策，全年办理老年人优待证 1271 张。

■ 民族

【概况】 2017 年，上杭县有 2 个民族乡、40 个民族行政村、205 个民族自然村，少数民族人口 4.2 万多人，有 18 个少数民族（以畲族为主），少数民族人口千人以上的乡镇有 11 个。

是年，全县经依法登记的宗教团体 3 个，即天主教爱国会、基督教“三自”（自治、自养、自传）爱国运动委员会和佛教协会。龙岩市天主教爱国会办公地点设在上杭，经依法登记的宗教活动场所 73 处（含 2 处试登记场所）。

【民族乡村经济社会发展】 2017 年，上杭县落实扶持民族乡村发展的优惠政策措施，争取中央、省、市、县级少数民族补助款 589 万元，项目 73 个。争取省少数民族发展基金会 2018 年资助少数民族发展资金 23 万元；落实 2018 年中央少数民族发展资金预算指标 190 万元，省级少数民族补助款预算指标 82 万元。做好少数民族特色村寨创建活动。指导第二批、第三批全国民族特色村寨试点村

(庐丰畲族乡丰康村、官庄畲族乡树人村、古田镇苏家坡村、官庄畲族乡福泉村、官庄畲族乡璜头村、太拔镇坵辉村)做好特色村寨创建工作。3月,庐丰畲族乡丰康村、官庄畲族乡树人村被国家民委命名为第二批“中国少数民族特色村寨”。全年落实少数民族特色村寨建设保护与发展项目3个、资金135万元。开展2016—2017年度各级少数民族扶贫资金管理使用情况自查,并接受相关部门检查。举办少数民族培训班,开展民族乡村义诊活动。9月,由省委统战部、省民宗厅组织福建中医药大学医疗专家组赴上杭县官庄畲族乡、庐丰畲族乡及才溪镇溪北村开展义诊活动,现场咨询及就诊群众达200余人。10月,省、市、县民宗部门联合,在官庄畲族乡举办2017年少数民族水稻高产栽培种养(林下经济)技术培训班,采用现场教学和实地察看的方式开展培训,吸引各民族乡村200多名群众参加。

2017年3月2日,龙岩市委书记林国耀到庐丰畲族乡调研

(县民族宗教局供稿)

【民族村(社区)挂钩帮扶】 2017年,上杭县民族宗教局与5个民族村(社区)开展共建活动(与临江镇东南社区在职党员进社区服务群众活动和精神文明共建活动、与官庄畲族乡七里村的计生挂钩帮扶活动、与才溪镇才民村的民族村挂钩帮扶活动、与官庄畲族乡新民村的贫困村挂钩帮扶活动、与官庄畲族乡福泉村的机关事业单位全体干部结对帮扶农村贫困户活动),帮助共建或挂钩村(社区)协调解决发展资金136万元、文明共建经费0.2万元,与11户贫困户开展结对帮扶活动,帮助贫困大学生3名。

【民族乡村脱贫攻坚】 2017年,上杭县40个民族村中有10个贫困村,其中省级贫困村1个(庐丰畲族乡丰济村),市级贫困村2个(下都镇吉安村、官庄畲族乡贵和村),县级贫困村7个(临城镇石砌村、湖洋镇新坊村、庐丰畲族乡丰乐村和扶洋村、南阳镇涂坑村、官庄畲族乡德康村和新民村)。全县有少数民族贫困户1399户、少数民族贫困人口5308人,涉及20个乡镇。落实县委、县政府《上杭县脱贫攻坚战役实施方案》,做好官庄畲族乡新民村脱贫帮扶工作,落实帮扶项目1个、资金5万元。落实上杭苏区干部“千人挂钩万人脱贫、共奔小康”挂钩帮扶活动,做好官庄畲族乡福泉村11户贫困户的挂钩帮扶工作,每季度走访了解他们的家庭情况和收入情况,帮助解决生活中遇到的困难和问题。其中5户于2016年脱贫。

【少数民族惠民政策落实】 2017年,上杭县民族宗教局办理少数民族成分更改初审业务5人次。落实少数民族中考生加分政策,为县内外376名符合条件的上杭籍少数民族中考生办理加分审核手续;争取省民宗厅、市民宗局2018年春节慰问资金10.81万元、慰问少数民族贫困户135户、民族中学和民族中心小学少数民族贫困学生64名;开展高教助学活动,争取省少数民族发展基金会和畲家企业商会共10个助学名额,助学金3.8万元。

【上杭县举办纪念畲族民族成分恢复30周年暨首届“三月三”畲族文化节活动】 2017年3月29—31日,由福建省民族宗教厅指导,龙岩市民族宗教局、中共上杭县委、上杭县人民政府主办,中共上杭县委统战部、上杭县民族宗教局、上杭县文体广电新闻出版局、官庄畲族乡和庐丰畲族乡人民政府承办的上杭县纪念畲族民族成分恢复30周年暨首届“三月三”畲族文化节活动在上杭县城区客家缘广场主会场和官庄、庐丰畲族乡分会场举行,吸引海峡两岸200余名嘉宾和2万多名群众的热情参与。在主会场和分会场分别举行少数民族篝火晚会、畲族文化会演及特色农副产品(畲药)展销、民族小吃展、民族乡村30周年变化新貌展、“大美畲乡”油画、水彩画作品展等民族传统文化展示系列活动。

■ 宗教

【宗教活动场所管理】 2017年,上杭县民族宗教局建立局内干部挂钩宗教活动场所机制。全县73处宗教活动场所(含2处试登记宗教活动场所)由6名干部分别挂钩,做到每个宗教场所安全责任有人领、法律知识有人送、民意信息有人转、困难问题有人帮。继续抓好宗教场所“安全工程”和宗教安全稳定目标责任书的落实。1月,与县3个宗教团体签订安全工作责任书,为71个宗教活动场所颁发安全工作责任状。6月,与县佛教协会联合举办2017年度安全工作会议暨宗教活动场所消防演练,邀请专业人员进行消防知识讲解和现场演练,提升宗教界人士消防技能。开展宗教活动场所安全检查。结合“双随机”抽查、和谐寺观教堂创建活动等,深入上杭筠圆寺、福缘寺、东竺寺、瑞真庵、净严寺、西门天主教堂等宗教活动场所,开展安全摸排工作,消除安全隐患。做好宗教信息系统录入工作。根据省、市民宗部门要求,及时收集县已登记宗教团体、宗教活动场所信息、宗教教职人员信息、重点民间信仰场所信息等基础内容,及时录入福建省宗教事务管理系统。开展新版宗教活动场所登记证换发工作。根据省民宗厅相关文件精神,完成县已登记71处宗教活动场所换证工作。开展宗教慈善公益活动,全年筹集善款8万余元,开展腊八节免费施粥活动、敬老慈善、高教助学、汀江放生、帮扶贫困户等活动。

【宗教服务引导】 2017年,上杭县民族宗教局加强宗教服务引导工作。与省、市民宗部门对接,协调普陀山文化旅游生态园建设项目中涉及宗教活动场所改扩建的相关报批准备工作;协调处理上杭西门天主教堂围墙与周边多户群众纠纷事宜;成立县协调工作组多次召开专题会议协调处理天主教会与上杭一中产权纠纷事宜;为宗教活动场所协调处理负责人变更、修缮资金争取等各类困难和问题20多件。

残疾人事业

【概况】 2017年,上杭县根据国务院残工委统一部署,第一季度开展全县残疾人基本服务状况和需求信息动态更新工作,共完成344个社区(村)调查,应调查持证残疾人总人数24613人。截至7月31日,全县完成调查人数24613人,入户率96.4%,完成数据录入23746份,完成率100%。完善精准扶贫建档立卡残疾人户基本情况,至6月底全县3772名农村贫困残疾人的基本情况及帮扶落实情况台账均基本建立。

【残疾人康复】 2017年,上杭县组织实施康复项目任务。为231名贫困白内障患者实施免费复明手术,免费金额13.1万元。继续开展精神病人防治康复,为207名贫困精神病患者提供服药救助,补助金额12.42万元;为65名贫困精神病患者提供住院补助,补助金额16.4万元。实施儿童(0岁~6周岁)救助工程116例(其中孤独症儿童训练18例,智力儿童训练31例,听力语言儿童训练16例,脑瘫儿童训练51例);免费为残疾人免费配备助听器220只;免费为残疾人装配矫形器32例;免费为残疾人安装假肢18例。

【残疾人教育就业】 2017年,上杭县扶助4名残疾人、13名在校残疾人大学生、8名低保户残疾人子女、2名在册贫困残疾人子女上大学,扶持资金4.85万元。

是年,加强对残疾人职业技术培训,全年举办6期农村残疾人实用技术培训班,培训239名残疾人及残疾人家属。做好按比例安排残疾人就业工作,核定按比例安排残疾人就业150人;征缴残疾人就业保障金519万元。做好省残联、省财政厅关于扶持残疾人就业创业5个文件落实,共发放扶持残疾人就业创业专项资金24.09万元,其中奖励超比例安排残疾人就业1家企业,奖励资金4.92万元;补贴集中安置残疾人就业2家企业,补贴资金6.18万元;为52名自主就业创业残疾人补助社会保险金12.99万元。

【残疾人扶贫】 2017年,上杭县继续做好农村贫困残疾人“安居工程”项目。完成29户农村贫困残疾人建房的收尾工作,全年发放扶助资金32万元房屋修缮费用。利用省级康复扶贫资金,扶持帮助农村贫困残疾人就业创业,全年扶持100户,发放资金30万元。完成省委、省政府为民办实事项目残疾人“居家护理”226人,“机构托养”32名,发放护理、托养补助金61.2万元;为96名残疾人提供机动燃油补贴2.5万元;对残疾人大病给予救助,全年有54名残疾人得到12.1万元的医疗救助。

【残疾人康复托养设施建设】 2017年,上杭县残疾人康复托养设施建设项目大楼完成主体工程,7月底完成内装修。

【残疾人信访维权】 全年接待来信6件、来访16人次,未出现残疾人集体上访和重大信访案件。

【残疾人信息无障碍建设】 2017年,上杭县残联推出福建省首个残疾人专属APP应用平台“启能通”。残疾人可通过“启能通”应用,精准获取各类助残惠残政策、提交残疾人服务需求、查找服务机构网点、寻求服务咨询等功能,使各类信息更多更公平地惠及残疾人及其家庭,实现精准扶贫、精准服务,提高残疾人的生活质量。同时,对乡镇残疾人工作人员进行绩效管理,改变传统的办公模式。2017年底,“启能通”覆盖残疾人及亲友近万人。

■ 慈善事业

【善款募集与支出】 2017年,上杭县慈善总会募集善款615.2万元,实施多项“顺民意、贴民心、解民忧”慈善救助活动,累计支出善款799.9万元。

【慈善求助】 2017年,上杭县开展“慈善爱心屋”捐建工程,建成30栋慈善爱心屋;开展“金秋圆梦助学”“跟踪帮扶助学”活动,资助100名贫困大学生,全年助学活动支出252.6万元;发放大病救助金86.02万元,帮助256名贫困家庭患者;支出10.7万元困难补助金,帮助困难家庭348户;开展“慈善春节送温暖”现场派送活动,在县江滨广场为城市低保户、特困户、贫困大学生等260户发放食用油、香菇、粉干等年货共计7万元。全年为6名在校高中孤儿争取助孤上学经费每人1200元;开展敬老助老活动,“慈善日”前后,开展系列送温暖活动,慰问在县医院、中医院住院70岁以上老人;资助老体协音响41台;与市慈善总会与龙岩科宏眼科医院联合开展“精准扶贫慈善光明行”活动,帮助30名身患白内障的贫困母亲获得免费治疗恢复光明。关注公益事业,在县紫金公园新建“慈善茶屋”,委托县阳光公益协会的志愿者进行日常管理,每天下午3时至5时免费为市民准备茶水,日均受益500人次。联合各类公益慈善组织开展《中华人民共和国慈善法》及“中华慈善日”专题宣传,发放宣传围裙1000条,联合阳光公益、县演艺中心在瓦子街举办图片展及“携手慈善与爱同行”文艺晚会,营造“人人向善、人人行善”氛围。

2017年10月17日,上杭县第24届城区精神文明共建活动在城区瓦子街广场举行 (县文明办供稿)

■ 精神文明建设

【宣传舆论阵地建设】 2017年,上杭县文明办以“讲文明、树新风”“学习道德模范”“学雷锋志愿服务”“加强未成年人思想道德建设”“传播文明礼仪”“讲文明树新风,迎金砖宾客”为主题,做好广播、平面、影视、手机、网络等五类公益广告常态化刊播工作。在上杭大道、紫金路、北环路、二环路、建设路等主要道路的隔离栅栏每隔30米增设宣传广告320块,主要干道增设灯柱广告448块,隔离栏户外看板196块,江滨路道路增设12块社会主义核心价值观公益广告,33辆公交车车身喷绘公益广告,江滨广场增设社会主义核心价值观主题宣传板12块,客家缘路口社会主义核心价值观主题景观展1块。制作上杭县创城倡议书、创城应知应会宣传册各2万份,组织志愿者上街入户对市民进行创城知识宣讲,营造全县动员、全员参与的创建氛围和健康向上的社会风尚。制作道德模范宣传公益广告,在商业街区、广场、公园等社会公共场所进行展播,营造崇德向善、见贤思齐的浓厚氛围。在《上杭新闻》《美丽上杭》《杭川新时空》,广播102.4兆赫等主要新闻栏目开设《创建省级文明县城·我们在行动》专栏,宣传一批文明道德建设正面典型,曝光一些不文明、不道德行为,激发全县人民共同参与创建的热情。在上杭新闻综合频道、福建公共频道、上杭人民广播频道的黄金时间段滚动播出一批“讲文明,树新风”公益视频广告及宣传标语。

【道德模范和身边好人推荐评选】 2017年,上杭县道德模范、身边好人建设工作取得新突破。11月,县实验小学教师温金娥获得孝老爱亲类“第六届全国道德模范”称号,是上杭县首位获评的全国道德模范。11月20日,中央电视台一套《焦点访谈》栏目和11月23日中央一套《圆梦中国 德耀中华》节目中分别介绍其孝老爱亲的事迹。郭永富获评第五届福建省诚实守信类道德模范。全年有5人当选“福建好人”,1人当选“中国好人”。其中,临城镇九洲村村民郭永富当选7月诚实守信“中国好人”,9月11日,荣登中国文明网《好人365》封面人物;城市管理行政执法局职工钟丽娟当选1月助人为乐“福建好人”;旧县镇尧埔村村民邱仰辉当选4月见义勇为“福建好人”;临城镇九洲村村民郭永富当选5月诚实守信“福建好人”;县医院肾内科医师蓝炉山当选7月助人为乐“福建好人”;县城市管理行政执法局直属二大队渣土中队副中队长张茂禄当选11月助人为乐“福建好人”。联合县妇联寻找、培育“最美家庭”，3月表彰35名“最美家庭”。7月，制订《上杭县帮扶礼遇道德模范与“身边好人”的实施办法》，要求各责任单位结合实际贯彻落实。县文明委对历年来生活困难的道德模范、身边好人、美德少年给予一次性帮扶，并将此项经费列入每年财政预算。

【文明县城创建】 2017年1月6日，上杭县召开创建第五届省级文明县城阶段性工作小结暨下阶段工作部署专题会议。8月24日，县委书记傅藏荣带领县委办、县政府办、县文明办、执法局等部门负责人专题调研创建第五届省级文明县城工作，召开专题调研座谈会。10月17日，举办以“喜迎十九大·共建文明城”为主题的第24届城区精神文明共建活动，举行“上杭县阳光公益协会临江社区志愿服务队”成立仪式。11月2日，省委文明办副主任陈璇一行深入上杭县指导省级文明县城创建工作，县长王波，县委常委、宣传部长张北阳等县领导陪同调研。11月28日，县召开创建第五届省级文明县城迎检动员会议，县长王波及相关单位负责人参加会议。12月4—6日，省文明委考评组对上杭县创建第五届省级文明县城工作进行总评，对上杭县创建工作给予充分肯定，确定推荐上杭县为新一届全国文明城市提名城市。

【文明单位创建】 2017年2—3月，龙岩市、县考评组对上杭县第13届省、市级文明单位(村镇、学校)的申报单位进行初评。10月，市文明委受省文明委委托，对上杭县省级文明单位、村镇、社区、学校开展总评工作，总评采取实地察看、材料审核、问卷测试等方式进行。11月17日，在全国精神文明建设表彰大会上，上杭县临江镇和古田镇五龙村获得“第五届全国文明村镇”称号；紫金矿业集团股份有限公司(本部)获得“第五届全国文明单位”称号；上杭县古田镇和中都镇都康村经复查确认继续保留“全国文明村镇”称号。古田会议会址景区经复查确认继续保留“全国文明单位”称号。

【未成年人思想道德建设】 2017年，上杭县开展“评选、学习和争做美德少年”活动。上杭县温顺香、黄梦芸、李舒恬、何婧茹等4名学生获龙岩市第二届“美德少年”称号。4—10月，在广大未成年人中开展“公共行为好习惯”普及教育活动，倡导“做一个文明有礼的上杭人”。5月31日，龙岩市“童心向党·唱响中国梦”歌咏展演(上杭)活动在上杭人民会堂举行。7月，校外未成年人心理健康辅导中心建成并投入使用，中心设心理咨询室、催眠放松室、智能宣泄室等13个功能室，总面积440多平方米，有专兼职心理辅导志愿者心理咨询师30人(其中，18名国家二级心理咨询师、12名国家三级心理咨询师)，成为一个拥有完善的制度、健全的设施、专业的团队的校外未成年人心理健康辅导机构。组织开展“向国旗敬礼”主题活动，让广大未成年人接受革命历史和革命传统教育、理想信念教育和民族团结教育，深刻感受到尊敬国旗的重要意义，进一步增强爱国意识，强化民族责任感。

【志愿服务活动】 2017年，上杭县完善志愿服务注册制度，做好福建省“志愿云”志愿者队伍建设信息系统的推广与使用。加强志愿服务网络化管理，做好志愿者的登记、注册、管理工作，实现志愿科学、规范化管理。2017年，注册志愿团体343个，注册志愿者19085人，服务总时长128.42万小时。组织开展2017年上杭县春节联欢晚会、“欢动客家缘　百姓闹元宵”、庆祝“三八”国际劳动妇女节107周年文艺晚会、纪念畲族民族成分恢复30周年暨首届“三月三”畲族文化节、庆祝“五一”国际劳动节127周年文艺晚会、“杭川喜迎十九大　国庆中秋万家乐”文艺调演等志愿服务活动。7月，县文明委下发《关于在城区重要路段开展文明劝导志愿服务工作的通知》，将城区各重要路段划分给各责任单位，要求各责任单位组建文明劝导志愿服务队，每周在指定路段开展常态化文明劝导志愿服务工作。县总工会、水利局、审计局、市场监督管理局、统计局、民政局、移民局、司法局、气象局、人社局、工业园区、临城镇等单位纷纷组织文明劝导志愿服务队，在城区主要交通路口、路段对行人交通违法行为、车辆乱停乱放等不文明行为进行劝导。团县委组织青年志愿者开展“大拇指”文明劝导和“垃圾不落地，杭川更美丽”垃圾清扫活动，县妇联组织巾帼志愿者开展“创文明县城姐妹在行动”活动。各级志愿者顶着高温酷暑，积极参与到倡导文明行为、维护交通秩序、保持环境卫生、清理暴露垃圾、帮助老幼病残孕行人过马路等服务活动中，发放创建文明县城宣传材料2万余份，提高上杭县创建文明县城知晓率，营造出人人参与、人人行动的良好创建氛围。12月28日，上杭县志愿者协会召开换届选举会议，选举产生第二届理事会理事、常务理事、秘书长、副会长、会长等新一届协会领导。

责任编辑：王冬英

乡镇概貌

■ 临江镇

【概况】 2017 年,临江镇实现社会总产值54.7亿元,比增10.5%。其中第二产业产值实现 48.86 亿元,比增10.2%;第三产业产值实现 5.84 亿元,比增 12.3%;实现财政总收入2129.6万元,增长4.2%。居民人均可支配收入35991元,比增9%。

【经济发展】 2017 年,临江镇坚持以经济发展为中心,以重点项目攻坚为抓手,全面强化发展引擎,增强发展动力,着力打造"富裕临江"。全年实施18个攻坚战役项目,总投资 10.86亿元。其中开工项目 8 个,总投资1.76 亿元;增资项目 5 个,总投资2.38 亿元;签约项目 1 个,总投资3000万元。发挥领导带头策划项目工作机制和项目储备与管理系统效应,累计在库项目31个,其中2017年谋划项目 12 个,总投资 8.42 亿元。新引进上杭县腾辉医药有限公司、上杭县家家乐橱柜加工有限公司等 16家企业。"6·18"期间完成项目对接2个,技术需求 3 个。继续实施商贸流通业"十百千工程",培育发展限上企业13家。固定资产投资完成10.6亿元,完成年度目标任务的132.5%。

【城镇建设】 2017 年,临江镇围绕城镇发展,推进项目建设,完善基础设施,着力打造"宜居临江"。完成汀江绿道和杭永高速涉及该镇的土地征收和交地工作,实现和谐征迁。完成江滨西路二期剩余房屋腾房、拆除工作。组织开展南门大桥及两岸片区组团等项目房屋征收户回迁看房、选房工作。依托"美丽乡村"建设,实施东南社区菖蒲塘环境整体提升工程,项目总投资 280 万元,各项前期工作按序推进。完善社会养老服务体系建设,争取中央、省、市预算内补助资金和县为民办实事补助资金,实施社区老年人日间照料中心项目,项目总投资约 460 万元。为提升居家养老功能,投入 20 万元实施东南社区居家养老服务站提升工程。继续实施背街小巷清淤改造,完成火壁巷、浮桥巷、东环小区支巷等巷路面铺设及清淤改造工程。实施危旧房整治和旱厕改造工程,完成 33 座旱厕填埋和 5 座旱厕改造工作。实施镇东、镇中和天山等社区电网改造工程,保障社区居民用电安全。

【社会保障】 2017 年,临江镇按照"应保尽保、应退则退"的原则,实行低保动态管理,做到"该保的一个不漏,不该保的一个不留"。临江镇有特困户 25 户 26 人,低保户 90 户 135人,全年发放低保金 42.2 万元。贯彻落实大病医保"三保合一"均衡化政策,全年城乡居民保险参保人数 1536人,缴费人数 1505 人,参保缴费率为98%。办理下岗失业人员、灵活就业人员医保和社保补贴 700 人。

【惠民政策】 2017 年,临江镇做好80岁以上老年人高龄补贴审核及发放工作,全年新增符合条件发放人员172 人。实施临时救济,受理县级临时救助 59 件,发放救助款 11.5 万元,受理镇级临时救助 43 件,发放救助款约 1.5 万元。落实残疾人生活和护理补贴申请审核工作,373 名残疾人获益,其中 21 人享受到辅助器具补贴,全年发放重度残疾人保障金40.77 万元。做好"三农"综合保险工作,发放农业三项补贴 4 万元。做好军人、军属、烈属等对象优抚工作,定期发放优待金 114 人。协助解决困难居民住房问题,完成 50 户申请保障

2017 年,临江镇博士教育发展基金会奖学助学金发放仪式举行

(临江镇政府办供稿)

性住房和限价商品房的审核上报工作。完成20名原公办民办代课教师审核工作,妥善解决公办民办代课教师历史遗留问题。开展东南社区农村土地承包经营权确权颁证工作,保障农民土地财产权益。兑现平安社区"3个10%"奖励政策,发放居民参加医疗保险县财贴补10%、60周岁以上居民基础养老金提高10%和守法家庭大病医保报销比例增加10%奖励金共37.56万元。

【教育发展】 2017年,临江镇规范运作上杭县临江博士教育发展基金,发挥教育基金扶贫助学、奖学功效。举行奖学助学金发放仪式,对2017年被"985""211"院校录取的58名临江籍学生和15名困难学生发放奖学助学金11万元,授予城东小学和城西小学36名品学兼优的学生"临江好少年"称号,发放1万元的学习用品。

【生态建设】 2017年,临江镇完成县下达的70辆黄标车淘汰任务,配合县有关部门整治在建工地粉尘、餐饮行业油烟排放、露天烧烤等环境污染问题20个。推进流域治理,推行河长制工作,强化河道巡查管护,营造良好水环境。开展环境卫生治理,全年投入50万元用于环境卫生保洁,按照"住户分类、统一收集、集中处理"的原则,对生活生产垃圾实行日产日清,处理率100%。11月开始,小街小巷的环境卫生列入城区环卫一体化保洁,环境卫生保洁质量得到提高。

【平安建设】 2017年,临江镇按照"抓重点、压责任、守底线、强措施、保安全、化矛盾、保稳定"的工作思路,深化平安宣传,发放宣传材料1.5万份,宣传品7000份,居民对平安建设满意程度普遍提高,在全市上半年公众安全感调查中,临江镇测评结果位列全县第6名,全市第40名,下半年位列全县第7名,全市第37名,比2016年底排位前进61位,该镇被评为市级平安乡镇,镇东、镇南、镇西和东南社区被评为市级平安社区。加强重点人员排查稳控,实行一人一档一方案,落实"定人定岗定责",做到重点人员零漏管零失控零犯罪。高压打击涉麻制毒违法犯罪活动,重点突击辖区餐饮娱乐活动场所,坚决遏制涉麻制毒窝点滋生。重视初信初访工作,镇主要领导每月15日参加县委、县政府主要领导信访接访日,并建立镇副科级以上干部每周一接访制、首问责任制和社区每日"零报告"等制度。加强社会治理体系建设,投入36万元建设镇综治中心指挥平台,提高了社会治理的智能化和专业化水平。加大纠纷排查调处力度,全年排查矛盾纠纷48起,调处成功48起,调处成功率100%。

【安全生产】 2017年,临江镇严格落实安全生产"党政同责、一岗双责、齐抓共管、失职追责"和企业主体责任,持续开展安全生产大检查、重点领域风险点大排查、大整治和打非治违专项行动。全年检查重点危化企业、人员密集场所和在建工地60家次,发现隐患5处,落实整改5处,整改率100%。坚持汛期24小时领导带班、干部值班制度,做好汛期危房和低洼地带等重点部位巡查工作,发放防台风宣传材料1.2万份,确保群众安全度汛。妥善处理东南社区球楼山护岸边坡滑坡事件,整体治理工程有序推进,完成工程量的80%。推进防震减灾和消防安全工作,镇南社区被评为国家防震减灾示范社区,镇东社区被评为市级消防安全示范社区。推进消费者维权工作,镇"12315"维权工作站获评省级示范站称号。

【文明创建】 2017年,临江镇深入开展创建省级文明县城、全国文明村镇和各级文明社区活动,着力打造"美丽临江"。动员城区干部群众主动参与文明县城创建,发放文明创建及应知应会知识宣传册3万份;张贴"八不行为规范"、市民公约等公益广告350余幅,文明创建宣传栏26个;组织城区145家共建单位开展"喜迎十九大·共创文明城"为主题的第24届城区精神文明共建活动,掀起全民创城热潮。依托上杭县阳光公益协会成立临江镇社区服务志愿队,推进志愿服务活动制度化、常态化。投入100余万元用于镇宣传文化中心建设、核心价值观宣传公益广告制作、树文明新风巷道文化墙建设及住宅小区、背街小巷乱堆乱放、违章搭盖等专项整治,筑牢创建基础、营造创建氛围。加强思想道德建设,倡导社会良好道德风尚,镇中社区居民温金娥获评第六届全国道德模范。2017年是创建省级文明县城和全国文明村镇的总评年,临江镇获"全国文明村镇"称号,省级文明县城创建通过总评。

■临城镇

【概况】 2017年,临城镇实现社会总产值44.2亿元,比增6.2%,其中农林牧渔业总产值5.06亿元,比增3.5%;完成固定资产投资16.75亿元;财政总收入4920万元;人均纯收入17176元,比增12%。

【农业生产】 2017年,临城镇粮食播种面积0.24万公顷,总产1.56万吨。蔬菜种植0.16万公顷,总产3.34万吨。食用菌总产101.8万千克,产值1061.5万元。果树面积0.07万公顷(其中,新植25.67公顷),投产面积610.93公顷,总产6361.2吨,增收1196吨。发展"一村一品",全镇有上登、六甲、九洲、土埔、水西等5个"一村一品"专业村。2017年,九洲村蜜雪梨产业被评为"全国一村一品"专业示范村,水西大鹏蔬菜专业合作社获省级农民专业合作社,杭丰蔬菜专业合作社萝卜干精细加工获国家QS产品质量认证。支持家庭农场和专业合作社建设,争取国家现代农业示范区现代农业生产发展资金205万元,支持九洲浩宇农业发展有限公司、上杭县润农农业有限公司及杭丰专业合作社的发展。

【产业集群】 2017年,临城镇有限额以上法人企业22家,其中新培育限额以上法人企业5家,至年底完成零售额2.05亿元,比增25%,完成销售额6.71亿元,比增27.3%。规模以上工业企业产值完成247.34亿元,比增56.3%,初步形成矿冶、建筑、机械、化工产业集群。

【项目落地战役】 2017年,临城镇实施项目落地46个,完成各项目土地征控面积200多公顷,完成城北社区老年人日间照料中心项目主体工程和同福鸽业第一期1万对种鸽基地建设,做好普陀山文化生态园、年回收拆解1万辆报废汽车等项目前期工作,汀江绿道、永杭高速(临城段)等项目快速推进,按时间节点完成征地拆迁工作。

【脱贫攻坚战役】 2017年,临城镇开展建档立卡贫困户"回头看"工作,新增贫困户2户11人,清退45户162人。运用金融脱贫法,将2017年列入小额贴息贷款62户对象的贷款,委托上杭县同福鸽业有限公司运营,每年给予贫困户贷款10%的分红,首批18.6万元分红款发放到62户贫困户手中。同时,实施激励性扶贫项目,向首批申请激励性扶贫项目的61户贫困户免费发放种鸡、种鸭、饲料款等,增强贫困户"造血功能",全面完成202户623人的年度脱贫任务。全面完成"雨露计划"及巾帼家政培训,全镇360人次参加培训,提高贫困户的脱贫技能。完成11户36人造福工程易地搬迁及87户危房改造任务,解决贫困户住房安全问题。推进贫困村项目建设。石砌村农民文化公园项目、新塘村"千村整治"项目、璜岗村道路硬化项目等有序推进。

【生态环保战役】 2017年,临城镇拆除生猪养殖场762户,面积12.7万多平方米,补偿金额1881万余元。完成规模养殖场标准化改造22家。完成投资600多万元实施汀江流域水环境综合整治项目,主要对上登、新丰、六甲、西南、白玉、玉女、新塘等村流入汀江流域的支流进行生态修复,实施生态护岸、河道清淤、人工湿地公园建设等工程措施,不断提升流域水质,第四季度镇境内各控制断面水质均达到Ⅲ类水以上。做好黄标车淘汰及燃煤锅炉整治,全年淘汰黄标车82辆,整治燃煤锅炉2台。

【村镇建设】 2017年,临城镇争取资金推进九洲、西南"美丽乡村"建设及白玉村"千村整治、百村示范"工程。多方筹资兴建修缮宫桥、石砌、城东等村(居)民活动中心。总投资120多万元的屋面分布式光伏发电项目完成6个村(居)立项、招投标等工作,其中水西、玉女、六甲、璜岗等4个村(居)完成建设。

【惠民政策】 2017年,临城镇参加新型农村社会养老保险20275人,其中缴费人数12795人,60周岁以上享受养老金待遇6632人。参加新型城乡合作医疗保险35092人,参保率81.89%。"三农"综合保险实现全覆盖,完成全年任务的102.2%,参保率位列全县第四。

【民生工程】 2017年,临城镇完成新塘、石砌、九洲幸福院和城北社区、城东社区老年人日间照料中心建设。汀江安全生态水系临城段建设项目顺利推进,完成水西渡大桥段、第三中学段右岸护岸工程,实施水南段左岸沥青步道、老张滩大桥段左岸块石步道及右岸护岸工程。汀江防洪堤(一期)张滩段Ⅰ标段全部建设完成,Ⅱ标段完成堤坝主体工程建设。开工建设临城镇中心幼儿园。实施"一事一议"奖补项目10个,奖补资金121.77万元。

【河长制】 2017年,临城镇成立河长制办公室,设立专门办公场所,招聘7名专职人员。根据"一河一档"要求,对辖区内19条大小河流进行全面摸底调查、信息整理归档,并设立村级河长25名,河道专管员22名。投入20余万元,加大河长制工作宣传,举行"小手拉大手·共护母亲河"志愿活动,发动群众参与保护河流。按照"总河长每月一检查,流域河长半月一检查,村级河长每周一巡查,专管员每日一巡查"的要求,建立日常巡查机制。以中央环保督察为契机,以"河畅、水清、岸绿、安全、生态"为整治目标,发动新丰、上登、六甲等村投入人力、物力,对河流的陈年垃圾、水葫芦、淤积泥沙等进行全面清理。联合水利、公安、环保等部门开展联合执法,打击违法采洗砂场14处,拆除河道两岸临时构筑物11处。

【综治维稳】 2017年,临城镇落实社会治安综合治理长效机制,在镇综治办和城西社区分别建立综治中心及网格化服务中心,在临城中心小学建立毒品预防教育室。坚持季度警情通报机制,定期组织开展行业场所清查行动,落实领导干部AB岗信访接待制度,引导群众通过正当渠道合法合理地反映问题。发挥司法调解、人民调解作用,全年调解矛盾纠纷和群众诉求案件88件。开展禁毒工作,全镇摸底排查五类重点场所(电影院、剧院;舞厅、卡拉OK厅等歌舞娱乐场所;电子游艺厅、互联网上网服务营业场所;桑拿浴室等洗浴场所;设有上述场所的商业综合体建筑)142个和五类重点人员(刑释解教人员、社区矫正人员、吸毒人员、精神病患者、信教人员)273人,对重点场所采取挂牌标记巡查方式,每周安排专人到现场巡查一次以上,2017年,全镇未发生重大刑事案件。

■ 湖洋镇

【概况】 2017年,湖洋镇实现社会生产总值8.47亿元,比增长6.3%;实现工业总产值4.92亿元,比增6.7%;实现农林牧渔业总产值2.31亿元,比增3.8%;财政总收入1672.5万元,比增6.3%;全社会固定资产投资9.95亿元,比增25.3%;农民年人均纯收入14755元,比增14%。

【为民办实事项目】 2017年,湖洋镇确定13项为民办实事项目,竣工投入使用7个,基本完工2个,稳步实施推进4个。村级脱贫攻坚工程项目:全镇22个村脱贫110户310人,解决全镇建档立卡贫困户住房安全。农业综合开发项目:项目总投资2000万元,碧田、涧头、上埔、水埔、加庄、福全、寨背、文光、元丰、岩头、通桥、古楼、新山等14个村全部进场施工。危桥改造项目:投资186万元,基本完成通桥村胜利桥,池屋山下危桥改造。湖洋镇全民健身中心项目:项目以九里圳"水"文化、寨背陶瓷文化为主题,集社会主义核心价值观、知青文化、客家民俗文化、生育文化、法治文化和健身广场为一体,完成三通一平。寨背溪小流域水土流失治理项目:通过省级验收。通桥村医养结合项目:项目建成并投入使用。湖洋镇卫生院病房综合楼项目:病房综合楼和职工周转宿舍建设完成并投入使用。五龙线道路改造项目:五坊至龙山道路全线贯通,通车使用。电力走廊和防火林带建设:涉及三田、元丰、通桥、新坊、岩头等7个村全部建成投入使用。烟基工程项目:项目涉及五坊、新坊全部建成并投入使用。湖洋中心幼儿园搬迁工程:项目主体工程竣工,正在装修。湖洋村环境综合整治项目:项目稳步推进,垃圾中转站正在建设。

【农业生产】 2017年,湖洋镇粮食播种面积0.21万公顷,实现粮食总产1.29万吨。烤烟种植面积142.87公顷,收购烟叶2.9万千克,上等烟比例57%。全镇生猪存栏1.87万头、出栏2.89万头。家禽存笼26.3万只、出笼77.9万只。新增果园30公顷,累计果园面积346.67公顷,新增家庭农场15家,县级家庭农场14家,家庭农场累计达到67家,新增新型职业农民37人,新型职业农民累计达到126人。10公顷耕地占补平衡和166.67公顷高标准农田建设工作、土地承包经营确权登记颁证工作、天然林补助资金发放工作基本完成。推进农业供给侧结构改革,华润五丰生态循环农业产业园项目完成一期建设,依托基地现有产业,推广"央企+农户"种植黑皮鸡枞菇,普惠农民。上杭县鑫中合湖洋现代设施农业示范区项目在现代设施农业持续发力,带动效应增强。以观音井为代表的脐橙产业不断壮大,黑皮鸡枞菇、上杭乌梅、杭晚蜜柚、刺胸蛙等农业产业规模初现。

【工业项目】 2017年,湖洋镇完成新签约项目2个、新开工项目1个。大力推进项目建设,年产1000辆专用车辆生产项目,总投资1亿元,已签订投资协议,完成选址,正在推进项目环评,土地摘牌等前期工作。中节能湖洋镇25兆瓦农光互补并网光伏发电项目,总投资2亿元,与中节能太阳能科技有限公司签订投资协议,建设25兆瓦并网光伏电站,规划装机容量为25兆瓦左右,计划用地面积37.33公顷未利用用地。上杭县纺织机械配件加工项目,完成土地报批、林地报批,完成"三通一平",正在进行厂房施工。福建龙岩龙嶂泉饮品开发有限公司,正在进行"古田缘"商标注册建设,国家商标局已受理,助推湖洋本土品牌做强做大。龙湖毛巾厂,福塔混凝土有限公司,龙鑫混凝土有限公司,福建百果园生态农业股份有限公司等企业持续壮大。凭借近郊区位宝地优势,经济新常态下"互联网+",新型纺织、新型材料包装行业产业,近郊预制商品混凝土、建筑原材料交易、现代物流仓储正成为湖洋经济的新动能。

【第三产业】 2017年,湖洋镇15家限额以上法人企业社会消费品销售额完成6.82亿元,比增44.8%,其中零售额完成2.03亿元,比增51.7%,培育2家限额以上批发、零售及住宿餐饮企业,上杭农商行湖洋支行年末各项存款余额2.46亿元,比年初增加4100万元,各项贷款余额1.48亿元。培育龙岩爱瑞商贸有限责任公司等限上商贸企业3家;培育福建百果园生态农业股份有限公司入驻福建正统网;成立湖洋镇第三产业服务运营中心,湖洋镇蒸鸡餐饮管理有限公司、观音井果业农业有限公司;观音井百果园省级休闲农业与乡村旅游示范点,旅游基础设施更加完善,全年接待游客35万人次。

【基础设施建设】 2017年,湖洋镇村路网日益完善,建成全长6千米的五坊至龙山道路硬化及拓宽工程、全长1.5千米的通桥村革命老区项目、三田村道过塘路面拓宽硬化项目等竣工通车,帮助解决沿线8000余村民出行难问题;湖洋镇文光村3年行动提升工程(一期)路网工程、通桥村胜利桥池屋山下危桥改造基本完工。至年底,全镇各行政村(整村搬迁的除外)的道路实现5米宽的水泥路面,方便群众的生产生活。农村电网建设更加完善,实施2017年湖洋农配网升级改造工程项目,新增配电器7台,变压器增容6台,整治低电压用户21台机,改造迁移10千伏线路62千米。农业基础设施建设进一步完善,投入1800万元实施上杭县2017年农业综合开发土地整理与非土地整理项目,建设机耕路13千米,土地整理60公顷,渠道3千米,排洪渠1800米。投入1000万元实施寨背溪小流域水土流失综合治理项目,建设生态护岸2659.6米,人行步道688.6米,亲水平台14座,河道清障4853米,机耕路5581.6米,排水沟6340米,坡改梯69公顷,蓄水池15口。实施文光村、三田村果园道路1000米,以及湖洋镇高效节水灌溉工程等项目。

【乡村建设】 2017年，湖洋镇湖洋村列入“千村整治、百村示范”建设项目村，五坊村、通桥村列为全市生活垃圾治理村，文光村纳入全市美丽乡村“三年行动”计划。4月，湖洋镇与上杭县恒洁环保公司签订协议，购买垃圾清洁第三方服务。推广实施全镇生活垃圾收费奖补机制。总投资105万元的湖洋镇上埔村每天处理70立方米生活污水处理站开工建设。新建和改造标准三格化粪池744户，生活污水、尾水接入管网收集纳入镇污水厂有效处理，粉刷裸房外墙2950平方米，清理村庄内违章搭建1600平方米，清理陈年垃圾40吨，人居环境得到极大改善。新建村活动中心和赤岭停车场2处，面积达580平方米；新建1处垃圾中转站，购置专用垃圾运输汽车1辆，配备72名固定的垃圾清运保洁人员，建立“户分类、村收集、镇转运、县处理”的生活垃圾收集处理模式。完成龙山村、上罗村、文光村、加庄村、古楼村、太平村、福全村等7个村，财政“一事一议”项目。

【环境治理】 2017年，湖洋镇完成植被恢复工程，综合治理水土流失面积2018.07公顷，造水保林9.2公顷，封禁治理1943.2公顷，管护1805.6公顷，补植137.6公顷。取缔非法采(洗)砂场2家，淘汰黄标车30辆，拆除猪场193户，面积30617.56平方米，关闭退养猪场140户，完成验收限养区内存栏250头以上生猪标准化改造8户，新建5座病死猪无害化处理设施(每座容量50立方米)。委托临城镇佳洲生物科技有限公司对养殖环节病死猪全部进行无害化处理。全镇河长制管理实施常态化，主要河道基本达到“无杂物漂浮，无违章建筑，无护岸坍塌，无污水直排，无污泥淤积”的标准，河道直排生活污水基本实现“全收集、全测控、全处理”的目标，河道水质，河道环境明显改善。对河流、溪流及其支流的水质不定期请第三方(上杭县紫金测试有限公司)进行水质监测，境内各溪河断面水质全部达到Ⅲ类水质以上。完成植树造林49.4公顷，非规划林地造林0.87公顷，森林覆盖率达70.67%。有序开展23.2公顷的电力走廊和防火林带建设，完成分布在三田、元丰、新坊、文光、岩头等村16千米的生物防火林带和分布湖洋、通桥两个电力线路6.93公顷的走廊生物防火林带建设。

【民生保障】 2017年，湖洋镇新型农村合作医疗、养老保险、农村低保等政府补助标准进再次提高，全年发放养老金740万元、低保金53.73万元，五保金10.57万元，发放优抚安置、弱势群体救助等各类困难补助和报销大病救助资金2.27万元。筹集“三农”综合保险保障资金58万元，主推险种参保率均超过90%，基本实现全覆盖；城乡居民养老保险缴费9549人，参保率93.2%；城乡居民合作医疗保险参合人数2.61万人，缴费金额335万元，参合率99%。124名贫困户通过“央企—合作社—建档立卡贫困户”三级联动的脱贫模式，每年可在华润公司获得8%的分红，增加经济收入4000元；为20户贫困户高校就读子女落实各项补助资金7.75万元，完成造福工程和危房改造投资132.66万元，安置53户154人，完成150户424人的脱贫任务。全年参加职业技能培训21人，推介就业680人，农村劳动力转移就业860人。争取并发放各类涉农补贴350余万元，农业支持保护补贴178.07万元、烟田受灾补助款4万元。新建2座幸福院，通桥村县级医养结合示范点建成投入使用。

【社会事业】 2017年，湖洋镇教育事业再上台阶，湖洋中学参加中考91人，录取到上杭一中17人，上杭二中14人。投入973万元，新建上杭湖洋中心幼儿园，建设四层框架结构综合楼1幢，建筑面积3206平方米；改造原湖洋中学四层框架结构教学楼1幢，面积1398平方米。成立湖洋镇奖教奖学金，基金会账户筹集资金超过100万元。群众自发性文体活动丰富多彩，湖洋之春文化艺术团、文光村艺术团等逐步壮大发展，深受群众的欢迎；各村农家书屋不断巩固提升，文体设施不断完善。湖洋镇卫生院病房综合楼项目建成投入使用，基本公共卫生服务得到深化，新购置放射科X光机、进口彩超设备等，全年门诊2.68万人次，医保核报金额157.64万元，建立居民健康档案2.89万份，老年人管理、体检3450人次，家庭医生签约人口1.33万人，完成国家常规免疫接种6900人次，群众就医条件明显得到改善。

【社会治理】 2017年，湖洋镇加强公民道德教育建设，持续开展文明乡村、文明窗口等创建活动，创建市级文明单位1个，县文明学校、窗口、村12个。借助“平安乡镇”创建活动，定期与十方、中堡等周边乡镇开展联席会议，对涉及多个乡镇的矛盾纠纷进行协商解决。安全生产“党政同责、一岗双责”有效落实，每月5日集中安全生产大检查工作制度。强化信访排查调处力度，完善矛盾纠纷排查调处机制，全年排查化解各类矛盾纠纷90件，调解成功率96%，通桥村党支部书记邓启山被评为市级首届十佳金牌调解员，社会管理保持和谐稳定。

■ 中都镇

【概况】 2017年，中都镇实现社会总产值19.19亿元，比增7.5%，其中第一产业4.64亿元，比增3.2%；第二产业5.06亿元，比增8.5%；第三产业9.49亿元，比增14%；完成固定资产投资14.25亿元，比增44.7%。财政收入1353万元。农民人均纯收入1.64万元，比增13.2%。

【农业生产】 2017年，中都镇粮食生产稳步增长，推广超级稻、T78优

2155、全优2689、中浙优10号等5个水稻新品种，全年粮食播种面积0.21万公顷，粮食总产1.42万吨。烤烟种植面积106.93公顷，烟叶产量222.5吨。推广粮食生产规模化，扶持种粮面积2公顷以上大户22户，共计面积153.87公顷，农民专业合作社44家，家庭农场112家；实现土地流转面积768公顷，做大做强做优"五个千亩基地"，其中百香果新种植面积213.33公顷，红心柚、沙田柚新种植面积151公顷；推广农业五新技术综合组装配套应用，全镇推广面积0.19万公顷，实现飞机喷药面积双季达333.33公顷；投资1280万元实施涉及军联等14个村共533.33公顷农业综合开发高标准农田建设项目，投资340余万元实施蛟腾等5个村粮食产能区项目，投资460余万元实施涉及陈和村等5个村高效节水灌溉项目，完成陈和村、长徐村、复兴村等3个村2公顷旧村复垦项目。

【招商引资】 2017年，中都镇加强与外出乡贤的沟通联系，做好招商引资和企业"回归"工程。全年出门招商引资13次，策划生成项目10个，引进项目6个，涉及农业休闲旅游、工业、商贸物流等方面。完成对福建安华发展有限公司上杭分公司、龙岩市兴农有机肥制造有限公司、龙岩英峰物流有限公司、龙岩市本农生物科技有限公司、福建林邦林业科技发展有限责任公司、龙岩市金崛农业科技有限公司等6家公司的签约。发展农村电子商务，做好10家入驻正统网电子商务法人企业统计上报跟踪服务工作，上报率100%。

【脱贫攻坚】 2017年，中都镇强制清退贫困户13户53人，新增贫困户1户2人，贫困户人口自然增加11人；实施85户208人造福工程和危房改造，解决全镇贫困户安全住房问题；举办各类培训班，完成178人次"雨露计划"培训和28人育婴师培训；发放生产扶贫资金43.4万元，发放扶贫小额信贷资金59户167.2万元；69名贫困户子女享受教育资助18.5万元，513人次享受医疗救助22.27万元；全年实现111户366人（其中，国定48户120人，省定63户246人）全部脱贫。

【生态环保】 2017年，中都镇投资1500万元实施流域水环境综合整治项目、大中线集镇段排洪排污沟、集镇污水管网延伸工程及污水处理厂第三方运营维护工作等建设项目；全面落实河长制工作，新招聘镇级河道专管员3名，完成上都溪、中都溪沿溪流14个村的河道清淤；拆除生猪养殖场234户4.77万平方米，兑现补助奖励资金700余万元，完成标准化生猪养殖场改造6家；新建三格化粪池178个，整治裸房5栋，新购垃圾桶85个及拆除房前屋后猪圈、禽舍、旱厕等临时搭盖建筑面积2500平方米，完成黄标车淘汰工作和燃煤锅炉节能环保提升整治工程，生态环境质量明显好转。

【综治安监】 2017年，中都镇持续做好对越战退伍老兵、原公办民办代课老师、三级以上的易肇事肇祸精神病人等重点人员的稳控工作，全年未发生群体性上访和其他违法事件。处理群众来访来电55人次，处理化解矛盾纠纷50起，各类民情收集210条，其中县级处理14条。2017年开展禁毒巡查50次，未发生一起吸毒贩毒违法案件。开展安全生产大检查大排查活动10次，全镇未发生安全生产事故。

【文化中都建设】 2017年，中都镇继续推进文化、文明村镇建设，增强中都文化自信。4月8日，举办"情满中都　相聚来苏"民俗文化活动和《中都气派》书籍的首发式；8月，都康村获第五届"全国文明村镇"荣誉称号；12月，都康村获第五届"全国生态文化村"荣誉称号；完成《来苏诗草》第9期诗稿收集、发行工作。

【文物保护与古村落建设】 2017年，中都镇加大存耕堂、云霄阁、慕和堂等文物保护单位的抢救性保护维修，加强女子五梅拳、舞龙、舞狮等非物质文化遗产的保护和传承；9月，兴坊村获得省住建厅2018年重点扶持历史文化名镇名村竞争性选拔"以奖代补"资金500万元，完成罗溪村、田背村、兴坊村3个中国第四批传统村落的规划与设计编制。

【社会事业】 2017年，中都镇奖励、资助学生82人次，中考考入一级达标学校20人；征收社会抚养费57.2万元，完成孕前优生检测176例；发放农村低保资金120.9万元，民政各类救助补贴资金236万元，发放各类过冬物资646件，兴坊村和陈和村各新建幸福院1座；全镇新农保缴费5890人，新农合缴费15701人，做到应保尽保。

■ 下都镇

【概况】 2017年，下都镇实现地区生产总值4.71亿元，比增10%；财政总收入1394万元，比增8%，全社会固定资产投资3.8亿元，比增10.4%；农民人均可支配收入12320元，比增12%。

【农业经济】 2017年，下都镇实现农林牧渔业总产值3.2亿元，比增5.5%。实施五丰村粮食产能区增产示范区33.33公顷，创建吉安村水稻绿色高产高效区8.67公顷，农业机械化产业化进一步提高；传统特色农业稳中有进。全年柚果产量1100多万千克，产值3800多万元；收购烤烟29.75万千克，产值近900万元；渔业产量1160吨，产值达1172万元；笋竹产量达390吨，产值达1930万元。引导农户开展林间养殖蜜蜂，种植石斛、茯苓，田头种植中药材、下都藏菜、百香果、蘑菇等，全年种植百香果20余公顷，种植油茶133.33余公顷，种植石斛、茯苓13.33余公顷，养蜂

800余箱。

【第三产业】 2017年,下都镇引进市外资金1.5亿元,完成新开工项目1个、新签约项目1个、新竣工项目1个;全年培育规上工业3家,限上贸易企业4家。入驻电子商务企业3家,全年销售额计划比上年增长30%。

【新兴产业】 2017年,下都镇打造"东湖西林"发展格局,利用库区400公顷的水域资源,把新寨湾建设作为下都镇龙湖库区山水田园综合体开发首期建设项目。至年底,完成百岁牌坊修复;环库生产道路一期硬化、绿化、亮化工程竣工,正在实施环库生产道路二期工程项目;投资1000万元以上的新寨湾二级渔港码头工程完成选址,正在进行测设等前期工作。

【镇村建设】 2017年,下都镇完善下都闽粤边贸市场相关配套设施建设,完成集镇新区八里新村北区路网、排水排污、给水管网和路灯建设,有序进行南区基础设施建设;加强停车场建设,全年新增370个停车位;加强项目运作和资金拼盘,集中整合各类资源,推进新寨村美丽乡村建设。完成新寨村生态护岸、防洪堤、农民公园等项目建设;生活污水管网收集项目基本竣工;村中主干道硬化、绿化、亮化工程正在有效推进。

【基础设施】 2017年,下都镇完成大中线(中都至下都)支线改造项目前期规划论证工作,施工图设计完成待评审;吉兴中桥、保安桥完成改造通车,奖坊桥危桥改造工程春节前完成通车;完成象栏、五丰、砂睦等村烟基工程建设;完成稔磜线部分破损道路修复及乡村道路水毁工程修复;下都小型农田水利设施项目建成拦水坝5座、完成渠系工程11千米、排洪沟工程3.6千米、铺设高效节水灌溉工程56公顷;下都变电站工程并网投入运营;完成豪康、新寨等7个村新一轮农网升级改造项目。砂睦、和睦、五丰等村旧村复垦项目通过县级初验,吉安、新寨等村旧村复垦项目1.66公顷通过评审并组织实施;五丰村高标准农田土地整理项目建设正在推进。下都卫生院综合大楼主体工程基本完工,正在推进附属工程建设。下都中心小学教学综合楼建设扎实推进。

【生态环境】 2017年,下都镇生态环保战役取得阶段性成效,全面推行河长制,实现镇、村二级河长(河段长)、专管员管理责任体系全覆盖。建立健全库区长效保洁机制,加强库区水葫芦治理,努力打造湖光山色,风景宜人的美丽库区。整治生猪养殖业污染,关闭拆除生猪养殖场968家17.4万平方米,实施规模养殖场标准化改造71家;下都溪及支流水质明显改善,2017年第三、第四季度提升为Ⅲ类水质。下都溪流域水环境综合整治项目首期工程吉安村生态护岸、新寨村生态护岸,污水处理站启动实施,进入扫尾阶段。全镇实现农村生活垃圾、污水处理设施建设全覆盖;化肥、农药、农膜减量化以及畜禽养殖废弃物资源化和无害化工作加快推进。100%完成上级下达的植树造林、水土流失综合治理任务,森林覆盖率78.17%,超全县平均水平。

【脱贫攻坚】 2017年,下都镇实现115户414人脱贫。实施激励性扶贫项目2个,受益贫困户33户122人,培育出和睦村百香果种植基地等典型。探索"企业+合作社+贫困户"等帮扶模式,5家经营主体带动55户贫困户,解决用工58人;发放扶贫小额信贷资金139户594万元,覆盖面62%。增强贫困户"造血"功能,举办2期雨露计划培训班、培训贫困户176人次。实施24户98人造福工程和66户158人危房改造,完成下都富民小区造福工程集中安置点建设。贫困户就学就医难题得到较好解决,93名贫困子女享受各类教育助学补助23.4万元,792名贫困人口享受健康扶贫政策补助资金58万元。

【社会保障】 2017年,下都镇民生保障更加健全,各种保险及大病医疗补助等政策得到落实,新型农村社会养老保险参保率97.31%,农村低保户实现应保尽保。加大宣传用工信息,帮助推荐就业,实现新增加劳动力转移680人。

【社会治理】 2017年,下都镇做好综治基础工作,深化"平安村居""平安企业""平安单位""平安家庭"建设,提高镇、村、企、警联防治安巡逻密度,加大视频监控建设投入,加快建成镇综治中心,打好禁毒战争,完成禁毒展览室建设,全年未发现制麻制毒案件。

■ 蓝溪镇

【概况】 2017年,蓝溪镇实现社会生产总值7.03亿元,比增5.8%;工农业总产值4.19亿元,比增8.5%;财政收入1662万元,比增6%;金融机构存款余额2.32亿元,比增7.5%;贷款余额0.896亿元,比增3.5%;农民人均可支配收入14863元,比增5.5%。

【农业经济】 2017年,蓝溪镇粮食播种面积1640公顷,产粮0.98万吨。种植烤烟302.4公顷,收购烟叶66.5万千克,实现烟叶税350万元,产值1700多万元,超额完成63.5万千克的收购任务,其中上等烟比例达62%以上。积极培育名优特农产品,逐步打造柠檬特色种植产业。重点推进生态农业休闲旅游,壮大黄潭等村现代农业示范园,打造特色产业品牌。湖里村青泉农场占地4000平方米,存栏青泉雪鹅2000余只;龙丰村明香生态养殖场养殖肉牛、黄羊共200多头;在歧滩、梅永、龙丰和黄潭流转土地133.33公顷种植柠檬。载厚村梅园改造,淘汰旧品种,种植芙蓉李,向农户免费发放苗木1.5万株、化肥30吨,总价值10万元,镇农技站免费提供上门技术指导。

【二三产业发展】 2017年,蓝溪镇引进外出乡贤回镇创办上杭县冠丰建筑工程有限公司;推动先锋农场与台商合资成立上杭培阳农业有限公司;培育成立两家餐饮类限上法人企业。成立3家阿里巴巴农村淘宝村级服务站,顺丰、圆通等10多家物流公司在集镇设点,成立蓝家渡创业创新服务中心。

【基础设施建设】 2017年,蓝溪镇实施集镇"胜运路"改造提升工程,增强集镇辐射带动能力。新一轮旧村复垦项目完成市级验收,项目涉及7个村,面积5.33公顷,增收2000万元。载厚村整村推进项目,投入260万元,中载桥主体、接线、美化工程竣工通车。投入150万元完成综合文化中心、幸福院主体框架建设。实施黄潭河部分河段生态护岸工程,实施梅永国道357线—歧滩—冯石—白水等4个行政村连通道路硬化工程,完成工程量75%。载丰溪小流域整治蓝溪段、载厚段建设完成工程量50%,完成投资200余万元。完善一批中小学、幼儿园教育教学设施项目,明强中学学生宿舍楼竣工。建成蓝溪中心卫生院门诊综合楼、派出所综合办公大楼。投资800万元实施觉坊、沈田及集镇污水处理项目,完成工程量的70%。梅永、载厚、湖里幸福院正在建设,完成黄潭、岩华、梅永及龙丰等村部改建,湖里村村部正在建设。水利设施不断完善,完成龙丰、黄潭、梅永3座电灌站建设、歧滩寨家坪先锋农场节水灌溉项目和2016年冬和2017年春全镇11个行政村14.4千米的标准化渠道建设。实施蓝溪大崇岗高效节水灌溉项目、觉坊村水圳修复项目、蓝溪村农田水利工程修复和渠道水毁修复工程。

【美丽乡村建设】 2017年,蓝溪镇以生态文明彰显特色,健全生态环境保护制度,促进绿色、循环、低碳的新型城镇化建设。美丽乡村示范村梅永完成投资100万元;千村整治示范村歧滩、载厚投入150万元,完成道路硬化等建设项目5个。全镇12个行政村制定村民公约,整治生活垃圾,行政村垃圾收费实现全覆盖;采取市场化运作,将集镇环境卫生与各村垃圾清运统一打包给恒洁保洁公司。加大养殖业污染整治力度,推进生猪养殖场关闭、退养、转产。全年关闭猪场502家,面积5万平方米;拆除198家,面积1.66万平方米;投入资金230万元用于24家养殖场进行标准化改造,总投入资金720万元。落实河长制,加强常态巡查,打击无证采砂行为,境内交接断面水质达到Ⅲ类。严格土地管理,节约集约利用土地,实现耕地占补平衡。严防非法采矿行为,确保防洪及涉河工程安全。

【精准脱贫】 2017年,蓝溪镇坚持扶贫先扶志,紧盯镇村户脱贫摘帽退出指标要求,落实属地主体责任,采取党建+脱贫、合作社+贫困户、党员(干部)+贫困户等模式,带动贫困户发展生产。举办3期"雨露计划"培训班,培训贫困户311人,有效提高贫困户的生存发展技能。121户无安全住房贫困户的住房条件得到有效改善,全年158户525名贫困人口和歧滩、载厚、白水3个贫困村按照要求实现脱贫,蓝溪镇也同步实现贫困镇脱贫摘帽。

【社会保障】 2017年,蓝溪镇享受农村低保63户157人,享受农村五保108人;大病救助63人13.88万元,临时救助对象51人2.12万元,"三农"综合保险理赔金40.7万元;发放耕地地力提升农业"三项补贴"(种粮农民农资综合补贴、粮食直补及良种补贴)100万元;实施造福工程和危房改造118户。新型农村养老保险及新型农村合作医疗保险继续保持高参保率。新农合参保率达96.83%。

【社会事业】 2017年,蓝溪镇教育事业稳步提升,发放奖教奖学金10万余元。明强中学59人参加高考,专科及以上上线56人,其中一本上线2人,二本上线12人。黄鹄显将军、刘彬将军故居遗址重修和将军展馆布置完成。抓好传统文化的传承和发展工作(黄潭木偶戏、五梅拳、廖氏花公祠等),鼓励各村组织开展文明健康文化娱乐活动,蓝溪、梅永、觉坊、黄潭等村开展广场舞、腰鼓队、龙灯、十番民乐队活动,在全县广场舞比赛中,获得团体奖第三名。

【社会治安治理】 2017年,蓝溪镇禁毒工作持续、全面深化,全镇设立户外禁毒宣传牌、悬挂宣传横幅标语50条(次),出动禁毒宣传车100余次,发放宣传材料5000余份,在中小学校开展禁毒知识讲座2场次,投入16.6万元建设完成禁毒宣传教育展室,开展警示宣传教育。综治信访接待群众32人次,受理群众来信来访55起,办结55起,排查梳理各类不稳定因素45件;镇村两级调委会调处各类矛盾纠纷86起,调处率100%。投入12万元,在集镇新增监控探头12个;投入20万元建设镇综治中心,实现集镇监控体系与县综治中心、县公安局指挥中心联接。

■ 稔田镇

【概况】 2017年,稔田镇实现农林牧渔业总产值3.55亿元,比增8.7%;工业总产值0.96亿元,比增9.2%;第三产业产值2.23亿元,比增28%;完成社会固定资产投资14.28亿元,比增10%;财政收入(含专项)1326.23万元,与上年同期基本持平;农民人均可支配收入15323元,比增10%。

【项目建设】 2017年,稔田镇围绕现代农业、交通水利、移民、生态环保、民生事业等五大领域,策划项目38个,新开工建设项目11个,续建项目14个,新竣工项目16个,完成投资

稔田集镇一角(2017 年摄)　　　　(稔田镇政府办供稿)

14.26 亿元。其中,稔田农民创业园、喜润有机柠檬深加工产业园、上杭县金香蕉综合产业园等 3 个项目列入县重点项目落地攻坚战役。新引进福建三丫生态农业股份有限公司、福建东宝农业发展有限公司 2 家农业企业,引进投资 3.8 亿元。

【脱贫攻坚】 2017 年,稔田镇国定易地搬迁 10 户 11 人,省定造福工程易地搬迁 9 户 27 人全部搬迁入住,危旧房改造 48 户全部竣工。扶贫小额信贷帮扶 89 户 112.3 万元。精准对接脱贫措施,就业辅助 199 户 276 人,助学资助 60 户 70 人,科技帮扶 210 户 374 人,社会捐助 20 户 57 人,生存救助 90 户 150 人。举办肉鸽养殖、百香果种植等种养技能“雨露计划”培训班 3 期,培训贫困对象 306 人次。组建农业经营主体联盟成员 39 家,助力帮扶 56 户贫困户脱贫致富。大燕村(全国乡村旅游扶贫重点村)完成旅游接待中心主体工程以及停车场基础设施建设。省级贫困村石牌村脱贫摘帽,全镇脱贫 144 户 432 人。

【生态环保】 2017 年,稔田镇投入 1468 万元开展养殖业污染治理,关闭拆除生猪养殖场 335 户、面积 1.92 万平方米;治理生猪养殖场 34 家、面积 4.12 万平方米,拆除机砖厂 1 家 1.5 万平方米。建立河长制、河道警长机制,健全“一河一策、一库一策”基础资料,在辖区内沿河(溪)岸醒目位置设立河长和河道专管员公示牌 19 块,水库公示牌 3 块,拆除非法采洗砂场 5 家,查获境内黄潭河畔 1 处非法电镀窝点。健全棉电库区水葫芦、垃圾清理整治长效管理机制,对辖区内河道开展常态化、长效化保洁工作,打捞清除棉电库区稔田段约 153.33 公顷水葫芦。完成淘汰黄标车工作任务数 23 辆。污水处理厂、垃圾中转站投入使用,新购置垃圾桶 500 个,投资 30 万元购置垃圾转运车 1 辆。继续开展“两违”整治,完成“两违”拆除 10.51 万平方米,占总任务数的 233.7%;完成林分修复 9.4 公顷,抚育森林 336.33 公顷。

【现代农业】 2017 年,稔田镇种植粮食作物 2133.33 余公顷,产量达 1.6 万吨;种植烤烟 183.33 公顷,产量达 75 万斤,产值 1125 万元;生猪出栏 4.8 万余头(其中,槐猪 2000 余头),生猪存栏 2.8 万余头(其中,槐猪 1000 余头)。新种植红肉蜜柚 33.33 余公顷,全镇总面积超过 1266.67 公顷,实现挂果 1500 多万千克。福建三丫生态农业股份有限公司租赁山场 28 公顷,种植金花茶母树 0.8 公顷、2000 余株,建成育苗大棚 1.47 公顷,培育金花茶苗 7.6 万株。福建东宝农业发展有限公司租赁林地 53.33 余公顷,种植金香蕉 40 余公顷。喜润有机柠檬深加工产业园项目稳步推进,租赁林地 533.33 余公顷,种植柠檬 133.33 公顷。福建省田农农业发展有限公司建成智能温控蔬菜大棚 6.67 多公顷。同时,巨峰葡萄、石潭鸡、蜂蜜、淡水鱼等特色种植养殖业不断发展壮大,逐步实现规模化、科学化发展。

【一二三产业融合发展】 2017 年,稔田镇完成占地面积 3000 平方米年加工 5000 吨红肉蜜柚加工厂建设,并投入使用;探索发展“互联网+现代农业”电子商务,引导农场主参加电子商务业务培训,提高电子商务知识,通过互联网拓宽农产品销售渠道,提升农产品市场占有率和品牌知名度。稔田镇上杭县东南片区特色农产品电商交易中心项目建设稳步推进,完成占地面积 1000 平方米的旧楼改造。2017 年,稔田镇被列为福建省农村产业融合发展试点示范乡镇,是全县唯一一个被列入示范镇的乡镇。

【新型经营主体】 2017 年,稔田镇新注册成立家庭农场 25 家,全镇有家庭农场 210 家,其中被评为省级农业示范农场 1 家(冠香生态家庭农场)、市级农业示范农场 3 家(建和家庭农场、国泰家庭农场、十二排生态休闲农场)、县级农业示范农场 8 家(天灿家庭农场、奇林家庭农场等),培育新型职业农民 37 名。培育发展上杭县华圣贸易有限公司等 17 家限上企业、福建亿瑞电子科技有限公司等 3 家规模工业企业,入驻“福建正统网”5 家企业,实现限额以上批发零售销售额快速增长。发挥红肉蜜柚协会、合作社和公司的带动作用,推广“农业企业+合作社+农户”等经营模式,培育种养大户,促进农民增收致富。

【休闲旅游业】 2017 年,稔田镇打造以宗亲文化、红色旅游、各类特色种养相结合,集采摘、观光、休闲于一体的多样化生态观光休闲旅游业。完善李氏大宗祠景区基础设施改造提升工程，加大创建AAAA级旅游景区步伐；刘氏宗祠项目建设投资1000万元，项目启动。对刘永生将军旧居永安楼进行维修，对严坑革命历史事迹陈列室和刘永生将军事迹陈列室进行改版提升。两岸旅游与原创文化艺术基地项目，完成租赁林地65.4公顷，进行项目施工前期各项程序报批。渔博园生态休闲农业基地被评为福建省三星级乡村旅游经营单位。成功举办第五届葡萄采摘节。丰连生态家庭农场、棚竹高家庭农场和枫源生态休闲农场等休闲农业与乡村旅游示范点初具规模。

【基础设施建设】 2017年，稔田镇永杭高速稔田段征迁工作完成交地149.2公顷，占总任务数99.6%；完成坟墓搬迁882座，占总任务数97%；拆除房屋31座，占总任务数95%。进行蔡坑1号、3号危桥改造项目，祝田漫水桥列入2018年县危桥改造项目。完成黄潭河稔田镇治理工程（防洪堤）建设4.6千米，标准化渠道11千米；黄潭河干支流安全生态水系项目、黄潭河流域（稔田镇）水环境综合整治项目（含官田村人工湿地、官田洋坑里生态护岸、歧坑村生态护岸、歧坑村河道清淤等6个项目）有序实施；启动白砂埔水库一二三级水电站技改工程；马岌背水库项目通过市级审查。

【移民项目建设】 2017年，稔田镇围绕实现“既要‘移民富’又要‘库区美’”的目标，完成占地面积4000平方米集文化、休闲于一体的集镇主题公园建设。长滩村库区移民环境综合整治试点项目基本竣工，完成屋顶“平改坡”150户1650平方米，铺设人行步道800米，安装路灯71盏，硬化道路1千米，绿化面积3671平方米。完成枫山村库区移民环境综合整治项目整体规划设计。完善集镇移民市场改造后续项目配套设施，新设置摊位台板50个，铺设排洪排污管道350米，硬化周边道路70米，并完成公共厕所建设。库区移民后扶项目13个也逐步开工实施建设。

【民生保障】 2017年，稔田镇发放农业支持保护补贴245.57万元，水稻种植保险7.33万元，惠及全镇5522户农户，兑现强农惠农政策扶持奖励资金151.46万元。新型农村合作医疗参保率达91.23%，城乡居民养老保险参保率达95.6%，“三农”综合保险参保率108.81%，发放60周岁以上老年人基础养老金550万元、80周岁以上老年人高龄津贴38.76万元。发放低保补助资金50.8万元，发放五保户补助资金57.8万元，发放救济金、救助金、慰问金18.58万元。

【社会事业】 2017年，稔田镇完善校园道路、运动场等配套设施，稔田中学学生宿舍楼完成主体工程，进行内外墙装修。开国少将刘永生将军纪念馆被列为市级爱国主义教育基地，完成卫生院职工周转宿舍项目建设并投入使用。完成敬老院扩建，枫山村文体设施，大燕、祝田村幸福院等项目建设。推进全镇农村土地承包经营权确权登记颁证工作。

■ 茶地镇

【概况】 2017年，茶地镇实现社会总产值2.59亿元，比增5.4%，财政收入731.85万元，规模以上工业产值3432万元。完成固定资产投资5.32亿元，其中工业投资1.45亿元，社会投资3.75亿元。农村居民人均可支配收入14652元，比增9.6%。

【现代农业】 2017年，茶地镇粮食播种面积0.12万公顷，总产6079吨。抓好再生稻种植示范建设，充分利用全国水稻抗性基地，与福建农林大学作物遗传改良研究所合作，总结适合各地高产栽培特色水稻的品种。做好农村土地确权登记颁证工作，完成5个村合同签订，剩余8村正签订合同或进行第二轮公示。

【工业经济】 2017年，茶地镇注重产品项目改造，加大技改投入力度。完成500万以上固定资产投资5.32亿元，其中，完成工业固定资产投资1.45亿元。

【第三产业】 2017年，茶地镇培育限上法人，在库限额以上法人企业3家，实现限上法人企业零售额增长22.9%，法人企业销售额增长14.16%。推进“大众创业、万众创新”，引导更多的农民群众投身农村创业创新，启动打造农村版“众创空间”。入驻农民企业16家。

【项目建设】 2017年，茶地镇推进樟树村和官山新村美丽乡村示范建设，加快实施集镇污水管网延伸工程，完成集镇污水主管网和镇垃圾中转站建设。在建项目进展顺利。总投资500多万元的美丽乡村建设路网改造（一期）工程，包括村庄主干道“白改黑”提升改造380万元，沥青路面宽8.5米长775米，道路两边人行道及排水管网等配套工程，完成施工图设计和招投标工作；新墟沿溪村道路硬化及人行步道130万元，总长730米以及桥梁改造50万元，桥长15米宽6米建设项目进入征地阶段。成功引进深圳市晶力恒自动化设备有限公司。年产值2亿元LED产业基地建设项目开工建设。

【生态环境】 2017年，茶地镇完成250头以上生猪养殖场标准化改造任务2家。全年关闭拆除任务数93家，已拆除43家，关闭49家，1家列入治理通过验收。完成黄标车淘汰任务7辆。完成进发电站、泱地电站小水电退出工作。关闭5户非法采（洗）砂场，关停1家机砖厂。汀江流域水环境综合整治项目，11个行政村建立相应的河长制日常管理机构，配备河道专管员，制订河长制专项考核机制，加强日常巡查。

【精准扶贫】 2017年，茶地镇实现82户232人脱贫。举办“雨露计划”培训，开展“肉兔养殖及兔病防治”培训。开展“经营主体+贫困户”的竞争性帮扶模式，有22户贫困户与海清家庭农场签订养殖花蓝兔帮扶协议并领养，贫困户户年增收5000元。实施危房改造46户，造福工程5户，基本解决贫困户的住房安全问题。19户贫困户入股傲农农业公司，每户年增收1600元。与中国人寿保险股份有限公司上杭支公司合作，为贫困户购买农村小额团体意外伤害险和农村小额团体定期寿险。

【社会环境】 2017年，茶地镇按照“守底线、补短板、抓重点、促创新”的工作思路，开展风险隐患排查、矛盾纠纷化解、治安问题整治、社会力量群防“四项行动”，维护社会安定稳定。全年发生刑事案件9件，行政案件29件，查处7件，成功化解矛盾纠纷20件，全镇社会治安形势呈现良好态势。落实食品安全责任制，对辖区内食品安全进行每月一次集中排查检查，全年组织食品药品监督检查20余次，杜绝食品药品安全事故的发生。做好涉麻制毒专项整治工作，制订《茶地镇开展涉麻制毒专项攻坚治理行动整治工作方案》，成立镇村巡查队143人，开展重点区域禁毒巡查300余次，党员干部签订禁毒承诺书520份，2770家庭户签订承诺书。

【社会保障】 2017年，茶地镇城乡居民合作医疗制度年均参合率达96%，城乡居民社会养老保险参保3030人，收取保费66万元，发放60周岁以上老年人新农保养老115万元。统筹推进城乡就业，新增劳动力115人，劳务收入达178万元。落实低保制度，纳入低保41户84人，发放低保金2.2万元，发放救助金54万，发放重残补助、临时救助、优抚款等77万元。

溪口镇

【概况】 2017年，溪口镇实现社会总产值6.47亿元，比增6%，其中农业总产值2.15亿元，比增4.9%；工业总产值1.65亿元，比增5.8%，其中规模以上工业总产值5676万元，比增114.5%。完成500万以上固定资产投资5.91亿元，比增24%，其中完成工业固定资产投资3.79亿元，比增10%；社会消费品销售额1.62亿元，比增11.7%；财政总收入986万元，其中镇本级可用收入286万元，比增22.75%。农民人均可支配收入15705元，比增17.1%。

【现代农业】 2017年，溪口镇粮食种植面积946.67公顷，产粮6177吨。实施农业“五新”技术试验示范，建立石铭、大洋坝村两个示范村，发放水稻良种补贴3.9万元。种植烤烟101.93公顷，烟叶收购23.9万千克，超额完成县下达20万千克收购任务，农民增收684.8万元。加大“K口”牌芦柑传统特色品牌推介力度，改造低产果园20多公顷，新增种植面积6.67余公顷，培育3.33公顷以上种植大户4户。申报1家市级示范家庭农场、5家县级示范家庭农场。三溪、双华、大连、大厚、大丰、当丰、石铭、锦坊等8个村通过土地流转引进外来人员种植蔬菜、药材、果树、百香果等作物达53.33余公顷，其中培育百亩以上百香果种植大户3户。发展林下养蜂、林下养殖贵妃鸡、桂花鸡、棘胸蛙和林下种植黄栀子、罗汉果等中草药材特色农业50余户，全年产值可达520余万元。

【工业经济】 2017年，溪口镇开展黄潭河流域水环境综合整治，助推工业转型升级，着重发展绿色、环保竹制品深加工企业，现有竹制品加工企业6家。引导和鼓励龙头骨干企业做大做强，成长型中小企业做专做精，拓展延伸产业链条，加快打造工业增长新亮点。家友竹竹木制品厂坚持“公司+农户”运营模式，将农户与企业挂钩，实现资源培育、产品研发、生产销售一条龙，促进企业增效、农民增收。全年新签约、新开工项目3个（杨古竹片厂、云母氧化铁及石铭村金花茶种植项目），总投资23360万元；新竣工项目2个（浩辰汽车配件生产项目、云母氧化铁项目）。

【第三产业】 2017年，溪口镇红色资

2017年7月19日，县委书记傅藏荣（右二）到溪口陈屋村红军医院调研

（溪口镇政府办供稿）

源保护与开发、红色旧址群维修保护等重大文化旅游项目有条不紊地进行。红色交通线大洋坝交通站旧址被列入并成为溪口镇第一个省级文物保护单位。县级文物保护单位——陈屋村闽西红军医院，第一次获得国家文物保护专项资金590万元。云谷农庄申报县级“农家乐”通过初评。全年接待游客2.9万人次，比上年增长26.1%，实现旅游收入2300余万元，增长53.3%。

【项目建设】 2017年，溪口镇谋划涉及乡村文化旅游、道路交通基础设施、生态环保等方面18个攻坚项目（其中，列入市重点项目1个，镇级项目11个，策划储备项目6个），完成投资7800余万元。投入1.2亿元，按二级路标准拓宽改造大中线溪口段（大池—溪口）9.09千米，施工单位已进场开工建设；新建集“农资、农贸、农特”于一体的多功能集镇农贸市场1座并投入使用；建成占地面积400平方米的垃圾中转站1座，生活垃圾统一转运至县集中处理，实现“村收集，镇转运，县处理”的生活垃圾处理模式，极大改善全镇环境卫生状况；加大投入建设集防洪、道路、休闲娱乐、生态护岸、亲水平台、景观绿化、文化长廊于一体的厚德公园二期项目；石铭、云山、锦坊、陈屋、当丰等5个村2016年旧村复垦项目通过县级验收；供电工程改造、云山村幸福院建设及石铭村金花茶21.33公顷种植项目全面完成；完成大厚村美丽乡村建设卡口路段、村中心新桥“连东桥”连接线道路修建工程，大连村“千村整治、百村示范”、黄潭河流域水体生态修复项目、集镇污水管网建设项目、溪口中心小学教学综合楼建设项目及大洋坝、三溪、双华、云山等村交通道路基础设施等项目稳步推进。

【脱贫攻坚】 2017年，溪口镇完成危房改造33户61人，造福工程易地搬迁9户33人；发放小额信贷26户47万元，申报待审批12户24万元；落实“雨露计划”培训158人次；住院报销57户214人；医疗救助70户254人；就学资助82户103人；社会捐助18户73人；社会奖学10户11人。通过与龙头企业、产业大户合作就业帮扶166户，开展扶志扶智专项活动，切实转变贫困户“等靠要”的思想观念，鼓励参加灰兔养殖、家友竹企业务工、道路养护工等3个竞争性扶贫项目30户。石铭、双华2个贫困村通过实施折股量化、光伏发电等扶贫开发项目，打造“造血扶贫”新模式，村集体经济收入均达到10万元以上。2017年，实现106户388人及省级贫困村石铭村脱贫目标。

【生态环保】 2017年，溪口镇围绕“生态美镇”的发展思路，凝心聚力打造宜居宜业宜游生态休闲新溪口品牌。推进“河长制”工作落实，建立健全镇村两级河长制工作，按“组织体系全覆盖、保护管理全域化、履职尽责全周期、问题整治全方位、社会力量全动员、考核问责全过程”的要求，通过综合施策，全镇3条河流交接断面水质全面改善，断面水质由Ⅳ类、Ⅴ类和劣Ⅴ类水逐步提升为Ⅲ类水。综合整治生猪养殖业污染，关闭拆除猪场共499家，面积5.13万平方米；完成县级以上生猪养殖场标准化改造6家。全年完成25辆黄标车淘汰任务及2家燃煤锅炉整治任务。严厉打击非法采（洗）砂行为。发现并整治非法采（洗）砂点等环境违法场所13处。完善乡村生活垃圾保洁机制。建立健全“户分类、村收集、镇转运、县处理”的垃圾处理机制，投入300余万元建设农村垃圾处理设施，建成镇级垃圾中转站1座，配备垃圾清运车11辆，放置标准垃圾桶600个，配备保洁员30名，将生活垃圾保洁工作委托专业公司运营，实现镇村日常生活垃圾处理专业化、全天候、常态化保洁。强化生态公益林及天然林的保护与建设。完成人工造林更新26.26公顷，森林抚育70.27公顷。加强全镇0.09万公顷生态公益林管理，完成天然林改革任务326.67余公顷，发放林木所有者补助金额总计62.3万元。

【社会事业】 2017年，溪口镇教育教学质量稳步提升。溪口中学中考参考人数69人，其中15人被上杭一中录取，17人被上杭二中录取，一中上线率居全县第4名，综合考评全县第3名，居全县农村中学第一名，在龙岩市2016—2017学年度初中“五率”评比中获农村组一等奖。人口计生工作稳定有效。投入10万元建立完善公共卫生科室，添置相关器械设备。全面落实二孩政策，强化计生优质服务，实行免费孕前优生检测，提高人口出生素质。投资210万元，新建卫生院病房综合楼及示范性预防接种门诊，新聘用3名专科大学毕业生，服务质量不断提高，基本医疗及基本公共卫生服务水平不断提升。

【社会保障】 2017年，溪口镇落实利民惠民政策，发放农业支持保护补贴88万元，发放教育教学资助金13万元。全镇有低保对象98户191人，低保金均由县民政局统一发放到位。县下拨35户8.41万元临时救济款及镇财审批4户救济款全部发放到位。城乡居民社会养老完成参保缴费4296人，参保率91.5%；新型农村合作医疗参保缴费10532人，参合率98%；“三农”保险主要险种（小额人身意外险、家财险）承保率达103.21%，务工险承保率98%。

■ 太拔镇

【概况】 2017年，太拔镇实现社会总产值5.94亿元，比增9%；农林牧渔业总产值2.6亿元，比增12%；工业总产值1.62亿元，比增6%；财政总收入1438.7万元，比增4%；农民人均纯收入15307.04元，比增12%；500万元以上工业投资完成3.5亿元。

【农业产业】 2017年，太拔镇粮食播

2017 年，太拔镇完成黄潭至太拔道路晋级改造。图为改造后的黄太线道路
（太拔镇政府办供稿）

种面积 0.16 万公顷，产粮 1.02 万吨。种植烤烟 67.33 公顷，收购烟叶 15.9 万千克。引导群众利用荒地发展水果种植，在太拔片区种植脐橙、柚子、百香果、猕猴桃等，拓宽致富渠道。

【基础设施建设】 2017 年，太合线（太拔黄家至永定合溪）大地村中心段、太拔村三叉路口至彩霞路面重铺、太拔至田增道路完成晋级改造；黄太线（黄潭至太拔）完成晋级改造；溪蓝线（蓝溪至太拔）太拔桥头至罗坑段道路重铺。完善水利设施建设，建设标准化渠道 9 千米，实施 66.67 公顷农田高效节水灌溉项目；推进黄潭河太拔段水流域治理，对集镇生活污水处理厂进行修复，生活污水管网进行延伸铺设，日处理污水量达 180 立方米，污水处理率达 60%。

【环境保护】 2017 年，太拔镇新建垃圾中转站、增加垃圾箱数量，筹集资金 200 万元，采用新型垃圾“三化”（减量化、资源化、无害化）设备，日处理垃圾 7 吨，基本实现垃圾不出镇。推进村级污水管网、污水处理站建设。投资 1000 万元，加大对儒溪沿线村庄污水收集和处理，推进彩霞、坵辉、张芬村污水处理站建设，推进院田村水环境综合整治项目。全面落实河长制，重点加强辖区内所有河道、砂场的巡查，同时开展河道采砂整治，严厉打击非法采洗砂、无证采砂行为，对全镇 3 家无证砂场实行关闭拆除。推进生猪养殖关闭拆除及生猪养殖场标准化改造。完成 2017 年淘汰黄标车 14 辆的任务。

【脱贫攻坚】 2017 年，太拔镇实现 236 户 720 人脱贫，其中国定 118 户 276 人，省定 118 户 444 人，实现上村贫困村脱贫摘帽。开展识别回头看，及时完善龙岩市精准扶贫信息平台录入工作，对不符合条件的 11 户 43 人给予清退。突出产业发展，探索“央企+合作社+农户”的模式，引导贫困户以小额信贷入股（每户 5 万元）华润五丰，每年获得稳定收益 4000 元，办理小额信贷 79 户 395 万元，发放到位；引进“虎妈一家”农业种植公司，通过“公司+基地+贫困户”模式，在院田村口示范基地种植 2.6 公顷洛神花并聘请周边的 6 名贫困户参与种植和管护，同时长期为贫困户提供种子和技术咨询，产品包销，促进贫困户增产增收。在太拔村开发 6.66 公顷“贫困户水果种植基地”，种植脐橙和柚子，由贫困户认领，到 2020 年免除地租并免费提供技术支持。采用“基地+农户”的发展模式，建设野生灵芝种植试点。重视贫困户技能培训，继续实施“雨露计划”，有 415 人参加养兔，脐橙、柚子、百香果种植等方面的培训。加快推进贫困户建房工作，全年有国定 29 户 50 人，省定 13 户 51 人参与造福工程易地扶贫搬迁，并通过验收；危房改造 183 户，验收 72 户。

【社会事业】 2017 年，太拔镇新农保参保缴费率 93%，发放养老金 640 多万元。城镇居民医保参保人数 16466 人。新农合参合率 99%。同时，“三农综合保险”参保率保持在 100%。救灾救济工作，临时救济对象 51 起，下拨临时救济资金 9.4 万元。教育事业优质发展。全镇 3 周岁～5 周岁入园率 97.5%，6 周岁～14 周岁入学率 100%，太拔中心小学升学率 100%，太拔中学升学率 53.8%。禁毒工作高压开展。加强禁毒巡查，将禁毒巡查列入周评比内容，确保高压态势投入资金 40 万元，在太拔中学新建太拔镇禁毒教育室，在镇文化站建设太拔镇综治中心。

■ 白砂镇

【概况】 2017 年，白砂镇实现地区生产总值 17.46 亿元，比增 8%；其中工业总产值 7.2 亿元，比增 12%；农业总产值 2.9 亿元，比增 6%；固定资产投资完成 9.2 亿元，完成全年任务的 115%；工业固定资产投资完成 3.9 亿元，比增 28%；财政总收入 2473.3 万元；农村居民人均可支配收入 14680 元，比增 12%。

【农业经济】 2017 年，白砂镇粮食播种面积 0.18 万公顷，产粮 1.15 万吨。投入 465 万元对朋新、塘丰等 6 个村实施粮食产能项目。绞股蓝、罗汉果等药用类农业项目稳步发展。大金 5.33 公顷大棚蔬菜、水果种植基地建成。种植烟叶 91.67 公顷，收购烤烟

2017年7月17日，客家木偶文化艺术节开幕式在白砂镇水竹洋举行
（白砂镇政府办供稿）

19.55万千克，收购总金额5238.7万元。金岖生态农业、西家洋家庭农场等现代休闲农业项目呈现良好发展活力。傲农槐猪育种扩繁场项目进展顺利。

【基础设施建设】 2017年，白砂镇樟黄、扶福、丰源、梧田、洋乾、下旱康、碧沙等农田水利设施维修养护项目及梧田坪尾岗电灌站建设项目竣工，有效改善下游良田灌溉条件。白（砂）庐（丰）线大金至扶福段公路工程基本完工，朋新美丽乡村道路建设项目有序推进。高效节水灌溉项目进展顺利。完成5.33公顷耕地占补平衡和26.67公顷高标准农田建设工作，大金等7个村3.60公顷旧村复垦项目通过县级验收。

【项目攻坚】 2017年，白砂镇锦绣水库工程建设项目进展顺利，1.3千米防汛公路基本完成，全长292米的引水隧洞全线贯通，正进行左岸清基，完成进水取水塔520米高程以下的钢筋砼施工，完成投资2080万元，占总投资的32%；杭晚蜜柚种植与加工建设项目有序推进，种植蜜柚20多公顷，套种印度豇豆16.67公顷，配种沉香、海南黄花梨、樱花等名贵景观树种1万多株，完善基地输水、灌溉系统管网、道路等配套设施建设；上杭槐猪育种扩繁场与种群保护中心建设项目顺利开工，正在实施办公生活楼、槐猪博物馆等基础工程建设；投资200万元，完成梧田溪小流域水土流失综合治理项目，并通过验收；投资1730万元，完成二期改扩建白砂35千伏变电站项目投入运行。

【招商引资】 2017年，白砂镇发挥外出乡贤多的优势，召开白砂在外商会负责人和外出乡贤新春座谈会，引导企业家在白砂成立分公司或销售公司，支持家乡建设。全年引进企业9家（其中，建筑公司2家、电商企业4家），培育限额以上商贸企业2家。万福林化下游岐化松香深加工项目在厦门"9·8"签约；与上杭福金有限公司签订新建沥青砼拌合站项目，完成征地工作；新合顺年产40万码刺绣项目主体大楼竣工，2018年实现投产。

【生态环境】 2017年，白砂镇推进河长制工作，建立健全镇村两级河长制工作机制，开展"小手拉大手、共护母亲河""巾帼使者护河行动"等志愿活动。制止非法采砂8起，查处电、毒、炸鱼12起。以碧沙、塘丰、下旱村为示范点，探索全民共管河道机制，倡议村民捐款买鱼放生，恢复生态，提升水质，河道管理实施常态化，基本达到"五无"（无杂物、无漂浮物、无堆砌物、无垃圾、无死角）标准，3个乡镇交接断面水质达到Ⅲ类及以上。加强生猪养殖业污染整治。全年清栏生猪3700头，签订110份退养协议，关闭禁养区生猪养殖场110家，拆除并通过验收105家，拆除面积2.25万平方米。完成22辆黄标车淘汰工作。投资600万元对官洋、茜黄、中洋3个村进行水环境综合整治，生态护岸、防洪堤建设基本完成。

【脱贫攻坚】 2017年，白砂镇实现164户522人脱贫，樟黄贫困村整村脱贫摘帽。鼓励123户贫困户申请小额贴息贷款306.9万元，探索"公司+贫困户"小额信贷助推模式，与农商行、县扶贫办沟通对接，与傲农集团协商推行金融助推政策，发放小额贴息贷款91户199万元。完成造福工程20户，危房改造90户，预拨造福工程建房补助资金99.11万元。开展"雨露计划"培训3期289人次；助学资助107户134人。就业帮扶229户408人，生产帮扶142户507人。用好医疗政策，减轻贫困户医疗费用负担，参保参合399户961人，住院报销81户234人，医疗援助120户347人。

【文教事业】 2017年，白砂镇财政投入教育资金40余万元，塘丰村成立奖学助学基金会，至年底全镇成立各类教育基金会10个，基金总数超过500万元，年发放奖教奖学金约40万元，极大调动教师和学生的积极性，中考继续保持较好成绩，位居全县农村中学前茅。旱康会议会址修缮及布展、停车场、公厕等附属设施建设项目不断推进，将军故居修缮和将军事迹布展工作进展顺利。客家木偶特色小镇完成规划。投资360万元，全县首家康复医养结合大楼建成并投入使用。

【社会综合治理】 2017年，白砂镇禁毒工作持续、深化，开展巡查800余次，开展禁毒宣传16次，建设禁毒展览馆用于警示宣传教育。矛盾纠纷排查化解继续加强，全镇排查出各类矛盾纠纷38件，调解率100%；收到信访件44件，答复44件，答复率100%。投入16万元建设基层综治中心，发放平安村奖金68.73万元。开展为期2个月的安全生产大检查专项行动，有效堵塞管理漏洞和清除安全隐患。严重精神障碍易肇事肇祸患者排查管控、青少年群体服务管理和预防犯罪、清理门楼标志实施地址二维码管理等工作有序开展。建成23个农村交通安全劝导站，加大宣传力度，规范交通运行机制，全年开展安全劝导13次。食品安全"八抓八管"(抓机制，用制度管人；抓源头，用备案管厨；抓责任，用绩效管干；抓监管，用执法管违；抓舆论，用宣传管言；抓创新，用激励管安；抓保障，用经费管实；抓日常，用台账管席)经验在全市推广。争创2A信用乡镇，全镇不良信贷比例控制在1%以内。

■ 蛟洋镇

【概况】 2017年，蛟洋镇实现经济社会总产值262.9亿元，比增52.31%。其中工业总产值260.1亿元，比增54.37%；农业总产值7.1亿元，比增12.69%；农民人均纯收入15880元，比增9.5%，财政总收入1476万元，比增2.63%。

【农业经济】 2017年，蛟洋镇粮食播种面积0.15万公顷，其中水稻播种面积992.13公顷，产粮0.95万吨。烤烟种植面积39.2公顷，收购烟叶8.6万千克。蔬菜播种面积0.19万公顷，果茶种植面积449.53公顷。继续加强农业"五新"技术推广和运用，推广杂交水稻及超级稻良种11.2吨、作物专用肥830吨、高效低毒农药3.58吨，新增农机具85台。流转土地270公顷，建立百亩以上示范片3个。在华家、蛟洋、崇头3个村各新建1座蔬菜冷藏库，福建优创农业发展有限公司新建冷藏库6座，上杭惠成种养专业合作社新建冷藏库1座。生姜、百香果、状元豆等经济作物种植面积持续扩大。农业龙头企业优创油脂持续开发新产品，农产品加工不断朝精深加工方向发展。全镇家畜存栏3.84万头，家禽存栏82万羽，兔存笼6.8万只，蜜蜂存笼356笼。验收2016年旧村复垦项目2.39公顷，新增农田2.39公顷，帮助解决劳动力30余人。实施2017年旧村复垦项目1.53公顷，旱改水项目5.97公顷，高标农田改造约53.33公顷。

蛟洋新貌(2017年摄) (蛟洋镇政府办供稿)

【工业经济】 2017年，蛟洋镇实现规模以上工业总产值262.6亿元，实现税收3.7亿元。招商引资取得成效，新签约项目5个，总投资2.6亿元，引进市外资金项目4个，资金2.3亿元。龙岩思康特种化学品有限公司、福建龙德科技有限公司、福建紫金贵金属材料有限公司等落户蛟洋。

【第三产业】 2017年，蛟洋镇商贸、物流、餐饮等配套设施持续完善。蛟龙创业基地初步建成，汇集就业创业、教育培训、益智开发于一体。致力发展蛟洋红色文化产业，整合红色资源，全方位提升蛟洋红色文化软件和硬件。打造华家历史文化名村，推动开发蛟洋乡村旅游发展。新增培育限额以上批发零售住宿餐饮业2家，全镇有11家，限额以上商贸企业销售额达9.7亿元，比增35%，零售额增速50%。

【项目建设】 2017年，蛟洋镇实施项目53个，其中县级以上重点项目16个，镇级建设项目21个，工业园区项目16个。重中之重项目扎实推进。下道湖整村搬迁项目基本完成签约腾房及房屋拆除工作，全村109户，签订补偿安置协议107户，腾房105户，拆除房屋280余栋，安置地建设按序时推进。集镇提升项目全面实施。文昌路"白改黑"工程完工；启动实施蛟洋大礼堂修缮工作，完成镇政府及蛟洋中心幼儿园门前土地征控。其他重点项目稳步推进。配合协调解决西气东输、厦蓉高速扩容工程(蛟洋段)项目相关遗留问题，完成塘厦至蛟洋集镇电网双回路架设，开工建设紫金金盐等多个项目，思康有机氟、铭麟过硫酸盐(铵、钠、钾)等项目顺利竣工。

【脱贫攻坚】 2017年，实现259户745人脱贫。贫困户安全住房得到落实，实施195户377人造福工程和危房改造，其中贫困户186户341人建好一层并入住。193名贫困子女享受各类教育助学补助。举办雨露计划培训班、落实培训290人次，小额信贷落实发放59人143万元。开展精神文化扶贫和“金秋助学”活动。开展企业助力脱贫“手拉手”活动，27家企业提供就业岗位150个，3个贫困村均有2家企业挂钩帮扶，紫金铜业、瓮福紫金、优创油脂分别派驻该公司党员任达理村、邹坑村、坪上村第一支书，并为贫困村提供资金及技术支持。参与活动的企业共挂钩帮扶贫困户25户，对13名贫困户子女提供就学帮扶，提供价值30余万元的石料5000立方米、混凝土100立方米，并提供配电箱、装修建材、生活用品、农业技术培训等。企业助力脱贫活动举措多次被中央省市主流媒体刊播。

【生态环保】 2017年，蛟洋镇开展境内流域水环境综合治理，境内森坑断面和坪埔断面水质显著提高，基本达到水质功能区要求。投资1000余万元实施黄潭河、旧县河流域水环境综合治理项目，文地、中心坑第三方治理项目稳步推进。下大力气整治养殖业污染，完成猪场关闭拆除93家约2万平方米。完成全镇生猪存栏250头以上的猪场标准化改造验收65家，250头以下猪场标准化改造验收31家。完成2017年黄标车淘汰任务53辆。全面推行河长制，组建河长制办公室，镇村河长、河道警长、河道专管员全面就位，落实巡查制度，实现管理责任全覆盖。完成丘坊村封山育林53.33公顷，完成人工造林、更新10.53公顷，省级森林抚育30.93公顷。

【为民办实事项目】 2017年，蛟洋镇完成蛟洋红色记忆长廊项目；修缮改造蛟洋文昌阁、大礼堂；年初确定的十项重点为民办实事项目基本完成。完成华家至文都道路、文地道路、蛟洋村沈坊道路拓宽硬化工程；完成蛟洋卫生院医技综合楼主体工程及蛟洋中学教学综合楼建设；完成标准化渠道建设9.5千米，落实中村山塘除险加固项目；推进再嘉渡改桥施工建设；投资784万元实施中村、邹坑、文都、贵竹、苏康、丘坊、蛟洋共7个村的农业综合开发小流域生态综合治理项目，建设规模达466.67公顷。

【社会保障和支农惠农政策】 2017年，蛟洋镇低保户132户322人、五保户178户182人。发放临时救助资金25万元，发放残疾人各类补贴43万元，发放计生奖扶955人49.46万元。落实粮食最低收购价格和农业“三项补贴”、农机具购置补贴等各项强农惠农政策。发放农业支持保护补贴93.69万元，落实失地农民保险待遇45人，80岁高龄津贴148人，60周岁以上到龄人员待遇申报261人。城乡居民社会养老保险参保缴费8668人，缴费率达97%。本年，新建丘坊、华家农村幸福院。

【宜居环境建设】 2017年，蛟洋镇启动实施华家、邹坑、塘厦美丽乡村示范村建设，完成村主干道河道清理、“三格化粪池”改造、部分村道硬化等工作。完善25个村的生活垃圾治理工作，推行各村垃圾处理收费制度，新配置干湿垃圾桶超过1000个，添置垃圾车4部。在中村村建成全镇首个生活垃圾无害化减量化处理站，统一处理中村片生活垃圾。延伸坪埔第二污水处理厂管网建设，延伸污水支管约2千米。新建病死畜禽无害化处理厂，全镇及周边乡镇病死畜禽得到有效处理。

【教育事业】 2017年，蛟洋中小通过“省义务教育管理标准化学校”评估，获县“教学质量管理一等奖”“教育工作先进集体”“法制教育先进单位”等奖项，一批教师获得相应表彰；蛟洋中学2017届初中毕业生考入龙岩一中2人、上杭一中38人，位居全县农村中学第一。

【社会治理】 2017年，蛟洋镇坚持“打防控”并举，成立治安夜间巡逻队，社会更加安全稳定。全镇发生警情248起，比降13.5%；立刑事案件98起，比降18.3%。全镇安全形势稳定向好。

■ 古田镇

【概况】 2017年，古田镇实现社会总产值26.62亿元，比增9.5%；财政总收入4500万元，比增31.39%；完成固定资产投资20亿元，实现规模以上企业工业总产值16445万元，限额以上法人社会消费品零售额9022万元。农民人均纯收入16021元，比增9.1%；

【现代农业】 2017年，古田镇粮食播种面积0.12万公顷，总产8017吨。蔬菜、葡萄等经济作物种植面积(复种)1768.67公顷，百香果种植140公顷。完成五龙、八甲、赖坊、荣屋、金湖等村粮食产能项目现场勘察和规划设计。加强农业“五新”技术的引进、示范和推广，引进超级稻组合10个，优质稻组合8个，推广瓮福紫金水稻测土配方肥100公顷。开展农产品质量安全监管监测，完成农产品农残检测4850例。新增耕地约4.24公顷，完成赤坑村土地平整2公顷，田间道路路基开挖3500米，田间道混凝土面层1750米，灌排渠2750米，排渍沟约600米。

【旅游产业】 2017年，古田镇围绕打造“红色圣地、生态古田”总体目标，旅游产业成为新兴支柱产业，全年新增农家乐12家、旅游中介组织6家，特色旅游商店21家，古田核心景区接待游客预计可达365万人次，比增30.35%，实现旅游综合收入23.48亿元，比增24.30%。

【项目落地攻坚战役】 2017年，古田镇实施项目落地29个，其中农业领域项目3个、工业科技项目1个、交通领域项目7个、城建环保项目11个、社会事业领域项目6个、能源领域项

吴地红军小镇全景(2017 年摄)　　　　(古田镇政府办供稿)

目1个。重点推进梅花山路(一期)、锦绣路、快速通道、厦蓉高速扩容、市委党校迁建、闽西古田光荣院等项目建设。新签约古田云上境生态农林旅游观光园等3个项目;新竣工骏达橡胶制品加工处理项目。

【特色小镇建设】 2017年,古田镇开展AAAAA景区提升"百日会战",整治交通、游览、卫生、安全、购物、综合管理等,通过国家AAAAA景区复评。古田旅游度假区获"省级旅游度假区"称号,古田镇被评为"十大乡村旅游休闲集镇"。实施古田大道两侧花箱更换、核心景区停车场、美食街改造、AAAAA景区标识标牌更换、胜利大道"白改黑"、旧址群维修工程等。2017年特色小镇创建工程10个,完成投资5.8亿元。全面启动古田(吴地)红军小镇建设项目,实施小镇绿化、红军哨所、红军阅兵台提升改造、教室及兵营装修、战地黄花景观等工程建设。组建古田建设发展有限公司作为古田文化旅游项目开发建设龙头企业,全面推进景区建设和运营管理。以古田干部学院为平台,抓好红色教育培训,支持民间培训教育机构发展,各类红色培训机构达20多家,承办各类红色教育培训635班次2540期12.7万人次。

【生态环境保护】 2017年,古田镇落实"河长制"和网格化工作。组建镇、村两级河长和专管员、保洁员队伍。持续开展旧县河、黄潭河河段涉水环境突出问题整治。启动古田溪安全生态水系建设。苎园溪河道整治防汛应急抢险工程全面竣工,完成新建护岸6228米和河道清淤3199米。辖区水质达到市、县考评要求。重点排查非法采(洗)砂场、企业排污及涉河违建。对重点区域、敏感地带重点开展监督检查,取缔非法采(洗)砂场14家。突出环境整治。完成集镇污水处理厂设备维修及管网延伸工程建设。聘请保洁公司对集镇及景区范围进行24小时保洁,全镇购买垃圾桶(大桶)728个下发至各村;集镇区内购买垃圾分类收集桶72个、玻璃钢果皮箱23个。购买垃圾运输车1辆,规划苎园村新建垃圾压缩站一座。加强对辖区内在建工程弃土场、运土、堆土的管理,减少集镇建成区扬尘污染。加大对沿河排污口、河道倾倒建筑泥浆、建筑垃圾的巡查监督力度,建立健全河道保洁的长效管理机制。专项整治养殖业污染。对符合生猪养殖场政策性拆除补助的20家养殖场(户)进行测量,经县级验收拆除12家4062.3平方米,关闭3家692.03平方米。完成13家猪场标准化改造项目,其中,11家通过县级验收、2家待验收。完成对全镇区域内未达标企业的摸排,发放责令停产通知书25份。拆除一条地条钢生产线,淘汰落后砖瓦产能,责令停产3家,升级改造2家。全年淘汰黄标车44辆、燃煤锅炉2台。

【精准扶贫攻坚战役】 2017年,古田镇建档立卡贫困户清退12户32人。实行贫困户"人盯人"的跟踪管理服务包干制。针对致贫原因,细化脱贫措施,落实帮扶内容,加强信息沟通,提高脱贫帮扶措施精准度。全年开展"雨露计划"培训2期,参加培训贫困户56户120人次。完成扶贫小额信贷59户288万元,其中57户为"央企+合作社+贫困户"扶贫模式,贫困户每户每年可分红增收4000元。完成国定易地扶贫搬迁5户10人、省定造福工程1户3人、危房改造35户55人,投亲靠友1户1人。镇财出台鼓励建房政策,在上级补助的基础上,按照时间节点完成安全住房建设的每户奖励5000元。2017年,脱贫105户284人,建档立卡贫困户基本实现脱贫。加强贫困村基础设施建设,兴建赤坑村水口、上村2个农民公园,建设赤坑村水口、下村、中村人饮工程,完成村主干道2.6千米铺设、赤坑幼儿园改造。完成石笋村内员丁背、高济坑2个自然村村道硬化600米,扩宽硬化高济坑路口至上石笋村道2.8千米、319国道至小坑炉村道2.5千米,完成梨子坪到箭竹坪1千米的便民路扩宽硬化工程。赤坑村50千瓦光伏发电项目并网发电,年收入6万元。赤坑村实现村财收入15.8万元,实现贫困村脱贫摘帽。

【美丽乡村建设】 2017年,古田镇竹岭村完成《美丽乡村三年行动计划》规划编制,上洋村完成223个新建或改建栅格化粪池,拆除房前屋后猪圈、禽舍、旱厕等临时搭盖建筑350平方米,整治裸房3栋。苏家陂村完成党风廉政宣教室建设、四季田园景观建设、综合环境整治及坡屋面改造35户。实施集镇自来水扩容改造提升工程，完成古田大道至市委党校1.5千米、动车站古田会址站5.9千米的供水主管铺设，正在实施党校到文元新隧道供水主管铺设。完成苏家陂、苎园村人饮工程、竹岭吉口渠道修复、新生、石笋危桥改造2座，完成文元、荣屋、新生、苏家陂、上郭车、竹岭、石笋村道建设18.6千米。

【社会事业】 2017年，古田镇对中、小学奖教奖学基金各注资30万元基金，中、小学奖教奖学基金镇财分别达130万元、30万元。成立卫生计生综合监督执法队，开展计划生育技术服务改革。举办妇幼健康知识讲座，开展0岁~3岁的早教试点工作，完成社会抚养费征收法律文书制作24份，申请法院执行24例，征收社会抚养费91万元。新农合、新农保、三农综合保险工作扎实推进，全镇新型农村合作医疗参保人数1.8万人，参合率95%；新农保参保缴费人数6315人，参保缴费率92%；落实就业再就业工作，参加职业技能培训人数620人，推介就业人数382人，新增农村劳动力转移就业496人。调整充实农村特困人员和最低生活保障户，全镇有农村低保户61户150人，月补金额34980元；五保户104户108人，月补金额97663元；发放社会救济48人次10.56万元。完成镇村妇代会改建妇联、团委及残联换届选举工作。成立古田镇"红土巾帼志愿者服务队"，全镇有巾帼志愿者389人，全年组织3500多人次志愿服务活动。成立镇平安志愿者中队，完成全镇志愿者网上云登记工作。成立上杭县广播电视台古田记者站，构建古田宣传平台。2017年，古田镇再次被评为"全国文明村镇"，五龙村被评为"全国文明村"。

【社会治理】 2017年，古田镇全面落实安全生产主体责任，全年检查企业440次，发现安全隐患89处，整改89次，整改率100%。全镇烟花爆竹销售实行实名制登记，各经营店建立进出货和销售台账，开展烟花爆竹行业检9次，危险品行业检6次，重点项目建设场所检查20余次，取缔非法出售烟花爆竹点2处、查处非法销售液化气销售点1处。推进"七五"普法宣传，排查调处矛盾纠纷，全年调处矛盾纠纷142起，成功调解142起，调处成功率100%。加强禁毒巡查，举办禁毒宣传展览，中小学配备校外禁毒辅导员，对吸毒人员定期定位跟踪，完成古田中学禁毒宣教室建设。完成镇综治中心建设，持续做好维稳重点群体人员排查走访与跟踪管理，加强对"五类重点场所"进行巡查，2017年，全镇未发生越级上访和进京上访事件，未发生重大刑事案件。

南阳镇

【概况】 2017年，南阳镇实现社会总产值58.4亿元，比增11%；农业总产值2.87亿元，比增3.24%；工业总产值33.12亿元，比增13%；财政总收入1408.1万元，比增3.9%；全社会固定资产投资15亿元，比增20%；农民人均可支配收入15397元，比增11%。

【现代农业】 2017年，南阳镇粮食播种面积0.30万公顷，总产1.83吨。新增农民专业合作社2家、家庭农场10家，培育县级示范场3家、省级示范场1家；加大土地流转力度，规模种植槟榔芋333.33公顷、烤烟60公顷、百香果133.33公顷、紫云英100公顷，其他经济作物53.33公顷。持续推进"一乡一业、一村一品"培育工程，举办农业技术培训3期，开展农业技术咨询900人次，培育新型职业农民12人，金柑、烤烟、槟榔芋、高山茶、水产养殖等特色产业带进一步巩固发展。积极推进农产品质量安全检验检测工作，超额完成县下达抽样监测4900例的任务。农村土地承包经营权确权登记颁证工作扎实推进。

【工业经济】 2017年，南阳镇工业园区基础建设不断完善，省重点项目——擎荣农产品种植与加工项目建成投产，朝阳硅业、润华纸业、华良木业、翁氏食品、喜传门业平稳发展，浩源油脂等新上项目有序推进。工业集中区企业发展到23家，其中规模以上企业7家、亿元企业4家。招

2017年，南阳镇教育发展基金暨上海警备区"八一"助学基金颁奖大会举行

（南阳镇政府办供稿）

商引资取得实效，新签约项目 6 个，总投资 6.03 亿元。

【建筑产业】 2017 年，南阳籍企业家创办的资质建筑企业总数达 28 家，其中一级资质企业 10 家、二级资质企业 7 家、三级资质企业 11 家，产值超亿元企业 17 家，15 家企业在省外承接工程，1 家企业参与国际工程建设。

【服务业】 2017 年，南阳镇实现服务业增加值 4.5 亿元，新增限上企业 1 家，总数达 8 家。法人企业销售额完成增速 30.6%，福建佰仁贸易有限公司生产的“妈妈酿的酒”入选“福建好礼”百佳旅游商品，并获得 2017 年“海峡两岸青年文化”创意奖。金融生态环境持续改善，金融机构存贷款增长 23%，不良贷款率控制在 1.5%。

【军民融合发展】 2017 年，南阳镇抓住上海警备区与南阳镇结对帮扶有利时机，大力实施民生建设项目，开展助学兴教、送医扶医、文化服务等活动。帮扶工作开展以来，共谋划镇、村两级帮扶建设项目 37 个，竣工 33 个，进一步改善群众的生产、生活条件。

【基础设施建设】 2017 年，南阳镇完成自然村道路硬化 3.5 千米，路灯亮化 64 杆 528 盏；完成果茶园道路硬化 0.6 千米、机耕路 8.5 千米；完成官余、日新、矶头等 9 个村“一事一议”财政奖补项目；南阳、南岭、朱斜等 4 个村高标准基本农田建设项目基本完成。南阳集镇至才溪下王公路（射山兰田角里至双溪村段）建成投入使用，完成南阳集镇至官余公路长约 2 千米的道路拓宽硬化，完成黄麻凹至豪东村长约 3 千米的路基拓宽改造，正在实施路面硬化，罗坊至联义道路提级改造工程有序推进；完成黄坑至联山、南阳至南坑等灾毁危险路段改造，清理溜方 2000 余立方米。完成 1.2 千米生命防护工程、危桥改造 2 座。新建标准化水渠 7.5 千米、电灌站 4 座，完成香塔等村防洪堤建设，建设安全生态水系 1.05 千米，高效节水灌溉项目有序推进。基本完成马洋洞、新联、茶溪等 12 个村低压线路改造工程，顺利推进南岭、下车等 2 个村高压线路建设工程。射山新村部建成并投入使用。全镇道路、农田、水利、电网、通讯、广电等基础设施得到较大提升。

2017 年，上海市奉贤区人武部在南阳镇开展“送医帮扶”活动
（南阳镇政府办供稿）

【美丽乡村建设】 2017 年，南阳镇推进射山村市级美丽乡村和黄坑、南坑、双溪等 3 个村“千村整治、百村示范”建设。大力推进村级环境整治、村庄美化、基础设施建设等工作。完成涂坑、射山、豪东等 3 个村面积约 1.49 公顷的旧村复垦项目立项报批，完成 85.46 公顷涉及朱斜、南岭、南阳等 4 个村的土地整理项目。污水管网工程加快推进，垃圾中转站运转正常，在全镇 20 个村开展农村生活垃圾治理工作，实行“户分类、村收集、镇转运、县处理”模式。

【生态环境】 2017 年，南阳镇生态环保战役取得阶段性成效，水环境综合治理项目稳步推进，完成南坑村生态护岸 200 米，双溪、射山、南坑、涂坑等 4 个生态环保攻坚项目完成投资 300 余万元。推进养殖业污染整治，关闭拆除生猪养殖场 130 家 2.35 万平方米，实施规模养殖场标准化改造 9 家。关闭拆除机砖厂 1 家，燃煤锅炉 2 台。河长制工作深入推进，境内水质稳定在Ⅲ类水以上。实施植树造林 560.73 公顷，完成环城一重山生态景观提升工程建设。

【脱贫攻坚】 2017 年，南阳镇围绕实现脱贫 250 户 919 人的目标，完成贫困户入户走访 3800 多人次，落实帮扶措施 3256 项，发放中央、省财政扶贫资金 126 万元，实施造福工程易地扶贫搬迁 40 户 133 人，危房改造 47 户 118 人，镇内企业解决贫困户就业 113 人，开展“雨露计划”培训 4 期 459 人，发放小额扶贫信贷 182 万元，232 名贫困子女享受教育资助，203 户 413 人得到政府低保兜底，实施竞争性扶贫项目 3 个，受益贫困户 70 户 287 人。擎荣农产品和佳家品“公司+合作社（家庭农场）+贫困户”助力脱贫攻坚模式得到进一步拓宽深化。脱贫攻坚工作亮点和典型培育成效突出，代表全县接受了省脱贫攻坚专项督查组检查，全市、全县脱贫攻坚业务培训和现场会在南阳镇召开。

【社会保障】 2017 年，南阳镇完成城乡居民基本养老保险 11803 人。低保补助、临时救济等惠民利民政策有效落实,发放农业支持保护补贴 184.7 万元,发放低保金 128.8 万元、临时救助金 24.3 万元、重度残疾人补助金 220 万元。创新实施"农村党员创业致富贷"项目,发放贷款 45 万元。举办"幸福工程"扶助款公开发放仪式,发放扶助款 66 万元。培育生态计生家庭农场市级 1 家、县级 2 家,创建省级计生基层群众自治示范村 2 个、县级示范村 4 个。

【民生事业】 2017 年,南阳镇龙田中学综合楼、南阳中学实验楼、中心小学教学楼(二期)、第二中心小学教学楼(一期)、豪东小学教学楼等一批校舍工程相继建成。教育事业稳步推进,教育发展基金不断壮大,龙田中学、南阳中学中考达上杭一中录取线 31 人,全镇有 37 人被本一院校录取。完成南阳卫生院示范化预防接种门诊项目,中医馆建成投用。宏福公园石阶、红色文化宣传版块、多功能运动场、景观石等建成并投入使用。实施南阳、南坑、官余等 3 个村老年人健康"康乐家园"项目,黄坑村天后宫被列为省级文物保护单位。

【社会治理】 2017 年,南阳镇稳妥有序实施"两孩"政策,创新计划生育技术服务改革,经验做法得到县计生领导小组肯定并进行推广。全面开展农村交通安全劝导工作,建成农村交通安全劝导站 20 个,聘请村级交通安全劝导员 44 名。加强耕地资源保护和开发,强化"两违"综合治理,制止各类违法用地 52 宗,依法强制拆除"两违"建筑 12 宗,拆除建设面积 1650 平方米。食品药品安全监管进一步强化。深入开展安全生产大排查大整治,全民安全生产意识稳步提升,安全生产形势持续向好。"平安南阳"深入推进,二维码门牌安装工作全面完成。集全民之智,举全镇之力,打好禁毒人民战争,顺利摘掉全市涉麻制毒重点整治乡镇的帽子。"七五"普法工作扎实推进,刑事案件发案率明显下降,社会更加安定稳定。

■ 通贤镇

【概况】 2017 年,通贤镇实现社会生产总值 10.61 亿元,比增 8.9%;工业总产值 8213 万元,比增 21%;农业总产值 1.95 亿元,比增 3%;财政收入 1165.87 万元,其中本级税收收入 473.02 万元,比增 55%,增速全县排名第一;完成固定资产投资 6.3 亿元,增长 18.9%;农民人均纯收入 14932 元,比增 10.7%。

【农业生产】 2017 年,通贤镇粮食播种面积 846.67 公顷,产粮 4700 吨。投资 95 万元完成通贤村、曹邱村粮食产能项目,受益粮田 43.33 公顷。实行"公司+合作社+农户"发展模式,带动全镇 100 多户农民规模种植槟榔芋 40 公顷、茶叶 20 公顷、三红柚 10 公顷、中药材野鸦椿 8 公顷、油茶 100 公顷。下拨强农惠农项目扶持资金 150 万元。基本完成农村土地确权工作。

【特色养殖】 2017 年,通贤镇加强"乌兔之乡"品牌建设,规划实施通贤乌兔生态科技养殖循环系统示范区,新植草场 5.33 公顷,新建鱼塘 1.33 公顷、乌兔扩繁场 5000 平方米,全年出笼乌兔 120 多万只,实现产值 9800 万元,新带动农户 600 余户,其中贫困户 50 户。同福源肉鸽获得农业部"无公害农产品"认证,肉鸽养殖场被评为省级家庭农场,全年出栏乳鸽 10 万多羽,培育种鸽 1 万多对,实现产值 260 万元,新带动农户 30 户,其中贫困户 20 户。

【建筑产业】 2017 年,通贤镇新引进建筑企业 9 家,全镇有"飞地建筑企业"29 家,其中辖区注册建筑企业 6 家,资质企业 19 家,实现产值 21.63 亿元,缴纳税收 1946.42 万元。召开通贤建筑业发展表彰大会,奖励优秀企业和个人 12.1 万元,全镇建筑业保持快速发展的良好态势。

【招商引资】 2017 年,通贤镇持续开展股权投资企业对接,新引进九泓泰(福建)投资有限公司、上杭九盈股权投资合伙企业、上杭兴源股权投资合伙企业等 3 家股权投资公司。

【美丽乡村建设】 2017 年,通贤镇投资 1000 多万元完成周源村道路提升

2017 年 6 月 29 日,市委书记林国耀(前排中)到通贤镇调研特色小镇及美丽乡村建设工作
(通贤镇政府办供稿)

改造和裸旧房整治，安装路灯160盏。投资30多万元完成红军文化园绿化、亮化工程，投资110万元完成百嘴岩景区登山步道建设。投资58万元完成曹邱村樟陂角危桥改造工程。投资550万元完成通贤溪污水管网铺设1.8千米、曹邱村雨污管道1.3千米、通贤溪曹邱段生态护岸建设。投资100多万元完成通贤集镇水厂水源取水管道延伸工程及水厂技改项目。投资580万元完成中央小农水项目。完成培才村幸福院建设。完成水土流失治理200多公顷。完成障云、文坑、大东、岭头4个村1.51公顷旧村复垦项目。

【特色小镇建设】 2017年，通贤镇被龙岩市列为特色小镇，并参加省级特色小镇竞争性答辩。上海合城规划建筑设计有限公司初步完成上杭县建筑特色小镇规划设计工作。

【社会保障】 2017年，通贤镇城乡居民基本医疗保险、城乡居民社会养老保险、三农综合保险参保率达90%以上，发放低保金65.77万元，发放救济金17.04万元，重度残疾人补助32.6万元。教育事业稳步提升，全年发放奖教奖学金22.86万元；通贤中学中考成绩获得全县农村中学第一名，考入一中30人、二中20人，17位学生被评为县著名苏区好学生。文坑小学幼儿园、岭头小学幼儿园建设有序推进。通贤中心小学教师周转房完成选址报批。成功举办省市县文联书画下乡、裕庆杯“喜迎十九大·共树文明新风”文艺会演、首届通贤乌兔文化节等活动。文化惠民工程扎实推进，完成东里村文体设施提升改造，镇综合文化站免费开放。遏制高价聘金彩礼、倡导简办民俗活动等移风易俗工作取得实效。

【社会治理】 2017年，“平安通贤”建设不断深化，组建覆盖全镇13个村的禁毒巡查队伍。排查化解矛盾纠纷38起，调解率100%，成功率97%，查处各类治安案件43起，全年未发生重大群体性事件和“民转刑”案件。严格落实安全生产“党政同责、一岗双责”，全年未发生重大安全生产事故，安全形势总体平稳。

■ 才溪镇

【概况】” 2017年，才溪镇实现社会总产值38.76亿元，比增7.1%；建筑业总产值48.10亿元（含镇外），比增6.96%；农林牧渔业总产值2.14亿元，比增7.06%；固定资产投资11.89亿元，比增32%；财政总收入1904.33万元（含上级各类专项补助），比减1.35%；农民人均纯收入16731元，比增10.6%。

【农业生产】 2017年，才溪镇加快土地流转，鼓励适度规模经营，培育发展特色农业产业。全年土地流转面积566.67公顷，核心景区及周边村主要发展脐橙、蓝莓、葡萄、建莲等观光采摘农业，四坊片区主抓高产优质杂交水稻的试验推广和烤烟种植。大力发展林下经济，种植金花茶、药材等53.33多公顷，发展7个林下养殖家庭农场，申报市、县示范家庭农场各1家。发放农业支持保护补贴110多万元。全年粮食播种面积1821.07公顷，总产16263吨，完成粮食收购1200吨，超额完成县下达500吨任务。

【休闲旅游】 2017年，才溪镇坚持“红色引人、绿色留人”的理念，整合资源，发展红色和绿色休闲之旅，加强与华润集团对接，建设大型田园综合体。举办“荷塘乐色”首届荷花节、第二届葡萄采摘节及第三届脐橙采摘节。全镇接待游客130万人次，实现旅游总收入800多万元。

【建筑产业】 2017年，才溪镇继续发挥才溪“建筑之乡”品牌优势，传承发扬“工匠精神”。支持建筑企业做强做大、晋升资质，鼓励才溪建筑企业大胆“走出去”抢占市场，才建、同源及一大批建筑企业在广东、贵州等地承建大型建筑工程。实施建筑企业回归工程，发展绿色财政，培植新的财税增长点，新引进福建宝兴源水利水电工程有限公司等2家建筑企业；同时培育7家限上企业，引进1家县外企业到县兴业证券开户解禁流通。

毛泽东才溪乡调查纪念馆（2017年摄） （才溪镇政府办供稿）

【项目策划】 2017年，才溪镇贯彻落实《上杭县领导干部策划重大项目工作机制》，立足才溪丰富的红色文化和生态资源，结合新型城镇化3年行动计划和特色小镇规划建设，策划生成毛泽东才溪乡调查纪念馆景区提升工程、才溪集镇基础设施提升工程等5个项目，总投资4.05亿。同时，委托上海连思规划设计有限公司完善特色小镇、美丽乡村规划，争创特色小镇。

【基础设施建设】 2017年，才溪镇投资550万元的南下线A3标竣工通车。通过"一事一议"、镇村自筹等方式投入180余万元，对才溪、溪东、曾坑、才民、黄竹等8个村部分道路进行改造。新安装才庄公路溪北段路灯94盏，建成并投入使用14个交通劝导站。南山水库工程，完成投资1300万元。长圳坑水库除险加固工程，完成投资200万元。实施小农水项目，完成投资800万元。实施岭和、中兴、曾坑、陈坑等10个村标准化渠道及水毁项目建设，实施集镇自来水厂围墙修复、机井增容及部分村人饮工程建设。投资800万元的水环境综合整治提升工程已实施才溪溪、南宝溪13千米河道清淤清障及1千米护岸护脚建设，完成投资450万元。投资850万元实施涉及才溪、下才、溪北、曾坑、才民等村的10千伏才上、才下线路大修及20台配变台区改造，电网建设完成率居全县乡镇前列。

【城镇化建设】 2017年，才溪镇投资1000余万元(其中，镇财自筹700万元)实施集镇基础设施升级改造工程，完成2.08千米雨污水管网及人行道铺设、1.5千米非机动车道铺设等，完成投资850万元；实施成龙桥改造工程，完成投资300万元；以150万元成功竞拍位于集镇核心地段的原国税办公大楼，为今后集镇建设、便民服务预留更大建设空间。

【脱贫攻坚】 2017年，才溪镇脱贫113户343人，累计脱贫237户719人。实施贫困户危房改造38户、造福工程7户，全部通过验收并搬迁入住。发放扶贫小额信贷50户182.5万元，覆盖面21.1%。实施"企业+贫困户""农场+贫困户"帮扶模式，全镇有15户贫困户融资75万元与润翔建筑签订结对帮扶协议，有36户贫困户与才溪凤鸣农场结对，发展河田鸡养殖。举办2期雨露计划培训班，培训贫困户168人次，解决用工56人，不断增强贫困户"造血"功能。实施教育扶贫、健康扶贫工作，83名贫困学生享受就学扶助政策，88户贫困户享受医疗救助，报销医疗费用55万元，从源头上解决因病因学致贫返贫问题。

【生态环境】 2017年，才溪镇牢固树立"绿水青山就是金山银山"的发展理念，全力打好生态环保攻坚战，全面推行河长制工作，河道水质全面提升，全年交接断面水质均达到Ⅲ类及以上标准。常态化开展养殖业污染治理专项整治，依法拆除或关闭禁养区内猪场174户1.38万平方米，发放拆除补助661万余元，拆除关闭复养猪场46户3500平方米，完成限养区2家年出栏250头以上猪场标准化改造。完成年度13辆黄标车淘汰任务，关停鱼子坑、兴才2家机砖。健全垃圾污水治理机制，在全县率先委托第三方运营污水处理厂，除曾坑、才民外12个村及集镇所有生活垃圾均委托龙岩恒洁保洁公司收集、压缩、转运，每年投入污水垃圾治理资金200余万元(不含村级保洁员工资)，才民村率先启动垃圾收费制度。加强森林资源保护，严厉打击乱砍滥伐、非法占用林地乱建坟墓等违法行为；扎实抓好森林防火工作，建设生物防火林带58.8千米，全年没有发生重大森林火灾；加大造林力度，全年抚育造林101.2公顷。强化国土资源管理，做好地质灾害防治，依法取缔境内3家无证非法采砂，制止或拆除违法占地建房25宗，实施溪北、中兴村土地整理66.67余公顷，旧村复垦、旱改水及耕地开发等项目顺利推进。

【社会事业】 2017年，才溪镇推进卫生计生技术服务改革，全面实施两孩政策，促进人口均衡发展，优化生育全程服务管理，计生考评位居全县乡镇前列。投入45万元对卫生院门诊大楼重新装修改造，改善群众就医条件。健全社会保障体系，基本实现城乡基本医疗保险、养老保险、小额人身意外险全覆盖，镇财投入31.8万元为全镇居民缴纳小额人身意外险，养老保险缴费8982人，完成率98.58，居全县第二；2314人领取失地农民养老保险，91户268人纳入农村低保，53人纳入五保供养范围，发放各类救灾救济、医疗救助金56.4万元。加大教育基础设施建设力度，四坊小学教学楼投入使用、四坊幼儿园增班扩容、上才小学整合利用；才溪中学中考考入一中19人，高考上重点线4人，本科线28人，才溪小学教育教学水平全面提升，逐步走在全县农村小学前列；加大奖教奖学助学力度，对4名才溪籍考生考取博士的给予每人1万元重奖，对上本一线的16名考生每人奖励2000元；同时，发挥镇宣传文化中心和村"农家书屋"作用，开展丰富多彩的文体活动，积极培育和践行社会主义核心价值观，开展文明村镇创建活动，不断提高群众道德文化水平。大力支持村集体经济发展，支持各村成立村财发展基金，对筹集20万元以上的村配套补助5万元，全镇有9个村成立村财发展基金，筹资规模达300万元；扶持贫困村荣石村建设光伏发电项目，投资38.8万元，项目装机36.6千瓦，实现村财年收益约4万元。

【社会治理】 2017年，才溪镇组织开展禁毒、禁赌、"三合一"场所和"黑网吧"、反邪教、严重精神障碍患者基础信息摸底及抵制电信诈骗和非法集资等专项整治活动。投入50万元改造建设综治维稳中心和综治指挥中心、投入15万元在才溪中学建设禁毒宣传展室，社会治理更加科学，治安环境和社会风气更加好转，群众安全感进一步增强。严格落实安全生产“党政同责、一岗双责”制度，坚持每月5日集中安全生产大检查，全年组织联合执法、专项检查38次，检查企事业单位及生产经营单位56家，查处各类安全隐患135处，落实整改128处。推进餐饮服务食品安全量化分级管理工作，强化日常监管，定期开展食品安全专项整治，查处食品违法案件12处。2017年，全镇安全生产形势良好，未发生较大安全生产事故。

■ 旧县镇

【概况】 2017年，旧县镇实现社会总产值22亿元，比增10%；工业总产值11亿元，比减30%；农林牧渔总产值6.2亿元，比增40%；第三产业总产值4.8亿元，比增20%；财政总收入2800万元，比增40%；农民人均纯收入15963元，比增10.13%。

【农业生产】 2017年，旧县镇粮食播种面积1263.87公顷，规模经营粮食2公顷以上6家，实现粮食总产9369吨；蔬菜播种面积695.47公顷，总产量16447吨；培育新型农业经营主体和服务主体，土地流转面积276.67公顷，种植大棚蔬菜1.67公顷，种植脐橙面积15.33余公顷，种植百香果面积26.67余公顷，种植金花茶、铁皮石斛等20余公顷；新注册家庭农场6家；农业现代化进程逐步加快，全年完成机耕面积1164公顷，机插面积230.67公顷，机收作业490.67公顷。家畜存栏6305头，家禽存笼6.02万羽，可养鱼面积22.07公顷，渔业产量630吨，投放夏花42万尾，春花47万尾，三华养鳗场投放鳗苗130万尾。

【项目建设】 2017年，旧县镇迳美整村搬迁征迁工作有序推进，全面完成房屋安置方式确认，截至年底，完成房屋测量498户，二次装修评测300户，产权认定153户；总投资5200万元的新坊水库大坝及管网工程开工，完成投资656万元，完成5100米管网铺设和980米进坝公路开挖拓宽任务。

【基础设施建设】 2017年，旧县镇投资1300万元的集镇语口渡大桥竣工通车；投资1500万元的安全生态水系建设项目正在收尾；总投资190万元的水土流失综合治理项目（河西村）捡窖石小流域水保项目进展顺利；新建集镇农贸市场项目完成项目用地征地工作；投资200万元的福村村道路拓宽硬化工程完成2.5千米铺设；投资150万元的龙溪中桥项目开工建设；集镇生态护岸、兰田村生态塘、谷坑村节水灌溉项目、集镇污水管网延伸工程相继开工；全年完成8个村10千米标准化渠道建设任务。

【生态环境】 2017年，旧县镇加大小流域环境整治，坚持“水岸同治，标本兼治”。加大养殖业污染整治力度，完成限养区养殖场标准化改造5家。完成黄标车淘汰任务44辆。建立健全镇、村两级河长制管理，旧县河水质检测均在Ⅲ类以上。

【美丽乡村建设】 2017年，河西村美丽乡村建设完成招投标工作，正进行村道硬化；兰田村“千村整治、百村示范”完成环境整治，逐步完善道路交通、村庄绿化、亮化、美化等整治提升工程；谷坑村完成村部修整、道路硬化、空心房整治、堤坝修复等；投资120万元的龙溪公园开工建设。

【脱贫攻坚】 2017年，旧县镇通过造福工程、易地搬迁、危房改造、投亲靠友等安置85户改善安全居住条件，发放造福工程资金50.4万元；开展医疗救助，全镇311户贫困户均享受免费参加大病医保，754人次住院治疗享受医疗住院报销和医疗救助补助，有效缓解贫困户看病难看病贵的难题；实施教育援助，全镇103名建档立卡贫困学生享受学前至大专以上就学资助，享受各类奖助学金达5.4万元；落实小额信贷36户73万元，参加“雨露计划”农村种养技术培训达178人次。全年脱贫146户457人。

旧县镇新貌（2017年摄） （旧县镇政府办供稿）

【民生保障】 2017年,旧县镇因病因灾申报县级临时救济67户,发放救济金1.7万元,申报乡镇临时救济24户,发放救济金7000元;继续做好新农保的扩面和缴费工作,2017年度全镇参保缴费人数10457人,缴费率达99.86%,居全县第一;加强劳动力转移促进农民就业,培训人员520人次,向县、镇重点企业输送劳动力800人次,新增劳动力转移600余人。基本完成19个行政村的农村土地确权工作。

【科教文卫】 2017年,旧县中学考入上杭一中23人、上杭二中23人,录取率41%,中心小学毕业生综合考评位居县农村小学第二名;投入230万元新建梅溪小学第一期教学综合楼,投入90万元完成中学运动场升级改造,投入80万元完成梅溪小学塑胶运动场提升改造;镇慈善分会发放大病特困救助约20万元,公益性资助5万元。

【社会治理】 2017年,旧县镇推进“平安旧县”建设,投入22万元建成综治中心,新建镇禁毒宣传中心投入使用。强化信访工作,开展矛盾纠纷集中排查调处12次,排查各类矛盾纠纷63件,调处63件,成功62件,调解率98%。严格落实“党政同责、一岗双责、齐抓共管”的安全生产责任体系,持续开展“安全生产大检查”,开展“打非治违”和食品药品安全、校园周边环境等专项整治行动,实现全年安全生产零事故。

■ 庐丰畲族乡

【概况】 2017年,庐丰畲族乡实现固定资产投资7.25亿元,比增46.1%,其中工业固定资产投资3.41亿元,比增46.7%;规模以上工业总产值3.27亿元;社会消费品零售额5404万元,比增10.8%;税收收入完成175万元,比增8.3%;财政收入2357万元,比增4.1%。农民人均可支配收入14679元,比增5.8%。

【农业生产】 2017年,庐丰畲族乡粮食播种面积0.26万公顷,产粮1.6万吨。种植烤烟666.67公顷,收购烟叶3万担,产值4500万元,烤烟产量连续17年全县第一,连续9年全市第一。农业现代化水平进一步提升,农业机械总动力达1.26万千瓦,全年完成机耕作业面积0.26万公顷,机械化作业率达到96%,丰济村大路坪农机合作社基本实现机播—机耕—机插—机收—机烘全机械化作业。农民合作社规范化建设不断提升,现代家庭农场数量持续增加,全乡有专业合作社20家,家庭农场120家。林下经济发展初具规模,金花茶产业示范基地种植金花茶66.67公顷,培育苗木600万株;太古村13.33公顷杨梅基地挂果,6月成功举办采摘节;下坊村新种植红棉蜜柚、“三红”蜜柚17.33公顷。

【第三产业】 2017年,庐丰畲族乡培育限上法人,在库限额以上法人企业10家,法人企业零销售完成增速10.8%。成功举办以“客家畲乡红·清新庐丰美”为主题的上杭县纪念畲族民族成分恢复30周年暨首届“三月三”畲族文化节庐丰分会场活动,吸引了全国8个省份8000余人次参加。

【乡村基础设施】 2017年,庐丰畲族乡集镇功能得到提升,安乡集镇市场、庐丰乡市场竣工投入使用。全面改造集镇供水工程,并接通城区饮水延伸工程。青年、新山水库除险加固和烟草水源性项目竣工验收。大中线(庐丰段)晋级改造工程全线征迁工作完成并建成通车,杭永高速(庐丰段)全线征迁工作基本完成。乡村公路管养进一步加强,完成11条总长44.55千米的线路养护。推进各村道路改建新建工作,完成横岗河田山至黄坊零公里公路改造4.3千米、丰乐兴业路改造1千米、三坪元里至村部道路改造0.8千米、新建丰康洪桥边道路1千米、完成太古环村路拓宽新建4.8千米以及立英村主干道修复4.5千米;丰乐下营前道路、黄坊赖屋道路、上坊村道扩建工程、大中线至三坪村道路接线拓宽硬化工程等正有序推进。

【项目建设】 2017年,庐丰畲族乡省重点项目世纪金花茶深加工及种植示范基地建设新种植金花茶66.67公顷,投入550万元建成科普展示中心。农业综合建设项目(一期)投入1000万元在安乡片开展333.33公顷土地平整及道路、水渠等水利设施的修建。旧村复垦完成设计面积5.07公顷获县政府批复同意,太古村2公顷旧村复垦正在施工中。集琪镇沿街立面改造、丰济墨瓦坵新村建设、丰济村道路提升改造、城区饮水供水管网延伸建设等惠民利民项目进展顺利。

【美丽乡村建设】 2017年,庐丰畲族乡丰济村“美丽乡村”党建综合示范点和丰乐村五个“党建+”示范点全面推进,上坊村“千村整治、百村示范”美丽乡村建设顺利完成,下坊德里、中坊渡上库区移民集中安置点环境综合整治竣工验收,丰康村获评第二批“中国少数民族特色村寨”。农村生活垃圾和污水处理机制更加完善,人居环境持续优化。

【脱贫攻坚】 2017年,庐丰畲族乡实现241户726人脱贫,丰济村脱贫摘帽。安居扶贫全面开展,在全市率先引进“绿科建筑”(新型科学环保建筑材料)用于贫困户建房。实施贫困户造福工程易地搬迁36户68人,危房改造120户231人。至年底,竣工127户271人,正在兴建9户16人,下拨贫困户建房资金79.1万元,全面落实贫困户安全住房建设。贫困户就学就医难题进一步解决,138名贫困子女享受教育助学补助26.09万元,1398名贫困户享受健康扶贫政策补助资金25.16万元，为全乡18周岁~65周岁有劳动能力的贫困人员每人投保100元/份的务工农民小额意外保险（其中，县财补助40元、乡财补助60元）。精准帮扶扎实有效，贫困户“造血”功能得到增强，先后举办“雨露计划”培训班、育婴师培训班、电工培训班，培训贫困户360人次。发放扶贫小额信贷资金70户99.8万元，中央帮扶资金33.9万元。探索“公司+合作社+基地+贫困户”等帮扶模式，推进金花茶产业和烤烟产业扶贫机制建设，带动转变贫困户生产经营理念，拓宽脱贫致富的渠道。旅游扶贫和生态扶贫取得新突破，丰济村成功申报全国乡村旅游扶贫重点村，获得省级旅游扶贫基础设施建设专项资金60万元。2户贫困户成功创建旅游扶贫示范户，每户各获得补助资金5000元。实施“增绿强基”（增添绿化，强化基础设施建设）工程，助力精准脱贫，2017年为全乡1402名贫困户每人发放200元燃料补助费计28.04万元。

【生态环境】 2017年，庐丰畲族乡22个生态环保攻坚项目完成投资1亿元；协助完成中央环保督察迎检工作，全年辖区空气环境质量均达到或优于国家环境空气质量二级标准。推进河长制，实现乡、村两级河长（河段长）、专管员管理责任体系全覆盖。投资495万元的农村环境连片整治项目完工验收。养殖业污染整治，拆除生猪养殖场435户3.15万平方米，实施规模养殖场标准化改造25家，主要流域水质明显提升，Ⅲ类水质达标率100%。加强土壤安全治理，严控污染土壤安全的企业、种植种类进入庐丰，化肥、农药、农膜减量化以及畜禽养殖废弃物资源化和无害化工作加快推进，确保土壤安全和有机生态。加强造林绿化、封山育林和水土保持工作，推进林业生态建设，完成人工造林9.6公顷，非规划林地造林6.67公顷，在中坊村、太古村等实施森林抚育258.33公顷，实施低效林分修复73.2公顷，建设电力走廊生物防火林带1.2千米，面积1.47公顷。

【社会事业】 2017年，庐丰畲族乡坚持乡财政新增财力90%以上用于改善和保证民生，民生社会事业短板加快补齐。全面落实教师教绩专项奖励金制度和乡村教师支持计划，不断改善中小学教学条件，兴建1栋1000平方米民族中学学生宿舍楼；强化教育教学质量，2017年中考入上杭一中统招线17人，上杭二中统招线47人。“医疗惠民工程”有效实施，乡卫生院门诊6.2万人次，住院病人1550人次，治愈好转率93.5%，基本公共卫生各项工作扎实开展，建合格健康档案28696份，合格率96.62%，新门诊综合大楼7月投入使用。文体事业更加活跃，组织开展“三月三”畲族文化节和“民族团结进步宣传月”等民族、民俗活动。完成丰康文体广电扶持村建设和中坊文体广电示范点建设，新增乡文化活动中心、羽毛球馆及停车场。天后宫、蓝氏家庙成功申报省级文物保护单位，扶洋铁峰农民树叶吹奏成功申报省级非物质文化遗产。社会保障逐步完善。发放农业支持保护补贴金253.66万元。城乡居民合作医疗保险参合人数23894人，参保率98%，城乡居民养老保险参保人数9298人，参保率94%。开展城乡医疗救助工作及关怀帮助，实现救助人数125户，发放资金26.36万元。三坪、铁峰幸福院建成投入使用，农村老年人生活质量得到提升。社会治安和谐稳定。综治、信访维稳、禁毒、安全生产、环境保护、食品药品安全监管等工作不断加强，全年集中开展安全生产大检查15次，全民安全生产意识稳步提升。“平安庐丰”建设、“七五”普法工作深入推进，“一村一法律顾问”更加完善，民情收集处理、矛盾纠纷排查化解机制更加健全，全年乡人民调解组织排查调处各类矛盾纠纷78件。

■ 泮境乡

【概况】 2017年，泮境乡实现农林牧渔业总值7722万元，财政收入740.41万元，全社会固定资产投资6.90亿元，比增68.7%。农民人均纯收入15313元，比增12%。

【农业经济】 2017年，泮境乡粮食播种面积稳定在660.93公顷以上。粮食总产达3380吨。在全县率先建立标准化育秧示范点，辐射全乡及周边乡镇群众育秧需求。烤烟种植面积63.87公顷，上中等烟产量13万千克。规范发展养殖业，在全面限制生猪养殖的基础上，适度发展污染小、产值高的小畜禽，积极发展特色养殖。孔桥蜜蜂凭借生态品牌走向市场，通过网店销往厦门等城市，年产值在20万元以上。梅花鹿养殖具有一定规模，是环保转产的典型，成为泮境乡特色养殖的名片。竹鼠、棘胸蛙养殖取得成功，逐步向适度规模发展。泮境彩霞花生以其独特的制作工艺和口感在全县、全市享有较高声誉，获国家农业部授予“无公害农产品”称号。土地流转稳步推进，在泮境村、彩霞村推进土地流转，引导种植大户进行规模种植。培育发展农民合作社和家庭农场，成立桂荣家庭农场，风灯农业合作社，打造生态农庄旅游。

【项目带动战略】 2017年，泮境乡结合乡村实际策划风亭里古驿道建设、彩霞花生加工等5个项目。集镇改造、垃圾中转站、集镇污水处理池等项目竣工投入使用。新签约杭晟建设有限公司、远鸿实业有限公司等6个项目；新开工福建龙杭管业科技等5个项目。

【脱贫攻坚】 2017年，泮境乡根据贫困户自身致贫原因制定帮扶计划，落实帮扶项目。与才溪镇联合举办精准扶贫育婴员（月嫂）培训，增强贫困群众的劳动技能，提高自我发展、自

泮境彩霞花生 （泮境乡政府办供稿）

我创业就业能力。以桂元花生合作社为龙头，开展花生种植竞争性扶贫项目和定达村光伏发电竞争性扶贫项目，以项目为支撑，带动贫困户增收。全年实现脱贫68户230人（其中，8人为人口自然增加），超额完成减贫任务；县级贫困村定达村实现脱贫。

【生态环境】 2017年，泮境乡水环境综合治理有序推进。实施集镇污水管网铺建，污水处理池实施升级改造，定达村新建污水处理站完成工程设计。养殖业污染治理，拆除119户，面积1.5万平方米，发放补助233.98万元；关闭104户，面积7614.61平方米；1户申请标准化改造完成。限养区标准化改造猪场250头以上17户，250头以下4户，全部改造完成。河长制工作全面推进，努力实现河道“五无”（河岸无垃圾堆积、无占道建筑、无排污口、河道河面无漂浮物无障碍、河底无淤积障碍）目标。黄标车实现全面淘汰。在全县率先推行农田废弃农用塑料、农膜回收，解决废弃农用物品乱弃污染的问题，清洁田园，保护环境。

【平安乡村建设】 2017年，泮境乡深化“平安乡镇”创建，投入20余万元，完善公共视频监控及综治中心建设。推进“七五”普法，开展部门联合调解，做好矛盾纠纷化解工作。结合泮境村美丽乡村建设项目，在乡沿河路段设立综治文化长廊，在风灯公园设立“和睦家庭、平安泮境”宣传点。利用固定宣传标语、微信、发放宣传物品等途径扩大宣传覆盖面，不断增强群众对社会管理综合治理和平安创建的知晓率

【社会事业】 2017年，泮境乡发放奖学、奖教、奖医基金8.45万元，重特大疾病救助4.4万元。成功举办第十二届（东北）片区文化体育节、首届泮境乡古道越野跑、首届花生文化节、泮境厦门商会古道行等活动。新建农民公园2处。做好城乡居民最低生活保障工作，全乡有低保30户59人，发放低保金16.2万元；特困人员34户41人，发放补助资金27.8万元；救助困难群众28人次，发放救助资金5.5万元；重点优抚对象20人，发放抚恤金40万元。推进新农保缴费工作，新农保缴费完成率95.94%。

步云乡

【概况】 2017年，步云乡实现社会总产值2.76亿元，比增12%，其中农林牧渔总产值1.16亿元，比增6%；完成固定资产投资4.5亿元，比增20.4%；乡财政总收入710万元，比增3.2%；农村居民人均可支配收入14651元，比增9%。偿还旧欠款302万元。

【农业生产】 2017年，步云乡粮食播种面积355.93公顷，粮食总产2656吨，比增0.95%。茶叶种植面积177.33公顷，年产量74吨。发展林下经济，马坊村黄花远志种植示范基地5.33公顷；金屏村“三黄鸡”养殖年出栏6万只，梨岭乌骨鸡林下养殖1500头，年产值35万元；蛟潭茶园投入20余万元，间种山荔枝10公顷，预计3年后可实现年收益15万元；向县林业局申请2018年度竹林林分改造指标133.33公顷，投资130万元，实现林下经济多元化经营。投入200万元，在蛟潭、桂和等村扶持生态茶园建设，鼓励由传统茶园向生态观光茶园转型；重点培养科技创新，上杭县云雾香茶叶发展有限公司引进福建农林大学园艺学院茶学系开展茶叶LED灯补光萎凋提香技术研究，提高茶叶香气及品质。在古炉、马坊、桂和、梨岭发展高山催花产业，加大技术投入，争创县级科技示范基地，马坊村、桂和村新建3.47公顷催花大棚，投入资金140万元，扩大高山花卉基地建设，同时，省级花卉基地项目有序实施，步云乡蝴蝶兰催花基地朝规模化、高效化发展。

【生态文化旅游建设】 2017年，步云乡推进生态文化建设，配合中央电视台记者拍摄上杭宣传片，航拍古炉村猫头水库等4期自然生态宣传片；挖掘红色旅游资源，探寻红四军第二纵队在步云足迹，开拓“重走红军路”体验线路；弘扬和传承步云乡特色生态民俗文化，各村基本完成一个民俗活动项目的整理，推进民俗与旅游、旅游与农业的融合，为发展生态休闲旅游奠定文化基础。2017年，索道项目

建设,完成37个支架塔柱安装工作。景区游步道建设,完成尖峰顶栈道、红豆杉园栈道及森林浴场游步道6.2千米。集镇游客服务中心建设,完成项目招投标和地梁开挖、浇筑工作。

【为民办实事项目】 2017年,步云乡农网改造项目,步云35千伏变电站和10千伏电力线路廊道工程开工建设。在上福村石坪组新建1座日处理垃圾30吨的垃圾中转站,完成设备安装;添置垃圾收集车1部。古田—步云景区道路投入改造,完成集镇污水及配套管网建设,在上福村下村新建1座日处理污水200吨的污水处理厂,铺设污水管网2196米,开始运行;梨大公路道路硬化项目,做好道路硬化设计等前期准备工作。美丽乡村建设。省级美丽乡村兴隆村实施入户道路改造、空心房裸房整治、房屋立面改造、生活垃圾污水处理工程等项目全部完工,总投资260万元。市级美丽乡村云辉村完成龙龟至丘山道路硬化工程,村庄周边道路提升改造和集镇至云辉道路修复工程进度过半。旧村复垦项目。在古炉、梨岭、兴隆、蛟潭、大斜、云辉、桂和、金屏等8个村实施旧村复垦项目,列入复垦面积1.78公顷,乡财垫付农户补偿资金70万元,通过县级初步验收1.51公顷。

【生态环境保护】 2017年,步云乡全面推行河长制,启动小流域综合整治,聘请河道专管员10名、河长制办公室专职工作人员4名。组织河道专项整治,关闭拆除非法采洗砂点5处。加大生猪养殖业污染治理,关闭拆除生猪养殖场4户227平方米。淘汰黄标车13辆,淘汰燃煤锅炉2台。实施九龙江源头水环境综合整治。编制《步云乡九龙江源头水环境综合整治实施方案》,从垃圾污水处理、河道清淤、饮用水源地保护、生态护岸建设等方面着手,对麻林溪、丘山溪等主要河流进行生态治理,提升河流水质,全年步云乡九龙江流域与江山镇交接处断面水质均达到Ⅲ类水以上,其中第二季度为Ⅰ类水。

【精准扶贫】 2017年,步云乡实现脱贫19户70人,无新增纳入对象。实施贫困户住房安全保障工程,完成16户,其中危房改造10户,异地搬迁6户,发放补助资金30.45万元;发放扶贫小额信贷资金31.5万元,发放教育补助金4.6万元,提供就业辅助(公益性岗位)3户3人、就地务工9人、外出务工10人,参加"雨露计划"培训34人次。

【社会保障】 2017年,步云乡城乡居民社会养老保险参保缴费率93.3%;城乡合作医疗参保缴费率98.9%。三农综合保险家财险承保率85%,小额人身险承保率95%,务工险承保率97%。兴隆村幸福院建设顺利通过上级验收,桂和村幸福院建设完成装修。

【平安乡村建设】 2017年,步云乡被评为龙岩市2016年度平安乡镇,兴隆、云辉、大斜、桂和4个村被评为平安村。全年开展3轮安全生产大检查40余次、道路交通安全劝导400人次、汛期安全巡查320人次。

■ 官庄畲族乡

【概况】 2017年,官庄畲族乡实现社会生产总值19.81亿元,比增15.2%;其中农业总产值3.07亿元,比增8.7%;工业总产值4.45万元,比增8.3%;贸易住餐业实现营业收入1.72亿元;500万元以上固定资产投资11.5亿元,比增44.1%,其中工业投资5.2亿元;财政总收入2697万元,农民人均可支配收入15842元。

【现代农业】 2017年,官庄畲族乡种植优质稻1600公顷,土地流转面积800公顷,集中连片种植6.67公顷以上大户5户。种植烤烟242.8公顷,收购烤烟9950担,增加烟农收入1350万元。加强农业"五新"技术的引进、示范和推广,引进超级稻组合10个,优质稻组合8个,推广瓮福紫金水稻测土配方肥200吨。农业机械化水平稳步提升,成功承办全市水稻全程机械化示范现场会。新建智能温控大棚1.33公顷,新建育秧大棚4个和稻谷烘干房2座。油茶产业提质增效,引进福建中农牧生物药业有限公司实施茶籽饼综合利用项目,不断延伸油茶产业链,增加产品附加值。抓好毛竹丰产林管护工作,引鞭扩园竹林面积53.33多公顷,推进"万亩毛竹"丰产林建设。发展经济作物,提高土地种植效益,百香果、杭晚蜜柚等特色产业种植面积继续扩大。加大新型农业经营主体培育力度,发展多种形式规模经营,全乡培育新型职业农民50人,家庭农场42家,农民专业合作社18个,其中县级家庭农场示范场3家、县级农民专业合作社示范社1个。拓宽农产品销售渠道,充分发挥农村淘宝、淘实惠、虎妈一家等电商平台作用,红菇、蜂蜜、南风鱼等特色农副产品实现线上销售;"畲乡贡米"成功入驻厦门,实现农超对接。

【项目建设】 2017年,官庄畲族乡策划实施项目17个,其中农业领域项目5个、交通领域项目1个、生态环保领域项目2个、社会事业领域项目9个,总投资10.45亿元。开工项目5个,竣工项目1个,完成投资1.1亿元。

【特色小镇建设】 2017年,官庄畲族乡着力打造滨江畲乡油茶特色小镇,策划实施项目16个,总投资3.39亿元,至2017年年底实施项目5个,总投资1.8亿元;跟踪对接项目5个,总投资8000万元;6个项目完成项目前期工作,对外推介招商。

【招商引资】 2017年,官庄畲族乡发挥在外乡贤和异地商会的桥梁纽带作用,整合招商资源,拓宽招商渠道,提高项目对接率、成功率。实施“回归”工程,鼓励引导外出乡贤回乡兴业,利用“三月三”畲族文化节等平台成功签约项目8个。对接鸿伟(亚洲)控股有限公司来乡考察,达成合作意向。扶持发展安普视、洲鹏实业等“飞地工业”,积极培育佳石通、奥赛体育等限上企业5家。

【基础设施建设】 2017年,官庄畲族乡完成集镇至贵和,上濯至园坑,回龙市场道路拓宽硬化,曾泗危桥改造等项目建设;稳步推进树人沿河路硬化、回龙大桥修复和官庄至朱堡道路改扩建工程。做好官庄集镇至回龙道路修复工程、红石至下濯道路改扩建工程各项前期准备工作。农田设施逐步改善,投入1200万元,完成新风溪小流域水土保持(二期)项目、朱堡村小流域治理建设、小型农田水利项目。推进实施龙牌、下濯等7个村粮食产能项目,完成树人、璜头等4个村土地整理项目设计、立项等前期工作,完成回龙、树人等4个村旧村复垦项目。

【美丽乡村建设】 2017年,官庄畲族乡加快推进集镇改造提升进度,完成东环路、官庄大桥及官庄天后宫夜景提升工程。推进福泉、树人”千村整治、百村示范”和回龙美丽乡村项目建设,加快推动“古韵回龙,汀水人家”传统村落保护与建设项目。实施福泉、璜头民族特色村寨建设,树人村入选第二批中国少数民族特色村寨。

【生态环境】 2017年,官庄畲族乡落实“河长制”和网格化监管工作,实现乡、村两级河长(河段长)、专管员管理责任体系全覆盖。完成“一河一档一策”编制工作,常态化开展河道巡查,开展汀江及其11条支流的集中清理整治,全乡水域环境得到明显改观,汀江水质常年保持在Ⅲ类水质以上标准。开通“河长制”微信公众号,利用墟天开展河长制宣传咨询活动,提升群众水环境保护意识。发挥环保协会作用,组织开展“保护生态、美化汀江”公益放生活动,放生鱼苗4万余尾。持续加大污水治理设施的建设力度,红石、回龙2个村污水处理厂项目前期工作完成,集镇管网延伸工程按序时进度推进,着力提升污水收集处理率。加强生活垃圾处理,垃圾中转站投入使用,采取市场化运作,聘请专业保洁公司负责集镇保洁和村级垃圾收集清运,全乡生活垃圾统一外运进行无害化处理。加快养殖业污染整治,依法拆除禁养区猪场6户2143平方米,加快推进限养区5户养猪场标准化改造项目建设。加强造林绿化、封山育林和水土保持工作,推进林业生态建设,完成造林64公顷。强化“五小”企业粉尘、废气污染源整治,淘汰落后产能机砖厂2家,全面完成12辆黄标车淘汰工作。

【脱贫攻坚】 2017年,官庄畲族乡实施建档立卡贫困户造福工程易地搬迁33户66人,危房改造52户。申请小额信贷128户,发放小额信贷89户270万元。举办雨露计划培训班3期,培训331人次,引导66户贫困户参加激励性扶贫项目。探索“公司+基地+农户”“企业+农户”等帮扶模式,培育鼎丰农业和亲亲我家2家优秀企业助力脱贫,帮助25名贫困人员就业增收。对接落实扶贫补助资金落实到户到人,全年发放贫困户子女教育补助35万元、燃料补助费23万余元,贫困户享受健康扶贫政策补助资金25万元。实现全乡169户598人脱贫,市级贫困村贵和村脱贫摘帽。

【社会事业】 2017年,官庄畲族乡教育事业稳步发展,推进官庄中心小学福泉分校建设和小香樟幼儿园建设,学校基础设施条件不断优化。中考成绩再创佳绩,2017年上杭一中录取官庄中学考生40人,居全县农村中学第一名。吸纳社会各界力量发展教育事业,筹资180余万元设立奖教奖学基金,首期发放奖教奖学基金20余万元,受益师生70余人。文体事业加快发展,畲族“三月三”民俗文化节活动群众参与面不断扩大,节目内涵不断提高,畲民族传统文化不断挖掘,活动影响力和社会效益不断扩大。民生保障落到实处。发放农业支持保护补贴金143万元,低保五保补助、临时救济、残疾人救助等惠民利民政策有效落实,发放补助金320万元。城乡居民合作医疗保险参合人数27670人,参保率93%,城乡居民养老保险参保人数10462人,参保率95%。璜头、回龙幸福院建成投入使用,农村老年人生活质量得到提升。

珊瑚乡

【概况】 2017年,珊瑚乡实现社会生产总值4.5亿元,比增12.5%;完成固定资产投资4.1亿元,比增15%;乡本级财政收入65万元,比增13.66%;农民人均纯收入14235元,比增9%。

【农业生产】 2017年,珊瑚乡粮食播种面积680公顷,产粮4237吨,比增2%。烤烟种植37.47公顷,收购烟叶78.7吨。流转耕地158公顷、林地453.33公顷,培育家庭农场25家、新型职业农民2名、农民专业合作社2家。

【项目建设】 2017年,珊瑚乡农业综合开发项目基本完成,累计平整土地52.11公顷,土壤改良48.13公顷,山垅田改造46.47公顷。新建桥梁9座、防洪堤900米、灌溉水渠4600米、鹅卵石休闲步道1200米,道路硬化885米。村中路(下珊瑚段)、北溪路一期(上珊瑚段)、华竹幸福院等项目竣工投入使用,上园二号桥危桥改造完成主体建设,北溪路二期(下珊瑚段)、移民(廉政)文化广场、集镇污水管网等项目开工建设。产业项目有序落地,引进上杭金汇电子元器件、福建七峰山建筑工程等2家企业,与厦门海丝慧星文化传播、上杭宏发机

2017 年，珊瑚乡举办恢复珊瑚乡建制 30 周年庆典（珊瑚乡政府办供稿）

械制造等公司达成合作意向。利用好圆通山资源优势，启动圆通山休闲观光农业、健康养生等产业综合开发项目。

【脱贫攻坚】 2017 年，珊瑚乡脱贫 84 户 274 人。实施造福工程和危房改造 56 户 113 人，建成华竹、上珊瑚 2 个集中代建安置点，11 户五保户实现拎包入住。推行"央企+合作社+贫困户"扶贫模式，动员贫困户将小额信贷资金入股华润五丰公司，享受 8%固定年收益分红，2017 年入股 44 户 220 万元，每户每年增收约 4000 元。下珊瑚村、华竹村光伏发电项目并网运行，预计每村新增年收益约 4 万余元。举办烤烟、槟榔芋种植，养兔、养羊等实用技术集中培训，参训贫困户 150 余人次。培育桥万家庭农场、鸿运家庭农场 2 家帮带经营主体，解决 21 户贫困户 25 个劳动力就业。干部挂钩机制更加顺畅，在全县率先推行乡机关干部双重挂钩贫困户助推脱贫工作机制，做到每户贫困户都有 1 名乡干部帮扶，挂钩帮扶的精准度、时效性和落实率得到提升。帮扶政策全面落实，全年发放产业帮扶资金 108 户 26 万元。贫困户就学就医难题得到较好解决，9 名贫困户子女享受各类教育助学补助 2.15 万元，58 户贫困户享受健康扶贫政策补助资金 27.8 万元。

【生态环境】 2017 年，珊瑚乡横滩水源一级保护区综合整治成效明显。实施横滩生活污水处理设施建设和美化亮化工程，落实综合巡查和整改机制，横滩保护区范围存在的养猪、新建房屋、捕鱼、捞砂及环境卫生"脏乱差"等问题得到整改。养殖业污染治理取得实效。关闭拆除生猪养殖场 16 户 1461 平方米，境内流域水质明显改善，出境水质常年保持在Ⅲ类水及以上标准。乡村环境明显改善。集镇和周边 4 个村生活垃圾和河道保洁工作整体打包委托福建恒洁保洁公司运营，实现乡村主干道路和溪流专业化、全天候、常态化保洁。河长制工作有效落实，聘请 3 名乡级河长制专职人员和 4 名村级河道专管员负责境内 4 条溪流巡查监管工作。全面完成黄标车淘汰任务 10 辆。完成植树造林 40.47 公顷。

【民生事业】 2017 年，珊瑚乡新农保参保 3064 人，参保率达 94.86%；新农合参保 7374 人，参保率 99%。发放最低生活保障金 35 万余元，实现应保尽保；发放供养金 76 万余元，解决五保、孤儿和困境儿童、老人基本生活；发放困难群众临时救助金 7 万余元；发放残疾人生活补贴 25 万余元。强农惠农政策得到落实，发放农业支持保护补贴、农机具购置补贴等资金 51 万余元，发放强农惠农政策扶持补助资金 11 万余元，发放天然林补助资金 16 万余元、生态公益林管护资金 21 万余元。基本公共服务持续提升，完成卫生院职工宿舍改造工程，支持成立官庄中学（珊瑚）奖教奖学教育基金会。

【社会治理】 2017 年，珊瑚乡以创建"平安珊瑚""和谐珊瑚"为主线，加大矛盾纠纷排查调处，排查和化解矛盾纠纷 23 件，调处成功率 96%。聘请民情收集员 12 名，接到民情建议 72 件，办结 69 件，办结率 96%。压实信访工作责任，引导文明信访、法治信访，妥善解决群众合理诉求和各类矛盾纠纷，受理市、县批转信访件 11 件，办结 10 件，正在办理 1 件；受理 12345 政务服务平台诉求件 24 件，办结 24 件，办结率 100%。加强社会治安综合治理，建成新派出所和综治中心，落实网格化管理，持续深入开展禁毒反毒工作，积极开展"安全生产月"活动，全乡安全生产形势保持稳定。

责任编辑：蓝晓东

人　物

逝世人物选介

王贵德

（1914—2017）

王贵德，上杭县太拔镇大地村人，1914年出生于贫苦农民家庭。

1929年6月，参加当地农民暴动。1930年加入少先队，先后任少先队中队长、区少先队副大队长，同年加入中国共产主义青年团。1932年，转为中国共产党党员。

1931年，参加中国工农红军，在上杭县独立团当战士。同年10月，任红十二军第三十四师第一〇〇团某排排长，年底进入福建军区随营学校学习。1932年6月，到长汀独立团一连任政委。1933年4月，回红十二军第三十四师第一〇〇团任政治处党总支书记。1933年11月，进入红军大学政治科学习。1934年6月，任红八军团二十一师六十二团政治委员，12月任红五军团十三师三十九团政治处党总支书记。1935年7月，任三十九团政治处主任。1936年10月，任红三十一军第九十一师第二七三团政治委员。土地革命战争时期，参加过中央苏区第二至第五次反“围剿”作战和二万五千里长征。

全面抗战开始后，在八路军一二九师第三八六旅七七一团任政治处宣传股长、政治处主任。1938年6月，任团政治委员。1940年2月，进北方局学校学习。7月后，先后任冀南军区新编第9旅政治部主任，冀南军区第二军分区政治委员，冀南军区第二、第四、第三军分区副政治委员。参加东石门、黄崖底、范村、长生口、神头岭、长乐村和晋东南反“九路围攻”等战役、战斗。

解放战争时期，先后任冀南军区第二军分区副政治委员、华北野战军第13纵队39旅副政治委员、38旅政治委员和第十八兵团第182师政治委员，参加晋南、晋中、太原、西北、西南等战役。

中华人民共和国成立后，历任解放军第61军政治部主任、川北军区副政治委员、贵州省军区副政治委员、第一副政治委员、政治委员，铁道兵党委常委、副政治委员兼政治部主任等职，参与成昆、京原、青藏、南疆、北京地铁等国家重点工程建设，为部队革命化、现代化、正规化建设作出贡献。

王贵德是中国人民政治协商会议第五届全国委员会委员，中国共产党第八次全国代表大会代表。1955年被授予少将军衔，获二级八一勋章，二级独立自由勋章、一级红星勋章。1988年，获红星功勋荣誉章。

2017年4月7日，因病在北京逝世，享年103岁。

蓝　珍

（1965—2017）

蓝珍，1965年生于上杭县官庄畲族乡新风村农民家庭。1980年考入浙江大学化学工程系，1987年在浙江大学读完研究生课程后，到福建农林大学食品工程系从事教学研究。3年后，创办福州蓝波净化工程有限公司，为福建省境内近50家食品饮料企业提供有关服务。

1995年，关闭公司，旅居美国并考察。随后几年，一边在美国加州圣何塞州立大学进行信息技术专业深造，一边游历美国各地，重点考察相关乡镇。

1999年，在硅谷创立全美第一家离岸软件外包企业公司Angel · Engineers，并获得创投公司（PAC-LINIC）近千万美元的风险投资。同时，还是若水合投、金融客咖啡、硅谷食堂等一批有影响力的众筹组织发起人。创业故事入选2001年4月上海人民出版社出版的《硅谷淘金——中国留学生的创业故事》。

2000年，回国创业。初时创立“亲亲小保”，为社会提供养老保障和企业人事代理，解决一些群体社保办理问题。而后推动成立“亲亲小贷”“亲亲小保”和“亲亲我家”等亲亲系列公司，造就多个全国性领先品牌。2016年9月，G20杭州峰会之际，被《中国报道》推为封面人物，事迹被专门报道。

2016年，为推动家乡父老立足本地，共同致富，将老家房子改建成网络客服中心，将总部在北京的亲亲小贷一部分网络客服业务放到家乡官庄运营，一举为家乡提供上百个就业岗位。此后，又创建一款基于家谱关系、亲情关系和乡情关系的网络社区手机APP“亲亲我家”项目，为当地贫困户、残疾人和留守妇女提供就业机会。不到一年，亲亲我家为60多位贫困人口、残疾人和留守妇女解决就业问题，每户增加收入近3万元。

2017年2月26日晚，因劳累，在官庄“亲亲我家”运营中心摔倒昏迷，于3月3日离世。

■ 上杭县副科级以上负责人名表

【县党委委员】

书　记　傅藏荣
副书记　王　波　詹崇仁
常　委　黄和芳(2017.8任)
胡长松　杨　葵
徐　峰
徐浩然(挂职,2017.3结束挂职)
张毓章
蓝　新(2017.6免)
罗小洪　胡　滨
张北阳
委　员　王尧华　王安麒
丘禄民　吕丁武
刘开元　刘实民
李永涛(2017.8调离)
李德强　张庆林
陈丽琴　陈晓明
林英峰　钟立新
洪炳龙　袁　静
徐卫清　郭夏媛
黄从廷　黄庆锋
梁八生　温文达
蓝玉华　赖永生
赖育忠　阙生华
戴宇明
候补委员　丘小林　刘玉梅
林云志
黄泰林(2017.9调离)
黄清春　黄裕珍
龚泽祥　廖新强

【县党委所属机构领导成员】

办公室
主　任　阙生华(2017.5免)
赖育忠(2017.5任)
副主任　张春华
蓝　俊(2017.10免)
谢宝开(2017.7任)
刘俊轩(2017.11任)

机要局
局　长　伍志勇

巡察工作领导小组办公室
主　任　吴传旺(2017.2任)
副主任　张唐玉(2017.7任)
林　谦(2017.7任,试用期1年)

巡察一组
组　长　李胜千(2017.7任)
副组长　林　希(2017.7任,试用期1年)

巡察二组
组　长　池伟升(2017.7任)
副组长　杨进汉(2017.7任)

组织部
部　长　徐　峰
副部长　傅林增(2017.10免)
刘华春　丘禄民
邓玉蓉(兼)
部务会成员　陈兴昌
郭建芬(2017.11任)

非公有制企业和社会组织党工委
书　记　徐　峰
专职副书记　李文涌(2017.5免)

人才工作领导小组办公室
主　任　郭建芬(2017.11任)

宣传部
部　长　张北阳
副部长　丘晓武
张锋育(2017.10任)

统一战线工作部
部　长　蓝　新(2017.6免)
罗小洪(2017.8任)
副部长　邱年春
钟育发(2017.10免)
胡　冲(2017.10任)
丘方玲(2017.10任)

政法委员会
书　记　张毓章
副书记　李英荣　陈永文
范朝元(挂职)

社会管理综合治理委员会办公室
主　任　陈永文

机构编制委员会办公室
主　任　李怀玉
副主任　林玉民　华麟琳

事业单位登记管理局
局　长　刘学雄

农村工作领导小组办公室
主　任　王安麒(兼)
副主任　林南桥(2017.5任)
曾纪华(2017.5任)
张子炎(2017.5任,2017.12免)
丘敏祥(2017.5任)

台湾工作办公室
主　任　钟德发(2017.10免)
郑志宾(2017.10任)
副主任　刘萍英

县直机关工作委员会
书　记　徐　峰
常务副书记　华伦标(2017.10免)
罗忠亮(2017.10任)
专职委员　凌德兴

县直机关武装部
部　长　赖瑞平

老干部局
局　长　邓玉蓉
副局长　袁友南　傅针峰

离退休干部工作委员会
书　记　邓玉蓉
副书记　邱文勇(2017.12任)

精神文明建设办公室
主　任　邱永南
副主任　曹永标

信访局
局　长　丘佳涛
副局长　梁伟龙

档案局(馆)
局(馆)长　赖建杭
副局(馆)长　钟玉生

党校
校　长　徐　峰
常务副校长　李兰香
副校长　邱安业　丘景霞

党史研究室
主　任　黄尔贤
副主任　(缺)

县委机关党委
书　记　郑志宾(2017.10免)
副书记　池卫英

政府机关党委
书　记　田承映
副书记　袁秀芳

教育系统党委
书　记　黎克森
副书记　范英平

经贸科技系统党委

书　记　张伟林

副书记　林水仁(挂职,2017.11免)

黄文学(2017.12任)

农业系统党委

书　记　林南桥

副书记　张寿英

公安局党委

书　记　徐卫清

副书记　陈　钧(2017.12免)

李红震

林友文(2017.12任)

林业系统党委

书　记　华伦钟

副书记　郭　健

住房和城乡规划建设系统党委

书　记　巫贞森

副书记　邱耀民

交通运输系统党委

书　记　王文威

副书记　林东珍

卫生和计划生育系统党委

书　记　李朝淋

副书记　廖惠珍

国有资产监督管理局党委

书　记　饶岩生

副书记　丘荣发(挂职,2017.11免)

文体广电新闻出版局党委

书　记　陈道红

副书记　谢荣康(挂职,2017.11免)

市场监督管理局党委

书　记　黄琼芳

副书记　马壬生(挂职,2017.11免)

黄涛元(2017.12任)

发展和改革局党委

书　记　伍启文

副书记　巫旺明

国家税务局机关党委(2017.7新设)

书　记　黄京容(2017.7任)

副书记　翁远星(2017.7任)

地方税务局党委

书　记　林利添(2017.12免)

副书记　石日红(2016.12调离)

赖日文(2017.7任)

紫金矿业集团股份有限公司党委

书　记　王建华(2017.1免)

陈景河(2017.1任)

副书记　林水清　范文生

邹来昌(2017.1任)

国网福建省上杭县供电公司党委

书　记　陈志民

副书记　陈南辉

烟草专卖局机关党委

书　记　郑开强

副书记　黄启斌

上杭工业园区党委

书　记　刘桃英

副书记　罗五星

瓮福紫金公司党委

书　记　陈少平

副书记　向培云

光源矿业公司党委

书　记　胡建杭

副书记　李松柏

法院党组

书　记　洪炳龙

副书记　郭晓华

专职副书记　罗洪崖

检察院党组

书　记　戴宇明

副书记　李彪麒

专职副书记　刘伟东

政府办公室党组

书　记　李德强(2017.10免)

温如坤(2017.10任)

副书记　田承映

发展和改革局党组

书　记　邱禄炎

经济信息科学技术局党组

书　记　罗忠亮(2017.10免)

廖新强(2017.10任)

副书记　胡　冲(2017.10免)

张伟林(2017.5任)

教育局党组

书　记　黄从廷

副书记　黎克森(2017.5任)

民政局党组

书　记　何永生(2017.10免)

傅绍武(2017.10任)

司法局党组

书　记　刘　勇

财政局党组

书　记　刘实民(2017.10免)

李德强(2017.10任)

副书记　张志刚(2017.5免)

国有资产监督管理局党组

书　记　吴锡荣

副书记　饶岩生(2017.5任)

人力资源和社会保障局党组

书　记　林日泉(2017.10免)

傅林增(2017.10任)

副书记　邓卫江(2017.10免)

环境保护局党组

书　记　刘玉梅

国土资源局党组

书　记　钟立新

住房和城乡规划建设局党组

书　记　吕丁武

交通运输局党组

书　记　张庆林(2017.10免)

李文龙(2017.10任)

副书记　王文威

农业局党组

书　记　王安麒

副书记　林南桥

林业局党组

书　记　雷日斌(2017.10免)

张庆林(2017.10任)

副书记　华伦钟

水利局党组

书　记　李文龙(2017.10免)

李德林(中都籍,2017.10任)

文体广电新闻出版局党组

书　记　陈晓明(2017.9免)

钟育发(2017.10任)

副书记　陈道红(2017.5任)

卫生和计划生育局党组

书　记　黄庆锋

副书记　李朝淋

审计局党组

书　记　黄荣太

安全生产监督管理局党组
书 记 傅绍武(2017.10 免)
郑红和(2017.10 任)
统计局党组
书 记 丘佳良
市场监督管理局党组
书 记 郑红和(2017.10 免)
刘荣生(2017.10 任)
副书记 刘荣生(2017.10 免)
黄琼芳(2017.5 任)
水电站库区移民开发局党组
书 记 罗开雄
旅游事业局党组
书 记 曾小勤(2017.10 免)
商务局党组
书 记 林云志
工商业联合会党组
书 记 钟育发(2017.10 免)
胡 冲(2017.11 任)
总工会党组
书 记 赖永生
铜业局党组
书 记 伍相文
供销合作社联合社党组
书 记 李德林(太拔籍)
上杭工业园区管委会党组
书 记 黄仲华(2017.10 免)
赖永跃(2017.10 任)
副书记 刘桃英(2017.5 任)
行政服务中心管委会党组
书 记 赖永跃(2017.10 免)
曾小勤(2017.10 任)
城市管理行政执法局党组
书 记 黄伟香

【工商联和参公群团机关领导成员】
工商业联合会(总商会)
主 席(会长) 蓝春金
副主席(副会长) 钟育发(2017.10 免)
马 剑(2017.5 任)
总工会
主 席 蓝 新(2017.6 免)
罗小洪(2017.8 任)
副主席 赖永生 严银英
陈文生(2017.12 兼)
共青团上杭县委
书 记 刘开元
副书记 李 兴
张 茜(2017.9 任,试用期 1 年)
范媛媛(2017.9 挂职)
罗华琼(2017.9 兼职)
赖吉辉(2017.9 兼职)
妇女联合会
主 席 陈丽琴
副主席 胡 胜 朱丽萍
科学技术协会
主 席 伍加禄
副主席 郑国梁(2017.11 免)
李建辉(2017.11 任)
归国华侨联合会
主 席 包晓冬
残疾人联合会
理事长 傅建勇
副理事长 李建辉(2017.11 免)
黄华琳(2017.11 任)
文学艺术界联合会
主 席 温文茂
副主席 李迎春(挂职,2017.11 免)
红十字会
会 长 (缺)
常务副会长 凌文育
计划生育协会
会 长 (缺)
常务专职副会长 卢亮森
专职副会长 刘家辉
社会科学界联合会
主 席 罗世远(2017.11 任)

【乡镇党委领导成员】
临城镇党委
书 记 黄裕珍
副书记 曹永忻(2017.10 免)
傅友文(2017.10 任)
李树兴
沈来发(挂职)
蛟洋镇党委
书 记 丘小林
副书记 赖树龙
华伦斌(2017.11 免)
吴如粮(2017.12 任)
邱能杜(挂职)
古田镇党委
书 记 赖育忠(2017.5 免)
詹崇仁(2017.5 任)
副书记 李德坤
钟育庆(2017.12 免)
高晓娟(2017.12 任)
张定卿(挂职)
才溪镇党委
书 记 温文达
副书记 陈天旺 丘祥舜
郑志泉(挂职,2017.3 免)
南阳镇党委
书 记 廖新强(2017.10 免)
詹秋生(2017.10 任)
副书记 张志锋
王永威(2017.12 免)
钟树铭(挂职)
王如永(2017.12 任)
临江镇党委
书 记 林荣焕
副书记 柯振祥(2017.5 免)
赖 群(2017.5 任)
田秋香
张春华(挂职)
湖洋镇党委
书 记 龚泽祥
副书记 华 娟
罗子豪(2017.11 免)
谢恩逢(2017.12 任)
白砂镇党委
书 记 黄泰林(2017.9 免)
曹永忻(2017.10 任)
副书记 郭丽蓉 邓建康
庐丰畲族乡党委
书 记 蓝玉华(2017.8 免)
钟加樟(2017.10 任)
副书记 蓝尚荣 罗建生
陈建洲(挂职)
稔田镇党委
书 记 黄清春

副书记 龚南萍
李禄明(2017.12免)
陈标钦(挂职)
王汉锋(2017.12任)

旧县镇党委
书　记 马浩泉
副书记 吴福田　李　凌
康宝富(挂职)

中都镇党委
书　记 郭夏媛
副书记 詹秋生(2017.10免)
吴瑞能
李　斌(挂职)
蓝仰宗(2017.12任)

官庄畲族乡党委
书　记 钟乐云(2017.6免)
蓝中健(2017.10任)
副书记 蓝中健(2017.10免)
蓝　俊(2017.10任)
钟杭星
王常胜(挂职)

蓝溪镇党委
书　记 卢启泉
副书记 谢开平
杨文荣(2017.9免)
廖伟平(挂职,2017.12免;2017.12任)

太拔镇党委
书　记 黄宜洲(2017.4免)
何应锋(2017.4任)
副书记 郭东亮
刘俊轩(2017.11免)
温有斌(挂职)
邱日荣(2017.12任)

溪口镇党委
书　记 李　波
副书记 曹昌星
张仰淮(2017.9免)
陈汀文(挂职)
张树华(2017.12任)

通贤镇党委
书　记 温如坤(2017.10免)
梁兰珍(2017.10任)
副书记 梁兰珍(2017.10免)
丘文山(2017.4免)
黄增彩(挂)
林志坚(2017.10任)
王永威(2017.12任)

下都镇党委
书　记 张福新
副书记 袁晓芳
丘毅春(2017.12免)
刘双存(挂职)
李禄明(2017.12任)

茶地镇党委
书　记 黄通明
副书记 邱筱平(2017.9免)
李俊业(2017.10任)
高美玲(2017.12任)

珊瑚乡党委
书　记 阙镔锋
副书记 梁尚荣　吴家锋
丘海忠(挂职)

泮境乡党委
书　记 何应锋(2017.4免)
柯振祥(2017.5任)
副书记 张九功
杨进汉(2017.7免)
黄庆华(2017.12任)

步云乡党委
书　记 范杭荣
副书记 杨进学
罗世远(2017.11免)
袁立南(挂职)
钟育庆(2017.12任)

【县十七届人大常委会领导和常委会委员】

主　任:梁八生
副主任:张跃龙　李维广(兼职)
蔡永华　刘如才
委　员(按姓氏笔画排列):
卢海苗
丘树金(2017.12辞)
丘律行　丘禄民
华祥斌　刘荣善
刘鉴滨　严银英
巫寿全　李　兴
杨平娥　邱伟华
何丽珍　陈曾见
林建文　罗友良
罗庆明　罗德洪
周祺隆　胡　胜
黄文金　黄尔昌
曾昭春　蓝立英
蓝德荣　廖金钦

【县人大常委会所属机构负责人】

办公室
主　任 廖金钦
副主任 罗友良　刘复浩

法制委员会
主　任 曾昭春
副主任 刘鉴滨

教科文卫委员会
主　任 黄尔昌
副主任 林桂兰

农经委员会
主　任 罗庆明
副主任 陈碧英

财经委员会
主　任 刘荣善
副主任 丘律行

代表联络委员会
主　任 丘伟华
副主任 廖伟平(2017.12免)

城建环保委员会
主　任 蓝德荣
副主任 林桂兰

侨台委员会
主　任 林建文
副主任 陈曾见

信访室
主　任 卢海苗

【乡镇人大主席】

临江镇 周祺隆
临城镇 郑荣华
湖洋镇 范志军
中都镇 李德善
下都镇 罗宝生
庐丰畲族乡 李俊业(2017.10免)

李金玉(2017.11 提名为人大主席候选人)

蓝溪镇 赖林松

稔田镇 何发平

茶地镇 温寿玉

溪口镇 黄国威

太拔镇 曾宪琪

泮境乡 江 勇

白砂镇 赖建亮

蛟洋镇 张进云

古田镇 傅友文(2017.10 免)

华伦斌(2017.11 提名为人大主席候选人)

步云乡 游明德

旧县镇 张鹏善

才溪镇 王瑞华

通贤镇 邱文魁

南阳镇 黄兆平

官庄畲族乡 石树辉

珊瑚乡 林亮标

【县政府领导成员】

县 长 王 波

副县长 胡 滨 王尧华

李永涛(2017.8 免)

袁 静 阙生华

卢家荣

林谷丰(挂职)

徐卫清

蓝玉华(2017.8 任)

王海东(2017.9 挂职,时间暂定 2 年)

科技副县长 朱冠东(时间 2 年,从 2016 年 9 月至 2018 年 9 月)

副调研员 黄金招

【县政府所属机构领导成员】

办公室

主 任 李德强(2017.10 免)

温如坤(2017.10 任)

副主任 林志坚(2017.10 免)

张定卿 何升东

曾柏涵(2017.7 任)

高德星(2017.7 任)

机关效能建设领导小组办公室(挂牌)

主 任 李德强(兼,2017.10 免)

温如坤(2017.10 兼)

专职副主任 江莉生

外事侨务办公室(挂牌)

主 任 张定卿(兼,2017.10 免)

袁秀芳(2017.10 任)

法制办公室(挂牌)

主 任 (缺)

发展和改革局

局 长 邱禄炎

副局长 傅松英 郑永苏

赖 群(2017.5 免)

廖忠元

物价局(挂牌)

局 长 傅松英(兼)

粮食局(挂牌)

局 长 郑永苏(兼)

政府投资项目评审中心(工程咨询中心)

主 任 谢新标

重点项目开发建设管理办公室

主 任 刘如洲(2017.9 免)

温华胜(2017.10 任)

经济信息科学技术局

局 长 胡 冲(2017.10 免)

廖新强(2017.10 任)

副局长 黄文学(2017.12 免)

池宝发

彭绪荣(2017.12 免)

刘开香

陈冬华(2017.11 任)

杨加银(2017.12 挂职)

国防动员委员会支前办公室(挂牌)

主 任 张伟林

知识产权局(挂牌)

局 长 罗忠亮(兼,2017.10 免)

卫生和计划生育局

局 长 黄庆锋

副局长 李朝淋 林 雄

陈开新 唐良丰

疾病预防控制中心

主 任 王寿联

卫生监督所

所 长 陈清章

教育局

局 长 黄从廷

副局长 温利平 李春生

林华春

吕新文(挂职)

高四华(挂职,2017.10 免)

教师进修学校

校 长 黄旸庆(2017.10 免)

高四华(2017.10 任)

副校长 高四华(2017.10 免)

赖茂忠

教育督导室

主 任 吕新文

副主任 华 杰

电大工作站

站 长 蓝 海

民族与宗教事务局

局 长 钟加樟(2017.10 免)

邱年春(2017.10 任)

副局长 蓝仰林

监察局(2017.12.29 撤销)

局 长 陈国铭(2017.12 免)

副局长 黄炳养(2017.12 免)

黄立明(2017.12 免)

公安局

局 长 徐卫清

副局长 林新发 袁建阳

江建权 汤春康

林友文(挂职,2017.1 免)

李福民(兼,2017.12 免)

政 委 陈 钧(2017.12 免)

林友文(2017.12 任)

督察长 徐卫清

副督察长 丁勇先

政工室

主 任 黄启亮

指挥中心

主 任 罗占峰

教导员 李聪伶

国内安全保卫大队
队　长　简彧明
教导员　张敬乔
刑事侦查大队
队　长　陈文亮
教导员　赖兆龙
交通警察大队(原交通管理大队)
队　长　张春生
教导员　陈杭生(2017.4免)
赖喜勤(2017.4任)
治安管理大队
队　长　石建锋
教导员　刘　平
法制大队
队　长　李维东
教导员　傅文辉(2017.4任)
经济犯罪侦查大队
队　长　江小芳
教导员　吴绍川
出入境管理大队
队　长　阙国忠
教导员　何晓亮
公共信息网络安全监察大队
队　长　丘禄荣
教导员　曾伟芳(2017.4任)
禁毒大队
队　长　陈金华
教导员　傅文新
警务保障室
主　任　林清辉
监察室
主　任　江华富
看守所
所　长　陈　栋
教导员　刘冠东
拘留所
所　长　何夏阳
教导员　阙善金
城关派出所
所　长　丘有良(2017.7免)
江亮亮(2017.7任)
教导员　赖伟平
城郊派出所
所　长　蓝荣进(2017.4免)
丘有良(2017.7任)
教导员　田承维
湖洋派出所
所　长　王碧辉
教导员　(缺)
中都派出所
所　长　李小生
教导员　(缺)
下都派出所
所　长　刘双存
教导员　(缺)
珊瑚派出所
所　长　曾昭能(2017.4任)
教导员　(缺)
官庄派出所
所　长　王常胜
教导员　胡晓勇(2017.4免)
南阳派出所
所　长　傅文新(2017.4免)
张家福(2017.4任)
教导员　黄增彩
通贤派出所
所　长　袁国斌(2017.4任)
教导员　黄　希(2017.4免)
才溪派出所
所　长　郑志泉(2017.4免)
教导员　刘文强(2017.4免)
郑新明(2017.4任)
旧县派出所
所　长　康宝富
教导员　李清文
步云派出所
所　长　何家昌
教导员　(缺)
古田派出所
所　长　李福民(2017.12免)
教导员　邹伟华(2017.1免)
郑志泉(2017.3任)
蛟洋派出所
所　长　张元铭
教导员郭强(2017.04任)
白砂派出所
所　长　郭维海(2017.4免)
钟振华(2017.4任)
教导员　王志强
泮境派出所
所　长　梁建东
教导员　(缺)
茶地派出所
所　长　温志勇(2017.4任)
教导员　(缺)
溪口派出所
所　长　陈冠赟(2017.4任)
教导员　(缺)
太拔派出所
所　长　温有斌
教导员　(缺)
庐丰派出所
所　长　曹茂昌
教导员　(缺)
蓝溪派出所
所　长　童建强(2017.4任)
教导员　(缺)
稔田派出所
所　长　陈标钦
教导员　张禄宝(2017.04任)
紫金山派出所
所　长　张朝进
教导员　江忠诚
公安局森林分局
局　长　李国梁
教导员　吕卫南
临城森林派出所
所　长　(缺)
教导员　(缺)
稔田森林派出所
所　长　钟龙生
教导员　(缺)
中都森林派出所
所　长　袁汉洪
教导员　高顺坤
溪口森林派出所
所　长　赖洪勇
教导员　(缺)
古田森林派出所
所　长　张世武
教导员　(缺)

才溪森林派出所

所 长 林加雄

教导员 唐祖祥

白砂森林派出所

所 长 江锦煌

教导员 (缺)

民政局

局 长 何永生(2017.10免)

傅绍武(2017.10任)

副局长 张华灿

邱文勇(2017.12免)

吴祥林(挂职,2017.11免)

黄 林

郭伟龙(2017.12任)

革命老根据地建设办公室(挂牌)

主 任 张秉仁

老龄工作委员会办公室

主 任 何永生(兼,2017.10免)

傅绍武(2017.10兼)

副主任 胡碧田(2017.12免)

司法局

局 长 刘 勇

副局长 张尚平

马 剑(2017.0免)

傅国庆(挂职,2017.10免)

罗华堂(2017.10任)

临城司法所

所 长 何龙仁(2017.11任)

蛟洋司法所

所 长 邱能柱

古田司法所

所 长 林文剑(2017.11任)

才溪司法所

所 长 陈秋英(2017.11任)

南阳司法所

所 长 钟树铭

临江司法所

所 长 李 雯(2017.11任)

湖洋司法所

所 长 张荣锋(2017.11任)

白砂司法所

所 长 江崇荣(2017.11任)

庐丰司法所

所 长 陈建洲

稔田司法所

所 长 邱鹏玉(2017.11任)

旧县司法所

所 长 张晓琼(2017.11任)

中都司法所

所 长 李 斌

官庄司法所

所 长 蓝启芳(2017.11任)

蓝溪司法所

所 长 (缺)

太拔司法所

所 长 钟煜升(2017.11任)

溪口司法所

所 长 陈汀文

通贤司法所

所 长 傅剑锋(2017.11任)

下都司法所

所 长 陈家煌(2017.11任)

珊瑚司法所

所 长 (缺)

茶地司法所

所 长 俞加河(2017.11任)

泮境司法所

所 长 廖勤英(2017.11任)

步云司法所

所 长 (缺)

财政局

局 长 刘实民(2017.10免)

李德强(2017.10任)

副局长 罗庆荷 邹昌霖

总会计师 罗巨先

人力资源和社会保障局

局 长 邓卫江(2017.10免)

傅林增(2017.10任)

副局长 丘晓燕

郭伟龙(2017.12免)

伍宪芳(2017.12免)

黄立彪

李胜千(2017.7免)

林日泉(2017.10任)

公务员局(挂牌)

局 长 林日泉

机关事业单位社会保险管理中心

主 任 刘喜华

国土资源局

局 长 钟立新

副局长 廖均兴 丘文清

康有富 黄兆洪

蓝旺文(挂职,2017.11免)

不动产登记局(挂牌)

局 长 廖均兴(兼)

国土资源执法监察大队

队 长 林光明(2017.5任)

土地收购储备中心

主 任 游宝堂

不动产登记中心

主 任 丘德文(2017.10免)

环境保护局

局 长 刘玉梅

副局长 陈荣葵

赖君渊(聘任,2017.1免)

许 斌 陈利羊

雷松春(2017.11挂职)

住房和城乡规划建设局

局 长 吕丁武

副局长 陈志光 李 鹏

阙水冰

肖兴招(挂职,2017.11免)

傅晓刚(挂职,2017.10免)

张 军(2017.11任)

总工程师 张 军(2017.11免)

人民防空办公室(挂牌)

主 任 (缺)

城市管理行政执法局

局 长 黄伟香

古田镇综合执法大队

队 长 李德才(2017.4任)

交通运输局

局 长 张庆林(2017.10免)

李文龙(2017.10任)

副局长 郑霖基(2017.5免)

谢春祥

吴瑞洪(2017.5任,试用期1年)

陈开伟(2017.9挂职,时间2年)

国防动员委员会交通战备办公室(挂牌)

主 任 王文威

运输管理所

所　长　黄盛庭(2017.12免)

交通综合执法大队

队　长　曾德胜

农业局

局　长　王安麒

副局长　张子炎(2017.12免)

阙师坤　丘敏祥

林南桥　曾纪华

郑子福(挂职,2017.11免)

总畜牧(兽医)师　赖　燕

林业局

局　长　雷日斌(2017.10免)

张庆林(2017.10任)

副局长　华伦钟　丘　剑

谢元胜

张铭功(挂职,2017.11免)

国家森林公园管理处

主　任　黄胜生

森林防火指挥部办公室

主　任　邱日荣(挂职,2017.4免)

杨　军(2017.5任)

水利局

局　长　李文龙(2017.10免)

李德林(2017.10任)

副局长　钟先茂　蓝建利

赖希强(2017.4免,2017.4挂职)

阙占优(挂职,2017.11免)

防汛抗旱指挥部办公室

主　任　伍慧群

水土保持办公室

主　任　林小英

商务局

局　长　林云志

副局长　刘志强　黄广福

马　剑(挂职,2017.4免)

李立明(挂职,2017.4免)

文体广电新闻出版局

局　长　陈晓明(2017.9免)

钟育发(2017.10任)

副局长　孙　辉　胡小涌

钟佰炜(2017.9免)

张锋育(挂职,2017.10免)

谢荣康(挂职,2017.11免)

李迎春(2017.11任)

文化市场综合执法大队

队　长　陈文斌(2017.11免)

审计局

局　长　黄荣太

副局长　周文隆　徐世栋

总审计师　黄先华

安全生产监督管理局

局　长　傅绍武(2017.10免)

傅晓刚(2017.10任)

副局长　袁庶斌　谢步开

郑启能(2017.11挂职)

江祥武(挂职,2017.11免)

安全生产委员会办公室(挂牌)

主　任　傅绍武(兼,2017.10免)

傅晓刚(2017.10兼)

统计局

局　长　李焕昌

副局长　李水玉

李茂荣(2017.11任)

国有资产监督管理局

局　长　吴锡荣

副局长　谢琴英　刘贞寿

罗永洪(挂职)

市场监督管理局

局　长　刘荣生

副局长　沈占辉　梁顺兴

黄涛元(2017.12免)

罗寿光　郭兆华

市场监管专员　黄建军

食品药品监督管理局(挂牌)

局　长　沈占辉(兼)

食品安全委员会办公室(挂牌)

主　任　梁顺兴(兼)

工商行政管理局(挂牌)

局　长　黄涛元(兼,2017.12免)

质量技术监督局(挂牌)

局　长　罗寿光(兼)

执法大队

队　长　陈志林

城区监督所

所　长　詹晓麟

政治指导员　邱文光

城郊监督所

所　长　李茂荣(2017.11免)

蓝开喜(2017.12任)

政治指导员　丁　轶(2017.9免)

古田监督所

所　长　蓝开喜(2017.12免)

刘文辉(2017.12任)

政治指导员　袁立南(2017.9免)

蛟洋监督所

所　长　刘文辉(2017.12免)

政治指导员　谢林烽(2017.11任)

才溪监督所

所　长　张振林

政治指导员　张　毅

庐丰监督所

所　长　蓝晓春

政治指导员　郭启仁

蓝溪监督所

所　长　廖龙昌

官庄监督所

所　长　黄杭军

上杭工业园区管委会

主　任　黄仲华(2017.10免)

赖永跃(2017.10任)

副主任　顾正海

蛟洋工业区管委会

主　任　龚富先(2017.5任)

副主任　罗子豪(2017.11任)

行政服务中心管委会

主　任　赖永跃(2017.10免)

曾小勤(2017.10任)

副主任　廖志新

行政学校

校　长　胡　滨

常务副校长　李兰香

地方志编纂委员会

主　任　刘昌发

副主任　丘立平(2017.4免)

旅游事业局

局　长　曾小勤(2017.10免)

副局长　李瑞平　钟华荣

供销合作社联合社

主　任　李德林

副主任　邱锦荣　李培东

水电站库区移民开发局
局　长　罗开雄
副局长　邱瑜成　黄河裕
林绍进
铜业局
局　长　伍相文
副局长　林庆广(挂)
李近荣
丘立平(2017.4任)
王悦新(2017.12挂职)
农业机械管理站
站　长　张力辉
农业开发办公室
主　任　钟华祥
地震办公室
主　任　廖明东
二轻集体工业联社
主　任　陈冬华(2017.11免)
副主任　罗永洪
廖新莲(2017.12免)
才溪纪念馆
馆　长　(缺)
副馆长　王志灯
苏发茂(2017.12免)
铁路建设办公室
主　任　陈晓丹
副主任　杨云洪(2017.12免)
稀土工业局(2017.12.18撤销)
局　长　王发英(2017.12免)
农村党员干部现代远程教育网络中心
主　任(缺)
烟草专卖局(公司)
局　长(经理)　郑开强
副局长　陈建良
副经理　黄启斌　高友峰
国家统计局上杭调查队
队　长　刘新明
副队长　曹贵盛
国家税务局
局　长　黄京容
副局长　林志生　翁远星
谢万胜
地方税务局
局　长　林利添
副局长　石日红　赖日文
张亮声
人民银行上杭县支行
行　长　丘可东(2017.4免)
丘永春(2017.7任)
副行长　郭　骅　黄际林
中国银行监督委员会龙岩分局上杭办事处
主　任　郭洪清
副主任　梁在东
农业发展银行上杭县支行
行　长　吴晓明
副行长　赖仕龙
中国农业银行股份有限公司上杭县支行
行　长　傅智彪(2017.10免)
李俊才(2017.11任)
副行长　高　波　李新福
袁茂源
工商银行股份有限公司上杭县支行
行　长　曾友新(2017.11免)
傅清华(2017.11任)
副行长　傅荣烜
罗丽春(2017.5任)
建设银行股份有限公司上杭支行
行　长　沈兴生
副行长　陈川福(2017.1任)
郑　宁(2017.8任)
中国银行股份有限公司上杭支行
行　长　蒙贤丰(2017.5免)
陈森晶(2017.5任)
副行长　傅　桑　苏东旺
上杭农村商业银行股份有限公司
董事长　袁秀英
行　长　廖桥生
监事长　刘春迪
副行长　游广芬　张学铭
行长助理　李益岩　林桂珍
兴业银行股份有限公司上杭支行
行　长　童文华
副行长　王秀英
中国人寿保险股份有限公司上杭县支公司
经　理　朱昌浩
副经理　郭秀红　蓝前裕
中国人民财产保险股份有限公司上杭县支公司
经　理　廖发珍
副经理　张和林　杜小平
中国邮政集团公司福建上杭县分公司
总经理　钟集兆(2017.6免)
张新炉(2017.6任)
副总经理　傅增寿
中国邮政储蓄银行上杭县支行
行　长　王立顺
中国电信股份有限公司上杭分公司
总经理　王立茂
副总经理　丘尚维
中国移动通信集团福建有限公司上杭分公司
总经理　阙洪戈
副经理　刘金城
中国联合网络通信有限公司上杭县分公司
总经理　廖耿宇
龙岩市公路局上杭分局
局　长　曾纪明(2017.12免)
傅剑敏(2017.12任)
副局长　赖伟强　黄良春
王华生
气象局
局　长　林逢春
副局长　邱华英
胡思明(2017.11任)
张　宇(2017.10免)
水文局
局　长　项和杰

【乡镇政府领导成员】

临城镇
镇　长　曹永忻(2017.10免)
傅友文(2017.10任)
副镇长　丘有德　阙辉财
黄庆华(2017.12免)
严开锋
廖吕红(2017.12任)
科技副镇长　张　智

蛟洋镇

镇　长　赖树龙

副镇长　傅明祥(2017.12免)

伍传熙

魏安剑(2017.12免)

黄庆鹏

王汉善(2017.12任)

廖春荣(2017.12任)

科技副镇长　蓝锦荣

古田镇

镇　长　李德坤

副镇长　谢德明(2017.04免)

傅锋生(2017.12免)

胡华新(2017.12免)

谢林烽(2017.11免)

罗国森(2017.12任)

张国发(2017.12任)

赖　媛(2017.12任)

科技副镇长　钟德庆

才溪镇

镇　长　陈天旺

副镇长　周维奎　张志强

赖永莲(2017.12免)

黄森发

徐毅强(2017.12任)

镇长科技助理　邱国安

南阳镇

镇　长　张志锋

副镇长　蓝宁平

张纪锦(2017.12免)

王如永(2017.12免)

张　洁

陈锦华(2017.12任)

科技副镇长　袁柏林

临江镇

镇　长　柯振祥(2017.5免)

赖　群(2017.5任)

副镇长　李德忠(2017.12免)

邱灿贤　丘文栋

胡碧田(2017.12任)

科技副镇长　杨军(2017.5免)

湖洋镇

镇　长　华　娟

副镇长　何其来　郭振民

孔令权(2017.12免)

温寿雄(2017.12任)

科技副镇长　陈钦贤

白砂镇

镇　长　郭丽蓉

副镇长　曾　智　钟攀华

袁　洪

镇长科技助理　罗何英

庐丰畲族乡

乡　长　蓝尚荣

副乡长　陈仁河　周万寿

张定豪

科技副乡长　邱万翔

稔田镇

镇　长　龚南萍

副镇长　赖长才

黄胜宝(2017.4免)

王汉锋(2017.12免)

何永兴(2017.12任)

卢钦龙(2017.12任)

科技副镇长　张斌荣

旧县镇

镇　长　吴福田

副镇长　陈连生

廖吕红(2017.12免)

胡文进

李云龙(2017.12任)

科技副镇长　曹盛鑫

中都镇

镇　长　詹秋生(2017.10免)

吴瑞能(2017.10任)

副镇长　蓝仰宗(2017.12免)

兰伟雄

吴　斌(2017.12任)

科技副镇长　张志玲

官庄畲族乡

乡　长　蓝中健(2017.10免)

蓝　俊(2017.10任)

副乡长　陈　伟(2017.12免)

蓝昌九

胡华新(2017.12任)

科技副乡长　钟栋标

林秋敏(挂职,2017.12结束挂职)

蓝溪镇

镇　长　谢开平

副镇长　温清平　陈震平

科技副镇长　(缺)

太拔镇

镇　长　郭东亮

副镇长　郑晓明

邱日荣(2017.12免)

李华先(2017.12任)

科技副镇长　李耀生

溪口镇

镇　长　曹昌星

副镇长　蓝满英

张树华(2017.12免)

李辉祥(2017.12任)

科技副镇长　吴福埙

通贤镇

镇　长　梁兰珍(2017.10免)

林志坚(2017.10任)

副镇长　黎树发　刘成达

科技副镇长　巫伟峰

下都镇

镇　长　袁晓芳

副镇长　刘发源

陈锦华(2017.12免)

陈济明(2017.12任)

科技副镇长　(缺)

茶地镇

镇　长　邱筱平(2017.9免)

李俊业(2017.10任)

副镇长　吴福昌

丘福辉(2017.12免)

陈　伟(2017.12任)

科技副镇长　陈华盛

珊瑚乡

乡　长　梁尚荣

副乡长　陈耀钦　范秋香

科技副乡长　阙文靖

泮境乡

乡　长　张九功

副乡长　谢毕锋　廖雪荣

科技副乡长　巫珍珍

步云乡

乡　长　杨进学

副乡长 傅秋兰 张志雄
科技副乡长 张敬平

【政协上杭县十二届委员会领导及常委会组成人员】

主 席 林英峰
副主席 阙春林 黄晓兰
胡金祥
常 委 王锦红 包晓冬
朱丽萍 刘开香
刘华春 刘学雄
张 兴 张可贵
李春生 邱加宏
邱年春 邱廷有
陈国铭 林 威
林红英 罗庆荷
胡春英 饶兴阶
袁晓帆 郭秀红
郭洪清 黄学流
黄金林 曹贵盛
傅建勇 谢步开
蓝赞玉 阙师坤
阙招秀 廖志新
秘书长 黄其华

【政协上杭县委员会所属机构负责人】

办公室
主 任 黄其华
副主任 李金玉
经济科技与台港澳侨委员会
主 任 陈 华
副主任 梁世庆
文教卫体委员会
主 任 郭建强
副主任 陈德金
提案委员会
主 任 沈来发
副主任 蓝丽英
社会法制与民族宗教委员会
主 任 梁 俊
副主任 刘加茂
文史与学习宣传委员会
主 任 胡春英
副主任 温云远

【县纪委负责人】

书 记 胡长松
副书记 陈国铭 丘树金
常 委 陈丰贤 袁元勤
吴传旺 林小丽

【县监察委负责人】

主 任 胡长松(2017.12任)
副主任 陈国铭(2017.12任)
丘树金(2017.12任)
委 员 陈丰贤(2017.12任)
袁元勤(2017.12任)
黄炳养(2017.12任)
黄立明(2017.12任)
监察局局长 陈国铭(2017.12免)
监察局副局长 黄炳养(2017.12免)
黄立明(2017.12免)

【县纪委机关科室负责人】

办公室
主 任 陈丽珍(2017.1免)
罗国鹏(2017.12任)
组织和宣传部
部 长 (缺)
党风政风监督室
主 任 张前富
信访室
主 任 黄 勤
案件监督管理室
主 任 李晓丹
第一纪检监察室
主 任 曾庆炎
第二纪检监察室
主 任 丘建东
第三纪检监察室
主 任 郭胜初(2017.9免)
陈俊华(2017.12任)
案件审理室
主 任 陈国銮

【县纪委派驻纪检组和乡镇纪委负责人】

驻县委办公室纪检组
组 长 黄寿标(2017.9任)
常务副组长 郑建强(2017.9任)
驻县委组织部纪检组
组 长 蓝秀英(2017.9任)
常务副组长 赖晓东(2017.9任)
驻县委宣传部纪检组
组 长 蓝梅英(2017.9任)
常务副组长 黄开棠(2017.9任)
驻县委统战部纪检组
组 长 蓝海洲(2017.9任)
常务副组长 蓝福辉(2017.9任)
驻县人大常委会机关纪检组
组 长 朱 凌(2017.9任)
常务副组长 陈洪源(2017.9任)
驻县政协机关纪检组
组 长 郭胜初(2017.9任)
常务副组长 李晓娟(2017.9任)
驻县政府办公室纪检组
组 长 孙贵飞(2017.9任)
常务副组长 丁 轶(2017.9任)
驻县卫计局纪检组
组 长 阙寿洪(2017.9任)
常务副组长 吴红兰(2017.9任)
驻县教育局纪检组
组 长 谢子书(2017.9任)
常务副组长 郑建梅(2017.9任)
驻县财政局纪检组
组 长 丘生贤(2017.9任)
常务副组长 袁立南(2017.9任)
驻县住建局纪检组
组 长 陈小斌(2017.9任)
常务副组长 黄兴环(2017.9任)
驻县农业局纪检组
组 长 李维汉(2017.9任)
常务副组长 杨文荣(2017.9任)
驻县发改局纪检组
组 长 阙碧文(2017.9任)
常务副组长 张 皓(2017.9任)
驻县公安局纪检组
组 长 丁勇先(2017.10任)
驻县人民法院纪检组
组 长 赖建华
驻县人民检察院纪检组
组 长 林 轼
县委县直机关纪工委
书 记 陈芳芳

临江镇纪委
书　记　孙贵飞(2017.9免)
廖邓旎(2017.12任)
临城镇纪委
书　记　蓝秀英(2017.9免)
刘晓建(2017.12任)
湖洋镇纪委
书　记　李　丹
中都镇纪委
书　记　曾柏涵(2017.7免)
魏安剑(2017.12任)
下都镇纪委
书　记　阙晓明
庐丰畲族乡纪委
书　记　邱朗音
蓝溪镇纪委
书　记　高　芳
稔田镇纪委
书　记　黄晓明
茶地镇纪委
书　记　高赠金
溪口镇纪委
书　记　温祺华
太拔镇纪委
书　记　陈俊华(2017.12免)
梁秀霞(2017.12任)
泮境乡纪委
书　记　刘艳萍
白砂镇纪委
书　记　罗国鹏(2017.12免)
涂健顺(2017.12任)
蛟洋镇纪委
书　记　林伟程
古田镇纪委
书　记　许晓文(2017.10免)
洪小军(2017.12任)
步云乡纪委
书　记　刘翔飞
南阳镇纪委
书　记　陈　燕
通贤镇纪委
书　记　李鑫崇
才溪镇纪委
书　记　廖邓旎(2017.12免)
丘惠华(2017.12任)
旧县镇纪委
书　记　张唐玉(2017.7免)
林富仁(2017.12任)
官庄畲族乡纪委
书　记　马斌
珊瑚乡纪委
书　记　阙癸东

2017年上杭县获国家、省或省主管部门与省人力资源和社会保障厅联合表彰的先进模范人物名表

(按获奖时间先后排名)

表29

获奖人姓名	籍贯	所在单位	奖励名称(全称)	颁奖单位	颁奖时间
刘凤英(女)	蓝溪镇	古田镇财政所	2011—2015年度全省财政系统先进工作者	省人民政府、省人力资源和社会保障厅	2017.1
罗巨先	稔田镇	县财政局	2011—2015年度全省财政系统先进工作者	省人民政府、省人力资源和社会保障厅	2017.1
林新发	才溪镇	县公安局	福建省道路交通安全综合整治先进个人	省人民政府	2017.1
阙凌峰	永定湖雷镇	县委统战部	全省统战系统先进工作者	省委统战部、省人力资源和社会保障厅	2017.2
杨汉东	溪口镇	溪口国有林场	福建省五一劳动奖章	省总工会	2017.4
张满鸿(女)	临城镇	临城镇政府	福建省五一劳动奖章	省总工会	2017.4
孔繁裕	临城镇	县公安局	全省优秀人民警察	省人力资源和社会保障厅、省公安厅	2017.5
李聪伶(女)	庐丰畲族乡	县公安局	全国优秀人民警察	中华人民共和国公安部	2017.5
曾伟芳	临城镇	县公安局	全省优秀人民警察	省人力资源和社会保障厅、省公安厅	2017.5

续表29

获奖人姓名	籍贯	所在单位	奖励名称(全称)	颁奖单位	颁奖时间
刘健寿	白砂镇	县司法局	全省司法行政系统先进工作者	省人力资源和社会保障局、省司法厅	2017.6
许荣德	临江镇	县工商联合会	全省工商联系统先进工作者	省人力资源和社会保障厅、省工商业联合会	2017.7
阙源隆	通贤镇	政法委	金砖国家领导人第九次会晤筹备和服务保障工作中表现优秀	省委、省人民政府	2017.9
丘凤初	中都镇	县人力资源公共服务中心	全省人力资源和社会保障系统先进工作者	省人民资源和社会保障厅	2017.12
邓卫江	中都镇	县人力资源和社会保障局	全国人力资源和社会保障系统先进工作者	人力资源社会保障部	2017.12
邱国光	湖洋镇	县政法委	2013—2016年度福建省社会治安综合治理先进工作者	省人力资源和社会保障厅、省社会管理综合治理委员会办公室	2017.12

■ 2017年上杭籍在外副处以上干部名表(已知)

(按姓氏笔画排序)

表30

地　域	姓　名	籍　贯	工　作　单　位	职　务
福州	丁志隆	临江	省档案局	局长
	王　茜(女)	才溪	省高速公路指挥部	处长
	王家新	才溪	团省委	处长
	孔祥统	旧县	福建省烟草局	副局长
	邓汉万	中都	省电力公司总经理办公室	副主任
	邓清华(女)	中都	省老龄委	处长
	冯利辉	白砂	省粮食局	副局长
	叶双瑜	中都	省人大常委会	副主任
	伍文才	泮境	闽江学院教育技术中心	副主任
	石家泉	官庄	省林业厅办公室	主任
	刘　升	稔田	省电力集团公司人事处	处长
	刘喜荣	临城	国家开发银行福州分行	副行长
	刘富祥	稔田	省地质矿产勘查开发局	副总工程师
	刘德标	蓝溪	福建武警总队后勤部	副部长

续表30

地　域	姓　名	籍　贯	工　作　单　位	职　务
福州	孙婷婷(女)	泮境	省财政厅	巡视员
	朱勇茂	湖洋	省林业厅	处长
	江景祥	旧县	省煤田地质办公室	主任
	许定成	稔田	省林业厅	副处长
	吴佐昌	泮境	省投资开发总公司	主任工程师
	吴德生	临城	省政府海防办	处长
	张玉杭	下都	《经济信息》杂志社	副社长
	张忠发	湖洋	省民族宗教厅	处长
	张欣欣	通贤	省森林公安局	局长
	张一鸿	太拔	省发改委	处长
	张培和	蛟洋	省军区战备建设局	副局长
	李　良	稔田	环境报社驻福建记者站	站长
	李　彪	稔田	省工商局	副处级
	李占新	庐丰	省纪委监察一室	主任
	李岩峰	中都	省汽车集团	经理
	李柏然	稔田	福州港务局	副处级
	李金莲(女)	庐丰	省教育厅	巡视员
	李树荣	临江	宁德核电有限公司	副总经理
	邱文君(女)	蛟洋	省交通厅	副处长
	邱文芬	中都	省国土资源厅	处长
	邱文贵	才溪	省建设银行	处长
	邱汀萌	中都	省水利厅	副厅长
	邱兴平	中都	省电力培训中心	主任
	邱征元	临江	省人民政府办公厅	副巡视员
	邱其豪	茶地	省公安厅	副处级
	邱宏荣	中都	省委保密局	调研员
	邱进清	稔田	省林业厅	处长
	邱学林	中都	省司法厅办公室主任	处长
	邱　淮	临江	省高速公路指挥部	副总指挥(副厅)
	邱建春	中都	省环保局	副处长
	邱应龙	才溪	福建农林大学	纪委书记
	邱金文	下都	省高速公路办公室	主任
	邱胜斌	中都	海峡姐妹杂志社	总编

续表30

地域	姓名	籍贯	工作单位	职务
福州	邱海鸥	茶地	省国土资源厅土地监察总队	副队长(副厅级)
	邱新煌	下都	省外经贸委	处长
	何光辉	中都	省教育器材处	处长
	杨　辉	溪口	鼓楼区委常委	副处
	邹德章	蛟洋	省电力集团监察部	副主任
	陈大凤	临江	省电力集团电力培训中心	副处级
	陈东进	古田	省农机监理所	所长
	陈建华	官庄	省财政厅	副处长
	陈建辉	临城	省农林大学农艺学院	副书记
	陈金玉	中都	省电力集团兴闽公司	总经理
	陈金辉	溪口	省委办公厅	处长
	陈俊文	临江	省建行总务部	副主任
	陈衍希	庐丰	省物价局	副书记
	陈添贵	珊瑚	省委文明办	常务副主任
	陈良万	旧县	省协和医院	书记
	林才生	湖洋	省发改委信息中心	副主任
	林文生	才溪	厦门市委、海沧区委、台商投资区党工委	常委、书记
	林小红	才溪	省工商局	副处长
	林家禄	中都	省妇幼保健院、省医院管理局	党委书记、局长
	林建红(女)	才溪	省烟草局	处长
	林锡能	官庄	省粮食局	局长
	罗　毅	稔田	福州铁路分局	副处长
	罗金祥	蛟洋	省银监局	处长
	罗景生	临城	省电力勘测设计院	副总
	官福元	古田	海峡人才市场办公室	副处长
	范美先	蓝溪	福州市政协	副主席
	范焕谦	蓝溪	农林大学	处级
	郑熙林	白砂	省纪委党风政风监督室	副主任(正处级)
	修兴高	才溪	福州市委、福州市纪委	常委、纪委书记
	饶添发	中都	省民政厅	副厅长
	钟昌辉	官庄	省建设厅	副巡视员
	徐　莹(女)	临江	省煤炭总公司	处长
	莫晓龙	临江	省工商银行	处长

续表30

地　域	姓　名	籍　贯	工　作　单　位	职　务
福州	袁宁林	白砂	省纪委五室	副处长
	袁超洪	白砂	省委政法委	副书记
	袁定清	白砂	省淡水水产研究所	所长
	袁忠贤	白砂	省农业厅	处长
	袁文洪	白砂	省交通厅办公室	副主任
	郭守尧	蛟洋	省科技厅	处长
	郭和炎	才溪	省民政厅社团办	主任
	郭彩庭	中都	省社会主义学院	处长
	高榕芳	蓝溪	省卫生厅	副处级
	曹　华	南阳	省妇幼保健院	院长
	曹桂元	官庄	省人民银行	处长
	曹柱盛	才溪	省移民局	处长
	梁华祺	湖洋	省农村信用联社	处长
	梁建华	临江	省国税局	副处长
	梁富俊	湖洋	省农业银行	处长
	黄　宁	南阳	省革命历史博物馆	副馆长
	黄　平	南阳	省发改委交通处	副处长
	黄　勇	临江	省政法委(610办)	副主任
	黄从珍	南阳	省高级人民法院	正处级
	黄文巧	临江	福州市财政局投评中心	主任
	黄东才	南阳	省残联	处长
	黄承源	临江	省经贸厅	处长
	黄琪玉	稔田	福建省人大常委会	副主任
	游孙权	才溪	省政府办公厅科教文卫处	副处长
	傅柒生	蛟洋	省文物局	局长(副厅)
	傅志林	蛟洋	福州海关	副处级
	傅焕松	白砂	中国航油集团陆地石油公司	党委书记
	傅盛阳	蛟洋	省保监局	处长
	曾传红	下都	省检察院	处长
	曾传伟	下都	省军区	团长
	温连忠	茶地	省电力集团电力培训中心	处级
	温其成	蓝溪	省武警总队	处长
	温程林	茶地	省建行	副处长
	谢小建	临江	省侨联	副主席

续表30

地　域	姓　名	籍　贯	工　作　单　位	职　务
福州	蓝　新	官庄	省投资集团监察室	主任
	蓝　峰	庐丰	福建警察学院	纪委副书记
	蓝昌平	官庄	省库区移民局	副处长
	蓝明尚	官庄	团省委	副书记
	蓝仰金	官庄	福州市住房公积金管理中心	主任
	蓝思仁	官庄	省农林大学	校长
	蓝思忠	官庄	省委办公厅机关党委	书记
	赖永文	湖洋	省人民银行	处长
	赖学舜	临江	省林业厅	处长
	赖树钦	湖洋	省地质工程勘察院	副院长
	阙树福	通贤	省农林大学生物科学院	书记
	廖小军	古田	省政协	副秘书长
	廖元芳	临城	福建师范大学	团委书记
	廖建生	古田	省外经委人才交流服务中心	副主任
龙岩	丁勇明	临江	市政协经济委员会	调研员
	丁荫豪	临江	市信访局	副局长
	王如镜	才溪	市人保财险公司	副总经理
	王思水	才溪	市审计局	副局长
	王焕安	才溪	市住建局	纪检组长
	王治国	古田	市药监局卫生监督所	所长
	王建威	泮境	市人民银行	行长
	邓　颖	中都	龙岩市发展和改革委员会、市铁路建设办公室	党组成员、调研员、主任
	邓加煌	中都	市检察院	处长
	邓振春	中都	市人大常委会	副主任
	江瑞荣	湖洋	市林业局种苗站	站长
	江勋善	旧县	市委办	副秘书长
	吕东兴	临城	市防汛办	主任
	刘广祥	官庄	市供销社	主任
	刘友洪	临城	市政协	副主席
	刘先袁	白砂	市总工会	常务副主席
	刘建生	稔田	市财政局	调研员
	刘星辉	才溪	市残疾人联合会	理事长
	朱元清	中都	市工商局	副调研员

续表30

地　域	姓　名	籍　贯	工　作　单　位	职　务
龙岩	吴寿勤	茶地	市委党校	副校长
	李　英(女)	临江	市中院	庭长
	李小平	稔田	市委组织部	副部长、正处级组织员
	李华桥	旧县	市机关事务管理局	副调研员
	李善昌	白砂	市经济技术开发区	党工委书记
	李新涛	稔田	市国土资源局	党组副书记、副局长
	李红莲(女)	庐丰	市政协科教文卫体委会	主任
	李耀华	稔田	龙岩市政府驻京联络办	主任
	李新春	茶地	市政协	副主席
	张寿应	蓝溪	市卫计局	副局长
	张明海	蛟洋	市人寿财险公司	总经理
	张秉阳	白砂	市发改委	副主任
	张炳生	古田	市检察院	处长
	张镇源	临江	市公安局禁毒支队	大队长
	张健生	古田	市粮食局	局长
	邱　雨	太拔	市政协社会法制与民宗委	副主任
	邱开先	临城	市工商局	副调研员
	邱兴和	中都	农发行分行	副行长
	邱荣华	通贤	市森林公安局	局长
	邱赠东	蓝溪	市气象局	副局长
	陈开炎	溪口	市贸促会	会长
	陈建民(女)	临江	市老干局	副局长
	陈清如	南阳	市交通局、市路桥投资建设公司	副局长、总经理
	陈亨祥	珊瑚	市公安局	副调研员
	陈明生	旧县	市政府办	主任
	陈俊明	太拔	市委办	副主任
	林　旭	临城	市发改委	主任
	林　浩	湖洋	市政协社会法制与民宗委	副调研员
	林炘能	官庄	市交通局交战办	主任
	林祝荣	泮境	市建设局	副局长
	林庆洪	旧县	市土发集团	董事长
	林福昌	湖洋	市财政局	调研员
	林燕琼(女)	临江	市水利局	副处级干部

续表30

地　域	姓　名	籍　贯	工 作 单 位	职　务
龙岩	罗发信	南阳	市人大常委会农村经济委员会	主任
	罗茂华	蓝溪	国家统计局龙岩调查队	党组成员、副队长
	罗招福	白砂	市疾病预防控制中心	主任
	杨锦荣	中都	市政协办	副调研员
	杨建明	溪口	市工贸发展集团有限公司	董事长
	卓杭胜	才溪	市人大政策研究室	副主任
	范奎文	临江	市委办	副秘书长
	范启有	庐丰	市粮食局	副局长
	郑　林	白砂	市司法局	纪检组长
	郑田基	下都	市统计局	副局长
	郑庆辉	下都	市统计局	总统计师
	郑锦兴	临江	市财政局	局长
	饶华昌	白砂	市交通局	副局长
	唐明丰	蓝溪	市人寿保险公司	副总经理
	郭希恒	临江	市科技局	副局长
	袁伟天	白砂	市城乡规划局	副局长
	曹义荣	通贤	龙岩一中	党委书记、校长
	曹晓东	南阳	市政府办	副调研员
	梁建新	湖洋	市中级人民法院	政治处主任
	梁敬祥	湖洋	市公安局治安支队	政委
	黄福清	南阳	市政协	主席
	黄庆辉	中都	市政府	副市长
	黄新远	南阳	市公安局办公室	主任
	黄才裕	通贤	市委党校办公室	主任
	黄爱勤	通贤	市行政服务中心	副主任
	黄华祥	临江	市体育局	局长
	黄庆添	中都	市广播电视局	副局长、调研员
	黄峰正	南阳	市国税局	副局长
	黄斌元	临江	市人寿保险公司	副总经理
	黄德周	南阳	市公安局、新罗分局	副调研员、局长
	傅　炜	白砂	市国税局	副调研员
	傅文辉	白砂	市机要局	局长
	傅宗源	白砂	食品药品监督管理局	副调研员

续表30

地　　域	姓　名	籍　贯	工　作　单　位	职　务
龙岩	曾仲春	庐丰	市残疾人联合会	副理事长、调研员
	曾尚仁	旧县	市纪委监察局	副局长
	温　永	茶地	市城乡规划局	副局长
	温仁枚	南阳	市气象局	副局长
	温能全	茶地	龙岩工贸发展集团有限公司	副董事长、总经理
	温华清	南阳	省农资集团闽西公司	总经理
	温有宏	蓝溪	闽西监狱	副监狱长
	温伟民	白砂	市地税局稽查局	局长
	温文学	南阳	市农业局	党组成员、副局长
	温连富	茶地	市政协办公室	副主任
	温寿春	蓝溪	市教育局	副局长
	谢小东	临江	市水利局	副局长
	谢今扬	临江	市工商银行	纪检书记
	谢永华	旧县	新罗区委	常委、组织部长
	谢松华	旧县	市移民局	局长
	蓝国华	庐丰	市方志委	主任
	蓝永琳	庐丰	市人民银行	副行长
	蓝尚进	官庄	市社科联	主席
	蓝建英(女)	官庄	市民宗局	副局长、调研员
	蓝尚信	官庄	市民宗局	副局长
	蓝茂昌	庐丰	市劳动和社会保障局	调研员
	蓝永洪	庐丰	市人寿保险公司	总经理
	赖兆生	湖洋	龙岩电信公司	副总经理
	赖建红	南阳	市中院审判委员会	委员、执行局局长
	赖桂林	临城	295地质大队	队长(正处级)
	赖剑锋	古田	市安监局	副局长
	阙占光	通贤	市水利局	纪检组长
	阙朝阳	通贤	市人大常委会	副主任
	雷日东	临江	市移动公司	副总经理
	廖德槐	古田	市人大常委会	副主任

续表30

地　域	姓　名	籍　贯	工作单位	职　务
省内其他市县	方　刚	临江	武平县委、总工会	常委、主席
	邓永辉	中都	三明市财政局	局长
	刘邦树	中都	三明市政协	副主席
	李　敏	稔田	安溪县政府	副县长
	陈善秋	旧县	宁德市广电网络集团	总经理
	何佰星	中都	厦门市环保局	局长
	罗武先	太拔	福建省水利厅驻京办	主任
	郭建刚	临江	福州市闽侯县纪委	书记
	张如春	溪口	漳平市政府	副市长
	黄文洲	稔田	厦门建发集团	总经理
	黄华凤(女)	茶地	永定区委	常委、组织部长
	曾启均	南阳	泉州市电业局	书记
	温惠榕	泮境	泉州市纪委	书记
	廖伟平	蓝溪	武平县政府	副县长
省外	王德琳	才溪	核工业矿冶局	局长
	石树海	官庄	中国民主促进会、中央研究室	副主任
	包洪文	庐丰	海南省财政厅	副厅长
	李　明	古田	人民大会堂	副厅级干部
	李万郴	稔田	湖南省委督办	专员
	李春荣	中都	北京市政府政策研究室	副主任
	陈　敏	临江	国家发改委	副处长
	陈云贤	临江	广东省人民政府	党组成员
	邱　萍	临江	浙江省烟草专卖局	党组书记、局长
	邱淮元	白砂	北京市邮政快递公司	总经理
	邱廷省	茶地	江西理工大学	副校长
	邹炯桂	古田	广东省东莞边防检查站	站长
	何玮鹏	庐丰	国家核电技术公司国际部	副主任
	陈伟华	临江	解放军八一羽毛球队	副厅级
	肖世杰	临江	国家电力有限公司	厅级
	张洪钦	临江	广州军区海军医院高干科	主任(副厅)

续表30

地　域	姓　名	籍　贯	工　作　单　位	职　务
省外	张福林	古田	南京军区东山训练基地	参谋长
	林锦珍	官庄	中国冶金科工集团公司	职工董事兼人力资源部部长
	郭雄彬	临江	浙江省能源与核技术应用研究院	院长
	梁星华	珊瑚	广东省军区装备部	副部长
	龚堂华	溪口	民政部	党组成员、纪检组长
	游劝荣	稔田	湖南省检察院	党组书记、检察长
	傅维雄	稔田	中国华电集团驻港办	主任
	赖海榕	古田	中央编译局	副厅级

说明：此表由中共上杭县委办公室和上杭县对外联络办提供

2017年上杭县获评高级职称人员名表

（按确认时间排序）

表31

姓　名	单　位	专　业	任职资格	确认时间
李启琴	县第二中学	高中英语	高级教师	2017.5.8
陈树生	旧县中学	初中数学	高级教师	2017.5.8
黄发龄	县中小学生校外综合实践基地	初中综合实践	高级教师	2017.5.8
黄怀国	紫金矿业集团股份有限公司	化学工程	教授级高级工程师	2017.5.19
吴永华	才溪农业技术推广站	农学	高级农艺师	2017.5.26
温国柱	茶地镇畜牧兽医水产站	兽医	高级兽医师	2017.5.26
李雷忠	紫金矿业集团股份有限公司	化学工程与工艺	高级工程师	2017.6.2
黄一东	紫金矿业集团股份有限公司	化学工程	高级工程师	2017.6.2
衷水平	紫金矿业集团股份有限公司	冶金	享受教授研究院待遇高级工程师	2017.6.2
李雪红	县职业中专学校	语文	高级讲师	2017.6.15
何定祥	县职业中专学校	生物	高级讲师	2017.6.15
林秀彬	县职业中专学校	英语	高级讲师	2017.6.15
赖小连	县职业中专学校	英语	高级讲师	2017.6.15
张剑辉	县职业中专学校	体育	高级讲师	2017.6.15
林月红	县职业中专学校	计算机	高级讲师	2017.6.15
王土英	县职业中专学校	财会	高级讲师	2017.6.15

续表31

姓 名	单 位	专 业	任职资格	确认时间
李福全	县职业中专学校	建筑	高级讲师	2017.6.15
黄春开	毛泽东才溪调查纪念馆	文博	副研究馆员	2017.6.28
张小玲	县委党校	社会与文化学	高级讲师	2017.7.18
赖肇达	县医院	耳鼻咽喉(头颈外科)	副主任医师	2017.11.20
罗 祯	县医院	麻醉学	副主任医师	2017.11.20
华恩文	县医院	口腔科	副主任医师	2017.11.20
高文清	县皮肤病防治院	临床医学检验临床基础检验技术	副主任技师	2017.11.20
王寿联	县疾病预防控制中心	学校卫生与儿少卫生	主任医师	2017.11.20
刘惠英	县中医院	临床医学检验临床基础检验技术	副主任技师	2017.11.20
姜婵英	县妇幼保健院	计划生育	副主任医师	2017.12.14
蓝永富	中都卫生院	小儿内科	副主任医师	2017.12.14
罗其峰	临江社区卫生服务中心	中医内科	副主任医师	2017.12.14
赖宗谦	县皮肤病防治院	皮肤与性病	副主任医师	2017.12.14
梁文胜	县皮肤病防治院	传染性疾病控制	副主任医师	2017.12.14
刘淑英	县中医院	外科护理	副主任护师	2017.12.14
张春连	县中医院	妇产科护理	副主任护师	2017.12.14
王善平	县医院	肾内科	副主任医师	2017.12.14
赖大财	县医院	小儿内科	副主任医师	2017.12.14
王富根	县医院	神经外科	副主任医师	2017.12.14
马 伟	县医院	普通外科	副主任医师	2017.12.14
林升贵	县医院	普通外科	副主任医师	2017.12.14
温添华	县医院	骨外科	副主任医师	2017.12.14
黄华娣	县医院	妇产科	副主任医师	2017.12.14
林兰秀	县医院	妇产科	副主任医师	2017.12.14
温集银	县医院	普通内科	副主任医师	2017.12.14
江丽琴	县医院	妇产科护理	副主任护师	2017.12.14
陈红英	县医院	外科护理	副主任护师	2017.12.14
傅闰清	县妇幼保健院	妇产科护理	副主任护师	2017.12.14
傅冬英	县妇幼保健院	计划生育	副主任医师	2017.12.14
俞冬连	稔田镇卫生院	内科护理	副主任护师	2017.12.14

责任编辑：王冬英 蓝晓东

附　录

附一

2017年上杭县获国家、省或省主管部门与省人力资源和社会保障厅联合表彰的先进单位名表

（按获奖时间先后排名）

表32

获奖单位	奖励名称（全称）	颁奖单位	颁奖时间
县地方税务局	先进集体	国家税务总局	2017.1
县财政局	2011—2015年度全省财政系统先进集体	省人力资源和社会保障厅 省财政厅	2017.1
县公安局交通警察大队	福建省道路交通安全综合整治先进集体	省人民政府	2017.1
中共上杭县委 上杭县人民政府信访局	2012—2015年度福建省信访系统先进集体	省人力资源和社会保障厅 省委省政府信访局	2017.2
古田派出所	2015—2016年度全国青年文明号	共青团中央、公安部等22个单位	2017.3
古田派出所女警巡逻服务队	全国巾帼文明岗	全国妇女联合会	2017.4
县国土资源执法监察大队	全国国土资源执法监察工作先进集体	国土资源部	2017.4
古田派出所	被授予“人民满意派出所”称号	中共中央、国务院	2017.5
古田镇五龙村团支部	被评为2017年全国五四红旗团支部	共青团中央	2017.5
县公安局	全国优秀公安局	公安部	2017.5
县公安局	全省优秀公安局	省人力资源和社会保障厅 省公安厅	2017.5
县公安局古田派出所	国务院命名的“人民满意派出所”	国务院	2017.5
县公安局古田派出所	全省优秀公安基层单位	省人力资源和社会保障厅 省公安厅	2017.5
县毛泽东才溪乡调查纪念馆团支部	2016年度“福建省五四红旗团（总）支部标兵”	共青团福建省委	2017.5
县司法局	全省司法行政系统先进集体	省人力资源和社会保障厅 省司法厅	2017.6

续表32

获奖单位	奖励名称(全称)	颁奖单位	颁奖时间
通贤镇	2016年度全省农村宣传思想文化工作示范乡镇	中共福建省委宣传部	2017.9
古田镇	全国文明村镇	中央精神文明建设指导委员会	2017.11
古田镇五龙村	全国文明村	中央精神文明建设指导委员会	2017.11
临江镇	全国文明村镇	中央精神文明建设指导委员会	2017.11
县司法局	2017年度人民调解宣传工作先进集体	中华全国人民调解员协会	2017.11
县归国华侨联合会	全省侨联系统先进集体	省人力资源和社会保障厅 省归国华侨联合会	2017.12
县经济信息科学技术局	2013—2016年度全省经信系统先进集体	省人力和社会保障厅 省经济和信息化委员会	2017.12

附二

■ 文件目录

2017年中共上杭县委主要发文目录

表33

文件名称	文 号
关于印发2017年县委县政府为民办实事工作项目的通知	杭委〔2017〕1号
关于成立汀江绿道工程规划建设工作领导小组的通知	杭委〔2017〕2号
关于召开2016年度县委常委民主生活会的报告	杭委〔2017〕3号
关于开展向古田派出所学习活动的通知	杭委〔2017〕4号
关于推荐出席十九大代表候选人初步人选的通知	杭委〔2017〕5号
关于推荐出席十九大代表候选人初步人选情况的报告	杭委〔2017〕6号
关于请求帮助协调紫金矿业集团股份有限公司引进高级管理人员的报告	杭委〔2017〕7号
关于印发上杭县县属国有林场改革实施方案的通知	杭委〔2017〕8号
关于表扬2016年上杭县“三大战役”先进集体和先进个人的通知	杭委〔2017〕9号
关于印发上杭县2017年项目落地攻坚战役实施方案的通知	杭委〔2017〕10号
关于印发上杭县2017年脱贫攻坚战役实施方案的通知	杭委〔2017〕11号
关于印发上杭县2017年生态环境保护攻坚战役实施方案	杭委〔2017〕12号
关于印发上杭县落实省委省政府环境保护问题整改工作方案的通知	杭委〔2017〕13号
关于贯彻落实龙岩2号文件2周年工作情况的报告	杭委〔2017〕15号
关于闽西兴杭国有资产投资经营有限公司总经理人选的批复	杭委〔2017〕16号

续表33

文件名称	文　号
关于推荐领导干部2016年度考核优秀等次人选的报告	杭委〔2017〕17号
关于2016年度县委常委民主生活会情况的报告	杭委〔2017〕18号
关于印发上杭县全面推行河长制实施方案的通知	杭委〔2017〕19号
关于印发进一步加强城市规划建设管理工作实施意见的通知	杭委〔2017〕20号
关于成立上杭首届三月三畲族文化节活动筹备工作领导小组的通知	杭委〔2017〕21号
关于解除蓝春金行政警告处分的批复	杭委〔2017〕22号
关于赴紫金矿业在澳洲、刚果(金)及南非重点项目考察的请示	杭委〔2017〕23号
关于调整县委统一战线工作领导小组成员的通知	杭委〔2017〕24号
关于请求帮助协调市领导参加上杭县纪念畲族民族成分恢复30周年暨首届“三月三”畲族文化节活动的请示	杭委〔2017〕25号
关于调整县委县人大县政府县政协领导班子成员党风廉政建设责任制责任范围的通知	杭委〔2017〕26号
关于调整和充实县双拥工作领导小组成员的通知	杭委〔2017〕27号
关于赖杭新同志兼任上杭县老区建设促进会长人选的请示	杭委〔2017〕28号
关于重新命名一新型舰艇为“上杭艇”的请示	杭委〔2017〕29号
关于调整珊瑚乡彩坑村搬迁安置工作领导小组的通知	杭委〔2017〕30号
关于黄胜宝给予开除党籍行政开除处分的批复	杭委〔2017〕31号
关于协调安排市领导参加海军汇报会的请示	杭委〔2017〕32号
关于成立上杭县金砖会晤安保维稳工作领导小组及专项工作组的通知	杭委〔2017〕33号
关于上杭县客家联谊会会长、常务副会长人选的请示	杭委〔2017〕34号
关于请求改由上杭县国有企业控股龙岩古田文化旅游发展有限公司的请示	杭委〔2017〕35号
关于表扬2016年度社会管理综合治理工作成绩优秀单位的通报	杭委〔2017〕36号
关于干部人事工作的请示	杭委〔2017〕37号
关于认真学习贯彻习近平重要指示深入开展向廖俊波同志学习活动的通知	杭委〔2017〕38号
关于市对县2016年度落实全面从严治党主体责任检查发现问题调查处理情况的报告	杭委〔2017〕39号
关于成立上杭县第三批国家新型城镇化综合试点工作领导小组的通知	杭委〔2017〕40号
关于推荐詹崇仁同志为正处级领导干部人选的报告	杭委〔2017〕41号
关于印发上杭县国家新型城镇化综合试点实施方案(2017-2020)的通知	杭委〔2017〕42号
关于请求中国证监会挂钩帮扶我县的请示	杭委〔2017〕43号
关于《重建古田廖氏花公祠堂用地申请报告》信访件办理情况的报告	杭委〔2017〕44号
关于我县代表晋京参加全国公安系统英雄模范立功集体表彰大会的情况报告	杭委〔2017〕45号
关于加强“党建带关建”促进关心下一代工作的实施意见	杭委〔2017〕46号
关于加强和改进新形势下党校工作的实施意见	杭委〔2017〕47号
关于呈送2016年度落实全面从严治党主体责任存在问题整改方案的报告	杭委〔2017〕48号
关于县工商联(总商会)第十一届领导机构人选的批复	杭委〔2017〕49号

续表33

文件名称	文 号
关于蓝春金等同志任职的征求意见函	杭委〔2017〕50号
关于上杭县工商联(总商会)第十一届执委会常委候选人的批复	杭委〔2017〕51号
关于2016年科级干部年度考核等次评定的通知	杭委〔2017〕52号
关于2016年度平安乡镇、村(社区)评选情况的报告	杭委〔2017〕53号
关于深化供销合作社综合改革的实施意见	杭委〔2017〕54号
关于建立驻杭部队全面停止有偿服务军地联合工作机制的通知	杭委〔2017〕55号
关于成立中国共产党福建省上杭县国家税务局机关委员会和中国共产党福建省上杭县国家税务局机关纪律检查委员会的通知	杭委〔2017〕56号
关于金古田养生养老基地项目情况的报告	杭委〔2017〕57号
关于蓝新等同志免职的通知	杭委〔2017〕58号
关于上杭县2017年度党政领导生态环境保护目标责任书上半年履行情况的报告	杭委〔2017〕59号
关于请求协调选派干部到上杭县挂职的请示	杭委〔2017〕60号
关于推荐陈钧、蓝玉华两位同志作为提任副处级领导职务人选的报告	杭委〔2017〕61号
关于2017年上半年落实意识形态工作责任制情况报告	杭委〔2017〕62号
关于印发《上杭县组织开展建军90周年纪念活动实施方案》的通知	杭委〔2017〕63号
关于李德林等同志任职的通知	杭委〔2017〕64号
关于赴美国参加太阳铜业、太阳电缆产业项目洽谈交流的请示	杭委〔2017〕65号
关于市对县全面从严治党责任制检查发现文体整改情况的报告	杭委〔2017〕66号
关于古田镇规划建设管理工作的反馈意见	杭委〔2017〕67号
关于成立省委巡视工作联络组的通知	杭委〔2017〕68号
关于成立龙岩至龙川铁路上杭段工程建设协调指挥部的通知	杭委〔2017〕69号
关于调整充实县森林防火指挥部组成人员及挂钩乡镇的通知	杭委〔2017〕70号
关于印发中共上杭县委2017-2021巡察工作规划的通知	杭委〔2017〕71号
关于配合做好省委巡视四组巡视上杭工作的通知	杭委〔2017〕72号
关于推荐龚泽祥、张九功两位同志为赴省直单位挂职锻炼人选的报告	杭委〔2017〕73号
关于紫金矿业集团股份有限公司总工程师人选的批复	杭委〔2017〕74号
关于2016年度绩效考评情况的通报	杭委〔2017〕75号
关于印发《2017年度县对县直机关事业单位绩效管理实施方案》的通知	杭委〔2017〕76号
关于印发《2017年度县对乡镇党委政府绩效管理实施方案》的通知	杭委〔2017〕77号
关于罗小洪等同志职务任免的征求意见函	杭委〔2017〕78号
关于调整县委领导工作分工的通知	杭委〔2017〕79号
关于成立上杭县服务业(第三产业)发展工作领导小组的通知	杭委〔2017〕80号
关于印发上杭县2017年卫生和计划生育工作意见的通知	杭委〔2017〕81号
关于调整县委网络安全和信息化领导小组的通知	杭委〔2017〕82号

续表33

文件名称	文　号
关于批准同意陈晓明同志任职的请示	杭委〔2017〕83 号
关于调整上杭县全面深化改革领导小组成员的通知	杭委〔2017〕84 号
关于李建等同志职务任免的通知	杭委〔2017〕85 号
关于给予蓝春龙开除党籍行政开除处分的批复	杭委〔2017〕86 号
关于同意召开上杭县残疾人联合会第六次代表大会的批复	杭委〔2017〕87 号
印发上杭县关于加快养老事业发展的实施方案的通知	杭委〔2017〕88 号
关于印发上杭县中央环境保护督察反馈意见整改工作方案的通知	杭委〔2017〕90 号
关于推荐刘开元同志赴中国电子科技集团挂职锻炼的报告	杭委〔2017〕91 号
关于推荐徐峰同志赴中国电子科技集团挂职锻炼的报告	杭委〔2017〕92 号
关于推荐王波等同志作为省第十三届人民代表大会代表推荐提名人选的报告	杭委〔2017〕93 号
关于胡冲等同志职务任免的征求意见函	杭委〔2017〕94 号
关于县第五届残疾人联合会领导机构人选的批复	杭委〔2017〕95 号
印发《上杭县脱贫攻坚工作问责暂行办法(试行)》的通知	杭委〔2017〕96 号
关于 2017 年度计划生育目标管理责任制完成情况的专题报告	杭委〔2017〕97 号
关于成立上杭县深化监察体制改革试点工作小组的通知	杭委〔2017〕98 号
关于丘德文同志任职的通知	杭委〔2017〕99 号
关于范文生同志任职的通知	杭委〔2017〕100 号
关于上杭县第十七届人大代表候选人建议人选的批复	杭委〔2017〕101 号
关于上杭县第十二届政协委员人选的批复	杭委〔2017〕102 号
关于给予黄宜洲同志留党察看一年处分的批复	杭委〔2017〕103 号
关于给予傅松英党内严重警告处分的批复	杭委〔2017〕104 号
关于成立巡视整改工作领导小组的通知	杭委〔2017〕105 号
印发关于加快教育事业发展的实施方案的通知	杭委〔2017〕106 号
转发省委巡视四组关于对上杭县巡视情况的反馈意见的通知	杭委〔2017〕107 号
印发《关于加快城乡民生基础设施建设的实施方案》的通知	杭委〔2017〕108 号
关于补选个别出缺县人大代表的批复	杭委〔2017〕109 号
印发关于加快医疗卫生事业发展的实施方案的通知	杭委〔2017〕110 号
关于九届省委巡视整改不到位问题的情况说明	杭委〔2017〕111 号
关于上杭县第十七届人民代表大会代表正式候选人的批复	杭委〔2017〕112 号
关于上杭县 2017 年度生态环境保护目标责任完成情况的报告	杭委〔2017〕113 号
关于刘晓建等同志职务任免的征求意见函	杭委〔2017〕114 号
关于徐峰等同志职务任免的通知	杭委〔2017〕115 号
关于王发英等同志任职的通知	杭委〔2017〕116 号

续表33

文件名称	文　号
关于印发《2016年县委常委民主生活会工作方案》的通知	杭委办〔2017〕1号
关于召开2016年度县委常委民主生活会征求意见座谈会的通知	杭委办〔2017〕2号
关于做好2016年市对县脱贫攻坚工作年度考核的紧急通知	杭委办〔2017〕3号
关于做好2017年春节期间有关工作的通知	杭委办〔2017〕4号
关于召开2016年度党委书记抓基层党建工作述职评议会议的通知	杭委办〔2017〕5号
关于印发县直部分单位办公资源整合工作方案的通知	杭委办〔2017〕6号
调整绩效奖惩办法加强二级绩效管理的通知	杭委办〔2017〕7号
关于开展2017年春节期间拥军优属慰问活动的通知	杭委办〔2017〕8号
关于做好2017年春节期间值班应急工作的通知	杭委办〔2017〕9号
关于召开全县经济工作会议的通知	杭委办〔2017〕10号
关于开展2017年春节期间走访慰问活动的通知	杭委办〔2017〕11号
印发《关于加强法律与援助工作的实施意见》的通知	杭委办〔2017〕12号
关于召开向老同志通报2016年工作会议的通知	杭委办〔2017〕13号
关于开展2016年度脱贫攻坚绩效管理现场考评工作的通知	杭委办〔2017〕14号
关于在春节前组织开展走访慰问农村贫困群众活动的通知	杭委办〔2017〕15号
关于上杭县委党校不予并入市委党校的请示	杭委办〔2017〕16号
关于召开中共上杭县纪委十三届二次全会的预通知	杭委办〔2017〕17号
关于请求拨付专项课题研究经费的请示	杭委办〔2017〕18号
关于召开中共上杭县委十三届五次全体会议的通知	杭委办〔2017〕19号
关于召开中共上杭县纪委十三届二次全会的通知	杭委办〔2017〕20号
关于增设法规股的请示	杭委办〔2017〕21号
关于2016年度党务政务信息采用情况的通报	杭委办〔2017〕22号
转发《关于深化职称制度改革的意见》的通知	杭委办〔2017〕23号
关于2017年全市经济工作会议重点工作涉及我县工作任务分解抓落实的通知	杭委办〔2017〕24号
关于上杭县2016年度党政领导生态环境保护目标责任书完成情况的报告	杭委办〔2017〕25号
关于印发《上杭县领导干部带头策划重大项目工作机制》的通知	杭委办〔2017〕26号
关于下达2017年上杭县重点建设项目工作目标任务的通知	杭委办〔2017〕27号
关于结合2016年年度考核工作开展评选“十佳”及表彰活动的请示	杭委办〔2017〕28号
关于做好2017年省委、省政府为民办实事涉及我县工作任务分解抓落实的通知	杭委办〔2017〕29号
关于启用“中国共产党上杭县委员会巡察工作领导小组”“中国共产党上杭县委员会巡察工作领导小组办公室”印章的通知	杭委办〔2017〕30号
关于召开全县三大战役、农业农村工作、项目工作检查会议的通知	杭委办〔2017〕31号
关于调整杭委发〔2016〕1号文件中有关内容的通知	杭委办〔2017〕32号
关于调整杭委办〔2015〕24号文件中有关内容的通知	杭委办〔2017〕33号

续表33

文件名称	文 号
关于启用上杭县政协办公室新印章的通知	杭委办〔2017〕34号
关于做好龙岩市精准扶贫信息平台数据采集录入和使用的通知	杭委办〔2017〕35号
关于调整上杭县城市规划委员会组成人员的通知	杭委办〔2017〕36号
印发上杭县红色文化保护、传承和弘扬工程实施方案的通知	杭委办〔2017〕37号
关于召开领导干部大会暨2016年度县委常委班子述责述廉会议的通知	杭委办〔2017〕38号
关于开展2016年度全面从严治党主体责任落实情况检查的通知	杭委办〔2017〕39号
关于建立上杭县党内法规工作联席会议制度的通知	杭委办〔2017〕40号
关于调整上杭县军民融合深化发展项目工作领导小组的通知	杭委办〔2017〕41号
关于2016年乡镇项目检查情况的通报	杭委办〔2017〕42号
关于调整上杭县地方志编纂领导小组和《上杭年鉴》总编室成员的通知	杭委办〔2017〕43号
关于开展脱贫攻坚"4810"责任单位以外县直单位脱贫攻坚现场考评的通知	杭委办〔2017〕44号
关于召开上杭县"建设新上杭　巾帼能担当"女科级干部座谈会通知	杭委办〔2017〕45号
关于印发上杭县2017年度乡镇主要经济指标专项考评办法的通知	杭委办〔2017〕46号
关于成立上杭县重大重点项目暨"重中之重"项目建设领导小组的通知	杭委办〔2017〕47号
关于印发2016年度县委常委班子整改方案的通知	杭委办〔2017〕48号
关于开展国际劳动妇女节107周年系列活动的通知	杭委办〔2017〕49号
转发《关于严格执行评比达标表彰活动有关规定》的通知	杭委办〔2017〕50号
关于加快构建现代公共文化服务体系实施方案	杭委办〔2017〕51号
关于调整上杭县电子政务内网建设和管理领导小组的通知	杭委办〔2017〕52号
关于做好2017年市委、市政府为民办实事涉及我县工作任务分解抓落实的通知	杭委办〔2017〕53号
关于举办上杭县领导干部"学习贯彻十八届六中全会精神"专题研讨班的通知	杭委办〔2017〕54号
转发《龙岩市加强造福工程安置区服务管理工作实施方案》的通知	杭委办〔2017〕55号
关于召开全县组织、宣传思想文化暨县委统战、政法工作会议的通知	杭委办〔2017〕56号
关于印发上杭县2017年城建项目实施方案的通知	杭委办〔2017〕57号
关于印发上杭县2017年项目落地攻坚战役效能督查工作方案的通知	杭委办〔2017〕58号
关于做好中央环境保护督察前期准备工作的通知	杭委办〔2017〕59号
关于调整上杭县全面深化改革领导小组有关专项工作小组的通知	杭委办〔2017〕60号
关于开展"值班与应急工作提升年"活动的通知	杭委办〔2017〕61号
关于举办部分正科级领导干部报告个人有关事项专题辅导培训班的通知	杭委办〔2017〕63号
关于印发"三月三"畲族文化节活动方案的通知	杭委办〔2017〕64号
关于举办上杭县纪念畲族民族成分恢复30周年暨首届"三月三"畲族文化节活动的通知	杭委办〔2017〕65号
关于组织开展2017年脱贫攻坚春季攻势行动的通知	杭委办〔2017〕66号
转发中共龙岩市委《关于进一步推动全面从严治党向农村基层延伸的若干意见》的通知	杭委办〔2017〕67号

续表33

文件名称	文 号
印发上杭县创建新一轮福建省双拥模范县工作实施方案的通知	杭委办〔2017〕68号
关于开展2016年度绩效管理考评工作的通知	杭委办〔2017〕69号
关于印发上杭县2017年度招商引资工作方案的通知	杭委办〔2017〕70号
关于开展全县脱贫攻坚工作交叉督查的通知	杭委办〔2017〕71号
印发上杭县城市规划委员会议事规则的通知	杭委办〔2017〕72号
关于在全县党员干部中开展党章党规党纪应知应会知识测试的通知	杭委办〔2017〕73号
关于印发上杭县综治平安建设考评奖励办法的通知	杭委办〔2017〕74号
关于印发上杭县2016年度落实全面从严治党主体责任存在问题整改方案的通知	杭委办〔2017〕75号
关于印发《上杭县河长制工作主要任务分解表》的通知	杭委办〔2017〕76号
关于统一规范乡镇和县直机关公务接待函格式的通知	杭委办〔2017〕77号
关于启用“中共上杭县委非公有制企业和社会组织工作委员会”“中共上杭县委非公有制企业和社会组织纪律检查工作委员会”印章的通知	杭委办〔2017〕78号
关于印发兑现市对县2016年度项目落地攻坚战役绩效奖励二次分配办法的方案的通知	杭委办〔2017〕79号
关于印发《上杭县2017年金砖会务安保维稳工作方案》的通知	杭委办〔2017〕80号
关于印发《上杭县开展“风险隐患排查、矛盾纠纷化解、治安问题整治、社会力量群防”四项行动实施方案》的通知	杭委办〔2017〕81号
转发省委、省政府办公厅关于印发《福建省党政领导干部生态环境损害责任追究实施细则(试行)》的通知	杭委办〔2017〕82号
关于调整县处级领导、县直部门(单位)挂钩乡镇和县处级领导挂钩企业、学校的通知	杭委办〔2017〕83号
印发关于建立审计整改工作联动机制的通知	杭委办〔2017〕84号
关于转发上杭县工商联(总商会)2017年换届工作实施方案的通知	杭委办〔2017〕85号
印发《上杭县党史2016—2020年规划》的通知	杭委办〔2017〕86号
关于调整县党政领导班子党员干部联系挂钩党外代表人士的通知	杭委办〔2017〕87号
关于扩大县行政办公中心机关食堂就餐人员范围有关事宜的通知	杭委办〔2017〕88号
关于召开县委县政府2017年第一季度经济形势分析会的通知	杭委办〔2017〕89号
关于召开全县卫生和计划生育工作会议的通知	杭委办〔2017〕90号
印发禁止村干部承包或插手本村公共建设工程若干规定的通知	杭委办〔2017〕91号
关于组织开展2017年课题调研的通知	杭委办〔2017〕92号
关于印发上杭县环保督察工作对接方案的通知	杭委办〔2017〕93号
关于进一步做好中央环境保护督察有关工作的通知	杭委办〔2017〕94号
关于建立深化落实市委2号文件工作联席会议制度的通知	杭委办〔2017〕95号
印发上杭县开展为官不为专项整治实施方案的通知	杭委办〔2017〕96号
关于请求确定县委保密办(县国家保密局)为副科级单位的请示	杭委办〔2017〕97号
关于调整上杭县全面深化改革领导小组专项工作小组成员的通知	杭委办〔2017〕98号

续表33

文件名称	文 号
关于组织开展全县2017年脱贫攻坚"夏季攻势"行动的通知	杭委办〔2017〕99号
关于调整2017年县委、县政府领导信访接待的通知	杭委办〔2017〕100号
关于印发上杭县2017年国家新型城镇化综合试点工作行动计划的通知	杭委办〔2017〕101号
关于全县脱贫攻坚"夏季攻势"行动专项督查的通知	杭委办〔2017〕102号
关于对中央环保督察组交办中环督转〔2017〕62号信访件相关责任人予以责任追究的通报	杭委办〔2017〕103号
关于召开中共上杭县委十三届六次全体会议的通知	杭委办〔2017〕104号
关于印发上杭县"十三五"期间深入推进婚育新风进万家活动实施意见的通知	杭委办〔2017〕106号
关于继续做好中央环保督察工作的通知	杭委办〔2017〕107号
关于2016年度党内法规性文件备案审查工作情况的通报	杭委办〔2017〕108号
关于推进农村一二三产业融合发展的实施意见	杭委办〔2017〕109号
关于核定县委机关党委工作人员编制的请示	杭委办〔2017〕110号
关于组织参加上杭县工商联(总商会)第十一次会员代表大会的通知	杭委办〔2017〕111号
关于做好2017年集中整顿软弱涣散村(社区)党组织工作的通知	杭委办〔2017〕112号
关于2017年第一季度落实原中央苏区县参照执行西部地区政策工作情况通报	杭委办〔2017〕113号
关于启用中共上杭县委离退休干部工作委员会公章的通知	杭委办〔2017〕114号
关于召开推进"两学一做"学习教育常态化制度化工作座谈会的通知	杭委办〔2017〕115号
印发《关于推进"两学一做"学习教育常态化制度化的实施方案》的通知	杭委办〔2017〕116号
关于詹崇仁同志增设办公用房的请示	杭委办〔2017〕117号
关于召开上杭县全面从严治党暨县域综合治理形势分析会的通知	杭委办〔2017〕118号
关于在全县开展学习宣传县公安英雄模范立功集体活动的实施方案	杭委办〔2017〕119号
关于印发上杭县健全落实社会治安综合治理领导责任制实施细则的通知	杭委办〔2017〕120号
关于转发《上杭县关工委2017年工作要点》的通知	杭委办〔2017〕121号
关于建立上杭县台胞权益保障工作联席会议机制的通知	杭委办〔2017〕122号
关于上杭县全面从严治党暨县域综合治理形势分析会任务分解落实的通知	杭委办〔2017〕123号
关于2016年度招商引资工作目标管理结果通报	杭委办〔2017〕124号
关于组团参加第十五届中国海峡项目成果交易会的通知	杭委办〔2017〕125号
关于印发上杭县村级巡查工作实施方案的通知	杭委办〔2017〕126号
关于印发上杭县联合惩戒失信被执行人实施方案的通知	杭委办〔2017〕127号
关于进一步加强档案管理工作的通知	杭委办〔2017〕128号
关于进一步做好强降雨防御的紧急通知	杭委办〔2017〕129号
关于建立脱贫攻坚工作"双随机"交叉督查检查机制的通知	杭委办〔2017〕130号
关于开展第二季度全县脱贫攻坚交叉督查暨脱贫攻坚"夏季攻势"行动考评的通知	杭委办〔2017〕131号
关于印发《上杭县贯彻落实中国共产党党委(党组)理论学习中心组学习规则的实施细则》的通知	杭委办〔2017〕132号

续表33

文件名称	文　号
关于发放2016年度综治平安建设奖金的通知	杭委办〔2017〕133号
关于在全县机关事业单位开展“吃空饷”问题专项清理整治工作的通知	杭委办〔2017〕134号
关于上杭县张滩大桥及接线工程建设指挥部调整指挥长的通知	杭委办〔2017〕135号
关于实施全面两孩政策配套措施的通知	杭委办〔2017〕136号
关于请求拨付我县电子政务内网建设专项经费的请示	杭委办〔2017〕137号
关于开展学习宣传县公安英雄模范立功集体先进事迹巡回报告的通知	杭委办〔2017〕138号
关于开展安全生产综合督查的通知	杭委办〔2017〕139号
关于印发《上杭县推进医养结合机构建设实施方案》的通知	杭委办〔2017〕140号
关于整合上杭在古田区域内公务接待工作的通知	杭委办〔2017〕141号
关于召开2017年度议军会议的通知	杭委办〔2017〕142号
转发关于切实做好高温天气防范应对工作的通知	杭委办〔2017〕143号
关于召开第二次计生集中宣传服务活动动员会暨计生技术服务改革推进会会议的通知	杭委办〔2017〕144号
关于召开县委县政府2017年上半年经济形势分析会的通知	杭委办〔2017〕145号
关于启用“中共上杭县国税局机关委员会”印章的通知	杭委办〔2017〕146号
关于开展防御台风督导检查工作的通知	杭委办〔2017〕147号
关于印发2017年福建省全民健身运动会“安利杯”上杭县第三届健步走活动方案的通知	杭委办〔2017〕148号
关于印发改革计划生育技术服务改革的实施方案的通知	杭委办〔2017〕149号
关于召开省委巡视四组巡视上杭县工作动员会的通知	杭委办〔2017〕150号
关于召开向老同志通报2017年上半年工作会议的通知	杭委办〔2017〕151号
关于组织开展全县2017年脱贫攻坚“秋季攻势”行动的通知	杭委办〔2017〕152号
关于召开全县脱贫攻坚“秋季攻势”行动推进会的通知	杭委办〔2017〕153号
印发上杭县2017年涉麻制毒重点整治攻坚行动实施方案的通知	杭委办〔2017〕154号
关于召开县委十三届七次全会的通知	杭委办〔2017〕155号
关于召开全县教育、卫生与健康、养老、城乡民生基础设施建设工作会议的通知	杭委办〔2017〕156号
关于印发《习近平总书记“7·26”重要讲话精神学习宣传及迎接党的十九大主题宣传工作方案》的通知	杭委办〔2017〕157号
关于做好安全生产工作督查发现问题整改的通知	杭委办〔2017〕158号
关于调整县处级领导、县直部门(单位)挂钩乡镇和县处级领导挂钩企业、学校的通知	杭委办〔2017〕159号
印发上杭县关于实行国家机关“谁执法谁普法”普法责任制实施意见的通知	杭委办〔2017〕160号
关于成立上杭县委党校、县教师进修学校和电大工作站迁建项目工作领导小组的通知	杭委办〔2017〕161号
关于调整安排县委办领导工作分工的通知	杭委办〔2017〕162号
关于召开第三季度上杭县全面从严治党暨县域综合治理形势分析会的通知	杭委办〔2017〕163号
关于调整上杭县全面深化改革领导小组专项工作小组成员和上杭县改革办成员的通知	杭委办〔2017〕164号
关于增设县委保密委专职副主任的请示	杭委办〔2017〕165号

续表33

文件名称	文　号
关于印发上杭县加强造福工程集中安置区服务管理工作实施方案的通知	杭委办〔2017〕166号
关于印发上杭县分解落实龙岩市2017年服务业发展“三比一看”竞赛活动方案的通知	杭委办〔2017〕167号
关于启用“上杭县南门大桥及两岸片区组团指挥部”“上杭县南门大桥及两岸片区组团指挥部办公室”印章的通知	杭委办〔2017〕168号
关于进一步明确县直相关单位脱贫攻坚工作职责及优惠政策的通知	杭委办〔2017〕169号
关于印发上杭县2017年度主要指标任务专项考评办法的通知	杭委办〔2017〕170号
关于印发《关于推进城市社区党建“四有三创”标准化建设的实施方案》的通知	杭委办〔2017〕171号
关于加强村级组织运转经费保障工作的通知	杭委办〔2017〕172号
关于印发《关于加强县纪委派驻机构建设的意见》《关于全面落实县纪委向县一级党政群机关派驻纪检机构的方案》的通知	杭委办〔2017〕173号
关于启用中共上杭县委网络安全和信息化领导小组办公室印章的通知	杭委办〔2017〕174号
关于进一步加强新时期党的督促检查工作推进督查工作务实精准、规范高效的通知	杭委办〔2017〕175号
关于调整部分落地攻坚战役项目挂钩县领导和责任人的通知	杭委办〔2017〕176号
关于印发上杭县生猪养殖污染防治长效管理工作方案的通知	杭委办〔2017〕177号
关于继续做好计划生育家庭意外伤害保险工作的通知	杭委办〔2017〕178号
关于召开县委县政府2017年第三季度经济形势分析会的通知暨脱贫攻坚工作推进会的通知	杭委办〔2017〕179号
关于印发上杭县生猪养殖污染防治长效管理工作方案的通知	杭委办〔2017〕180号
关于组织开展全县2017年脱贫攻坚“冬季攻势”行动的通知	杭委办〔2017〕181号
关于召开县委县政府2018年工作务虚会议的通知	杭委办〔2017〕182号
关于印发《上杭县学习宣传党的十九大精神工作方案》的通知	杭委办〔2017〕183号
关于学习贯彻习近平总书记重要指示精神建立完善食品安全责任体系的通知	杭委办〔2017〕184号
关于印发上杭县食品药品放心乡镇创建及考核验收工作方案的通知	杭委办〔2017〕185号
印发《关于一线考察干部的暂行办法》的通知	杭委办〔2017〕186号
关于开展第五轮扶贫开发重点村整村推进帮扶工作的通知	杭委办〔2017〕187号
关于严格机关、单位互联网网站信息发布管理的通知	杭委办〔2017〕188号
关于召开县委十三届八次全会的通知	杭委办〔2017〕189号
关于开展2017年度贫困人口、贫困村退出核查工作的通知	杭委办〔2017〕190号
印发上杭县关于贯彻落实党政主要负责人履行推进法治建设第一责任人职责规定分工方案的通知	杭委办〔2017〕191号
印发《上杭县2016—2017年度基层党建工作目标管理考评办法》的通知	杭委办〔2017〕192号
关于协调领导参加省委巡视四组巡视上杭县委情况反馈会的请示	杭委办〔2017〕193号
印发上杭县生态文明建设目标评价考核实施方案的通知	杭委办〔2017〕194号
关于召开省委巡视四组巡视上杭县委情况反馈会的通知	杭委办〔2017〕195号
关于列席县十二届政协二次会议有关事项的通知	杭委办〔2017〕196号

续表33

文件名称	文 号
关于列席县十七届人大二次会议有关事项的通知	杭委办〔2017〕197 号
关于对官庄畲族乡森林火灾事故相关责任人予以责任追究的通报	杭委办〔2017〕198 号
关于印发《中共上杭县委巡察工作实施细则(试行)》的通知	杭委发〔2017〕1 号
印发《关于贯彻〈中国共产党问责条例〉的实施细则》的通知	杭委发〔2017〕2 号
印发《中国共产党上杭县委员会工作规则》的通知	杭委发〔2017〕3 号
印发中共上杭县委常委会 2017 年工作要点的通知	杭委发〔2017〕5 号
关于深入推进农业供给侧结构性改革加快培育农业农村发展新动能的通知	杭委发〔2017〕6 号
印发《关于激励干部积极进取干事创业的暂行办法(试行)》《上杭县国家公职人员改革创新容错纠错机制实施办法(试行)》的通知	杭委发〔2017〕7 号
关于实施人才强县战略的意见	杭委发〔2017〕8 号
关于进一步加强水土保持工作的实施意见	杭委发〔2017〕9 号
关于印发中国共产党上杭县第十三届委员会第七次全体会议决议的通知	杭委发〔2017〕10 号
关于认真学习宣传贯彻党的十九大精神的通知	杭委发〔2017〕11 号
关于印发上杭县深入推进城市执法体制改革改进城市管理工作实施方案的通知	杭委发〔2017〕12 号
印发《中国共产党上杭县第十三届委员会第八次全体会议决议》的通知	杭委发〔2017〕13 号
关于开展任前廉政对照检查材料自查自纠的通知	杭委办发〔2017〕1 号
关于印发上杭县 2017 年宣传思想文化工作要点的通知	杭委办发〔2017〕2 号
关于建立贫困退出机制的实施意见	杭委办发〔2017〕3 号
印发关于加强人民政协协商民主的实施意见的通知	杭委办发〔2017〕4 号
印发上杭县脱贫攻坚责任制实施办法的通知	杭委办发〔2017〕5 号
关于印发上杭县 2017 年统战工作要点的通知	杭委办发〔2017〕6 号
印发关于建立正向激励机制促进有效投资的十条措施(试行)的通知	杭委办发〔2017〕7 号
关于印发《2017 全县党建工作要点》的通知	杭委办发〔2017〕8 号
关于印发《中共上杭县委组织部 2017 年工作要点》的通知	杭委办发〔2017〕9 号
关于印发《上杭县全面深化改革领导小组 2017 年工作要点》的通知	杭委办发〔2017〕10 号
关于印发《上杭县国内党政机关国内公务接待管理暂行办法》的通知	杭委办发〔2017〕12 号
关于印发《2017 年全面深化改革工作要点任务分解表》《2017 年全面深化改革重点攻坚项目》的通知	杭委办发〔2017〕13 号
关于深入学习贯彻习近平总书记系列重要讲话精神学习教育方案	杭委办发〔2017〕14 号
关于印发上杭县扶贫开发工作成效考核实施办法的通知	杭委办发〔2017〕15 号
印发《关于全面深化公安改革的实施意见》《全面深化公安改革重点任务分工方案》的通知	杭委办发〔2017〕16 号
关于印发上杭县 2017 年三大战役绩效管理考评办法的通知	杭委办发〔2017〕17 号
关于印发改革社会组织管理制度促进社会组织健康有序发展的实施意见的通知	杭委办发〔2017〕18 号
印发《关于在国有企业改革发展中坚持党的领导和加强党的建设的实施意见的通知	杭委办发〔2017〕19 号

续表33

文件名称	文　号
印发上杭县关于贯彻落实党的十八届四中全会精神全面推进依法治县的实施意见重要举措分工方案的通知	杭委办发〔2017〕20号
关于转发《上杭县"党建带关建"促进关心下一代工作目标管理考评办法（试行）》的通知	杭委办发〔2017〕21号
印发《关于正向激励事业干部的九条措施》	杭委办发〔2017〕22号

2017年上杭县人大常委会发文目录

表34

文件名称	文　号
中共上杭县人大常委会党组关于印发《上杭县人大常委会落实党风廉政建设"两个责任"清单》的通知	杭常党组〔2017〕1号
关于丘煊杭同志申报职级晋升的请示	杭常党组〔2017〕2号
关于落实全面从严治党要求进一步加强机关党的工作的意见	杭常党组〔2017〕3号
关于印发《中共上杭县人大常委会党组议事规则》的通知	杭常党组〔2017〕4号
关于推进"两学一做"学习教育常态化制度化的实施方案	杭常党组〔2017〕5号
关于推荐吴斌同志为乡镇政府领导班子成员初步人选的报告	杭常党组〔2017〕6号
关于召开上杭县第十七届人民代表大会第二次会议的请示	杭常党组〔2017〕7号
关于补选部分出缺县人大代表的请示	杭常党组〔2017〕8号
关于补选个别出缺县人大代表的请示	杭常党组〔2017〕9号
上杭县人民代表大会常务委员会组成人员守则	杭常〔2017〕1号
上杭县人大常委会2017年工作要点	杭常〔2017〕2号
上杭县人大常委会关于撤销上杭县选举委员会及其办公室、乡镇选举办事处和乡镇选举委员会的通知	杭常〔2017〕3号
关于批准2016年县本级预算的决议	杭常〔2017〕4号
关于批准2017年县本级财政专项预算调整方案的决议	杭常〔2017〕5号
关于批准2017年县级政府债务限额和举借计划的决议	杭常〔2017〕6号
关于接受李永涛辞去上杭县人民政府副县长职务请求的决定	杭常〔2017〕7号
关于召开上杭县第十七届人民代表大会第二次会议的决定	杭常〔2017〕8号
关于批准县2017年财政预算调整草案的决议	杭常〔2017〕9号
关于接受蓝玉华等辞去上杭县第十七届人民代表大会代表职务请求的决定	杭常〔2017〕10号
关于补选部分上杭县第十七届人民代表大会代表的决定	杭常〔2017〕11号
关于接受廖先华辞去龙岩市第五届人民代表大会代表职务请求的决定	杭常〔2017〕12号
关于接受丘树金辞去上杭县第十七届人民代表大会代表职务请求的决定	杭常〔2017〕13号
关于补选个别上杭县第十七届人民代表大会代表的决定	杭常〔2017〕14号
关于县人大常委会领导工作分工的通知	杭常综〔2017〕1号

续表34

文件名称	文　号
上杭县人大常委会主任会议关于提请审定廖金钦等同志职务任免的决定	杭常综〔2017〕2 号
关于县人大常委会各工作机构联系单位调整安排的通知	杭常综〔2017〕3 号
关于完善常委会组成人员联系代表 代表联系群众制度的实施意见	杭常综〔2017〕4 号
关于〈中华人民共和国律师法〉贯彻实施情况的检查报告的意见	杭常综〔2017〕5 号
关于上杭县卫生工作情况的调研报告的通知	杭常综〔2017〕6 号
关于建立人大代表上下联系互动制度的实施意见	杭常综〔2017〕7 号
转发《关于依法管理宗教事务工作情况的调研报告》的通知	杭常综〔2017〕8 号
转发《关于落实上杭县禁毒专项工作报告审议意见检查情况的报告的通知》	杭常综〔2017〕9 号
转发《关于电信网络诈骗预防和整治情况的调研报告》的通知	杭常综〔2017〕10 号
转发《关于上杭县创建省级文明县城工作情况的视察报告》的通知	杭常综〔2017〕11 号
转发《关于上杭县人民法院执行工作情况的调研报告》的通知	杭常综〔2017〕12 号
转发《关于上杭县林下经济发展情况的调研报告》的通知	杭常综〔2017〕13 号
转发《关于全县生态环保攻坚战役情况的调研报告》的通知	杭常综〔2017〕14 号
转发《关于我县国有资本运营情况的调研报告》的通知	杭常综〔2017〕15 号
关于补选部分县第十七届人民代表大会代表的通知	杭常综〔2017〕16 号
关于转发《县政府落实县人大常委会全县旅游文化产业发展情况报告审议意见检查情况的报告》的通知	杭常综〔2017〕17 号
关于印发《上杭县第十七届人民代表大会第二次会议筹备工作方案》的通知	杭常综〔2017〕18 号
关于补选上杭县第十七届人大代表候选人名单的批复(通贤镇)	杭常综〔2017〕19 号
关于补选上杭县第十七届人大代表候选人名单的批复(泮境乡)	杭常综〔2017〕20 号
关于补选上杭县第十七届人大代表候选人名单的批复(白砂镇)	杭常综〔2017〕21 号
关于补选上杭县第十七届人大代表候选人名单的批复(古田镇)	杭常综〔2017〕22 号
关于补选上杭县第十七届人大代表候选人名单的批复(官庄畲族乡)	杭常综〔2017〕23 号
关于补选上杭县第十七届人大代表候选人名单的批复(临江镇)	杭常综〔2017〕24 号
关于补选上杭县第十七届人大代表候选人名单的批复(庐丰畲族乡)	杭常综〔2017〕25 号
关于补选上杭县第十七届人大代表候选人名单的批复(南阳镇)	杭常综〔2017〕26 号
关于补选上杭县第十七届人大代表正式候选人名单的批复(白砂镇)	杭常综〔2017〕27 号
关于补选上杭县第十七届人大代表正式候选人名单的批复(古田镇)	杭常综〔2017〕28 号
关于补选上杭县第十七届人大代表正式候选人名单的批复(庐丰乡)	杭常综〔2017〕29 号
关于补选上杭县第十七届人大代表正式候选人名单的批复(临江镇)	杭常综〔2017〕30 号
关于补选上杭县第十七届人大代表正式候选人名单的批复(官庄乡)	杭常综〔2017〕31 号
关于补选上杭县第十七届人大代表正式候选人名单的批复(泮境乡)	杭常综〔2017〕32 号
关于补选上杭县第十七届人大代表正式候选人名单的批复(通贤镇)	杭常综〔2017〕33 号
关于补选上杭县第十七届人大代表正式候选人名单的批复(南阳镇)	杭常综〔2017〕34 号

续表34

文件名称	文　号
关于当选上杭县第十七届人大代表名单的批复(白砂镇)	杭常综〔2017〕35 号
关于当选上杭县第十七届人大代表名单的批复(古田镇)	杭常综〔2017〕36 号
关于当选上杭县第十七届人大代表名单的批复(官庄乡)	杭常综〔2017〕37 号
关于当选上杭县第十七届人大代表名单的批复(临江镇)	杭常综〔2017〕38 号
关于当选上杭县第十七届人大代表名单的批复(庐丰乡)	杭常综〔2017〕39 号
关于当选上杭县第十七届人大代表名单的批复(通贤镇)	杭常综〔2017〕40 号
关于当选上杭县第十七届人大代表名单的批复(泮境乡)	杭常综〔2017〕41 号
关于当选上杭县第十七届人大代表名单的批复(南阳镇)	杭常综〔2017〕42 号
关于补选个别县第十七届人民代表大会代表的通知	杭常综〔2017〕43 号
关于廖先华代表辞去龙岩市第五届人大代表职务的报告	杭常综〔2017〕44 号
关于补选龙岩市五届人大代表选举结果的报告	杭常综〔2017〕45 号
关于李德强等任职的通知	杭常人〔2017〕1 号
关于廖金钦等职务任免的通知	杭常人〔2017〕2 号
关于王永威等免职的通知	杭常人〔2017〕3 号
关于蓝玉华任职的通知	杭常人〔2017〕4 号
关于王海东任职的通知	杭常人〔2017〕5 号
关于温如坤等职务任免的通知	杭常人〔2017〕6 号
关于俞征平等免职的通知	杭常人〔2017〕7 号
关于邱能等免职的通知	杭常人〔2017〕8 号
关于曹炳洲等免职的通知	杭常人〔2017〕9 号
关于刘应标等任职的通知	杭常人〔2017〕10 号
关于陈国铭等任职的通知	杭常人〔2017〕11 号
关于《上杭县人民法院执行工作情况报告》的审议意见	杭常审〔2017〕1 号
关于组织市人大代表出席市五届人大一次会议的通知	杭常办综〔2017〕1 号
关于印发 2016 年度县人大常委会党组民主生活会工作方案的通知	杭常办综〔2017〕2 号
关于召开县十七届人大一次会议代表建议意见交办工作会议的通知	杭常办综〔2017〕3 号
关于做好县十七届人大一次会议代表建议办理工作的通知(主送县人民法院)	杭常办综〔2017〕4 号
关于做好县十七届人大一次会议代表建议办理工作的通知(主送县委宣传部、党史办、县文体广新局)	杭常办综〔2017〕5 号
关于做好县十七届人大一次会议代表建议办理工作的通知(主送县委组织部、县人社局)	杭常办综〔2017〕6 号
关于做好县十七届人大一次会议代表建议办理工作的通知(主送县文明办、财政局、人社局、商务局、人民银行)	杭常办综〔2017〕7 号
关于做好县十七届人大一次会议代表建议办理工作的通知(主送县妇联、财政局、人社局)	杭常办综〔2017〕8 号

续表34

文件名称	文 号
关于做好县十七届人大一次会议代表建议办理工作的通知（主送县委组织部、县民政局、卫计局）	杭常办综〔2017〕9号
关于做好县十七届人大一次会议代表建议办理工作的通知（主送县委组织部、县民政局、财政局）	杭常办综〔2017〕10号
关于安排乡镇人大文秘人员跟班学习的通知	杭常办综〔2017〕11号
关于召开县十七届人大常委会第二次会议的通知	杭常办综〔2017〕12号
关于开展《中华人民共和国律师法》贯彻实施情况检查的通知	杭常办综〔2017〕13号
关于报送2017年度调研、视察、检查课题的报告	杭常办综〔2017〕14号
关于开展全县卫生工作情况调研的通知	杭常办综〔2017〕15号
关于县人大常委会组成人员分片联系指导乡镇人大工作的通知	杭常办综〔2017〕16号
关于做好县人大代表建议意见督办工作的通知	杭常办综〔2017〕17号
关于做好县人大常委会重点督办的代表建议办理工作的通知	杭常办综〔2017〕18号
关于召开全县乡镇人大工作会议的通知	杭常办综〔2017〕19号
关于开展《上杭县人大常委会关于上杭县禁毒专项工作报告的审议意见》落实情况跟踪督查检查的通知	杭常办综〔2017〕20号
关于吴斌等三位同志岗位聘任的决定	杭常办综〔2017〕21号
关于将县人大常委会侨台委员会更名为县人大常委会民族宗教与外事侨台委员会的请示	杭常办综〔2017〕22号
关于申报送现代服务业发展情况汇报材料的通知	杭常办综〔2017〕23号
关于组织部分市人大代表开展“三农”综合保险工作专题调研的通知	杭常办综〔2017〕24号
关于召开县十七届人大常委会第三次会议的通知	杭常办综〔2017〕25号
关于开展依法管理宗教事务工作调研的通知	杭常办综〔2017〕26号
关于按时参加2017年市五届人大代表培训的通知	杭常办综〔2017〕27号
关于开展电信网络诈骗预防和整治情况调研的通知	杭常办综〔2017〕28号
关于开展县十七届人大一次会议代表建议意见办理情况督查的通知	杭常办综〔2017〕29号
关于设立人秘股和行政股的请示	杭常办综〔2017〕30号
关于开展“推进人大工作创新发展，为再上新台阶、建设新上杭提供重要保障”课题调研的通知	杭常办综〔2017〕31号
关于设立县人大常委会代表服务中心的请示	杭常办综〔2017〕32号
关于印发《上杭县人大信息宣传策划方案》的通知	杭常办综〔2017〕33号
关于县人大常委会办公室班子成员工作分工的通知	杭常办综〔2017〕34号
关于组织部分县人大代表视察创建省级文明县城工作情况的通知	杭常办综〔2017〕35号
关于做好省市县（区）人大常委会三级联动听取和审议法院执行工作情况报告相关工作的通知	杭常办综〔2017〕36号
关于召开县十七届人大常委会第四次会议的通知	杭常办综〔2017〕37号
关于召开片区乡镇人大工作会议的通知	杭常办综〔2017〕38号

续表34

文件名称	文 号
关于成立政府采购工作领导小组的通知	杭常办综〔2017〕39号
关于开展全县林下经济工作情况调研的通知	杭常办综〔2017〕40号
关于召开全县乡镇人大工作规范化建设推进会暨人大工作业务培训会的通知	杭常办综〔2017〕41号
关于各乡镇召开人民代表大会第二次会议的报告	杭常办综〔2017〕42号
关于印发上杭县人大常委会机关《财务管理制度》等制度的通知	杭常办综〔2017〕43号
上杭县人大常委会办公室关于开展人大代表联系月活动的通知	杭常办综〔2017〕44号
上杭县人大常委会办公室关于请求拨给乡镇人大工作规范化建设及县人大常委会代表工作室添置设备专项经费的请示	杭常办综〔2017〕45号
上杭县人大常委会办公室关于召开代表建议办理工作座谈会的通知	杭常办综〔2017〕46号
上杭县人大常委会办公室关于召开县十七届人大常委会第五次会议的通知	杭常办综〔2017〕47号
关于开展上杭县生态环保战役情况调研的通知	杭常办综〔2017〕48号
关于开展我县工业发展运营情况专题调研的通知	杭常办综〔2017〕49号
关于组织县十七届人大代表视察的通知	杭常办综〔2017〕50号
关于举办2017年县十七届人大代表培训班的通知	杭常办综〔2017〕51号
关于召开县十七届人大常委会第六次会议的通知	杭常办综〔2017〕52号
关于开展我县国有资本运营情况专题调研的通知	杭常办综〔2017〕53号
关于召开县十七届人大常委会第七次会议的通知	杭常办综〔2017〕54号
关于做好2018年度《中国人大》《人民政坛》《人民代表报》订阅工作的通知	杭常办综〔2017〕55号
关于开展县人大常委会《关于全县旅游文化产业发展情况的调研报告》审议意见落实情况跟踪检查的通知	杭常办综〔2017〕56号
关于开展我县2017年预算调整初审调查的通知	杭常办综〔2017〕57号
关于全省乡镇人大主席和街道工委主任培训班在我县举办的报告	杭常办综〔2017〕58号
关于开展我县2018年计划和预算初审调查的通知	杭常办综〔2017〕59号
关于印发《乡镇人大工作年度量化考评细则》的通知	杭常办综〔2017〕60号
关于征集县人大常委会2018年监督工作议题建设的通知	杭常办综〔2017〕61号
关于召开县十七届人大常委会第八次会议的通知	杭常办综〔2017〕62号
关于召开补选部分县乡两级人大代表工作业务培训会的通知	杭常办综〔2017〕63号
关于组织部分市人大代表开展2017年集中视察的通知	杭常办综〔2017〕64号
关于做好召开乡镇第三次人民代表大会有关工作的通知	杭常办综〔2017〕65号
关于做好代表建议办理落实工作征询意见的通知	杭常办综〔2017〕66号
关于印发《上杭县人大常委会机关二级绩效考评办法》的通知	杭常办综〔2017〕67号
关于请求拨给县十七届人大二次会议等专项经费的请示	杭常办综〔2017〕68号
关于召开上杭县第十七届人民代表大会第二次会议的通知	杭常办综〔2017〕69号
关于召开县十七届人大常委会第九次会议的通知	杭常办综〔2017〕70号

续表34

文件名称	文 号
关于请求将乡镇人大工作规范化建设经费拨至县人大机关基本户的报告	杭常办综〔2017〕71号
关于召开县十七届人大常委会第十次会议的通知	杭常办综〔2017〕72号

2017年上杭县人民政府主要发文目录

表35

文件名称	文 号
关于加强城区羊定点屠宰管理的通告	杭政〔2017〕1号
关于禁止在三沿五区范围内新建改建坟墓的通告	杭政〔2017〕2号
关于上杭县2016年度第十二批次城市建设征收土地方案的通告	杭政〔2017〕3号
关于上杭县2016年度第十三批次城市建设征收土地方案的通告	杭政〔2017〕4号
关于印发上杭县全民健身实施计划(2016—2020年)的通知	杭政〔2017〕5号
关于林友文等同志免职的通知	杭政〔2017〕6号
关于上杭县2016年度第十一批次城市建设征收土地方案的通告	杭政〔2017〕7号
关于批转上杭县安全生产监督管理局2017年度安全生产与职业卫生监管检查计划的通知	杭政〔2017〕8号
关于禁止销售燃放孔明灯的通告	杭政〔2017〕9号
关于转发龙岩市人民政府关于印发龙岩市2017年初中学业水平考试与高中阶段招生制度改革方案的通知	杭政〔2017〕10号
关于取消调整16项县级行政权力和公共服务事项的通知	杭政〔2017〕11号
关于下达2017年松材线虫病等重大林业有害生物防控目标的责任的通知	杭政〔2017〕12号
批转县方志委关于《上杭年鉴(2017)》编纂方案的通知	杭政〔2017〕13号
关于贯彻落实《福建省实施居住证暂停条例办法》的意见	杭政〔2017〕14号
关于印发上杭县2017年生猪养殖污染防治工作实施意见的通知	杭政〔2017〕15号
关于印发上杭县农民住房财产权抵押贷款试点区域不动产确权登记有关问题的处理办法(试行)的通知	杭政〔2017〕16号
关于珊瑚35kv配电化站工程建设证收土地方案的通告	杭政〔2017〕17号
关于调整修订土地证收补偿标准的通知	杭政〔2017〕18号
关于开展安全生产大检查和打非治违专项行动的通知	杭政〔2017〕19号
关于表扬奖励2016年度见义勇为先进个人的决定	杭政〔2017〕20号
关于贯彻执行龙岩市烟花爆竹燃放管理条例的意见	杭政〔2017〕21号
关于表扬上杭县2016年度纳税先进企业及金融服务实体经济发展先进单位的通报	杭政〔2017〕22号
关于2016年度乡镇道路交通安全综合整治三年提升工程工作考核情况的通报	杭政〔2017〕23号
关于清理楼门标志实施地址二维码管理工作的实施意见	杭政〔2017〕24号
关于印发上杭县政府购买服务指导性目录的通知	杭政〔2017〕25号

续表35

文件名称	文　号
关于重新公布自然保护小区的通知	杭政〔2017〕26 号
关于表扬 2016 年度安全生产目标责任考核先进乡镇和先进单位的通报	杭政〔2017〕27 号
关于调整上杭县 110 社会联动工作领导小组的通知	杭政〔2017〕28 号
关于印发上杭县 2017 年地质灾害防治方案的通知	杭政〔2017〕29 号
关于汀江绿道建设项目红线范围内禁止新建建筑物和抢种作物的通告	杭政〔2017〕30 号
关于做好 2017 年造福工程易地扶贫搬迁工作的通知	杭政〔2017〕31 号
关于组织开展 2017 年兵役登记工作的通知	杭政〔2017〕32 号
关于东门(城东)活禽交易市场休市的通告	杭政〔2017〕33 号
关于郑志泉同志任职的通知	杭政〔2017〕34 号
关于东门(城东)活禽交易市场继续休市的通告	杭政〔2017〕35 号
关于 2016 年度保护发展森林资源目标管理责任制考核结果的通报	杭政〔2017〕36 号
关于恢复东门(城东)活禽交易市场活禽交易的通告	杭政〔2017〕37 号
关于实行上杭县征地区片综合地价的通知	杭政〔2017〕38 号
关于西气东输三线天然气管道东段干线(吉安–福州)工程项目龙岩上杭县 16 号阀室建设征收土地方案的通告	杭政〔2017〕39 号
关于实施支持农业转移人口市民化财政政策的通知	杭政〔2017〕40 号
关于取消 12 项第二批中央指定地方实施行政审批事项的通知	杭政〔2017〕41 号
关于李德才等同志职务任免的通知	杭政〔2017〕42 号
关于设立古田镇黄标车限行区域的通告	杭政〔2017〕43 号
关于印发上杭县“十三五”加快残疾人小康进程规划纲要的通知	杭政〔2017〕44 号
关于上杭县 2016 年度第五批次城市建设征收土地方案的通告	杭政〔2017〕45 号
关于临城镇远城区新村住宅小区建设项目红线范围内禁止新建建筑物和抢栽抢种及暂停办理相关手续的通告	杭政〔2017〕46 号
关于上杭县 2017 年度第一批次城市建设征收土地方案的通告	杭政〔2017〕47 号
关于表扬 2016 年度优秀建筑施工企业的通报	杭政〔2017〕48 号
关于印发上杭县土壤污染防治行动计划工作方案的通知	杭政〔2017〕49 号
关于限期清除汀江绿道工程规划建设用地红线范围内农作物及地面附着物的通告	杭政〔2017〕50 号
关于印发上杭县普陀山文化生态园项目用地和房屋搬迁补偿工作方案的通知	杭政〔2017〕51 号
关于丘立平等同志职务任免的通知	杭政〔2017〕52 号
关于表扬 2016 年度电网建设先进单位的通报	杭政〔2017〕53 号
关于印发上杭县服务型制造三年行动计划(2017—2019 年)的通知	杭政〔2017〕54 号
关于张家福等同志职务任免的通知	杭政〔2017〕55 号
关于印发上杭县百亿企业培育工程实施意见的通知	杭政〔2017〕56 号
关于贫困村项目帮扶资金集中委托闽西兴杭国投公司统一运营有关事项的补充通知	杭政〔2017〕57 号

续表35

文件名称	文 号
批转县教育局关于上杭县2017年城区公办幼儿园招生工作意见的通知	杭政〔2017〕58号
关于做好2017民兵组织整顿工作的通知	杭政〔2017〕59号
关于赖希强同志职务任免的通知	杭政〔2017〕60号
关于印发临城镇远城区新村住宅小区建设项目用地和地上附着物(房屋)补偿工作方案的通知	杭政〔2017〕61号
关于公布我县最低工资标准的通知	杭政〔2017〕62号
关于印发打造上杭县众创空间实施方案的通知	杭政〔2017〕63号
关于海西高速公路网古武线上杭段建设项目征收土地方案的通告	杭政〔2017〕64号
关于杨军同志任职的通知	杭政〔2017〕65号
关于邱香凤等同志职务任免的通知	杭政〔2017〕66号
关于维护烟叶收购秩序的通告	杭政〔2017〕67号
批转县审计局关于2017年度审计项目计划的通知	杭政〔2017〕68号
关于印发上杭县安全生产大检查工作实施方案的通知	杭政〔2017〕69号
关于上杭县2017年度第三批次城市建设征收土地方案的通告	杭政〔2017〕70号
关于罗星塔公司二期项目地段坟墓迁移的通告	杭政〔2017〕71号
关于公布和调整部分县级文物保护单位保护范围的通知	杭政〔2017〕72号
关于龚富先等同志职务任免的通知	杭政〔2017〕73号
关于进一步提高农村居民最低生活保障的通知	杭政〔2017〕74号
关于表扬2016年度征兵工作先进单位和先进个人的通报	杭政〔2017〕75号
关于认真贯彻落实中共及省领导指示批示精神进一步做好地质灾害隐患排查防范工作的通知	杭政〔2017〕76号
关于提高城市低保标准的通知	杭政〔2017〕77号
关于调整公布县级前置审批事项的通知	杭政〔2017〕78号
关于印发上杭县产业发展股权投资资金暂行管理办法的通知	杭政〔2017〕79号
关于下达2017年度食品安全工作目标责任的通知	杭政〔2017〕80号
关于印发上杭县进一步促进建筑产业转型升级健康发展十五条措施的通知	杭政〔2017〕81号
关于印发上杭县常平蔬菜基地保护区(2017—2021)实施意见的通知	杭政〔2017〕82号
关于印发上杭县农业疫情应急预案的通知	杭政〔2017〕83号
关于下达2017年度消防工作方案责任目标的通知	杭政〔2017〕84号
关于张才兴同志免职的通知	杭政〔2017〕85号
关于蓝新等同志免职的通知	杭政〔2017〕86号
关于印发上杭县防洪防台风预案的通知	杭政〔2017〕87号
关于印发上杭县“十三五”畜禽屠宰行业发展规划的通知	杭政〔2017〕88号
关于印发2017年新型职业农民培育工作实施方案的通知	杭政〔2017〕89号

续表35

文件名称	文　号
关于丘有良等同志职务任免的通知	杭政〔2017〕90号
关于邱文勇同志任职的通知	杭政〔2017〕91号
关于禁止在南阳镇源坑里水库工程建设征地方位内新增建设项目和迁入人口的通告	杭政〔2017〕92号
关于印发上杭县加快现代化服务业发展二十八条政策措施的通知	杭政〔2017〕93号
关于发布野生动物禁猎期 禁猎区以及禁止使用的猎捕工具盒猎捕方式的通告	杭政〔2017〕94号
关于张志晖等职务任免的通知	杭政〔2017〕95号
关于曾柏涵等同志任职的通知	杭政〔2017〕96号
关于加强和规范建筑税收征收管理若干意见的补充通知	杭政〔2017〕97号
关于做好重大活动期间消防安全管理工作的通告	杭政〔2017〕98号
关于承接市下放、委托和调整一批行政权力和公共服务事项的通知	杭政〔2017〕99号
关于印发上杭县大气、水、土壤污染防治2017年度实施方案的通知	杭政〔2017〕100号
关于调整县政府领导成员工作分工的通知	杭政〔2017〕101号
关于调整2017年度审计项目计划的通知	杭政〔2017〕102号
关于颁发第十三届科学技术奖的决定	杭政〔2017〕103号
关于上福溪（步云）35KV变电站工程建设征收土地方案的通告	杭政〔2017〕104号
关于上杭县2017年度第五批次城市建设征收土地方案的通告	杭政〔2017〕105号
关于上杭县2017年度第六批次城市建设征收土地方案的通告	杭政〔2017〕106号
关于举行防空警报试鸣的通告	杭政〔2017〕107号
关于西环路二期及接线道路改造工程项目用地红线范围内禁止新建建筑物和抢栽抢种及暂停办理相关手续的通告	杭政〔2017〕108号
关于上杭县2017年度第七批次城市建设征收土地方案的通告	杭政〔2017〕109号
关于上杭县2017年度第八批次城市建设征收土地方案的通告	杭政〔2017〕110号
关于陈开伟同志职务任免的通知	杭政〔2017〕112号
关于清理规范3项县级行政审批中介服务事项的通知	杭政〔2017〕113号
关于上杭县2017年度第四批次城市建设征收土地方案的通告	杭政〔2017〕114号
关于进一步提升行政审批服务效率的若干意见	杭政〔2017〕115号
关于丁轶等同志免职的通知	杭政〔2017〕116号
关于官庄回龙大桥危桥改造期间试行封闭施工的通告	杭政〔2017〕117号
关于印发加快知识产权强县建设实施方案的通知	杭政〔2017〕118号
关于调整部分县政府领导成员工作分工的通知	杭政〔2017〕119号
关于严禁牛蛙和红虫养殖的通报	杭政〔2017〕120号
关于印发上杭县引进重点产业人才"一事一议"办法（试行）的通知	杭政〔2017〕121号
关于印发上杭县食品安全工作责任清单的通知	杭政〔2017〕122号
关于成立上杭县协调劳动关系三方委员会的通知	杭政〔2017〕123号

续表35

文件名称	文 号
关于新建紫金小学、紫金幼儿园项目建设范围内坟墓迁移的通告	杭政〔2017〕124号
关于印发西环路二期及接线道路改造工程建设项目用地和地上附着物（房屋）补偿工作方案的通知	杭政〔2017〕125号
关于上杭县2017年度第二批次城市建设征收土地方案的通告	杭政〔2017〕126号
关于临城镇远城区新村住宅小区项目建设范围内坟墓迁移的通告	杭政〔2017〕127号
关于赖永跃等同志职务任免的通知	杭政〔2017〕128号
关于认定上杭县新型职业农民的通知	杭政〔2017〕129号
关于印发上杭县林业有害生物灾害应急预案的通知	杭政〔2017〕130号
关于汀江绿道沿线节点项目建设范围内坟墓迁移的通告	杭政〔2017〕131号
关于印发上杭县人民政府突发环境事件应急预案的通知	杭政〔2017〕132号
关于上杭县2017年度第九批次城市建设征收土地方案的通告	杭政〔2017〕133号
关于公布上杭县第二批历史建筑和特色建筑保护名单的通知	杭政〔2017〕134号
关于公布上杭县城区及古田等20个乡镇国有土地基准地价的通知	杭政〔2017〕135号
关于公布县级规范性文件清理结果的通知	杭政〔2017〕136号
关于公布第十三批县级文物保护单位及其保护范围的通知	杭政〔2017〕137号
关于限期完成蛟洋工业区公共环境应急设施建设选址范围内坟墓征迁的通知	杭政办〔2017〕2号
关于解决我县原公办、民办代课教师待遇工作实施细则的通知	杭政办〔2017〕3号
关于印发上杭县自然灾害救助应急预案的通知	杭政办〔2017〕5号
关于印发上杭县2017年新春劳务供需见面会工作方案的通知	杭政办〔2017〕12号
关于印发上杭县十三五卫生服务体系规划的通知	杭政办〔2017〕13号
关于印发上杭县耕地质量保护与提升实施方案的通知	杭政办〔2017〕14号
关于印发十三五期间上杭县保护发展森林资源目标责任制检查方案的通知	杭政办〔2017〕15号
关于印发上杭县土地例行督察市级评查中发现问题整改方案的通知	杭政办〔2017〕18号
关于做好人感染H7N9防控工作的通知	杭政办〔2017〕19号
关于切实做好土地卫片执法监督检查涉及相关用地整改查处工作的通知	杭政办〔2017〕21号
转发福建省人民政府办公厅转发省工商局 省数字办关于国家企业信用信息公示系统（福建）运行管理暂行办法的通知	杭政办〔2017〕22号
关于印发上杭县特困人员救助供养实施办法的通知	杭政办〔2017〕24号
转发福建省人民政府办公厅关于优化调整建设工程防雷许可工作的通知	杭政办〔2017〕29号
关于印发散装饮用水专项整治工作方案的通知	杭政办〔2017〕30号
转发福建省人民政府办公厅关于印发福建省政府部门涉企信息统一归案公示工作实施方案的通知	杭政办〔2017〕31号
关于印发上杭县小水电站退出补助办法（试行）的通知	杭政办〔2017〕33号
关于做好防御低温冻害工作的紧急通知	杭政办〔2017〕34号

续表35

文件名称	文 号
关于开展2017年“中国　上杭”政府网站“在线访谈”活动的通知	杭政办〔2017〕38号
关于2017年省政府“立项挂牌”办理涉及我县工作任务分解抓落实的通知	杭政办〔2017〕40号
关于建立上杭县困难群众基本生活保障工作协调机制的通知	杭政办〔2017〕41号
关于认真做好县人大代表建议意见和政协提案办理工作的通知	杭政办〔2017〕45号
关于开展2016年度土地矿产卫片执法监督检查的通知	杭政办〔2017〕46号
关于进一步规范政府网站管理工作的通知	杭政办〔2017〕47号
关于成立湖城蔬菜现代化产业园建设工作领导小组的通知	杭政办〔2017〕48号
关于进一步明确华润五丰生态循环农业产业园项目有关工作的通知	杭政办〔2017〕50号
关于补充调整2015-2017年上杭县农业机械购置补贴实施方案的通知	杭政办〔2017〕51号
关于转发福建省人民政府令(第185号)的通知	杭政办〔2017〕52号
关于建立银行抽贷压贷停贷监测机制的通知	杭政办〔2017〕53号
关于转发福建省公共建筑节能改造示范项目管理办法的通知	杭政办〔2017〕54号
关于做好2017年度城乡居民基本养老保险参保缴费工作的通知	杭政办〔2017〕55号
关于下达2017年水土流失综合治理任务的通知	杭政办〔2017〕56号
关于建立上杭县烟花爆竹燃放管理工作联席会议制度的通知	杭政办〔2017〕58号
转发县教育局等部门关于普惠性民办幼儿园认定管理及政府购买服务实施办法(试行)的通知	杭政办〔2017〕59号
关于建立打击地条钢非法生产监管巡查工作机制的通知	杭政办〔2017〕65号
转发上杭县经信科技局关于加强落实省委省政府环境保护督察反馈问题整改工作实施方案的通知	杭政办〔2017〕66号
关于开展2016年度土地卫片执法监督检查及耕地保护工作督查的通知	杭政办〔2017〕69号
关于印发上杭县工业运行监测分析工作机制的通知	杭政办〔2017〕71号
关于车改后县直机关保留公务车辆参照市政府办公开采购价格实行统一保险的请示	杭政办〔2017〕73号
上杭县2017年淘汰落后砖瓦产能专项整治工作实施方案的通知	杭政办〔2017〕74号
关于转发福建省旧村复垦新增耕地挂钩指标交易资金管理办法的通知	杭政办〔2017〕75号
关于印发上杭县机关事务服务中心保留公务用车使用流程(暂行)的通知	杭政办〔2017〕77号
关于成立龙岩市第十五届运动会上杭体育代表团的通知	杭政办〔2017〕78号
关于进一步加强护林员队伍建设管理的补充通知	杭政办〔2017〕81号
关于印发上杭县水土流失区建档立卡贫困对象燃料补贴实施方案的通知	杭政办〔2017〕82号
关于建立上杭县农村留守儿童关爱保护工作联席会议制度的通知	杭政办〔2017〕83号
关于印发上杭县2017年度松材线虫病防控实施方案的通知	杭政办〔2017〕84号
关于印发上杭县协税护税工作机制(试行)的通知	杭政办〔2017〕85号
关于进一步加强和规范全县行政事业单位银行账户管理实施意见的通知	杭政办〔2017〕86号
关于开展促进工业发展十五条措施落实情况评估工作的通知	杭政办〔2017〕88号

续表35

文件名称	文 号
关于进一步加强全县地名管理工作的通知	杭政办〔2017〕92号
转发县教育局等部门关于加强学生课后托管服务管理工作意见(试行)的通知	杭政办〔2017〕93号
关于印发上杭县危险化学品安全综合治理实施方案的通知	杭政办〔2017〕98号
关于进一步规范公文办理工作的通知	杭政办〔2017〕103号
关于印发上杭县城市副食品调控基地暂行管理办法的通知	杭政办〔2017〕104号
关于建立促进大数据发展联席会议制度的通知	杭政办〔2017〕105号
关于印发食品安全有关问题治理方案的通知	杭政办〔2017〕108号
关于做好2017年防灾减灾日有关工作的通知	杭政办〔2017〕111号
关于印发上杭县河道专管员队伍建设实施方案的通知	杭政办〔2017〕112号
关于认真做好住户调查样本轮换工作的通知	杭政办〔2017〕113号
关于印发上杭县"十三五"环境保护与生态建设规则的通知	杭政办〔2017〕114号
关于印发2017年全县宜居环境建设行动计划的通知	杭政办〔2017〕115号
转发龙岩市人民政府办公室关于开展党政机关办公用房清理整改工作专项督查的通知	杭政办〔2017〕119号
关于印发上杭县燃气行业安全生产大排查大整治工作方案的通知	杭政办〔2017〕120号
关于成立上杭县防汛救灾救援应急指挥中心的通知	杭政办〔2017〕123号
关于进一步健全病死畜禽无害化处理机制的通知	杭政办〔2017〕124号
关于印发上杭县渡口渡船安全事故应急救援预案的通知	杭政办〔2017〕125号
关于印发上杭县城市房屋使用安全大排查大整治工作方案的通知	杭政办〔2017〕127号
关于进一步贯彻落实土地矿产执法监管共同责任的通知	杭政办〔2017〕128号
关于切实解决建档立卡贫困户住房安全问题的通知	杭政办〔2017〕129号
关于印发上杭县河长制工作运行制度的通知	杭政办〔2017〕130号
关于印发上杭县加快推进通信基础设施建设三年行动计划(2017—2019)的通知	杭政办〔2017〕132号
关于加强微型消防站建设的通知	杭政办〔2017〕133号
关于印发上杭县道路交通安全综合整治"三年提升工程"2017年工作措施的通知	杭政办〔2017〕134号
关于印发棉花滩电站库区(上航段)水域长效保洁工作实施方案的通知	杭政办〔2017〕137号
关于印发上杭县高考、初中毕业升学考试突发事件应急处置工作预案的通知	杭政办〔2017〕139号
关于印发上杭县人民政府办公室开展为官不为专项整治工作方案的通知	杭政办〔2017〕141号
关于印发上杭县2017年普通高考安全工作方案的通知	杭政办〔2017〕142号
关于印发上杭县科技创业园入孵企业管理办法的通知	杭政办〔2017〕143号
关于印发上杭县人民政府政府与紫金矿业集团股份有限公司工作会商制度的通知	杭政办〔2017〕147号
关于印发2017年上杭县政务公开工作主要任务分解实施方案的通知	杭政办〔2017〕149号
关于转发中共上杭县纪委关于加强烤烟生产工作资金监管建议的通知	杭政办〔2017〕150号
关于印发上杭县2017年小水电站退出实施方案的通知	杭政办〔2017〕151号

续表35

文件名称	文　号
关于县直机关公务车辆实行统一保险的通知	杭政办〔2017〕152号
关于印发2017年上杭县社会信用体系建设工作要点的通知	杭政办〔2017〕153号
关于印发上杭县行政办公用房装修审批工作流程的通知	杭政办〔2017〕154号
关于进一步完善河长制工作机制的通知	杭政办〔2017〕156号
转发福建省物价局等部门关于公布2017年我省籼稻谷最低收购价格的通知	杭政办〔2017〕157号
关于印发2017年全县治理餐桌污染建设食品放心工程工作方案的通知	杭政办〔2017〕159号
转发县粮食局等部门关于2017年各级储备订单粮食及县优质稻订单粮食实行直接补贴实施方案的通知	杭政办〔2017〕162号
关于印发创建省级高新技术产业园区工作方案的通知	杭政办〔2017〕163号
关于印发加快发展民族教育实施方案的通知	杭政办〔2017〕166号
关于印发2017年度国家水土保持重点建设工程上杭县黄竹溪小流域、濑溪小流域水土流失综合治理实施意见的通知	杭政办〔2017〕167号
关于做好2017年度全县电网建设工作的通知	杭政办〔2017〕168号
关于印发上杭县突发重大动物疫情应急预案的通知	杭政办〔2017〕169号
关于印发上杭县开展创建交通安全示范村镇活动实施方案的通知	杭政办〔2017〕174号
关于开展“银龄安康保险”工作的通知	杭政办〔2017〕176号
关于印发上杭县2017年高标准农田建设工程包实施方案的通知	杭政办〔2017〕177号
转发上杭县农业机械管理站等部门关于2017年上杭县多功能拖拉机专项整治工作方案的通知	杭政办〔2017〕180号
转发福建省人民政府办公厅转发国务院办公厅关于进一步加强“地沟油”治理工作意见的通知	杭政办〔2017〕182号
转发福建省人民政府办公厅转发国务院办公厅关于印发2017年食品安全重点工作安排的通知	杭政办〔2017〕183号
关于做好2018年度城乡最低生活保障对象复核认定工作的通知	杭政办〔2017〕186号
关于印发上杭县黄潭河干支流安全生态 建设项目(含洋境)(一期)实施方案的通知	杭政办〔2017〕190号
转发福建省人民政府办公厅关于加快推进居家社区养老服务十条措施的通知	杭政办〔2017〕194号
转发福建省人民政府办公厅关于进一步促进养老机构健康发展十条措施的通知	杭政办〔2017〕195号
关于配合做好龙岩至龙川铁路初步测量和钻探等前期工作的通知	杭政办〔2017〕198号
关于印发上杭县结核病分级诊疗和综合防治服务模式试点实施方案的通知	杭政办〔2017〕199号
转发龙岩市人民政府办公室印发关于进一步做好2017年全市防震减灾工作意见的通知	杭政办〔2017〕202号
转发中共铁路总公司关于进一步加强铁路建设项目征地拆迁工作和费用管理指导意见的通知	杭政办〔2017〕203号
关于印发上杭县推进村级卫生所与农村幸福院毗邻建设方案的通知	杭政办〔2017〕204号
关于对全县既有坡屋面安全隐患开展排查整改的通知	杭政办〔2017〕205号
关于开展应急抢险救援装备摸底调查的通知	杭政办〔2017〕206号
关于印发2017年深化医药卫生体制改革工作要点的通知	杭政办〔2017〕208号

续表35

文件名称	文 号
关于印发上杭县2017年菜篮子工程建设实施方案的通知	杭政办〔2017〕209号
关于对官庄畲族乡坪山铁矿和古田镇洋稠铁矿进行矿山恢复治理的通知	杭政办〔2017〕210号
关于印发上杭县就业工作局际联席会议2017年工作要点和上杭县就业工作局际联席会议成员单位2017年主要工作安排的通知	杭政办〔2017〕212号
关于加快推进标准地址二维码管理工作的通知	杭政办〔2017〕213号
关于下放古田镇行政审批和公告服务事项实施意见的通知	杭政办〔2017〕215号
关于印发上杭县在建工程项目影响水环境突出问题整治工作实施方案的通知	杭政办〔2017〕217号
关于兑现2016年度促进工业创新转型提质增效奖励和补助资金的通知	杭政办〔2017〕218号
关于印发上杭县2017年长圳村水库常态化除险加固项目实施方案的通知	杭政办〔2017〕219号
关于印发上杭县机动车停放服务收费管理办法的通知	杭政办〔2017〕220号
关于加快推进农村危房改造工作的通知	杭政办〔2017〕221号
关于印发上杭县推进企事业单位使用正版软件工作规划的通知	杭政办〔2017〕222号
关于进一步加强文物管理工作的通知	杭政办〔2017〕223号
关于进一步加强职业健康监督管理工作的意见	杭政办〔2017〕226号
转发县卫计局、财政局关于加强乡村卫生服务一体化管理实施方案的通知	杭政办〔2017〕228号
关于开展投资项目区域评估工作的通知	杭政办〔2017〕229号
关于做好政府举债融资清理整改工作的通知	杭政办〔2017〕230号
转发县卫计局、财政局关于在临江社区卫生服务中心开展慢性病家庭医生签约服务工作方案的通知	杭政办〔2017〕231号
关于印发上杭县推进行政权力清单和责任清单融合工作方案的通知	杭政办〔2017〕232号
关于印发文化上杭2017群文十大活动总体方案的通知	杭政办〔2017〕233号
关于做好自动气象站建设工作的通知	杭政办〔2017〕236号
关于做好培育发展环境治理和生态保护市场主体工作的通知	杭政办〔2017〕237号
转发县民政局等部门关于加强农村最低生活保障制度与扶贫开发政策有效衔接实施方案的通知	杭政办〔2017〕238号
关于贯彻落实福建省社会科学普及规划纲要(2016—2020年)的实施意见	杭政办〔2017〕239号
关于印发上杭县黄潭河干支流安全生态水系建设项目(二期)实施方案的通知	杭政办〔2017〕241号
关于调整县人民政府招待所留守处法定代表人的通知	杭政办〔2017〕242号
关于印发上杭县不动产统一登记存量数据整合工作实施方案的通知	杭政办〔2017〕243号
关于深化两违综合治理专项行动实施方案的通知	杭政办〔2017〕244号
关于印发上杭县乡镇敬老院社会化运营改革试点示范工作实施方案的通知	杭政办〔2017〕245号
关于印发上杭县2017年度高效节水灌溉项目县建设实施意见的通知	杭政办〔2017〕246号
关于转发龙岩市2017年度县(市、区)金融风险防控指标考评标准的通知	杭政办〔2017〕248号
关于做好防空警报试鸣工作的通知	杭政办〔2017〕249号

续表35

文件名称	文　号
关于做好2017年三农综合保险工作的通知	杭政办〔2017〕250号
关于印发上杭县乡村教师支持计划(2016-2020年)实施办法的通知	杭政办〔2017〕251号
关于印发全县高层建筑消防安全综合治理工作方案的通知	杭政办〔2017〕252号
印发关于贯彻落实省政府办公厅养老服务双十条措施实施方案的通知	杭政办〔2017〕253号
关于印发上杭县预算单位资金存放管理办法(试行)的通知	杭政办〔2017〕254号
关于印发上杭县“十三五”水资源消耗总量和强度双控行动实施方案的通知	杭政办〔2017〕255号
关于印发上杭县家庭应急救助实施办法(试行)的通知	杭政办〔2017〕256号
关于进一步加强统计基础工作的通知	杭政办〔2017〕257号
关于印发2017年全县新型城镇化补充工作要点的通知	杭政办〔2017〕258号
关于印发上杭县投资项目“多评合一”实施意见(试行)的通知	杭政办〔2017〕260号
关于建立全县服务业工作台账的通知	杭政办〔2017〕262号
关于做好乡镇(部门)志修编工作的通知	杭政办〔2017〕263号
关于加快推进乡镇污水处理厂管网延伸工程建设第三方统一运营工作的通知	杭政办〔2017〕264号
关于切实做好国庆 中秋和党的十九大期间安全生产工作的通知	杭政办〔2017〕268号
关于印发上杭县12345便民服务热线管理中心筹建方案的通知	杭政办〔2017〕269号
关于印发上杭县贯彻落实全国全省深化简政放权放管结合优化服务改革电视电话会议重点任务分工方案的通知	杭政办〔2017〕270号
关于印发上杭县清查收缴非法枪支弹药和民用爆炸物品专项行动实施方案的通知	杭政办〔2017〕271号
关于做好2018年度城乡居民基本医保征缴工作的通知	杭政办〔2017〕272号
关于印发上杭县政府性债务风险应急处置预案的通知	杭政办〔2017〕273号
关于印发上杭县党政机关国内公务接待管理暂行办法实施细则的通知	杭政办〔2017〕275号
关于组织开展2017年敬老月活动的通知	杭政办〔2017〕276号
关于印发古田红色创客工场创建福建省乡村旅游创客示范基地建设方案的通知	杭政办〔2017〕277号
关于印发上杭县2017年湖洋灌区节水配套改造项目实施意见的通知	杭政办〔2017〕278号
印发关于落实县政协汀江流域水环境调研报告建议工作方案的通知	杭政办〔2017〕281号
转发县烟草局关于上杭县2017年度烟叶生产基础设施建设实施方案的通知	杭政办〔2017〕282号
关于印发上杭县铁路沿线环境综合整治工作实施方案的通知	杭政办〔2017〕283号
转发福建省人民政府办公厅转发省工商局等部门关于加快推进多证合一改革实施意见的通知	杭政办〔2017〕284号
关于印发上杭县闲置土地处置专项整治工作方案的通知	杭政办〔2017〕285号
关于做好城乡居民基本医疗补充意外伤害保险工作的通知	杭政办〔2017〕286号
关于印发上杭县奇迈科技创新基金管理办法的通知	杭政办〔2017〕288号
关于印发上杭县奇迈科技创新基金计划项目管理实施细则的通知	杭政办〔2017〕289号

续表35

文件名称	文 号
关于印发上杭县2017年度国家重点生态功能区县域生态环境治理监测、评价与考核工作实施方案的通知	杭政办〔2017〕290号
关于印发上杭县非法集资举报奖励暂行办法的通知	杭政办〔2017〕292号
关于邀请市领导参加2017年上杭县“走进新时代·聚焦新业态”产业发展座谈会暨项目签约仪式的请示	杭政办〔2017〕293号
关于印发上杭县河长制工作办法(试行)的通知	杭政办〔2017〕295号
关于印发上杭县乡镇河道专管员管理办法(试行)的通知	杭政办〔2017〕296号
关于印发上杭县发动社会力量参与河道巡查治理实施办法(试行)的通知	杭政办〔2017〕297号
关于上杭县河道专管员队伍建设实施方案的补充通知	杭政办〔2017〕298号
关于印发上杭县2017—2018年度冬春水利建设实施方案的通知	杭政办〔2017〕299号
关于印发上杭县2017年小水电站退出补助办法的通知	杭政办〔2017〕300号
关于印发上杭县创建国家畜牧绿色发展示范县实施方案的通知	杭政办〔2017〕302号
关于进一步做好各类保护区内矿业权清理工作的通知	杭政办〔2017〕304号
关于印发今冬明春火灾防控工作方案的通知	杭政办〔2017〕305号
关于进一步规范全市山塘安全管理工作的通知	杭政办〔2017〕306号
转发龙岩市人民政府办公室关于印发龙岩市推进家庭医生签约服务十条意见的通知	杭政办〔2017〕307号
关于下达2017年度补充林地面积指标的通知	杭政办〔2017〕308号
关于印发上杭县政府集中采购目录及限额标准的通知	杭政办〔2017〕309号
关于印发上杭县食品检验检测资源整合实施方案的通知	杭政办〔2017〕310号
关于印发上杭县推进农业水价综合改革实施方案的通知	杭政办〔2017〕311号
关于印发上杭县深入推行科技特派员制度实施方案(试行)的通知	杭政办〔2017〕315号
关于印发汀江防洪工程(一期)水西渡段防洪工程实施方案的通知	杭政办〔2017〕316号
关于印发上杭县“十三五”期间牲畜屠宰行业发展规划的通知	杭政办〔2017〕318号
关于分解落实2017年度市对县粮食安全行政首长责任制考核目标任务的通知	杭政办〔2017〕319号
关于印发上杭县12345便民服务平台运行管理办法和联动工作暂行办法的通知	杭政办〔2017〕324号

2017年政协上杭县委员会发文目录

表36

文件名称	文 号
关于做好县政协2017年度务虚工作会议的通知	杭协办〔2017〕1号
做好“农村停车场(位)规划建设”调研前期摸底工作的通知	杭协办〔2017〕2
关于开展“亿元农业产业链建设情况”视察活动的通知	杭协办〔2017〕3
关于调整安排县政协领导、委室联系乡镇政协工委的通知	杭协办〔2017〕4

续表36

文件名称	文　号
关于开展“开发深陂水库库区，打造杭川西湖”专题协商会的预通知	杭协办〔2017〕5
关于县政协十二届委员分组活动及分乡镇活动安排的通知	杭协办〔2017〕6
开展“农村停车场（位）规划建设”专题调研的预通知	杭协办〔2017〕7
开展全县畲族文化的传承与发展调研工作的通知	杭协办〔2017〕8
关于开展加快城乡学前教育建设专题视察的预通知	杭协办〔2017〕9
关于开展“提高我县中小学教育教学质量，加快创建省级教育强县步伐”专题调研的通知	杭协办〔2017〕10
关于召开县政协十二届第1次常委会议的预通知	杭协办〔2017〕11
关于加强机关二级绩效管理工作的通知	杭协办〔2017〕12
关于调整办公室人员职责分工的通知	杭协办〔2017〕13
关于江梓明等六位同志岗位聘任的决定	杭协办〔2017〕14
关于2017年政协提案办理实行跟踪督办任务分解安排的通知	杭协办〔2017〕15
关于协助做好省政协来杭开展“红色文化遗址保护与开发利用”调研的通知	杭协办〔2017〕16
关于召开县政协十二届第1次常委会议的通知	杭协办〔2017〕17
关于印发《上杭县政协常务委员会工作规则》的通知	杭协办〔2017〕18
关于印发《上杭县政协关于县政协委员履职服务管理办法》的通知	杭协办〔2017〕19
关于印发《上杭县政协主席会议工作规则》的通知	杭协办〔2017〕20
关于召开“开发深陂水库库区，打造杭川西湖”专题协商会的预通知	杭协办〔2017〕21
关于做好政协履职活动资料收集整理归档工作的通知	杭协办〔2017〕22
关于召开乡镇政协工委工作会议的通知	杭协办〔2017〕23
关于开展县政协17027号重点提案督办调研暨办理“三结合”座谈会的通知	杭协办〔2017〕24
关于开展“互联网经济推动创业与科技创新情况”视察活动的通知	杭协办〔2017〕25
关于开展县政协17063号重点提案督办调研暨办理“三结合”座谈会的通知	杭协办〔2017〕26
关于开展县政协17025号和17158号重点提案督办调研暨办理协商会的通知	杭协办〔2017〕27
关于设立人秘股和行政股的请示	杭协办〔2017〕28
关于开展汀江流域水环境情况调研活动的通知	杭协办〔2017〕29
关于成立政府采购工作领导小组的通知	杭协办〔2017〕30
开展我县医养结合养老服务模式专题调研	杭协办〔2017〕31
关于开展我县国家重点高水平体育后备人才基地建设情况调研的通知	杭协办〔2017〕32
关于开展林相改造情况专题调研的通知	杭协办〔2017〕33
县十二届政协第2次常委（扩大）会议的通知	杭协办〔2017〕34
《上杭县政协提案工作联络员制度》的通知	杭协办〔2017〕35
关于印发《上杭县政协提案办理协商办法》的通知	杭协办〔2017〕36
关于印发《政协上杭县委员会乡镇工作委员会工作规则》的通知	杭协办〔2017〕37
关于印发《乡镇政协工作委员会工作考评办法》的通知	杭协办〔2017〕38
关于修订《政协上杭县委员会密切联系委员制度》的通知	杭协办〔2017〕39

续表36

文件名称	文　号
关于开展“上杭县百年名居保护与利用”课题调研的通知	杭协办〔2017〕40
关于召开乡镇政协工委工作片会的通知	杭协办〔2017〕41
关于开展城区国有固定资产管理与运营情况调研的通知	杭协办〔2017〕42
调整县政协书画室成员的通知	杭协办〔2017〕43
关于召开闽粤赣三省九县(区)政协第44次联系协作会议的通知	杭协办〔2017〕44
关于开展烟水工程项目建设情况视察活动的通知	杭协办〔2017〕45
关于举办“翰墨颂辉煌”喜迎党的十九大书画笔会	杭协办〔2017〕46
关于开设《委员之声》广播电视宣传栏目的通知	杭协办〔2017〕47
林书记挂钩白砂帮扶资金转入县政协请示	杭协办〔2017〕48
黄晓兰挂钩白砂帮扶资金转入县政协请示	杭协办〔2017〕49
关于持续提升汀江流域水环境质量“回头看”视察活动的通知	杭协办〔2017〕50
县政协办公室关于将县客家联谊会调剂两个到县政协委员联络培训服务中心的请示	杭协办〔2017〕51
关于做好县政协全会大会发言工作的通知	杭协办〔2017〕52
县政协委员视察2017年重点为民办实事项目进展情况的预通知	杭协办〔2017〕53
县政协办公室关于蓝小芳等职务任命的请示	杭协办〔2017〕54
关于我县文物保护单位保护情况的专题视察通知	杭协办〔2017〕55
“上杭县社会保障窗口服务体系建设情况”专题调研的通知	杭协办〔2017〕56
关于推荐李金玉同志为正科级领导干部人选的报告	杭协办〔2017〕57
关于赴连城庙前芷溪等收集华嵒相关资料的调研方案	杭协办〔2017〕58
关于召开县十二届政协第3次常委会议的通知	杭协办〔2017〕59
关于开展基层医疗机构提升工程视察的通知	杭协办〔2017〕60
关于做好县政协十二届二次会议提案征集工作的通知	杭协办〔2017〕61
关于组织县政协历联会会员学习党的十九大精神暨视察我县家庭农场建设情况的通知	杭协办〔2017〕62
关于再次召开县政协2017年部分提案办理协商会的通知	杭协办〔2017〕63
关于县政协委员视察2017年重点为民办实事项目进展情况的通知	杭协办〔2017〕64
关于组织县政协部分委员赴武平县学习考察文明县城创建工作的通知	杭协办〔2017〕65
关于制定县政协十二届二次会议筹备工作方案的通知	杭协办〔2017〕66
关于召开县十二届政协第四次常委会议的通知	杭协办〔2017〕67
关于召开上杭县政协十二届二次会议的通知	杭协办〔2017〕68
关于调整县政协提案委员会成员名单的通知	杭协办〔2017〕69
关于召开县政协提案委员会会议的通知	杭协办〔2017〕70
关于县政协十二届二次会议经费支出预算的请示	杭协办〔2017〕71
关于聘用县政府办刘满玉同志为县政协办临时会计的报告	杭协办〔2017〕72
关于制定县政协机关新闻发言人工作制度的通知	杭协办〔2017〕73
关于黄小春同志岗位聘用的通知	杭协办〔2017〕74

附三

2017年上杭县国民经济主要指标

表37

指　　标	单位	2017年累计数	比2016年增长（%）	增速在全市位次
一、地区生产总值	万元	3189182	8.9	2
#第一产业	万元	363166	3.2	3
第二产业	万元	1791922	7.9	1
第三产业	万元	1034094	12.7	3
二、农林牧渔业总产值	万元	610091	3.3	3
三、规模以上工业总产值	万元	5620530	26.1	
#规模以上工业增加值	万元	628272	9.6	1
四、建筑业总产值	万元	4415968	12.2	7
#本地建筑业总产值	万元	1542075	31.7	6
五、固定资产投资	万元	3121492	21.3	1
#工业投资	万元	1361578	14.0	5
房地产投资	万元	46873	29.6	1
六、财政总收入	万元	332647	4.9	7
#地方财政收入	万元	251308	9.6	5
财政总支出	万元	472629	8.4	6
#财政八项支出	万元	414103	25.1	3
七、社会消费品零售总额	万元	855656	-0.8	7
1.批发零售业销售额	万元	1679982	-3.1	7
#批发业商品销售额	万元	965148	-9.9	7
零售业商品销售额	万元	714834	8.0	7
2.住宿餐饮业营业额	万元	111914	15.0	5
#餐饮业营业额	万元	87474	13.7	5
住宿业营业额	万元	24440	19.7	4
八、金融机构人民币存贷款余额	万元	4501408	11.7	2
#金融机构人民币存款余额	万元	2649790	1.0	6
金融机构人民币贷款余额	万元	1851618	27.0	1
九、外贸出口总值(上月数)	万元	269208	22.9	4
实际利用外资(验资口径)	万美元	4099	6.6	1
十、城镇居民人均可支配收入	元	35991	9.0	4
农村居民人均可支配收入	元	15355	9.1	4

说明：1.规模以上工业企业指年主营业务收入（产品销售收入）2000万元及以上的法人工业企业；

2.地区生产总值、农林牧渔业总产值、城镇居民人均可支配收入和农村居民人均可支配收入为季度指标；

3.地区生产总值、农林牧渔业总产值、规模以上工业增加值按当年价格计算，增速按可比价计算；

4.全市增速排位不包括龙岩经济技术开发区（高新区）

索 引

说 明

一、本索引为内容分析索引。

二、本索引按汉语拼音字母(同音字母按声调)顺序排列。

三、每一词条后的数字表示该词条所在页码;页数后字母 a、b、c 分别表示所在页码的左、中、右栏。

四、本卷中"特载""年度关注""大事记(2017 年)""附录"不列入本索引检索范围。

G

H

J

K

L

M

N